Vreni de Jong

Kinderernährung – gesund und lecker

Vreni de Jong

KinderErnährung
gesund und lecker

Sämtliche Grundlagen und 750 Rezepte
für die Vollwertküche in der Familie

In Zusammenarbeit
mit dem Kinderarzt
Dr. med. Edmond Schoorel

Verlag Freies Geistesleben

Die Deutsche Bibliothek – CIP-Einheitsaufnahme

Jong, Vreni de:
Kinderernährung – gesund und lecker: sämtliche Grundlagen und 750 Rezepte für die Vollwertküche in der Familie / Vreni de Jong. In Zusammenarb. mit Edmond Schoorel. [Aus dem Holländ. von Angelika Sandkühler. Fotos: Wim Steenkamp und Ernst Thomassen. Ill.: Ronald Heuninck]. – Stuttgart: Verlag Freies Geistesleben, 1993
Einheitssacht.: Wat eten we vandaag? ‹dt.›

ISBN 3-7725-1177-5

Aus dem Niederländischen von Angelika Sandkühler
Bearbeitung für die deutsche und schweizerische Küche: Vreni de Jong
Die Originalausgabe erschien bei Christofoor, Zeist © 1993.
Textredaktion: Jaap Verheij
Fotos: Wim Steenkamp und Ernst Thomassen. Sämtliche Fotos wurden ohne «Food-Styling», Sprays, Farbstoffe etc. gemacht.
Illustrationen: Ronald Heuninck
Einbandfoto: Michael Mögle

Inhalt

Kochtabelle für Getreide

Getreidesorte gewaschen, abgetropft Mindestmenge 200g	Verhältnis Getreide/Wasser Volumenanteile*	Einweichen nach Std. (mindestens)*	Kochen nach Min.	Nachquellen nach Std. (mindestens)
Hirse, ganzes Korn	1:2 1/2	–	15	1
Buchweizen, ganzes Korn	1:2 1/4	–	10	1/2
Mais, Polenta	1:3	1/2	30	3/4
Vollreis	1:2	event. 2	30	1
Hafer, ganzes Korn	1:2 3/4	3	20	2
Weizen, Gerste, Graupen (ganze Körner)	1:2 1/2	5	60	3
Roggen, ganzes Korn	1:3	6	90	4**
Thermogrütze (alle Sorten)	1:1 1/2	–	10	3/4

* ab ca. 6 -7 Jahre. Für kleinere Kinder nimmt man mehr Wasser und weicht länger ein – siehe Grundrezepte
** nach der halben Quellzeit nochmals zum Kochen bringen.

Herdeinstellungen

Die in diesem Buch aufgeführten Gerichte wurden in einem Gasherd und einem normalen elektrischen Herd gebacken. Wenn Sie über einen Heißluftherd verfügen, können Sie die Temperatur um ca. 15° vermindern. Zur Sicherheit habe ich beim Testen eines jeden Rezeptes die Ofentemperatur in meinem Backofen mit einem zusätzlichen Thermometer kontrolliert. Solch ein Ofenthermometer ist für Backöfen anzuraten, deren Thermostat nicht mehr sicher funktioniert. Gute Ofenthermometer können beim Optiker erworben werden.

	Temperatur in °C	Gasherd mit 8 Einstellungen	Gasherd mit 10 Einstellungen	Elektroherd mit 10 Einstellungen
Trocknen	50°			
lauwarm	100°- 125°	1	1	1 - 2
mäßig warm	125°- 175°	2	2 - 3	3 - 4
warm	175°- 200°	3 - 4	4	4 - 5
sehr warm	200°- 225°	4 - 5	5 - 6	5 - 6
ziemlich heiß	225°- 250°	6	7 - 8	7 - 8
heiß	250°- 275°	7	9	8 - 9
sehr heiß	275°- 300°	8	10	9 - 10

Zur Anwendung der Rezepte

Die Rezepte in diesem Buch sind immer für vier Personen gedacht (zwei Erwachsene und zwei Kinder im Kindergarten- oder Grundschulalter), es sei denn, sie sind mit einem Hinweis versehen, daß diese Grundregel nicht gilt.

Im Untertitel jeder Rezeptüberschrift, eventuell auch bei Variationen und Tips, wird anhand von *Symbolen* darauf hingewiesen, für welches Alter das Rezept geeignet ist. Hierfür habe ich die Kinder in vier Altersgruppen eingeteilt, beginnend bei den ganz Kleinen.

- – Kleinkinder ca. 1 1/2 – 3 Jahre
- – Kindergartenkinder 3 – 6 Jahre
- – Schulkinder 6 – 12 Jahre
- – Jugendliche 12 – 16 Jahre
- – ein glutenfreies Rezept oder eine glutenfreie Variation eines ursprünglich nicht glutenfreien Rezeptes
- – festliches Rezept

Jedes Rezept in diesem Buch eignet sich für das im Untertitel angegebene Alter am *besten*; selbstverständlich kann das Rezept – was die Verdaulichkeit betrifft – auch für ältere Kinder verwendet werden. In den Variationen wird darauf hingewiesen, wie ein Gericht für ältere Kinder etwas herzhafter zubereitet werden kann und was man tun muß, damit auch jüngere Kinder mitessen können. Wurde bei einer Variation kein Alter angegeben, so gilt das der Überschrift.
Will man sich beim Kochen nach einer Variation richten, geht das sehr viel einfacher, wenn man zuvor die «umgebaute» Zutatenliste aufschreibt. Soll für ein allergisches Kind gekocht werden, empfiehlt es sich, extra ein Heft mit geeigneten Rezepten anzulegen.

Wenn in einer Zutatenliste tierisches Eiweiß (Milch- und Milchprodukte, Eier und Fleisch) enthalten sind, gebe ich bei den Variationen nach Möglichkeit Ersatzzutaten an. Sollen die Rezepte für andere Diätkost verwendet werden, so kann man sich im Kapitel über «allergene Nahrungsmittel»* darüber informieren, wie ungeeignete 431
durch geeignete Zutaten ersetzt werden können.

Die *Einleitung* zum Rezept beschreibt den Geschmack des Gerichtes, gibt Anregungen zur Zusammenstellung eines Menüs, die Haltbarkeitsdauer usw.
Die *Zutatenliste* ist blockweise so eingeteilt, daß jeder Block einen Schritt in der Zubereitung eines Gerichtes angibt. Hinter jeder Zutat steht, zur besseren Übersicht, was an Vorbereitungen notwendig ist (schneiden, raspeln, einweichen usw.). Wer ein Rezept schon einmal gemacht hat, wird sich das nächste Mal nur noch nach der Zutatenliste richten müssen und die detaillierte Beschreibung nicht mehr benötigen. Auf die Dauer wird man sogar mit dem Auge, der Nase und der Zunge beurteilen können, wie ein Gericht zu schmecken hat; Kochen ist eine kreative Beschäftigung.

In den Rezepten gibt es häufig Hinweise auf andere Rezepte, Zubereitungsmöglichkeiten oder Hintergrundinformationen zu einem bestimmten Thema. Damit diese Hinweise leicht gefunden werden, wurden sie jedesmal mit einem * versehen, und daneben am Rand wurde die entsprechende Seitenzahl vermerkt.

Im Kapitel *Praktische Tips** finden Sie eine Er- 47
läuterung der in den Rezepten verwendeten Küchenterminologie. In der *Produktinformation** 448
werden die in diesem Buch genannten Nahrungsmittel genauer beschrieben. Im *Register** findet 469
man schließlich sowohl Hinweise auf die Rezepte und deren Variationen, die ein ganz neues Gericht ergeben (im Buch sind diese Variationen **fett gedruckt**, um sie leichter aufzufinden), als auch auf die in den einleitenden Texten enthaltenen Materialien oder Arbeitsabläufe.

1 Teel. = 5 ml
1 Eßl. = 15 ml

3 Teel. = 1 Eßl.
8 Eßl. = 1 dl

1 Prise = die Menge, die man zwischen Daumen und Zeigefinger nimmt
1 Messerspitze = was auf der Spitze eines spitzen Messers liegen bleibt, wenn man damit schöpft.

Maße und Gewichte

Damit die Rezepte gelingen, ist es nötig, daß Sie sich beim ersten Mal genau an die angegebenen Mengen halten, vor allem was die Binde-, Gelier- und Treibmittel betrifft. Hier ist eine oben abgeflachte Waage mit abnehmbarer Wiegeschale besonders geeignet. Man kann die Teigschüssel oder den Topf direkt auf die Waage stellen und darin die notwendigen Zutaten wiegen. Mit der Einstellschraube kann der Anzeiger auf jedes gewünschte Ausgangsgewicht gestellt werden, wenn eine neue Zutat beigefügt werden soll (bei elektronischen Waagen geht dies einfacher, und auch kleine Mengen lassen sich exakt wiegen). So erspart man sich Rechnerei und mögliche Fehler. Die billigen sogenannten Diätwaagen sind ungenau, man ist zum Abwiegen von kleinen Mengen dann mit den altmodischen Briefwaagen besser beraten.
Beim Zusammenstellen der Rezepte habe ich die kleinen Mengenangaben nach Möglichkeit mit Eßlöffeln und Teelöffeln, dabei in Klammer das Gewicht, angegeben. Die Grammangabe erleichtert das Ausrechnen von größeren Mengen, ein Entgegenkommen für den Koch, der für viele Esser kochen muß. Auch die Bindemitteltabelle für das Kochen von größeren Mengen von Suppen, Soßen und Cremes, die am Schluß dieses Kapitels zu finden ist, kann hilfreich sein.
Da verschiedene Meßlöffel im Handel sind, folgt hier der Inhalt meiner Arbeitsgeräte. In der Apotheke kann man für wenig Geld einen kleinen Meßbecher mit exakter Maßeinteilung in Milliliter oder Kubikzentimeter erwerben. Damit können Sie ihr Arbeitsgerät, was den Inhalt betrifft, mit dem meinigen vergleichen. Man sollte damit auch einmal das Litermaß kontrollieren; wahrscheinlich werden Sie feststellen, daß die ersten zwei Deziliter nicht genau stimmen. Man nimmt dann lieber einen Meßbecher, der bis circa 1/4 Liter geht, oder für kleine Mengen den kleinen Meßbecher aus der Apotheke.
Das Messen mit dem Löffel geht folgendermaßen vonstatten:

Trockene Zutaten:
Man nimmt den Löffel gehäuft voll und streicht mit der stumpfen Seite eines Messers über den Löffelrand. So bekommt man die gestrichenen Eßlöffel oder Teelöffel, die in den Rezepten angegeben sind.
Braucht man für ein Rezept nur einen halben Löffel einer Zutat, so nimmt man am besten zunächst einen gehäuften Löffel, streicht ab und schiebt mit dem Messer die in Längsrichtung abgetrennte Hälfte vom Löffel. Für einen viertel Löffel nimmt man davon noch einmal die Hälfte, diesmal quer, vom Löffel.
Dieses zeitraubende Abmessen lohnt sich vor allem beim Backen und für Salz- und Gewürzzugaben. Eine zeitsparende Küchenhilfe ist ein Löffelset (siehe Abbildung), der vom 1/4 Teelöffel bis zum Eßlöffel alle Maße enthält.

Flüssiges:
Der Löffel wird in die Flüssigkeit eingetaucht und gut abgetropft. Bei dicken oder fetten Flüssigkeiten wie Sirup und Öl muß der Löffel jedesmal gut ausgewischt werden. Das Abmessen von Sirup geht leichter, wenn der Löffel zuvor mit etwas Öl eingerieben wurde.

Um Meßbecher und Schüsseln gut auskratzen zu können, braucht man unbedingt einen weichen Teigschaber. Es kann sonst leicht passieren, daß die Menge eines Eßlöffels zurückbleibt und so das Rezept, wenn es um exakte Mengen geht, verfälscht wird.

Gewichte der am häufigsten verwendeten Zutaten

Mengen in Gramm ausgedrückt pro gestrichener Eßlöffel (15 ml)

Agar-Agar 1 Teel. = ca. 6 g	7,7 g
Agar-Agarflocken	1,5 g
Ahornsirup	22 g
Apfeldicksaft	22 g
Apfelkraut	20 g
Marantamehl	10 g
Mehl	8 g
Buchweizenmehl	10 g
Butter	14 g
Kakao und Karob	6 g
Johannisbrotpulver	6 g
Hirsemehl	10 g
Hefe (Bäckerhefe)	16 g
Gomasio (selbstgemacht)	6 g
Honig (flüssig)	20 g
Kristallzucker (weiß)	14 g
Kuzu	10 g
feinstes Maismehl (biologisch)	8 g
feinstes Maismehl (normale Handelsware)	10 g
Öl	14 g
Pektinpulver (z.B. Konfigel)	7 g
Rohrzucker (nicht raffiniert)	10 g
Reismehl	10 g
Roggenmehl	7 g
Sirup	20 g
Weizenmehl (gesiebt)	8 g
Weizenmehl (Vollkorn)	7 g
Thermomehl (Gerste)	9 g
Salz (jodiert) (1 Teel. = ca. 8 g)	21 g
Salz (unraffiniertes Steinsalz oder feines Meersalz) (1 Teel. = 6 g)	16 g
doppeltkohlensaures Natron (1 Teel. = ca. 4 g)	12 g

Mengen in Gramm ausgedrückt pro Deziliter

Agar-Agarflocken	10 g
Buchweizen	70 g
Buchweizengrütze	75 g
Gerste	75 g
Gerstenflocken	43 g
Hirse	75 g
Hirseflocken	51 g
Hafer	75 g
Haferflocken (fein und grob)	50 g
Maisgrieß (Polenta)	62 g
Maismehl (biologisch-dynamisch)	62 g
Quinoa	80 g
Reisflocken	28 g
Roggen	72 g
Roggenflocken	35 g
Thermogrütze	75 g
Weizen	80 g
Weizengrieß (Vollkorn)	70 g
Vierkornflocken	41 g
Vollreis	75 g

Bindemitteltabelle

Im folgenden finden Sie Art und Menge des Bindemittels pro *Liter* Flüssigkeit für **Suppe**, **Soße**, **Creme**, **Pudding** und **Brei.**

Die Bindefähigkeit der nichtstandartisierten, biologischen Produkte kann von Jahr zu Jahr unterschiedlich ausfallen und ist, von der Marke und vom Herkunftsland her gesehen, unterschiedlich. Deshalb kann diese Tabelle nicht hundertprozentig genau sein. Die Tabelle ist nur für die in diesem Buch angewendeten Kochmethoden von Getreideprodukten gültig (Einweichen – Kochen – Nachquellen, siehe Grundrezepte).

Suppe
45 g Weizenmehl Type 550
50 g Weizenmehl Type 1050, Vollkornweizenmehl oder Thermomehl (Weizen, Gerste oder Roggen)
70 g Weizen- oder Maisgrieß (Polenta), Maismehl
65 g Getreideflocken

Soße (ohne Ei oder Gemüsepüree)
80 g Reismehl, Weizenmehl Type 1050, Vollkornweizenmehl, Thermomehl (Weizen, Gerste, Roggen), Maizena (biologisch) oder feinstes Maismehl
60 g Weizenmehl Type 550
55 g Marantamehl
65 g Kuzu

Creme (ohne Ei oder Früchtepüree)
40 g Marantamehl
60 g Maizena (biologisch) oder feinstes Maismehl, Reismehl
45 g Weizenmehl Type 550
50 Weizenmehl Type 1050, Thermomehl (Weizen, Gerste), Kuzu

Pudding
Hierzu nimmt man für alle Sorten die doppelte Menge der bei Creme angeführten Bindemittel
220 g Weizen- oder Maisgrieß (Polenta), Maismehl

Brei
80 g Weizenmehl Type 1050, Reismehl, Buchweizenmehl
120 g Weizen- oder Maisgrieß (Polenta), Maismehl
150 g Getreideflocken
175 g Vollreis, Hirse oder Buchweizen

Vorwort

Die Idee, ein Buch zu schreiben, das ganz auf die Kinderernährung ausgerichtet ist, war ein von mir schon lange gehegter Wunsch. Schon während des Schreibens meines ersten Kochbuches sah ich diese Notwendigkeit.
Warum aber ein Buch speziell über Kinderernährung? Was ist daran so Besonderes? Kinder können doch schon bald mit den Erwachsenen mitessen? Und außerdem: Ist es nicht umständlich, spezielle Kindermahlzeiten zu kochen?

Kinder müssen viel lernen, darüber sind wir uns alle einig. Sie müssen Lesen, Schreiben, Rechnen lernen und noch vieles mehr. Aber das ist noch nicht alles; Kinder müssen auch, was das Verdauen von Nahrung betrifft, viel lernen. Was für uns Erwachsene im allgemeinen leicht verdaulich ist, kann einem Kind schwer auf dem Magen liegen.
Natürlich ist es umständlich, für jeden separat zu kochen. Das ist auch nicht nötig. Der Ausgangspunkt dieses Buches ist deshalb auch, daß jedes Rezept wohl auf eine bestimmte Altersstufe* aus- 7
gerichtet, jedoch mit einigen einfachen Handgriffen an die anderen Altersgruppen und damit an einen anderen Geschmack und eine andere Zubereitungsart angepaßt werden kann. Es sind «wachstumsfähige» Rezepte: anfänglich milde gewürzt und leicht verdaulich gekocht, später etwas herzhafter abgeschmeckt und abwechslungsreicher gekocht.
Und zuletzt gab es noch einen dritten Grund, dieses Buch zu schreiben. In unserer Zeit gibt es zunehmend Ernährungsprobleme. Eltern wissen nicht mehr, was sie ihren allergischen Kindern zu essen geben können. Beim Schreiben dieses Buches habe ich dieses Problem ständig berücksichtigt, ohne daß der Geschmack eines Gerichtes dadurch beeinträchtigt wird. In einem eigenen Kapitel über *Diäternährung** werden zusätzlich 429
praktische Hinweise gegeben, wie man auch für Kinder mit Ernährungsstörungen vollwertig kochen kann.

Die Ernährung ist eine sehr individuelle Angelegenheit, und daher sind keine für jeden geltenden Regeln aufzustellen. Die Rezepte werden deshalb auch nicht anhand von Nahrungsmitteltabellen zusammengestellt, denn die Ernährung ist mehr als dasjenige, was mittels analytischer Methoden erkennbar ist. Trotzdem habe ich für dieses Buch eine Nahrungsmitteltabelle* zusammengestellt, 36
vor allem für die besorgten Eltern, die für eine spezielle Diät ihrer Kinder ungeeignete Nahrungsmittel durch andere ersetzen müssen.

Eine gesunde Kinderernährung ist eine vollwertige Ernährung auf Getreidegrundlage; was das heißt, wird genau erklärt. Alle Rezepte stammen aus einer langjährigen Erfahrung und sind ohne chemische Hilfsstoffe zusammengestellt; wenn Fertigprodukte notwendig sind, werden dafür «Eigenfabrikate» verwendet (Rezepte dafür finden Sie im Kapitel *Zutaten, die man selber machen kann**). 404
Säuglingsernährung werden Sie in diesem Buch nicht finden, aber der Übergang von Muttermilch oder Flaschenmilch auf feste Nahrungsmittel wird sehr ausführlich behandelt.* Literaturhinweise 23
über Säuglingsernährung finden Sie auf Seite 467.

Natürlich wäre dieses Buch nicht ohne Mithilfe vieler Menschen, die mir wertvolle Informationen

vermittelt haben, zustande gekommen. Ihnen allen danke ich an dieser Stelle herzlich für ihre Mitarbeit. Einige davon möchte ich persönlich nennen. Vor allem die Zusammenarbeit mit Irmela Kelling war eine solide Grundlage für das vorliegende Buch.
Der Kinderarzt Edmond Schoorel hat die Ausgangspunkte für eine gesunde Kinderernährung in seiner Einführung dargestellt. Seine Ideen waren der Ausgangspunkt für die Zusammenstellung der Rezepte. Auch beim Schreiben des Kapitels über die Diäternährung hat mir sein Rat viel geholfen.
Abschließend möchte ich auch der Diätistin Louise van Gisteren, die das gesamte Manuskript gelesen und mir wertvolle Hinweise gegeben hat, meinen Dank aussprechen.

Vreni de Jong-Müggler, April 1993

Ernährung für das Kind

Dr. med. Edmond Schoorel

Die Frage «Was ist Nahrung?» kann sehr einfach folgendermaßen beantwortet werden: Nahrung ist der Stoff, der notwendig ist, damit man am Leben bleiben kann. Daß durch diese Antwort neue Fragen entstehen, ist deutlich.
Die erste Frage, die sich einem stellt ist diese: Welcher Stoff ist als Nahrung geeignet? Gras ist für den Menschen beispielsweise nicht geeignet. Dagegen kann man Rosenkohl wohl essen, jedoch in gekochtem Zustand, Salat dagegen sollte nicht gekocht werden. Worin besteht dann der Unterschied zwischen diesen Stoffen, in dem Fall Pflanzen, von denen die eine als Nahrung geeignet ist, die andere nicht? Die Antwort auf diese Frage ist wiederum einfach: Alles was die menschliche Verdauung verarbeiten kann, kommt als Nahrung in Frage.
Die zweite Frage ist diese: Braucht man zum Leben nur Nahrung, oder kommen noch andere Dinge hinzu? Wir wissen, daß gut ernährte Säuglinge, wenn sie nicht entsprechend umsorgt werden, nicht wachsen, krank werden und sterben können. Andererseits wissen wir auch, daß manche Kinder nur sehr wenig essen und trotzdem gut gedeihen. Offensichtlich ist es also nicht nur die Nahrung, die ein Kind gesund und am Leben erhält.
Nun können wir uns noch eine dritte Frage stellen: Hat die Art der Ernährung darauf, wie das Leben verläuft, einen Einfluß? Und umgekehrt: Erfordert eine bestimmte Art zu leben eine spezielle Ernährung? Für die erste Hälfte der Frage läßt sich leicht ein Beispiel finden. Viele Kinder reagieren auf bestimmte Nahrungsmittel mit Hautausschlag, andere Kinder mit Durchfall und Bauchschmerzen. Hier zeigt die Ernährung direkte Folgen für die Lebensqualität des Kindes. Was die zweite Hälfte der Frage betrifft, so können wir Kinder beobachten, die körperlich sehr aktiv sind, die beispielsweise jeden Tag zu Fuß zur Schule gehen; diese Kinder brauchen eine gehaltvollere Nahrung. Andere Kinder wiederum müssen viel Kälte ertragen können, sie brauchen eine fettreiche Kost. Bei dieser dritten Frage handelt es sich also um persönliche Lebensumstände eines bestimmten Kindes, während die beiden ersten Fragen die Kinder im allgemeinen betreffen.

Anhand dieser Fragen kann eine Ernährungslehre für Menschen entwickelt werden. Sie muß sich nach folgenden Kriterien richten: Wodurch wird eine Substanz zum Nahrungsmittel, welche «Lebensmittel» gibt es noch außer der Nahrung und welchen Platz nimmt hier die Ernährung ein; schließlich: Wie beeinflussen Lebensweise und Nahrung einander? Hier soll jedoch keine solche Ernährungslehre entwickelt werden, es geht lediglich darum, zu zeigen, daß die Beschäftigung mit Hintergründen der Ernährung ein weites Gebiet des menschlichen Lebens umschließt.
Da dieses Buch die Kinderernährung zum Thema hat, muß eine vierte Frage gestellt werden: Welche speziellen Forderungen müssen an eine Ernährung für Kinder gestellt werden? Kinder haben ganz andere Möglichkeiten, Nahrung zu verdauen, und auch andere Vorlieben als die Erwachsenen. Wie kommt das?
Eine wichtige Charakteristik des Kindesalters ist diese: Als Kind entwickelt der Mensch Schritt für Schritt sein persönliches Dasein auf dieser Erde;

aus der beschützenden Umgebung heraus, in der es heranwächst, erobert es sich seine Welt. Diesen Entwicklungsgang nennt man auch *sich inkarnieren.* Je mehr der Inkarnationsprozeß fortschreitet, desto stärker wird das Kind zu Selbstbewußtsein und Selbständigkeit gelangen.

Es liegt auf der Hand, daß wir Rückschlüsse auf den Inkarnationsprozeß eines Kindes machen können, wenn wir beobachten, in welcher Art und Weise das Kind die Nahrung verdauen kann. Außerdem sind wir der Meinung, daß man mit Hilfe der Ernährung den Inkarnationsprozeß begleiten und unterstützen kann. So kommen wir zu zwei sich gegenüberstehenden Ausgangspunkten, die sozusagen links und rechts des Weges stehen, den wir mit der Kinderernährung gehen wollen.

Der erste Ausgangspunkt ist, daß die Ernährung den Verdauungsmöglichkeiten des Kindes angepaßt wird, der zweite, daß wir die Nahrung so einsetzen wollen, daß das Kind etwas lernt, was es bisher noch nicht kann.

Manchmal folgen wir der linken Seite des Weges: Wenn ein Kind krank war oder viel zu bewältigen hat, erleichtert man ihm die Sache durch die Ernährung. Manchmal wählen wir die rechte Seite, dann nämlich, wenn eigentlich ein Entwicklungsschritt gemacht werden müßte. Dann kann durch die Art der Ernährung ein Hindernis überwunden werden, indem beispielsweise gelernt wird, Rohkost zu essen.

So gesehen ist das wichtigste Ziel der Nahrung, daß sie verdaut wird. Je besser ein Kind seine Nahrung abbauen kann, desto größer kann die Inkarnationshilfe derselben sein. So bietet die Mahlzeit einen wesenlichen Beitrag zur Erziehung und zur Entwicklung des Kindes. Daraus sieht man, wie wichtig es ist, daß die Ernährung des Kindes eine deutlich erkennbare, wirkliche Nahrung ist. Das Akzeptieren der Nahrung bedeutet für die Verdauung, daß sie aktiv wird. Gutes Essen muß schmekken, und es muß auch etwas zum Schmecken da sein. Je feiner wir schmecken, desto besser verdauen wir. Künstliche Hilfsmittel, die bei der Zubereitung von Nahrung verwendet werden, wie Duft-, Farb- und Geschmacksverstärker sind wertlos und bringen den Organismus durcheinander. Es gibt Kinder, bei denen dadurch *allergische Reaktionen** auftreten, bei anderen Kindern dage- 21
gen merkt man vorerst nichts.

Manche Kinder sind auf bestimmte Dinge in der Nahrung besonders erpicht, z.B. auf Oliven oder Zitronen. Andere Kinder dagegen mögen bestimmte Dinge überhaupt nicht. Wenn es sich um Kinder handelt, deren Geschmack nicht verdorben ist, können wir davon ausgehen, daß solche Bedürfnisse wert sind, beachtet zu werden. Der gesunde Nahrungsinstinkt von Kindern ist unfehlbar. Wir lernen dann verstehen, wie eine Vorliebe oder Abneigung gerade zu diesem Kind paßt.

Im folgenden werden einige Altersperioden mit entsprechenden Entwicklungsthemata behandelt werden. Für ein deutlicheres Bild dieses Entwicklungsganges sei auf die entsprechende Literatur* 467
hingewiesen.

Kleinkindalter und Kindergartenzeit: 1 – 6 Jahre

Die Muttermilch ist normalerweise die erste Nahrung. Sie bildet die ideale Kombination von Nahrungsmittel und Erziehungsmittel. Während der ersten Lebenswochen schläft der Säugling beinahe den ganzen Tag. Die Ernährung ist gleichbedeutend mit der Erziehung. Die Mutter hat durch ihre eigenen Eßgewohnheiten und ihre Lebensweise einen wesentlichen Einfluß auf die Qualität von Erziehung und Ernährung des Kindes. Später bekommt die Ernährung ihren Platz innerhalb der

Erziehung, ihrem Wesen nach gehören sie jedoch immer zusammen. In dem Maße, wie das kleine Kind «ansprechbarer» wird, entfernt es sich immer weiter von der allumfassenden Muttermilchernährung. Jeder Schritt hin zur Selbständigkeit wird durch einen weiteren Schritt im Ernährungsplan begleitet und unterstützt.

Die ersten drei Lebensjahre nehmen einen ganz einzigartigen Platz ein. In drei großen Schritten zeigt das Kind, was in seinem späteren Leben möglich sein wird. Es lernt gehen (erstes Jahr), sprechen (zweites Jahr) und denken (drittes Jahr). Das Kind übt motorische Fähigkeiten, dann soziale Fähigkeiten und Kommunikation, und schließlich gelangt es dadurch, daß es wahrnehmen lernt, zum anfänglichen Selbstbewußtsein. In dieser ersten Lebensphase ist das Kind noch in hohem Maße in all seinen Lebenssituationen von seiner unmittelbaren Umgebung abhängig, nicht zuletzt von seiner Ernährung. Dies verändert sich etwas, wenn die Entdeckungsreisen in den Küchenschrank nicht nur Geklapper von Töpfen und Deckeln zur Folge haben, sondern wenn man auch noch auf Kuchen und Zucker stößt. Alles wird versucht, alles wird auf seine Eßbarkeit und seinen Ernährungswert hin getestet. Das Kind zeigt auf allen Gebieten, daß es sich in der Entdeckungsphase befindet. Jetzt sind die Kinder etwa 3 Jahre alt, und der erste Gang zum Kindergarten steht an. Es wird interessant, mit anderen Kindern etwas zu unternehmen. Das Kind entwickelt Geschmacksempfinden auf dem Gebiet des Essens und auf anderen Gebieten. Dies geschieht übrigens ganz aus der Nachahmung und dem Erlebnis heraus und nicht aufgrund eigener Einsicht.

Am Ende des Kindergartenalters möchte das Kind nicht nur mitmachen, sondern auch selbst tun dürfen. Es will selber die Schuhbändel zubinden, den Namen schreiben, den Tisch decken: In dieser dritten Phase der Kindheit will das Kind etwas können, und es kann etwas wollen. Die Schulreife, die in der Regel ungefähr mit dem Zahnwechsel zusammenfällt, schließt diese Periode ab.

Grundschulzeit: 6 – 12 Jahre

Das Kind bekommt nun auf dem Gebiet seiner Lebensfunktionen und elementaren Lebensbedürfnisse eine gewisse Selbständigkeit. Damit wird experimentiert. Es schläft einmal woanders, bekommt Freunde und Hobbies. Der Lebensraum des Kindes wird ausgeweitet auf eine größere Gruppe von Menschen mit unterschiedlichen Gewohnheiten, Kleidung und Ernährung. Meistens wird während dieser zweiten großen Periode das Heimweh, das eventuell bei auswärtigen Übernachtungen aufgetreten ist, überwunden.

Das Kind schlägt bei dieser individuellen Entwicklung einen Weg ein, der zwar sehr persönlich gefärbt ist, sich aber trotzdem nach einem allgemeinen Muster wieder in drei großen Schritten zeigt. In den drei ersten Klassen der Grundschule ist es besonders wichtig, daß das Kind viel mit anderen Kindern spielt. Einerseits lernt es seine Phantasie auszuleben und mit anderen zu teilen, andererseits werden Spiele mit oft sehr komplizierten Spielregeln gespielt. Gleichzeitig werden in der Schule die wichtigen Kulturtechniken wie Lesen, Schreiben und Rechnen gelernt.

Ab der dritten oder vierten Klasse kommt ein völlig neues Element in das Leben des Kindes. Wie zwischen dem zweiten und dritten Geburtstag sich eine erste Form von Selbstbewußtsein zeigte, kommt es nun zum Erleben desselben. Jetzt ist es für das Kind nicht mehr selbstverständlich, als kleiner Teil der Familie oder der Klasse alles mitzumachen. Zum erstenmal fühlt es: «Ich bin ein Ich». Dadurch kann es auch das Gefühl der Einsamkeit erleben. Andererseits bilden sich in dieser Periode oft Freundschaften fürs Leben.

Vor der Zeit der Pubertät entstehen feste Gruppierungen. Die Kinder haben das Bedürfnis, sich für eine gute Sache einzusetzen. Sie suchen etwas, wofür sie sich alleine oder zusammen mit anderen engagieren können. Sie genießen es, wenn sie etwas zu tun finden, was den Einsatz wert ist. Natürlich sind sie nicht wirklich selbständig. Immer wieder kommen sie auf die Erwachsenen zurück, die ihrem Projekt Grenzen und Richtung geben müssen. Diese Periode wird durch die körperliche Geschlechtsreife abgeschlossen, die deutlich werden läßt, daß sowohl die Lebensfunktion, die soziale Funktion als auch die individuelle Funktion der Fortpflanzung in den Bereich des Kindes gelangt sind.

Die Oberstufe der Schulzeit: 12 – 18 Jahre

Diese Periode fängt mit einem enormen Wachstumsschub an, der körperlich viel Kraft erfordert. Er stört das seelische Gleichgewicht des Kindes, welches bisher noch vorhanden war. Unausgeglichenheit heißt das Motto, unter dem diese Übergangsperiode zum Erwachsensein steht. Jetzt braucht das Kind die selbstverständliche Lebenssicherheit von außen, die es bisher aus sich selber hatte. Danach, etwa ab dem 15. Jahr, beginnt die Blütezeit des Urteilens. Durch keinerlei Erfahrung gebremst, übt sich der junge Mensch darin, Gesichtspunkte zu erwerben, darauf zu bestehen und sie ohne weiteres wieder außer acht zu lassen. In stundenlangen Gesprächen mit Gleichgesinnten werden die Tugenden und Untugenden von Lehrern, Klassenkameraden und Eltern in aller Breite durchgehechelt. Obwohl sie sich äußerlich fortschrittlich kleiden, sind sie innerlich doch häufig recht konservativ. Viel intensiver, als dies während der zweiten Lebensperiode möglich war, nimmt der Pubertierende Anteil an der kulturellen Vergangenheit. Dazu muß er auch gründlich Gelegenheit bekommen, um später aus eigenem Entschluß seine Zukunft gestalten zu können.

Mit der beruflichen Ausbildung hat die letzte Phase der kindlichen Entwicklung begonnen. Der Jugendliche probiert, was er mit den ihm zur Verfügung stehenden Fähigkeiten in der Welt zustande bringen kann.

Das Ausgleichen von Einseitigkeiten

Dieses Buch handelt vor allem von normaler Ernährung für gesunde Kinder. Bei Krankheiten ist es ratsam, einen Arzt zu konsultieren. Anhand seiner Diagnose können Sie sich nach dem *Diätkapitel**, das hinten im Buch steht, richten. Inner- 428
halb der «normalen» Grenzen treffen wir, was die Veranlagung der Kinder betrifft, auf viele Variationen. Die Variationen nennt man «Konstitutionstypen». So gibt es die «Zuschauer» und die «Zugreifer», die Träumer und die Frühreifen, die «Spieler» und die «Nachdenklichen», die mageren/zähen und die dicken/weichen Kinder. Viele Kinder mit einer deutlich erkennbaren Konstitution haben auch beim Essen deutlich erkennbare Vorlieben. Alle Kinder von einem bestimmten Konstitutionstypus haben ungefähr dieselben Vorlieben; damit zeigen sie, daß ihre Veranlagung zu einer bestimmten Einseitigkeit, die mit ihrer

Konstitution zusammenhängt, neigt. So bevorzugen rundere und trägere Kinder Süßes und Brei, die aktiven und unternehmungslustigen Kinder mögen dagegen Salziges und Rohkost lieber. Hier richtet sich das Kind in seiner Vorliebe für einen bestimmten Geschmack nach seiner Konstitution. Es gibt auch Kinder, die einen guten Instinkt dafür haben, was ihnen gut tut: Sie richten sich nicht nach ihrer Anlage, sondern machen mit ihrer Geschmacksvorliebe eine Gegenbewegung. So gibt es unruhige, magere Kinder, die es herrlich finden, den Tag mit einem ordentlichen Teller Brei zu beginnen: Das bringt sie zur Ruhe. Unkonzentrierte, fahrige Kinder mögen Zitronen: Das zieht sie zusammen.

Als Eltern können Sie bei Ihren Kindern beobachten, wo diese ihrer konstitutionellen Einseitigkeit folgen und wo sie ein gesundendes Gegengewicht suchen. Dies können Sie in der Ernährung bewußt anwenden: So bekommt der eine zum Tee beispielsweise etwas Süßes zu knabbern, der andere etwas Herzhaftes.

Ganz im allgemeinen kann man zwar etwas über die Wirkung der verschiedenen Nahrungsmittel auf das Kind sagen, Sie tun jedoch gut daran, den Rat eines Ernährungs- oder eines Diätberaters einzuholen, wenn Sie sich nicht auskennen.

Feste Kost, Vollkornprodukte, Rohkost, bittere und saure Getränke wirken anregend. Brei, süße Früchte, Milch, süße Getränke und Kartoffeln haben eher eine einschläfernde Wirkung.

Kräftig wird man von Getreide, vor allem von Hafer und Gerste, grünem Gemüse und gewürzten Speisen. Eiweiß macht leicht träge und schwer.

Scharf gewürztes Essen lehnen Kinder häufig ab, feurige und draufgängerische Kinder dagegen haben dann etwas zu verdauen.

Mürbe, knusprig, vielfarbig, abwechslungsreich: All dies weckt die Neugierde und das Interesse am Essen.

Tierisches Eiweiß in der Kinderernährung

Milch, Eier, Fisch und Fleisch sind Eiweißlieferanten tierischen Ursprungs. In allen diesen Fällen handelt es sich um hochwertige Eiweißstoffe, trotzdem ist es ratsam, sich bei jedem Nahrungsmittel aufs neue zu fragen, ob es für die Kinderernährung geeignet ist.

Muttermilch, um es überspitzt auszudrücken, stellt an die Verdauung ganz andere Anforderungen als ein Beefsteak. Der Unterschied läßt sich nicht durch eine Analysetabelle der verschiedenen Eiweißlieferanten ausdrücken. Wir müssen andere Urteilskriterien finden als die von Zahl und Analyse. Eine Möglichkeit zur Urteilsbildung ist die durch eigene Erfahrung und unseren gesunden Menschenverstand.

Zunächst ist es natürlich einmal so, daß die Milch dazu da ist, von Säuglingen getrunken zu werden. Ein besonderes Merkmal der Milch ist, daß die Mutter sie zum Nutzen des Säuglings verschenkt. Muttermilch paßt sich von ganz alleine den sich verändernden Bedürfnissen des wachsenden Kindes an. Bei Tieren ist die Milch je nach Tierart verschieden: dem jeweiligen Wachstumsstand des jungen Tieres angepaßt.

Ansonsten ist es wohl jedem deutlich, daß halbrohes Beefsteak für kleine Kinder nicht geeignet ist. Es ist offensichtlich möglich, Unterschiede in der Verdaulichkeit von Eiweißlieferanten festzustellen. Man könnte eine Liste der verschiedenen Eiweißlieferanten aufstellen, «nach Gefühl» ihrer Verdaulichkeit entsprechend angeordnet. Fleisch und Fisch sind als solche nicht als Nahrungsmittel gemeint. Hier liegt ein wichtiger qualitativer Unterschied zur Milch vor. Für Fleisch (und Fisch)

ist es bezeichnend, daß es gerade für das Tier selber da ist: Es dient seinem eigenen Funktionieren. Im übertragenen Sinn: Die Milch bekommt die «Farbe» des Herschenkens, Fleisch die des Für-sich-selber-seins des Tieres. Eier liegen dazwischen. Tiere, die Eier legen, liefern für ihre Nachkommen keine Milch. Der Inhalt des Eis dient dem jungen Tier zum Wachsen, genau wie Milch. Das Muttertier schenkt das Ei weg einschließlich des Keimes für ein kleines Tier. Das Eiweiß ist etwas Fertiges, es kann dem tatsächlichen Bedürfnis des jungen Tieres nicht mehr angepaßt werden.
Diese Art von Überlegungen bringen uns dazu, zu tierischem Eiweiß in der Kinderernährung die folgenden Gesichtspunkte zu nennen, die zugleich den Ausgangspunkt für die Zusammenstellung der Rezepte bilden.

- Milch ist für jeden Lebensabschnitt geeignet, nur nicht für Kinder mit einer Milch-Überempfindlichkeit. Milch, Brei und derartiges gehört zu kleinen Kindern: Es stellt an die Verdauung wenig Anforderungen, es hilft beim Aufbau und macht nicht wach.
- Eiweiß von Eiern ist sehr leicht verdaulich und ab einem Jahr zu verwenden. Eigelb ist viel schwerer verdaulich und enthält heutzutage relativ viele Umweltschadstoffe. Man kann es ab zwei Jahren mit Maßen innerhalb einer Diät verwenden.
- Fisch ist, verglichen mit Fleisch, viel leichter verdaulich, was man bei einem Tier, das so unbewußt und zum großen Teil seiner Umgebung ausgeliefert im Wasser lebt, voraussetzen kann. Leider enthält Fisch relativ viele Schwermetalle und andere Verunreinigungen (siehe Fisch*). 197
- Fleisch ist für kleine Kinder ungeeignet: Es stellt hohe Ansprüche an die Verdauung, und die «Farbe des Egoismus» paßt nicht zu den Kindern. Das heißt, ganz allgemein gesprochen ist es ungeeignet. Es kann jedoch sein, daß es für ein bestimmtes Kind hilfreich ist, wenn dieses Kind nämlich mit Hilfe von Fleischeiweiß seinen Platz auf der Erde finden soll. Wenn in einer Familie Fleisch gegessen wird, dann sollte man nach dem dritten Lebensjahr damit beginnen und vorzugsweise «weißes Fleisch» geben (Geflügel, Fisch).
- Von jeher gilt, daß Schweinefleisch bedenklicher als Rindfleisch ist. Ob dies damit zusammenhängt, daß das Schwein ein Dasein führt, das sich so nah am Boden abspielt, oder damit, daß das Schweinefleisch dem menschlichen Fleisch so sehr ähnelt – hier wollen wir uns nicht festlegen. Eine Erfahrungstatsache jedenfalls ist die, daß Kinder das Schweinefleisch oft schlecht vertragen und daß es später häufig zu allergischen Problemen führt. Aus diesen Gründen raten wir Schweinefleisch für Kinder im Vorschulalter nicht an.

In der Pubertät spielt die Fleischernährung wieder eine andere Rolle. Einerseits kann das Fleisch in der Ernährung jungen Menschen dazu verhelfen, daß sie sich mit der Erde konkret verbinden. Andererseits kann vegetarische Kost enorm hilfreich sein, die Sinne rein zu halten. Fleisch kann also in dieser Periode eine Herausforderung sein oder eine Trübung bewirken. Sie können mit ihrem Kind die Auswirkungen des Fleischkonsums auf die Klarheit im Kopf, auf den Schlaf, auf den Appetit usw. hin untersuchen. Zusammenfassend können wir sagen, daß bei der Frage nach tierischem Eiweiß in der Kinderernährung nicht nur die Eiweißanalyse, sondern auch der qualitative Ursprung zählt.

Wenn Unverträglichkeiten bestimmter Nahrungsmittel bestehen

Es gibt die unterschiedlichsten Umstände, unter denen bestimmte Nahrungsmittel nicht vertragen werden. Die Ursachen: ungenügend ausgebildetes Verdauungssystem; angeborene Probleme; allergische Reaktionen; Probleme mit Nahrungsmittelzusätzen.

1. Unreife

Die Entwicklung der menschlichen Verdauung ist bei der Geburt noch nicht abgeschlossen. Beim Neugeborenen ist die Fähigkeit zu verdauen noch sehr gering: Nur Milch wird vertragen. Die Darmwand läßt einige Stoffe – vor allem Fette und Kohlehydrate – noch ungehindert passieren, was später nicht mehr möglich ist. Diese Situation ändert sich im Laufe der Jahre, so daß man eine schematische Liste der Nahrungsmittel aufstellen kann, die nach und nach verdaut werden können. Solch eine Liste finden Sie auf Seite 25.
Aufgepaßt: diese Liste basiert auf Erfahrungen, es gibt keine Norm, höchstens grobe Mittelwerte! Damit will ich sagen, daß sich die Verdauungsfähigkeit eines Kindes bis zu seinem 10. Lebensjahr entwickelt. Jedes Kind macht diese Entwicklung auf seine Weise durch. Wenn ein Kind ein bestimmtes Nahrungsmittel nicht verträgt, kann das heißen, daß es einfach noch nicht reif dafür ist. Es gibt übrigens Menschen, die bestimmte Dinge nie gut vertragen können. Man spricht dann nicht von Krankheit, sondern von einer persönlichen Abweichung vom Üblichen.

2. Angeborene Probleme

Es kann passieren, daß bestimmte Stoffe in der Nahrung nicht verdaut werden können: nicht im Kindesalter und auch später nicht. Hier handelt es sich nicht um Unreife, sondern eher um erblich bedingte Gegebenheiten, was übrigens selten auftritt. Ein Beispiel: Zöliakie beruht darauf, daß ein Eiweißbestandteil des Getreideglutens nicht verdaut wird. Die Behandlung ist einfach: Man läßt das Gluten in der Nahrung weg, verwendet also keinen Weizen, Roggen, Hafer, Gerste und eventuell auch keine Hirse. Ein anderes Beispiel: Milchzucker (Laktose) wird mit Hilfe eines Enzyms – der Laktase – im Darm verdaut. Es gibt nun Menschen, die keine (sehr selten) oder eine verminderte Laktase-Aktivität im Darm haben. Sie vertragen also keine oder nur eine beschränkte Menge von Milchzucker (süße Milchprodukte).

Ein *vorübergehender* Laktase-Mangel tritt häufig auf, wenn der Darm durcheinander war, zum Beispiel nach einer Darmgrippe. Es kann passieren, daß man nachher wochenlang Milch schlecht verträgt. Man nimmt auch an, daß es eine vorübergehende Glutenunverträglichkeit gibt, diese kommt jedoch wohl selten vor.

3. Allergie

Unter einer Überempfindlichkeit gegen Lebensmittel versteht man hier die Situation, in der der Körper heftig auf einen oder mehrere Bestandteile der Nahrung reagiert, für die die meisten Kinder ganz unempfindlich sind. Die allergische Reaktion kann sich durch folgende Symptome äußern: Hautveränderungen, Probleme der Luftwege, Ohrenentzündung, Durchfall, Bauchkrämpfe, Unruhe, Reizbarkeit und Kopfschmerzen.
Mit Nachdruck sei darauf hingewiesen, daß all diese Symptome (und viele andere im Verband mit Allergie genannten) meistens nicht oder nicht ausschließlich ihre Ursache in der Verdauung haben und deshalb nicht oder zumindest nicht nur durch Diätvorschriften behandelt werden können. Trotzdem ist es in einigen Fällen von essentieller

Wichtigkeit, bestimmte Überempfindlichkeiten zu kennen und das entsprechende Nahrungsmittel aus der Ernährung zu streichen. Hier handelt es sich dann meistens um akute Überreaktionen. Es kann sein, daß ein Kind nach wenigen Tropfen Milch oder einem Plätzchen, das mit Milchpulver hergestellt wurde, in heftige Atemnot gerät. Oft handelt es sich nur um einige wenige Nahrungsmittel, bei denen solch eine heftige Reaktion auftritt. Bei später auftretenden Reaktionen oder chronischen Erkrankungen ist der Erfolg von Diätmaßnahmen oft nicht besonders spektakulär, wenn nicht gar enttäuschend.
Die Reihe der allergenen Stoffe beginnt bei der Milch, geht weiter über Erdnüsse, Eier, Soja, Nüsse, Zitrusfrüchte, Schokolade, Hülsenfrüchte, Getreide bis zu Fisch, wobei der Fisch ganz unten rangiert. Die ersten drei Produkte verursachen 80 % der Lebensmittel-Überempfindlichkeiten, zumindest in Amerika. Schwierig wird es dann, wenn die Überempfindlichkeitsreaktion bei kombinierten Stoffen auftritt. Äpfel werden beispielsweise gut vertragen und Erbsen auch, zusammen jedoch machen sie Schwierigkeiten.

In der Allergie-Problematik ist es immer so, daß der Körper sich, in diesem Zusammenhang, gegen ein Nahrungsmittel wehrt, es nicht als Nahrung anerkennt. Das «Allergikum» ist für die Verdauung keine Herausforderung zum Verdauen, sondern ein Fremdkörper, ein Gift und Eindringling, gegen welchen mit aller Kraft angegangen werden muß. Die Symptome zeigen sich meistens in Grenzbereichen zwischen Innen- und Außenwelt: den Schleimhäuten, in den Luftwegen und im Magen-Darmkanal.

4. Nahrungsmittelzusätze, Additive

Nahrungsmittelzusätze sind so alt wie die Nahrung selber. Zucker und Salz zum Konservieren, Sauerteig und Treibmittel sind Beispiele. Der Aufschwung der Nahrungsmittelindustrie brachte eine wahre Schwemme von Zusatzstoffen in unsere Nahrung. Sie wurden in Rubriken eingeteilt und bekamen eine E-Nummer. Heutzutage müssen sie auf den Packungen aufgeführt werden. In den letzten 10 bis 20 Jahren wurde viel über die Wirkung bekannt, die diese Zusatzstoffe auf das Verhalten von Kindern haben. Manche Eltern erkennen schon an der Unruhe und an den Augen, ob ihre Kinder genascht oder Limonade mit künstlichem Farbstoff getrunken haben. Hier handelt es sich längst nicht mehr um Einzelfälle, in beinahe jeder Klasse finden sich mehrere dieser Kinder. Es gibt eine wahre Epidemie von gestörtem Verhalten im Zusammenhang mit Essenszusätzen. Es ist gut möglich, daß diese Kinder eines Tages der Grund dafür sind, daß bei der Ernährung und Erziehung andere Gesichtspunkte gelten werden.
Eine Zeitlang standen die «Phosphatkinder» im Mittelpunkt des Interesses. Das Krankheitsbild ist im Grunde genommen dasselbe wie bei den oben genannten Symptomen, nur daß das Phosphat als Verursacher bekannt wurde. Die Behandlung bestand in einer gesunden Diät mit oft verblüffendem Erfolg. Wahrscheinlich handelt es sich in allen Fällen um dasselbe Bild, das als Alarmsignal für unsere heutige Ernährungssituation aufgefaßt werden kann.
Hier stehen die Verhaltensprobleme mehr als die körperlichen Symptome im Vordergrund. Juckreiz und Überempfindlichkeit zeigen sich nicht auf der Haut, sondern in der Seele. Die Folgen sind mindestens so heftig wie bei den «normalen» Lebensmittel-Überempfindlichkeiten. Nur das Niveau ist ein anderes: Bei den Additiven kommt ein gesellschaftliches Problem zum Vorschein.

Dr. med. Edmond Schoorel

Wann kann ein Kind was verdauen?

Auf diese Frage kann man keine allgemeingültige Antwort geben, da jedes Kind seine individuelle Möglichkeit hat, Nahrung zu verdauen. Man sollte nicht nur darauf achten, was ein Kind ißt, sondern auch beobachten, was mit dem Gegessenen passiert und wie es letzten Endes verdaut wurde. Blähungen, Bauchschmerzen und zu dünner Stuhl sind nicht nur für das Kind und seine Umgebung unangenehm, sondern sie verschwenden auch Energie, die sehr viel sinnvoller woanders gebraucht wird. Nahrungsmittel, die die genannten Folgen haben, sind also zu diesem Zeitpunkt oder in der dargereichten Form noch nicht gut verdaulich. Hinzu kommt noch, daß unvollständig verdaute Nahrung vom Organismus nicht richtig aufgenommen werden kann.

Die Ernährung für das kleine Kind muß also sorgfältig und unter Berücksichtigung der oben genannten Kriterien zusammengestellt werden. Wenn Sie voll stillen können, nimmt Ihnen die Natur für die ersten sechs Lebensmonate diese Sorge ab, denn die Muttermilch ändert sich nach dem Bedürfnis des Kindes: Die Milch für einen zwei Monate alten Säugling hat eine andere Zusammensetzung als für ein Baby von einem halben Jahr.

Mein Rat: nach ca. 6 Monaten mit dem Abstillen beginnen (allmähliche Entwöhnung der Brustnahrung); gleichzeitig können Sie mit dem Zufüttern beginnen (die entsprechenden Richtlinien finden sie im Einführungsschema für Nahrungsmittel auf Seite 25).

Außer reifen Früchten und Möhrensaft reicht man alle Nahrungsmittel in gekochtem Zustand. Sehr schnelle, hyperbewegungsaktive Kinder sollten durch zu frühes Zufüttern nicht zusätzlich angeregt werden; für diese Kinder sind die Schritte im Schema auf Seite 25 etwas kurz. Man sollte also mit einem kleinen Umtreiber lieber etwas zurückhaltender mit der Einführung neuer Nahrungsmittel sein und bei jedem Schritt etwas länger verweilen.

Wenn Sie mit einem runden und flachen Teelöffelchen zufüttern, gewöhnt sich das Kind nach und nach an das Essen mit dem Löffel und braucht vielleicht gar keine Flasche. Flaschenkinder müssen ab 3 bis 4 Monaten zugefüttert werden.

Manche Kinder haben *beim Umstellen von Brust- oder Flaschennahrung auf Gemüse und feste Ernährung* große Schwierigkeiten. Vor allem Gemüse verweigern sie rundweg. Dies liegt oft nicht einmal so sehr am Geschmack, als vielmehr an der Konsistenz der Nahrung. Man kann versuchen, das Gemüse eine Zeitlang sehr weichgekocht und mit einem (Stab) Mixer püriert zu reichen. Mit dem Mixer pürierte Nahrung hat jedoch zwei Nachteile: Die Luft, die beim Mixen hineingeschlagen wird, kann bei empfindlichen Kindern zu Blähungen führen, und das Problem der Umstellung wird bei manchen Kindern nicht gelöst, sondern lediglich aufgeschoben. Um letzteres zu vermeiden, könnte man pürierte Gemüse in Form von Suppe mit Brotwürfeln aus Mehl Type 1050
oder als Soße über einem kräftigen *Hirsepüree** 117
reichen. Brot und Hirse überdecken den Geschmack des Gemüses nicht, machen ihn jedoch milder; außerdem machen sie die Mahlzeit in der gewünschten Form gehaltvoll. Die Erfahrung zeigt, daß Babies, die ab ungefähr einem halben Jahr auf einer Brotrinde kauen dürfen und die später, wenn die Zähnchen durchgekommen sind, Stückchen von geschältem, mürbem Apfel essen dürfen, bei der Umstellung keine oder geringere Schwierigkeiten haben.

Das Einführungsschema auf Seite 25 gibt nur Hinweise dafür, ab welchem Alter Sie bei einem gesunden Kind neue Nahrungsmittel einführen können. Ihre eigenen Wahrnehmungen, Ihre Intuition und die daraus resultierenden Einsichten bilden letztendlich den Maßstab. Geben Sie beim ersten Mal die Beikost in kleinen Mengen (4 Teelöffel) und während drei Tagen hintereinander immer dasselbe. Dann wird die Menge langsam gesteigert. Wenn die Beikost während der drei Tage gut vertragen wurde, kann man weitermachen, im anderen Falle weiß man gleich, welches der Übeltäter ist. Einige Wochen später kann ein neuer Versuch gewagt werden. Wie man bei Babies mit allergischer Veranlagung vorgeht, ist im Kapitel über *Allergie** nachzulesen. 429

Wenn das Kind krank ist, sich unwohl fühlt (beim Zahnen oder nach einer Impfung) oder der geregelte Tagesablauf gestört ist (Feiertage, Ferien, Gäste im Haus, Umzug), sollte in der Ernährung nichts verändert werden.

Kinder, die das normale Vollkornmehl schlecht verdauen, haben mit Thermomehl*, später Ther- 107
mogrütze oder *gedarrtem Getreide* * anstelle von 404
normalem Getreide weniger Probleme.

Wenn Sie länger als drei Monate voll stillen können, können Sie mit der Beikost bis zum sechsten Monat warten. Man fängt dann im Schema bei 3 bis 4 Monaten an.

Neben dem Rezepttitel steht in diesem Buch jeweils, für welches Alter das Gericht geeignet ist. In den Variationen nach dem Grundrezept steht, wie ein Gericht für eine Familie mit mehreren Kindern erweitert werden kann. Siehe dazu auch das Kapitel *Zur Anwendung der Rezepte**. 7

Was ißt ein Kind an einem normalen Tag?

Was die Menge betrifft, macht das Kind meistens selber deutlich, wieviel es braucht. Wenn es ausreichend wächst, schön spielt und gut schläft, kann man davon ausgehen, daß es, auch wenn es etwas dünn ist, genügend ißt.

Man muß unterscheiden, was ein Kind zum *Wachsen* (das ist das Grundbedürfnis) und was es zur *Bewegung* braucht. Was das Kind für das Wachstum nötig hat, hängt von seinem Alter ab und kann nicht nur von einem Jahr zum anderen variieren, sondern auch von der einen zur nächsten Phase ganz anders aussehen. Was das Kind für seine Bewegung braucht, hängt von seinen Aktivitäten ab und kann sich vom einen zum anderen Tag und von der einen zur anderen Jahreszeit ändern (siehe auch *Sporternährung**). 445

Das Frühstück

Ein Frühstück, das zu wenige Nahrungsstoffe enthält, kann schuld an Lernschwierigkeiten sein. Gleich nach dem Aufstehen braucht der Körper Energie. Wenn diese Energie mit dem Frühstück nicht geliefert wird, wird sie dem Blut entzogen. Der Blutzuckerspiegel fällt, und die Folgen sind Konzentrationsschwäche, «Abwesenheit» und / oder Unruhe.

Zum Frühstück sollte man zwischen (Vollkorn-) **Brot** und (Getreide-) **Flocken** wählen.

– *Brot:* Das Brot wird bestrichen mit Butter, Quark oder Nußmus, auch ungesalzenem Tahin oder Sonnenblumenkernmus (siehe auch unter *Nußmus**). Eventuell Fruchtaufstrich 237
(Marmelade) oder etwas Apfelkraut, beim Streichen mit der Butter vermischt (reines Apfelkraut und auch Honig sind sehr konzentrierte Süßungsmittel und deshalb schlecht für die Zähne); schmeckt, mit dünnen Apfelscheiben belegt, lecker. Auch milder Käse ist geeignet.

Einführungsschema für Nahrungsmittel

Für Kinder von 3 Monaten bis 10 Jahren, ausgehend von der Brusternährung bis einschließlich dem dritten Monat.

Alter (ab)	Nahrungsmittel	
3-4 Monate	– Reismehl, eventuell Hirse und Buchweizen – Karottensaft* – Brei aus reifen Früchten (nicht zu saurer Apfel, reife Birne, eventuell Banane*) – Brei aus weichgekochtem Gemüse (Karotte, Broccoliröschen und Blumenkohl, Fenchel)	 402 450
6 Monate	– Hafer- und Vollkorn-Weizenmehl (das Weizenmehl sieben), daraus eventuell einen dünnen Brei kochen – Vollmilch, Buttermilch, Viili* oder Joghurt (bis ca. 8 Monate mit Wasser verdünnt) – Brotrinde zum Kauen (der Speichel setzt die Kohlehydrate teilweise in Zucker um, so kann das Baby vorsichtig an den Geschmack und die Verdauung von Getreide gewöhnt werden). **Vorsicht**: die Rinde darf dem Baby nur im Sitzen gegeben werden, und man darf es auch nicht damit alleine lassen!	 464
7 Monate	– Brei aus Hirseflocken und Reisflocken	
8 Monate	– abwechslungsweise wird nun Butter und kaltgepreßtes Öl in den Gemüsebrei gegeben	
9 Monate	– Roggen- und Gerstenmehl – feste Nahrung, Brei aus Getreideflocken (kein Roggen) – Sesam- und Sonnenblumenkerne in Form von Mus, die unter das warme Essen gemischt werden (in diesem Falle keine Butter oder Öl verwenden) – eventuell Rohkost (vorsichtig mit kleinen Mengen beginnen, auf der Bircherreibe* sehr feingeraspelte Karotte, zunächst mit warmem Getreide vermischt)	 450
12 Monate	– Brot mit Aufstrich (man sollte mit Brot aus Weizenmehl Type 1050, Ruchmehl anfangen) – Quark – Haselnüsse und Mandeln in Form von Mus oder sehr fein gemahlen, im Essen und Gebäck verarbeitet	
1 Jahr	– Eiweiß (darf, aber muß nicht sein. Das Eiweiß vom Ei ist eine sehr leichtverdauliche Eiweißart, aber auch Milchprodukte liefern wertvolles Eiweiß)	
1 1/2 Jahre	– Thermogrütze (Hafer, Gerste) Hirse, Buchweizengrütze (als Brei) – Müsli* (über Nacht einweichen und in der ersten Zeit kurz aufkochen) – milder Käse	 130
2 Jahre	– ganze Buchweizen- und Hirsekörner als Brei – Eigelb (darf, aber muß nicht sein. Eigelb liefert leichtverdauliches Fett und Vitamine, enthält jedoch umweltbedingte Schadstoffe. Butter und Öl enthalten auch Fett und Vitamine)	
3 Jahre	– Vollreis (als Brei), Thermogrütze (Weizen, Dreikorn) – Fisch, später Geflügel, zuletzt Fleisch (darf, aber muß nicht sein, wenn Milch getrunken wird) – Lauch, Zwiebel, Knoblauch, Linsen	
4 Jahre	– locker gekochte Buchweizen- und Hirsekörner (siehe Grundrezept*)	116
5 Jahre	– Thermogrütze aus Roggen, Roggenflocken – Weißkraut, Grünkohl, Erbsen	
10 Jahre	– Vollreis, nach und nach auch andere Getreidesorten als ganze Körner, als letztes kommt der Roggen an die Reihe (nichts forcieren) – Müsli aus kurz vor dem Essen mit Milch übergossenen Flocken – alle Hülsenfrüchte (am liebsten einheimische*), herzhaft gewürzt	 282

- *Getreideflocken:* Für die Kleinen werden die Flocken eingeweicht und mit Wasser zu einem
  *Brei** gekocht, dann gibt man Milch und ge- 127
  trocknete oder frische Früchte dazu.

Kindergartenkinder, die schon gut verdauen kön-
nen, dürfen *Müsli** aus eingeweichten Flocken mit 130
einem (sauren) Milchprodukt essen, dem man frische Früchte oder mit dem Müsli eingeweichte Dörrfrüchte und eventuell Nüsse hinzufügt.
Manche Kinder knabbern zum Müsli noch gerne
an einem Brotkanten oder einem *Cracker**. 378

Getränke: Kräutertee (Pfefferminz macht munter) oder verdünnter Fruchtsaft, wenn keine frischen Früchte gegessen wurden. Saures wie (Zitrus-)Früchte oder -Saft macht wach. Milch sollte man lieber für die Zwischenmahlzeit aufheben, denn für schlechte Esser bedeutet ein Becher Milch bereits ein halbes Frühstück.

Zwischenmahlzeit im Lauf des Vormittags

Sie ist abhängig von dem, was es zum Frühstück gibt, wahlweise

- ein Milchprodukt, Kräutertee, verdünnter Fruchtsaft
- Früchte
- Brotrinde, Reis- oder Hirsewaffel, Cracker oder anderes knuspriges Vollkorngebäck (möglichst ohne oder mit wenig Süßungsmittel hergestellt). Gute Esser bekommen ein oder mehrere Butterbrote, denn für sie ist diese Zwischenmahlzeit besonders wichtig, damit der Blutzucker nicht abfällt und um genügend Energie zu sammeln.

Das Schulvesper

Es ist besser, wenn für das Vesper kein süßer, klebriger Belag, sondern lieber Käse, Vitam-R,
*Nußbrotaufstrich**, übriggebliebener Pfannku- 238
chen oder Kräuterbutter (sehr gut mit Schnittlauch) verwendet wird.
Ein Stück Gurke, einige Radieschen, eine saftige
Karotte und dazu ein Butterbrot, mit *Gomasio** 408
bestreut, schmecken gut.

Unverpackte Früchte gehören nicht in den Ranzen, sie könnten gequetscht werden und Hefte und Bücher verschmieren. Kleine Kinder sollten ihr Obst lieber zu Hause essen, dann ist man sicher, daß es auch in ihrem Magen landet. Für die Grö-
ßeren eignet sich ein gewaschener* Apfel oder 248
Birne oder eine Mandarine.

Das Mittagessen

Einige Menüanregungen (siehe auch die Tips für die Zusammenstellung einer Mahlzeit):

- Gemüsesuppe oder Rohkost
- Getreide (die ganzen Körner, [Thermo-]Grütze, Vollkornnudeln) mit geriebenem Käse oder Nüssen oder Samen (Sesam, Sonnenblumenkerne)
- saftiges, gedünstetes Gemüse oder eine Gemüsesoße (Pureesoße)
- kleine Schüssel mit Joghurt (wenn es keine Rohkost gab, mit Früchten)

- Gemüsesuppe oder grüner Salat
- Getreide mit Hülsenfrüchten (3:1) mit einer Gemüsesoße

- eventuell Früchtenachtisch (wenn es keinen Salat gab, mit frischen Früchten)

- Rohkost oder Gemüsesuppe
- Getreidegericht oder Getreidebratlinge oder Pfannkuchen
- gedünstetes Blattgemüse oder Salat

- Getreidesuppe
- Kartoffeln mit etwas Fleisch, Ei oder Fisch
- gekochtes Wurzelgemüse und Salat oder gekochtes Blattgemüse und Wurzelrohkost

Kleine Zwischenmahlzeit im Lauf des Nachmittags

Im Prinzip reicht man dasselbe wie am Vormittag; oft haben die Kinder am Nachmittag ein großes Bedürfnis nach Süßem. Man kann ihnen frische oder getrocknete süße Früchte oder ein Butterbrot, Reiswaffel oder *Cracker* mit *Tahin* oder *Nußbrotaufstrich* geben. Auch *Früchtebrot* und Vollkorn-*Rosinenbrötchen* sind gut gegen Hunger.

Wenn die Kinder über Mittag in der Schule bleiben, ist es ratsam, gleich nachdem sie zu Hause sind, zu kontrollieren, ob das mitgenommene Vesper aufgegessen wurde. Häufig ist es so, daß die Zeit zu knapp oder der Appetit zu gering war, um in der Schule zu essen. Das kann jetzt in aller Ruhe nachgeholt werden. Manche Kinder essen sowieso lieber zu Hause als in der Schule. Wenn es schon bald Abendbrot gibt, sollte die Zwischenmahlzeit leicht sein. Etwas zu trinken und zu knabbern (rohe Karotte oder etwas aus dem Kapitel *Knuspriges Salzgebäck**) sind schon ausrei- 377
chend.

Das Abendbrot

Brot mit
- Käse, Quark oder Nußmus oder Fleisch (siehe unter *Brotbelag**) 236
- Gurken, Radieschen, Winterrettich, Tomate oder andere Rohkost (z.B. rohes Sauerkraut mit ein paar gehackten Rosinen und 2 bis 4 halben Walnüssen darauf)
- Früchte, Karotte oder ein Stück Gurke (wenn es aufs Brot keine Rohkost gab)

Getränk: siehe *Frühstück*

Im Lauf des Abends

- eine Tasse Kräutertee (Zitronenmelisse wirkt beruhigend)
- eventuell ein Keks
- ein kleiner Apfel, wenn es im Lauf des Tages zu wenig Obst gab.

Größere Kinder im Wachstumsalter brauchen manchmal etwas mehr, beispielsweise ein nahrhaftes Getränk*. Auch eine Scheibe Brot mit But- 396
ter und Honig stillt den Hunger und ist leicht verdaulich.

Bei Tisch

Wurzel aus der Erde Grund,
Mach mich tapfer und gesund.
Blatt und Stengel, Luft und Licht,
Gib meinem Atem Gleichgewicht.
Blüte und Frucht, gefüllt mit Sonnenhelle,
Dankbar trink' ich aus eurer Quelle.

Eva Mees

In diesem Buch steht vor allem, *was* Ihr Kind essen kann. Jedoch stehen die vielen Seiten, die ich darüber gefüllt habe, in keinem Verhältnis zu der einen Seite, die ich darüber schreiben möchte, *wie* Ihr Kind essen sollte. Eine gute Stimmung bei Tisch ist für die Entwicklung des Kindes von unschätzbarem Wert. Hier werden die ersten sozialen Kontakte geknüpft, zunächst mit den ihm vertrauten Menschen, den Eltern und Geschwistern, dann aber auch mit den Verwandten und anderen Gästen. Alles in eine sichere Umgebung eingebettet.

Wenn es irgend möglich ist, sollten Mittagessen und Abendbrot gemeinsam eingenommen werden. Dabei sollten jedoch keine Probleme besprochen und Konflikte ausgetragen werden, das ist nicht nur für die Verdauung schädlich, sondern verdirbt auch die Atmosphäre. Letztere ist die Grundlage dafür, daß auch eine einfache Mahlzeit zu einem fröhlichen und die Zusammengehörigkeit stärkenden Ereignis werden kann. Wenn es Ihnen gelingt, eine eigene Eßkultur zu entwickeln, ist dies auch später für die größeren Kinder ein Anlaß, rechtzeitig zu den Mahlzeiten zu erscheinen.

Das gemeinsame Essen mit einem Spruch zu beginnen oder zumindest zu warten, bis alle am Tisch sitzen und ihr Essen haben, und dann mit einem «Gesegnete Mahlzeit» anzufangen, lehrt das Kind, daß der Mensch sich vom Hund unterscheidet, der sich sofort auf seinen Futternapf stürzt. Hin und wieder kann auch darüber geredet werden, daß es durchaus nicht selbstverständlich ist, daß jeden Tag aufs neue volle Schüsseln auf dem Tisch stehen; die Mühe, die vom pflügenden Bauern bis hin zum tischdeckenden Familienmitglied aufgewendet werden muß, ist ein Gespräch wert, das einige Zeit in Anspruch nehmen wird. Solche Gespräche, die Sie mit den Kindern um das zehnte Lebensjahr herum führen können, wecken ein gesundes Interesse für alles, was mit der Ernährung zusammenhängt. Dies ist ein Alter, in dem das Kind dadurch noch nicht egoistisch wird, wie dies später, in der Pubertät, passieren kann. Für Jugendliche ist Nahrung häufig nur insofern interessant, als sie ihrer eigenen Körperkultur dienen kann.

An einem liebevoll gedeckten Tisch wird ganz anders gegessen, als wenn das Essen in alten Töpfen auf den Tisch kommt und die Getränke in Flaschen und Packungen herumstehen. Auch in der lebhaftesten Familie sollte es möglich sein, das Besteck ordentlich neben die Teller zu legen und, bevor man mit dem Essen beginnt, sich kurz davon zu überzeugen, ob alles Notwendige vorhanden ist. Es setzt Unruhe ein, wenn während des Essens immer wieder aufgestanden wird, um Vergessenes zu holen.

Es gibt die leicht zu führenden Kinder, die sich gerne füttern lassen, die von sich aus das Bedürfnis nach Sauberkeit haben und nach einiger Zeit beinahe unmerklich dazu kommen, selbständig und ordentlich zu essen.

Den Eigenwilligen, die alles selber tun wollen, gibt man am besten zunächst einige «Privatstunden»

an einem Platz, wo ruhig mal etwas daneben gehen darf, bevor man sie, auf ein festes Kissen gesetzt, bei den Großen mitessen läßt. Dies ist übrigens ein Moment, der durchaus mit einem kleinen Festessen gefeiert werden darf. Bei besonders schwierigen Gerichten ist diskrete Hilfe selbstverständlich und noch längere Zeit notwendig.
Kindern, deren Motorik noch zu wünschen übrig läßt, kann durch entsprechendes «Eßwerkzeug» geholfen werden:

- Brothäppchen lassen sich auf eine Kuchengabel gespießt leichter dirigieren als mit einer normalen Gabel.
- Durch einen «Schieber» gewöhnt sich das Kind gleich daran, mit zwei «Werkzeugen» zu essen. Es ist zwar etwas schwieriger als das Essen mit dem Löffel von einem Kinderteller mit nach innen gebogenem Rand, aber der Übergang zu Messer, Gabel und flachem Teller ist danach um so einfacher.

Ein Kinderlöffel mit 90°-Winkel ist nicht anzuraten, denn das Kind sollte ruhig gleich lernen, das Handgelenk entsprechend zu biegen.

Die meisten Kinder möchten gerne zu den «Großen» gehören. Wenn die Erwachsenen gute Tischsitten haben, übernehmen die Kleinen diese von ganz alleine, sofern sie nicht zu früh mit Eßgerät umgehen müssen. Mitessen*können* ist dann gleichbedeutend mit Mitessen*dürfen*. Schlechte Tischsitten sollten nicht geduldet werden. Solch ein Betragen verdirbt den Appetit der anderen, ist dem Koch gegenüber eine Beleidigung, und das darf ruhig gesagt werden.

Mithilfe der Kinder

Das Kind macht in seinem Kleinkind- und Kindergartenalter immer mehr Entdeckungsreisen, zuerst im eigenen und später im Wohnzimmer. Schon bald aber merkt es, daß es in der Küche viel interessantere Dinge zu entdecken gibt als sonstwo im Haus. Hier gibt es nicht nur Dinge zu sehen, sondern auch solche zu fühlen und vor allem zu schmecken. Wenn Sie sich in ein Kind dieses Alters hineinversetzen können, werden Sie verstehen, wie «armselig» eine moderne Küche mit allen möglichen Maschinen ist, in der hauptsächlich Fertiggerichte aufgewärmt werden. Dabei ist die Küche der einzige Ort, wo ein Stadtkind heutzutage noch etwas von handwerklicher Tätigkeit erleben kann. Wenn Sie Mahlzeiten, Kuchen und Gebäck oder sogar das Brot selber zubereiten (also keine Fertigmischung aus der Packung nehmen), hat das Kind die Möglichkeit, zuschauend und schnuppernd zu erleben, wie ein Produkt entsteht. Später kann es dann, schrittweise, indem es helfen darf, die verschiedenen Handgriffe selber lernen und so erleben, daß der Verstoß gegen bestimmte Regeln sofort die entsprechenden Folgen zeitigt. Die Wirkung ist garantiert, und man kann sich viele, meist nutzlose Predigten ersparen. Hier einige Beispiele:

- Zu kurz gegangener Hefeteig ergibt ein hartes Brot.
- Zu dicke Karottenscheiben zwischen den dünnen werden nicht gar.
- Das Raspeln einer großen, dicken Winterkarotte bis zum letzten Rest.
- Wenn zu viel von den Zutaten genascht wird, stimmt das Rezept nicht mehr, und der Kuchen mißlingt
- Hübsches Garnieren eines Gerichtes; wenn ein altbekanntes Gericht einmal neu garniert wird, kann das Ergebnis überraschend sein.
- Die Arbeit ist erst dann getan, wenn alles wieder schön aufgeräumt wurde.

Zum Schluß: Außer für sich selber arbeitet jeder

Koch vor allem für die anderen und erwartet zurecht ein Lob für seine Künste!

Es kostet die Eltern in dieser Phase viel Zeit und Geduld, den Drang zur selbständigen Betätigung in die richtigen Bahnen zu lenken und dabei noch all die lauernden Gefahren der Küche im Auge zu behalten. Doch wäre es schade, wenn diese Phase, in der das Kind so lernbegierig ist, nicht ausgenutzt würde. Alles, was in dieser Zeit gelernt wird, wird zur Gewohnheit, und das Kind und seine Mitmenschen profitieren später davon. Wenn schon bald die Schule mit Hausaufgaben, allerlei Vereinsaktivitäten und Freunde das Kind vollauf beschäftigen, wird es für die Küchenarbeit kaum noch Interesse aufbringen. Allerdings weiß es jetzt aus eigener Erfahrung, daß sich leckeres Essen nicht von alleine kocht. Auch wird es vielleicht eher geneigt sein, im täglichen Haushalt zu helfen, und sollte einmal eine nicht ganz geglückte Mahlzeit auf den Tisch kommen, kann es dafür eher Verständnis aufbringen.

Auf einige Dinge muß man ganz besonders achten, wenn Kinder in der Küche helfen:

- Es ist schlichtweg gefährlich, wenn mehr als zwei Klein- oder Kindergartenkinder in der Küche helfen. Für Ungeübte sind schon zwei Kinder zu viel.
- Voraussetzung ist ein Küchentisch. Man setzt die Kleinen am besten hinter den Tisch, dann können sie zuschauen, laufen Ihnen nicht zwischen den Füßen herum und gelangen nicht unbemerkt an den Herd.
- Der Herd und alles, was dazu gehört, ist für die Kleinen tabu. Pfannenstiele müssen immer nach hinten zeigen, denn wenn sich ein Kind auf die Zehen reckt, einen Stiel erreicht und sich der heiße Inhalt über das Kind ergießt, ist der Jammer groß. Auch große Messer, spitze Gabeln, Stab- und andere Mixer müssen außer Reichweite sein. Man sollte den Kindern, allerdings im geeigneten Moment, schon zeigen, wie sie mit einem kleinen Messer und der

Schere umgehen müssen, um ihnen unter Aufsicht deutlich zu machen, wie gefährlich diese Dinge sein können. Für den Anfang ist ein (Kinder-)Scherchen weniger gefährlich als ein Messer, und es gibt in der Küche einiges, was damit bearbeitet werden kann: Man kann Schnittlauch und andere Kräuter, Rosinen und andere Dörrfrüchte feinschneiden oder Spinatblätter (für einen Salat) in Streifen schneiden. Kleine Kinder haben oft erstaunlich viel Geduld.

Auch ein (kleines) Wiegemesser ist für Kinderhände gut geeignet, weil dabei beide Hände gebraucht werden und somit die Gefahr, daß ein Fingerchen unters Messer gerät, kaum gegeben ist.

- Man sollte mit einfachen Tätigkeiten beginnen, bei denen keine gefährlichen Hilfsmittel nötig sind, wie Teig rühren, kneten und ausstechen, Beeren einritzen, Nüsse mahlen, Dörrfrüchte mit der Schere kleinschneiden, Reis und Linsen auslesen usw.
- «Fortgeschrittene» sollten nicht nur hacken und schneiden dürfen, sondern man sollte ihnen auch die Verantwortung für ein ganzes Gericht übertragen. Zuerst läßt man sie einen einfachen Nachtisch hübsch garnieren oder aus einem Mürbeteigrest in einer kleinen Form selber einen Gemüsekuchen backen, oder man läßt sie selber Curry* machen; später dürfen 409 sie ein ganzes Menü zusammenstellen, womöglich sogar die Einkaufsliste und die Einkäufe selber machen.
- Der Grundsatz, «wer kocht, braucht nicht abzuwaschen», hat seine Nachteile. Ein Koch, der weiß, daß er nachher beim Aufräumen mit von der Partie sein wird, wird mit Töpfen und Pfannen sparsam umgehen, kleine Dinge zwischendurch kurz abwaschen und Klebriges oder Angesessenes einweichen. Der gemeinsame Abwasch geht schnell vonstatten, und er kann in einer Familie mit heranwachsenden Kindern durchaus vergnüglich sein.
- Man sollte versuchen, ein mißlungenes Gericht weder ganz schlecht zu machen, noch es über Gebühr zu loben. Der Koch sieht und schmeckt selber, daß es nicht den Erwartungen entspricht, und ist für Ratschläge für eine gelungene Wiederholung sicher dankbar.

Schulkinder, die dem «Mitgehen» im Haushalt entwachsen sind, helfen unter Umständen bei besonderen Anlässen mit Begeisterung: beim Bakken von haltbarem Festgebäck an einem Wochenende im Dezember, beim Verpacken der Geschenke; bei der Verarbeitung eines ganzen Korbes von Beeren zu Marmelade, Saft (und Kuchen!); beim Ausdenken einer Geburtstagsüberraschung für die Geschwister; beim Backen von Brot oder Kuchen fürs Wochenende usw. Bei all diesen Tätigkeiten kann das Kind den Zusammenhang zwischen dem Bemühen und der Belohnung für diese Bemühung sehen. Wenigstens in den Ferien sollte etwas Derartiges stattfinden (z.B. in der Sommerhitze gepflückte Beeren zu Eis verarbeiten).

Gesunde Ernährung

«Gesunde Ernährung» ist ein sicherlich oft unangebrachter Begriff geworden. Der Genauigkeit zuliebe will ich deshalb in diesem Buch lieber den Begriff «Vollwertkost» oder noch genauer ausgedrückt «biologisch vollwertige Ernährung» benutzen. Was heißt das?

Die bewußte Wahl der Nahrungsmittel

Vollwertige Produkte sind:

- Lebensmittel, die unter Berücksichtigung umweltfreundlicher Anbaumethoden nach den Richtlinien biologischer oder biologisch-dynamischer Landwirtschaft erzeugt wurden. Sie ha- 449
  ben einen *höheren* Nährwert, und der Schadstoffgehalt ist *niedriger*. Dadurch, daß Sie diese Produkte kaufen, unterstützen Sie diese Landwirtschaft, helfen dem Bauern, tun sich selber etwas Gutes und leisten zusätzlich einen Beitrag für die Zukunft. Ein biologisch-dynamisch arbeitender Bauer drückte es so aus: Mit jedem Brot, das man kauft, kann man einen Quadratmeter landwirtschaftlichen Boden auf die richtige Art und Weise bearbeiten lassen.
- *Frisch.* Außer milchsauer Eingemachtem (beispielsweise Sauerkraut), sorgfältig getrockneten Früchten und Kräutern, Dicksaft, Fruchtsaft und Fruchtaufstrich und eventuell Hülsenfrüchten werden Konserven nur in Ausnahmefällen verwendet.
- *Nicht raffiniert.* Die Produkte werden in ihrem natürlichen Zusammenhang gelassen: Das ganze Getreidekorn, aber auch die Getreideflocken und das Vollkornmehl sind unraffiniert und vollwertig. Dagegen sind Weizenkeimöl und eigentlich auch Kleie zwar nicht raffiniert, aber doch nicht vollwertig. Sie sind, genau wie beispielsweise Auszugsmehl, *aus ihrem natürlichen Zusammenhang herausgenommene Produkte* und höchstens für kürzere Zeit auf spezielles Anraten des Arztes zu verwenden. Raffinierte Nahrungsmittel haben einen geringeren biologischen Wert.
- Nicht *künstlich behandelt*, also zum Beispiel keine Margarine und keine light-Produkte.
- Vorzugsweise *pflanzliche Produkte*, wobei Milch und Eier mit Maßen verwendet werden sollten.
- *Gemüse der Jahreszeit:* Der Nitratgehalt dieser Gemüse ist niedriger, der Nährwert höher, und die Tatsache, daß sie wechselnden Temperaturen ausgesetzt waren, macht sie kräftiger (auch haltbarer) als Gemüse aus dem Gewächshaus. Abgesehen vom Gesichtspunkt der Energieeinsparung macht dieses Mitgehen mit den Jahreszeiten den wohltuenden Rythmus des Jahreslaufes erlebbar. Wer während der Wintermona-
  te regelmäßig Rote Bete*, milchsaures Gemü- 258
  se* (Sauerkraut) und ab und zu gekeimtes Ge- 253
  treide oder Samen* ißt, bekommt im Winter 158
  auch ohne Treibhausgemüse die notwendigen Vitamine.
- *Gemüse und Früchte aus der eigenen Umgebung* (Europa). Vor allem für kleine Kinder, die noch ganz in ihrer Umgebung eingebettet sind, sind Gemüse und Früchte aus der eigenen Region geeigneter als exotische Produkte, abgesehen von der Problematik der Dritte-Welt-Länder und der Energieversorgung (vor allem für den Transport im Flugzeug ist viel Energie erforder-

lich). Gegen die Pubertät hin, wenn das Kind sich allem öffnet, was die Welt zu bieten hat, kann ab und zu – als kleiner Luxus – Nahrung aus fremden Ländern ins Menü aufgenommen werden. Die exotischen Produkte aus den Naturkostläden kommen von kleinen, menschen- und umweltfreundlich arbeitenden Betrieben, und der Aufpreis, den Sie bezahlen, ist im wahrsten Sinne des Wortes Entwicklungshilfe.

Sorgfältige Zubereitung

Jedes Nahrungsmittel braucht eine seiner Art angepaßte Zubereitung. Bei den Rezepten in diesem Buch wurde gerade darauf großer Wert gelegt.

- Reife Früchte sind sozusagen «sonnengekocht», süß und weich und können ohne weitere Zubereitung roh gegessen werden.
- Früchte, die diesen sonnengereiften Zustand nicht erreichen (beispielsweise Kochbirnen, Quitten, Kochäpfel, Auberginen), reifen sozusagen im Topf fertig: Sie werden in sehr wenig Wasser gekocht, gedämpft oder in etwas Öl geschmort*. 53
- Beim *Gemüse* ist die Zubereitung von der Sorte, der Jahreszeit und dem Zeitpunkt des Erntens abhängig. Junger Spinat kann im Frühjahr als Salat gegessen werden, oder er wird kurz gedünstet. Steckrüben (Räben) und einige Kohlsorten sind als Rohkost nicht schmackhaft und schwer verdaulich; erst durch relativ langes Kochen werden diese Gemüsesorten gut verträglich*. 249
- *Getreide und Hülsenfrüchte* sind trockene, harte Samen, in die sich die Pflanze sozusagen zurückgezogen hat. Um diese Nahrungsmittel für den menschlichen Organismus geeignet zu machen, ist ein langer Kochprozeß in verschiedenen Phasen notwendig: einweichen, kochen und quellen lassen*. 110
- Zum Kochen wird kein Dampfkochtopf und kein Mikrowellenherd* verwendet. 249

In der anthroposophisch orientierten Ernährungslehre geht man davon aus, daß die Nahrungsmittel während des Verdauungsprozesses immer gänzlich abgebaut und ihrer besonderen Art und Natur entkleidet werden. Diese Aktivität – sie hängt von der Qualität der Nahrung ab – regt den Organismus dazu an, die Substanzen wieder aufs neue aufzubauen. So hat jeder Mensch außer einem individuellen Fingerabdruck auch eine individuelle Eiweißstruktur.
Selbstverständlich kann nicht immer auf die oben genannten Richtlinien Rücksicht genommen werden. Gesunde Menschen vertragen es durchaus, wenn hin und wieder davon abgewichen wird.

Hintergründe der Ernährung

«Ein Mensch lebt *auf* der Erde *von* den Pflanzen, *mit* den Tieren und *unter* den Menschen»
Leen Mees

Der Mensch ist ein Teil der Natur und somit den Pflanzen, den Tieren und auch dem Mineralreich verwandt. Unsere Nahrungsmittel kommen aus diesen vier Reichen:
- aus der Erde die **Mineralstoffe**, wie Salz, Eisen, Calcium, Fluor, Kiesel usw.
- von den Pflanzen **Gemüse**, **Früchte**, **Getreide, Nüsse und Samen**
- von den Tieren **Milch**, **Eier** und **Fleisch**
- vom Menschen die **Muttermilch**, aber auch **Liebe**, Zuneigung, gute Versorgung, Mitleben und Zuwendung. Optimal versorgte Kinder gedeihen nicht, wenn sie nicht genügend Zuwendung bekommen (Hospitalismus).

Die Pflanzen, die den Hauptbestandteil unserer

Ernährung ausmachen, bestehen aus einer Wurzel, einem Stengel mit Blatt und einer Blüte. Schließlich bildet sich die Frucht, in welcher in der wärmsten Zeit des Jahres der Same reift.
Die **Wurzel** ist der härteste Teil der Pflanze und enthält die meisten Mineralstoffe. Sie wächst in der Kühle der Erde und ist in der Regel beinahe farblos.
Die farbenfreudige **Blüte** öffnet sich zur Sonne hin und läßt ihren Duft entströmen. Diese ätherischen Stoffe entstehen im Zusammenspiel von Erde und Kosmos; sie bilden die höchste stoffliche Verfeinerung, zu der die Pflanze fähig ist. Sie verbinden sich sehr schnell mit der Luft, und daraus bildet sich sozusagen eine aromatische Hülle rund um die Erde. Die Blüte bildet schöne Formen und oft sogar eine Art Innenraum, der zunächst leer ist, sich später jedoch mit der **Frucht** füllt. Durch den Reifungsprozeß der Frucht wird das Sonnenlicht sozusagen in der Frucht konzentriert. Im **Samen**, der die ganze Pflanze in kompakter Form beinhaltet, schließt sich der Kreislauf des gesamten Pflanzenwachstums wieder.
Stengel und Blätter bilden den mittleren Bereich der Pflanze. Die Blätter wachsen meistens in einem bestimmten Rythmus um den Stengel herum: beispielsweise gegenständig, wechselständig oder spiralig. Durch die Stengel und Blattrippen fließen mit dem Saft die Mineralien aus der Wurzel zu den übrigen Teilen der Pflanze, wodurch eine Verbindung zwischen Wurzel, Blüte und Frucht hergestellt wird. Die grünen Blätter sind auch das Gebiet, wo sich die Photosynthese abspielt. Dabei liefert die Kohlensäure der Luft den Kohlenstoff, die Grundsubstanz der Pflanze.

Wie immer, wenn man versucht, etwas in ein Schema einzugliedern, gibt es auch hier Ausnahmen, z.B. die Karotte: Sie ist nicht unauffällig von Farbe und auch nicht salzig oder scharf im Geschmack wie die meisten Wurzelgemüse, sondern kräftig orange und süß; dies sind Eigenschaften, die wir normalerweise bei Blüten und Früchten finden. Betrachten Sie eine Scheibe einer Karotte genau, so können Sie sogar eine Art von Blumenform darin entdecken. Die Karotte ist ein Wurzelgemüse mit Blüten- und Fruchtqualitäten: Sie ist leicht verdaulich und deshalb auch das erste Gemüse (anfangs noch als Saft), welches ein Baby vertragen kann.

Es besteht ein **Zusammenhang zwischen Mensch und Pflanze** (siehe auch Literaturliste):

- Der **Wurzelteil der Pflanze** unterstützt alles, was sich im Kopf abspielt (Sinnesorgane, Denken).
- Der **Blatt-Stengelbereich** korrespondiert mit allem, was (rhythmisch) zwischen Kopf und Zwerchfell in **Herz** und **Lungen** passiert.
- Der **Blüte-Fruchtteil** stimuliert die Organe des **Stoffwechsels** und der **Fortpflanzung**.
- Die **Samen** (dazu gehört auch das Getreide) repräsentieren in dieser Hinsicht die ganze Pflanze. Sie stellen an die Verdauungsfähigkeit große Anforderungen, was den Organismus jedoch, wenn man ihn langsam daran gewöhnt, stärken kann.

Wenn der *ganze* Mensch ernährt werden soll, ist die Ernährung erst dann im Gleichgewicht, wenn sie sich aus *allen* Teilen der Pflanze zusammensetzt. Dies sollte am besten bei jedem Menü geschehen, bestimmt aber bei der Hauptmahlzeit. Eine Gemüsesorte ist immer etwas Einseitiges (wir essen entweder Wurzel oder Blatt oder Frucht), deshalb sollte der fehlende Teil durch ein zweites Gemüse (das eine gekocht, das andere roh) und/oder durch Kräuter (beispielsweise Rote Bete mit Fenchel, Tomate mit Basilikum) hinzugebracht werden.

Bestandteile der Nahrung

Wir brauchen in unserer Ernährung die folgenden Nährstoffe:

- viel Kohlehydrate
- wenig Eiweiß
- wenig Fette
- Ballaststoffe
- Wasser
- Spurenelemente, Vitamine und Enzyme.

Wer sich an Zahlen halten möchte, findet in der Nahrungsmitteltabelle auf S. 36 die wichtigsten Bestandteile der in diesem Buch verwendeten Nahrungsmittel. Die Tabelle wurde vor allem für Eltern aufgenommen, die einer bestimmten Diät wegen darauf angewiesen sind, bestimmte Nahrungsmittel zu vermeiden und durch andere zu ersetzen. Die Zahlen der Tabelle sind nur dann interessant, wenn sie untereinander verglichen werden. Es ist allerdings nicht notwendig, daß Sie für gesunde Kinder das Menü anhand dieser Tabelle zusammenstellen. Wenn Sie die Richtlinien für eine vollwertige Ernährung* 32 beherzigen, brauchen Sie sich keine Sorge über den Nährstoffgehalt des Speiseplans zu machen. Nicht die Menge eines bestimmten Stoffes ist wichtig, sondern die Tatsache, daß er in einem bestimmten Nahrungsmittel überhaupt vorkommt. Schon verhältnismäßig kleine Mengen eines Stoffes können die notwendigen Prozesse im Körper anregen. Die Erfahrung zeigt, daß der Körper (bei gesunder Darmflora) mit den lebensnotwendigen Stoffen sehr sparsam umgehen kann.
Es war bei der Zusammenstellung der Tabelle nicht möglich, die Werte aller aufgezählten Nahrungsmittel zu bekommen. Wenn ein Fragezeichen dasteht, heißt das, daß ein Wert nicht bekannt ist. Ein Strich bedeutet, daß der betreffende Stoff in dem Nahrungsmittel nicht zu finden ist. Bei Stoffen, von denen sehr unterschiedliche Werte festgestellt wurden (es handelt sich um Naturprodukte), wurde der Durchschnittswert in die Tabelle aufgenommen.
In der folgenden Erläuterung der Nahrungsmitteltabelle werden die verschiedenen Nahrungsbestandteile kurz erläutert.

Eiweiß (tierisch und pflanzlich) ist für den Aufbau und den «Unterhalt» notwendig. Es kommt vor in: Fleisch, Fisch, Geflügel; Eiern; Milch und Milchprodukten; Hülsenfrüchten; Nüssen und Samen; Getreide; Kartoffeln; Früchten und Blattgemüse (sehr wenig, dafür sehr wertvolles Eiweiß). Das Eiweiß in den Nahrungsmitteln ist im Aufbau unterschiedlich, die verschiedenen Arten können einander ergänzen. Dadurch entstehen gut verdauliche und für den Aufbau des Körpers wertvolle Kombinationen:

- Getreideprodukte mit Milchprodukten, Früchte und Gemüse
- Hülsenfrüchte mit Getreideprodukten (ca. 1:3)
- Kartoffeln mit Eiern (1 Ei auf 500 g Kartoffeln reicht schon).

Wenn Ihr Kind gesund ist und alles essen kann, brauchen Sie nicht extra auf die Eiweißkombinationen zu achten. Wenn es jedoch Sonderkost braucht, kann man Einseitigkeiten vermeiden, wenn man diese Eiweißkombinationen kennt.

Fette (tierische und pflanzliche) werden nach der Verdauung fast völlig (ca. 95 %) aufgenommen und liefern Wärme und Energie. Wir finden sie in: Vollmilch und entrahmter Milch und in den Milchprodukten (Sahne, Butter, Käse, Quark); Fleisch, Fisch und Geflügel (auch in Wurst, Hackfleisch und sonstigen Fleischwaren); Öl; Nüssen und Samen; Vollkorngetreide (im Keim).
Milchfett (Sahne und Butter) ist das am leichtesten zu verdauende Fett, dann folgen die pflanzli-

Nahrungsmitteltabelle

Lebensmittel	Nährstoffe				Mineralstoffe							Vitamine				Energie
Nährwertanteil	Eiweiß	Fett	Kohleh.	Ballastst.	As*	Ca	Fe	P	J	Si	F	A	B	C	D	
per 100 g	g	g	g	g	g	mg	mg	mg	x = wenig; xx = viel							kcal
Weizen	11,7	2	61	10	1,8	44	3,3	344	x	x	x	x	[1]xx	-	-	303
Dinkel	10,8	2,7	63	9	2	22	4,2	411	?	?	?	xx	?	-	-	317
Roggen	8,8	1,7	61	13	1,9	64	4,6	336	xx	x	x	-	[1]xx	-	-	284
Gerste	9,8	2,1	63	10	2,2	38	2,8	342	xx	xx	xx	-	[1]xx	-	-	306
Hafer	11,7	7,9	60	6	2,8	80	5,8	342	xx	xx	xx	-	[1]xx	-	-	339
Vollreis	7,2	2,2	73	3	1,2	23	2,6	325	x	-	x	-	[1]xx	-	-	337
Hirse	9,8	3,9	69	4	1,6	25	9	310	x	?	xx	-	[1]x	-	-	346
Mais	8,5	3,8	65	9	1,3	15	1,2	256	x	x	x	xx	[1]x	-	-	314
Buchweizen	9,7	1,7	71	4	1,7	21	3,2	254	-	-	-	-	[1]xx	-	-	331
Qiunoa	13,4	6,1	65	4	2,7	103	10	402	-	-	-	x	[1]x	x	-	389
Amarant	16	7,5	63	4,2	3,2	206	12,5	455	-	-	-	?	?	?	-	370
per 300 g**																
Kartoffeln	6	0,3	45	7	3	30	2,4	180	xx	x	xx	x	[1]x	x	-	204
Süßkartoffeln, rot	4,3	1,8	94	23	3,4	105	2,5	135	xx	-	-	xx	[1]x	xx	-	405
Topinambur	7,3	1,2	12	27	5,2	30	11	234	-	-	-	x	[1]xx	x	-	72
per 100 g																
Hülsenfrüchte***	27,8	1,5	52	15	3,3	77	6	406	x	-	xx	x	[1]xx	x	-	300
Sojabohnen	33,7	18,1	6	16	4,7	257	8,6	591	xx	-	xx	x	[1]xx	-	-	293
Nüsse****	15,3	58	11	9	2,5	239	4	393	x	x	xx	xx	[1]xx	x	-	578
Sonnenblumenkerne	22,4	49	12	6	3,3	98	6,3	618	-	-	-	-	[1]xx	-	-	537
Sesam	17,7	50	10	12	5,3	783	10	607	-	-	-	-	?	-	-	525
Kastanien	2,5	1,9	41	?	1,2	33	1,3	87	-	-	-	-	[1]xx	-	-	189
Fleisch, mager, Rind	22	1,9	1,5	-	1,2	3,5	1,9	194	-	-	-	x	[1]xx[12]	-	-	111
Fisch, Kabeljau	17,7	0,4	1,1	-	?	24	0,4	184	xx	-	x	x	[1]xx[12]	x	xx	79
Käse, Gouda	25,5	29	-	-	4,2	820	0,5	443	x	x	x	x	[1]x[?]	x	xx	365
Quark, halbfett	12,5	20	3,4	-	0,8	85	0,4	165	-	-	-	x	x[12]	x	x	112
Vollmilch	3,3	3,8	4,7	-	0,7	120	0,05	92	x	-	x	x	[1]x[12]	x	x	66
Muttermilch	1,1	4,3	7,9	-	0,2	31	0,03	15	xx	-	x	x	[1]x[12]	x	x	69
Butter	0,7	83	-	-	0,1	13	0,02	21	x	-	xx	xx	[1]x[12]	x	xx	734
Eier (2 Stück)	13	0,7	0,7	-	1,1	56	2,1	216	xx	x	xx	xx	[1]x[12]	-	xx	160
Karotte	1	0,2	4,9	3,4	0,9	41	2,1	35	xx	-	x	xx	[1]x	x	-	24
Kopfsalat	1,2	0,2	1,1	1,5	0,7	30	1,1	33	x	x	x	x	[1]x	x	-	9,3
Broccoli	3,3	0,2	2,8	3	1,1	105	1,3	82	xx	-	-	xx	[1]xx	xx	-	21
Kürbis	1,6	0,1	12	1	0,8	22	1	44	x	x	-	xx	[1]x	xx	-	23
Apfelsine	1	0,2	9,2	2	0,5	42	0,4	23	x	-	-	x	[1]x	xx	-	42
Apfel	0,3	0,4	12	2,3	0,3	7,1	0,5	12	x	x	x	x	[1]x	xx	-	54
Rosinen	2,5	0,5	66	5,4	2,2	31	0,3	110	-	-	-	x	[1]x	x	-	278
Zuckerrübenkraut	2,5	0,2	60	-	1,9	33	28	3,1	-	-	-	-	[1]x	x	-	280
Honig	0,4	-	75	-	0,2	4,5	1,3	18	x	-	-	-	x	x	-	302
Vollrohrzucker	1,5	-	93	-	2	395	9,1	33	-	-	-	-	xx	-	-	380
Kristallzucker	-	-	99,8	-	0,04	0,6	0,3	0,3	-	-	-	-	-	-	-	399

* Asche: Gesamt an Mineralstoffen

[1] = auch Vit. B1 [12] = auch Vit. B 12

** 300 g Kartoffeln, Bataten oder Topinambur können mit 100 g ungekochtem Getreide gleichgestellt werden

*** Durchschnittswerte von: Linsen, weißen und braunen Bohnen und grünen Erbsen

**** Durchschnittswerte von Haselnüssen und Mandeln

chen Öle (außer Sesam- und Palmöl, die etwas langsamer resorbiert werden).
Es gibt gesättigte und ungesättigte Fette. Die ungesättigten Fette sind aktiver, sie haben eine geringere Neigung, sich im Körper abzusetzen. Es ist wichtig, zwischen diesen beiden Fettsorten ein gutes Gleichgewicht zu halten. Da die gesättigten
Fette (mit Ausnahme der Kokosnuß*) nur in tie- 456
rischen Nahrungsmitteln zu finden sind, brauchen Sie sich bei einer lacto-vegetarischen Ernährung (bei mäßiger Verwendung von Eiern und Milchprodukten) über dieses Gleichgewicht keine Sorgen zu machen. Auch das viel diskutierte Cholesterin im Blut ist dann kein Problem. Es empfiehlt sich, Butter nur als Brotaufstrich unter magerem Belag oder zum Abschmecken von Gerichten zu verwenden; für Salatsoßen und zum
Dünsten und Braten kaltgepreßtes Öl*. 459

Kohlehydrate liefern Energie. Wir finden sie vor allem in Getreide und Getreideprodukten (Brot und Gebäck, Nudeln usw.), Hülsenfrüchten, Kartoffeln, Früchten, Süßungsmitteln.

Ballaststoffe sind nicht verdaulich, geben dem Darminhalt jedoch das nötige Volumen, sorgen für eine gute Darmpassage und regelmäßigen Stuhlgang. Außerdem absorbieren sie einige schädliche Umweltstoffe aus dem Darminhalt und führen diese über den Stuhlgang ab. Ballaststoffe finden wir in nicht raffinierten pflanzlichen Nahrungsstoffen (außer im Öl).
Bei einer vollwertigen Ernährung mit *mäßigem* Genuß von Fleisch, Eiern und Milchprodukten braucht man nicht noch extra auf eine ballaststoffreiche Ernährung zu achten oder gar Kleie zu essen. Ein Zuviel an Getreideballaststoffen kann bewirken, daß die Aufnahme wichtiger Mi-
neralien behindert wird (siehe Phytin*). Ballast- 111
stoffe, die von Gemüse und Früchten herrühren, bestehen zum großen Teil aus Pektin und haben keinen nachteiligen Einfluß auf den Mineralstoffwechsel.
Weil Ballaststoffe sehr viel Flüssigkeit aufnehmen, ist es nötig, bei einer ballaststoffreichen Er-
nährung genügend zu trinken*. 436

Wasser, das seit Menschengedenken als Symbol der Reinheit gilt, muß nun selbst gereinigt werden. Wasser ist Voraussetzung für alles Leben und gleichzeitig unerläßlich als Lösungs- und Transportmittel für die Nahrungsstoffe. Wir nehmen es wie folgt auf:

- aus der Wasserleitung oder der Flasche
- durch alle Arten von Getränken
- durch Milch und Milchprodukte
- durch Bouillon, Suppen und Soßen
- durch Früchte und Gemüse.

Für Mineralwasser besteht die Auflage, daß es sofort an der Quelle in Flaschen gefüllt wird, wogegen Quellwasser zunächst in Tankwagen und dann an einem anderen Ort in Flaschen gefüllt werden darf. Quell- bzw Mineralwasser enthält mehr oder weniger Mineralstoffe, abhängig von der Quelle, aus der es stammt. Es ist nicht unbedingt besser als Leitungswasser. Nur wenn der Nitratgehalt des Leitungswassers höher als 10 mg pro Liter liegt (hierzu kann die städtische Wasserversorgung befragt werden), ist es für kleine Kinder besser, wenn sie Quellwasser oder kohlensäurefreies, natriumarmes Mineralwasser trinken, das einen niedrigen Mineralstoffgehalt hat.

Mineralstoffe, Vitamine und Enzyme sind Vermittler bei vielen Körperfunktionen. Sie regulieren das Gleichgewicht von Säuren und Basen und schützen gegen Krankheiten. Die Vitamine sind diejenigen Substanzen, die vor allem für die Lebensprozesse im Körper notwendig sind.
Es ist nicht sinnvoll, wenn man bei der Zusammenstellung der Ernährung für gesunde Kinder hinter Mineralstoffen und Vitaminen herjagt. Es sind nicht die isolierten Mineralstoffe und Vitamine, welche die oben genannten Wirkungen haben, sondern dieselben in Verbindung unter-

◄ Nahrungsmitteltabelle: Quelle: *Nederlandse Voedingsmiddelentabel, Souci, Fachmann en Kraut, Voeding en Voorlichting.*

einander, manchmal auch mit vom Körper selbst gemachten Stoffen (unter anderem Enzyme).
All diese wichtigen Stoffe sind in vollwertigen Nahrungsmitteln in einem optimalen Verhältnis vorhanden. Sie ergänzen einander und bilden Kombinationen, die die Aufnahme in den Stoffwechsel meistens erleichtern. Das einzige Mineral, welches wir mit der täglichen Nahrung pur genießen, ist das **Kochsalz** (Natriumchlorid).
Ohne ärztlichen Rat sollte man keine Mineralstoffe und Vitaminpräparate zu sich nehmen. Einerseits besteht dadurch die Gefahr der Überdosierung und des gestörten Gleichgewichts der Stoffe untereinander, andererseits verliert der Körper zum Teil die Fähigkeit, diese Stoffe aus den Nahrungsmitteln aufzunehmen und sparsam damit umzugehen.
Es folgt eine Erörterung der wichtigsten Mineralstoffe und Vitamine.

Natriumchlorid (Kochsalz, Steinsalz, Meersalz*). Natrium ist für das richtige Verhältnis des 465
Flüssigkeitshaushaltes im Körper von essentieller Wichtigkeit. Die Niere braucht Natrium zum Ausscheiden von Flüssigkeit. Ein Mangel tritt in unserer Eßkultur nicht auf, wir verbrauchen eher zuviel dieses natürlichen Würzmittels. Von Natur aus kommt Natrium in tierischen Produkten vor; sein Gegenstück ist das Kalium, das vor allem in pflanzlichen Produkten vorkommt. Ein Gleichgewicht zwischen beiden Stoffen ist wesentlich.

Calcium (Ca), Kalk ist für die Festigkeit der Knochen notwendig. Dazu gehören auch **Phosphor (P)**, **Vitamin D** und körpereigene Hormone. Welche Faktoren den Kalkstoffwechsel beeinflussen, ist noch nicht ganz erforscht. Es gibt Hinweise darauf, daß der Körper sein Bedürfnis dem Angebot anpaßt (Adaption), so daß man bei einer abwechslungsreichen Ernährung keine Sorge zu haben braucht, daß die Kalkzufuhr zu gering wird.
Der wichtigste Lieferant von Calcium ist die Milch mit allen Milchprodukten; dann einige Vollkorngetreide (Hafer, Roggen und Quinoa), Trinkwasser und, wenn auch in kleineren Mengen, Gemüse (vor allem Wurzelgemüse und die Kohlsorten, namentlich Broccoli, Grünkohl und Rosenkohl). Die ebenfalls calciumreichen Nüsse und Hülsenfrüchte enthalten viel Phosphor und kommen deshalb als Kalklieferanten nicht in Frage (siehe Phosphor). Das ideale Verhältnis von Calcium zu Phosphor (im gesamten Ernährungspaket) müßte 1:1 sein. Dieses Gleichgewicht wird bei einer breitgefächerten lacto-vegetarischen Ernährung durchaus erreicht.
Begünstigt wird die Kalkaufnahme durch: Milchsäure (saure Milchprodukte, Sauerkraut, Sauerteigbrot); Fruchtsäure (frische Früchte im Müsli, Früchte-Milchshakes); Eiweiß (jedoch nicht zuviel); ausreichend Bewegung und Vitamin D (draußen spielen).
Ungünstig beeinflußt wird die Kalkaufnahme durch: Koffein und Teein (in Kaffee und Tee);
Phytinsäure*; Oxalsäure*; zuviel Salz; zuviel Bal- 262
laststoffe (Kleie, zuviel Rohkost); zu viele Phosphate (siehe auch unter *Phosphor*).

Eisen (Fe) ist der zentrale Bestandteil des roten Blutfarbstoffes und sorgt für eine gute Sauerstoffversorgung des Gewebes. Hinweise auf eine gute Aufnahme von Eisen und die Anwesenheit von Eisen in den Nahrungsmitteln siehe unter *Blut-*
*armut**. Vor allem um die Pubertät herum brau- 442
chen Kinder sehr viel Eisen, die Mädchen sowohl als die Jungen.

Fluor (F) festigt zusammen mit Magnesium, Calcium und Phosphor die Zähne und die Knochen. Fluor kommt im vollen Getreide vor (unter anderem in Roggen und Gerste), in Nüssen (Walnüsse), im Fisch und im Geflügel. Bei einer vollwertigen Ernährung auf der Grundlage von Vollgetreide entstehen keine Mängel.
Kieselsäure *unterstützt* die Aufnahme von Fluor (siehe unter Kiesel).
Aluminium (Töpfe) und zuviel Magnesium, Calcium und phosphorhaltige Nahrungsmittel (zuviel

Milch- und Sojaprodukte) *hemmen* die Aufnahme von Fluor.
Fluortabletten, Fluorapplikationen und Fluorzahncreme sind bei einer guten Ernährung, mäßigem Naschen und einer guten Zahnpflege nicht notwendig.

Jod (J) ist ein Bestandteil des Schildrüsenhormons. Dieses Hormon ist für normales Wachstum und die Entwicklung unentbehrlich und ist bei der Umsetzung von Nahrung in Energie beteiligt. Jodmangel kann Müdigkeit, Lustlosigkeit, Neigung zum Frösteln und im späteren Stadium Kropfbildung (Struma) verursachen. Ein Überschuß an Jod hat Magerkeit und Nervosität zur Folge.
Ein Organismus, der mit genügend Jod versorgt wird, ist für radioaktive Strahlung und für Nahrung, die radioaktiv verseucht ist, weniger anfällig.
Wir nehmen Jod mit dem Trinkwasser auf (je nach Herkunft des Leitungswassers oder der Quelle), mit Milch und anderen Nahrungsmitteln – insbesondere mit allem, was die See uns liefert wie Fisch, Muscheln und Meeresgemüse (Queller*), und mit bestimmten Gemüsesorten 280
(siehe Tabelle) – mit jodiertem Tafelsalz und mit dem von den meisten Bäckern verwendeten Bäckersalz auf.
Es hat sich gezeigt, daß viele Mädchen im Alter von 12 bis 18 Jahren bereits einen «spürbaren» Jodmangel haben (vergrößerte Schilddrüse). Durch vier Scheiben mit jodiertem Bäckersalz gebackenem Brot pro Tag ist der Jodgehalt jedoch gewährleistet. Wer statt Brot immer Brei oder Müsli ißt, sein Brot mit normalem Tafelsalz, Steinsalz oder Meersalz bäckt und nicht regelmäßig Nahrungsmittel aus dem Meer zu sich nimmt, kann einen Jodmangel bekommen. Trotzdem ist es nicht ratsam, eigenverantwortlich Jodpräparate einzunehmen, da der individuelle Jodbedarf sehr unterschiedlich ist; es könnten Nebenerscheinungen auftreten.

	mg Kalium-Jodid pro kg
Steinsalz	–
Speisesalz	–
Meersalz	*Spuren*
Jodiertes Speisesalz	*23 - 29*
Bäckersalz	*60*

Kiesel (Si), Silizium sorgt für Form und Festigkeit unseres Äußeren: Haut, Haare, Nägel und Bindegewebe, ist jedoch auch dafür verantwortlich, wie die Organe untereinander harmonieren. In der Natur leitet das Silizium die Lichteinstrahlung und Wärme aus dem Kosmos auf und in die Erde und auf alle Lebewesen. Dadurch ist es möglich, daß ein quarzreicher Sandboden bei gleicher Lufttemperatur viel wärmer werden kann als ein kalkhaltiger Lehmboden.
In unseren Lebensmitteln befindet sich Kiesel vor allem in der äußersten Schicht, unter anderem in:

- Vollkorn (Hirse, Gerste, Hafer, Reis). Der Kieselsäuregehalt der Getreide hängt sehr vom Kieselsäuregehalt des Ackers ab
- Walnüssen
- Kopfsalat, Brunnenkresse und Äpfeln
- Pflanzen, die zur Familie der Doldenblütler gehören: Karotten, Fenchel; sowohl die Teile, die wir als Gemüse essen, als auch, was wir vom Blatt und Samen als Gewürze verwenden (Petersilie und Anis).

Phosphor (P), es durchdringt den menschlichen Organismus in einem außerordentlich intensiven Prozeß. Als Substanz finden wir den Phosphor vor allem im Skelett (siehe auch Calcium*), 38
in den Muskeln und im Gehirn, wo er für die Energieversorgung verantwortlich ist. Mit der Nahrung bekommen wir genügend natürlichen Phosphor. In den natürlichen phosphorreichen Nahrungsmitteln kommt Phosphor in einer unschädlichen, sehr stabilen Verbindung mit anderen Mineralstoffen vor.

Ein Überschuß an Phosphor, der in Form von anorganischen Phosphaten vielen gängigen Nahrungsmitteln zugefügt wird und über den Kunstdünger auch unserem Trinkwasser, wird der Kalkstoffwechsel behindert. Das kann zu allergischen
Reaktionen führen; siehe *unruhige Kinder**. An- 434
organische Phosphate finden wir unter anderem in Fertiggerichten, Coca-Cola, handelsüblicher Wurst, Fleisch und Käseprodukten, Backpulver. Dagegen ist in den natürlichen phosphorreichen Nahrungsmitteln wie Getreide, Nüssen und Hülsenfrüchten genügend Calcium vorhanden, um den Phosphor zu sättigen, so daß dieser organische Phosphor für überempfindliche Kinder meistens unschädlich ist (mit Ausnahme der Sojabohne, die zuviel Phosphor enthält).

Vitamin A wird vom Körper selber aus **Karotin** gebildet. Es ist für die Sinne (Augen), die Haut und Schleimhäute wichtig, aber auch für die Leber. Vitamin A spielt außerdem eine wichtige Rolle
bei der Vorbeugung von *Blutarmut**. 442
Vitamin A ist in Fett löslich und kommt in Leber, (fettem) Fisch und vollfetten Milchprodukten vor. Aus Karotin (dem gelb-orangen Farbstoff in der Pflanzenwelt) kann im Körper Vitamin A gebildet werden. Karotin finden wir in Karotten und anderen Gemüsen und Früchten, vor allem in den farbenreichen Sorten.
In die Tabelle wurde sowohl der Vitamin A- Gehalt als auch der Karotingehalt unter dem Buchstaben A aufgenommen.

Vitamin B-Komplex. Vitamine, die für einen guten Kohlehydratstoffwechsel (Vitamin **B 1**) und für eine gute Funktion des Herzens und des Nervensystems sorgen. Eines davon, das unentbehrliche Vitamin **B 12**, ist in einer für den Menschen akzeptablen Form nur in tierischen Nahrungsmitteln (Fleisch, Fisch, Eier und Milch) und in den Produkten, die durch Gärung entstehen (Sauerteigbrot, Hefebrot, saure Milchprodukte, Brottrank und Fermentgetreide, milchsaures Gemüse wie Sauerkraut, gekeimte Getreide, Miso und Hefeextrakte wie Vitam-R) zu finden. Man ist sich noch nicht darüber einig, ob Vitamin B 12 aus den genannten pflanzlichen Produkten vom menschlichen Organismus aufgenommen wird. Es scheint so zu sein, daß Vega-
nisten*, die ihre Ernährung sehr bedacht zusam- 463
menstellen, auch nach Jahren noch keinen Mangel an Vitamin B 12 haben. Man vermutet, daß der Körper nach einer gewissen Zeit der Gewöhnung selber dazu imstande ist, im Darm Vitamin B 12 zu bilden, sofern die Darmflora gesund ist.
In der Tabelle wurden die einzelnen Vitamine des B-Komplexes nicht angegeben. Wenn unter anderem jedoch B 1 und B 12 vorhanden sind, wurde dies vermerkt.

Vitamin C (Ascorbinsäure) verhindert Oxydation und schützt andere wasserlösliche Vitamine in den Nahrungsmitteln (Vitamin B- Komplex). Darüber hinaus bietet es Schutz gegen Infektionen. Es fördert den Kalkstoffwechsel und die Aufnahme von Eisen und bietet gegen die Bildung von Nitrit
aus nitratreichen Nahrungsmitteln* und dem 253
Trinkwasser einen gewissen Schutz. Von allen Vitaminen brauchen wir das Vitamin C am nötigsten; es ist in frischem und milchsaurem Gemüse und vor allem in frischen Früchten enthalten. Bei abwechslungsreicher Ernährung mit viel frischem Gemüse und reifen Früchten, verbunden mit rich-
tigen Kochmethoden*, ist die Vitamin C-Versor- 252
gung gewährleistet.

Vitamin D fördert die Kalkaufnahme aus der Darmschleimhaut und sorgt für eine richtige Kalkablagerung in Knochen und Gebiß. Durch den Einfluß von Sonnenlicht (draußen) entsteht in der Haut das Pro-Vitamin D. Dies geschieht sogar bei bedecktem Himmel. Das Pro-Vitamin wird in der Leber und den Nieren in das wirksame Vitamin D umgeformt.
Vitamin D ist nur in tierischen Fetten enthalten: außer in allen fetten Fleischsorten auch in fettem Fisch (Lebertran), Eigelb und Milchfett. Eine eventuelle Anreicherung mit diesem Vitamin muß

in Übereinstimmung mit dem Arzt geschehen. Wie Sie Rachitis vorbeugen können, ist in der Literatur ausführlich beschrieben (siehe Literaturliste*). 468

Vitamin E hat, wie Vitamin C, eine schützende Funktion, befindet sich diesmal jedoch in öl- oder fettlöslichen Stoffen. Demnach findet man es auch überall da, wo sich Fette bilden: im Keim des vollen Kornes, in Nüssen und Samen (auch in nicht raffiniertem Öl), Fleisch, Fisch, Vollmilchprodukten, Butter, Eigelb, Gemüse und Früchten. Unter anderem reguliert es den Sauerstoffwechsel in den Körperzellen und ist vor allem in Gewebe, das viel Sauerstoff braucht (Herz, Lungen, Gehirn und Nieren) besonders wichtig. Da Vitamin E sehr weitgestreut in der Nahrung vorkommt, ist bei abwechslungsreicher und vollwertiger Ernährung die Gefahr, daß Mangel auftritt, nicht gegeben. Dieses Vitamin wurde nicht in die Tabelle aufgenommen.

Schädliche Stoffe

Wir rechnen dazu außer Drogen, Alkohol, Kaffee und Tee auch die giftigen Stoffe, die natürlicherweise in Nahrungsmitteln enthalten sind, ebenso die Stoffe, die uns durch die Umweltverschmutzung erreichen und denen wir auch mit größtem Bemühen nicht entgehen können. Es folgen einige Hinweise, wie wir den Schaden auf jeden Fall einigermaßen beschränken können:

- Kaufe Produkte, die nicht gespritzt und nicht mit Kunstdünger gezüchtet wurden.
- Kaufe kein Treibhausgemüse, das von Natur aus
  nitratreich* ist. 253
- Gemüse und Früchte* müssen gründlich gewa- 248
  schen werden (auch ungespritzte Produkte).
- Verwende verschiedene Getreidesorten, nicht nur Weizen und Roggen, sondern auch andere Sorten, die weniger Schwermetalle aufnehmen (in den Rezepten wurde damit gerechnet, siehe
  auch unter *Getreide**). 95
- Fleisch, Eier und Milch sollten mit Maßen gegessen werden (Organfleisch und Süßwasserfisch vermeiden).
- Koche nicht nur getrocknete Hülsenfrüchte lang; auch frische grüne Bohnen sollten mindestens 15 Minuten gekocht werden.
- Obstkerne sollten nicht gegessen werden, es sei denn, sie werden (mit)gekocht.
- Iß keine rohen Holunder- und Vogelbeeren.
- Iß keine rohen Bucheckern; durch Rösten (wie
  Haselnüsse*) wird das leichte Gift, das sie ent- 407
  halten, abgebaut. Übrigens sind die durchaus gesunden Kerne dann auch sehr viel leichter zu schälen.
- Iß keine grünen Tomaten (auch nicht gekocht), und entferne bei kleinen und/oder empfindlichen Kindern die Kernchen und den Stielansatz.
- Übertreibe nicht mit Rohkost von Kreuzblütlern (Kohlsorten, Radieschen usw.), siehe auch
  unter Kohl*. 266
- Kartoffeln müssen im Dunklen aufbewahrt werden, grüne Stellen entfernt und Keimansätze ausgestochen werden. Die Schale von Pellkartoffeln sollte nicht mitgegessen werden.
- Iß keine in der freien Natur gewachsenen Pilze, denn sie nehmen verhältnismäßig viel radioaktiven Stoff und Schwermetalle aus dem Boden auf.
- Bemühe Dich um eine gute Leber- und Nierenfunktion: Trinke genügend (Wasser oder Kräutertee), und belaste diese entgiftenden Organe nicht extra mit Farb- und Konservierungsmitteln und anderen chemischen Zusätzen.

Neuere Untersuchungen haben gezeigt, daß die Muttermilch von Frauen, die die oben genannten Punkte beherzigen, erheblich weniger Schadstoffe enthält (HCB, beta-HCH, DDT und PCB). Dieses Resultat wird jedoch erst nach 5 bis 7 Jahren erreicht. Eine Ernährung, die erst während der Schwangerschaft derartig ausgerichtet wurde, hat eine viel geringere Auswirkung auf die schädlichen Stoffe in der Muttermilch.

Zum Schluß: Ein Organismus, der mit natürlichen Mineralstoffen aus einer vollwertigen Ernährung gut versorgt wird, nimmt weniger Schadstoffe auf.
Siehe auch unter *Ballaststoffe* *. 37

Umstellung von einer gängigen Ernährung auf eine Ernährung mit Getreide

In diesem Buch wird viel mit Getreide gearbeitet: mit ganzen Getreidekörnern, Flocken, Grütze, Vollkornmehl und Produkten aus Vollkornmehl. Für Vegetarier ist Getreide ganz besonders wichtig, aber auch Nichtvegetarier können Getreide in ihren Speiseplan aufnehmen. Es bietet eine wertvolle Bereicherung.
Vielen wird, mit Ausnahme von Vollreis, die Ernährung mit Körnerkost neu sein, und sie werden womöglich auch Schwierigkeiten mit der Zutatenliste haben. Wer von der üblichen Kartoffel-Fleischernährung auf Vollwerternährung mit Getreide umsteigen will, kann dies aus den verschiedensten Gründen tun. Der beste Ansporn, mit alten Gewohnheiten aufzuhören, ist der, für sich selber und/oder für die Kinder eine bessere Gesundheit anzustreben, die von einer «gesunden Ernährung» erwartet werden kann.
Aber man sollte die Sache auch weitsichtiger betrachten. Es ist nicht selbstverständlich, daß man zu allen Jahreszeiten ein großes Sortiment vollwertiger Nahrungsmittel in den Naturkostläden vorfindet. Die Menschen, die dafür arbeiten, brauchen unsere Hilfe; die Abnahme darf nicht dem jeweiligen Modetrend unterworfen sein, sondern es sind treue Konsumenten notwendig, die Woche für Woche bereit sind, etwas weiter zu fahren und etwas mehr Geld für die Nahrungsmittel auszugeben. Letzteres ist übrigens relativ. Sie werden schnell merken, daß Sie neben der vollwertigen Grundnahrung sehr viel weniger für, meist nicht besonders gesunde, Fertigprodukte ausgeben werden, die früher einen nicht geringen Anteil Ihrer Ausgaben beanspruchten. Wenn Sie weniger oder überhaupt kein Fleisch mehr kaufen, ist dies der Ausgleich für die verhältnismäßig teuren Nüsse und kaltgepreßten Öle. Diesem Handelskreislauf treu zu sein, ist die effektivste Hilfe für die Menschen hinter den Kulissen und die würdigste in- und ausländische Entwicklungshilfe.

Es ist jedoch nicht ratsam, von einem auf den anderen Tag von der Kartoffel- und Fleischernährung auf eine Ernährung mit Getreideprodukten umzusteigen. Dies gilt für die Erwachsenen und erst recht für Kinder. Größere Kinder können übrigens nicht gegen ihren Willen zu diesem Schritt gezwungen werden. Die Stimmung bei Tisch würde mit Sicherheit darunter leiden. Die Einsicht, daß «gesundes Essen» von Nutzen ist, kommt meistens erst, wenn man am eigenen Leib erfährt, daß die Kondition unter der schlechten Ernährung leidet oder daß man davon zu dick wird.
Nicht nur der Geschmack, sondern auch die Verdauung muß Gelegenheit bekommen, sich an die neue Ernährungsweise zu gewöhnen. Ein Beispiel: Eisen aus dem Fleisch wird vom Körper sehr viel leichter aufgenommen als das Eisen aus pflanzlichen Produkten; deshalb muß man dem Körper Zeit lassen, die Nahrungsaufnahme aus pflanzlichen Produkten zu üben. Übrigens heißt es nicht,

daß dieses «leichtere Aufnehmen» im oben genannten Beispiel auch gleichzeitig für den Organismus besser wäre. Durch die Getreideernährung wird die Verdauung aktiviert und gestärkt; man darf sie jedoch nicht überbelasten. Vor allem im Anfang muß sorgfältig abgetastet und darauf geachtet werden, was vertragen wird. Besonderes Augenmerk muß darauf gerichtet werden, daß man das Getreide in der richtigen Weise einweicht, kocht und nachquellen* läßt. 111

Es ist vernünftig, für die Umstellung reichlich Zeit zu veranschlagen; je nach dem bisherigen Ernährungsschema und je nach Alter wird sie sicher drei bis sechs Monate in Anspruch nehmen. Es folgen einige Vorschläge, die die Umstellung vereinfachen können.

- Wenn Sie weniger oder gar kein Fleisch mehr essen wollen, fangen Sie am besten mit zwei fleischlosen Tagen pro Woche an. So können Sie sich gleich schrittweise an die neue und unter Umständen etwas zeitraubende Art des Kochens gewöhnen; gleichzeitig können Sie nach und nach die noch neuen Zutaten anschaffen.
  An einem dieser fleischlosen Tage können Sie beispielsweise einen *Nudelauflauf* machen (ohne Fleisch und aus dunklen Nudeln); ein Reisgericht mit Kräutern aus Vollreis; Pfannkuchen oder einen *Gemüsekuchen*, beides aus Vollkornmehl anstelle von Weißmehl (man kann auch halb Weißmehl und halb Vollkornmehl verwenden). Es empfiehlt sich, den Kindern zu sagen, daß man am Experimentieren ist und es durchaus passieren kann, daß die Sache nicht auf Anhieb gelingt (für den Notfall gibt es Brot). Machen Sie mit ihnen aus, daß sie etwas, wenn sie es wirklich nicht mögen, mit «interessant, aber einmal genügt» beurteilen. So ist es für alle Beteiligten netter, als wenn der Teller einfach fortgeschoben wird. Versuchen Sie nicht, die neuen Gerichte mit dem Prädikat «gesund» aufzuwerten, es sei denn, die Frage nach «gesunder Ernährung» wird von den Kindern selbst gestellt.
- Wer es gewohnt ist, nur Weißbrot zu essen, geht langsam auf Vollkornbrot über. Man kann auch zunächst mit Vollkornknäckebrot oder Vollkornzwieback aus dem Reformhaus anfangen. Die dort verkauften Brotsorten wurden ohne Zusätze und schonend gebacken. Vollkornbrot, das langsam gegangen ist, bevor es gebacken wurde, ist leichter verdaulich (siehe *Brot**). Was die leichtere Verdaulichkeit be- 318
  trifft, ist Brot, das mit *Backferment* oder *Sauerteig* anstelle von Hefe gebacken ist, vorzuziehen. Versuchen Sie auch einmal, selber Brot zu backen, das ist nicht schwierig. Wer nach wie vor Vollkornbrot schwer verdaut, kann es mit Brot aus gesiebtem Mehl versuchen, er sollte kein frisches Brot essen, sondern das Brot einen Tag liegen lassen. Durch gründliches Kauen wird das Brot mit Speichel vermischt und somit die Verdauung eingeleitet. Man sollte das Brot nicht mit Milch oder anderen Getränken hinunterspülen. Vor allem bei den Kindern muß darauf geachtet werden, daß sie erst trinken, wenn der Mund geleert ist.
- Zum Frühstück können Sie anstelle von Brot
  *Brei** oder *Müsli** essen. Für das Müsli nimmt 126
  man im Anfang feine Haferflocken und weicht 130
  sie während der Umstellung – nicht so wie es in den Rezepten steht – auch für die größeren Kinder eine Nacht ein.
- Außer in gemahlener Form (Vollkornmehl) und gewalzter Form (Flocken) ist Getreide auch in gebrochener Form (Grütze) leichter verdaulich, als wenn man es als ganzes Korn ißt. Für die Zeit der Umstellung eignen sich Thermogrütze und Buchweizengrütze am besten.
- Was die ganzen Körner betrifft, können Sie am besten mit Vollreis, Hirse und Buchweizen anfangen. Erst wenn die Verdauung dieser drei Getreidesorten keine Mühe mehr macht, können Sie langsam anfangen, ganze Hafer-, Weizen-, Gerste- und Roggenkörner in den Speiseplan aufzunehmen. Diese harten Getreidesorten (vor allem Hafer) werden, wenn man sie vor dem Kochen *darrt**, leichter verdaulich 404

und angenehmer im Geschmack. Für Kinder sollte man das *Einführungsschema für Nahrungsmittel** 25 berücksichtigen und bei der Umstellung ein niedrigeres als das tatsächliche Alter zugrunde legen.

Wer keine ganzen Körner essen will oder auch über längere Zeit noch Verdauungsschwierigkeiten damit hat, kann sich an eine ganze Reihe anderer Getreideprodukte halten: Nudeln, Brot aus gemischtem Mehl und vielerlei Mehlsorten, die man für Suppen, Soßen und Gebäck verwenden kann.

Für eine gute Verdauung von Getreide und Rohkost ist es sehr wichtig, daß gut gekaut und langsam gegessen wird. Bei Vollkorngetreide sind kleinere Mengen nötig, als wenn man weißen Reis oder Kartoffeln ißt; auch wenn der Magen nach einer Getreidemahlzeit nicht restlos gefüllt ist, hält doch das Sättigungsgefühl länger an. Nach einer gewissen Zeit wird man feststellen, daß man immer kleinere Mengen braucht und trotzdem keinen Hunger empfindet. Dies wird man zuerst beim «anderen» Brot feststellen.

- Vollkorngetreide liefert neben Gemüse und Früchten viele Ballaststoffe, die nicht jeder gleich gut verträgt. Deshalb sollte man viel trinken und mit Rohkost eher vorsichtig sein (lieber ißt man jeden Tag ein bißchen als einmal in der Woche viel rohes Gemüse).
- Wer nach all diesen Hinweisen von Völlegefühl und Blähungen geplagt wird, sollte Vollkorngetreide zunächst nicht mit *Süßungsmitteln** 341
(außer *gemalztem Sirup**), Eiern, Fleisch und 342
Fisch kombinieren. Auch eine Kombination von Gemüse und frischen oder getrockneten Früchten in derselben Mahlzeit kann Gärung in den Därmen verursachen.
- In der Vollwertküche werden keine künstlichen Geschmacksverstärker verwendet. Diese geschmacksverstärkenden Glutaminate* sind 453
in beinahe allen Fertigprodukten verarbeitet, und wer von der üblichen auf die vollwertige Ernährung umsteigt, wird sie vermissen. Man sollte die Dose mit Aromat also nicht sofort weglassen, sondern langsam immer weniger davon verwenden. Auf die Dauer werden Sie feststellen, daß die vollwertigen Nahrungsmittel durch ihre gute Qualität viel Aroma haben. Es reicht schon, wenn man den Geschmack mit etwas Salz unterstützt und die Speisen mit Kräutern kombiniert. Das gleiche gilt für kaltgepreßte unraffinierte Öle*: die wichtigen 459
Stoffe, die nicht durch Raffinieren entfernt wurden, haben einen eigenen Geschmack, und man muß sich daran gewöhnen (das übliche Öl ist geschmacklos). Man sollte also erst eine kleine Flasche kaltgepreßtes Öl kaufen und mit einer größeren Menge des üblichen Öles mischen; langsam kann der Anteil des kaltgepreßten Öles immer mehr überwiegen.

Man sollte versuchen, einen bestimmten Rhythmus in der Ernährung einzuführen. Wochentage, Jahreszeiten und Festtage bieten einen Anstoß dazu. Der Zusammenhang, der zwischen Planeten, Wochentagen und Getreidearten besteht, kann dafür bestimmend sein. Es würde zu weit führen, in diesem Buch auf diese Zusammenhänge einzugehen. Interessenten verweise ich gerne auf *Die sieben Getreide* von Udo Renzenbrink (s. Literaturliste*). 466

Ein anderes Problem, das nicht in Ihrem Einflußbereich liegt, kann sich zeigen, wenn Sie auswärts essen und Gerichte vorgesetzt bekommen, die nicht den Kriterien einer vollwertigen Ernährung genügen. Wir handhaben das in unserer Familie meistens so, daß wir ohne Bemerkungen über den Nutzen von gesunder Ernährung das mit Liebe gekochte Essen genießen. Anders ist es bei Familien und Freunden, mit denen man häufig zusammen ißt. Hier empfiehlt es sich doch, sich auf bestimmte Dinge zu einigen, Rezepte auszutauschen usw. Bei Allergien und Überempfindlichkeiten gegenüber bestimmten Nahrungsmitteln muß der Gastgeber oder die Gastgeberin selbstverständlich vorher informiert werden, und man kann eventuell anbieten, daß man bestimmte Diätprodukte selber mitbringt.

Und jetzt in die Küche

Dieses Kapitel ist als Nachschlagehilfe bei der Arbeit in der Küche gedacht. Hier finden Sie Hinweise für die Zusammenstellung einer warmen Mahlzeit, praktische Tips, die die Arbeit vereinfachen, und eine Liste der in diesem Buch verwendeten «Fachausdrücke».

Die Zusammenstellung einer warmen Mahlzeit

Für viele ist es schwierig, jeden Tag wieder eine neue Mahlzeit auf den Tisch zu bringen. Nicht so sehr das Kochen selber als die Wahl der Gerichte und die Kombination derselben zu einem guten und leckeren Ganzen sind das Problem. Ich will Ihnen in diesem Kapitel einige Denkansätze geben, die Ihnen behilflich sein können.

Sowohl für die Gesundheit der Familienmitglieder als auch, was die Arbeitsbelastung der Hausfrau betrifft, ist es eine gute Regel, wenn die **tägliche Mahlzeit** einfach ist. Trotzdem soll sorgfältig gekocht und vor allem gut abgeschmeckt werden.
Ein **Wochenplan** für Mahlzeiten kann beim Kochen ein wichtiges Hilfsmittel sein. Dabei sollte bedacht werden, wie der Verlauf der kommenden Woche aussieht: Gibt es Geburtstage oder Festtage? Kommen Gäste? Gibt es einen oder mehrere Tage, an denen Familienmitglieder später nach Hause kommen? usw.
Machen Sie am Wochenende – in Übereinstimmung mit ihren Familienmitgliedern – einen **Menüplan** für die ganze Woche und gleichzeitig den Einkaufszettel. Denken Sie daran, daß Sie manchmal auch für zwei Tage kochen können (beispielsweise dasselbe Getreide auf zwei verschiedene Arten zubereitet, Getreide mit Soße, am nächsten Tag Getreidebratlinge; am einen Tag Getreide mit Hülsenfrüchten, am anderen Tag mit Milchprodukten). Solch eine Planung erspart Ihnen im Lauf der Woche viel Nachdenken und Zeit.
Günstig ist es auch, wenn Sie von den am häufigsten verwendeten Produkten einen gewissen Vorrat haben. Diese sind: Getreide und Getreideprodukte, Hülsenfrüchte, Nüsse, Dörrfrüchte, Sonnenblumenkerne etc., Öl, Salz, Süßungsmittel und Kräuter.
Wenn Sie einmal wöchentlich Gemüse einkaufen, empfiehlt es sich, zuerst das Blattgemüse, dann das Stengelgemüse und zum Schluß das Wurzelgemüse zu verwerten.

Einige Richtlinien:

- Machen Sie bei einer Mahlzeit möglichst nur ein Pfannengericht, und kombinieren Sie Pfannengerichte möglichst mit leicht verdaulichem Gemüse oder einem frischen, einfachen Salat.
- Essen Sie nicht ausschließlich Hülsenfrüchte, sondern kombinieren Sie diese mit Getreide (1:3 ist eine gute Kombination); dieses Mi-

schungsverhältnis braucht nicht in einem Gericht, sondern kann innerhalb einer Mahlzeit sein. So ist beispielsweise ein süßes Getreidegericht (Maisschnitten, Brotauflauf, Pfannkuchen, Getreidepudding) eine gute Ergänzung zu einer Eintopfsuppe mit Hülsenfrüchten.

- Sorgen Sie dafür, daß es bei jeder Mahlzeit etwas zu kauen gibt; machen Sie zum Beispiel kein Menü aus Currysuppe, Kartoffelpüree mit Blumenkohl und Rührei und dazu einen Cremenachtisch, sondern: klare Gemüsesuppe mit grob geschnittenem Gemüse, Püree mit Karottensalat und gehackten Nüssen, als Nachtisch frische Früchte.
- Stellen Sie das Menü so zusammen, daß alle Teile der Pflanze darin vorkommen: Es ist nicht nur lecker, sondern auch gesund, wenn in einer Mahlzeit sowohl rohes als auch gekochtes Gemüse enthalten ist, zum Beispiel Blattgemüse als Rohkost, wenn es gekochtes Wurzelgemüse gibt, oder umgekehrt. Die Früchte im Nachtisch oder die verwendeten Kräuter gehören dann zum Blütenbereich der Pflanze (nachzulesen im Kapitel *Hintergründe der Ernährung**). 33

Bei der Zusammenstellung einer Mahlzeit ist es wichtig, nicht nur an den Magen, sondern auch an das Auge zu denken. Machen Sie deshalb zum Getreidegericht eine farbenfrohe Soße oder einen bunten Salat, auch ein Petersiliensträußchen, eine Karotten- oder Tomatenscheibe machen schon viel aus. Menühinweise finden Sie sowohl beinahe bei jedem Rezept als auch auf Seite 27. Festliche Garnierungen finden Sie auf Seite 72ff.

Praktische Tips

- Lesen Sie, bevor Sie mit dem Kochen anfangen, erst das *ganze Rezept* mit den Variationen und Tips. Dann stellen Sie alles bereit, was in der Zutatenliste aufgeführt ist, und wiegen Sie auch so viel wie möglich ab. Diese Dinge kann man, genau wie das Kochen von eingeweichten Körnern und/oder Hülsenfrüchten oder von Fleisch, oft schon im Lauf des Vormittags oder am Vorabend machen (siehe auch unter *Kochen in der Thermoskanne* *). Auch das Aus- 124 wellen des Teiges für den Gemüsekuchen und das Putzen und Waschen von Gemüse (jedoch *nicht* schneiden oder raspeln!) kann oft schon morgens geschehen (Blattgemüse stellt man in der Salatzentrifuge kühl, schleudert es jedoch noch nicht trocken). In einem Haushalt mit Kindern ist gerade die Zeit, die Sie für die Zubereitung der warmen Mahlzeit brauchen, kritisch. Die Kinder sind dann oft müde und etwas «überdreht» und verstehen nicht, daß Sie jetzt gerade nicht ansprechbar sind, weil Sie mit einem neuen Rezept beschäftigt sind.

Die Zeiteinteilung für das Kochen eines Menüs sieht folgendermaßen aus:

- Getreide und/oder Hülsenfrüchte (eventuell eingeweicht) oder Fleisch kochen/braten
- Suppe
- Soße
- gekochtes Gemüse
- Rohkost
- alles (wenn nötig) wieder wärmen und mit frischen Kräutern, Sahne, Butter usw. abschmekken.
- Die Messer zum Schneiden von Gemüse und Zwiebeln müssen regelmäßig geschliffen werden; je schärfer das Messer ist, desto glatter ist die Schneidefläche beim Gemüse und desto weniger Saft und Vitamine gehen verloren (aus diesem Grund sollte auch kein Messer mit gewellter Schnittfläche benutzt werden).
  Das Hackbrett sollte, bevor Gemüse und Zwiebeln geschnitten werden, mit kaltem Wasser abgespült werden, es dringt dann weniger Saft in das Holz ein; es ist ratsam, zum Schneiden

von Gemüse und Zwiebeln immer die gleiche Seite zu verwenden und auf der anderen Seite Brot und Käse zu schneiden.

- Früchte werden am besten auf einem flachen Teller geschnitten, dann geht der Saft nicht verloren.
- Zum Schneiden von rohem Fleisch sollte lieber kein Holzbrett verwendet werden, ist das aber nicht anders möglich, wäscht man es gleich nach Gebrauch gründlich mit heißem Wasser ab.
- Beim Schneiden feucht gewordene Brettchen werden unter heißem Wasser gründlich gebürstet und an der Luft getrocknet.
- Kräuter schneidet man am besten mit einem Scherchen direkt in die Suppe oder über das Gericht. Krause Petersilie gibt man in einen Becher und schneidet sie dort mit einem Scherchen klein.
- Große Knollen (Sellerie) und Kürbis schneidet man nach dem Waschen zunächst in Scheiben, die lassen sich dann zum Schälen leichter handhaben. Dann legen Sie zwei bis vier Scheiben aufeinander, wenn Sie Streifen oder Würfel schneiden wollen.
- Feuerfeste Schüsseln und Backformen nicht auf den verschmierten Tisch stellen, auch die Ränder oberhalb der Masse sollten mit einem feuchten Tuch gesäubert werden; was im heißen Backofen anbrennt, riecht unangenehm und ist beim Abwasch schwer wieder wegzubekommen.
- Essensreste sollten schnell abkühlen (Töpfe auf Kuchengitter stellen, damit auch von unten Luft daran kommt). Danach werden sie gleich kühlgestellt (zugedeckt), man sollte sie nicht länger als zwei Tage aufheben. Was für den Kühlschrank zu groß ist, wird dort kühl gestellt, wo die Temperaturschwankungen nicht zu groß sind. Eiweißreiche Produkte wie Milch, Eier, Fleisch, Fisch, Hülsenfrüchte und Gerichte, in denen diese Produkte verarbeitet sind, sollten nur bei Temperaturen unter 7° C aufgehoben werden. Die Temperatur im Kühlschrank sollte regelmäßig kontrolliert werden, sie sollte, außer im Gemüsefach, nicht über 7° betragen (er sollte regelmäßig abgetaut und mit heißem Wasser mit einem Schuß Essig sauber gemacht werden). Der gefährliche Temperaturbereich zur Bakterienbildung liegt zwischen 10° und 55° C; deshalb müssen Essensreste nicht nur schnell abkühlen, sondern auch schnell wieder aufgewärmt werden, und zwar so, daß sie durch und durch warm sind. Die Erhitzung auf 80° C tötet schädliche Bakterien.
- Geschirr und Kochgerät sollten am besten gleich nach Gebrauch unter kaltem Wasser vorgespült werden, einmal am Tag wird richtig abgewaschen (70°, Handschuhe verwenden).
- Spülbürste, Geschirrtücher und Handtücher sollten saubergehalten werden. Bei intensivem Gebrauch ist es gut, wenn Geschirr- und Handtücher täglich gewechselt werden.
- Der Abfalleimer in der Küche sollte regelmäßig geleert und mit warmem Seifenwasser saubergemacht werden.
- Zum Zudecken von Gebäck im Ofen oder als «Notdeckel» auf Pasteten und Backformen verwenden Sie eine doppelt gefaltete Aluminiumfolie. Das Ganze wird dadurch reißfester und ist mehrmals zu verwenden. Nach Gebrauch wird die Folie einigemale zusammengefaltet.
- Vesperbrote sollten nicht in Alufolie verpackt werden, eine Tupperdose ist günstiger.
- Essensreste deckt man nicht mit Alufolie zu, sondern steckt die Schüssel in eine Plastiktüte; diese ist mehrmals zu verwenden.
- Verwenden Sie so wenig wie möglich Plastiktüten. Große Plastiktüten sind im Abfalleimer wiederzuverwenden.
- Kaufen Sie nach Möglichkeit keine Plastikfolie. Wenn Sie normale Plastiktüten aufschneiden, haben Sie eine festere Qualität, die mehrmals zu verwenden ist (dieses Plastik ist zum Ausrollen und Verpacken von Mürbeteig* sehr prak- 345
tisch). Sie können es mit dem Abwasch mitwaschen und zum Trocknen aufhängen.
- Achten Sie bei der Wiederverwendung von Plastik (Tüten, Gefäße, Tragtaschen, kleine Eimer) darauf, daß nur die Kunststoffe, die für

Lebensmittel bestimmt sind, entsprechend kontrolliert werden. Verwenden Sie also keine Kleidersäcke, bunte Tragetaschen oder Abfallsäcke, um Nahrungsmittel darin aufzuheben.

- Für denjenigen, der viel bäckt, ist die Anschaffung einer Rolle Backpapier zu überlegen. Die Verwendung von Backpapier ist für die Umwelt nicht schädlicher, als wenn man die Backformen mit heißem Wasser und Seife reinigen muß. Backpapier ist dicker und weniger porös als Pergamentpapier. Es wird ohne schädliche Zusätze fabriziert, muß nicht eingefettet werden und ist mehrmals zu verwenden.
- Wenn die Flamme in die Pfanne schlägt, wird die Dunstabzugshaube ausgeschaltet und der Topf mit einem nassen Handtuch abgedeckt.

Küchenbegriffe

Abschmecken: bevor das Essen auf den Tisch kommt, kontrollieren, ob genügend Salz, Säure, Süßigkeit oder Gewürze an den Gerichten ist und ob die Konsistenz stimmt.

Au bain-marie (s. Abbildung unten): Ein Nahrungsmittel in einem Topf, einer Schüssel oder einer speziellen Puddingform in einen größeren Topf stellen, der mit Wasser gefüllt ist, welches kurz vor dem Siedepunkt sein und bleiben sollte:

- das Garkochen von Puddings und Terrinen (die Form wird geschlossen und ebenso der Wassertopf)
- das Warmhalten und Wiederaufwärmen von Gerichten (hierbei wird der Wassertopf mit dem Deckel geschlossen)
- Soßen und Schaum werden unter ständigem Schlagen eingedickt.

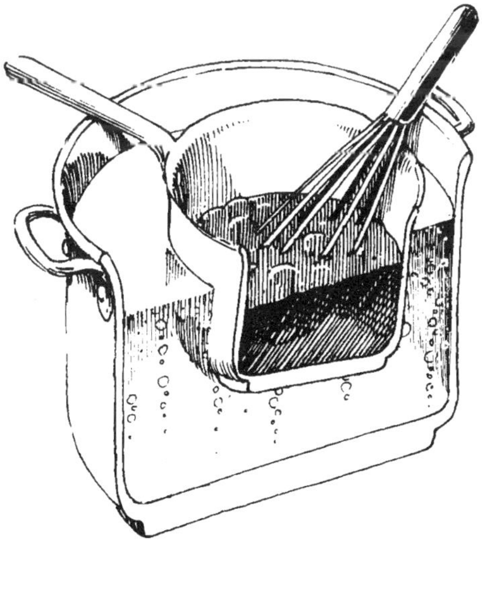

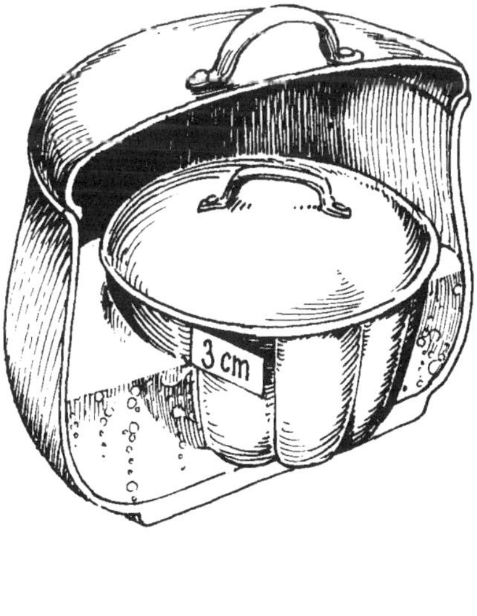

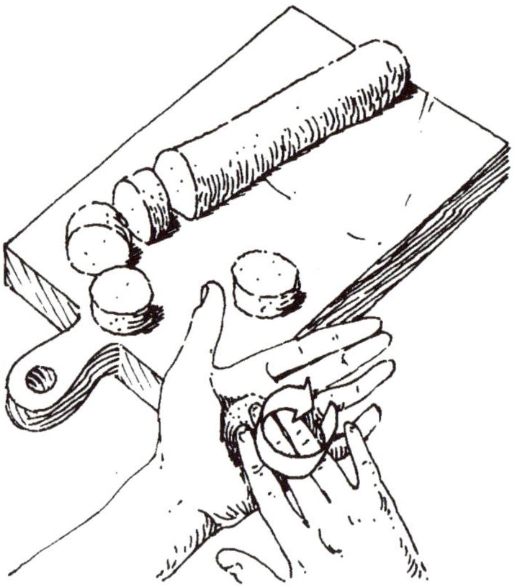

Ausformen von kleinen Kugeln:
- Aus einer festen Masse zunächst eine Rolle machen, von dieser Rolle mehr oder weniger dikke Scheiben schneiden, aus welchen die kleinen Kugeln geformt werden
- Aus einer feuchten Masse (beispielsweise für Getreideküchlein) mit Hilfe eines Eiskugellöffels Kugeln formen und direkt in die Pfanne geben. Oder mit Hilfe von zwei Eßlöffeln längliche Formen oder mit den feuchten Händen runde Kugeln machen.

Auslegen einer Backform mit Teig: siehe unter *Mürbeteig*, *Pastete und Sandkuchenteig*.

Auswellen von Teig: siehe unter *Mürbeteig**. 344

Bestreichen von Gebäck, um ihm einen schönen Glanz zu geben:
- Ein Eigelb mit 1-2 Eßl. Wasser verrühren und mit Hilfe eines flachen, zarten Pinsels das Gebäck direkt bestreichen, bevor es in den Ofen kommt. Bei Blätterteiggebäck darauf achten, daß nicht über den Rand gekleckert wird, weil der Teig dann festklebt und unregelmäßig aufgeht.
- Anstelle eines Eigelbs können Sie auch Milch (zur Not auch Wasser) verwenden, worin Sie etwas Reissirup oder Zucker aufgelöst haben (für süßes Gebäck). Direkt nach dem Backen das Bepinseln ein- bis zweimal wiederholen.

Binden: mit feinem Mehl, das in einer kalten Flüssigkeit angemacht wurde, eine ***kochende Flüssigkeit*** andicken (Suppen, Soßen, Gemüseflüssigkeit)

Blindbacken: Kuchenböden *ohne* Belag vor- oder ganz gar backen. Teigdicke für mürben Teig 3 mm, für Sandkuchenteig 4-5 mm. Mit der Gabel wird der Teigboden gleichmäßig mit Löchern versehen. Eine paßgerecht zugeschnittene Alufolie wird so über den Teigboden gelegt, daß sie noch etwas über den Rand hinausragt. Darauf wird eine Lage Hülsenfrüchte (vom vorigen Jahr) oder Haselnüsse gestreut (diese rösten dann mit). Die Hülsenfrüchte und die Folie kann man mehrmals verwenden.

Backen: Ca. 20 Min. bei 200°C bei Mürbeteig, bei 180°C bei Sandkuchenteig. Sandkuchenteig *ohne* Rand (Quarkkuchen*) 15 Minuten. Nach 10 Min. 374
Backzeit kann die Folie mit den Nüssen bzw. Hülsenfrüchten weggenommen und der richtige Belag daraufgegeben werden; oder man bäckt den Boden ganz durch. Nach Wunsch können Sie ihn dann nach ein paar Tagen mit weichen oder eingemachten Früchten belegen.

Dämpfen*: Nahrungsmittel in wenig Flüssigkeit, 251
mit (wenig) oder ohne Butter oder Öl zunächst bei großem Feuer zum Kochen bringen, danach bei niederer Temperatur garen. Der Topf ist zugedeckt.

Darren*: Das vorher naß gemachte Getreide im 404
Ofen bei einer Temperatur von ca. 90° C trocknen, wodurch es leichter verdaulich wird, nicht mehr eingeweicht werden muß, eine kürzere Kochzeit bekommt und nicht so leicht verkocht.

Dünsten im eigenen Saft: Nahrungsmittel in wenig Öl oder Butter bei mäßigem Feuer unter regelmäßigem Umrühren erwärmen und sehr

langsam bei niederer Temperatur im eigenen Saft garen (der Topf ist zugedeckt).

Einfetten: Die *feuerfeste Form*: mit einem Butterpapier oder großzügig, wenn die Butter weich ist, mit den Fingern.
Das *Waffeleisen*: mit einem in Öl getunkten Pinsel, der metallene Borsten hat (diese verbrennen nicht).
Das *Backblech*: mit der schmalen Seite eines harten Butterstückes über die ganze Länge des *warmen* Backblechs streichen und danach die Butter mit Hilfe eines Küchenpapiers über die gewünschte Oberfläche des Backblechs ausstreichen.
Die *Backform*: mit dem Backpinsel und sehr weicher Butter die *kalte* Backform sorgfältig bis in alle Ecken einpinseln. Nun gibt man einen Eßlöffel Mehl in die Form, dreht sie herum, so daß das Mehl überall an der Butter kleben bleibt. Damit kontrolliert man gleichzeitig, ob die Form überall eingefettet ist. Das überflüssige Mehl ausklopfen. Wenn Sie viel backen, ersparen Sie sich mit einem extra Backpinsel viel Zeit: Stecken Sie den Pinsel in eine Zellophantüte und heben Sie ihn von Mal zu Mal im Kühlschrank auf, dann brauchen Sie ihn nicht jedes Mal auszuwaschen.

Bei Mürbeteig und Keksen, in die Butter oder Öl verarbeitet ist, braucht die Backform oder das Backblech *nicht* eingefettet zu werden. Allerdings ist es nötig, daß die Form oder das Blech sauber und trocken ist. Verwenden Sie zum Einfetten von Backformen kein Öl, es klebt auf die Dauer. Wenn Sie weder Butter noch Margarine verwenden dürfen, sollten Sie Backpapier* neh- 49
men. Stellen Sie die Kuchenform auf das Backpapier und zeichnen Sie zuerst den Boden, dann die Wände nach und schneiden Sie das Papier aus. Gehen Sie so vor, daß Boden und Wände in einem Stück bleiben.

Einwecken: Ursprünglich aus Deutschland stammende Einmachmethode (Pasteurisieren und Sterilisieren). Nahrungsmittel werden durch Erhitzen in luftdicht verschlossenen (speziellen «Weck»-)Gläsern bakterienfrei und dadurch haltbar gemacht. Sie können auch in sauberen Gläsern einwecken, die metallene twist-off-Deckel haben. Siehe auch *Zutaten, die man selber machen kann**. 404

Fritieren*: Das Backen in *viel heißem Öl oder* 252
Fett (160-180°C). Fett eignet sich am besten für Gerichte, die warm gegessen werden.

Gratinieren: Bereits gekochte Nahrungsmittel in einer mit Butter oder Öl eingefetteten feuerfesten Form im heißen Ofen backen, bis sie eine hellbraune Kruste haben. Damit das Gericht nicht zu trocken wird, kann es mit einer Soße oder geriebenem Käse und/oder Paniermehl mit hauchdünnen Butterflöckchen bedeckt werden.

Hacken: Das Nahrungsmittel auf einem Holzbrett zuerst mit einem Messer kleinschneiden und danach mit einem Hack- oder Wiegemesser feinhacken.

Kochen*: Nahrungsmittel in viel Flüssigkeit garen 251
(Suppe, Teigwaren, große Stücke hartes Gemüse) bei geschlossenem Topf.

Kochendheiß einfüllen: Dies ist eine Einmachmethode, die ursprünglich aus der Schweiz kommt. Im Topf gar gekochte Nahrungsmittel kochend heiß in vorgewärmte Flaschen füllen, luftdicht abschließen und fünf Minuten lang auf den Kopf stellen. Hierfür können Sie jede Art von sauberen Gläsern oder Flaschen mit metallenen twist-off-Deckeln verwenden. Siehe *Zutaten, die man selber machen kann**. Diese Einmach- 404
methode ist dank dem Fruchtsäuregehalt nur für Früchte oder Tomaten geeignet.

Panieren (s. Abbildung): Ein Nahrungsmittel (z.B. Fleisch, Fisch, Käse, vorgekochte Gemüsescheiben) wird mit einer Kruste aus Paniermehl versehen und dann bei mäßiger Hitze in etwas Öl oder Butter beidseitig goldgelb gebacken.

Panade: Auf einem nicht zu tiefen Suppenteller ein Ei oder zwei Eiweiß mit einer Gabel zerklopfen (nicht schaumig schlagen). Eventuell etwas Salz und Kräuter zufügen. Das Nahrungsmittel trockentupfen und in Mehl wenden. Überflüssiges Mehl abklopfen und das Nahrungsmittel durch das Ei ziehen; gut abtropfen lassen. In Paniermehl wenden und mit der Handfläche gut andrücken. Die panierten Stücke nicht aufeinanderlegen und wenn möglich vor dem Backen eine Viertelstunde (oder länger) antrocknen lassen. Fisch und Fleisch unterdessen in den Kühlschrank, Käse und Gemüse an einen kühlen Ort legen; nicht abdecken.

Pasteurisieren: Durch schnelle Erhitzung werden Lebensmittel bakterienfrei gemacht. Siehe auch unter *Pasteurisieren von Milch** und *Einwecken*. 458

Pochieren: Nahrungsmittel (Fisch, Eier, Getreidebällchen) in kochendes Wasser legen und bei ca. 90° C garen (*ohne Deckel*). Das Wasser darf nicht mehr sprudelnd kochen.

Pürieren: Sehr reife oder gut weichgekochte Nahrungsmittel durch ein Sieb reiben (Rührsieb oder normales Sieb mit Holzlöffel) oder mit dem (Stab-)Mixer fein mixen.

Quellen*: Ein beinahe fertiggekochtes Gericht an 114
einem *warmen* Ort (Kochkiste, Topf mit heißem Wasser, au bain-marie, Heizung, Warmhalteplatte) mit der Restwärme vollends gar werden lassen.

Rösten: *Trockene* Nahrungsmittel im trockenen Topf oder mit sehr wenig Öl in einem Topf mit dickem Boden auf mäßigem Feuer unter *dauerndem* Umrühren hellbraun rösten (Mehl). Will man große Mengen rösten, kann man dies in einem mäßig warmen Ofen tun, das Röstgut wird dann auf dem Backblech dünn ausgebreitet (Flocken, Nüsse und Samen).

Sautieren: In einer Pfanne mit dickem Boden geschnittene Zwiebeln oder festes Gemüse in wenig Öl auf mäßigem Feuer unter ständigem Umrühren *hell*braun werden lassen (ohne Dekkel).

Trockenschleudern: Gewaschenes (Blatt-)Gemüse in der Salatzentrifuge trocknen oder in einem Küchenhandtuch (zu einem Beutel geformt) im Garten oder auf dem Balkon einige Male herumschleudern.

Umgebungstemperaturen:
gekühlt 0-10° C (Kühlschrank, im Winter draußen)
kühl 10-18° C (kühler Keller, ungeheiztes Zimmer oder draußen)
Zimmertemperatur 18-25° C (Küche, geheiztes Zimmer)
warmer Platz 25-50° C (Heizung, Kochkiste)

Zerstoßen: Kräutersamen oder getrocknete, harte Blättchen von Kräutern in einem Mörser zu Pulver zerstoßen, wenn möglich zugleich mit dem für das Rezept benötigten Salz oder Zucker.

Ziehenlassen: Das Nahrungsmittel in viel Flüssigkeit zum Kochen bringen (oder mit kochender Flüssigkeit übergießen) und danach am Köcheln halten (Bouillon). Den Topf nicht zudekken.

Festtagsrezepte

Die Jahresfeste und Geburtstage, die jedes Jahr an ihren festgelegten Tagen wiederkehren, sind besondere, aus dem Alltagsleben herausragende Tage, die dem Jahr sowohl Struktur als auch einen bestimmten Rhythmus verleihen. Es ist der Mühe wert, diese Feste, vor allem zusammen mit den Kleinen, intensiv vorzubereiten und sie zu genießen. Wenn dann in der Pubertät die festen Familienstrukturen umgeworfen werden, ist das kein Unglück. Die Basis ist gelegt, und die Erfahrung, daß die Ablehnung Festlichkeiten gegenüber später, wenn eigene Kinder da sind, plötzlich vergessen ist und die alte Freude an Festen wieder auftaucht, kann über die Enttäuschung hinweghelfen. Holen Sie übrigens ruhig auch in diesen «kritischen Jahren» jedes Jahr wieder den Weihnachtsschmuck hervor. Womöglich werden Sie am Feiertag noch mit auf der Gitarre gespielten Weihnachtsliedern überrascht.

Ein Fest ist erst dann gelungen, wenn jedermann zu seinem Recht gekommen ist, der Koch und die Kleinen. Deshalb stellt sich die Frage, ob man sich durch allerlei Vorschläge zu festlichen Menüs und Zimmer- und Tischschmuck, die lange vor den Festtagen bereits im Briefkasten liegen, animieren lassen muß. Entspannte Leute und ein einfaches Festmahl sind für ein gemütliches Fest eine bessere Voraussetzung als ein Koch, der sich mit lauter Terrinen und Moussezubereitungen halb tot gearbeitet hat, während die Kleinen sich langweilen mußten und zu allem Überfluß all die Herrlichkeiten nicht einmal mögen. Vor allem für kleine Kinder ist die Festtagsfreude nicht von Damasttischdecken und kulinarischen Höhepunkten abhängig. Das heißt jedoch nicht, daß auf ein schönes (leicht waschbares) Tischtuch und besonderes Geschirr verzichtet werden soll.

Lassen Sie die Kinder soviel wie möglich bei den Vorbereitungen helfen. Lassen Sie sie vor allem für ihr eigenes Geburtstagsfest mit Freunden das Menü selber aussuchen. *Die Kinder* wissen, was «in» ist; aber *Sie* bieten - zumindest bis zum Anfang der Oberstufe – die Möglichkeiten, aus denen ausgewählt werden darf.

Es besteht ein großer Unterschied darin, ob ein Festmenü für ein Jahresfest, ein Geburtstagsfest im häuslichen Kreis oder ein Fest mit Freunden zusammengestellt wird.

Kaltes Buffet für ein Kinderfest mit u.a.: Gugelhupf, Partybrot, salzigem Brothäuschen, Gemüse, Figuren, Kräuterquark, Früchtebowle und Popcorn. ►

Das Menü zum Jahresfest

Für manch einen ist ein Festmenü erst dann ein solches, wenn eine ordentlich gewürzte Roulade oder ein Truthahn, zusammen mit einer großen Schüssel knuspriger Pommes frites auf dem Tisch stehen. Außer der Tatsache, daß sich diese Gerichte für die Kleinen nicht eignen, mögen sie sie meistens nicht einmal. Das ist nicht so schlimm, denn an solchen Tagen ist der Hunger durch alles, was zwischendurch gegessen wurde, meistens nicht besonders groß. Etwas Gemüse und/oder Salat (das Lieblingsgemüse) ist bereits ausreichend. Für diejenigen, die hungrig zu Tisch kommen, ist ein *Teigrand** auf dem Gemüseauflauf 234
oder der Teigdeckel vom *Gemüsepie** eine nahr- 233
hafte Überraschung. Für die meisten Kinder ist sowieso der Nachtisch der Höhepunkt eines Festmahles, und auf ihn können Sie den Schwerpunkt legen. Wählen Sie für die Festtage vor allem solche Gerichte, die Sie zum großen Teil vorher vorbereiten können (lesen Sie hierzu die Einleitung und die Tips bei den Rezepten).

Bei einem vegetarischen Menü können Sie das Fleischgericht durch etwas anderes ersetzen. Zu dem Zweck können Sie ein oder mehrere Teile der Mahlzeit verändern:

- Servieren Sie die Kürbissuppe in einem ausgehöhlten Kürbis;
- kombinieren Sie das Gemüse und das Getreide in einer Gemüsepastete;
- rollen Sie das Getreide in Gemüseblätter oder richten Sie es mittels einer Reisring- oder einer Timbalform an;
- bereiten Sie für eine gemischte Gesellschaft aus Vegetariern und Nichtvegetariern Pastetchen mit «angepaßten» Füllungen vor.

Ein Fest besteht jedoch nicht nur aus dem Festmenü. Vor allem die Jahresfeste können mit ihren Vorbereitungen und den dazugehörigen Aktivitäten eine Quelle von geselligen, gemeinschaftlichen Aktivitäten mit großem Wert für die Zukunft sein. Die guten Erinnerungen an solche Tage sind wie die Wurzeln eines Baumes, die ihn auch in stürmischen Zeiten aufrecht halten. Eine wahre Schatztruhe von gut ausgearbeiteten Anregungen zum Feiern von Jahresfesten finden Sie im *Jahreszeitenbuch* (siehe *Literaturliste**). 466

Geburtstagsmenü

Für das Geburtstagsmenü im häuslichen Kreis vergessen Sie am besten alle Theorien über gesunde Ernährung und ausgewogene Mahlzeiten (oft ist so ein Wunschmenü nicht einmal ungesund, sofern sie vollwertige Zutaten verwenden). Das Geburtstagskind ist König und darf wählen, ob die anderen damit einverstanden sind oder nicht. Schließlich kommt jeder einmal im Jahr an die Reihe. Es ist durchaus möglich, daß ein Geburtstagsmenü aus einer dreifachen Nachtischportion besteht. Wenn es sich nicht gerade um Eis handelt, ist dies kein Unglück, solange Sie Rezepte mit guten Zutaten dafür verwenden. Vielleicht gelingt es sogar, daß Sie eine Schüssel mit hübsch angerichteter Rohkost darunter schmuggeln, sonst stellen
Sie ein paar *Radieschenmäuse** oder *Karotten-* 74
*blumen** auf den Tisch. 72

Natürlich muß am Geburtstag auch etwas mit in die Schule genommen werden. Vorschläge für solche Fälle finden Sie im Kapitel *Gebäck und Sü-*
*ßigkeiten**. Denken Sie bei der Auswahl aus die- 338
sem großen Angebot nicht nur an den Transport der Leckereien, sondern auch an den Lehrer (verteilen ohne Streit) und an das Personal, das die Klassen sauber machen muß (klebrige Tische, Krümel auf dem Boden).

Zur Abwechslung können Sie auch einmal Saisonfrüchte, hübsch verpackt mit dem dazugehörigen Blatt, mitgeben oder auch Nüsse mit Schale und
geröstete, warmgehaltene *Maroni** oder *Gemü-* 296
*setäschchen**. 221

Käse, Wurststückchen und die meisten pikanten Knabbersachen aus der Tüte sind zu fett und zu salzig und nicht besser als mäßig süße, nicht klebrige Leckereien. Man gibt die Leckereien den Kindern am besten kurz vor oder nach einer Mahlzeit, dann entsteht kein extra «Säurestoß» (siehe auch unter Einleitung zu *Gebäck und Süßigkeiten**). 338

Einladung mit Freunden

Diese Feste sind für ein Kind von großer Bedeutung. Es steht im Mittelpunkt des Interesses, und für viele Kinder ist dies nicht leicht zu ertragen. Schließlich ist die Einladung zu einem Fest eine gesellschaftliche Aktivität, die die Grenzen des sicheren häuslichen Bereiches überschreitet: Am nächsten Tag wird in der Schule über das Fest geredet werden! Auch wenn Ihre Kinder das ganze Jahr durch brav und hoffentlich mit Vergnügen Ihr selbstgebackenes Brot essen, sollten Sie dafür Verständnis haben, wenn sie ihren Freunden, die sie in der Schule übliche Butterbrote essen sehen, dieses nicht servieren wollen. Holen Sie dies eine Mal das Brot im Supermarkt. Coca-Cola muß nicht gerade sein, bieten Sie ihnen statt dessen mit kohlensäurehaltigem Mineralwasser verdünnte Fruchtsäfte an. Oder wählen Sie etwas
Gutes aus dem Kapitel über *Getränke**. 389
Für kleinere Kinder ist es auch nett, wenn sie ihre
Brötchen (*Brotfiguren**) selber backen dürfen. 333
Machen Sie reichlich Teig, und backen Sie mehr als notwendig, denn die meisten Kinder wollen ihre eigenen Produkte nicht essen, sondern mit nach Hause nehmen. Und denken Sie daran: Es ist möglich, daß das Brötchenbacken so beliebt ist, daß Sie dies an mehreren Geburtstagen wieder-
holen müssen, bevor Sie zur *Brotblume** überge- 332
hen können.
Die Vorliebe fürs Brot resultiert aus der Erfahrung, daß für Feste mit kleinen Kindern eine Brotmahlzeit viel einfacher vorzubereiten ist als eine warme Mahlzeit, und auf jeden Fall ist sie leichter verdaulich als ein Torten- und Eisfest mit Limonade. Die unterschiedlichen Geschmäcker der Kinder, was das Essen betrifft, sind durch die vielen Variationen, die eine Brotmahlzeit bietet, sehr viel leichter unter einen Hut zu bekommen.
Größere Kinder werden ihre Feste selber organisieren, aber vielleicht wollen Sie für den entsprechenden Rahmen sorgen, wozu auch Essen und Trinken gehören. Was die Wahl der Produkte betrifft, werden Sie auch hier ein oder gar anderthalb Augen zudrücken müssen. Es kann jedoch auch passieren, daß die jungen Leute ihre ökologischen Überzeugungen praktizieren wollen, und das kann für Sie anstrengend werden. Planen Sie rechtzeitig, dann können die ausgewählten Gerichte und das Backwerk zusammen mit dem zukünftigen Festochsen eventuell bei einem häuslichen Fest oder am Wochenende ausprobiert werden. Das gibt für beide das notwendige Selbstvertrauen.

In allen Kapiteln dieses Buches werden Sie genügend festliche Gerichte und Backwerk finden. Hier folgen einige richtige Festmenüs. Im *Jahreszeitenbuch* von Christiane Kutik finden sich auch eine Anzahl entsprechender Hinweise (siehe Literaturliste*). 466

Eierdip (für zwei bis drei Kinder)

In vielen Familien ist es üblich, zum sonntäglichen Frühstück (oder Brunch) ein weichgekochtes Ei zu essen. Toastbrotstreifen in flüssiges Eigelb tunken – köstlich. Leider kann man das heutzutage kaum mehr guten Gewissens tun, seit immer mehr Eier mit Salmonellen* verseucht sind. 460
Außerdem ist ein ganzes Ei für ein kleines Kind zu viel. Die Lösung für beide Probleme ist der Eierdip:

- *ein kleines Ei, hartgekocht (6 Minuten), geschält*
- *ca. 1 Eßl. saure Sahne*
- *eine Prise Salz oder etwas Gomasio** 408

Schneiden Sie nach dem Abschrecken das Ei, wenn ►

es noch warm ist, in kleine Stücke und pürieren sie es, zusammen mit der Sahne, mit dem Stabmixer (man kann es auch durch ein Sieb pürieren und danach mit der Sahne vermischen, es wird jedoch nicht so cremig).
Mit Salz oder Gomasio abschmecken und auf die Eierbecher verteilen.

Variationen:
- Die Sahne kann, wenn nötig, durch Wasser und eine Messerspitze Senf ersetzt werden.
- Würzen Sie den Eierdip etwas kräftiger durch milden Paprika oder Curry (oder lassen Sie jedes Kind seinen Dip am Tisch selber würzen).
- Einfacher, jedoch nicht zum Tunken: Füllen Sie
  die Eierbecher mit *Rührei** oder mit einem hal- 210
  ben *gefüllten Ei**. 210

Tip: Sammeln Sie halbe schöne Eierschalen, waschen sie aus und trocknen Sie sie im Backofen bei mindestens 100° C, beispielsweise nach dem Brotbacken oder wenn Sie einen Kuchen gebacken haben. Geben Sie die Schalen in die Eierbecher und füllen Sie sie mit Dipsoße.

Reisrand (6-8 Personen)

Dies ist eine Möglichkeit, auf festliche Art Reis mit Ragout für eine größere Gesellschaft anzurichten. Im Menü mit Beilagen können Sie das Ragout auch
durch Gemüse mit einer *Bechamelsoße** oder 177
durch eine bunte Gemüsesoße (*Gemüsepüree-*
*soße**) ersetzen. 180
Für eine Ringform von 25 cm Durchmesser und 1 1/2 l Inhalt brauchen Sie 1 1/2 - 2 mal die übliche Reismenge.
Kochen Sie den Reis nach dem *Grundrezept** oder 118
als *Risotto** (Variation für Kleinkinder) und lassen 118
Sie ihn quellen. Berechnen Sie den Anfang der Kochzeit so, daß der Reis nicht länger als eine Stunde in der Kochkiste bleibt, sonst kühlt er zu stark ab (siehe Tips).
Fetten Sie die Ringform kurz vor dem Anrichten mit Butter ein und stellen Sie sie an einen warmen Ort. Auch die flache Schale, in die Sie den Reis stürzen wollen, sollte vorgewärmt werden.
Drücken Sie den Reis fest in die Form, decken Sie die Schale darüber und stürzen Sie das Ganze. Heben Sie die Reisform vorsichtig ab und gießen Sie das Dicke des Ragouts oder der Soße in die Mitte des Reisrandes. Den Rest vom Ragout oder der Soße können Sie in einer extra Soßenschüssel dazu servieren.
Schmücken Sie den Reisrand mit halben Gurkenscheiben und feinen Paprikastreifen oder mit Petersiliensträußchen und Eierscheiben.

Variation: Polenta, Hirse (nicht zu locker gekocht) und **Buchweizen** können Sie auch in Form eines Randes servieren, die anderen Getreidesorten kochen zu locker.
Sowohl bei Buchweizen als auch bei Polenta brauchen Sie für die oben genannte Reisform 1 1/2 - 2 mal die Basismenge.

Tip: Ein Reisrand eignet sich auch sehr gut, um die oben genannten Getreidesorten aufzuwärmen. Fetten Sie die Form sehr großzügig mit nicht zu weicher
Butter ein* und bestreuen Sie die Form mit einer 51
dichten Schicht von Sesam (nach Möglichkeit gewa-
schen und getrocknet*) oder Sonnenblumenker- 408
nen. Drücken Sie das gekochte Getreide hinein und decken Sie den Ring mit einer doppelten Aluminiumfolie zu (sonst trocknet das Getreide aus).
Backen: ca. 20 Min. bei 200° C auf der untersten Schiene. Wenn Sie dann den Ring kurz vor dem Essen stürzen, ist das Getreide mit einer Schicht gerösteter Samen oder Kerne bedeckt.

Reistimbal

Herzhafter Reis auf festliche Art und Weise in der Puddingform angerichtet. Servieren Sie dazu eine Schüssel frischen Salates.

- *ein Rezept Risotto** 118
- *100-150 g in kleine Würfel geschnittener Käse und/oder Schinken*
- *1 Eßl. fein geschnittener Schnittlauch oder 2 Eßl. andere frische Kräuter*
- *1 kleine saure Gurke, längs durchgeschnitten und in Fächerform eingeschnitten*
- *1 kleine Tomate oder eine Karotte*

- *1 Rezept Gemüsepüreesoße**, *nach Wahl* 180

- *1 Timbalform (oder ein Blumentopf von 1 l Inhalt, der mit Alufolie ausgelegt ist), eingefettet*

Wärmen Sie, kurz vor dem Anrichten, die Form an, sonst kühlt der Reis zu schnell ab. Mischen Sie den Käse und/oder Schinken und die Kräuter mit dem Risotto. Legen Sie die Gürkchen (mit der runden Seite nach unten) und die Tomatenhälften oder Karottenscheiben auf den Boden der Form. Schöpfen Sie Risotto darauf und drücken Sie ihn gut an. Geben Sie den restlichen Risotto nach und nach in die Form und drücken Sie jeweils gut an.
Stürzen Sie den Timbal auf eine flache Schüssel mit hohem Rand und gießen Sie die heiße Soße darum herum.

Variationen:

- **Buchweizen- oder Hirsetimbal** machen Sie aus *«Risotto» von Buchweizen oder Hirse**. Als 119
  Füllung passen hierzu außer Käse auch gekochte braune Bohnen und Fleischtomaten, in Stückchen geschnitten (ohne Flüssigkeit). Das gleiche gilt für **Timbal aus Polenta*** 121
- siehe auch das Rezept *Hirseauflauf aus Käse und Bananen ** 138
- siehe die Variationen *Reisrand ** 58
- Schmoren Sie beim Kochen von Risotto 100 g Champignons mit den Zwiebeln mit. Schinken im Timbal schmeckt mit Champignons besser als mit Käse.

Gefüllter Kürbis (4-6 Personen)

Ein festliches Gericht, das Sie zum großen Teil im vorhinein vorbereiten können. Reichen Sie grünen Salat dazu.

- *1 Kürbis, gleichmäßig gewachsen, am besten etwas flach ca. 1 1/2 kg*
- *1/4 Teel. Salz*
- *1/4 Teel. Thymian oder 3-4 Nadeln Rosmarin*

- *1 Rezept Hirse mit Bananen und Käse* oder ein* 138
  Rezept Linsenpüree (nicht mit dem Koch-* 285
  wasser verdünnen), gemischt mit einem Rezept Risotto, sehr herzhaft gewürzt (siehe* 118
  auch unter Variationen dieser Rezepte)

- *1 entsprechend großer Topf mit gut schließendem Deckel, um den Kürbis darin vorzukochen*
- *1 altes Porzellanschüsselchen, am besten mit hohem Rand*
- *1 runde Auflaufform mit mindestens dem Durchmesser und der halben Höhe des Kürbis, oder einen Bratentopf*

Der Kürbis wird unter fließendem Wasser gebürstet. Schälen Sie ihn nicht und schneiden Sie auch den Stiel nicht ab. An der Stielseite wird der Deckel abgeschnitten.
Mit einem festen, scharfen Löffel werden die Kerne und Stränge entfernt und der Kürbis bis auf 1 cm Dicke ausgehöhlt. (Dies alles wird für eine Suppe oder Soße aufbewahrt.) In eine Plastiktüte verpackt und kühl gelagert kann man es einen Tag aufheben.)
Garen Sie den Kürbis mitsamt Deckel 15 Min. im Dampf. Hin und wieder muß kontrolliert werden, ob das Wasser noch kocht und ob es nicht verkocht. Der Kürbis darf vor allem nicht ganz gar werden, sonst bricht er beim Füllen auseinander.
Salz und Kräuter werden vermischt und in einem Mörser fein zerstoßen.
Der Kürbis wird in die Auflaufform gesetzt, die Innenseite mit dem Kräutersalz bestreut und dann mit der Füllung Ihrer Wahl gefüllt. Drücken Sie die Füllung vorsichtig, aber fest an und füllen Sie den Kürbis so, daß die Füllung etwas über den Rand hinausragt. Gießen Sie etwas «Kochwasser», ca. 1 cm hoch, in die Auflaufform.
Backen: ca. 30 Min. bei 180° C, unterste Schiene. Wenn die Füllung schon kalt war, dauert die Back- ►

zeit etwas länger. In dem Fall muß der Kürbis nach 20 Min. mit einem Stück Alufolie locker zugedeckt werden.
Inzwischen halten Sie den Deckel auf dem Porzellanschüsselchen im Kochtopf warm.
Stellen Sie den heißen, nicht richtig gebackenen Kürbis zum Anrichten auf eine flache Schüssel, setzen Sie den Deckel wieder auf und schmücken Sie das ganze mit Herbstblättern, Tannenzweigen, Stechpalme oder anderen zum Fest passenden Blättern.
Schneiden Sie den Kürbis bei Tisch in Stücke. Je nach Sorte und Alter des Kürbis kann auch die Schale gegessen werden.

Variationen: Zucchetti, große Gurken, Auberginen, Kohlrabi, Sellerie, Steckrübe und Rote Bete können auf die gleiche Art gefüllt werden. Außer den Zucchetti, den Gurken und den Auberginen müssen Sie das Gemüse vor dem Dämpfen schälen. Für die Knollen reicht ein halbes Rezept der Füllung; den Rest der Füllung kann man in eine feuerfeste Schüssel geben, zusammen mit dem Gemüse im Ofen erhitzen und dann dazu servieren.

Indianertorte (6 Personen)

Die Squaw kann alles vorrichten; während die Krieger auf dem Kriegspfad sind, sucht sie wildes Gemüse und macht daraus im Wigwam einen Salat. Inzwischen bekommt die Torte im Ofen eine leckere Kruste. Der Häuptling bekommt das erste Stück dieser außerordentlichen Pfannkuchentorte.

- *ein Rezept Tortilla*. Backen Sie daraus nicht zu dünne Pfannkuchen, es macht nichts, wenn sie brechen* 158
- *125 g Vollreis*
- *125 g Linsen, drei Stunden oder eine Nacht vorgeweicht in*
- *6 dl Wasser mit*
- *einem Lorbeerblatt*

- *1/2 Teel. Salz*
- *1 Eßl. Öl*
- *eine große Stange Lauch, in dünne Ringe geschnitten*
- *2 Fleischtomaten, in Stücke geschnitten*
- *1/4 Teel. Kümmel*
- *2 Eßl. Petersilie oder andere frische Gartenkräuter, feingeschnitten*
- *3 Eßl. Sonnenblumenkerne*
- *eine weite, runde Auflaufform von mindestens 1 1/2 l Inhalt*

Bringen Sie den Reis mit den Linsen und dem Lorbeerblatt zum Kochen und lassen Sie es, auf kleinem Feuer, eine halbe Stunde leise kochen (in geschlossenem Topf). Geben Sie erst jetzt das Salz dazu und lassen Sie das Ganze mindestens zwei Stunden quellen.
Erwärmen Sie das Öl in einem Topf mit dickem Boden zusammen mit dem Lauch und dünsten Sie ihn, unter dauerndem Rühren, bis es lecker riecht. Geben Sie die Tomaten dazu, bevor der Lauch ansitzt, und fügen Sie den Kümmel zu. Decken Sie den Topf zu, drehen Sie das Feuer ab und lassen Sie noch 5 Min. nachdünsten. Dieses Gemisch wird dann unter das Linsen/Reisgericht zusammen mit der Petersilie gerührt. Kontrollieren Sie Geschmack und Konsistenz: Es soll herzhaft und saftig sein.
Legen Sie einen Pfannkuchen in die Form und streichen Sie einen Teil des Linsen/Reis/Gemüsegemischs darauf. Dann kommt wieder ein Pfannkuchen usw., bis alles verbraucht ist. Den Schluß bildet wieder ein Pfannkuchen. Drücken Sie alles gut an, säubern Sie den Rand der Form und streuen Sie Sonnenblumenkerne darauf.
Backen: ca. 20 Min. bei 200° C, mittlere Schiene (es dauert länger, wenn die vorbereitete Torte sehr kalt war).
Die Torte nach dem Backen etwas stehen lassen, sie kann dann leichter in Stücke geschnitten werden.

Variationen:
- Ersetzen Sie den Lauch durch geraspelten Fenchel und die Tomate durch kleine Kürbisstückchen (1 cm) und einen halben dl Wasser.
- Ersetzen Sie den Lauch durch Zwiebel und Knoblauch (1-2 Zehen) und die Hälfte der Tomate durch grüne Paprika (zusammen mit den Zwiebeln schmoren). Sie können auch die Linsen durch braune Bohnen ersetzen und den Kümmel durch Bohnenkraut und Curry. Da die Bohnen eine längere Einweich- und Kochzeit haben, müssen Sie diese eine Nacht einweichen und eine halbe Stunde vorkochen, bevor der gewaschene Reis mit der notwendigen Flüssigkeit hinzugefügt wird
(siehe die Grundrezepte von *Vollreis** und das 118

Kochen von *Hülsenfrüchten**), siehe dort auch 282
den Tip Nr. 4.

- Verwenden Sie Reste von gekochtem Reis und Hülsenfrüchten; von beidem brauchen Sie etwa 350 g.

Pikantes Brothaus (für 6 Kinder)

Beinah zu schön zum Essen. Arbeitsaufwendig, jedoch zum großen Teil am Vortag schon vorzubereiten und so nahrhaft, daß man für das Kinderdinner kaum etwas anderes dazu braucht. Im Sommer gibt man Salat dazu, im Winter eine Tasse Karottensuppe voraus. Als Nachtisch reicht ein Früchtedessert oder eine Kugel mit Früchten garniertes Eis.

- *1 Kastenbrot, aus gesiebtem Mehl, einen Tag alt*
- *2-3 Scheiben Pumpernickel*

- *4 große oder 6 kleine Eier*
- *50 g weiche Butter*
- *1 Eßl. Senf*
- *etwas Dressing** 191
- *etwas Gomasio** 408

- *350 g Quark*
- *etwas Rahm oder Milch*
- *feines Salz*
- *etwas Tomatenmark*

- *Zahnstocher*
- *Kresse, Postellein oder Feldsalat*
- *Karottenblumen*, Radieschenmäuse* und Radieschenferkelchen** 72

Schneiden Sie die Rinde vom Brot, so daß Sie einen glatten, viereckigen Balken übrigbehalten. Schneiden Sie den Balken in zwei Hälften und jede Hälfte längs in vier Scheiben (Sie haben jetzt 8 rechteckige Scheiben). Kochen Sie die Eier hart, schälen Sie sie und drücken Sie sie mit einer Gabel sehr fein, solange sie noch warm sind. Rühren Sie die Butter und den Senf darunter und schmecken Sie das Ganze mit etwas Gomasio ab. Machen Sie die Masse, eventuell mit etwas Dressing, streichfähig. Bestreichen Sie vier Brotscheiben mit ca. 2/3 der Eiermischung und stapeln Sie sie aufeinander. Legen Sie das Ganze auf eine feste Unterlage (Torten- oder Kuchenteller, oder kleines Tablett).

Schneiden Sie von der fünften und wenn nötig auch von der sechsten Brotscheibe Vierecke von ca. 7 cm ab und schneiden Sie diese noch einmal diagonal durch. Bestreichen Sie sie mit dem Rest der Eiermischung und legen sie, senkrecht stehend, hintereinander auf den «Rohbau» des Hauses (die Dreiecke bilden so die Basis für das Dach, s. Abbildung S. 55). Bestreichen Sie die siebte und achte Brotscheibe mit dem Rest der Eiermischung und kleben Sie sie an beiden Seiten der Dachbasis fest. Die Dachplatten werden mit einigen Zahnstochern befestigt.
Alles fest andrücken und das Ganze in eine Plastiktüte stecken. Kühlstellen.
Kurz vor dem Servieren wird der Quark mit etwas Milch oder Rahm angerührt (es sollte eine feste Masse geben). Schmecken Sie mit etwas Salz ab.
Mit dem Quark wird jetzt das ganze Haus «gekalkt»; für das Dach wird der Quark mit etwas Tomatenpüree rosa gefärbt. Aus den Brotresten wird ein massiver Schornstein geschnitten, kleben Sie die Stücke mit Quark aneinander und montieren Sie ihn auf das Dach; befestigten Sie das Ganze mit Zahnstochern und belegen Sie es eventuell mit Pumpernickel.
Türen und Fenster werden aus Pumpernickel gemacht (bevor die Tür und Fensterläden angebracht werden, können Sie sie mit halben Mandeln und Walnüssen, die mit etwas angemachtem Mehl daraufgeklebt werden, schmücken.)
Das Grünzeug wird um das Häuschen herumgelegt und mit Karottenblumen und Radieschentieren versehen. Lassen Sie das Haus bewundern, den Architekten loben (wie es ihm/ihr gebührt), den Fotografen seine Arbeit tun und schneiden Sie erst dann das Haus mit dem Brotmesser in dicke Scheiben.

Artischocken

Für Feinschmecker mit botanischen Interessen, die gerne lange tafeln, ist dies das Richtige. Blatt für Blatt wird von dieser prächtigen Distelknospe abgezupft, mit dem dicken Ende in die Soße getunkt und ausgesaugt. Am Ende werden dann die Tausende von Blütenknöspchen dieses gewaltigen Sprosses der Korbblütler sichtbar. Dieses «Heu» ist leider nicht eßbar, kann jedoch leicht von dem köstlichen Blütenboden abgekratzt werden.
Außer der Soße zum Tunken, die auf Quark- oder
Joghurtbasis* gemacht wird, können Sie, um das 175

►

Ganze noch festlicher zu gestalten, ein Schüsselchen Chips dazu reichen.
Geben Sie etwas Karottenrohkost voraus und als Nachtisch Eis, dann haben sie eine komplette Kindermahlzeit. Richten Sie sich mit der Größe der Artischocke nach dem Alter des Kindes; im Sommer sind sie in allen Größen zu haben.

Waschen Sie die Artischocken unter fließendem Wasser und schneiden Sie den Stiel dicht unter den untersten Blättern ab.
Legen Sie die Artischocken in einen Topf und fügen Sie etwas Salz (1/2 Eßl. auf 1 l Wasser) und einen Eßl. Zitronensaft hinzu. Übergießen Sie das Ganze mit soviel heißem Wasser, daß die Artischocken bedeckt sind. Bringen Sie alles zum Kochen und stellen Sie dann das Feuer klein. Kochen Sie die Artischokken in 1/2 - 1 Stunde gar (abhängig von der Größe). Wenn sich eines der untersten Blättchen leicht lösen läßt, ist die Artischocke gar.
Lassen Sie die fertigen Artischocken verkehrt herum in einem Sieb austropfen und trocknen Sie sie dann noch mit einem Küchenhandtuch ab. Legen Sie sie dann auf einen vorgewärmten Teller und geben Sie die Tunksoße in kleinen Schüsselchen dazu.

Variation: Größere Kinder essen die Artischocken unter Umständen lieber kalt, mit einer Vinigrette: Dressing aus Öl, Zitronensaft oder Essig (2 : 1) und einer Prise Salz.

Tip: Das Kochwasser (von ungespritzten Artischokken) ist eine herrliche und sehr gesunde Bouillon zum Trinken. Mit Wasser verdünnen und, wenn nötig, mit etwas Zitronensaft und frischen Gartenkräutern abschmecken.

Broccoliterrine (6-10 Personen)

Eine Gemüseterrine in lustigen Sommerfarben, die Sie am Vortag vorbereiten können. Diese Terrine wird lauwarm oder auf Zimmertemperatur als Vorgericht (pro Person eine Scheibe) oder als Beilage zur Hauptmahlzeit gegessen. Machen Sie im letzteren Fall einen einfachen *Kartoffel-* oder *Getreidesalat** oder Brötchen dazu. Und, sei es nur der schö- 293
nen Farbkombination wegen, eine *ungekochte Tomatensoße**. 183

- *1 Strunk Paksoy mit schönen Blättern*
- *1 rote Paprika*
- *250-300 g Broccoli, ohne holzige Strünke gewogen*

- *1/2 Eßl. (reichlich 3 g) Agar-Agarpulver, 20 Min. eingeweicht in*
- *1 1/2 dl Gemüsewasser*
- *1 1/2 dl Milch*

- *2 große oder 3 kleine Eier*
- *1 1/4 dl Schlagsahne*
- *1/4 Teel. Curry*
- *ca. 1/2 Teel. Salz*

- *1 Paté- oder Kastenform von 1 1/4 - 1 1/2 l Inhalt, eingefettet*

- *1-2 kleine Tomaten*

Entfernen Sie vorsichtig mit einem scharfen Messerchen die Blätter von den Stielen des Paksoy.
Legen Sie die Blätter für einige Augenblicke in kochendes Salzwasser, sie sollen nur schlaff und dadurch leichter hantierbar werden. Mit einem Schaumlöffel werden sie aus dem kochenden Wasser geholt und auf ein Sieb gelegt.
Das Wasser wird wieder zum Kochen gebracht, die zwei Paprikahälften darin gekocht und zu den Paksoyblättern dazugelegt. Schließlich werden noch die Broccolistrünke ca. 5 Min. lang bißfest gekocht.

Gießen Sie das Kochwasser ab (heben Sie, was Sie nicht brauchen, für Suppe auf oder weichen Sie das Agar-Agar darin ein).
Kleiden Sie die Kastenform mit den Blättern aus und lassen Sie einige über den Rand der Form hängen.
Schneiden Sie eine schöne Broccolirose ab (oder auch mehrere, wenn Sie die Terrine auf mehreren Tellern servieren wollen) und heben Sie sie zum Garnieren auf. Pflücken Sie die Broccoliröschen mit etwas Stiel ab und schneiden Sie die übrigen Stiele in 1 cm große Stücke; sollten an den Stielen noch Blätter sein, können Sie damit die Terrine auskleiden.
Schneiden Sie die Paprika in viereckige Stücke von ca. 1/2 cm. Geben Sie nun die Broccoliröschen mit dem Stiel nach oben in die ausgekleidete Terrrine, die Röschen schräg zum Rand hin. Streuen Sie die Paprikastücke dazwischen, darauf geben Sie die Broccolistrunkstücke.
Bringen Sie das inzwischen eingeweichte Agar-Agar zum Kochen und rühren Sie, bis es ganz aufgelöst ist. Geben Sie Milch dazu und verrühren Sie gut mit dem Schneebesen.
Heizen Sie den Backofen vor.
Eier, Sahne, Curry und Salz werden miteinander verquirlt, und dazu wird die Agar-Agarlösung gegeben. Diese Soße wird über das Gemüse in der Form gegossen. Die überhängenden Blätter legt man über die Füllung und deckt das Ganze mit Alufolie zu. Stellen Sie die Form in die mit Wasser gefüllte Fettpfanne und lassen die Terrine im Backofen stocken (siehe *au bain-marie**). 49
Backen: 1 1/2 Std. bei 175° C, auf mittlerer Schiene.
Lassen Sie die Terrine 1 bis 1 1/2 Stunden in der Form abkühlen (je nach Zimmertemperatur) und stürzen Sie sie dann erst auf einen flachen Teller.
Schneiden Sie die Terrine erst dann in (dicke) Scheiben, wenn sie nur noch lauwarm ist. Heben Sie die Terrine an einem kühlen Ort auf, servieren Sie sie aber in Zimmertemperatur.
Mit dem Broccoliröschen und Tomatenstückchen garnieren.

Variationen:
- Ersetzen Sie Paksoy durch großblättrigen Spinat oder Stangenmangold.
- Machen sie im Winter eine Terrine aus Grünkohl.
- Ersetzen Sie den Broccoli durch Fenchel und den Paprika durch kleine Karottenstückchen oder Kürbis (Kürbis nicht vorkochen).
- Ersetzen Sie den Paprika durch dünne Karottenscheiben und den Curry durch Kurkuma. Reichen Sie *Kürbissoße** dazu. 181
- Machen Sie die Terrine in einer nicht zu hohen feuerfesten Schüssel oder in einem Reisring und schneiden Sie sie in Kuchenstücke auf. Wenn Sie einen großen Topf besitzen, können Sie die Terrine in dieser Form auch auf dem Herd, *au bain-marie**, kochen. 49

Gemüsesoufflé

Dies ist eine etwas umständliche Art, Gemüse zu kochen, schmeckt jedoch sehr gut. Aus dem einfachsten billigsten Gemüse können Sie für die Festmahlzeit ein wahres Prunkstück machen. Damit das Soufflé fest wird, müssen Eier und etwas Mehl mit verarbeitet werden; die gemahlenen Nüsse ergeben einen leckeren Geschmack, und damit ist das Soufflé, was den Nährwert betrifft, eine Hauptmahlzeit. Reichen Sie gemischte Rohkost (vor allem Blattsalat) dazu und für die großen Esser Bratkartoffeln, als Nachtisch kann es Eis geben.

Pastinakensoufflé

- *50 g Weizengrieß, 20 Min. eingeweicht in*
- *3 dl Bouillon (aus Gemüseabfall*)* 77

- *1 Eßl. Öl*
- *100 g Lauch, vom hellgrünen Teil, in hauchdünne Ringe geschnitten*

- *500 g feste Pastinaken, geschält und geraffelt gewogen (mindestens 750 g ungeschält)*

- *2 Eßl. Petersilie, feingeschnitten*
- *50 g Mandeln, feingemahlen*
- *1/2 Teel. Koriander, zerstoßen mit*
- *1 Prise Salz*
- *2 Eidotter von großen Eiern*
- *1 saurer Apfel, gerieben*

- *2 steifgeschlagene Eiweiß*
- *2-3 Eßl. geriebenen herzhaften Käse*
- *1-2 Eßl. Paniermehl** 406
- *etwas feste Butter*

- *1 Auflaufform von 2 l Inhalt, eingefettet*

In einem großen Topf wird der Grieß mit der Bouillon unter Rühren zum Kochen gebracht. Kurz durchkochen lassen, den Topf vom Feuer nehmen und noch etwas mit geschlossenem Deckel nachquellen lassen.
Das Öl wird in einem kleinen Töpfchen zusammen mit dem Lauch erwärmt und der Lauch glasig gedünstet, ohne daß er die Farbe verliert.
Nun werden die Pastinaken geraffelt und zusammen mit dem gedämpften Lauch und dem Rest der Zutaten (einschließlich des Apfels) mit dem noch lauwarmen Grießbrei vermischt. Das Ganze sollte nicht trocken sein.
Zum Schluß wird das Eiweiß untergehoben, die Masse in die Auflaufform gefüllt und in den vorgeheizten Backofen geschoben.
Backen: 30-40 Min. bei 200° C in der unteren Hälfte des Ofens
Nach der Hälfte der Backzeit wird der mit Paniermehl vermischte Käse zusammen mit Butterflöckchen auf das Soufflé gestreut.
Sorgen Sie dafür, daß alle am Tisch sitzen, wenn das Soufflé fertig ist.

Variationen:
- Der Weizengrieß kann durch 80 g Maisgrieß ersetzt werden (Polenta) oder durch 70 g Buchweizengrütze. Der Maisgrieß hat eine Kochzeit von 15 Minuten.
- Man kann ein Soufflé für eine Person machen, die Backzeit ist dann kürzer.

Soufflé aus Karotten

und/oder Knollensellerie

Ersetzen Sie die Pastinaken durch Karotten oder Sellerie, oder machen Sie halbe-halbe. Die Mandeln können durch geröstete Haselnüsse ersetzt werden. Würzen Sie die Karotten mit Anissamen und den Sellerie mit Fenchelsamen (1/2 Teel.).

Soufflé aus Rote Bete

Wenn Sie saftige Sommer-Rote Bete verwenden wollen, müssen Sie etwas Saft aus der Raspel drücken (siehe *Gemüsesaft**). In diesem Fall ist es auch 402 besser, wenn Sie den Apfel nicht reiben, sondern in kleine Würfel schneiden (1/2 cm). Ersetzen Sie den Koriander durch fünf Wacholderbeeren und 1/4 - 3/4 Teel. geriebener Ingwerwurzel oder einem Stück gehackter kandierter Ingwerwurzel. Verwenden Sie in diesem Fall keinen Käse.

Für Kindergartenkinder wird der Ingwer durch 1/4 Teelöffel gestampfter Fenchelkörner ersetzt.

Kürbissoufflé

Der Koriander wird durch einen halben Eßl. milden Paprika ersetzt oder

durch 1/4 Eßl. Curry. Fügen Sie 1/2 Teel. Salz und etwas Zitronensaft hinzu und lassen Sie den Apfel weg.

Raclette

Die Bergbauern im französisch sprechenden Kanton Wallis (Schweiz) haben nicht viel Zeit, ein Festmahl vorzubereiten. Wenn Freunde zu Besuch kommen, schneiden Sie einen ihrer köstlichen Käse in der Mitte durch, machen im Kamin ein kräftiges Feuer und halten die Schnittfläche des Käses über die heiße Glut. Im richtigen Moment, wenn der Käse geschmolzen ist und einen kleinen hellbraunen Rand bekommen hat (jedoch noch nicht heruntertropft), wird diese geschmolzene Schicht mit einem breiten Messer und einer großartigen Gebärde auf den vorgewärmten Teller geschabt. Wer eine Portion auf den Teller bekommen hat, darf sofort anfangen zu essen, muß dann aber wieder warten, bis er an die Reihe kommt. Man ißt Pellkartoffeln dazu und, damit das Ganze frischer wird, *saure Gurken** und *Schalotten* 425 oder in mundgerechte Häppchen geschnittene Stücke zartes rohes Gemüse.

Wer ein Fonduegerät mit kleinen Pfännchen für je eine Person besitzt, kann den Käse, in 3-4 mm dicke Scheiben geschnitten, auch auf dem Eßtisch schmelzen lassen. Es geht sogar auf einer flachen feuerfesten Schale auf dem Fonduegestell oder, mit etwas Geduld, auf der Wärmeplatte. Man rechnet pro Person 80-100 g Raclette-Käse, Leerdamer oder jungen Gouda. Zum Trinken reicht man am besten Apfel- oder Traubensaft.

Kartoffelspatzen

Zu diesen braunen Vögelchen reicht man eine kräftig gefärbte Karotten- oder andere Gemüsesoße und etwas grünen Salat. Den Teig für die Vögelchen kann man einige Stunden im vorhinein machen (zugedeckt an einem warmen Ort aufbewahren).

Man macht einen *Kochteig**. Zum Schluß stampft 348 man 400 g frisch gekochte und mehlige Kartoffeln fein, arbeitet diese darunter und gibt 1/2 Teelöffel Salz dazu.

Arbeitsablauf: siehe *Spatzen**.

Gemüsecurry

Das Gemüsecurry kann sowohl aus Sommer- als auch aus Wintergemüse gemacht und zum größten Teil im vorhinein vorbereitet werden.
Baguette, Reis oder lockere Hirse passen gut dazu (drücken Sie das Getreide in einen *Reisring**). Rei- 58
chen Sie als Vorspeise grünen Salat und als Nachtisch Früchte der Jahreszeit, und das Festmenü ist komplett.

- *ca. 3 dl Bouillon (aus Gemüseabfall*)* 77
- *1/2 Teel. Salz*
- *100 g Karotten, geschält gewogen, in 1/2 cm dicke Scheiben geschnitten*
- *200 g Busch- oder Stangenbohnen, in 2 cm lange Stücke geschnitten oder Weißkraut in Streifen geschnitten*
- *150 g Kartoffeln, geschält gewogen, oder Topinambur, sauber gebürstet, in 1 1/2 cm kleine Würfel geschnitten*

- *150 g Zucchini oder Kürbis, in 1 1/2 cm große Würfel geschnitten*

- *2 Eßl. Öl*
- *15 Mandeln (20 g), in Stücke geschnitten, oder drei Eßl. Sonnenblumenkerne*

- *1 große Zwiebel (100 g), in dünne Ringe geschnitten*
- *1 Knoblauchzehe, feingehackt*
- *1/4 - 1/2 Teel. Chili*
- *1/2 Teel. Kümmel*
- *1/2 Teel. Gelbwurzelpulver (Kurkuma)*
- *1 Eßl. Senf*
- *2 dl Gemüsewasser*

- *100 g frische Erbsen oder Taugé oder gekeimten Weizen** 165
- *1 reife, feste Banane (150-250 g) in ca. 1 cm dicke Scheiben geschnitten*
- *2-3 Eßl. Sellerieblätter, feingeschnitten*

- *1 Tomate (im Sommer) in kleine Schnitze geschnitten*
- *etwas Kroepoek*

Kochen Sie in einem nicht zu weiten Topf die Bouillon auf, geben Sie die Karotten, die Bohnen und die Kartoffeln dazu und bringen Sie das Ganze wieder zum Kochen. Decken Sie den Topf zu und kochen Sie das Ganze nicht zu gar, die Kartoffeln dürfen nicht zerfallen.
Nehmen Sie das gekochte Gemüse und die Kartoffeln aus dem Topf und kochen Sie in der zurückbleibenden Bouillon die Zucchini bißfest. Geben Sie die Zucchini zum übrigen Gemüse. Heben Sie die Bouillon auf, später brauchen Sie davon noch 2 dl (eventuell mit etwas Wasser strecken).
Erwärmen Sie das Öl in einer großen Pfanne (ein Wok ist hier sehr geeignet) und rösten Sie darin die Mandeln, auf mäßigem Feuer, hellbraun. Nehmen Sie die Mandeln aus dem Öl.
In das noch warme Öl gibt man jetzt die Zwiebeln und den Knoblauch und brät sie glasig oder hellbraun. Rühren Sie die Gewürze darunter und lassen Sie sie ein wenig mitschmoren. Mit der Bouillon wird abgelöscht, die Pfanne vom Feuer genommen und der Senf dazugegeben. Kurz vor dem Essen wird das Zwiebelgemisch nochmals aufgekocht, die Erbsen und Bananenstückchen läßt man kurz mitkochen, und danach gibt man das vorgekochte Gemüse und die frischen Kräuter dazu. Das Ganze wird mit den gerösteten Mandeln bestreut und mit Tomaten oder Kroepoek garniert.

Gemüse«fondue» (4-6 Personen)

Ein geselliges Festmahl an Sommerabenden, vor allem für Rohkostliebhaber.

- *1 Kopfsalat, geputzt und trockengeschleudert*
- *ca. 1 1/2 kg festes, aber zartes Gemüse, wie: Karotten, die inneren Stangen vom Stangensellerie, Radieschen, Blumenkohlröschen, Fleischtomaten in Stücke geschnitten, das Innere vom Chinakohl, lange Gurken und Zucchiniwürfel, zarte Kürbisstückchen, Essiggurken, roten Paprika in Streifen geschnitten, Chicoréeblätter, zarte Fenchel- und Kohlrabistücke.*
- *verschiedene Käsesorten*
- *gefüllte Eier* oder «Fliegenpilze»** 210
- *3-4 (oder mehr) verschiedene Dipsoßen nach Wahl (schauen Sie hierfür bei den Soßen aus*

milchsauren Produkten und Nußsoßen** 175
nach) 185
- *Baguette oder frische Brötchen (Festbrot*,* 331
  Partybrot), Reiswaffeln (glutenfrei)* 332
- *Butterkugeln oder -locken oder ein hübsch garniertes Stück Butter*
- *Gomasio** 408

Legen Sie den Kuchenteller mit schönen Salatblättern aus, die Stengel nach innen. In die Mitte gehört eine Lage Salatblätter.

Das Gemüse wird geputzt, gewaschen, in einem Geschirrtuch getrocknet, eventuell geschält und in mundgerechte Stücke geschnitten (siehe oben). Daraus wird nun auf den Salatblättern ein «Gemüsemosaik» gemacht und mit den in Viertel geschnittenen Eiern garniert. (Was nicht auf den Teller paßt, kann nach und nach aufgefüllt werden.)

Dazu werden Brot, Käse (auf einem Holzbrett), Butter und Gomasio gereicht.

Sollten Sie Fondueteller besitzen, können Sie diese natürlich verwenden, jeder kann die verschiedenen Fächer nach seiner Wahl füllen.

Variation: **Kartoffel-dip-in** (für Kinder, die Rohkost nicht mögen oder sie nicht vertragen). Rohkost und Gemüse werden durch *Pellkartoffeln** 169
und die kalten Soßen durch warme *Gemüsepüreesoßen** ersetzt. Legen Sie die Kartoffeln in ein Körb- 180
chen, das mit einem schönen Geschirrtuch ausgelegt ist, und decken Sie sie damit auch zu. So bleiben sie länger warm und trotzdem mehlig. Lassen Sie die Kinder ihre Kartoffeln selber schälen. Besonders lecker schmeckt es, wenn man eine Scheibe Käse auf der heißen Schnittfläche einer Kartoffel schmelzen läßt. Auch ein Gemisch aus geriebenem Glarner Schabziger mit weicher Butter schmeckt köstlich. Gedämpfte Makrele oder Matjeshering (gut entgrätet und in einer Schüssel angerichtet) schmecken gut zu Kartoffeln.

Tip: Machen Sie am nächsten Tag aus den eventuellen Resten eine Gemüsesuppe. Heben Sie das Gemüse in einem Glas oder einer Plastiktüte im Kühlschrank auf.

Bohnenfest

Eine gesellige Mahlzeit, die außer dem Zeitaufwand wenig kostet. Alles kann im vorhinein gerichtet werden, die Bohnen bleiben in der Kochkiste lange warm. Ansonsten lassen Sie sich in der Kochflüssigkeit schnell wieder aufwärmen.

Der griechische Philosoph Pythagoras sagte: «Meidet den Genuß von Bohnen!» Diesen Rat gab er seinen Schülern, da er meinte, daß sich der Genuß von Hülsenfrüchten ungünstig auf die Fähigkeit, Gedanken und Ideen zu entwickeln, auswirke. Seien Sie also weise, und feiern Sie das Bohnenfest erst nach dem Schlußexamen!

Kochen Sie reichlich Bohnen, wenn etwas übrigbleibt, kann zwei Tage später aus dem Rest wieder etwas Gutes* gemacht werden. 284
Als Nachtisch eignet sich Apfelgebäck (*Apfelpastete**) mit Kräutertee gegen den Durst oder Rhabar- 373
berkompott mit Schlagsahne.

- *weiße oder schwarze Bohnen und/oder Kichererbsen (pro Person 60-100 g) eingeweicht und gekocht** 282
- *Schrotbrötchen oder ein Festtagsbrot** 331
- *Butter*
- *Gomasio** 408

Die Schüssel mit den Bohnen wird auf ein Stövchen mitten auf den Tisch gestellt und die Beilagen in kleinen Schüsseln darumherum arrangiert. Jeder Gast schöpft sich ein Häufchen Bohnen auf seinen Teller und wählt unter den Beilagen aus.

Einige Vorschläge für die Beilagen:
- *Essiggurken* und Silberzwiebeln* 425
- *kandierte Ingwerkugeln*
- *milchsauer eingelegtes Gemüse* oder Sauer-* 425
  *krautsalat** 289
- *Preiselbeerkompott*
- *in Butter oder geräuchertem Speck gebratene Zwiebelringe*
- *in Butter gebratene feste Apfelscheiben*
- *Gurkensalat* mit Apfel oder Rettich* 292
- *Senf** 422
- *Sambal** 423
- *Tomatenketchup** 423
- *eventuell eine heiße Currysoße* oder Toma-* 178
  *tensoße** 183

►

Variationen:

- Ersetzen Sie die Bohnen durch große Linsen; sie dürfen nicht zu lange kochen, müssen dafür aber gut nachquellen, so werden sie gar, ohne matschig zu sein.
- Reichen Sie anstelle von Hülsenfrüchten *Maiskörner** und machen Sie eine *Mandelsoße** dazu. 123 185

Früchtefondue

Käsefondue ist für die Kleinen nicht nur schwer verdaulich, sondern auch zu eiweißreich. Andererseits ist das Essen von Fondue für ein Kinderfest besonders geeignet. Nach der Vorbereitung gibt es keine Arbeit mehr, und man kann während des Essens am Tisch sitzen bleiben und darauf achten, daß alles seinen geregelten Gang geht.
Die Kleinen bekommen anstelle von Käse süße Soßen, und das Baguette wird durch Obst ersetzt. Anisstöckchen* oder Waffeln* wie auch Vollkornzwieback sind sehr geeignet als knusprige Beilage. 377

Man rechnet pro Kind etwa 250 g **Früchte**. Geeignet sind:

- *kleine Erdbeeren, Stachelbeeren, Trauben*
- *Melonenstücke, Pfirsich, dicke halbierte Kiwischeiben, dicke Bananenscheiben*

- *halbe Apfelsinenschnitze, Mandarinenschnitze, frische Aprikosen- oder Pflaumenschnitze*
- *Apfel- und Birnenstücke*

Alle Früchte, die an der Luft braun anlaufen, sollten zuerst in etwas Zitronenwasser (halb Wasser/halb Zitronensaft) gelegt werden.
Geben Sie zunächst jedem Kind ein buntes Früchtegemisch in ein Schüsselchen. Danach kann sich jeder aus der großen Schüssel selber bedienen. Wenn Sie Fondueteller besitzen, können Sie auch gleich etwas von den Soßen in die Fächer geben.

Geeignete **Soßen** sind:

- *süße Mandelsoße** 186
- *Karamel- und Schokoladenquarksoße** 177
- *Vanillesahnesoße* 177

Zum Essen eignen sich Kuchengabeln am besten. Wenn nicht zuviele Kinder beisammen sind, kann man die Schüsseln mit den Soßen, wie beim Käsefondue, auch mitten auf den Tisch stellen.

Grillfest und Lagerfeuer

Das Feuer, an dem die Hirtenjungen in südlichen Ländern an kühlen Herbsttagen ihre Kartoffeln und ihre Kastanien brieten, brennt heute (im Grill) auch in unseren Stadtgärten. Die Geselligkeit wird groß geschrieben, nicht nur im eigenen Garten, sondern auch auf Ferienreisen in Ländern, wo offenes Feuer noch erlaubt ist, oder auf Grillplätzen an Wanderwegen, wo es einfache Grillvorrichtungen gibt. Das Hantieren mit offenem Feuer ist für die Stadtkinder ein großes Erlebnis.
Grillen kann allerdings auch Nachteile haben: So entstehen beim Verbrennen von Holzkohle und Anfeuerhilfen (kein Petroleum verwenden), beim Erhitzen von ungeeignetem Metall (Maschendraht auf selbstgebasteltem Grill) und wenn das Fett vom Fleisch ins Feuer tropft, schädliche Stoffe, die dann in die gegrillten Lebensmittel gelangen. Außerdem können durch zu starkes Erhitzen in den Lebensmitteln selber Schadstoffe entstehen (siehe unten). Trotzdem finden sich in diesem Buch einige (sichere) Grillrezepte. Außerdem folgen hier einige Tips, damit auch die Vegetarier unter den Kindern an diesem sozialen Geschehen teilnehmen können: *Hirtenkartoffeln*, *Stockbrot*, *Käsetoast*, *Fisch in*

Alufolie, geröstete Maiskolben und gefüllte Tomaten. Sie finden die Rezepte im folgenden oder über das Register.

Einige Tips:
- Verwenden Sie einen original Grillrost oder das Backgitter aus dem Backofen.
- Verwenden Sie zum Anzünden des Feuers kein Petroleum (siehe oben).
- Grillen Sie nicht über den lodernden Flammen, sondern warten Sie, bis sich auf der Holzkohlenglut etwas Asche gebildet hat.
- Der Abstand zwischen Grill und Glut sollte 30 cm betragen.
- Nehmen Sie frisches Fleisch, und lassen Sie es so lange wie möglich im Kühlschrank oder der Kühltasche liegen. Verwenden Sie für das rohe und das gegrillte Fleisch nicht dieselben Geräte und Schüsseln.
- Legen Sie das Fleisch auf ein perforiertes Stück Alufolie, so verhindern Sie, daß eventuelle schädliche Rauchpartikel auf das Fleisch gelangen.
- Machen Sie die Fleischstücke nicht zu dick (maximal 3 cm), sonst werden sie entweder nicht gar, oder sie verkohlen. Hühnerschlegel kocht man deshalb am besten vor. Halbrohes Fleisch (vor allem Schweine- und Hühnerfleisch) kann zu einer Nahrungsmittelvergiftung führen.
- Zu dunkle oder gar verkohlte Stücke sollte man nicht essen.
- Machen Sie die benötigten Soßen selber (siehe
*Grillsoße** und andere herzhafte Soßen auf To- 425
maten- und Paprikagrundlage, für die Kleinen
mildere *Gemüsepüreesoßen**). Viele gekaufte 180
Soßen enthalten unerwünschte Zusätze, viel Fett und Konservierungsmittel. Übrigens: Nur mit Senf bestrichenes Fleisch schmeckt auch sehr gut.

Schließlich: Es gibt seit kurzem im Handel eine sogenannte Grillpfanne zu kaufen. Es ist eine Art von flachem Wok mit Füßchen (letztere lassen sich abschrauben, was auf Reisen praktisch ist). Damit werden nicht nur schädlicher Rauch und unerwünschte Asche von den Gerichten ferngehalten, sondern Sie können in dieser Pfanne auch Pfannkuchen und andere Pfannengerichte backen.

Fisch in Alufolie

Fisch «en papilotte» schmeckt sowohl im Garten (vom Grill) als auch im Winter vom offenen Kamin.

- *Alufolie*
- *Butter*

Man wählt unter den folgenden Fischsorten aus:
- *kleine ganze Fische (für den Grill sollten sie nicht schwerer als 250 g sein), sie werden ausgenommen und Schwanz und Flossen abgeschnitten*
- *Fischtranchen (nicht schwerer als 150 g)*
- *Filets*

- *Salz*
- *Lorbeerblätter*
- *Dill*
- *frische oder getrocknetet Kräuter nach Wahl: Boretsch, Petersilie, Schnittlauch*
- *dünne Zitronenscheiben*

Für alle Fische oder Fischtranchen schneidet man ein Stück Alufolie nach Maß, gut zweimal so groß wie der Fisch. Machen Sie an drei Seiten einen doppelten Falz, um zu verhindern, daß der Saft herausläuft. Die Folie wird großzügig mit Butter eingepinselt.

Der gewaschene und trockengetupfte Fisch wird innen und außen leicht gesalzen. Lorbeerblatt oder Dill werden in den ausgenommenen Fisch gegeben, die Stücke werden damit belegt. Nun legt man den Fisch auf die gebutterte Seite der Folie, und zwar den ganzen Fisch in die Mitte, die Scheibe auf eine Hälfte, streut etwas frische oder getrocknete Kräuter darauf und belegt das Ganze mit dünnen Zitronenscheiben. Beim *ganzen* Fisch wird nun die Folie beim Kopf und Schwanz nach innen geschlagen, die beiden anderen Seiten hochgenommen und doppelt gefaltet. Über die *Fischtranche* legt man die Folie ganz darüber und macht an drei Seiten einen doppelten Falz. Legen Sie die Päckchen jetzt in die heiße Asche des Kamins oder auf den Grill. Filets sind in 10 Min. gar, Tranchen und ganze Fische brauchen länger. Die Päckchen auf dem Grill müssen zwischendurch einmal gewendet werden.

Gefüllte Tomaten

Ein einfaches Gericht für Grillfreunde, die keine Wurst mögen.

- *2 große Fleischtomaten, reif aber fest*
- *Krümel von 2 Scheiben altbackenem Vollkornbrot*
- *1 Knoblauchzehe, zerquetscht oder durch die Presse gedrückt*
- *2 Eßl. frisches oder 1/2 Teel. getrocknetes Basilikum*
- *1/4-1/2 Teel. Thymian*
- *3-4 Nadeln Rosmarin, zerstoßen mit*
- *1/4 Teel. Salz*
- *1 Ei, verquirlt*

- *Alufolie*

Schneiden Sie die Tomaten längs durch und schöpfen Sie das Fruchtfleisch heraus. Drücken Sie es durch ein Sieb und heben Sie den Saft auf.
Die Zutaten werden miteinander gemischt und mindestens eine viertel Stunde stehen gelassen. Aus der Alufolie macht man vier feste Formen, die 1 cm höher sind als eine halbe Tomate und fettet sie mit Öl ein.
Nun wird noch soviel Tomatensaft zu der Brot-Eimasse gegeben, bis das Ganze eine dicke Soßenkonsistenz bekommt. Damit werden die Tomaten bis 1/2 cm unterhalb des Randes gefüllt.
Legen Sie ein Stück Alufolie lose auf die Füllung und stellen Sie die Tomaten auf den Grill oder in die heiße Asche des Feuers. Nach etwa einer viertel Stunde wird die Füllung fest und die Tomate gar.

Variationen:
- Man kann diese Tomaten auch im Backofen in einer Auflaufform in 1 cm Bouillon backen (Backzeit etwa 15 Min. bei 200° C, ohne Abdeckfolie).
- Ersetzen Sie die Brotkrümel durch 4 zerbröselte Reiswaffeln oder 4 Eßl. Reisflocken. Die Reiswaffeln braucht man kaum einzuweichen, die Flocken dagegen brauchen einige Stunden, bis sie weich sind. In beiden Fällen nimmt man 4 Eßl. (1/2 dl) Tomatensaft.

Stockbrot

Stockbrot wird ohne Backofen über der heißen Asche des Lagerfeuers oder des Grills gebacken. Die «Bäcker» müssen ihren Stock während des Backens dauernd beobachten und werden sich während des Grillens nicht langweilen.

- *1 Rezept für feinen Brotteig* oder Vollkornbrotteig** 33 32
- *Jeder «Bäcker» braucht einen dicken, ca. 1 m langen Haselstock (man sollte keinen abgestorbenen Zweig nehmen), von dessen dickem Ende über eine Länge von 30 cm die Rinde entfernt wird*

Der vorgegangene Teig wird mit viel Mehl solange geknetet, bis er nicht mehr klebt, er muß ziemlich fest sein. Man läßt ihn dann 10 Min. ruhen und formt tennisballgroße Kugeln aus. Jede Portion wird nun zu einer 2 cm dicken Schlange ausgerollt und spiralig um das entrindete Stockende gewickelt. Das unterste Ende des Stockes, 5-10 cm, muß ohne Teig sein. Die Enden der Teigschlange werden unter die letzte Windung gesteckt und mit Wasser festgeklebt (herunterhängende Teigenden verkohlen).

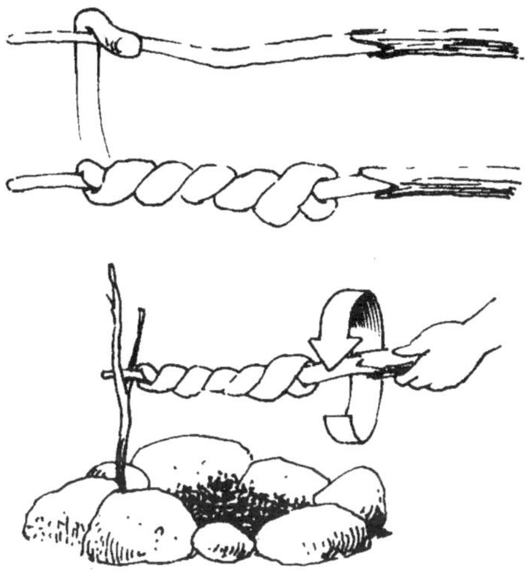

Legen Sie die Stöcke in Plastik (große Plastiktüten) und lassen Sie den Teig gehen.
Sorgen Sie dafür, daß das Feuer so weit heruntergebrannt ist, daß nur noch mit Asche bedeckte Glut schwelt. Jetzt werden die Stockbrote unter dauerndem Drehen über der heißen Asche in etwa 20 Min. goldbraun gebacken.
Es erleichtert die Sache, wenn am anderen Ende des Feuers ein Stock mit einer Astgabel im Boden steckt, in der das andere Ende des Stockes ruhen kann. Man kann den Stock auch in der Mitte von der Rinde befreien, mit Teig umwickeln und so zu zweit backen.
Das Brot am Stock abkühlen lassen und frisch essen.

Tip: Für den Ausflug: Machen Sie den Teig ganz fertig, bevor Sie aufbrechen, und geben Sie ihn in eine gut schließende Tupperdose, die dreimal so groß sein muß wie der *ungegangene* Teig; er kann dann unterwegs gehen. Je nach Außentemperatur muß man 1-3 Stunden dafür rechnen. An warmen Tagen empfiehlt es sich, den Teig (damit er nicht zu schnell geht) mit *kalten* Zutaten und wenig Hefe zu machen. Machen Sie keinen Vorteig, sondern mischen Sie die Hefe gleich mit der benötigten Menge Flüssigkeit und rühren und kneten Sie alles zusammen. Zur Not kann die Dose mit dem Teig noch mindestens eine Stunde, bevor man losgeht, in den Kühlschrank gestellt werden.

Hirtenkartoffeln

Man macht sie am Lagerfeuer, im Kamin oder im Grill. Wenn es eine richtige Mahlzeit sein soll, reichen Sie gemischten Salat dazu und garnieren Sie die
gebratenen Kartoffeln mit *Kräuterquark** oder mit 236
einer Mischung aus Butter und geriebenem Käse (Glarner Schabziger).

Große, mehlige Kartoffeln werden sauber geschrubbt und in eine doppelte Alufolie gewickelt. Dann legt man sie in die heiße Asche des Lagerfeuers oder des Kamins oder in die glühende Holzkohle des Grills. Sie sind nach einer 3/4 Stunde gar (Kontrolle mit einem spitzen Messer). Auf dem Rost dauert es mindestens eine Stunde, und in diesem Fall müssen sie auch gewendet werden.
Die fertigen Kartoffeln werden auf den Teller gelegt, die Alufolie und die Schale kreuzweise eingeschnitten. Nun wird die Kartoffel etwas auseinandergedrückt, das Innere zerkrümelt und mit dem Kräuterquark oder der Butter gemischt. Die Schale sollte nicht gegessen werden.

Variation: Bestreuen Sie die zerkrümelte Kartoffel mit Gomasio und Butterflocken oder geben Sie, wenn noch Fleisch dazu gegessen wird, einen Löffel saure Sahne darauf.

Tip: Die sauber geschrubbten Kartoffeln und die vorbereitete Folie können in den Rucksack gepackt werden. Wenn die Kartoffeln bereits eingewickelt transportiert werden, besteht die Gefahr, daß die Folie einreißt, so daß die Kartoffeln nachher beim Grillen verkohlte Flecken bekommen können.

Festliche Garnierungen

Mit Ausnahme der weißen Rose sind alle diese farbenfrohen Garnierungen, ab dem Kindergartenalter, eßbar, die Karotten- und Radieschenblumen sind in gekochter Form auch für die Kleinen geeignet. Sie sind einfach mit den normalen Küchengeräten und aus unserem täglichen Gemüse gemacht. Die Arbeit erfordert zwar etwas Zeit, ist aber im vorhinein zu machen; luftdicht verpackt und im Kühlschrank aufbewahrt halten sich die Sachen 24 Stunden.

Blumen aus Karotten oder Daikon (japanischer Rettich)

Nehmen Sie von diesem Gemüse die dicksten Exemplare, die Sie finden können, und schälen Sie sie. Dann schneidet man sie in 1/2 cm dicke Scheiben und sticht daraus, mit einer Ausstechform, Blumen aus. Besonders hübsch ist es, wenn man das gleiche Förmchen in zwei Größen hat (oder ein rundes oder ein sternförmiges und einen dicken Apfelbohrer). Dann kann man aus den Karotten oder dem Daikon große Blüten und aus diesen wieder kleinere ausstechen. Jetzt können Sie jeweils auf große orangefarbene kleinere weiße (oder andersherum) legen, so entstehen zweifarbige gefüllte Blüten.

Für Kleinkinder kocht man die Gemüsescheiben vor dem Ausstechen in etwas Salzwasser weich.

Sterne aus Karotten oder Daikon

Wählen Sie, wie oben, Karotten oder Daikon für die Blüte aus und schälen Sie diese.

Das obere Ende wird flach abgeschnitten und mit dem Küchenmesser ein Fünfstern eingeritzt. Nun werden über die ganze Länge des Gemüses die Ekken, die außerhalb des Sterns liegen, ausgeschnitten.

Das Gemüse kommt jetzt, bis kurz vor Gebrauch, eingewickelt in den Kühlschrank. Dann werden die Scheiben in der gewünschten Stärke geschnitten: hauchdünn, wenn sie über ein Gericht gestreut werden, dicker, wenn sie zum Knabbern gedacht sind.

Kochen Sie die ganze geschälte Karotte oder den Rettich, knapp mit Salzwasser bedeckt, und machen Sie erst danach die Einkerbungen und Scheiben.

Pinguine aus Essiggürkchen

Aus frischen kleinen Gurken lassen sich diese Tiere leicht machen. Man kann auch feste, nicht zu große Essiggurken verwenden.
Beim Stielansatz wird ein Stück abgeschnitten, so daß das Tier stehen kann. Dasselbe wird am anderen Ende, und zwar so gemacht, daß die Schnittfläche schräg abfällt (hier wird der Schnabel eingesetzt).
Die Seiten werden abgeflacht, und aus dem «Abfall» entstehen die Flügel (die «Federn» werden durch einige Zickzack-Schnitte angedeutet).
Nun schneidet man die Spitze einer Karotte und nimmt diese als Schnabel. Aus einer passenden Karottenscheibe werden die Füße gemacht. Mit Zahnstochern wird alles befestigt.

Weiße Rose aus Chinakohl

Der Chinakohl wird am Strunkende 5-7 cm abgeschnitten (je dicker der Strunk, desto größer das abgeschnittene Stück). Schneiden Sie die «Blütenblätter» schön, etwas spitz zulaufend zu, und machen Sie die äußeren etwas kürzer, damit die Rose zur Mitte hin eine höhere Form bekommt. ►

Kaninchen aus Essiggürkchen

Man nimmt, wie für die Pinguine, Gürkchen, läßt aber den Stiel dran (Schwanz).
Jetzt wird die Gurke an einer Längsseite abgeflacht, und aus diesem «Abfall» schneidet man die Ohren zurecht. Hinter dem «Kopf» wird quer ein keilförmiger Schnitt angebracht, in welchen die Ohren gesteckt werden. Die Augen macht man aus Gewürznelken.

Frösche aus Salatgurken

Schneiden Sie am Stielende ein schräges Stück ab. Schälen Sie die Vorderseite und markieren Sie durch keilförmige Einschnitte an beiden Seiten die Arme. Aus dem «Abfall» werden die Füße mit den Schwimmhäuten gemacht und unter den Frosch geschoben. Machen Sie ihm Augen aus großen Gewürznelken und stecken Sie ihm eine Zunge aus einer hauchdünnen Karotten-, Tomaten- oder Paprikascheibe ins große Maul.

Meistens ist das Innere des Strunkes gelb, wenn nicht, stecken Sie einige Herzblätter des Kohls hinein.
Heben Sie diese «chinesische Rose» nach dem Fest im Kühlschrank auf und machen Sie am nächsten Tag ein Gemüsegericht daraus.

Käsefigürchen

Herzhafte Leckerbissen beim Fest oder ein schnell gemachter Fleischersatz für die Kindergartenkinder, die am Festmenü mit den Großen teilnehmen dürfen.

Milder, aber nicht allzu weicher Käse wird in 3-5 mm dicke Scheiben geschnitten. Daraus werden mit Ausstechförmchen oder Eierbechern Figuren oder Kreise ausgestochen. Wenn Sie zwei Kreise ineinanderlaufen lassen, entstehen zwei Halbmonde und eine ovale Form. Wenn Sie dazu Gurkenscheiben kombinieren, entsteht auf einem flachen Teller ein hübsches Mosaik, das mit lustigen Radieschenmäusen oder -schweinchen oder anderen Gemüsegarnierungen belegt werden kann (siehe unten).

Radieschenmäuse

Hierfür nimmt man große, runde und schön rote Radieschen, die noch eine lange Wurzel haben (als Schwanz). An der dicken, runden Seite werden zwei kleine runde Scheibchen für die Ohren abgeschnitten. An der Stelle, wo die Maus die Ohren haben soll, macht man zwei kleine Schnitte und schiebt sie hinein (die weiße Seite schräg nach hinten). Die Augen werden durch zwei Leinsamen, die mit einer Pinzette zur Hälfte in das Radieschen gedrückt werden, markiert.
An der Unterseite wird gerade soviel abgeschnitten, daß das Tierchen nicht umfällt (s. Abbildung S. 55).

Radieschenschweine

Hierfür eignen sich die etwas oval gewachsenen, weiß/roten Radieschen am besten.
Die Stiele werden bis auf einen Millimeter abgeschnitten (Schwanz). Ansonsten geht man wie bei den Mäusen vor, nur die Ohren werden senkrecht und mit der weißen Seite nach vorne ins Radieschen gesteckt (s. Abbildung S. 55).

Zwiebelblumen

Wenig Arbeit mit großem Effekt. Die Zwiebeln sind im Festmenü gleichzeitig Garnierung und gekochtes Gemüse.
Man rechnet pro Person 1 gelbe Zwiebel von 50-75 g. Die Zwiebeln werden sorgfältig geschält, am Stielende soviel abschneiden, daß auch hier keine braunen Schalen mehr sind.
Nun schneidet man die Zwiebel so in 8 Schnitze, daß das Herz ganz bleibt. Die Schnitte dürfen nur bis 1 cm zur Basis gehen, dann öffnet sich die Zwiebel, bleibt aber als ganze zusammen. Im gekochten Zustand öffnet sie sich noch weiter, also nicht zu weit einschneiden.
Geben Sie 1 cm Wasser, mit Salz und etwas gemahlenem Kümmel, in einen Topf, in dem die Zwiebeln nebeneinander stehen können, und bringen Sie das Ganze zum Kochen. In 5-10 Min. sind sie gar (ab und zu kann man sie mit etwas Kochwasser beträufeln). Dann stellt man sie in eine Schüssel und gibt in jede ein Stückchen Butter.

Variation: Man bekommt *rote Zwiebelblumen*, wenn man im Kochwasser (doppelte Menge) zuerst Rote Bete-Schalen auskocht. Begießen Sie die Zwiebeln während des Kochens immer wieder mit dem roten Wasser.

Karottennudeln und Gurkenspaghetti

Gemüse auf spielerische Art gekocht, schnell zubereitet und wohlschmeckend.

- *1 dicke Karotte, geschält und längs in 2-3 Scheiben geschnitten*
- *1 dünne Salatgurke, geschält*
- *1 Gurkenschäler*

Schaben Sie mit dem Gurkenschäler über die schmalen Kanten der Karottenscheiben, dann bekommen Sie Nudeln.
Schneiden Sie die Gurke längs in 2 mm dünne Scheiben und diese wiederum in 2 mm dünne «Spaghetti».
Geben Sie nun das Gemüse in einen weiten Topf, fügen Sie kochendes Salzwasser hinzu (1/4 Teel. auf 1/4 l) und lassen Sie das Ganze kochen. Bereits nach einer Minute kontrollieren, ob es gar ist. Wenn ja, sofort abgießen, ein Stück Butter daruntermischen und anrichten. Wenn das Gemüse zu lange gekocht wurde, bricht es leicht. Die Gurke ist weniger empfindlich, ist aber sicher gleichzeitig gar.
Heben Sie das Gemüsewasser für Suppe oder Soße auf.

Variation: Die Karottennudeln sind, aus zarten Sommerkarotten gemacht, auch roh sehr gut. Man kann sie extra, mit oder ohne Salatsoße, reichen oder unter den grünen Salat mischen. Die Gurkenspaghetti brechen, wenn man sie nicht kocht.

Gebackene Eisbecher (8 Stück)

Dies ist eine sehr kniffelige Arbeit, die Chance, daß sie gelingt, jedoch groß, und der Erfolg bei Tisch ist einem gewiß.
Man darf die zarten Becher erst kurz vor dem Anrichten mit einer Kugel Eis und/oder mit nicht zu feuchten Früchten füllen. Oben darauf gibt es noch einen Tupfer Schlagsahne. Nur wenn sie noch knusprig sind, schmecken sie gut.
Sie halten sich luftdicht verschlossen 3-4 Wochen. Sollten sie inzwischen doch weich geworden sein, kann man sie noch einmal aufbacken (bei 150° C etwa 10 Min.).
Alle Zutaten werden bereitgestellt.

- *30 g sehr weiche Butter*
- *40 g Vollrohrzucker*
- *1 Messerspitze Vanillemark oder 1/4 Teel. geriebene Zitronenschale*
- *1 großes Eiweiß (40 g)*
- *35 g Weizenmehl Type 1050*

- *Backpapier*
- *ein kleines, rundes (hohes) Kuchenförmchen oder ein sich nach unten verjüngender Becher, zur Not geht auch ein kleiner Apfel*
- *1 Schüsselchen, am besten mit hohem Rand*

Die Butter cremig rühren und dann Zucker mit Vanille oder Zitronenschale dazugeben. Dann werden das Eiweiß und 1 Eßl. Mehl dazugegeben und wieder cremig gerührt. Danach gibt man noch den Rest des Mehles dazu. Dieser Teig muß jetzt 1/2 Stunde ruhen.
Nun zeichnet man auf dem Backpapier 4 Kreise mit einem Durchmesser von 12 cm und einem jeweiligen Abstand von 2 cm zum nächsten Kreis.
Das Papier wird aufs Backblech gelegt, und auf jeden Kreis gibt man 1 *gestrichenen* Eßl. Teig. Dieser wird mit dem Finger bis knapp vor den Strich gleichmäßig ausgestrichen, und zwar so, daß der Rand etwas dicker ist. Inzwischen wird der Backofen vorgeheizt.
Jetzt schneidet man die Kreise auseinander.
Backzeit: bei 175° C etwa 5 Min. auf der untersten Schiene.
Nun setzt man sich vor den Ofen und beobachtet die Teigkreise (wenn man kein Sichtfenster hat, muß man vorsichtig durch einen Spalt schauen). Sobald ►

die Kreise einen braunen Rand bekommen haben, wird der Backofen abgestellt und die Ofentüre aufgemacht. Das Blech bleibt noch im Ofen.
Jetzt muß man rasch arbeiten: Ein Kreis nach dem anderen wird vom Papier gelöst und schnell über die auf den Kopf gestellte Backform den Becher oder senkrecht gestellten Apfel gestülpt. Man legt das Gebäck, ohne zu drücken, darum herum. Die auf diese Art geformten und noch warmen Becher werden umgedreht und zum Abkühlen und Hartwerden in das Schüsselchen gestellt.
Die nächsten 4 Kreise werden genauso gebacken und geformt.

Tip:
- Backen Sie nicht alle 8 Kreise auf einmal, sonst werden sie bereits im Ofen hart, bevor alle verarbeitet sind.
- Mit dem Waffeleisen geht es schneller: Man macht einen Teig wie für *Eiswaffeln** und bäckt daraus 365 Waffeln mit 12 cm Durchmesser. Dann werden sie Stück für Stück, wie oben beschrieben, geformt.

Suppen

Eine Tasse Suppe im rechten Moment kann eine gereizte Laune beruhigen und für einen hungrigen Magen Wunder bewirken, wenn heranwachsende Kinder von der Schule oder vom Sportplatz nach Hause kommen. Eine Tasse Suppe während der Hausarbeit verhindert das Naschen am Ende des Vormittages, wenn es nur noch kurze Zeit dauert, bis das Essen auf dem Tisch steht. Eine leichte Suppe vor dem Hauptgericht kann den ersten Hunger stillen, so daß die restliche Mahlzeit in Ruhe gegessen werden kann.

Eine selbstgekochte Suppe mit vollwertigen Zutaten ist jedoch mehr als nur ein Magenfüller:
- Selbstgemachte Suppen schmecken überraschend gut.
- Vor allem **Getreidesuppen** regen den Wärmehaushalt des Körpers an.
- Suppen, die aus Gemüsebouillon oder aus Gemüse gemacht werden, liefern wertvolle Nährstoffe (Vitamine, Mineralstoffe) in leicht aufnehmbarer Form.
- Suppen, die mit viel Gemüse gemacht werden (Püreesuppen), können das gekochte Gemüse innerhalb des Menüs ersetzen, wodurch die zusätzliche Arbeit kompensiert wird.
- Die meisten **Eintopfsuppen** können im vorhinein und/oder gleich für 2 Tage gekocht werden und ermöglichen einen kochfreien Tag.
- Mit einer Suppe kann ein etwas kärgliches Mahl aufgewertet werden; man kann die Suppe so fett und/oder eiweißreich machen, wie man möchte (lesen Sie die Variationen zu den Rezepten).

Bouillon aus Gemüseabfall

Es ist eine gute Gewohnheit, während des Gemüseputzens aus dem harten oder zähen, jedoch noch frischen Abfall eine Bouillon zu machen.

Aufgepaßt: Für diese einfache und ökonomische Art, Bouillon zu machen, sollte man biologisch oder biologisch-dynamisch erzeugtes Gemüse verwenden, da gerade in dem Gemüseabfall, den wir für die Bouillon verwenden, Reste von Schädlingsbekämpfungsmitteln enthalten sein können. Im Zweifelsfall wirft man den Gemüseabfall besser weg (siehe auch *Bouillon aus Gemüse** und *Bouillon aus Bouillon- 78
kräutern**). 79

Auf jeden Fall sollte man die äußeren Blätter wegwerfen, die der Luftverschmutzung ausgesetzt waren, auch von ungespritztem Gemüse (bei dem Gemüse, das Sie im Laden kaufen, ist dies bereits geschehen). Keine nitratreichen* Gemüsesorten 252
verwenden.
Es ist selbstverständlich, daß auch ungespritztes Gemüse gut gewaschen* und/oder gebürstet wer- 248
den muß, wenn der Abfall für Bouillon bestimmt ist.

Zur Herstellung von Bouillon sind geeignet:
- harte Kräuterstengel und -blätter
- Blätter und Strünke aller Kohlsorten
- die Schalen von Kürbis, Spargel und Karotten ►

- die dunkelgrünen, zähen Blätter und das Wurzelstück des Lauches
- Wurzelstück und die zähen Sprossen von Zwiebeln (die zarten Sprossen kann man wie Schnittlauch verwenden)
- die Schoten von frischen Erbsen und Kapuzinererbsen, zähe Brechbohnen und Schnittbohnen
- die Kerne und das schwammige Innere vom Kürbis, Zucchini und Gurke, die Samenstränge vom Paprika (nicht die Samen!).

Die aufgezählten Gemüseteile enthalten besonders viele wertvolle Mineralstoffe, Vitamine und Würzstoffe (im Verhältnis mehr als das Gemüse selber).
Zu viele Schalen geben der Bouillon einen bitteren, herben Geschmack. Wenn gegen das Frühjahr hin die Schalen von Karotten und Kürbis sehr trocken und hart geworden sind, ergeben sie ebenfalls einen bitteren Geschmack.
Wenn man die Bouillon nicht sofort braucht, kann man sie in ein Glas geben und 1-2 Tage im Kühlschrank aufbewahren (schnell abkühlen!). Je nach Geschmacksrichtung kann man die Bouillon für Suppen und Soßen verwenden oder Getreide damit kochen. Frisch gemachte Gemüsebouillon mit etwas Salz ist gesund und weckt die Lebensgeister.

Arbeitsanleitung:
Der gewaschene und kleingeschnittene Gemüseabfall wird in einen Topf gegeben und mit soviel kochendem Wasser übergossen, daß das Gemüse bedeckt ist. Alles rasch zum Kochen bringen, den Topf zudecken und auf kleiner Flamme 20 Minuten ziehen lassen (nicht länger).
Die Bouillon sofort durch ein Sieb schütten, wenn sie länger zieht, kann sie bitter werden.

Variation:
Man kann die Bouillon herzhafter machen, indem man ein Lorbeerblatt, eine Gewürznelke, etwas Kümmel-, Fenchel- oder Dillsamen, ein Stückchen Muskatblüte oder eine zerquetschte Knoblauchzehe mit dem Gemüse ziehen läßt.

Tip: siehe *Brühwürfel** 409

Bouillon aus Gemüse (2 l)

Wenn man über keinen ungespritzten Gemüseabfall verfügt. Man kann ruhig die zähesten Teile des Gemüses verwenden, die zwar noch schön aussehen, jedoch nicht mehr zart genug für das Gemüsegericht sind; der Bouillon geben sie gerade einen guten Geschmack. Die Herstellung von Bouillon ist einigermaßen arbeitsaufwendig, deshalb macht man am besten gleich eine größere Menge. In einem Glas kann man die gesiebte (und schnell abgekühlte) Bouillon 1-2 Tage im Kühlschrank aufbewahren. Siehe auch *Brühwürfel**. 409

- *ca. 250 g geschältes, festes Gemüse, wenn möglich 2 oder mehrere Sorten gemischt wie: Karotten (ergibt einen süßlichen Geschmack), Sellerie oder Bleichsellerie (würziger Geschmack), Fenchelknolle (Anisgeschmack), Kohlrabi (wenig)*
- *nach Möglichkeit die Stiele von frischem Liebstöckel, Petersilie und Sellerieblättern*
- *1 Lorbeerblatt*
- *1 kleines Stück Muskatblüte*

- *2 l kochendes Wasser*

- *1/4 Teel. Thymian*

Das Gemüse wird gehobelt oder fein geraffelt (letzteres ergibt eine trübe Bouillon).
Die Zutaten des ersten Abschnittes werden in einen Topf gegeben und mit kochendem Wasser übergossen. Das Ganze wird zum Kochen gebracht, wenn der Deckel heiß ist, die Hitze vermindert. Man läßt die Bouillon 15 Minuten kurz vor dem Siedepunkt ziehen.
Thymian dazugeben und das Feuer ausstellen. 5 Minuten nachziehen lassen (nicht länger).
Die Bouillon wird sofort abgeseit und das Gemüse mit einem Löffel ausgedrückt; unter Umständen kann man nochmals etwas Bouillon darüberschütten und das Ausdrücken wiederholen. Die Bouillon, die man nicht sofort verwendet, sollte so schnell wie möglich abkühlen (Topf auf Kuchengitter stellen, so daß auch von unten Luft dran kann).

Variationen:
- Ein Stück Lauch (hellgrün) oder eine Zwiebel, fein geschnitten, mitkochen.

- Das Gemüse wird in 1 Eßl. Öl glasig gedünstet und dann erst das Wasser dazugegeben. Das macht die Bouillon schmackhafter.
- Im Sommer kann man eine in Stücke geschnittene Tomate mitkochen.
- 1-2 feingeschnittene Kohlblätter mitkochen (Weißkraut, Wirsing, Federkohl, Rosenkohl).
- Knoblauchzehe, 2 Gewürznelken oder 4 Pimentkörner mitkochen.
- Das Innere einer Paprika oder eines Kürbis mitkochen (von altem Kürbis kann die Bouillon jedoch bitter werden).

Bouillon von Bouillonkräutern

Das Bouillon-Kräuterpulver* der Firma «Het blauwe 451
huis» ist ideal, um rasch eine kleine Menge herrlich duftender, *nicht* gesalzener Bouillon zu machen.
Eine Tasse vorwärmen und die benötigte Menge Wasser zum Kochen bringen. Pro dl Wasser 1/4 Teel. Bouillonpulver in die Tasse geben und das kochende Wasser aufgießen.
5 Minuten ziehen lassen und dann sofort absieben.

Tips:
- Lassen Sie das Pulver nicht in Gerichten mitkochen. Dadurch wird das Gericht nicht nur unansehnlich, sondern auch noch bitter. Das letztere ist auch der Fall, wenn Sie den Aufguß zu lange ziehen lassen.
- Wenn Sie die oben genannten Bouillonkräuter nicht erhalten können, sind salzfreie biologische Brühwürfel ein Ersatz.

Suppenklößchen (ca. 32 Stück)

Nahrhafte Klößchen, die bei einem Menü, das für die Kleinen nicht so geeignet ist, sowohl das Getreide als auch das Eiweiß ersetzen können. In diesem Fall gibt man ihnen viele Klößchen; gedämpftes Gemüse und eventuell eine Nachspeise runden das Menü ab. Die Suppenklößchen kann man im vorhinein machen und, mit dem Kochwasser bedeckt, in einem Glas 1-2 Tage im Kühlschrank aufbewahren (nicht, wenn frische Kräuter in der Suppe sind; man streut sie kurz vor dem Essen in die Bouillon).

- *50 g Thermogrütze (3/4 dl, Gerste oder Hafer)*
- *1 1/2 dl Wasser (1:2)*
- *1 Stück Zitronenschale (eventuell)*
- *1/4 Teel. Korianderkörner zerstoßen mit*
- *1/4 Teel. Salz*

- *50 g Quark, zu einer homogenen Masse verrührt mit*
- *1 Eßl. Öl*
- *25 g Haselnüsse, sehr fein gemahlen*
- *2-3 Eßl. Buchweizenmehl*
- *1 Eßl. frische Gartenkräuter, sehr fein gehackt*
- *1/2 Teel. Gomasio** 408

Das Wasser mit der Grütze und der Zitronenschale zum Kochen bringen und zugedeckt 5 Minuten leicht köcheln lassen. Nun fügt man das gewürzte Salz hinzu und läßt die Grütze mindestens eine halbe Stunde nachquellen, danach muß das Getreide ausdampfen.
Mit einer Gabel werden die Zutaten des zweiten Abschnittes durch die abgekühlte Grütze geknetet, es sollte ein festes, ziemlich trockenes Gemisch entstehen. Aus dem lauwarmen (und noch geschmeidigen) Teig formt man mit nassen Händen eine lange, dünne Rolle und schneidet davon ca. 32 Stückchen ab. Zwischen den naßgemachten Handflächen dreht man daraus feste, glatte Klößchen und legt sie auf einen flachen Teller (siehe auch Tip 1).
Die Klößchen werden 5-10 Minuten pochiert (siehe
*Hirseklößchen**). 155

Variationen:
- Die frischen Kräuter werden durch 1/4 Teel. getrocknete (beispielsweise Thymian, Basilikum, Majoran, 3-4 Nadeln Rosmarin) ersetzt, die mit Salz fein zerrieben werden.
- Ist kein Quark im Hause, dann nimmt man ein Eiweiß und macht den Teig mit weniger Mehl (beim Pochieren wird er fester).
- Die Grütze wird durch gekochte Getreidereste ersetzt (Reis, Hirse, Buchweizen). Dafür reicht die Bindefähigkeit des Quarks nicht aus, und man muß statt dessen geriebenen Käse und ein Eiweiß dazu verwenden. Die Nüsse kann man dann weglassen.
- Durch Zugabe von 2 Eßl. zu Mus gehackter frischer Kräuter kann man *grüne* Klößchen machen (man kann auch Spinatblätter verwenden). *Gelbe* Klößchen bekommt man durch 1/2 Teel. Kurkuma (Gelbwurzel) und *rote* Klößchen mit 1-2 Eßl. Rote Bete-Saft (sie schmecken dann allerdings etwas nach Rote Bete!)

►

- Roggengrütze verwenden und den Koriander durch mildes Paprikapulver oder Curry (ca. 1/4 Teel.) ersetzen. Eventuell fügt man 1/2 - 1 Eßl. *sehr* fein gehackte Zwiebel und/oder etwas Knoblauch hinzu. Zu dieser Variation passen Walnüsse.
- 40 g Buchweizengrütze verwenden, es reicht, wenn man sie 1/4 Stunde nachquellen läßt.
- Die Klößchen nicht pochieren, sondern in Mehl rollen (das überschüssige Mehl auf einem Sieb abklopfen) und in etwas Öl hellbraun und knusprig braten. Diese Klößchen haben mehr Geschmack, sind jedoch schwerer verdaulich.

Tips:
- Sehr viele Klößchen macht man schnell, indem man die Masse in eine Spritztüte mit glatter Tülle (2 cm Durchmesser) gibt. Nun drückt man Würstchen von reichlich 1 cm Länge heraus und schneidet sie jeweils an der Öffnung ab. Die Stückchen läßt man auf eine mit Mehl bestreute Arbeitsfläche fallen und rollt sie zum Schluß mit den Händen zu schönen glatten Klößchen.
- Wenn die Klößchen als Einlage für die *gebundene* Suppe gedacht sind, kann man sie, gegen das Ende der Kochzeit, auch in der Suppe pochieren. Zusammen mit den Klößchen kann man sehr fein geschnittenes Blattgemüse und/oder feingeraffeltes Wurzelgemüse mitziehen lassen.

Flädlessuppe

Zuppa Pavese (1 Person)

Schnell gemacht und trotzdem nahrhaft. Diese Suppe kann für einen Nachzügler extra zubereitet werden. Zuppa Pavese kann auch als Vorspeise für ein festliches Mittagessen dienen.

- *1 geröstete Scheibe Brot, Dicke je nach Appetit*
- *1/4 l würzige Gemüsebouillon** 78
- *eventuell etwas Salz, je nach Salzgehalt des Käses*
- *1 Eßl. herzhaften geriebenen Käse*
- *1 sehr frisches, kleines Ei*
- *etwas Schnittlauch oder andere frische Gartenkräuter, kleingeschnitten*

Die Scheibe Brot wird in den vorgewärmten Suppenteller gelegt und mit Käse bestreut. Bouillon zum Kochen bringen und das Ei in eine Tasse aufschlagen. Vorsichtig in die Bouillon gleiten lassen und diese 3 Minuten kurz vor dem Siedepunkt halten. Feuer ausdrehen und den Deckel auf den Topf legen. So läßt man die Bouillon noch 5 Minuten stehen. Nun nimmt man das **pochierte Ei** aus der Bouillon und legt es auf die Scheibe Brot. Die kochend heiße Bouillon wird durch ein Sieb darübergeschüttet und alles mit feingeschnittenem Schnittlauch bestreut.

Variation: Für einen hungrigen «Hänfling» kann das pochierte Ei durch ein nicht zu knusprig, jedoch auf beiden Seiten gebackenes Ei ersetzt werden.

Flädlessuppe

Übriggebliebene Pfannkuchen werden fest zusammengerollt und mit einem scharfen Messer in sehr dünne Scheibchen geschnitten. Die langen Flädle sollte man etwas kleinschneiden, sonst sind sie schwierig zu essen. Nun gibt man sie in die Suppenteller, streut etwas feingeschnittene frische Gartenkräuter (Schnittlauch) darüber und übergießt das Ganze mit heißer Bouillon. Diese Restesuppe heißt in Frankreich **Consomé à la Célestine**.
Fürs Kinderfest kann man aus dem Pfannkuchen auch Figuren ausstechen.

Zwiebelkeimlingsuppe mit Karottenhaar (ca. 1 l)

Eine Frühlingssuppe für Leute, die keinen Garten besitzen.
Von einer großen Karotte wird am Stengelansatz ein 2 cm dickes Stück abgeschnitten und in ein Schälchen mit 1 cm hoch Wasser gelegt. Daneben legt man eine Winterzwiebel und stellt das ganze aufs Fensterbrett. Nach einigen Tagen wird die Zwiebel keimen, und aus der Karottenscheibe wachsen grüne Blättchen (wer von den Kindern paßt auf, daß immer etwas Wasser in der Schale ist?). Jetzt wird es Zeit, die folgende Suppe zu kochen:

- *1 Eßl. Öl*
- *50 g Hafer- oder Hirseflocken*
- *1-2 Eßl. Zwiebel, feingeschnitten*

- *1 l Gemüsebouillon** 78
- *1/4 Teel. Fenchelsamen*
- *der feingeschnittene Zwiebelsproß*
- *1/2 Teel. Salz*

- *1-2 Eßl. Sahne oder Mich*
- *das feingeschnittene Karottengrün*

In einem Topf mit dickem Boden werden die Flokken mit dem Öl bei mäßigem Feuer erhitzt. Dauernd rühren, bis die Flocken gut riechen, jedoch noch nicht braun sind; zum Schluß wird die Zwiebel dazugeruhrt.
Flüssigkeit, Fenchelsamen, Zwiebelsprossen und Salz dazugeben und alles zum Kochen bringen.
Die Suppe muß ca. 1/2 Stunde auf kleinem Feuer kochen und nach Möglichkeit noch 1/2 Stunde quellen; sie wird dann schön sämig.
Kurz vor dem Anrichten wird Sahne dazugerührt und das Karottengrün darübergestreut.

Variation:

- Das Öl und die Zwiebel weglassen, die Flocken in der Bouillon kochen und, wenn die Suppe vom Feuer genommen ist, (eventuell) ein Stückchen Butter hineinrühren.
- Die Flocken hellbraun rösten und erst dann die Zwiebeln dazugeben.
- Halb Buchweizen/halb Reisflocken verwenden.

Gemüsesuppe mit Hirse (reichlich 1 l)

Eine dicke Suppe, die jedesmal wieder anders schmeckt, wenn man, je nach Jahreszeit, anderes Gemüse verwendet. Am Ende der Woche kann man alle möglichen Gemüsereste hineinverarbeiten, damit man am Samstag das Gemüsefach wieder mit neuem Vorrat fullen kann.

- *50 g Hirse, möglichst 2 Stunden oder länger eingeweicht in*
- *1 dl Wasser*

- *1 Eßl. Öl*
- *1 kleine Zwiebel, fein geschnitten*

- *ca. 300 g Gemüse, geputzt gewogen, kleingeschnitten (siehe Tip)*
- *3/4 l Bouillon aus Gemüseabfall (oder Wasser)*
- *ca. 1/2 Teel. Salz*

- *2-3 Eßl. feingeschnittene frische Kräuter nach Wahl*

Das Öl wird mit der Zwiebel bei mäßigem Feuer erwärmt und glasig gedünstet. Das Gemüse dazugeben und unter dauerndem Rühren mitdünsten, bis es zusammengefallen ist und gut duftet. Das Gemüse darf sich jedoch nicht verfärben; mit Bouillon ablöschen. ►

Salz und die eingeweichte Hirse mitsamt dem Einweichwasser dazugeben und alles zusammen zum Kochen bringen. Die Suppe muß zugedeckt ca. 20 Minuten leise köcheln, bis das Gemüse gar, aber nicht verkocht ist. – Auf Salz abschmecken und frische Kräuter darüberstreuen.

Variationen:
- Die Hirse durch Buchweizen oder Hirseflocken ersetzen, beides braucht nicht eingeweicht zu werden. Man kann auch Reste von gekochtem Getreide verwenden und dieses die letzten 5 Minuten in der Suppe mitkochen lassen. Getreidereste binden die Suppe jedoch nicht so gut.
- Die gedünstete Zwiebel weglassen und nach Wunsch kurz vor dem Anrichten etwas Butter oder Öl zur Suppe geben.
- Die Hirse wird durch Buchweizengrütze oder Maismehl ersetzt.
- **Minestrone:** Die Hirse wird durch Nudeln ersetzt, und nach der Hälfte der Kochzeit fügt man eine große, in Würfel geschnittene Fleischtomate hinzu (im Winter wird sie durch 2-3 Eßl. *Tomatenmark** ersetzt). Auf den Tisch stellt man ein 423
Schüsselchen geriebenen (herzhaften) Käse, von dem sich jeder etwas über die Suppe streuen darf. Mit einer Scheibe Brot und einem süßen Getreidenachtisch bekommt man eine vollständige Mahlzeit.
- Die Minestrone kann man durch ca. 200 g gekochte weiße Bohnen (= ca. 75 g ungekochte) nahrhafter machen. Andere Hülsenfrüchte beispielsweise
- Linsen können natürlich auch verwendet werden. Rote Linsen kann man gleich mit der Hirse mitkochen.

Tips:
- Das Gemüse mit der längsten Kochzeit (Wurzelgemüse) wird feiner geschnitten als Stengelgemüse (Lauch, Bleichsellerie), und das Blattgemüse (Spinat, Brennessel und anderes Wildgemüse wie Melde und Sauerampfer) wird, in Streifen geschnitten, erst zum Schluß zur Suppe gegeben.
- Wenn man die Suppe im vorhinein zubereitet, sollte man Blattgemüse und frische Kräuter ungeschnitten zurückhalten. Dann wärmt man die Suppe auf und gibt erst dann diese Zutaten dazu.
- Wenn man die Suppe für 2 Tage kocht, kann man, bevor man Spinat oder Mangold hinzufügt, die Suppe für den folgenden Tag beiseite stellen (damit sich beim Wiederaufwärmen dieses nitratreichen Gemüses* kein Nitrit bildet). 253

Flockensuppe (3/4 l dicke oder 1 l dünne Suppe)

Eine schnell gemachte, wärmende Getreidesuppe, die jedoch erst sämig wird, wenn sie eine Weile gekocht hat. Man kann sie gut im vorhinein zubereiten, denn die noch nicht mit frischen Kräutern gemischte Suppe läßt sich ohne Qualitätsverlust wieder aufwärmen (sie muß allerdings zwischenzeitlich kühl stehen). **Getreidesuppen** passen gut zu einem Menü mit Kartoffeln.

- *1 Eßl. Öl*
- *50 g (1 dl) Haferflocken*
- *eventuell eine kleine Zwiebel oder ein Stück Lauch, fein geschnitten*

- *3/4-1 l Bouillon oder Wasser*
- *1/4 Teel. Fenchelsamen*

- *1/2 Teel. Salz*

- *eventuell 1-2 Eßl. Sahne oder Milch*
- *eventuell ein Stück Karotte oder Sellerie, fein geraffelt*
- *2-3 Eßl. Schnittlauch oder andere frische Gartenkräuter, fein geschnitten*

In einem Topf mit dickem Boden wird das Öl mit den Flocken unter Rühren bei mäßigem Feuer erhitzt, bis sie hellbraun geworden sind. Zwiebeln zufügen. Die Bouillon dazugießen und den Fenchel dazugeben. Alles zum Kochen bringen und auf sehr kleiner Flamme 1/2 Stunde leise kochen lassen (Topf zugedeckt).
Salz dazugeben und noch mindestens 1/2 Stunde nachquellen* lassen. 114
Kurz vor dem Essen wird die Suppe noch einmal zum Kochen gebracht und die restlichen Zutaten hinzugefügt (das Wurzelgemüse kann bei den Kleinen die Rohkost im Menü ersetzen).

Variationen:
- Wenn man die Flocken ohne Öl in einem trockenen Topf – sehr vorsichtig – kaum braun röstet, wird die Suppe leichter verdaulich. Zwiebeln oder Lauch weglassen und kurz vor dem Anrichten ein Stück Butter oder Öl zur Suppe rühren. Lieber eine süße Karotte als würzigen Sellerie verwenden.
- Man kann auch andere Getreideflocken verwen-

den; dann dauert allerdings die Kochzeit und die Zeit des Nachquellens länger, für die
- harten Roggenflocken bis zu einer Stunde. Diese Suppe kann man wie Grießsuppe binden.
- **Grießsuppe:** Die Flocken durch Vollkorngrieß ersetzen. Diese Suppe wird nicht so sämig wie die Haferflockensuppe; man kann sie eventuell zum Schluß mit 1 Eßl. feinem Mehl (Thermomehl) binden.
- **Würzige Mehlsuppe:** Die Flocken werden durch Weizenmehl Type 1050 ersetzt. Anstelle des Fenchels verwendet man 1 Lorbeerblatt, 3 Gewürznelken, ein wenig Muskatblüte und 1/4 Teel. Kümmel. Gleichzeitig mit dem Salz gibt man noch 1/4 Teel. Thymian dazu. Die Suppe wird mit *saurer* Sahne abgeschmeckt und/oder mit geriebenem Käse bestreut (das Wurzelgemüse weglassen, aber Schnittlauch verwenden).
- Die Suppe aus trocken *geröstetem Mehl** machen 406
  und wie Variation 1 abschmecken.
- Die Mehlsuppe wird aus Thermomehl gemacht, das nicht geröstet zu werden braucht. Koch- und Quellzeit betragen nur eine viertel Stunde. Für dieses Alter wird nur Lorbeerblatt, Kümmel und ein wenig Thymian verwendet.

Tip: Flocken und Mehl kann man auf Vorrat rösten
(siehe *geröstetes Mehl**, Variation). 406

Hafersuppe (1 1/2 l)

Eine stärkende **Getreidesuppe** für Kranke oder geschwächte Kinder; sie ist jedoch nicht nur gesund, sondern schmeckt auch den andern Kindern gut (siehe Tip 2). Wegen der langen Kochzeit ist dieses Rezept für eine größere Menge geschrieben; die Suppe hält sich, ohne Sahne und Kräuter, 1-2 Tage im Kühlschrank (im Glas).

- *150 g Haferkörner (2 dl), 5-10 Stunden eingeweicht in*
- *1 1/2 l Wasser*

- *1 Stück Fenchelknolle oder Karotten, in Stücke geschnitten*
- *eventuell ein frischer Knochen, gut gewaschen unter dem warmen Wasserhahn (in Naturkostläden mit einer Fleischabteilung auf Bestellung erhältlich)*
- *1/2 Teel. Fenchelsamen*
- *ca. 1/3 Eßl. Salz*

- *eventuell etwas Sahne, Milch, Butter oder Eigelb*
- *eventuell fein geschnittene frische Gartenkräuter*

Die Zutaten des ersten Abschnittes werden zum Kochen gebracht und auf kleinem Feuer 2 Stunden ziehen gelassen (Deckel auf den Topf). Das Gemüse
aus der Suppe nehmen und noch 1 Stunde quellen* 114
lassen, sie ist jetzt sämig gebunden.
Den Knochen entfernen und die Suppe durch ein Sieb schütten. Mehr oder weniger der festen Masse durch das Sieb streichen, je nach Verdauungsmöglichkeit des Kindes. Salz hinzufügen und zur Seite stellen, was man nicht gleich braucht. Die zurückgehaltene Suppe kann, wenn nötig, wieder erhitzt werden und, vom Feuer weggenommen, eine Auswahl der übrigen Zutaten dazugerührt werden.

Variation: Schnell gemacht, jedoch weniger wertvoll: (grobe) Haferflocken verwenden. Die Einweichzeit beträgt nur 30 Minuten, die Kochzeit ebenfalls, und eine halbe Stunde quellen lassen ist ausreichend. Den Suppenknochen weglassen oder zuerst Bouillon daraus machen, die dann für die Suppe verwendet wird.

Tips:
- Was beim Sieben übrigbleibt, sollte nicht weggeworfen werden. Etwas Ei oder Quark damit verarbeiten, die Masse, wenn nötig, mit (Buchweizen-) Mehl in die gewünschte Konsistenz bringen und mit Kräutern und/oder feingeschnittenem Lauch oder Zwiebeln abschmecken. In der Bratpfanne bäckt man dann dünne *Getreidebrat-*
  *linge** daraus. 149
- Für gesunde Kinder braucht die Suppe nicht durchgesiebt zu werden, und man kann sie mit in Öl gedünsteter Zwiebel oder Lauch würziger abschmecken; eventuell kann man etwas Curry mitdünsten oder zum Schluß ein wenig Sojasoße hinzufügen.

Holunderblütensüppchen (3/4 l)

Nach einem langen Frühlingsspaziergang ist der Appetit manchmal nicht sehr groß, aber dieses süße Süppchen schmeckt vielleicht doch. Aus Holunderblüten, die man unterwegs gepflückt hat, ist es
schnell gemacht. Mit etwas knusprigem Salzgebäck* 377

►

und Früchten als Nachtisch dazu bekommt man eine leichte, aber (beinahe) vollwertige Kleinkindermahlzeit. Die Großen bekommen einige Scheiben Brot mit Rohkost und Nüssen vorab.

- *4 Eßl. Hafermehl*, nach Möglichkeit 2 Stunden* 405
  eingeweicht in
- *3 dl Wasser*

- *4 Holunderblütendolden (15 g), die dicken Stengel werden abgeschnitten*
- *1-2 Salbeiblätter, in Streifen geschnitten*
- *nach Möglichkeit etwas Zitronen- oder Apfelsinenschale*

- *4 dl Milch (eventuell davon 1 dl Sahne)*
- *1- 1 1/2 Eßl. Honig oder Reissirup*
- *1 Prise Salz*

Die Zutaten des ersten und zweiten Abschnittes werden unter Rühren langsam zum Kochen gebracht (wenn nötig, kann man etwas Milch dazuschütten, man muß eine dünne Breikonsistenz bekommen). Den Deckel auf den Topf geben und den Topf vom Feuer nehmen. 10 Minuten ziehen lassen und die restliche Milch darunterschlagen. Unter Rühren anwärmen, nicht über 50°C. Süßes und Salziges darunterschlagen und die Suppe in eine vorgewärmte Schüssel sieben (Holunderblüten ausquetschen).

Variationen:
- Den Salbei durch 1/4 Teel. Zimt oder zerstoßenen Koriander- oder Anissamen ersetzen.
- Die Milch und, wenn nötig, die Sahne durch Wasser ersetzen und mit dem Süßungsmittel zusammen 2 Eßl. Mandelmus unter die Suppe schlagen.
- **Holunderblütenmilch:** Die Hälfte des Mehls verwenden und die Milch warm oder kalt trinken.
- Das Hafermehl wird zur Hälfte durch Reismehl und zur anderen Hälfte durch Marantamehl ersetzt; einweichen ist nicht notwendig.

Kappeler Milchsuppe (ca. 1 l)

Für Kinder, die keine Milch mögen, denn gesalzene Milch mit Kräutern und einer dazu passenden Geschichte schmeckt ganz anders.
Nachdem sich im Herbst des Jahres 1531 die Befürworter und Gegner des Schweizer Reformators Zwingli bei dem Dorfe Kappel bis auf Blut bekämpft hatten, einigten sie sich doch, nachdem ihr Anführer gefallen war. In einer großen Gulaschkanone wurde eine nahrhafte Suppe gekocht. Im Kreis darum herumliegend (die zwei Gruppen jedoch immer noch getrennt), löffelten die müden Helden die Suppe aus. Wer mit seinem Löffel in der dicken Suppe über die «Grenze» reichte, bekam von der Gegenpartei einen scherzhaften Schlag mit dem Holzlöffel.
Mit ein wenig Rohkost als Vorspeise und/oder frischem Obst als Nachtisch ist dieses Friedensmahl auch eine zeitgenössische Mahlzeit.

- *150 g altbackenes Brot (aus Weizenmehl Type 1050), in hauchdünne Scheibchen geschnitten*

- *2 Eßl. Thermohafermehl oder 3 Eßl. geröstetes*
  Hafermehl, angemacht in* 405
- *2 1/2 dl würziger Bouillon*
- *1/4 Teel. Kümmelsamen, fein zerstoßen mit*
- *1 Prise Salz*

- *1/2 l Milch*

- *2-3 Eßl. Schnittlauch oder andere frische Kräuter, fein geschnitten*

Das Brot läßt man in der Sonne oder im warmen Zimmer (auf dem Ofen) trocknen oder röstet es sehr leicht auf dem Backblech im Ofen (ca. 10 Minuten bei 150°C). Das Brot wird in eine hübsche, nicht zu hohe Schüssel gegeben und an einen warmen Ort gestellt.
Die Bouillon wird mit dem Hafermehl und dem Kräutersalz zum Kochen gebracht, man läßt es einige Augenblicke leise kochen. Den Deckel auf den Topf legen und 1/4 Stunde nachquellen lassen.
Die Milch dazugeben und das Ganze unter Rühren mit einem Schneebesen auf höchstens 70°C erwärmen (man kann gerade noch den Finger hineinstekken). Dieses warme Milchwasser wird über das Brot gegossen, Schnittlauch darübergestreut und die Schüssel, für jeden erreichbar, in die Mitte des Tisches gestellt.

Variationen:
- Den Kümmel durch eine Prise Muskatnuß ersetzen und Vollkornbrot verwenden.
- Etwas geriebenen Emmentaler-Käse über die Suppe rühren; dieser Käse zieht Fäden und macht es besonders schwierig, wenn man nur in seinem eigenen Bereich essen will!

Tip: Je länger die Suppe steht, desto weicher wird das Brot und desto dicker die Suppe.

Samstagssuppe (Brotsuppe, 1 3/4 l)

Eine herzhafte **Eintopfsuppe**, die man, bis auf einige Handgriffe, im vorhinein zubereiten kann. Sie kommt wie ein Soufflé aus dem Ofen und stillt sowohl den Hunger von Sportsleuten als auch von Bastelfritzen. Außerdem wird man die Brotreste einer ganzen Woche los. Als Vorspeise gibt es Rohkost und/oder eine Früchtenachspeise.

- *200 g altes Vollkornbrot, in hauchdünne Scheibchen geschnitten*
- *100-125 g herzhaften geriebenen Käse*
- *1/4 Teel. Kümmelsamen*

- *1 1/4 l würzige, ungesalzene Bouillon*
- *1 große Zwiebel oder 100 g Lauch, in dünne Ringe geschnitten*

- *1 Ei, verquirlt*
- *10 g Butter oder 1 Eßl. Öl*

- *1 tiefe Auflaufform oder einen Topf mit hitzebeständigen Griffen, 2 l Inhalt, eingefettet*
- *1 passenden Deckel oder Alufolie*

Auf den Boden der Schüssel wird eine Schicht Brot gelegt, mit Käse und Kümmel bestreut, immer abwechseln, bis alles aufgebraucht ist; die oberste Schicht muß aus Brot bestehen.
Kurz vor dem Essen wird der Ofen vorgeheizt. Die Bouillon zum Kochen bringen und langsam über das Brot-/Käsegemisch gießen; Deckel auf die Auflaufform legen.
Backen 1: 10 Minuten bei 200°C, mittlere Schiene.
Inzwischen wird die Zwiebel oder der Lauch in Butter oder Öl gedünstet oder
schwach hellbraun gebraten.
Die Schüssel aus dem Ofen nehmen und kontrollieren, ob noch Salz zur Suppe gegeben werden muß (hängt vom Käse ab). Nun wird das verquirlte Ei über die Suppe gegossen und die Zwiebeln darüber verteilt.
Backen 2: 10 Minuten bei 200°C, *ohne* Deckel.

Tip: siehe *altes Brot**. 163

Sonntagssuppe (ca. 3/4 l)

Wenn die Kleinen diese milde Mandelsuppe bekommen, ist es nicht notwendig, daß sie vom Fleisch im Menü mitessen.

- *1/2 l Wasser oder sehr milde Bouillon aus beispielsweise Fenchelabfall** 77
- *1/4 Teel. Koriandersamen*
- *1 kleines Stücken Muskatblüte*

- *3 Eßl. (30 g) sehr feines Hafer- oder Reismehl** 405 *angemacht in*
- *1 dl Wasser*

- *3 Eßl. (50 g) weißes Mandelmus*
- *1/2 - 1 dl saure Sahne oder halb Sahne/halb Viili** 464
- *1/4 Teel. Salz*
- *eventuell 1/4 Teel. Shoyu*
- *eventuell 1 Eßl. geröstete Mandelstifte** 407

Das Wasser mit den Gewürzen zum Kochen bringen und das angemachte Mehl einrühren. Einige Minuten köcheln und mindestens 1/2 Stunde nachquellen* 114 lassen. Muskatblüte und eventuell auch den Koriander entfernen. Das Mandelmus unter die noch warme Suppe schlagen. Unter Rühren das Ganze noch einmal beinahe bis zum Siedepunkt bringen, den Topf vom Feuer nehmen und Sahne, Salz und Shoyu dazurühren. Die Suppe aufgeben und die gerösteten Mandeln darüberstreuen.

Variationen:
- Das Mandelmus durch sehr fein gemahlene, am besten im Mörser zerriebene geschälte Mandeln ersetzen; mit gemahlenen Mandeln wird die Suppe jedoch weniger sämig.
- Man kann auch ungeschälte, gemahlene Mandeln verwenden.
- Muskatblüte, Shoyu und Mandelstifte weglassen.
- Die Suppe bekommt einen stärkeren Mandelgeschmack, wenn man 2 Bittermandeln fein zerstößt und mit dem Mehl in der Suppe mitkochen läßt.
- **Erdnußsuppe:** Das Mandelmus wird durch Erdnußmus ersetzt und die Bouillon mit etwas Curry gewürzt. Einige (ungesalzene) Erdnüsse werden über die Suppe gestreut.
- Die Erdnußsuppe kann mit einer Messerspitze Sambal* gewürzt werden, und die Erdnüsse er- 423 setzt man eventuell durch 50 g *Taugé** (noch zwei 463 Minuten in der Suppe mitkochen).

Einfache Brotsuppe (1 1/4 l)

Eine nahrhafte Suppe, die vor einem leichten Hauptgericht gegessen wird.

- *20 g Butter*
- *100 g altes Brot, zerkrümelt oder in kleine Stücke geschnitten*
- *1/2 Eßl. Kümmelsamen*
- *1/4 Teel. Curry*
- *2 große Zwiebeln, fein geschnitten (ca. 200 g)*

- *1 l Wasser oder Bouillon*
- *1 Lorbeerblatt*
- *5 Wacholderbeeren, leicht zerdrückt*
- *1/4 Teel. Salz*

- *2 Eßl. Sahne, Viili* oder Joghurt* 464
- *2-3 Eßl. grüne Gartenkräuter, fein geschnitten (oder 1/2 Teel. getrockneten Dill oder Bohnenkraut)*
- *eventuell 1/2 Eßl. Zitronensaft oder Brottrunk*

Das Brot wird mit dem Kümmel und dem Curry in Butter bei mäßiger Hitze hellbraun geröstet. Aufpassen, daß nichts anbrennt. Auch die Zwiebeln werden kurz mitgedünstet, sie dürfen jedoch nicht braun werden.
Mit Wasser ablöschen und das Lorbeerblatt, die Wacholderbeeren und das Salz dazugeben. Die Suppe muß mindestens 1/2 Stunde im geschlossenen Topf köcheln. Lorbeerblatt und Wacholderbeeren entfernen und die Suppe mit dem Schneebesen kräftig schlagen. Direkt vor dem Essen gibt man Sahne oder Viili und die frischen Gartenkräuter dazu; kontrollieren, ob noch etwas Salz und/oder Zitronensaft fehlt.

Variationen:

- Das Brot wird nicht geröstet, man verwendet keine Zwiebeln und nimmt weniger Gewürze (Curry ganz weglassen).
- Der Brotsuppe kann man folgendermaßen etwas Farbe verleihen: Außer dem Lorbeerblatt läßt man alle Kräuter weg und verwendet nur eine halbe Zwiebel. Nun hackt man ca. 250 g im Geschirrtuch oder der Salatzentrifuge getrockneten Spinat (erst gut waschen) oder 150 g **Wildgemüse** (Melde, Brennessel, Sauerampfer usw.) sehr fein und gibt dies kurz vor dem Anrichten zu der Suppe. Nicht mehr kochen, sondern nur mit 1/4 Teelöffel gestoßenem Anissamen abschmecken. Wenn man diese Suppe noch mit einem in 2-3 Eßl. Sahne verrührten Eigelb verfeinert, kann man auch den Käse weglassen.
- Wenn man noch einmal (eventuell) die Hälfte der Zutaten dazugibt und 150-200 g der Zwiebel durch Gemüse wie Lauch, Karotte, Sellerie- oder Bleichsellerie, am besten gemischt, ersetzt, kann man eine **Eintopfsuppe** machen. Das Gemüse kann man feinschneiden und kurz mit den Zwiebeln dünsten und/oder feinraffeln und kurz vor dem Anrichten zur Suppe rühren. Mit einem Schüsselchen *gerösteter Sonnenblumenkerne** 408
oder geriebenem Käse servieren.

Püreesuppen

Schöne bunte, ohne oder mit nur sehr wenig Mehl gebundene Gemüsesuppen. Sie können das gekochte Gemüse im Menü ersetzen oder sogar als Mahlzeit dienen. Man macht dann etwas mehr Suppe und ißt Brot oder *knuspriges Salzgebäck** dazu. Damit es auch etwas Frisches gibt, 377
reicht man einen Teller Rohkost als Vorspeise oder ißt etwas Obst als Nachtisch. Im Sommer schmecken einige Püreesuppen auch kalt sehr gut.
Für die Zubereitung der Suppen kann man sich nach den Rezepten für *Gemüsepürees** richten, 271
aus denen man mit Bouillon oder Wasser und mehr Kräutern eine mehr oder weniger dicke Suppe machen kann. Es folgen einige spezielle Rezepte.

Zucchettisuppe (ca. 1 l)

Eine mild schmeckende Sommersuppe, in die man den Überschuß an Zucchetti aus dem Garten verarbeiten kann.

Man macht ein doppeltes Rezept *Zucchettisoße** mit 181
folgenden Veränderungen:
- Das Paprikapulver wird durch ein kleines Stückchen Muskatblüte ersetzt.
- Das Basilikum wird durch 2 Eßl. Dillspitzen ersetzt.
- Mit Bouillon wird eine Suppe daraus gemacht.
- Die Sahne wird (eventuell) mit einem Eigelb vermischt.

Kürbissuppe (ca. 1 l)

Auch ohne Mixer wird dies eine samtig gebundene, etwas süßlich schmeckende Suppe. Wenn man die Suppe mit Brot und einem grünen Salat vorab als **Mahlzeit** essen will, macht man eine größere Menge. An einem festlichen Herbst- oder Wintertag reicht man Nüsse oder *gebratene Kastanien** und 297
Früchte als Nachtisch dazu.

- *1 Hokaidokürbis von ca. 1 kg, man braucht 500 g Fruchtfleisch, wenn es weniger ist, kann man mit mehligen Kartoffeln ergänzen*
- *ca. 1/4 l kochendes Wasser*

- *1 Eßl. Öl*
- *1 Zwiebel oder etwas Lauch (ca. 50 g), fein geschnitten*
- *1/4 Teel. Koriandersamen, zerstoßen mit*
- *1/4 Teel. Salz*

- *1-2 Eßl. frisches oder 1/2 Teel. getrocknetes Basilikum*
- *1 Schuß (saure) Sahne oder Viili** 464
- *eventuell einige Tropfen Zitronensaft*

Der Kürbis wird durchgeschnitten, mit einem scharfen Löffel werden die Kerne und das weiche Innere herausgekratzt. Dieses gibt man in ein Töpfchen und gibt das Wasser dazu. Zum Kochen bringen und 10 Minuten auf kleiner Flamme ziehen lassen. Sofort abseien, sonst wird die Bouillon bitter (aus demselben Grund werden am Ende der Saison die Kerne nicht mehr ausgekocht). Was im Sieb zurückbleibt, ist nicht mehr für die Suppe verwendbar. Die Kürbisteile werden in ca. 1 cm dicke Scheiben geschnitten und geschält (bei sehr jungem Kürbis im Herbst ist dies nicht notwendig).

Im Suppentopf wird das Öl mit der Zwiebel erwärmt und bei mäßigem Feuer glasig gedünstet. Dann gibt man das gewürzte Salz und den Kürbis dazu und gießt so viel Kürbisbouillon an, daß das Gemüse gerade bedeckt ist; eventuell noch etwas Wasser dazugeben. Das Ganze wird zum Kochen gebracht und der Kürbis in ca. 10 Minuten musig gekocht (Deckel auf den Topf). Mit dem Stabmixer wird der Kürbis püriert oder durch ein Sieb gestrichen; wenn man mit einer etwas ungleichmäßigeren Suppe zufrieden ist, kann man auch den Püreestampfer verwenden.

Eventuell wird die Suppe mit Wasser oder Bouillon verdünnt (sie wird dicker, wenn sie eine Weile vom Feuer genommen ist oder beim Ausschöpfen etwas abkühlt!) und mit den Kräutern, der Sahne und dem Zitronensaft abgeschmeckt.

Variationen:

- Die Zwiebeln weglassen, den Kürbis im Salzwasser kochen und eventuell kurz vor dem Anrichten etwas Öl oder Butter dazugeben.
- Mit den Kernen kann man eine Scheibe Sellerie mitkochen (eventuell etwas mehr Wasser verwenden). Der Sellerie wird in schöne Würfel geschnitten, oder man sticht zum Fest passende Figuren aus und verwendet diese als Suppeneinlage. Der Sellerie gibt der Suppe einen herzhafteren Geschmack.
- Mit den Zwiebeln kann man 1/4 Teel. Curry mitdünsten.

Tip: Man nimmt einen großen Kürbis und schneidet an der Stielseite einen Deckel ab. Dann kratzt man so viel Fruchtfleisch aus dem Kürbis heraus, daß noch eine Wand von 1/2 cm übrigbleibt. Ebenso wird der Deckel ausgekratzt. Dieses Aushöhlen des Kürbis kann man am Vortag machen, dann bewahrt man den Kürbis in einer Plastiktüte an einem kühlen Ort auf. Aus dem Fruchtfleisch wird eine Suppe gekocht, siehe oben.

Eine Stunde vor dem Essen wird der Kürbis ins warme Zimmer auf eine flache Schale mit senkrechtem Rand gestellt (für den Fall, daß er leckt). Wenn der Kürbis nicht von selber stehen bleibt, kann man eine dicke Schicht Salz in die Schale streuen.

Kurz vor dem Anrichten wird die heiße Suppe in den Kürbis gegossen und der Deckel daraufgesetzt.

Nach dem Essen wird der ausgehöhlte Kürbis mit kaltem Wasser ausgespült, dann muß er gut ►

austropfen. An einem kühlen Ort kann er (nicht länger als 1-2 Tage) aufbewahrt werden; man kann noch *Püree** daraus machen. 273

Rote Bete-Suppe (ca. 1 1/4 l)

Mit jungen Sommer-Rote-Bete wird diese rosarote Suppe am leckersten (ältere Rote Bete werden geschält und länger gekocht). Man reicht *Cracker* oder *Buchweizenwaffeln** dazu und rundet die 381
Mahlzeit ab mit einer süßen Nachspeise.

- *ca. 500 g Sommer-Rote-Bete, sauber gebürstet und fein gerieben (Bircherreibe)*

- *1 l Bouillon oder Wasser*
- *1 Stückchen Butter*
- *1/2 Teel. Anis- oder Fenchelsamen*
- *1/2 Teel. Salz*

- *1-2 Eßl. Buchweizen oder Reismehl, angemacht in*
- *1 dl Wasser*

- *1/2-1 dl saure Sahne oder halb süße Sahne, halb Viili* oder Joghurt* 464
- *1-2 Eßl. Schnittlauch, fein geschnitten*
- *1/2-1 Eßl. Zitronensaft oder Brottrunk*

Die geriebenen Rote Bete werden auf ein Sieb gelegt und der Saft herausgedrückt. Den Saft auffangen und in den Kühlschrank stellen. Die Bouillon mit der Butter, den Kräutern und dem Salz zum Kochen bringen und die geriebenen Rote Bete dazugeben. Das Ganze wieder zum Kochen bringen und die Hitze vermindern, sobald der Deckel heiß ist. Die Suppe muß 10-15 Minuten kochen. Durch ein Sieb streichen oder mit dem Stabmixer pürieren. Die Suppe nochmals zum Kochen bringen und mit dem Mehl binden.
Wenn der Topf vom Feuer genommen ist, wird der Rote-Bete-Saft dazugegeben und mit dem Rest der Zutaten abgeschmeckt.

Variationen:
- Die Sahne nicht in die Suppe geben, sondern steif schlagen und als Wölkchen *auf* die Suppe legen.
- Eine fein gehackte Sommerzwiebel in 1 Eßl. Öl glasig dünsten, bevor die Bouillon in den Topf gegeben wird. Dann läßt man die Butter weg.
- Die Suppe wird durch 1/2-1 Eßl. geriebenen Meerrettich oder Ingwerwurzel herzhafter.

Tip: Die Rote Bete-Suppe sollte, des hohen Nitratgehaltes* wegen, nicht wieder aufgewärmt werden. 253

Karottensuppe

Man richtet sich nach dem Rezept der Rote Bete-Suppe und verwendet Winterkarotten. Zur Abwechslung kann man mit Koriandersamen würzen.

Kalte Karottensuppe

Diese frisch-süße Suppe kann schon morgens zubereitet werden, dann, nach einem schönen Ausflug, ißt man sie mit *knusprigem Salzgebäck** oder 377
geröstetem Brot. Als Nachspeise gibt es ein *saures Milchprodukt** mit Früchten (Erdbeeren). 311
Man richtet sich nach dem Rezept für Rote Bete-Suppe, verwendet jedoch zarte Karotten. Also: Die Karotten werden mit wenig Wasser gargekocht, und das so entstandene dicke Püree wird kurz vor dem Anrichten mit Milch in die gewünschte Konsistenz gebracht. Das Mehl weglassen.
Sehr lecker: ca. 20 g *geröstete Mandelsplitter** über 407
die ausgeschöpfte Suppe streuen.

Variation: Melonensuppe: (süß) Maximal die Hälfte der Karotten wird durch in Stücke geschnittene reife Melonen ersetzt. Es werden jedoch nur die Karotten gekocht (ohne Salz), und die Melonen werden mit den abgekühlten Karotten zusammen püriert. Schnittlauch durch Zitronenmelisse oder Pfefferminze ersetzen.

St. Martin Suppe (Steckrübensuppe)

Diese Suppe kann man aus dem ausgehöhlten Inneren der Rübenlaternen machen. Die Rübenreste sollten mit den Kräutern nach Möglichkeit sofort nach dem Aushöhlen gekocht werden, denn die Steckrübe bekommt, wenn sie länger liegen bleibt, einen sehr scharfen Geschmack. Die Suppe kann am nächsten Tag fertiggemacht werden.

Man richtet sich nach dem Rezept für *Steckrübenpüree** mit den folgenden Änderungen: 271

- Die Fenchelsamen werden durch 10 Koriandersamen und 5 leicht gequetschte Wacholderbeeren ersetzt.
- Dünne Lauchringe glasig dünsten, die pürierte Steckrübe dazugeben und das Ganze noch einige Minuten kochen lassen, bevor die Suppe mit Bouillon verdünnt wird, so daß sie die gewünschte Konsistenz bekommt.
- Aus Karotten oder roter Paprika werden Figürchen ausgestochen oder ausgeschnitten, und dieses knusprige Gemüse läßt man auf der Suppe schwimmen.

Blumenkohlsuppe

Eine leckere Suppe, die beinahe nichts kostet und trotzdem voller Vitamine und Mineralstoffe ist.
Aufgepaßt: Dieses Rezept ist nur für biologisch angebauten Blumenkohl geeignet.

Im Naturkostladen kann man um den *frischen* Strunk eines großen Blumenkohls bitten (diese Strünke werden leider entfernt, weil sie im Laden zu viel Platz wegnehmen). Die sehr holzigen Teile werden vom Strunk abgeschnitten und dieser so weit auseinandergenommen, daß man ihn unter dem kalten Wasser gut abbürsten kann. Alles (auch die Blätter) wird in ca. 2 cm große Stücke geschnitten und in den Topf gegeben. 1 Teel. Senf- und Fenchelsamen oder Kümmel werden dazugegeben und alles mit soviel kochendem Wasser übergossen, daß das Gemüse gerade bedeckt ist. Alles miteinander zum Kochen bringen und 20 Minuten leise köcheln lassen.
Das Gemüse auf ein Sieb gießen (Wasser auffangen). Was in den 20 Minuten Kochzeit vom Strunk ganz gar geworden ist, ist auch für Kinder verdaulich, man kann es also durch ein Sieb streichen, eventuelle zähe Fasern bleiben dann zurück. Das so entstandene Püree wird in das Kochwasser gegeben; eventuell mit Wasser verdünnen, bis man die benötigte Menge bekommt. Alles nochmals zum Kochen bringen und, wenn nötig, mit feinem Mehl binden*. Die Suppe 50
wird besonders lecker, wenn man, nachdem der Topf vom Feuer genommen ist, etwas Sahne mit Eigelb verrührt oder saure Sahne und/oder ein Stückchen Butter unter die Suppe schlägt. Für Farbe und Geschmack gibt man viel feingeschnittenen Schnittlauch oder andere frische Gartenkräuter darüber.

Tip: Die zwischen den Strünken gewachsenen, sehr zarten Blättchen behält man zurück und kocht sie, eventuell kleingeschnitten, nach dem Sieben mit der Suppe mit.

Tomatensuppe (ca. 8 dl)

Mit nur einer Tomate macht man auf diese Art eine sämige, gebundene Suppe mit mildem Tomatengeschmack. Mit Kürbis wird sie sämiger und bekommt eine schönere Farbe, als wenn man sie mit Zucchetti macht.

- *50 g Hirse (3 1/2 Eßl.), nach Möglichkeit 20 Minuten eingeweicht in*
- *7 dl Wasser mit*
- *1 Lorbeerblatt*

- *150 g Hokaidokürbis oder Zucchetti, geschält und in Würfel geschnitten*

- *1 große, sehr reife Fleischtomate (150-200 g), in Stückchen geschnitten*

- *1/4 Teel. getrocknetes Basilikum (oder 1 Eßl. frisches) oder 1 Messerspitze Thymian oder Rosmarin, fein zerrieben mit*
- *1/2 Teel. Salz*
- *2 Eßl. saure Sahne oder Viili* oder Joghurt* 464

Die Hirse mit dem Lorbeerblatt im Einweichwasser zum Kochen bringen und einige Augenblicke kochen lassen. Kürbis dazugeben, nochmals zum Kochen bringen und auf kleinem Feuer (Deckel auf den Topf) 15 Minuten köcheln lassen.
Die Tomate dazugeben und nochmals 5 Minuten kochen lassen, bis alles gar ist.
Lorbeerblatt entfernen und die Suppe durch ein Sieb streichen, Häute und Kerne der Tomate müssen zurückbleiben.
Das gewürzte Salz dazugeben und die Suppe nochmals zum Kochen bringen. Wenn nötig etwas verdünnen und mit Sahne oder Viili* abschmecken. 464

Variation: Die Hirse durch Buchweizen ersetzen oder die Suppe nach dem Pürieren mit Reismehl binden.

Tips:
- Frisch geerntete junge Kürbis und Zucchetti brauchen nicht geschält zu werden.
- Wenn man die Tomate vor dem Kochen schält und die Kerne entfernt, kann man die Suppe auch mit dem Stabmixer pürieren.

Maronisuppe (ca. 1 1/2 l)

Eine leicht gebundene **Eintopfsuppe** mit vollem, etwas süßem Geschmack. Man ißt leckeres *knuspriges Salzgebäck** oder Brot dazu und als Nachspeise Früchte. 377

- *1 Rezept vegetarische Gemüsesuppe (man richtet sich nach dem Rezept für Hirsesuppe mit Gemüse*, läßt jedoch die Hirse weg. Vor* 81 *allem Lauch, Karotten und Fenchelknolle verwenden und die dort verwendeten Kräuter weglassen)*
- *eventuell 1-2 Eßl. Marantamehl (wenn man eine dickere Suppe vorzieht)*

- *250-500 g Kastanienpüree* (kann man am Tag* 298 *vorher machen)*
- *50 g saure Sahne oder Viili* oder Joghurt (oben* 464 *abschöpfen)*

- *1-2 Eßl. feingeschnittene Fenchelblätter oder andere frische Kräuter*
- *einige Tropfen Zitronensaft (nicht, wenn Viili** 464 *verwendet wird)*

Die Gemüsesuppe wird, wenn nötig, mit in etwas Wasser angerührtem Marantamehl gebunden.
Das Kastanienpüree wird mit saurer Sahne zu einer homogenen Creme verrührt. Nun gießt man nach und nach die heiße Bouillon aus dem Suppentopf hinzu, bis das Gemisch so dünn ist, daß man es gut in den Suppentopf zurückgießen kann. Gut verrühren und die Suppe unter Rühren nochmals beinahe zum Siedepunkt bringen, sie darf jedoch nicht mehr kochen. Frische Kräuter darüberstreuen und mit Zitronensaft abschmecken.

Variation: Sie können die Suppe für die älteren Kinder nahrhafter machen, indem Sie **Suppenklöße** oder **Soldätchen*** dazugeben. 216

Linsensuppe (ca. 1 1/4 l)

Eine nahrhafte **Eintopfsuppe**, die man im vorhinein fertig machen kann; wenn sie schnell abgekühlt ist und rasch (unter Rühren) wieder aufgewärmt wird, gewinnt sie an Geschmack und verliert nichts von ihrem Nährwert. Als Vorspeise ißt man ein wenig Rohkost, und als Nachspeise gibt es ein Getreidegericht mit Früchten.

Man richtet sich nach dem Rezept für *Linsensoße** 186
mit folgenden Veränderungen:

- 50 g Reis, Hirse oder Thermogrütze (Gerste oder Hafer) wird mit den Linsen eingeweicht und gekocht.
- Vom Wasser und allen anderen Zutaten (außer den Linsen und dem Öl oder der Butter am Ende der Liste) wird die doppelte Menge genommen.
- Die Linsen müssen nicht zerdrückt werden.
- Nach der Zwiebel wird ca. 250 g feingeschnittenes Gemüse hinzugefügt (Wurzelgemüse, Kohl, Lauch, Fenchel). Das Gemüse wird gargekocht, bevor man die Tomate dazugibt.

Variationen:

- Siehe Linsensoße. Zusammen mit den Bohnen oder Erbsen kann man auch ganze Gersten- oder Haferkörner einweichen und kochen. Mit diesen Getreidearten wird die Suppe sämiger als mit Reis oder Hirse.
- Die Zwiebel weglassen und rote Linsen verwenden.

Tip: Einen Rest von gekochten Hülsenfrüchten verwenden und das Getreide in der Suppe durch Brotwürfel, die in Butter gebraten wurden, ersetzen (kurz vor dem Anrichten in die Suppe geben). Oder man kann auch ganz einfach (geröstetes) Brot dazu essen.

Spinatsuppe mit Ziegenkäse
(ca. 1 1/4 l)

Mit einer kleinen Schüssel Rohkost aus jungen Karotten als Vorspeise ist dies eine farbenfrohe **Mahlzeit** nach einer Radtour oder einem Spaziergang.

- *1 Eßl. Öl*
- *etwas Lauch oder Zwiebel, sehr fein geschnitten*
- *1 l milde Bouillon oder Wasser*

- *50 g Thermomehl (Gerste oder Hafer)*

- *250 g jungen Spinat, trocken geschleudert*
- *1/4 Teel. Majoran oder Salbei*

- *1/4 l Milch, Zimmertemperatur*
- *50-100 g frischen Ziegenkäse*
- *wenn nötig etwas Salz*

Das Öl wird zusammen mit dem Lauch erwärmt und der Lauch bei mäßiger Hitze glasig gedünstet. Mit Bouillon ablöschen und wieder zum Kochen bringen.
Das Mehl mit ein wenig Wasser anrühren und damit die Suppe binden. 10 Minuten leise köcheln lassen.
Von den Spinatblättern werden die zu dicken Stiele entfernt und die Blätter aufeinandergestapelt, so daß man sie in *hauchdünne* Streifchen schneiden kann. Die Streifchen noch etwas zerkleinern.
Den Spinat und den Majoran in die Suppe geben und wieder zum Kochen bringen. Den Topf vom Feuer nehmen und die Milch unter die Suppe schlagen; auf Salz abschmecken (den Salzgehalt des Käses einbeziehen!). Die Suppe ausschöpfen und den zerkrümelten Käse darüberstreuen.

Variationen:

- **Wildkräutersuppe:** Der Spinat wird durch zarte Kräuter ersetzt, die man vom Ausflug mitgebracht hat (Melde, Vogelmiere, Brennesselspitzen, Hirtentäschel usw.)
- **Brennessel- oder Sauerampfersuppe:** Der Spinat wird zum Teil (bis zu 1/4) durch Brennesselspitzen oder schmalblättrige, sehr zarte Sauerampferblätter ersetzt.
- Den Lauch weglassen. Eventuell keine Rohkost reichen, aber dafür etwas geraffelte Karotte (am Schluß) zur Suppe geben.
- Das Thermomehl wird durch Reis- oder Buchweizenmehl ersetzt.

Französische Erbsensuppe (ca. 1 1/2 l)

Eine Erbsensuppe für Feinschmecker. Mit *Apfelrösti** oder einem anderen süßen Getreidegericht 164
eine ausgewogene Mahlzeit, wenn Sie noch etwas Rohkost vorab reichen.

- *250 g grüne oder gelbe Erbsen, mindestens 5 Stunden eingeweicht in*
- *3/4 l Wasser mit*
- *1 Lorbeerblatt*

- *50 g Thermogerstenmehl oder Vollkornmehl*
- *1/2 l Bouillon*

- *1/4 Teel. Salz*
- *10 g harte Butter, in Stückchen*
- *1/2 dl Sauerraum*
- *2-3 Eßl. Petersilie, fein geschnitten*

Die Erbsen im Einweichwasser mit dem Lorbeerblatt ca. 1 Stunde kochen und mindestens 2 Stunden nachquellen (die Suppe wird dadurch schön sämig). Das Mehl mit der Bouillon anmachen und zum Kochen bringen; 10 Minuten leise köcheln lassen. Inzwischen die Erbsen durch ein Sieb streichen und unter den Mehlbrei rühren. Salz zufügen.
Den Topf vom Feuer nehmen und kurz vor dem Ausschöpfen die Butter und die Sahne darunterziehen. Zum Schluß die frischen Kräuter darüberstreuen.

Variation: Das oben genannte Mehl durch Reismehl ersetzen.

Tip: Für diese Suppe können Sie sehr gut zu groß gewachsene, nicht mehr zarte frische Erbsen verwenden. Nehmen Sie dann ca. 500 g enthülste Erbsen und ersetzen Sie die Petersilie durch Kerbel. Ziehen Sie die Bouillon von einem Teil der Erbsenschoten.

Fischsuppe (ca. 1 l)

Eine etwas süßliche Suppe, die kaum nach Fisch schmeckt. Für Kinder, die Fisch mögen, kann der Fisch (in Stückchen) in der Suppe schwimmen, sonst püriert man ihn mit den Karotten zusammen (man verwendet dann zum Kochen der Karotten keine Fischbouillon und verdünnt die Suppe mit Wasser). Mit Brot und Butter ist dies eine herrliche **Mahlzeit**.

- *ca. 150 g pochierten Fisch* (ohne Gräten gewogen)* 198
- *3 dl (Fisch-) Bouillon oder Wasser*
- *1/4 Teel. Fenchelsamen (1/2 Teel., wenn man Wasser verwendet)*
- *ca. 400 g Karotten, geschält und in Scheibchen geschnitten*
- *1/2 Apfel (ca. 50 g), eventuell geschält und in 3 cm kleine Würfel geschnitten*
- *den Saft einer Apfelsine (3/4 dl)*
- *eventuell 3 Eßl. Sahne oder ein Stück Butter*
- *1/2 Teel. Sojasoße*
- *eventuell etwas Salz*
- *1-2 Eßl. frischen Dill oder Zitronenmelisse, fein geschnitten*

Bouillon oder Wasser mit den Fenchelsamen und eventuell etwas Salz zum Kochen bringen und die Karotten dazugeben. Deckel auf den Topf geben und die Karotten in 10-15 Minuten gut garkochen lassen. Durch ein feines Sieb streichen oder mit dem Stabmixer pürieren.
Das Karottenpüree wird mit (Fisch-)Bouillon oder Wasser verdünnt, bis man 7 dl hat (alles in den Topf zurückgeben und wieder zum Kochen bringen).
Die Apfelwürfel dazugeben und 2 Minuten mitkochen lassen, sie sollten noch etwas knackig bleiben. Den Fisch dazugeben und die Suppe mit dem Rest der Zutaten abschmecken.

Variationen:
- Die Karotte zur Hälfte oder ganz durch Fenchelknolle ersetzen.
- Der Suppe mehr Pfiff geben: Man schneidet Lauch in 1 cm dicke Ringe und dünstet diese in 1 Eßl. Öl glasig. Mit Bouillon oder Wasser ablöschen und die Karotten mitkochen. Die Suppe wird nicht püriert, sondern, wenn das Gemüse

gar ist – noch bevor man den Fisch dazugibt –, mit 3-4 Eßl. angerührtem Reismehl gebunden. Apfelsinensaft und eventuell auch den Apfel weglassen. Für größere Kinder kann man anstelle der Fenchelsamen ca. 1 Teel. Curry oder Paprikapulver verwenden.

– Festlich, jedoch nur für Fischliebhaber: Als Basis nimmt man eine Fischbouillon. Darin läßt man ca. 50 g Seetang und eine in 2-3 mm dünne Scheiben geschnittene Karotte einige Minuten sanft kochen. Die Fischstücke dazugeben und die Suppe mit 1-2 Eßl. Zitronensaft oder 1/2 dl Brottrunk (nicht glutenfrei) abschmecken.
– **Goldfischsuppe:** Man macht die Variation 2 und schneidet oder sticht aus den Karottenscheibchen kleine Fische aus. Der Seetang kann durch feingeschnittene grüne Gartenkräuter ersetzt werden, den Fisch läßt man eventuell ganz weg.

Tips:
– Wenn man Fischfilet verwendet, kann man dieses in Würfel schneiden und, ohne es zuerst zu pochieren, direkt in die verdünnte Karottensuppe geben und 5-6 Minuten ziehen lassen, danach den Apfel hinzufügen.
– Vorhermachen: Den Fisch pochieren und auseinanderzupfen; in der Fischbouillon aufbewahren. Karottenpüree machen. Apfel in Würfel schneiden und im Apfelsinensaft aufbewahren (Marmeladenglas).

Getreide

Von den sieben Getreidearten sind **Weizen** und **Reis** die bekanntesten. Jedoch auch die anderen fünf kommen in beinahe jedem Haushalt häufig auf den Tisch: **Hafer** als sämiger Frühstücksbrei und im Müsli, **Gerste** als Grütze, **Roggen** im dünnen Pumpernickel, **Mais** als halbreife Kolben, Popcorn und Polenta; **Hirse** kennt vielleicht nur der Kanarienvogel.

In unserem gemäßigten Klima können Weizen, Roggen, Gerste und Hafer wachsen, Reis hat seinen Ursprung im Osten (asiatische Länder), Mais im Westen (Amerika), Hirse im Süden (Afrika). Heutzutage gibt es jedoch von jeder Getreideart solche Sorten, die in anderen als den ursprünglichen Ländern gedeihen können. So wird Reis und Hirse in biologisch-dynamischer Qualität auch in Südeuropa angebaut.

Früher hatte jedes Volk nur eine Getreideart (die im jeweiligen Klima am besten wuchs); dadurch standen die Menschen stärker unter dem Einfluß dieses speziellen Getreides als wir modernen Allesesser.

Botanisch gesehen gehören die Getreidearten zur großen Familie der Gramineen, einer über die ganze Welt verbreiteten, sehr kräftigen Pflanzenfamilie. Aus wilden Gräsern wurden im Lauf der Jahrtausende die heutigen Getreidearten gezüchtet. Wie das gemacht wurde, wissen wir nicht, denn heute gelingt es nicht mehr. Im Laufe der letzten Jahrhunderte wurden die Halme im Verhältnis kürzer und die Ähren länger, dadurch hat sich die Ernte pro Hektar enorm vergrößert. Es zeigt sich jedoch, daß gerade die kurzhalmigen Sorten für verschiedene Krankheiten am anfälligsten sind.

Das Wurzelsystem des Getreides ist besonders kräftig, wodurch die Pflanze imstande ist, viele Mineralstoffe (vor allem Eisen und Kiesel) aus dem Boden aufzunehmen. Auch in Zeiten der Dürre kann die Pflanze noch tief aus dem Boden Wasser herausholen. Dank diesen weitverzweigten Wurzeln kann sich der Halm auch bei Wind und Wetter aufrecht halten; nach einem heftigen Sturzregen richtet er sich, sofern er sich noch in der Wachstumsphase befindet, immer wieder auf. Es ist, wie wenn der Halm die Ähre um jeden Preis der Sonne entgegenschicken möchte. In der letzten Phase, wenn die Halme nicht mehr wachsen, sondern anfangen trocken zu werden, reifen die Körner. Bei den einheimischen Getreidearten geschieht dies in den wärmsten Wochen des Jahres, nach einer Vegetationszeit, die nahezu alle Jahreszeiten durchlaufen hat. Während des Reifens wird der Zucker im milchreifen Korn in Stärke umgesetzt (man schmeckt es, wenn man einen Maiskolben abknabbert: je älter der Kolben ist, desto weniger süß ist er). Nicht nur im Korn, sondern in der ganzen Pflanze findet eine Verhärtung statt. Mit diesen von den Wurzeln ausgehenden Verhärtungstendenzen und Kieselsäureprozessen geht jede Getreideart auf ihre eigene Art und Weise um. Dies kann man an der äußersten Schale der verschiedenen Getreidekörner und vor allem am Vorhanden- oder Nichtvorhandensein von Grannen wahrnehmen. Der ganze Entwicklungsprozeß hat sich sozusagen im Korn konzentriert.

Vollkorngetreide ist im wahrsten Sinne des Wortes *die* Grundernährung, weil alle Nährstoffe in einem idealen Verhältnis anwesend sind:

Getreidekorn

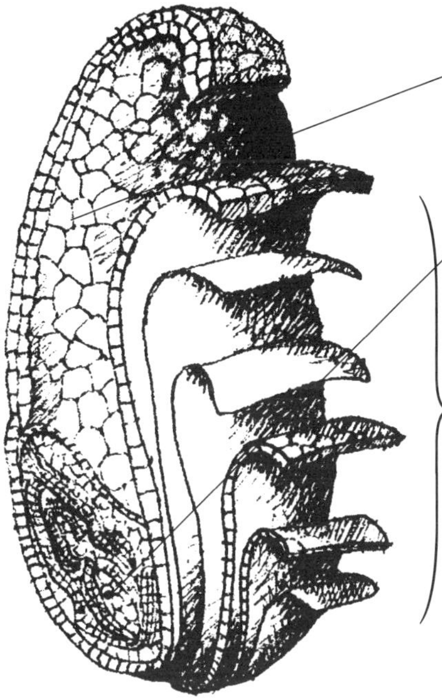

Stärkezellen:
Stärke
Eiweiß

Keimling:
Fett
Eiweiß
Stärke
Vitamine
Mineralstoffe

Kleie:
Eiweiß
Fett
Ballaststoffe

Getreideprodukte in Prozenten des ganzen Getreidekornes:

Vollkornmehl	100 %
Thermomehl	100 %
Grütze	100 %
Flocken	100 %
Mehl Type 1050 (CH: Ruchmehl)	82 %
Mehl Type 550 (CH: Halbweißmehl)	65 %
Weißmehl	50 %

- Eiweiß im Mehlkern und im Keim
- Fette im Keim
- Kohlehydrate (Stärke) im Mehlkern
- Vitamine und Mineralstoffe im Keim und in den äußersten Schichten
- Ballaststoffe in den äußersten Schichten

Getreide-, Gemüse- und Milcheiweiß ergänzen einander und erhöhen so den gegenseitigen Wert. Deshalb braucht ein Ernährungsplan, der hauptsächlich aus Getreide, Gemüse und Milchprodukten zusammengesetzt ist, kein Fleisch und keine Eier zu enthalten.

Schädliche Stoffe

In Getreide, das auf die übliche Art angebaut wird, können der Gesundheit schädliche Stoffe zurückbleiben; im ganzen Korn Reste von Kunstdünger und Herbiziden, in den *äußersten* Schichten des Getreidekorns Insektizide und Antischimmelmittel, die vor allem bei der Lagerung in riesigen Silos verwendet werden. Diese Stoffe sind im biologisch angebauten Getreide nicht vorhanden.

Im biologisch angebauten Getreide sind jedoch schädliche Stoffe vorhanden, die aus der allgemeinen Umweltverschmutzung stammen, wie Schwermetalle und Radioaktivität. Auch diese Stoffe finden sich vor allem in den äußersten Schichten des Getreidekorns, die wir bei der Verwendung von Vollkorngetreide mitessen. Was ist zu tun?

1. Kein handelsübliches Getreide kaufen;
2. nicht nur Weizen und Roggen essen, da bei diesen beiden Getreidearten die äußerste Schicht mit dem Korn verwachsen ist, so daß sie nicht abgeschält werden kann, ohne den Keim zu verletzen. Bei allen anderen Getreidearten fängt die äußerste Schicht, die beim Dreschen immer wegfällt, den größten Teil der durch die Umwelt verursachten Verunreinigungen auf. Eine Ausnahme bilden die neuen Gersten- und Hafersorten (Nackthafer und -gerste), bei denen die äußerste Schicht weggezüchtet wurde, um eine einfachere Bearbeitung des Korns zu erreichen. Im biologisch-dynamischen und in der Regel auch im biologischen Getreideanbau werden *keine* Nacktgerste und -hafer angebaut.
   Die Produzenten von Getreideprodukten für Kindernahrung lassen ihre Grundstoffe regelmäßig auf Schadstoffe untersuchen und schleifen beim Weizen die äußerste Schicht ab.
3. Ballaststoffe (außer von Vollkorngetreide auch von Hülsenfrüchten, Gemüse und Früchten) haben jedoch auch Vorteile. Sie beschleunigen die Darmpassage des Nahrungsbreis (bei Verstopfung können zu viele schädliche Stoffe aufgenommen werden) und können auch schädliche Stoffe im Darm binden (diese werden dann mit dem Stuhlgang ausgeschieden).

Alles in allem können wir unsere Kinder ruhigen Herzens vollwertig ernähren, sofern die Produkte aus gutem Anbau stammen und wir mit den Getreidearten abwechseln.
Die Vorteile von Vollkorngetreide sind gegenüber raffiniertem Getreide um vieles größer als die oben genannten Nachteile. Siehe auch das Kapitel
*schädliche Stoffe** in der Einleitung. 41

Die Bearbeitung von Getreide

Ein Getreidekorn ist ein Samen, ein lebendiger Organismus, der seine Keimfähigkeit monate-, bei manchen Sorten sogar jahrelang, behält. Mit Ausnahme von ganz ausgereiftem Mais können wir von allen Getreidearten die ganzen gedroschenen Körner kochen (siehe auch *Kochen von Getreide**). Jede Getreideart bietet daneben viele Mög- 110
lichkeiten für eine andere Verarbeitung: brechen für Grütze; einweichen, walzen und wieder trocknen zu Flocken; mahlen zu Mehl; daneben läßt sich Getreide in unserer Küche auf vielerlei Arten zubereiten.

Sobald jedoch die geschlossene Struktur eines Getreidekorns aufgebrochen wird, ist die Haltbarkeit beschränkt. Vor allem der ölhaltige Keim wird unter Einfluß von Licht, Luft und Wärme schnell ranzig, wodurch auch der Geschmack leidet. Es wäre deshalb ideal, wenn die Getreidekörner in einer eigenen Getreidemühle kurz vor dem Verzehr selber gemahlen würden. Gerichte, die aus frisch gemahlenen Getreideprodukten hergestellt sind, schmecken spürbar besser, und das Gebäck wird luftiger.

Getreidemühle

Wenn man erwägt, eine eigene Getreidemühle zu kaufen, ist es nützlich, zuerst einige Dinge zu überlegen.

- Eine Getreidemühle macht Lärm, verursacht Staub und braucht einen festen Platz. All dies hängt mehr oder minder vom Modell der Maschine ab.
- Für eine Handmühle braucht man viel Kraft, für den Kauf einer elektrischen viel Geld.
- Beim Mahlen gerät immer ein klein wenig Abrieb vom Mahlstein ins Mehl. Abrieb aus Natursteinen ist unschädlich.
- Durch die Reibung beim Mahlen entsteht Wärme; Temperaturen über 41°C schaden der *Nahrungs*qualität des Getreides. Dies spielt allerdings nur eine Rolle, wenn man das Getreide (Schrot im Müsli) ungekocht essen will. Die *Back*qualität des Mehls leidet ab 65°C aufwärts. Mahlsteine aus Naturstein erhitzen sich nicht so schnell wie metallene.
- Billige Mühlen mahlen meistens entweder schönen Schrot (für diejenigen, die fürs Müsli oder für Getreidegerichte mahlen wollen) oder feines Mehl (für denjenigen, der viel bäckt).
- Manche Mühlen haben Schwierigkeiten beim Mahlen von fettigen Körnern (Hafer, Lein- und Sesamsamen) oder beim Mahlen von sehr harten Körnern (Mais).

Nur wenn Sie die Möglichkeit haben, eine Mühle selber zu testen, können Sie eine vernünftige Wahl treffen. Dies ist in Reformhäusern möglich, wo man für die Kunden auf Wunsch das Getreide frisch mahlt. Eine Broschüre über verschiedene Mühlen ist beim *Arbeitskreis für Ernährungsforschung** erhältlich. 467

Wer keine eigene Getreidemühle besitzt, sollte die folgenden Punkte im Auge behalten:

- Getreideprodukte sollten in Läden gekauft werden, die einen guten Umsatz (dadurch gibt es regelmäßig frische Lieferungen) und einen geeigneten Lagerraum haben. In lichtdurchlässiger Verpackung und/oder auf sonnenbeschienenen Regalen verlieren Getreideprodukte schnell an Qualität.
- Haltbarkeitsdaten beachten und keine zu großen Vorräte anlegen.
- Getreideprodukte (auch ganze Körner) am besten in Gläsern an einem dunklen, trockenen, nicht zu warmen Ort aufbewahren und auf Ungeziefer kontrollieren. Große Säcke mit ganzen Körnern sollten alle 2-3 Wochen umgeschöpft werden, um zu verhindern, daß sich Ungeziefer einnistet. Hafer-, Hirse- und Maisprodukte sind wegen des hohen Fettgehaltes dieser Getreidesorten für Licht und Wärme besonders empfindlich; sie werden schnell ranzig und schmecken dann bitter. Niemals frische Produkte zu den alten dazugeben.
- Gedarrte* Getreidekörner kann man in einer 404
altmodischen Kaffemühle mahlen. Wenn man dieses Mahlprodukt siebt, bekommt man grobes Mehl und Schrot. Nicht gedarrte Buchweizen- und Hirsekörner kann man in einer elektrischen Kaffeemühle oder in der Küchenmaschine zu feinem Mehl mahlen*. Hafer- 406
mehl* gewinnt man, indem man Flocken durch 405
ein Sieb reibt.

Getreidearten

Weizen

Weizen wird auf der ganzen Welt angebaut. Der Weizen ist das beste Brotgetreide durch den hohen Gehalt an Gluten, einem Eiweiß, das dem Teig Elastizität verleiht und ihn gut aufgehen läßt. Durch das Bedürfnis nach Brot bei Völkern, die früher nur gekochtes Getreide (Reis, Mais, Hirse) gegessen haben, hat der Weizen vielerorts die einheimischen Getreidearten verdrängt.

Im Vergleich zu anderen Getreidearten nimmt der Weizen in jeder Hinsicht eine Mittelstellung ein: Die Zusammenstellung der Nährstoffe zeigt keine Extreme; der Geschmack ist neutral und läßt sich mit allen möglichen anderen Geschmacksrichtungen problemlos kombinieren (vom Bauernbrot bis hin zum verfeinerten Gebäck, zu Suppe und Soße, Eintopfgerichten und Pfannkuchen); in der Verdauung wirkt der Weizen weder laxierend noch stopfend, dagegen hat er auf das ganze Organsystem eine harmonisierende Wirkung.

Das **ganze Getreidekorn** bleibt beim Kochen ziemlich geschlossen und bedarf einer sahnigen, nicht zu dicken Soße.

Weizenflocken verkochen nicht zu Brei und sind deshalb für Getreidebratlinge gut geeignet.

Weizengrütze ist als Thermogrütze und Bulgur* 109
erhältlich.

Grieß, Mehl, Vollkornmehl, Weißmehl und Kleie: siehe *Getreideprodukte und ihre Bezeichnungen*. 106

Teigwaren (Nudeln, Couscous) werden aus feinem Mehl einer harten Weizensorte hergestellt, geformt und wieder getrocknet.

Weizenkeime und das daraus gewonnene **Weizenkeimöl** sind aus einem harmonischen Zusammenhang isolierte Produkte. Für gesunde Kinder, die abwechslungsreich essen können, sind sie nicht notwendig.

Dinkel

Dinkel ist eine sehr alte Weizenart mit flacher, zweireihiger Ähre, wodurch der Ertrag niedriger ist als beim Weizen. Bereits fünf Jahrhunderte vor unserer Zeitrechnung wurde Dinkel im Kaukasus angebaut. Bis zum Ersten Weltkrieg war er das meistangebaute Getreide in Süddeutschland und im deutschsprachigen Gebiet der Schweiz. Wegen der niedrigen Erträge ging der Dinkelanbau zwischenzeitlich stark zurück. Dinkel wurde jedoch wieder entdeckt und wird in der alternativen Landwirtschaft mit Erfolg produziert. Alle Weizenrezepte können auch für Dinkel verwendet werden, sowohl diejenigen für die ganzen Körner als auch die für Grütze, Flocken und Mehl.

Dinkel enthält Gluten, ist jedoch leichter verdaulich als Weizen und deshalb für Kinder besonders gut geeignet. Außerdem nimmt der Dinkel nach neuesten Untersuchungen weniger Schadstoffe* 95
aus der Umwelt auf als Weizen.

Grünkern: Dinkel, der im milchreifen Stadium geerntet und über dem Holzfeuer gedarrt* wurde. 404
Deshalb braucht Grünkern auch nicht eingeweicht zu werden; der Geschmack ist besonders aromatisch, aber milde. Grünkernmehl eignet sich wegen seines geringen Gehaltes an Gluten nicht zum Backen von Brot, ist jedoch für Suppen und Soßen sehr schmackhaft.

Roggen

Dieses kräftige Getreide keimt bereits bei Temperaturen von 1-2°C und gedeiht deswegen auch in hohen, kalten Gebirgsgegenden. Mit derselben Kraft trotzt es auch der sengenden Sommerhitze auf diesen Hängen. Im Herbst ausgesät, durchläuft der Roggen, ebenso wie der Winterweizen, alle Jahreszeiten.
Die Roggenkörner sind die härtesten Getreidekörner und sind nur dann verdaulich, wenn sie aufgebrochen (Grütze, Flocken, Mehl) oder sehr lang eingeweicht und gekocht werden; auch dann nur für Leute mit einem guten Verdauungssystem. Für denjenigen, der ihn vertragen kann, ist Roggen sehr gesund, er macht kräftig.
Für **Pumpernickel** werden die Körner zuerst eingeweicht und danach stundenlang gedämpft. Dadurch wird das Getreide gut aufgeschlossen und leichter verdaulich.
Als **ganzes Korn** gekocht, hat der Roggen einen vollen, angenehm säuerlichen Geschmack, der gut zu Gemüsen paßt (Getreideaufläufe).
Roggenflocken und **Roggen-**(Thermo-)**Grütze** bleiben beim Kochen schön locker, und man kann sie, genau wie die ganzen Körner, mit einer Käsesoße essen.
Roggenmehl wird häufig mit Weizenmehl gemischt, um daraus ein kräftiges Vollkornbrot zu backen (*Sauerteigbrot**). 323
Roggenmehl wird zum Backen von Gewürzkuchen und Lebkuchen verwendet.

Hafer

Hafer ist das Getreide der germanischen Völker. Die Römer hielten den Hafer für «Barbarenfutter» und verwendeten ihn nur zu Heilzwecken. In der Zeit, als die Schweizer noch arm waren und in fremdem Kriegsdienst ihr Brot verdienen mußten, trugen sie als Kraftfutter immer ein Beutelchen gedarrte Haferkörner am Gürtel. Später wurde der Hafer durch die Kartoffel und den Weizen verdrängt.
Hafer braucht viel Wasser und Licht und wächst deshalb am besten in den nördlichen Gegenden von Europa, wo das Klima feucht ist und die Tage im Sommer lang sind. Mit seinen 2 1/2 m langen Wurzeln entzieht der Hafer dem Boden das Wasser (Hafergerichte wirken auch in unserem Körper wassertreibend).
Der Fruchtteil des Hafers bildet keine Ähre wie beim Weizen und Roggen, sondern eine Rispe, die sich beim kleinsten Luftzug bewegt.
Hafer ist nach Hirse das fetteste Getreide, und dieses Fett enthält sehr wertvolle, ungesättigte Fettsäuren. Hafer bildet beim Kochen eine Art Schleim, der eine heilende Wirkung auf Magen- und Darmschleimhäute hat. Er wirkt leicht laxierend.
Als wärmendes und stärkendes Getreide wird der Hafer als kräftige Suppe und, vor allem im Winter, als Frühstücksbrei gegessen.
Das **ganze** Haferkorn kocht zu einem schleimigen Brei. Wenn man die Körner zuerst darrt*, 404
wird das Gericht lockerer und schmackhafter. Zu gekochten Haferkörnern schmecken Gemüsesoßen oder nur etwas Sahne besser als schwere Mehl- oder Käsesoßen.
Hafergrütze (auch Thermogrütze) läßt sich, genau wie die ganzen Körner, leicht zu Getreidebratlingen und Getreideaufläufen verarbeiten.
Grobe **Haferflocken** sind aus ganzen, eingeweichten Haferflocken hergestellt; für die feinen Haferflocken werden die Körner vor dem Einweichen zuerst gebrochen. Die handelsüblichen Instant-Haferflocken werden einer zu heißen Dampfbehandlung unterzogen, die dem Nährwert nicht zugute kommt. Durch Einweichen normaler Flocken erreicht man auf schonende Art und Weise dasselbe Ergebnis.
Hafermehl* ist ein sämig bindendes und warm 405
schmeckendes Bindemittel für Soßen.

Gerste

Gerste war schon lange vor Weizen und Roggen bekannt, schon in der Zeit, als die Menschen Getreide nur in Form von Brei aßen. Später wurden auf heißen flachen Steinen (nicht aufgehende) Brote daraus gebacken, und der Mensch war somit imstande, Proviant für mehr als nur eine Tagesreise mit sich zu führen.

In unseren Gegenden reift die Gerste während der längsten Tage und kann deshalb viel Licht aufnehmen, verstärkt durch die sich weit öffnenden Grannen, die viel Kiesel enthalten. Dies ist ein Ausdruck des starken Kieselsäureprozesses, der sich in der Pflanze abspielt. Gerste stimuliert diese Prozesse auch in unserem Körper (Stärkung der «Außenseite»: Haut, Haare und Nägel, Sinnesorgane). Genau wie der Hafer enthält die Gerste ein schleimig kochendes Eiweiß (sofern sie genügend Kochwasser zur Verfügung hat), was sie für Menschen mit Magen- und Darmproblemen geeignet macht. Dazu wirkt sie, im Gegensatz zum Hafer, eher harmonisierend als laxierend. In der Volksheilkunde werden Auszüge aus Gerstenkörnern (*Barleywater**) bei fiebrigen Krankheiten und als 395
milchbildendes Getränk für stillende Mütter angewendet.

Gerste ist, nach Reis, das am leichtesten verdauliche Getreide.

Während des Keimens setzt die Gerste besonders leicht Stärke in Zucker um. Davon profitiert man beim Bierbrauen und bei der Siruphestellung. Die dabei tätigen Enzyme aus der Gerste wirken so stark, daß kleine Mengen davon als Starter beim Malzen anderer Getreidesorten verwendet werden (Reis- und Maissirup).

Gekochte **ganze Körner** (zur besseren Verdaulichkeit leicht geschliffen und im Handel als **Graupen** erhältlich) sind etwas glitschig und haben einen leicht flauen, säuerlichen Geschmack. Deshalb schmeckt Gerste auch in Kombination mit süßen (Süd-) Früchten (roter Grütze) oder in einer gut gewürzten Suppe (mit Wurst oder Speck) am besten.

Für **Perlgerste** (Rollgerste) wird das ursprünglich längliche Korn rund geschliffen, wobei nicht allein die unverdauliche Haut, sondern auch der Keim und die äußeren Schichten entfernt werden; Perlgerste ist deshalb ein raffiniertes Produkt.

Gerstenflocken geben dem Müsligemisch Festigkeit, ohne es hart zu machen, und sind, sofern sie zuerst eingeweicht wurden, auch zum Kochen eines sämigen Breis gut geeignet.

Aus (Thermo-)**Gerstengrütze** kocht man ein gebundenes Getreidegericht, das auch kleine Kinder gut essen können. **Gerstenmehl** (vor allem in Form von Thermomehl) gibt Soßen, Brot und Nachspeisen einen feinen, warmen Geschmack.

Die verschiedenen Getreidearten. Von links nach rechts und von oben nach unten: Buchweizen, Quinoa, Amarant; Hafer, Hirse, Roggen; Gerste, Dinkel, Weizen; Reis; Mais, wilder Reis, roter Reis.

Hirse

Durch archäologische Funde hat sich gezeigt, daß die Hirse bereits in der Steinzeit gegessen wurde. Das Gewächs braucht wenig Wasser, dafür sehr viel Wärme (es keimt erst bei 11-12°C) und ist dadurch für Länder mit großen Trockenperioden gut geeignet. Die Ährchen sitzen an langen dünnen Stielen, die gemeinsam die Rispe bilden.

In Afrika wird **Sorgum** angebaut, eine Hirsesorte mit größeren Körnern.

Mit ihrem fein verzweigten Wurzelsystem kann die Hirse mit Hilfe von Wurzelsäuren besonders viele Mineralstoffe aus dem Boden aufnehmen: Eisen, Natrium, Magnesium, Silizium (Kiesel), jedoch beinahe kein Calcium. Diesen Kalkmangel kann man dadurch ausgleichen, daß Hirseprodukte mit Milchprodukten und/oder Gemüse kombiniert werden. Dies ist günstig, denn Hirse schmeckt in Form süßer Getreidegerichte oder mit farbenfrohen Gemüsepüreesoßen am besten. Auch durch die kurze Kochzeit und die leichte Verdaulichkeit ist Hirse das bevorzugte Kindergetreide.

Wie der ebenso fettreiche Hafer wird die Hirse zu den wärmenden Getreidesorten gerechnet.

Bei schwachen Nägeln und Haaren kann eine Hirsekur hilfreich sein, wobei man über einige Wochen alle Getreidegerichte mit Hirse zubereitet, eventuell mit Gerste (Frühstücksbrei) kombiniert.

Auch als **ganze Körner** gekocht wird die Hirse breiig, man kann daraus köstlich sämiges Püree und weiche Getreidebratlinge machen.

Hirseflocken ergeben in Kombination mit Gemüse leicht eine schnell zubereitete Babymahlzeit.

Mais

Mais braucht viel Licht und Wärme und gedeiht deshalb in seinem Ursprungsland am besten: Mittel- und Südamerika. Nördlich der Alpen können die Kolben kaum richtig ausreifen; deshalb wird Mais hier auch nur als Viehfutter (die ganze Pflanze wird verwendet) oder als milchreife Kolben angebaut.

Die Maispflanze hat eine weibliche und eine männliche Blütenart; anstelle einer Ähre hoch über dem Blatt entwickelt die Pflanze in der Blattachse massive Kolben, «verpackt» in viel Blatt, mehrere an einem Halm.

Im Vergleich zu den übrigen Getreidearten nimmt die Maispflanze riesige Ausmaße an, wodurch sie viel Dünger braucht; in warmen Ländern kann der Mais bis zu 5 Meter hoch werden. Proben haben gezeigt, daß Mais über mehrere Generationen hintereinander auf Substrat wachsen kann, es müssen in der Maispflanze also enorme Wachstumskräfte vorhanden sein. So ist Mais auch das Getreide, das vor allem das körperliche Wachstum, das Substanzwachstum anregt. Was die Inhaltsstoffe des Korns betrifft, schneidet der Mais im Vergleich mit anderen Getreidearten (mit Ausnahme des wertvollen Öls aus dem verhältnismäßig großen Keim und viel Karotin) am schlechtesten ab. Das nicht so wertvolle Eiweiß kann man mit Hülsenfrüchten ergänzen. Bei überwiegender Ernährung mit Mais kann ein Mangel an Vitamin B 6 entstehen (*Pellagra*, eine rötliche Hautverfärbung, dort wo sie dem Sonnenlicht ausgesetzt ist, in späterem Stadium auch Darmstörungen). Die Indianer, die ihre Maiskörner auf Kalkstein mahlten, hatten damit keine Probleme; bei den Stadtbewohnern, die ihre Tortillas aus maschinell gemahlenem Maismehl buken, war dies anders. Mais enthält zwar Vitamin B 6, jedoch in unvollständiger Form, die zur Ergänzung Kalk braucht. Bei einer abwechslungsreichen Ernährung (Tortillas mit
Linsensoße, Polenta mit geriebenem Käse*!) 121
spielt dies keine Rolle, ebensowenig wie bei einer sowohl glutenfreien als auch milchfreien

Diät, sofern außer Mais auch die übrigen glutenfreien Getreidesorten, Kartoffeln (oder Topinambur und/oder Batate) und eine reichliche Auswahl an Gemüse und Früchten auf dem Menüplan stehen.

Mais nimmt sehr viel Geschmack auf und muß deshalb stark gewürzt werden (Rosmarin, Thymian, Paprika).

Das vollständig ausgereifte **ganze Korn** wird auch durch langes Einweichen und Kochen nicht gar, es kann nur gepufft werden. Hierfür wird eine spezielle, kleinkörnige Maisart, **Popcorn**, so stark erhitzt, daß die im Korn vorhandene Flüssigkeit explosionsartig verdampft und das Korn sozusagen aufbläst. Aus **Maisgrieß** wird Polenta und aus **Maismehl** Brei gekocht.

Cornflakes entstehen, indem aus Maismehl mit Wasser Püree gemacht wird, welches zwischen heißen Walzen zu Flocken getrocknet wird. Die handelsüblichen Cornflakes werden überdies mit einer Zuckerschicht versehen (aus Weizenmalz, also *nicht* glutenfrei). In Naturkostläden gibt es ungesüßte (glutenfreie), aus biologisch angebautem Mais hergestellte Cornflakes.

Die ebenfalls biologischen, *nicht* gepufften **Maisflocken** sind nur in gekochter Form verdaulich (*Maisschnitten**). Aus biologisch ange- 153
bautem Maismehl wird, indem es sehr fein gesiebt wird, eine Art **Maizena** hergestellt. Dieses Maizena ist zwar «raffiniert», jedoch *nicht* chemisch bearbeitet und gibt Cremes und Soßen eine schöne, gelbe (Mais-)Farbe. Um dieselbe Bindefähigkeit zu erreichen wie bei handelsüblichem Maizena, braucht man die doppelte Menge (in Deutschland und in der Schweiz [noch] nicht erhältlich). Solange kann es in den Rezepten durch ganz feines Maismehl ersetzt werden (10 Minuten köcheln lassen).

Maissirup. Mit Gerstenmalz als Starter kann auch Mais zu Sirup verarbeitet werden. Handelsüblicher Maissirup wird auf chemische Art gewonnen. Wegen seines neutralen Geschmacks und der festen Konsistenz wird Maissirup in großem Umfang in der Nahrungsmittelindustrie verwendet. Statt Maissirup kann man Birnel* gebrauchen. 343, 450

Reis

Reis wächst nur da, wo er bis zur Blüte mit den Füßen im Wasser stehen kann und gleichzeitig viel Wärme bekommt. Diese Voraussetzungen bieten die tropischen Gebiete in Asien seit Jahrtausenden von Natur aus. Heutzutage setzt man die Reisfelder, unter anderem in der Poebene, künstlich unter Wasser. Der geerntete Reis wird von seiner harten, unverdaulichen Schale befreit, die darunter befindliche Haut jedoch wird beim sogenannten **Vollreis** nicht abgeschliffen.

Von allen Getreidearten hat der Reis den am wenigsten ausgeprägten Geschmack und das am leichtesten verdauliche Eiweiß, das kaum einmal zu Allergien führt. Im Gegensatz zu anderen Getreidearten sind der Eiweißgehalt und der Gehalt an Mineralstoffen niedrig, und das Fett ist nicht nennenswert. Deshalb wird Reis auch immer in größeren Portionen und immer mit viel Gemüse, Käse, Nüssen, Hülsenfrüchten oder Fleisch kombiniert gegessen, alles gut gewürzt. Der leicht verdauliche Reis ist für Babys unter 6 Monaten, die keine Muttermilch bekommen können, das geeignetste Getreide. Reis wirkt wassertreibend und stopfend. Verglichen mit Roggen – dem anderen Extrem unter den Getreidesorten – verleiht der Reis wenig «Festigkeit».

Wenn das **Korn** (langkörnige Sorte) in knapp bemessenem Wasser gekocht wird, kann es schön locker auf den Tisch kommen. Rundkörniger Reis eignet sich eher zum Kochen von Brei.

Roter Reis ist eine Variante, die in der Camargue (Frankreich) biologisch angebaut wird. Nährwert, Kochzeiten und Geschmack sind dieselben wie beim Vollreis.

Parboiled Rice ist ursprünglich Vollreis, wobei, durch Dampfbehandlung unter großem hydraulischem Druck, die direkt unter dem Silberhäutchen befindlichen Nährstoffe nach innen (zum Mehlkern) in das Korn gepreßt werden. Nachdem das derartig manipulierte Korn getrocknet ist, wird es zusätzlich geschliffen.

Reisflocken sind hart und schmecken langweilig; sie sind vor allem für bestimmte Diätarten wichtig.

Rice crispies sind zunächst vorgekochte und zum Teil wieder geschliffene Reiskörner, die durch plötzliches Erhitzen im Ofen gepufft wurden (Ofenpuffen).
Reismehl ist sehr geeignet als schnell wirkendes Bindemittel von neutralem Geschmack und Farbe, das jedoch eine etwas körnige Konsistenz hat.
Reiswaffeln. Reiskörner werden in geschlossenen Formen so stark erhitzt, daß sie puffen (siehe Popcorn) und zusammenkleben. Manchmal werden 30% des Reises durch Buchweizen, Hirse oder Weizen ersetzt (die beiden letzten Sorten sind deshalb *nicht* glutenfrei). Reiswaffeln sind sowohl leicht gesalzen als auch ungesalzen erhältlich.
Reissirup: Mit Hilfe von Gerstenmalz als Starter wird auch aus Reis Sirup gemacht. Dabei braucht man weniger eingreifende technische Manipulationen als bei der Herstellung von Maissirup. Reissirup ist ein etwas dünnes, neutral schmekkendes, leicht verdauliches Süßungsmittel mit wenig Süßkraft.

Wilder Reis

Wilder Reis (*Zizania aquatica*) ist keine Reisart, sondern das Samenkorn einer Schilfart, einem anderen Mitglied aus der Familie der Gramineen. Dieses Getreide wächst wild in stehenden Gewässern in den Wäldern von Kanada (Manitoba) und Nordamerika (Minnesota und Wisconsin). Wilder Reis wird von Eingeborenen in Kanus geerntet, schwere Maschinen würden den empfindlichen Lebensraum zerstören. Nach dem Dreschen von Hand werden die zunächst braunen, nadelartigen, bis zu 2 cm langen Körner getrocknet, wodurch sie sich schwarz verfärben. Der Verkauf von Wildem Reis ist für die Indianer in den genannten Landstrichen eine willkommene Einkommensquelle. Wilder Reis hat einen nußartigen Geschmack und enthält alle guten Stoffe der anderen Getreidearten, ist jedoch sehr teuer. Wenn man ihn an einem besonderen Tag, als Farbeffekt, mit dem normalen Reis mitkocht (ca. 1:20), kann der wilde Reis einem alltäglichen Getreidegericht einen festlichen Charakter geben.

Buchweizen

Botanisch gesehen ist der Buchweizen kein Getreide, sondern ein Knöterichgewächs, wozu auch Rhabarber und Sauerampfer gehören. Die Pflanze hat ein üppiges Wachstum mit kleinen, bei den Bienen sehr beliebten weißen Blüten. Buchweizen wird nicht so hoch wie die Getreidegewächse und bleibt bis zum Reifen der Körner grün.
Buchweizen stammt ursprünglich aus Asien, wo das Gewächs, seiner kurzen Vegetationszeit wegen (75 Tage), von Nomaden angebaut wurde. Früher wurde der Buchweizen auch auf Heidefeldern in den Niederlanden, Deutschland und den südlichen Alpentälern angebaut.
Buchweizen wächst auf magerem Boden und verträgt keinen Kunstdünger; er wurde auch das «Getreide der Armen» genannt. Für die Sarazenen hatte der Buchweizen dieselbe Funktion als Kraftfutter wie der Hafer für die Schweizer Soldaten.
Buchweizen enthält wenig Fett, keine Kieselsäure und verhältnismäßig wenig, jedoch sehr wertvolles Eiweiß (Lysin, eine essentielle Aminosäure, die bei den «echten» Getreidearten nur in einem geringen Maße auftritt). Dadurch ist der leicht verdauliche Buchweizen ein geeignetes Getreide für Kinder, die keine Milchprodukte essen dürfen.
Buchweizenkörner können auch gekeimt* wer- 165
den (Keimtemperatur nicht über 20°C und 3-4 x pro Tag gründlich spülen).
Buchweizen unterstützt die Wärmekräfte und regt eher den Stoffwechsel als das Nerven-Sinnessystem an, wie dies die «echten» Getreidearten tun.
Das **ganze Korn** bleibt beim Kochen nur dann erhalten, wenn es zuvor geröstet wurde (*Kasha**), 119
und schmeckt mit einer nahrhaften Soße oder – einfach, jedoch besonders schmackhaft – mit saurer Sahne sehr lecker.

Buchweizengrütze verkocht in wenigen Minuten zu einem festen Brei.

Buchweizenmehl gibt, wenn es in reichlicher Menge verwendet wird, den Speisen eine dunklere Farbe und einen speziellen Geschmack. Es ist ein sehr schnell wirkendes Bindemittel, das bereits in einem kalten Gemisch aufquillt (beispielsweise für Getreidebratlinge). Kleine Mengen Buchweizenmehl kann man leicht selber mahlen*; auch 406
Grütze kann man selber machen, indem man die ganzen Körner auf einem Blatt Papier mit dem Wellholz quetscht.

Buchweizenflocken sind sehr dünn und weich; sie werden, genau wie Reisflocken, vor allem als Ersatz für andere Getreideflocken in einer glutenfreien Diät verwendet.

Quinoa

Botanisch gesehen gehört Quinoa zur Familie der Gänsefußgewächse (ebenso wie Spinat, Mangold und Rote Bete) und ist daher wie der Buchweizen kein echtes Getreide, es enthält überhaupt kein Gluten. Die Inkas bauten bereits die kleinen, schüsselförmigen Körnchen an, und auch heute noch wird Quinoa von den Indianern in den Anden auf dem sandigen, mageren Boden angebaut. Quinoa ist widerstandsfähig gegen Trockenheit, Kälte und Wärme. Es gibt viele Sorten: weiße, gelbe und rote Körnchen. In Naturkostläden ist weißes Quinoa erhältlich, das in Südamerika auf kleinen, biologisch arbeitenden Betrieben angebaut wird. Quinoa hat im Vergleich zu den echten Getreidearten einen hohen Gehalt an Eiweiß, Fett, Eisen, Magnesium und Calcium. Das Verhältnis von Calcium zu Phosphor ist viel günstiger, und auch die B-Vitamine sind gut vertreten. Quinoaeiweiß ist (im Gegensatz zum Getreideeiweiß) reich an essentiellen Aminosäuren (unter anderem Lysin), das dem Milcheiweiß vergleichbar ist. Das Fett ist beinahe ausschließlich ungesättigt. Quinoa sollte eher als Ergänzung denn als Ersatz der uns bekannten Getreidearten verwendet werden. Die Kombination von Buchweizen und Sonnenblumenkernen liefert ungefähr dieselben Nährstoffe, und sowohl Hülsenfrüchte als auch Käse enthalten die doppelte Menge an Lysin. Deshalb ist es bei der großen Auswahl an einheimischen und eingeführten Getreidearten auch nicht notwendig, Quinoa zu essen. Bei einer milch- und/oder glutenfreien Diät kann es jedoch, was den Gehalt an Nährstoffen betrifft, eine willkommene und wertvolle Abwechslung sein.

Für Quinoa kann man dieselben Rezepte wie für Hirse verwenden, mit Ausnahme von Püree; Quinoa wird beim Kochen nicht breiig, sondern bleibt körnig. Zum Keimen* ist Quinoa sehr geeig- 165
net (bereits nach 1-2 Tagen ist es fertig!). Vor dem Essen müssen die Keimlinge jedoch gekocht werden, denn Quinoa kann Saponine enthalten (siehe Tip beim Basisrezept für Hirse). Genau wie Hirse und Buchweizen kann man die weichen Quinoakörner selber mahlen* und mit diesem Mehl ei- 406
nen Teil (maximal 75%) des Mehles für Plätzchen und Brot ersetzen. Sehr fein gemahlenes (gesiebtes) Quinoamehl hat ungefähr dieselbe Bindefähigkeit wie Reismehl. Quinoa hat einen eigentümlichen, uns nicht bekannten Geschmack.

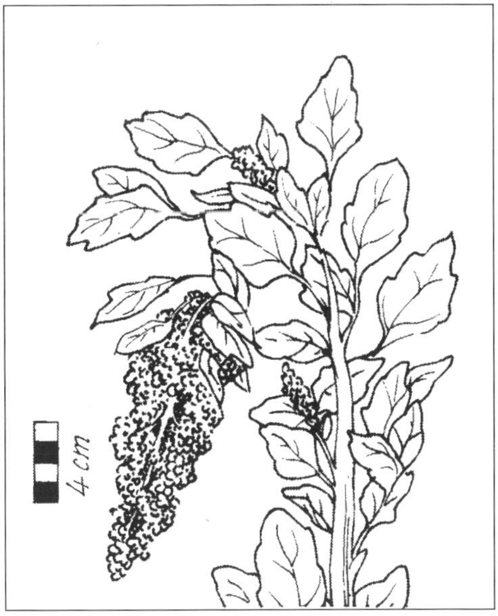

Amarant

Amarant ist, wie Quinoa, ein aus den Anden stammender Same, noch kleiner als ein Stecknadelkopf. Es kann als glutenfreies «Getreide» gegessen werden. Amarant ist ein Fuchsschwanzgewächs und entfernt mit Quinoa verwandt (Centrospermae). Amarant wird in kleinem Rahmen in Südamerika angebaut. Es enthält ungefähr dieselben Nährstoffe wie Quinoa und kann deshalb Kindern, die keine Milchprodukte, Nüsse und Samen essen dürfen, als Ergänzung zu den «echten» Getreidearten angeboten werden. Zur Verwendung und den Kocheigenschaften sowie Geschmack siehe *Quinoa**. 105

Getreideprodukte und ihre Bezeichnungen

Grütze besteht aus grob gebrochenen Getreidekörnern. Grütze hat gegenüber dem ganzen Getreidekorn den Vorteil, daß sie eine viel kürzere Einweich- und Kochzeit hat; der Nachteil ist, daß sie ziemlich leicht pappig wird. Um diesen Nachteil aufzuheben, jedoch auch um die Verdaulichkeit zu fördern, wurde die sogenannte **Thermogrütze** (Bauck) entwickelt. Feucht gemachte Getreidekörner werden 16 Stunden lang in steinernen Drehtrommeln bei 60-80°C erhitzt und danach zu Grütze gebrochen. Dabei versucht man, unter Erhaltung der Nährbestandteile, den Reifungsprozeß des Getreides weiterzuführen und zu intensivieren (siehe auch *das Darren von Getreide**) 404. Dadurch, daß ein Teil der Getreidestärke in Getreidezucker umgesetzt wird, wird das Getreide aromatischer. In Naturkostläden und in vielen Reformhäusern sind von dieser Marke erhältlich: Weizen-, Gersten-, Roggen-, Hafer- und Dreikorngrütze.

Grieß ist ein grobkörniges Produkt aus dem Mehlkern. Dazu wird oft eine spezielle Weizensorte (Hartweizen) verwendet, die während ihres Wachstums viel Wärme braucht und deren Ertrag niedriger ist. Grieß wird vom Mehlkern gemacht. Nach dem Mahlen des vollen Getreidekorns werden mit einer speziellen Einstellung der Siebe die gewünschten Partikel herausgesiebt. Es kommt immer ein wenig von der Kleie mit. Bei der Herstellung von Grieß gibt es Unterschiede in der Feinheit und Reinheit – bedingt durch die Getreidesorte. Daher kommt die unterschiedliche Bindefähigkeit (vor allem wichtig bei kaltem Pudding) der einen Vollkorngrießmarke zur anderen. Grieß ist aus Weizen und Mais erhältlich und wird vor allem zum Kochen von Brei und zur Zubereitung von Teigwaren verwendet.
Vollkorngrieß enthält Schalenanteile. Der handelsübliche hellere Grieß ist nahezu frei von Kleie, Vitaminen und Mineralstoffen.

Vollkornmehl ist das gemahlene volle Getreidekorn; das Mehl enthält alle Bestandteile des Kornes, also auch den Keim und das dünne Häutchen. Vollkornmehl kann aus allen Getreidearten gemacht werden. Durch die verbesserten Mahlmethoden ist Vollkornweizenmehl sehr fein und luftig und außer zum Backen von Brot auch sehr geeignet für mehr alltägliches Gebäck, jedoch auch als Bindemittel für Gerichte, die an sich eine etwas gröbere Struktur haben (z.B. Suppen aus Hülsenfrüchten, Soßen mit Gemüsestücken).
Feines Vollkornmehl wird in einer speziellen Mühle *zweimal* gemahlen.

Bei den **Mehlsorten** unterscheidet man zwischen Vollkornmehl (Type 2000) und Auszugsmehl (Type 405). So ist Type 1050 ein Mehl, von dem beim Sieben des Vollkornmehls 82 bis 85 %

durch das Sieb fällt. Mehl der Type 1050 heißt in der Schweiz **Ruchmehl,** Type 550 (Ausmahlungsgrad 64 bis 71 %) heißt **Halbweißmehl.** Diese Mehlsorten werden (bis jetzt) nur von Weizen hergestellt. Bei Roggen gibt es andere Typenzahlen.
Wer selber Getreide mahlt, kann mit einem gewöhnlichen Haushaltssieb Mehl der Type 1200 (CH: **Grahammehl**) machen; mit einem etwas feineren Sieb bekommt man ungefähr Type 1050 (CH: Ruchmehl).
In meinen Rezepten verwende ich Weizenmehl Type 550 (CH: **Haushaltsmehl**) für feineres Gebäck und zum Binden von Suppen und Soßen. Mit Type 1050 backe ich alltägliches Gebäck, das ich etwas luftiger und/oder für kleine Kinder leichter verdaulich haben möchte, als dies mit 100 % Vollkornmehl der Fall wäre. Die beim Sieben im Sieb zurückgebliebene **Kleie** (es sind auch Teile des Keimes dabei) können Sie im Müsli und in Gebäck für die größeren Kinder verwenden oder es den Haustieren geben.
Um die Mehlsorten etwas übersichtlicher zu machen, folgt hier eine Tabelle für Weizen:

Thermomehl wird aus Getreide gemacht, das zuerst auf eine spezielle Art und Weise geröstet und danach sehr fein zermahlen wird (siehe bei Grütze). Das Mehl bekommt durch diese Behandlung ein aromatisches, malziges Aroma und hat eine sehr kurze Kochzeit. Dadurch ist es zum Binden von Suppen und Soßen besonders geeignet. Es ist zum Backen von Brot und anderem Hefe- oder Sauerteiggebäck nicht geeignet. Lediglich bis zu 20% der benötigten Mehlmenge kann durch Thermomehl ersetzt werden, es verleiht dem Gebäck einen vollen Geschmack.

Auszugsmehl ist Vollkornmehl, das durch ein sehr feines Sieb gesiebt wurde, wobei der größte Teil der äußersten Schicht des Getreidekornes, also auch des Keimes, im Sieb zurückbleibt. Das nach alter Methode früher nur mit echten Mühlsteinen gemahlene Mehl wird als «flach» gemahlen bezeichnet. Dieses Verfahren entspricht den Haushaltsgetreidemühlen. Bei dieser Methode bekommt man weniger weißes Mehl, da beim Sieben die feingemahlene Kleie mitkommt. Derartiges Weißmehl ist zu 65% ausgesiebt. Die häu-

Ausmahlungsgrad	Deutschland	Schweiz	Österreich
100 %	Vollkornmehl	Vollkornmehl	Vollkornmehl
98-100 %	Type 2000	70-100 % verschiedene Mischungen wie Bauernbrotmehl Grahammehl 5-Korn-Mehl	Type W 1600
85-88 %	Type 1200	Haushaltsmehl	
82-85 %	Type 1050	Ruchmehl	
64-71 %	Type 550	Halbweißmehl	Type W 700
40-54 %	Type 405	Weißmehl, Semmelmehl	Type W 480

figste Mahlmethode ist das «Hoch»-Mahlen. Dadurch ist es möglich, das dunkle Mehl vom hellen zu trennen, so daß man vor allem vom Weizen sehr weißes Auszugsmehl machen kann. Beim Hochmahlen schleift man stets die äußerste Kornschicht ab, wodurch man das Mehl in Phasen bekommt. Je weiter man zur Mitte des Korns kommt, desto weißer wird das Mehl. In Deutschland gibt es als handelsübliches Auszugsmehl fast ausschließlich Type 405, in der Schweiz auch *Semmelmehl* genannt. Außer aus Weizen wird Weißmehl auch aus Roggen und Reis hergestellt. Mit einem feinen doppeltgewebten Sieb (früher aus Pferdehaar) kann man aus Vollkornmehl auch selber Weißmehl machen. Vollkornmehl hat einen Ausmahlgrad von 100%, Weißmehl von 50%, der Rest (das Wertvollste) wird zu Viehfutter verarbeitet.

Frühjahrsmenü: Spinatsalat, Kartoffelbratling, Karottenpüree und als Nachspeise Apfelsinen

Kleie ist die äußerste Schicht des Getreidekorns, die nach dem Sieben von Vollkornmehl (zu Weißmehl) im Sieb zurückgeblieben ist. Der Keim ist vor allem in der Kleie, sofern die Kleie von *biologischem* Getreide stammt, das mit Steinen gemahlen wurde.
In der *landläufigen* Mühle wird der Keim vom Korn abgeschliffen, gewalzt und ausgesiebt; dies wird als Weizenkeime verkauft. Das Getreidekorn wird dann noch weiter abgeschliffen (Kleie), und schließlich wird der Mehlkern gemahlen (Auszugsmehl). Der Nährwertunterschied zwischen *biologischer* und *handelsüblicher* Kleie ist also groß.
Kleie ist vor allem vom Weizen erhältlich, jedoch auch von Hafer. Sie wird häufig zur Anregung des Stoffwechsels verwendet. Wegen ihres besonders hohen Gehalts an Phytin* muß die Kleie minde- 111
stens 1/2 Stunde eingeweicht werden (ins Müsli, Joghurt usw.). Bei einer vollwertigen Ernährung mit Vollkorngetreideprodukten, Früchten und ab und zu etwas Rohkost wird das Essen von Kleie jedoch kaum notwendig sein (siehe auch *schädliche Stoffe**). 95

Flocken sind zuerst mit Dampf angefeuchtete und danach gewalzte Getreidekörner. Alles Getreide kann zu Flocken verarbeitet werden.
Ein anderes Verfahren, das einige Hersteller von Naturkost-Flocken verwenden, ist: Die ganzen Körner werden 24 Stunden in kaltem Wasser eingeweicht (Reis und Buchweizen 48 Stunden), danach werden die eingeweichten Körner erhitzt (dabei können niedrigere Temperaturen verwendet werden, rund 65°C, als beim handelsüblichen Dämpfen), anschließend gewalzt und schließlich getrocknet. Diese Flocken brauchen also für den Abbau von Phytin* nicht mehr einge- 111
weicht zu werden, dennoch ist das Einweichen für die bessere Verdaulichkeit in der Kindernahrung erwünscht.

Kochgetreide (parboiled-Getreide) bekommt eine ähnliche Behandlung wie Bulgur, d.h. es wird mit Dampf und Druck aufgeschlossen, getrocknet und dann meist geschliffen. Es handelt sich dabei um vorgekochtes Getreide; Einweichen ist nicht mehr notwendig, und die Kochzeit verkürzt sich erheblich.

Bulgur (türkisch) wird meistens aus Weizen gemacht, in manchen Gegenden jedoch auch aus Gerste. Das Getreidekorn wird gedämpft, danach wieder getrocknet und grob gebrochen. Dadurch verkürzt sich die Kochzeit, und die Einweichzeit erübrigt sich. Bulgur kann man wie Thermogrütze kochen. In Naturkostläden ist Vollkornbulgur aus biologisch angebautem Weizen erhältlich.

Couscous (marokkanisch) ist eine Art Teigware. Weizenmehl (für das handelsübliche Couscous aus geschliffenem Hartweizen) wird mit Wasser unter Erhitzung gebunden, wobei kleine Kügelchen entstehen; diese werden wieder getrocknet. Couscous hat eine kurze Kochzeit (5 Minuten); man kann es wie Thermogrütze* kochen. Couscous aus biologi- 123
schem Anbau ist in Naturkostläden erhältlich.

Stärke ist ein raffiniertes Produkt, das beinahe keine anderen Nahrungsstoffe mehr enthält. Das Mehl wird mit Wasser derartig ausgespült, daß nur noch die Stärke des Getreidekorns (oder der Kartoffel) übrigbleibt. Von den biologischen Getreidearten wird dies nur mit Mais und Reis gemacht. Bei den üblichen Produktionsmethoden (D: Mondamin, CH: Maizena) wird hierfür Sulfit verwendet (siehe *Dörrfrüchte**). In Naturkostlä- 435
den ist auch biologische Maisstärke erhältlich (siehe *Mais**) und Stärke, die aus biologisch an- 102
gebauten tropischen Wurzelgewächsen ohne Hilfsmittel ausgespült wurde (Marantamehl* und Kuzu*). 456
Modifizierte Stärke ist handelsübliche Stärke von für den Konsumenten nicht feststellbarer Herkunft, an welcher (chemisch) noch mehr manipuliert wurde, um sie in der Nahrungsmittelindustrie für die unterschiedlichsten Zwecke verwendbar zu machen, unter anderem für handelsüblichen Instantpudding, der nicht gekocht zu werden braucht.

Das Kochen von Getreide

Getreide hat mehrere Monate Zeit, um ruhig zu wachsen und in Form eines harten Kornes zu einem konzentrieren, sozusagen fest verpackten Nahrungsmittel heranzureifen. Das Getreidekorn enthält eine ganze Skala von wertvollen Nährstoffen: Damit diese aus ihrer harten «Verpackung» herausgelöst werden können, ist außer ausreichendem Wasser und Wärme auch viel Zeit nötig. Bis vor kurzem wurden nur Buchweizen und Reis (weißer!) als ganze Körner gegessen. Buchweizen und weißer Reis sind rasch gekocht und leicht verdaulich.
Es ist schier unmöglich, von den übrigen Vollkorngetreidearten genauso trockene Körner auf den Tisch zu bringen, wie dies in chinesischen Restaurants mit dem Reis gelingt. Der ganze Kochprozeß müßte dann viel kürzer sein, wodurch die Getreidekörner nicht genügend Wasser aufnehmen könnten. Getreide, das auf diese Art gekocht wurde, ist für die meisten Menschen zu schwer verdaulich. Ein einziges Mal wird es nicht zuviel schaden (mit Ausnahme von Bauchschmerzen und Blähungen), aber auf die Dauer kann es – bestimmt bei Kindern – Ernährungsstörungen und sogar Allergien hervorrufen. Überdies ist ein irritierter Darm nicht imstande, die nötigen Nährstoffe aus der Nahrung aufzunehmen, und es können auf die Dauer trotz der «vollwertigen Ernährung» Mangelerscheinungen auftreten.
Ein Weizen-, Hafer-, Gersten- und Roggenkorn ist viel schmackhafter als Reis, und die unterschiedlichen Getreidearten bringen Abwechslung auf den Tisch, müssen jedoch außer gut gekocht auch gut gekaut und ausreichend verdaut werden können. Bei den meisten Kindern unter 12 Jahren und auch bei sehr vielen Erwachsenen ist dies nicht der Fall. Wenn das gute Verdauen trotz wiederholter Versuche mißlingt (jeweils einige Wochen warten), gibt es noch eine große Auswahl unter den weicheren Getreidesorten (Hirse, Buchweizen, Mais, Naturreis) und viele Getreideprodukte (Thermogetreide, Flocken, Nudeln).

Selbstverständlich braucht man zum Kochen von *ganzen* Körnern die meiste Zeit. Wenn sie in Stükke gebrochen (Grütze), eingeweicht und gepreßt (Flocken) oder fein gemahlen wurden (Mehl), dauert der Kochprozeß weniger lange.
Wie Grütze, Flocken und Mehlsorten sorgfältig gegart werden, lesen Sie in den Rezepten. Das Kochen der ganzen Körner beschreibe ich sehr ausführlich. Man kann dann jederzeit darauf zurückgreifen, wenn in den Rezepten ganze Getreidekörner verwendet werden.

Tip: Zum Kochen aller Getreidesorten sollte man einen Topf aus rostfreiem Stahl mit dickem Boden und gut schließendem Deckel, *in* den Topffalz passend, verwenden (wenn Wasser verdampft, hat das Getreide zu wenig Flüssigkeit, um sich völlig aufzuschließen, und es besteht die Gefahr des Anbrennens). Man sollte einen Topf wählen, in dem das Getreide mit dem Einweichwasser nicht höher oder tiefer steht als ungefähr 3/4 der Topfhöhe. Zu viel Luft im Topf hat Energieverlust beim Nachquellen zur Folge, zu wenig ist wegen des Überkochens unangenehm.

Das Kochen ganzer Getreidekörner

Der Kochprozeß besteht aus vier Schritten: *Waschen, Einweichen* (oder Darren*), *Kochen,* 404
Nachquellen.

Waschen

Die abgemessenen oder abgewogenen Getreidekörner werden in den Topf gegeben, in dem man das Getreide nachher kochen will; der Topf wird zu 3/4 mit kaltem Wasser gefüllt. Gut umrühren; Schmutz und andere Fremdkörper im Getreide werden dann nach oben schwimmen, und man kann sie mit dem Wasser abgießen. Solange spülen, bis das Wasser klar ist (beim Abgießen hält man zum Schluß ein Sieb unter, damit keine Körner verloren gehen).

Die gewaschenen Körner müssen gut abtropfen (sonst stimmt bei den Rezepten das angegebene Verhältnis von Wasser und Getreide nicht).

Gedarrte Getreidekörner brauchen nicht gewaschen zu werden.

Einweichen

Die gewaschenen und abgetropften Getreidekörner werden in den Topf zurückgegeben, und die angegebene Menge *kalten* Wassers wird dazugeschüttet. Den Deckel auf den Topf geben und an einen kühlen Ort stellen (um Bakterienbildung zu verhindern).

Das Einweichen nicht nur vom ganzen Korn, sondern auch von Grütze, Flocken und den Mehlsorten ist zum richtigen Aufschließen des Getreides notwendig. Nur dann stehen die Nährstoffe für den Stoffwechsel optimal zur Verfügung. Das Einweichen spart Energie beim Kochen und sorgt dafür, daß die Getreidekörner und Getreideprodukte sämig und schön gar werden. Überdies wird das **Phytin**, das in den äußersten Schichten des Getreidekornes (vor allem bei den harten Sorten) vorhanden ist, durch das Einweichen abgebaut. Das geschieht durch das Enzym Phytase, das ebenfalls im Getreidekorn vorhanden ist. Dieses Enzym ist nicht hitzebeständig und braucht für seine Arbeit (kalte) Feuchtigkeit und Zeit. Phytinsäure verbindet sich im Darm unlöslich mit Mineralstoffen (unter anderem Eisen und Calcium) aus den dort ebenfalls vorhandenen Nahrungsmitteln, wodurch diese Mineralstoffe dem Körper nicht mehr zur Verfügung stehen. Für gesunde Kinder, die eine abwechslungsreiche Ernährung bekommen können, spielt dies eine untergeordnete Rolle. Wenn man für schwache und vor allem für allergische Kinder kocht, die durch ihre Diät in ihrer Nahrungsauswahl beschränkt sind, ist es nützlich, dies zu wissen.

Tip: Biologische Flocken, Thermogrütze und Thermomehlsorten wurden vom Fabrikanten
schon vor dem Walzen respektive Darren* einge- 404
weicht, wobei das Phytin abgebaut wurde. Hirse und Reis enthalten sehr wenig Phytin, Buchweizen, Quinoa und Amarant enthalten kein Phytin, und außerdem sind diese Körner von Natur aus so weich, daß sie nicht eingeweicht zu werden brauchen.

Das Einweichen von Flocken, Reis und Hirse fördert jedoch die Verdaulichkeit, verkürzt die Kochzeit und ergibt ein sämigeres Resultat.

Zusammenfassung:

immer einweichen:
Weizen, Roggen, Gerste, Hafer und Mais (ganze Körner, Grütze, Grieß und Vollkornmehlsorten).
eventuell einweichen:
(für eine bessere Verdaulichkeit für kleine oder schwache Kinder, um die Kochzeit zu verkürzen und um ein sämiges Ergebnis zu bekommen):
Vollreis und Hirse (ganze Körner und Grütze, von der Hirse auch die Flocken),
Flocken aus Weizen, Roggen, Gerste, Hafer und Hirse,
Weizenmehl Type 1050 (CH: Ruchmehl).

Sommermenü: Geschmorte Gelberübenblätter und Blätter von Sommer-Rote-Bete, Thermogrütze und Zucchettisoße.
Nachspeise: Strammer Max

nicht einweichen:

Buchweizen, Quinoa, Amarant, weißen Reis, Flocken und Mehl aus Vollreis, Thermogrütze und Thermomehl, Kindermehl, Kochgetreide und selbst gedarrtes* Getreide, 404
Auszugsmehl und andere raffinierte Getreideprodukte wie Maizena (Mondamin), Vollkornmehl aus harten Getreidesorten in kleinen Mengen, z.B. um eine Soße zu binden.

Die **Einweichzeiten** hängen von der Härte der Getreidesorten und der Feinheit des Getreideproduktes ab: Je härter die Getreidesorte und je gröber das Getreideprodukt, desto länger die Einweichzeit. Es folgen *minimale* Einweichzeiten, die für Kinder ab ca. 4 Jahren geeignet sind (bei den Rezepten finden sie exakte Hinweise). Wenn länger eingeweicht wird (beispielsweise eine Nacht), ist dagegen nichts einzuwenden, bei Getreidekörnern beginnt jedoch nach 10 Stunden der Keimprozeß, und dies ist, außer zur Anzucht von Keimlingen*, nicht erwünscht. 165

Kochkiste zum Nachquellen von Getreide ►

Minimale Einweichzeiten für Getreideprodukte

10 Minuten	Weizenmehl Type 1050 (CH: Ruchmehl), feine Haferflocken
20 Minuten	Vollkornmehl aus Weizen, Roggen, Hafer, Mais und Gerste, grobe Haferflocken, Hirseflocken
1/2 Stunde	Weizen- und Gerstenflocken
	Grieß aus Weizen und Mais (Polenta)
	Grütze aus Hirse
1 Stunde	Hirse- und Haferkörner
	Grütze aus Weizen, Gerste, Roggen und Hafer, Roggenflocken
3 Stunden	Reis-, Weizen- und Gerstenkörner
	Grütze aus Roggen
10 Stunden	Roggenkörner

Kochen

Das Getreide wird mit dem Einweichwasser aufs Feuer gesetzt und *langsam* zum Kochen gebracht. Einen dicht schließenden Deckel auf den Topf geben und das Getreide auf *kleinem* Feuer sehr langsam kochen. Den Topf kann man eventuell auf einen Flammenverteiler stellen. Eventuell übergekochtes oder verdampftes Wasser durch *warmes* Wasser wieder nachfüllen. Ab und zu wird das Getreide vorsichtig umgerührt, damit es die Flüssigkeit gleichmäßig aufnehmen kann (nur das Getreidekorn, das genügend Flüssigkeit aufgenommen hat, ist gut verdaulich).

Tip: Als Wärmeisolation kann man ein oder zwei Topflappen auf den Deckel legen (nur bei kleinem Feuer).

Die **Kochzeiten** hängen von der Getreidesorte und der Feinheit des Getreideproduktes ab: Je länger die Vegetationszeit des Getreides gedauert hat und je gröber das Produkt ist, desto länger dauert die Kochzeit.

Die Kochzeit, die in den Rezepten angegeben ist, ist im Grundrezept reichlich bemessen und der im Titel angegebenen Altersstufe angepaßt (lesen Sie in den Variationen, was für die anderen Altersstufen gilt).

In der Regel ist ein Getreidekorn dann gar, wenn es anfängt sich zu öffnen und die Flüssigkeit zum großen Teil aufgenommen hat. Ein wenig Flüssigkeit sollte noch im Topf sein (außer bei Buchweizen- und Hirsekörnern), bei Grütze und Brei muß die Masse noch gut «rührfähig» sein. Dies ist der richtige Moment, um **Salz** und (eventuell) getrocknete Kräuter, Dörrfrüchte und Fett (Öl) hinzuzufügen. Diese Würzmittel können in dieser Phase des Kochprozesses vom Getreide noch gut aufgenommen werden. Salz, das zu Beginn des Kochprozesses dazugegeben wird, verhindert das Garwerden, vor allem bei ganzen Getreidekörnern. Bei Getreidegerichten, die schon während des Kochens sehr fest werden (unter anderem Polenta), kann man das Salz nach der ersten Hälfte der Kochzeit hinzufügen.

Nachquellen

Das Nachquellen schließt mit einer geringen Hitze (minimal 60°C) den ganzen Prozeß der Erschließung des Getreides ab. Das Getreide quillt sämig aus, wird noch besser verdaulich und brennt nicht an. Man kann das Getreide rechtzeitig im vorhinein kochen und braucht sich dann nicht mehr darum zu kümmern.

Aufgepaßt: Das Nachquellen kann nicht durch eine längere Kochzeit ersetzt werden; im Gegenteil: eine längere Nachquellzeit ist für die bessere Verdaulichkeit wichtiger als eine längere Kochzeit.

Wenn man nicht länger als 1/2 Stunde nachquellen läßt, kann man den Topf nach der vorgeschriebenen Kochzeit einfach an einen **warmen Platz** stellen (Flammenverteiler, ausgeschaltete elektrische Kochplatte oder ein nicht zu heißer Kohleofen). Die Abkühlung von oben kann man vermeiden, indem man zwei dicke Topflappen auf den Deckel legt. Nach 1/2 Stunde sinkt die Temperatur im Topf unter die für das Nachquellen nötige Temperatur.

Kleinere Mengen gekochter Getreide*körner* (Reis, Weizen, Gerste und Hafer) kann man in einer guten **Thermoskanne** (vorwärmen!) nachquellen lassen und sogar mitnehmen (zum *Kochen* von Getreide in der Thermoskanne siehe S. 124). Für größere Mengen (ab ca. 150 g Getreide) ist eine **Kochkiste** besser geeignet. Dazu kann man eine schöne Holzkiste mit Deckel oder eine feste Pappschachtel verwenden. Am Boden und an den Seitenwänden muß mindestens 5 cm dick Isoliermaterial befestigt werden (Kissen, die mit Heu oder Holzspänen gefüllt sind, fest zusammengeknülltes Zeitungspapier, alte wollene Pullover). In dieses Nest wird dann der mit einem Geschirrtuch eingepackte Topf gestellt (das Geschirrtuch ist leichter zu waschen als das Isoliermaterial). Das Ganze wird mit einem isolierenden Kissen und einem festen Deckel geschlossen. Der Topf wird also fest eingepackt. Wenn kleine Kinder in der Wohnung sind, sollte der Deckel der Kochkiste ein Schloß haben.

Wer für eine Kochkiste keinen Platz hat, kann den Topf ins Deckbett (Daunen) stecken oder während der Ferien in den Schlafsack. Seien Sie mit kleinen Kindern vorsichtig und befestigen Sie einen Zettel am Deckbett: «Topf im Bett!»
Eine Menge von mindestens 250 g Getreide (ungekocht gewogen) bleibt bei einer richtig ausgeführten Kochkistenmethode 3 Stunden über 60°C. Dies ist zum Nachquellen von allen Getreidesorten (außer Roggen*) gut ausreichend. 253
Wenn Sie einen schönen Topf verwenden, den man unter der Woche auch auf den Tisch stellen kann, dann ist die oben genannte Getreidemenge, morgens gekocht, um die Essenszeit noch warm genug.

Reste von gekochtem Getreide

Da der Nährwert des Getreides weder durch Kochen noch durch erneutes Aufwärmen nennenswert geschädigt wird, ist gegen Reste nichts einzuwenden.
Getreide, das mit Wasser und Salz gekocht und mit getrockneten Kräutern und Öl abgeschmeckt wurde, hält sich im Kühlschrank (zugedeckt) 2 Tage; danach nimmt die Qualität, was den Nährwert betrifft, ab, und das Getreide wird sauer. Mit Milch gemischtes Getreide sollte nicht länger als 1 Tag und Getreide, das mit Gemüse gemischt ist, überhaupt nicht aufbewahrt werden (vor allem nicht mit nitratreichem Gemüse*).
Es folgen einige Anregungen zur Verarbeitung von 253
Getreideresten:

– in einer flachen Schüssel mit Deckel auf dem Gemüse- oder Suppentopf aufwärmen; ab und zu umwenden
– aufwärmen, indem man das Getreide in ein Sieb gibt (Deckel darauf) und in einen Topf mit einigen Zentimeter kochenden Wassers (oder Suppe) hängt (dadurch wird das Getreide feuchter als in der Schüssel)
– aufbacken in der Bratpfanne mit ein wenig Öl, eventuell zuerst eine kleine Zwiebel und ein wenig kleingeschnittenes Gemüse und Kräuter mitbraten (Nasi)
– verarbeiten zu Getreidebratlingen* und Getrei- 149
deschnitten* 149
– verarbeiten zu Getreideeintopf und -auflauf* 133, 138
– in einer Gemüsesuppe verarbeiten
– zu Salaten* und Nachspeisen* verarbeiten 287, 300

Grundrezepte

Hirse, Grundrezept

Wenn die Hirse auf diese einfache Art gekocht wird, wird sie etwas breiig, aber gerade dadurch ist das Getreide zum Weiterverarbeiten in süße und salzige Gerichte sehr geeignet (Soufflés*, weiche Bratlinge 140
und Klößchen*). Zu süßer Hirse passen Anis, Ko- 155
riander und Zimt; Schnittlauch und für größere Kinder auch Zwiebel und Lauch passen zu herzhafter Hirse.

- *150 g (ca. 2 dl) Hirse, wenn nötig mit kochendem Wasser überbrüht und abgetropft (für sehr kleine Kinder 1-2 Stunden einweichen in)*
- *5 dl Wasser (das Volumenverhältnis von Getreide zu Wasser beträgt 1:2 1/2)*

- *eventuell Gewürze (siehe oben), wenn nötig zerstoßen mit*
- *1/4 Teel. Salz*

Die gewaschene Hirse wird mit dem Wasser zum Kochen gebracht, der Topf zugedeckt, und das Ganze läßt man nun 15 Minuten eher ziehen als kochen. Ab und zu vorsichtig umrühren, um Anbrennen zu vermeiden.
Das Salz dazugeben und die Hirse mindestens eine Stunde nachquellen lassen.

Variation: Die Hirse wird durch Quinoa* oder 105
Amarant* ersetzt. Diese kleinen Samen brauchen 106
nicht eingeweicht zu werden, die Kochzeit sowie die Nachquellzeit beträgt jeweils 15 Minuten.

Tips:
- Manche Quinoasorten enthalten Saponine (ein bitterer, leicht giftiger Stoff, der durch Kochen zum großen Teil abgebaut wird). Der bittere Geschmack bleibt jedoch zurück. Wenn Ihre Kinder dies nicht mögen, können Sie die Körner nach dem Waschen mit kochendem Wasser überbrühen und dann erst mit frischem Wasser zum Kochen bringen.
- Hirse, Quinoa und Amarant können in der Thermoskanne* gekocht werden (1 : 2 1/4, Koch- 124
zeit 1 Stunde).

Lockere Hirse oder Buchweizen

Lockere Hirse oder Buchweizen ißt man wie trocken gekochten Reis mit saftigem Gemüse oder herzhafter Soße, sie sind jedoch leichter verdaulich. Etwas Rohkost oder eine eiweißreiche Nachspeise oder eine Nachspeise aus einem Milchprodukt* runden 310
die Mahlzeit ab.

- *200 g (ca. 2 1/2 dl) Hirse- oder Buchweizenkörner*
- *mind. 1 l Wasser (das Mengenverhältnis Getreide/Wasser beträgt ca. 1:6)*
- *1 Lorbeerblatt*

- *knapp 1/2 Teel. Salz*

Die Hirse wird mit kaltem Wasser gewaschen; Körner abtropfen lassen. Den Buchweizen brauchen Sie nicht zu waschen.
Das Wasser mit dem Lorbeerblatt zum Kochen bringen und das Getreide dazugeben. Umrühren und alles nochmal zum Kochen bringen. Deckel auf den Topf geben und das Getreide bei kleinem Feuer kö-

cheln lassen: *Buchweizen* 8 Minuten, *Hirse* 20 Minuten.
Das Getreide auf ein Sieb schütten (Kochwasser auffangen, siehe Tip) und kurz mit kaltem Wasser abspülen. Die nassen Körner werden wieder in den Topf zurückgegeben und das Salz dazugerührt. Nun legt man ein zusammengefaltetes Geschirrtuch zwischen den Deckel und den Topf (Auffangen des Kondenswassers), stellt das Ganze auf einen Topf mit kochendem Wasser (oder auf den Gemüse- oder Suppentopf) und läßt das Getreide wieder warm werden und gleichzeitig nachquellen (mindestens 15 Minuten; danach kann man den Topf noch in der Kochkiste* warmhalten). 114

Tips:
- Das Kochwasser für Suppe, Soße oder (Getreide-) Trunk verwenden (*Barleywater**, *Krafttrunk**, 389 *Sesamtrunk**, *Schokoladenmilch**). 389
- Buchweizen kocht auch in der Thermoskanne* 124 locker.

Hirsepüree

Hirsepüree ist schmackhafter, nahrhafter und leichter verdaulich als Kartoffelpüree. Sorgfältig gekocht, ist es ebenso fein wie Kartoffelpüree und seiner Festigkeit wegen ausgezeichnet geeignet für *Eintopfgerichte mit rohem Gemüse**. 134

- *250 g Hirse (3 dl) mind. 1 Stunde (eher länger) eingeweicht in*
- *6 dl Wasser (das Volumenverhältnis von Getreide/Wasser beträgt 1:2)*
- *1 Lorbeerblatt*
- *knapp 1/2 Teel. Salz*
- *2 1/2-3 dl Milch, oder halb Milch/halb Sahne (70°C)*
- *eventuell 20 g Butter (nicht bei Sahne)*

Die Hirse mit dem Lorbeerblatt im Einweichwasser zum Kochen bringen und auf sehr kleiner Flamme 20 Minuten mehr ziehen als kochen lassen. Das Salz dazugeben und die heiße Milch und eventuell die Butter dazurühren. Lorbeerblatt entfernen.

Die Hirse in der Kochkiste* 1 Stunde nachquellen 114 lassen. Vor dem Anrichten wird die Hirse kräftig durchgerührt, die Körnchen müssen dabei auseinanderfallen. Nun wird das Ganze mit einem Holzlöffel mit Loch oder mit einem Schneebesen zu einem luftigen Püree geschlagen.
Das Püree wird in eine vorgewärmte Schüssel gegeben und ein hübscher Berg daraus gemacht. Eventuell mit fein gehackten frischen Kräutern oder ein wenig Muskatnuß bestreuen.
Sollte die Hirse aus Versehen zu stark abgekühlt sein, kann man sie während des Schlagens auf mäßigem Feuer wieder erwärmen.

Variationen:
- **Buchweizenpüree:** Buchweizengrütze* verwen- 105 den. Einweichen ist nicht notwendig, und die Kochzeit beträgt nur 5 Minuten (während des – unter Rühren – Kochens kann eventuell etwas von der Milch verwendet werden). 1/2 Stunde nachquellen ist ausreichend.
- **Hirse- oder Buchweizen/Maronipüree**: ein halbes Rezept Hirse- oder Buchweizenpüree herstellen und die Hirse, abwechselnd mit der Milch, mit einem Rezept Kastanienpüree* ver- 298 mischen. Mit einer (nicht zu dicken) Karotten- oder Kürbissoße und einer großen Schüssel grünem Salat schmeckt das köstlich.
- **Hirse- oder Buchweizen/Kartoffelpüree**. 1/3 oder die Hälfte der Hirse oder des Buchweizens (und das dazugehörende Wasser) wird durch mehlige Kartoffeln, die in Würfel geschnitten sind, ersetzt (dasselbe Gewicht wie das weggelassene Getreide, die Kartoffel bringt ihre eigene Kochflüssigkeit mit). Die Kartoffeln zur eingeweichten Hirse geben und alles zusammen gar kochen.

Tip:
Die Hirse in der Thermoskanne* kochen, siehe dort 124 vor allem Tip 2. Diesen sehr festen Brei kann man am besten kurz vor dem Essen, während man die Milch darunter arbeitet, wieder wärmen.

Vollreis, Grundrezept

Dies ist ein etwas festeres Getreidekorn, das von kleinen Kindern, sofern sie gut kauen, meistens auch gut verdaut werden kann. Der wäßrig fade Geschmack des Reises verlangt für die größeren Kinder nach «feurig» gewürzten Soßen (Curry, Ingwer), herzhaften Beilagen oder Gemüsegerichten (Gemüse aus dem Fruchtbereich, bunte Kohlsorten, Sauerkraut usw.).

- *250 g (3 dl) Vollreis, 3 Stunden oder länger eingeweicht in*
- *7 dl Wasser (das Volumenverhältnis von Getreide/Wasser beträgt 1:2 1/3)*

- *1/2 Teel. Salz (1/4 Teel. bei süßen Reisgerichten)*

Der gewaschene und eingeweichte Reis wird im Einweichwasser bei mäßiger Hitze langsam zum Kochen gebracht. Den Deckel auf den Topf geben und den Reis auf sehr kleinem Feuer 30 Minuten köcheln lassen. Hin und wieder vorsichtig umrühren, damit alle Körner so lang wie möglich im Wasser liegen.
Das Salz unter den noch nassen Reis rühren und das Getreide mindestens 1 Stunde nachquellen* lassen. 114

Variationen:
- Der Reis wird in einem Getreide/Wasserverhältnis von 1:7 eingeweicht und gekocht. In diesem großzügig bemessenen Kochwasser läßt man den Reis auch nachquellen. Nach dem Quellen schüttet man den Reis auf ein Sieb und gibt ihn dann in den Topf zurück (das Wasser für Suppe oder Soße verwenden). Nun sofort das Salz dazugeben und, mit einem Geschirrtuch zwischen Topf und Deckel, 1/4 Stunde lang auf einem Topf mit heißem Wasser nachdämpfen lassen. Wenn der auf diese Art gekochte Reis gut verdaut wird, kann das Kleinkind auch den Reis nach dem oben gekochten Rezept essen.
- Wenn der nach dem Basisrezept gekochte Reis gut verdaut wird, kann man versuchen, den Reis weniger lang (bis 1 Stunde) einzuweichen und später das Einweichen ganz wegzulassen.
- Für trocken gekochten Reis nimmt man ein Getreide/Wasserverhältnis von 1 : 1 3/4 - 2.
- **Reisbrei:** Hier verwendet man den rundkörnigen Reis und weicht ihn mindestens 1 Stunde in 2 1/2 dl Wasser ein. Alles zusammen langsam zum Kochen bringen und den Reis auf dem Sparbrenner mehr ziehen als kochen lassen.
  4 dl Milch mit 1-2 Stückchen Zitronenschale oder 1/2 Vanillenschote auf 70°C erhitzen und zum gekochten Reis schütten. Noch 1 Messerspitze Salz dazurühren und den Reisbrei mindestens 1 Stunde nachquellen lassen. Schmeckt mit *Zimtzucker** und/oder Apfelmus lecker, köstlich ist er 410
  mit Aprikosenkompott und einem Tupfen Schlagsahne obendrauf.
- Den Reisbrei in einen Reisring* drücken und mit 58
  Kompott auffüllen.

Tips:
- Den Reis in der Thermoskanne* kochen. 124
- An einem Festtag kann der Reis in Form eines Reisrands* oder Timbals* angerichtet werden. 58

Risotto (Abbildung S. 272)

Wenn der Reis auf italienische Art gekocht wird, bleibt er feucht und bekommt durch das Schmoren einer Zwiebel und eventuell von Kräutern soviel Geschmack, daß man keine Soße dazu braucht. Das Salz in der Bouillon verhindert, daß die Körner verkochen, dadurch wird der Reis aber auch etwas schwerer verdaulich.
Man ißt geriebenen Käse dazu, und mit gedünstetem Gemüse und etwas Rohkost ist die Mahlzeit abgerundet.

- *1-2 Eßl. Öl*
- *250 g (3 dl) Vollreis*
- *1 Zwiebel, fein geschnitten*
- *eventuell 1 kleine Knoblauchzehe, fein geschnitten*
- *6 dl heiße Bouillon (1:2) eventuell mit Salz (1/2 Teel., auf den Salzgehalt des Käses achten)*

Der gewaschene Reis wird auf ein Sieb geschüttet, *nicht* abtropfen lassen, sondern sofort in den Topf zurückgeben. Deckel auf den Topf geben und den Reis mindestens 1/2 Stunde «einweichen» lassen; ab und zu umdrehen. Wenn der Reis alles Wasser aufgenommen hat und sich nicht mehr feucht anfühlt, kann man ihn weiterverarbeiten.
Das Öl zum Reis geben und zusammen bei mäßiger Hitze erwärmen, bis der Reis lecker riecht und noch nicht ansitzt.

Nun wird das Feuer sofort heruntergeschaltet und die Zwiebel dazugegeben. Einige Augenblicke mitschmoren.
Bouillon dazugießen und den Reis 30 Minuten auf kleiner Flamme köcheln lassen.
Der Risotto muß mindestens 2 Stunden nachquellen* (wenn Sie das Salz erst nach dem Kochen dazu- 114
gegeben haben, ist 1 Stunde ausreichend).

Variationen:

- Man verwendet (im Sommer) 1 dl Bouillon weniger und rührt nach der Hälfte der Kochzeit eine in Würfel geschnittene Tomate unter den Reis; er wird dann rosarot und etwas würziger (man kann die Tomate 2-3 Minuten auf den kochenden Reis legen, dann kann man sie, vor dem Zerschneiden, schälen).
- Gleichzeitig mit der Zwiebel kann man ca. 1/2 Teel. Kurkuma (Gelbwurzel) unter den Reis rühren; er wird dann gelb und bekommt einen würzigen Geschmack.
- Dasselbe kann man mit 1/4-1/2 Teel. Curry machen; dies ergibt einen exotischen Geschmack.
- Der Käse beim Menü kann durch *Linsenpüree** 285
  ersetzt werden.
- Den Reis nur leicht andünsten und *un*gesalzene Bouillon verwenden. Zwiebeln weglassen. Das Salz erst kurz vor dem Nachquellen hinzufügen.
- Wie für Kleinkinder, aber nach Wunsch Zwiebeln verwenden.
- Für diejenigen, die gut verdauen können, braucht der Reis nicht eingeweicht zu werden. Er muß dann nach dem Waschen gut abtropfen (das Sieb mit dem Reis einigemale auf ein feuchtes Geschirrtuch klopfen), und man nimmt 1/4 l weniger Bouillon.
- **Risotto aus Buchweizen oder Hirse:** Beide Getreidesorten (gedarrtes* verwenden) brau- 404
  chen nicht eingeweicht zu werden, und 200 g sind ausreichend. Die Kochzeit von Buchweizen beträgt 8 Minuten, nachquellen mindestens 1/2 Stunde. Hirse muß 15 Minuten kochen und 40 Minuten nachquellen.

Tips:

- Den Risotto in der Thermoskanne* kochen. Der 124
  etwas abgekühlte Reis wird mit der mitgedämpften Zwiebel in die vorgewärmte Kanne gegeben, dann erst schüttet man die kochend heiße Bouillon dazu (1:1 3/4). Kochzeit 4 Stunden.
- Siehe auch Tip 2 unter Vollreis*, Grundrezept. 118

Buchweizen, Grundrezept

Ein weiches und breiig kochendes Getreide, dem man für die größeren Kinder mit gerösteten Sonnenblumenkernen* etwas mehr Pfiff geben kann. Mit 408
einer Soße auf der Grundlage eines (fetten) Sauermilchprodukts*, Gemüse und Salat ist dies 175
eine leicht verdauliche Mahlzeit.
Basilikum und Majoran passen zu salzigem Buchweizen gut, Zitronenschalen, Koriander und Zimt passen zu süßem Buchweizen.

- *150 g (2 1/4 dl) Buchweizenkörner*
- *5 dl Wasser (das Volumenverhältnis Getreide/Wasser beträgt ca. 1:2 1/4)*

- *eventuell Gewürze (siehe oben), wenn notwendig zerstoßen mit*
- *1/4 Teel. Salz*

Den Buchweizen im Wasser zum Kochen bringen, den Deckel auf den Topf geben und das Ganze auf sehr kleinem Feuer 10 Minuten eher ziehen als kochen lassen. Ab und zu vorsichtig umrühren, damit nichts anbrennt.
Salz dazugeben und den Buchweizen mind. 1/2 Stunde nachquellen lassen.

Tip: Buchweizen in der Thermoskanne* kochen 124
(1:2, minimale Kochzeit für Schulkinder 1 Stunde, für kleinere Kinder 1 1/2-2 Stunden).

Kasha

In Rußland wurde dieser geröstete und gebackene Buchweizen anstelle von Brot zum Borschtsch (Rote-Bete-Suppe*) gegessen. Kasha ist lockerer 88
Buchweizen mit knuspriger Kruste und schmeckt auch zur warmen Mahlzeit köstlich, vor allem mit saurer Sahne oder einer Soße auf Quarkbasis*. Ge- 175
dämpfter Lauch und Rohkost aus Rote Bete geben dem Menü die richtige Farbe.

- *300 g (3 3/4 dl) Buchweizen*
- *1/2 Teel. Salz*
- *5 3/4 dl kochendes Wasser (das Volumenverhältnis Getreide/Wasser beträgt ca. 1:1 1/2)*
- *1 Auflaufform, 1 l Inhalt, eingefettet*

►

Buchweizen im Reisring mit Gemüsesoße

Die trockenen Körner werden auf ein Sieb gegeben und das «Mehl» abgeschüttelt; dieses würde beim Rösten verbrennen und einen unangenehmen Geschmack ergeben.
Ofen vorheizen.
Den Buchweizen in einer trockenen Pfanne mit dikkem Boden langsam hellbraun rösten; das Feuer mäßig halten und dauernd rühren. Den gerösteten Buchweizen gibt man in eine Schüssel, mischt Salz dazu und übergießt ihn mit kochendem Wasser.
Backen: ca. 20 Minuten bei 200°C, mittlere Schiene. Nach der Hälfte der Backzeit, wenn der Buchweizen das Wasser aufgesogen hat, legt man 10-20 g Butter in hauchdünnen Flöckchen darauf.

Tip:
- Buchweizen kann man auf Vorrat im Ofen rösten (1/2 cm dicke Schicht auf einem trockenen Backblech; 10 Minuten bei 150°C).
- Die Kasha, um Energie zu sparen, zusammen mit Brot oder Gebäck backen.

Hafer, Grundrezept

Hafer ist für diejenigen, die gut verdauen können, auch in Form ganzer Körner geeignet. Das Getreide verkocht breiig (siehe Tip) und schmeckt deshalb, gut gewürzt, auch ohne Soße gut. Mit gekochtem Gemüse, etwas Rohkost und einer Nachspeise aus einem Milchprodukt ist dies ein nahrhaftes Mahl. Wenn Sie den Hafer noch weiterverarbeiten zu Ge-
treidebratlingen* oder -schnitten*, sollten keine 152
Kräuter mitgekocht werden.

- *200 g Haferkörner (ca. 2 3/4 dl), 1-10 Stunden eingeweicht in*
- *6 3/4 dl Wasser (das Volumenverhältnis Getreide/Wasser beträgt 1:2 1/2)*
- *eventuell 1/4 Teel. Fenchel- oder Kümmelkörner*
- *1/4 Teel. Basilikum oder Thymian, fein zerrieben mit*
- *1/4 Teel. Salz*

Die gewaschenen und eingeweichten Haferkörner (mit den Samen) im Einweichwasser bei mäßiger Hitze langsam zum Kochen bringen. Den Topf zudekken und die Körner auf sehr kleinem Feuer 20 Minuten köcheln lassen. Der Hafer muß ab und zu vorsichtig umgerührt werden, damit alle Körner so viel und so lang wie möglich im Wasser liegen. Das gewürzte Salz unter den Hafer rühren und das Ganze
mindestens 2 Stunden nachquellen* lassen. 114

Tips:
- Hafer, der vor dem Kochen gedarrt* wurde, hat 404
einen nussigen Geschmack, wird beim Kochen weniger breiig und ist leichter verdaulich.
- Gedarrter Hafer kann in der Thermoskanne* ge- 124
kocht werden.

Weizen, Gerste und Gerstengraupen, Grundrezept

Getreidearten, die auch nach langem Kochen eine etwas harte Außenseite behalten (außer geschliffenen Graupen). Sofern sie gut gekaut werden (deshalb keine dicke Mehlsoße dazu reichen), sind sie für diejenigen, die gut verdauen können, geeignet (siehe Tip). Wenn man diese Getreidearten mit wür-
zigen Kräutern zu Schnitten*, Bratlingen* oder Auf- 149
läufen* verarbeitet, können Sie etwas mehr «Wär- 140
me» vermitteln.

- *200 g Getreidekörner (ca. 2 1/2 dl) 3-10 Stunden eingeweicht in*
- *6 1/4 dl Wasser (das Volumenverhältnis Getreide/Wasser beträgt 1 : 2 1/2)*

- *eventuell 1/4 Teel. Koriander und/oder Rosmarin (Weizen) oder 1/4 Teel. Salbei oder Majoran (Gerste) fein zerrieben mit*
- *1/4 Teel. Salz*

Die gewaschenen und eingeweichten Körner werden im Einweichwasser bei mäßiger Hitze langsam zum Kochen gebracht. Den Deckel auf den Topf geben und das Getreide bei sehr kleinem Feuer 1 Stunde köcheln lassen. Ab und zu vorsichtig umrühren, damit alle Körner so viel und so lange wie möglich im Wasser liegen.
Das gewürzte Salz dazurühren und das noch nasse Getreide mindestens 3 Stunden nachquellen* lassen. 114

Tips:

- Weizen, Gerste und Graupen werden, wenn man sie vor dem Kochen darrt*, etwas leichter verdau- 404
lich.
- Gersten*flocken* kann man in der Thermoskanne kochen* und wie Körner mit einem Sößchen es- 124
sen (1 : 1 1/4, 30 Minuten).

Roggen, Grundrezept

Ganze Roggenkörner sind nur für sehr kräftige Kinder und Erwachsene gut verdaulich (siehe Tip). Sie schmecken am besten, wenn sie als Bratlinge* oder 152
Schnitten* verarbeitet sind. Als Soße passen saure 152
Milchsoßen* dazu. 175

- *200 g (2 3/4 dl) Roggenkörner, 10 Stunden eingeweicht in*
- *8 1/4 dl Wasser (das Volumenverhältnis Getreide/Wasser beträgt 1:3) mit*
- *ca. 5 Wacholderbeeren, leicht zerstoßen*
- *1/4 Teel. Salz*

Die gewaschenen und eingeweichten Roggenkörner werden im Einweichwasser und mit den Wacholderbeeren bei mäßigem Feuer langsam zum Kochen gebracht. Den Deckel auf den Topf geben und die Körner bei sehr kleinem Feuer 1 Stunde kochen lassen. Den Roggen hin und wieder umrühren, damit alle Körner so viel und so lang wie möglich im Wasser liegen.
Das Salz zum Roggen rühren und das Ganze 2 Stunden nachquellen lassen. Den Topf wieder aufs Feuer stellen und den Roggen nochmals zum Kochen bringen. Noch einmal 2 Stunden (oder länger) nachquellen lassen. Nach Möglichkeit die Wacholderbeeren entfernen.

Tips:

- Roggenkörner, die vor dem Kochen gedarrt* wur- 404
den, sind leichter verdaulich.
- Roggen*flocken* kann man in der Thermoskanne kochen* und, wie die Körner, mit einem Sößchen 124
essen (1 : 1 1/4, 1 Stunde)

Polenta

Zu Mais passen gewürzte Gemüsepürees*, Gemüse- 271
soßen* oder eine Sesamsoße (siehe Rezept *Nußso-* 180
*ße**) und geriebener Käse gut. Mit grünem Salat eine 184
einfache, jedoch vollwertige Mahlzeit.

- *200 g (3 1/4 dl) grobes Vollkornmaisgrieß (Polenta), mindestens 1/2 Stunde eingeweicht in der Hälfte von*
- *1 l Bouillon oder Wasser (das Volumenverhältnis Getreide/Wasser beträgt ca. 1:3)*
- *1/4-1/2 Teel. Thymian oder Rosmarin, fein zerstoßen mit*
- *knapp 1/2 Teel. Salz*
- *1 Eßl. Öl*

Tessiner Polenta

Der eingeweichte Mais wird in einem Topf mit dikkem Boden langsam zum Kochen gebracht. Anfangs ab und zu, später dauernd mit einem Holzlöffel (mit einem Loch darin) umrühren. Achtung vor Spritzern! Nach und nach wird der Rest der abgemessenen Kochflüssigkeit dazugegeben. Den Dekkel auf den Topf geben und auf den Sparbrenner stellen. Der Mais muß eine halbe Stunde eher ziehen als kochen; ab und zu umrühren. Das gewürzte Salz und das Öl dazurühren und den Mais mind. 3/4 Stunde nachquellen lassen.

Variationen:

- Jetzt braucht der Mais nicht mehr eingeweicht zu werden, so daß man ihn – trocken – in einem Strahl ins kochende Wasser schütten kann. Sofort kräftig rühren, am besten mit einem Schneebesen, später mit einem Löffel.
- **Tessiner Polenta** Man nimmt zusätzlich 50 g Mais und läßt ihn 10 Minuten unter ständigem Rühren kochen. Das gewürzte Salz und das Öl dazurühren und nun die Polenta, *ohne* noch darin zu rühren, 1/2 Stunde auf dem Sparbrenner mehr ziehen als kochen lassen (Deckel auf den Topf). Auf dem Boden bildet sich dann eine braune Kruste, die sich während des (langen) Nachquellens löst (Topf mit sehr dickem Boden verwenden; Gußeisen). Dann kann man die Polenta auf eine flache Schüssel oder auf ein schönes Holzbrett stürzen, mit einer bunten Serviette bedecken und bei Tisch mit einem großen Messer in dicke Scheiben schneiden.
- **Polenta Stria** (Hexenpolenta, süß): Zunächst einmal wird die Polenta nur mit 3/4 l Wasser, wie die Tessiner Polenta, gekocht. Dann gibt man, wenn der Brei zum Umrühren zu dick geworden ist, 1/4 l Milch dazu. Alles wieder zum Kochen bringen, nur 1/4 Teel. Salz dazugeben, Rosmarin und Öl weglassen. 100 g Rosinen (für die Kleinen fein gehackt) und ein großes Stück Butter dazugeben.
  Für eine (nahrhafte) Nachspeise ist 1/2 Rezept ausreichend.
  Nicht laut Originalrezept, jedoch lecker und gleichzeitig milchfrei: Polenta Stria mit 1 l Wasser, ohne Milch, kochen und die Butter durch 25 g cremed coconut* ersetzen. 456
- **Maispudding:** Polenta Stria kochen und den Brei nach dem Quellen in eine kalt ausgespülte Puddingform schütten. Schmeckt gut mit Rhabarbermus oder (sehr reifen) schwarzen Johannisbeeren oder Heidelbeeren.

Tips:

- Polenta kann auch in der Thermoskanne* ge- 124
  kocht werden (1:2 3/4; Kochzeit 2 Stunden, nach 15 Minuten schnell umrühren).
- Mais*flocken* kann man ebenfalls in der Thermoskanne kochen* (1:1 1/2; Kochzeit 1/2 Stunde). 124

Zuckermais

Je goldgelber die Körner sind, desto mehr Zucker ist in den Maiskörnern bereits in Stärke umgesetzt und desto härter sind die Häutchen. Für kleine Kinder nimmt man milchreife Körner und achtet darauf, daß die Hüllblätter noch saftig-grün sind – ein Zeichen, daß die Kolben noch frisch sind.

Maiskolben schmecken zur warmen Mahlzeit gut
(Barbecue*, siehe Variation), eventuell mit einer 123
kräftigen Gemüsesuppe vorab und in Kombination mit gemischtem Salat. Man reicht dann frische But-
ter (Kräuterbutter), *Mayonnaise** oder eine *Dip-* 421
*soße** und Baguette dazu. Als Beilage oder Vorge- 175
richt rechnet man pro Person 1 Kolben, für eine Mahlzeit braucht man pro Person 2 Kolben. Wenn ein Kolben übrigbleibt, kann man die Körner abkratzen und später in einen Salat verarbeiten; im Kühlschrank halten sie sich 2-3 Tage.
Man sollte vom Kolben nur die äußersten, häßlichsten Blätter entfernen; wenn man ihn mit den Blättern kocht, behalten die Körner einen besseren Geschmack, und die Kolben bleiben länger warm.

In einem weiten Topf mit gut schließendem Deckel wird 2 cm Wasser mit 1/4 Teel. Zucker zum Kochen gebracht (siehe Tip 1). Die Kolben werden, bei geschlossenem Topf, in ca. 1/2 Stunde gar gedämpft. Ab und zu kontrollieren, ob noch genügend Wasser im Topf ist und ob das Ganze noch leise vor sich hin kocht (sonst entsteht nicht genügend Dampf im Topf). Kolben auf ein Sieb legen und gut abtropfen lassen, jedoch dafür sorgen, daß sie nicht abkühlen (das Sieb auf den Topf mit dem Kochwasser stellen und den Deckel darauf geben).
Die Kolben kann man in einer mit einer vierfach gefalteten Serviette ausgelegten Schüssel oder einem Körbchen hübsch anrichten. Mit einer zweiten Serviette zudecken. Die Blätter vom Kolben zurückschlagen, die Haare entfernen und den Kolben mit etwas Butter oder Soße bestreichen. Die Körner wer-

den rundherum abgeknabbert, und hin und wieder streicht man noch ein bißchen Butter oder Soße auf den Kolben.

Variationen:

- Die gelben Körner der reiferen, jedoch noch frischen Kolben haben einen stärkeren Geschmack und können von Kindergartenkindern gegessen werden, sofern sie gut gar gekocht wurden.
- **Kochen von Maiskörnern:** Ein großer Kolben ergibt 150-200 g Körner, die man in Getreide- und Hülsenfrüchtesalate, in Gemüsegerichte und Ragouts verarbeiten kann. Man sollte darauf achten, daß die Hüllblätter frisch sind, Kolben mit trockenen Blättern sind bereits alt. Blätter und Haare entfernen. Die Kolben werden in einen weiten Topf gelegt und so viel kochendes Wasser dazugegeben, daß sie bedeckt sind. Etwas Zucker dazugeben (1/4 Teel. auf 1 l Wasser) und die Kolben kochen, bis die Körner bißfest sind (ca. 20 Minuten). Auf einem Sieb abtropfen lassen und das Kochwasser für Suppe aufbewahren.
  Mit einem spitzen Messer wird eine Reihe Körner (längs) vom Kolben abgemacht. Alle übrigen Körner kann man, ohne sie zu beschädigen, mit dem Daumen herausdrücken.
  Auf dieselbe Art und Weise kann man die Körner auch vom *ungekochten* Kolben abmachen und im leicht gesüßten Wasser garkochen. Die Kochzeit beträgt dann nur 10-15 Minuten; die Körner sind jedoch besser im Geschmack, wenn sie am Kolben gekocht werden.
- **Maiskolben fürs Barbecue:** Blätter entfernen und Haare abziehen. Für jeden Kolben schneidet man ein Stück Alufolie (dicke Qualität oder eine zusammengefaltete dünne) auf Maß, groß genug, um den Kolben gut darin einzuwickeln. Kolben auf die Folie legen und großzügig mit weicher Butter bestreichen. Die Folie locker darumwickeln und mit einem doppelten Falz an drei Seiten verschließen. Nicht zu große Kolben sind innerhalb von 20 Minuten gar; Kolben, die zuvor im Topf gargekocht wurden, brauchen nur 10 Minuten.
  Zum Abknabbern kann man sie eventuell mit etwas *Gomasio** oder feinem Salz bestreuen. 408

Tips: Maiskörner sollten niemals in gesalzenem Wasser gekocht werden, sie werden dann nicht richtig gar (vor allem die Häutchen), und die Farbe wird stumpfer.

Thermogrütze (Abbildung S. 112)

Die meisten Kleinkinder von 1 1/2 Jahren werden diese vom Verarbeiter schon vorgekochte* Grütze 106 bereits verdauen können. Zuerst gibt man Hafer- und Gerstengrütze, später Weizen- und Dreikorngrütze, und wenn sie zur Schule gehen, kann man ihnen vielleicht schon Roggengrütze reichen. Kinder, die gut kauen können, finden lockere Thermogrütze meistens lecker, Träumerchen unter ihnen werden es in der Regel vorziehen, sämige Hirse und Buchweizengrütze zu essen. Ein Grund mehr, diese Getreidearten *und* Getreideprodukte abwechselnd auf den Tisch zu bringen.
Das auf der Verpackung angegebene Getreide/Wasserverhältnis und die Kochzeiten sind für Erwachsene berechnet. Für Kinder, und vor allem für die Kinder, die nicht gut verdauen können, ist es ratsam, sich nach den folgenden Angaben zu richten.

- *150 g Thermogrütze (knapp 2 dl)*
- *5 dl Wasser (Volumenverhältnis Getreide/Wasser beträgt 1:2 1/2)*
- *eventuell getrocknete Kräuter (siehe bei den Grundrezepten der entsprechenden Getreidearten), wenn nötig zerstoßen mit 1/4 Teel. Salz*

Die Grütze mit dem Wasser langsam zum Kochen bringen, den Deckel auf den Topf geben und auf kleiner Flamme (Sparbrenner, Flammenverteiler) 10 Minuten köcheln lassen. Aufpassen, daß nichts anbrennt, eventuell noch etwas heißes Wasser darüber geben. Am Ende der Kochzeit muß der Topfboden noch naß sein.
Salz und, nach Wunsch, die Kräuter dazugeben und mindestens 3/4 Stunde nachquellen lassen (eine reichlich bemessene Nachquellzeit macht die Grütze leichter verdaulich als eine lange Kochzeit).

Variation: Man kann auch einmal Roggengrütze verwenden; sie wird dann anfangs nach oben genanntem Rezept gekocht. Wenn sie gut verdaut wird, kann man, genau wie bei den anderen Grützensorten, ab diesem Alter das Getreide/Wasserverhältnis 1:2 verwenden (Hafergrütze 1:2 1/2, siehe Tip 1)

Tips:

- *Hafer*grütze ist stark gedarrt und nimmt deshalb beim Kochen viel Wasser auf (für Kleinkinder 1:3).

- Sollte die Grütze einmal zu naß geraten sein, kann man sie nach dem Quellen wieder trockendünsten, indem man den Deckel schräg auf den Topf legt und die Grütze ab und zu umrührt (den Topf solange auf den Sparbrenner stellen).
- Thermogrütze kann man auch in der Thermoskanne kochen* (1:2 1/4, Hafer 1:2 1/2; Kochzeit 124 1 Stunde, Roggengrütze 2 Stunden).
- Thermogrütze kann durch gedarrtes* und danach 404 sehr grob gemahlenes Getreide ersetzt werden.

Das Kochen von Getreide in der Thermoskanne

Wer in der Küche gerne einmal experimentiert und diese Methode beherrscht, wird Getreide nicht mehr anders kochen wollen.
Das Kochen von Getreide in der Thermoskanne ist im Prinzip für alle Getreidesorten, die nicht eingeweicht zu werden brauchen, geeignet (siehe Tip 1 und 2): Buchweizen (ganze Körner oder Grütze), Vollreis, Hirse; von den Flocken Roggen-, Weizen-, Gerste-, grobe Hafer- und Maisflocken; alle Sorten von Thermogrütze und sogar Teigwaren (aus Weizenvollkornmehl Type 1050, CH: Ruchmehl).
Das trockene Getreide (außer Vollreis und Hirse) wird in die Thermoskanne gegeben und mit kochendem Wasser übergossen. Je nach Getreidesorte ist es nach 1/4 - 3 Stunden gar. Es bleibt jedoch viele Stunden (1 Nacht) warm. Wenn man eine längere als die minimale «Kochzeit» einhält und für Gersten- und Roggenflocken und die Thermogrütze 1/4 Teil mehr Wasser nimmt als in der folgenden Tabelle angegeben ist, ist das für diese Kochmethode geeignete Getreide für die meisten Kinder auch ohne Einweichen gut verdaulich. Das Getreide wird dann allerdings etwas breiig.

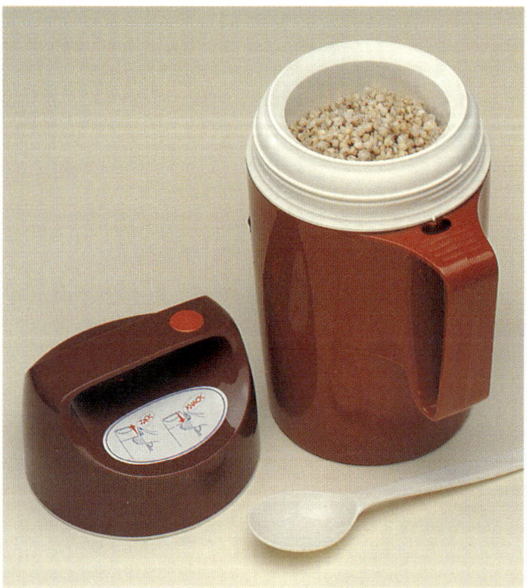

Das Kochen in der Thermoskanne ist für denjenigen praktisch, der nicht gerne früh aufsteht und das Getreide fürs Frühstück gleichzeitig mit dem Abendessen fertig machen möchte. Besonders praktisch ist dies für die Ferien, sofern man kochendes Wasser zur Verfügung hat (elektrischen Tauchsieder und metallenes Litermaß mitnehmen). Der einzige Nachteil dieser Art des Kochens ist die Mengenbeschränkung durch die Thermoskanne.

Vorbereitung:
Der Kochprozeß muß so heiß wie möglich anfangen, und die Wärme muß so lange wie möglich festgehalten werden. Voraussetzungen dafür sind:
- Eine gut isolierende Thermoskanne. Praktisch ist ein Modell mit sehr weitem Hals. Ansonsten muß man zum Einfüllen einen Trichter und zum Herauskratzen einen schmalen Teigschaber verwenden. Je größer die Kanne ist, desto länger bleibt das Getreide warm. Deshalb ist die kleinste Kanne (1/4 l) nur für eine «Kochzeit» von höchstens 30 Minuten geeignet (ausgenommen sind Flocken).
- Die Menge von Getreide und Wasser muß die Kanne mindestens zu 3/4, noch besser bis 1 cm unter den Rand füllen:
  Für eine Kanne von 1/4 l Inhalt braucht man ca. 3/4 dl Getreide (Flocken 1 dl), für eine Kanne von 8,5 dl Inhalt braucht man ca. 2 1/2 dl (Flocken bis 4 dl).
  Die Thermoskanne muß mit ***kochendem*** Wasser vorgewärmt werden (3/4 voll machen, zuschrauben und mindestens 5 Minuten stehen lassen).
- Das Getreide darf nicht eiskalt sein (das abgemessene Getreide im Winter an einen warmen Ort stellen).
- Für größere Kinder kann man das Getreide, beispielsweise Buchweizenkörner und Getreideflokken, eventuell zuerst in einer trockenen Pfanne leicht rösten. Das Getreide muß dann allerdings erst wieder abkühlen; geröstet ist es heißer als 100°C, und das kann die Kanne nicht vertragen!
- Von den ganzen Körnern wird im Sieb der Staub

abgeschüttelt (man kann sie auch waschen, siehe Tip 1). Wenn man gewürztes oder gesüßtes Getreide essen will, vermischt man die getrockneten Kräuter oder Gewürze und/oder die Dörrfrüchte (Rosinen, klein geschnittene Datteln) nach dem Abmessen mit dem trockenen Getreide. Außer bei ganzen Hafer-, Reis- und Hirsekörnern kann man auch gleich etwas Salz dazugeben.

Das «Kochen»:

- Rasch arbeiten: Das Kochwasser abmessen und zum Kochen bringen. Thermoskanne leeren, wenn das Wasser beinahe kocht, Getreide gleichzeitig mit dem kochenden Wasser hineingeben, Kanne schließen. Bei feinen Getreideprodukten, wie Grieß, sofort mit einer Gabel verrühren; dies verhindert Klumpen.
- Kurz schütteln, nach 5 Minuten nochmals schütteln (Wecker stellen).
- Kanne an einen nicht zu kühlen Ort stellen, wo es nicht zieht. Ab und zu schütteln schadet nicht.
- Kurz vor dem Essen wird das Getreide, das in der Thermoskanne gegart ist, nach den unterschiedlichen Rezepten abgeschmeckt. Wenn man aus dem Getreide(produkt), das in der Thermoskanne gekocht wurde, Brei machen möchte, muß man es noch mit kalter oder heißer Milch (maximal 70°C) vermischen.
- Gekochte Getreidereste nicht in der Thermoskanne aufbewahren; es kühlt darin zu langsam ab und bekommt einen muffigen Geschmack.

Volumenverhältnis Getreide/Wasser und «Kochzeiten»:

Bei den hier angegebenen Zeiten handelt es sich um minimale Zeiten; es schadet nicht, wenn man sie überschreitet, es kann sogar besser sein; das Getreide wird schön cremig und bleibt stundenlang heiß.

- **Buchweizengrütze:** 1 : 2 1/4; bis auf den Boden umrühren (Gabel).
  Kochzeit 25 Minuten
- **Buchweizen:** normaler und gerösteter* oder ge- 119
  darrter* 1 : 2; 404
  Kochzeit 1 Stunde; siehe auch Tip 1
- **Quinoa und Amarant:** 1 : 2;
  Kochzeit 1 Stunde; weiter siehe Buchweizen, auch Tip 1
- **Hirse:** normale Hirse 1 : 2 1/4, gedarrt* 1:2 1/2. 404
  Normale Hirse waschen und mit dem abgemessenen Wasser zum Kochen bringen (wie bei Tip 2).
  «Kochzeit» in der Kanne 1 Stunde; weiter siehe Buchweizen, auch Tip 1 und 2
- **Vollreis:** (wird nur in einer gut gefüllten, großen Kanne von mindestens 8,5 dl Inhalt gar) 1 : 2 für klebrig gekochten Reis (für Kindergartenkinder zuerst einweichen); 1 : 1 3/4 für trocken gekoch-
  ten Reis und Risotto*. Der gewaschene Reis wird 118
  mit dem benötigten Kochwasser im Topf zum Kochen gebracht (wie bei Tip 2)
  «Kochzeit» in der Kanne 3 Stunden (für Jugendliche 2 Stunden).
- **Hafer:** (nur gedarrter* wird gar): 1 : 2 1/4 404
  Kochzeit 3 Stunden. Kocht weniger klebrig als im Topf
- **grobe Haferflocken:** 1 : 1 1/4
  Kochzeit 30 Minuten
- **Weizenflocken:** 1 : 1 1/4
  Kochzeit 30 Minuten.
- **Gerstenflocken:** 1 : 1 1/2.
  Kochzeit 30 Minuten.
- **Roggenflocken:** 1 : 1 1/4.
  Kochzeit 1 Stunde. Roggenflocken kochen locker und bleiben locker; sie werden wie Nudeln (mit einer Soße) zur warmen Mahlzeit verwendet.
- **Maisflocken:** 1 : 1 1/2.
  Kochzeit 30 Minuten. Sie kochen locker, wie Roggenflocken, werden jedoch, wenn sie länger in der Kanne bleiben, klebrig.
- **Thermogrütze:**
  Gerste und Hafer: 1 : 2 1/4. Kochzeit 45 Minuten.
  Hafer: 1 : 2 1/2. Kochzeit 45 Minuten.
  Roggen: 1 : 2 1/4. Kochzeit 2 Stunden.
- **Weizengrieß:** grob: 1 : 2 1/2;
  Kochzeit 1 Stunde, nach 15 Minuten nochmals umrühren (Gabel verwenden und bis auf den Boden rühren).
  Feiner Weizengrieß kann klumpen und ist für die Thermoskanne nicht geeignet.
- **Maisgrieß** (Polenta): 1 : 2 3/4;
  Kochzeit 2 Stunden, siehe weiter wie Weizengrieß.
- **Maismehl:** wie Polenta.
  Kochzeit 1 Stunde.
- **Teigwaren** (Hörnchen): (aus Weizenmehl Type 1050, CH: Ruchmehl) 1 : 2
  Kochzeit 15 Minuten (für Kindergartenkinder 20 Minuten). Sofort abgießen, sonst werden die Teigwaren klebrig.

Tips:

- Wenn man Buchweizen-, Quinoa- oder Amarantkörner vor dem «Kochen» trotzdem **waschen** will, kann das folgendermaßen geschehen: Die trockenen Körner werden in das Wasser gegeben,

mit dem man die Kanne vorgewärmt hat. Kurz umrühren und abgießen (Sieb darunterhalten und die Körner schnell in die Kanne zurückgeben). Das abgemessene Kochwasser dazugeben und die Kanne zuschrauben. Bei diesen Handgriffen ist ein weiter Einmachtrichter praktisch.
Für Getreide, das auf diese Art gewaschen wurde, braucht man 1/4 weniger Kochwasser, als oben angegeben wurde (außer für Reis).

- Wenn man Getreidekörner und Getreideprodukte der besseren Verdaulichkeit wegen **einweichen** will, muß man das eingeweichte Getreide mit dem Einweichwasser zum Kochen bringen und kurz überwallen lassen. Sofort in die vorgewärmte Kanne schütten und zuschrauben (Trichter verwenden, dann bleibt der Rand der Kanne sauber, rasch arbeiten).
- Zum Vorwärmen der Thermoskanne kann man darin Kräutertee anbrühen (Tee-Ei oder Teebeutel verwenden).

Brei

Brei bildet für viele Kinder den Übergang zur festen Nahrung, viele mögen ihn jedoch noch, manchmal jahrelang, morgens zum Frühstück. 30-40 g Getreideprodukt und 2 1/2 dl Vollmilch (davon die Hälfte in den Brei, den Rest in den Becher) und Früchte können eine Brotmahlzeit ersetzen (bestehend aus 2 Scheiben Brot, wovon eine mit Käse oder Nußmus bestrichen wird).
Vielleicht haben Sie den Brei für Ihr Baby aus Kindermehl* gekocht. Es ist jedoch viel billiger, wenn 455
man keine vorgefertigten Getreideprodukte verwendet. Außerdem haben Sie viel mehr Möglichkeiten, die Nahrung an die individuellen Bedürfnisse Ihres Kindes anzupassen.
Der Übergang vom selbstgekochten Brei zu den gröberen und ausgesprochen nach einer bestimmten Getreidesorte schmeckenden Getreidegerichten, die zur warmen Mahlzeit gegessen werden, ist dann nicht mehr allzu groß.
Wenn Ihr kleines Kind die feine Konsistenz und (bei handelsüblichen Produkten) den indifferenten Geschmack von Kindermehlbrei gewöhnt ist, hat es vielleicht Mühe, plötzlich auf den etwas gröberen Flockenbrei umzusteigen. Man sollte dann zu Anfang die verschiedenen *Mehlsorten* (Reis, Buchweizen, Hafer*, Gerste) kochen und schritt- 405
weise immer mehr Flocken dazugeben (zusammen mit dem Mehl einweichen). Viele Kleinkinder und auch größere Kinder essen den Brei ohne weiteres ungesüßt. Wenn Sie den Brei trotzdem süßen wollen, sollte man keinen Honig, Zucker oder Sirup verwenden (es sei denn, der Brei ist als Nachspeise gedacht), sondern mit süßen frischen oder gedörrten Früchten süßen. Damit wird der Brei abwechslungsreicher, und wer die Süße schmecken will, muß das Obst gut kauen.
Der eine bevorzugt feinen, dünnen, der andere groben, festen Brei. Die 7 Getreidearten mit ihren verschiedenen Mahlprodukten und die Art und Weise, wie der Brei gekocht und angerichtet wird, bieten zahlreiche Variationen für Breiesser aller Altersstufen und jeden Charakters, in allen Jahreszeiten und sowohl für geduldige als auch für ungeduldige Köche.

Es gilt die allgemeine Regel, daß man den Brei in dem Maße, in dem das Kind größer wird, dicker machen kann (man verwendet dann mehr Getreide). Mit zunehmendem Alter kann man auch vom feineren zum gröberen Produkt übergehen. Bei dieser allmählichen Steigerung vom Mehl zum ganzen Korn muß man allerdings gut darauf achten, ob das neue Produkt auch jeweils gut verdaut wird. Ist dies nicht der Fall, kommt es zu Blähungen, Bauchschmerzen, dünnem Stuhl, oder es sind im Stuhlgang noch ganze Körner zu sehen. Dann sollte man es zuerst mit feinen Haferflocken und (Thermo-)Grütze versuchen und danach erst zu anderen Getreidesorten übergehen.

Die Vorliebe für die eine oder andere Breisorte

hängt stark von der Art des Kindes ab. Phlegmatische Kinder (sie sind die größten Breiliebhaber) werden zarte Mehlbreichen bevorzugen. Man sollte jedoch versuchen, sie durch «Überraschungen» aufzuwecken, indem man Früchte und Nüsse und/oder Kräuter in den Brei gibt (siehe die Variationen unter den Rezepten). Einem Kind, das oft traurig oder morgens schlecht gelaunt ist, kann man den Tagesanfang dadurch erleichtern, daß man ihm eine kleine Schüssel mit warmem, gewürztem (Anis) und gesüßtem Brei gibt. Ein hitzköpfiger Unruhegeist wird am liebsten festen Brei mit Nüssen kauen, wenn er Brei überhaupt mag.

Getreide schließt sich in Wasser besser auf als in Milch; ein guter Grund dafür, den Brei in Wasser zu kochen und die Milch danach erst hinzuzufügen. Vor allem auch deshalb, weil der Nährwert und der Geschmack der Milch durch das Kochen leiden und das Eiweiß von gekochter Milch schwerer verdaulich ist als von roher oder nur pasteurisierter Milch. Daß der Brei dadurch auch viel leckerer schmeckt, ist eine erfreuliche Nebenerscheinung. Diese neue Art, den Brei zu kochen, erscheint im ersten Moment etwas umständlich, Sie werden aber bemerken, daß es Ihnen bald gut von der Hand geht.

Da längst nicht alle Kinder Brei schätzen, geben wir in diesem Fall *Rezepte für eine Person* an. Die Menge (2 und 3 dl) ist für ein Kleinkind wahrscheinlich zu viel, für ein kräftiges Schulkind dagegen eher etwas knapp. Deshalb sollte die Menge an das Bedürfnis des Kindes angepaßt werden, oder man reicht ein Butterbrot dazu.

Getreideprodukte, die vor dem Kochen *eingeweicht* wurden (auch die Mehlsorten), werden leichter verdaulich und bekommen eine sahnige Konsistenz.

Brei aus feinen Getreideprodukten

(ca. 2 dl)

Zu den feinen Getreideprodukten rechnen wir das Mehl aller Getreidearten, Weizengrieß, feine Haferflocken, Hirse- und Reisflocken, Buchweizen- und Thermogrütze.

- *2 Eßl. (20-25 g) Getreide*
- *eventuell 1/2-1 Eßl. (5-10 g) Rosinen, gehackt*
- *1 dl Wasser*
- *eventuell eine Prise Salz (erst ab dem Kindergartenalter)*
- *ca. 1 dl Milch, am besten in Zimmertemperatur*

Das Getreide und die Rosinen werden im Wasser mindestens 1 Stunde, besser noch 1 Nacht, **eingeweicht**. Dieses Schüsselchen wird solange kühl gestellt (zudecken).

Das eingeweichte Getreide wird im Einweichwasser unter Rühren zum **Kochen** gebracht, auf kleinem Feuer oder dem Flammenverteiler läßt man es noch 2 Minuten weiterkochen (Grütze 5 Minuten). Wenn man Mehl oder Grieß verwendet, muß man eventuell noch ein wenig Wasser hinzugeben, sonst wird der Brei zu dick zum Umrühren.

Salz dazugeben, Feuer abdrehen und das Töpfchen (mit Deckel) noch 5 Minuten (bei Mehl), bis zu 15 Minuten (bei Grütze) auf der Kochplatte **nachquellen** lassen. Kurz vor dem Anrichten wird unter den heißen Brei so viel Milch gerührt, daß er die gewünschte Konsistenz hat; dies geht am besten, wenn man die Milch unter Rühren mit dem Schneebesen nach und nach dazugibt (siehe Tip 1). Den Brei in ein vorgewärmtes Schüsselchen oder auf einen Warmwasserteller geben und sofort anrichten (siehe Tip 2).

Variationen:

- Bei Kindern, die Vollgetreideprodukte gut verdauen können, ist eine Einweichzeit von 20 Minuten ausreichend (siehe auch *einweichen**). 111
- Die Rosinen werden durch kleingeschnittene getrocknete Aprikosen oder Datteln ersetzt (letztere brauchen nicht eingeweicht zu werden).
- Nur die Hälfte der Rosinen verwenden und kurz vor dem Anrichten einen halben fein geriebenen oder in kleine Würfel geschnittenen süßen Apfel unter den Brei rühren.
- Rosinen weglassen und kurz vor dem Essen eine ►

der folgenden Früchtesorten unter den Brei rühren:
- 1 kleine (halbe) sehr reife und süße Birne, in Würfel geschnitten
- ein Stück sehr reife Banane, in dünne Scheibchen geschnitten
- einige süße Trauben, durchgeschnitten und entkernt
- 1-2 sehr reife frische Aprikosen oder Pflaumen oder ein halber Pfirsich, in Stückchen geschnitten.
- Für Kinder mit einer Veranlagung zu Bauchschmerzen und «Blähbäuchlein» kann man das Wasser durch Fencheltee ersetzen, oder man kocht 1/4 Teelöffel Fenchelsamen mit. Vorzugsweise Haferprodukte verwenden und keinen gesüßten Brei geben, sondern kurz vor dem Essen einen geschälten und fein geriebenen süßen Apfel unter den Brei mischen.
- Eine Messerspitze fein zerstoßenen Anis- oder Koriandersamen mitkochen, oder man rührt vor dem Nachquellen eine Prise Zimt unter den Brei (schmeckt gut mit Birne). Einen so gewürzten Buchweizen- und Gerstenbrei essen auch Kinder, die dies sonst nicht gerne mögen.
- **Lämmchenbrei:** Thermomehl (Hafer oder Gerste) oder Reismehl verwenden.
- Den Brei nur mit Wasser kochen (2 dl). Kurz vor dem Anrichten werden 3-5 Eßlöffel sehr fein gemahlene Haselnüsse (oder andere Nüsse) oder 1/2-1 Eßl. Nußmus oder Tahin unter den Brei gerührt oder, sofern das erlaubt ist, ein Schuß Sahne oder ein Stückchen Butter dazugegeben.
- Reis-, Buchweizen- und eventuell Hirseprodukte (glutenarm) verwenden, nicht mit gemalztem Sirup* süßen. 342

Tips:
- Brei, der aus Versehen zu kalt geworden ist, wird sehr fest und läßt sich kaum noch mit Milch vermischen. Dasselbe kann passieren, wenn man eiskalte Milch verwendet. Dann wird der Brei nochmals vorsichtig erwärmt (auf dem Sparkocher oder au bain-marie*), eventuell mit einem 49
Eßlöffel Wasser. Dann erst die Milch darunter rühren.
- In der Milch, die den Siedepunkt nicht erreicht hat, sind noch Enzyme wirksam, die gebundenen Getreidebrei (auch Creme, Suppe und Soße) nach einer halben Stunde wieder dünn werden lassen können. Der Brei ist dann sozusagen vorverdaut; dies ist keineswegs schädlich, entspricht aber nicht unseren Bemühungen, denn wir wollen ein leckeres, sämiges Gericht auf den Tisch bekommen. Denselben Effekt können Speichel (enthält das Ferment Ptyalin) und vollwertige Süßungsmittel, vor allem Honig, haben. Diese Getreidegerichte sollten also, nachdem sie mit der Milch vermischt worden sind, nicht länger als 10 Minuten stehen; erst kurz vor dem Anrichten süßen und mit einem einmal abgeschleckten Löffel nicht mehr im Brei rühren.
- Grieß, Hirseflocken, Buchweizen- und Thermogrütze kann man in der Thermoskanne kochen* 124
und den sehr festen Brei erst kurz vor dem Essen zusammen mit der Milch auf maximal 70°C (während des Vermischens) erwärmen.

Brei aus gröberen Getreideprodukten (ca. 3 dl)

Zu den gröberen Getreideprodukten rechnen wir Maisgrieß, grobe Haferflocken, Weizen- und Gerstenflocken, Roggenflocken (nur für diejenigen, die gut verdauen können, ab ca. 4 Jahre) und die ganzen Getreidekörner, von denen wir nur die weichkochenden Sorten wie Buchweizen, Hirse und (rundkörnigen) Reis verwenden.

- *3-5 Eßl. (30-50 g) Getreide*
- *eventuell 1 Eßl. (10 g) zerschnittene Rosinen*

- *ca. 1 1/4 dl Wasser*
- *ca. 1 1/4 dl Milch*
- *eine kleine Prise Salz (ab)*

Das Getreide (und die Rosinen) im Wasser mindestens 1 Stunde, noch besser eine Nacht, **einweichen**. Das Schüsselchen wird (zugedeckt) solange an einen kühlen Ort gestellt. Das eingeweichte Getreide (eventuell mit den Rosinen) im Einweichwasser unter Rühren zum **Kochen** bringen. Eventuell noch etwas Wasser dazugeben, es darf nicht anbrennen. Die Hitze reduzieren; auf einem Flammenverteiler läßt man den geschlossenen Topf leise ***köcheln***:
- 5 Minuten bei groben Haferflocken und Buchweizen
- 10 Minuten für die übrigen Flocken, Maisgrieß und Hirse
- 30 Minuten für Reis

Die Milch mit dem Salz unter Schlagen auf 70°C (siehe Tip) erhitzen und zum Brei rühren. Rasch arbeiten und sofort den Deckel auf den Topf geben, der Brei sollte noch eine Temperatur zwischen 60 und 70°C haben, damit er (an einem warmen Ort) ausreichend **nachquellen** kann:
- 5-10 Minuten bei groben Haferflocken, Buchweizen und Hirse
- 15 Minuten bei übrigen Flocken und Maisgrieß
- 1/2-1 Stunde bei Reis

Den Brei in ein vorgewärmtes Schüsselchen geben.

Variationen:
- Siehe Variation 1 für *Brei aus feinen Getreide-produkten**. 127
- Wenn man am Tisch sowohl Liebhaber von dikkem als auch von dünnem Brei sitzen hat, nur die Hälfte der Milch erhitzen (trinkwarm oder kalt), den Rest in ein Kännchen geben, eventuell mit einem Schuß Sahne vermischt.
- Ein Zitronenschale mitkochen (zu Reis lecker).
- Wer keinen süßen Brei (mehr) mag: Rosinen weglassen, dafür etwas mehr Salz (eine große Prise) verwenden. Etwas feingeschnittenen Schnittlauch, Petersilie oder andere frische Gartenkräuter und/oder ein Stück feingeriebene Karotte dazugeben. Vor allem zu gröberem Brei schmeckt es gut, wenn man eine Kombination von Kümmel (etwas zerstoßen und mitkochen) und etwas feingeschnittenes rohes Sauerkraut gibt.
- **Buttermilchbrei:** Die Milch und eventuell auch das Wasser durch Buttermilch oder Molke* er- 427
setzen. Dies schmeckt mit Buchweizen oder Gerstenflocken am leckersten.
- «**Festtagsbrei**»: Für 4-6 Personen wird 200 g Buchweizen (am besten Grütze) in 1/2 l Wasser in fünf Minuten zu einem dicken Brei gekocht. Ein halber Liter Milch (70°C) und 1/4 Teelöffel Salz werden dazugegeben, und das Ganze sollte eine Viertelstunde nachquellen. Nun wird der Brei in vorgewärmte tiefe Teller geschöpft, und die Kinder dürfen eine Kuhle hineinmachen. Dahinein wird ein Stückchen (weiche) Butter und etwas Sirup* (Sorte nach Wahl, original ist Zuk- 343
kerrübenkraut) gegeben. Die Butter schmilzt und läßt sich in der Kuhle zu einem köstlichen Sößchen verrühren.
- **milchfrei:** Den Brei nur in Wasser kochen (3 dl). Gut nachquellen lassen und kurz vor dem Anrichten 7 gemahlene oder, für größere Kinder, gehackte Haselnüsse (eventuell geröstet*) dazugeben. 407
Man kann auch 1 - 1 1/2 Eßlöffel Nußmus oder Tahin, für größere Kinder ab und zu ein Stück cremed coconut* verwenden (die gehobelten 456
Flöckchen unter den heißen Brei rühren).
- Siehe auch die Variationen unter dem Rezept für Brei aus feinen Getreideprodukten.

Tips:
- Die auf 70°C erhitzte Milch sollte die ersten Male exakt mit einem (Lebensmittel-)Thermometer gemessen werden. Den Finger hineinstecken (es ist gerade noch auszuhalten!) und versuchen, sich diese Temperatur zu merken. In Zukunft werden Sie die Temperatur mit dem Finger messen können.
- Für größere Kinder, die Vollkorngetreideprodukte gewohnt sind, ist eine kürzere Nachquellzeit ausreichend, mit Ausnahme von Reis (wird sonst nicht sämig).
- Man kann den Brei für 2 Tage kochen (dann ohne Dörrfrüchte) und die Hälfte in ein Glas geben, bevor man die Milch darunter rührt. Diesen «Wasserbrei» bewahrt man im Kühlschrank auf, jedoch nicht länger als 1 Tag. Den Brei wieder erwärmen und mit warmer Milch vermischen (siehe auch den Tip unter dem Rezept für feinen Brei). Keinen Mikrowellenherd* verwenden. Sie 249
können den aufgewärmten Brei (wenn nötig) mit frischen Früchten oder feingehackten Datteln süßen (letztere eventuell schon gleich vor dem Aufwärmen zugeben).
- Getreide in der Thermoskanne* kochen und kurz 124
vor dem Essen die heiße Milch darunter rühren (sehr fester Brei wird erhitzt, während man die Milch damit vermischt, bis maximal 70°C).

Müsli

Das Müsli hat seinen Namen vom Schweizer Arzt Bircher Benner, der um die Jahrhundertwende lebte und das «Bircher Müsli» entwickelte (Müsli ist das Schweizer Wort für «Breichen»). Diese sehr ausgewogen zusammengestellte Rohkost wurde von Bircher als leichte Abendmahlzeit entwickelt, es wurde nur mit frischen Früchten gemacht. Das Originalrezept finden Sie bei den _Nachspeisen_*. 300

Was wir heutzutage unter Müsli verstehen, ist eine Mischung, die hauptsächlich aus Getreide, etwas Nüssen und Dörrfrüchten besteht. Man ißt es anstelle von Brot oder Brei zum Frühstück, und es hat den Ruf, sehr gesund zu sein.

Als Ernährung für Kinder sollte Müsli einige Bedingungen erfüllen:

- Verwenden Sie nur Getreideflocken, von denen Sie sicher sind, daß sie vor dem Walzen in genügend _kaltem_ Wasser eingeweicht wurden (siehe «Einweichen» unter _Das Kochen von Getreide_*). Bei biologischen Flocken ist dies 110 sicher der Fall.
- Die _Müslimischung_* sollten Sie selber ma- 131 chen. Außer der Tatsache, daß Sie dann genau wissen, was darin ist und wie frisch die Mischung ist, können Sie die Zusammenstellung der Altersstufe und dem Geschmack Ihres Kindes anpassen. Die meisten Fertigmischungen sind für die Kleinen in der Regel viel zu schwer verdaulich.
- Müsli ist für Kinder erst ab 1 1/2-2 Jahre geeignet. Für kleinere Kinder könnten Sie die Mischung zwar auch verwenden, aber da die Flocken für diese Altersstufe nicht nur eingeweicht, sondern auch gekocht werden müssen, ist es praktischer, wenn Nüsse und Dörrfrüchte noch nicht beigemischt sind. Mit dem Müsli sollte man erst anfangen, wenn das Kind gekochten Brei aus groben Getreideprodukten gut verdauen kann. Man verwendet dann zuerst _un_geröstete Flocken und läßt sie die ganze Nacht einweichen. Nicht eingeweichtes, kurz vor dem Essen mit Milch übergossenes Müsli ist nur für diejenigen Schulkinder geeignet, die gut verdauen können. Man muß dann allerdings darauf achten, daß diese oft hastigen Esser auch gut kauen und genügend dazu trinken (uneingeweichtes Müsli kann nur dann gut verdaut werden, wenn mindestens das dreifache Volumen an Flüssigkeit im Magen ist!).
- Müsli wird immer in Wasser eingeweicht und an einen kühlen Ort gestellt (im Sommer in den Kühlschrank, damit sich keine Bakterien bilden).
- Kurz vor dem Anrichten wird _warme_ Milch dazugegeben, oder, wenn man es vorzieht, Joghurt dazuzumischen, wird die Mischung au bainmarie* angewärmt. Eiskaltes Essen auf nüchter- 49 nen Magen ist für niemanden bekömmlich.
- Wenn man kurz vor dem Essen frisches Saisonobst unter das Müsli mischt, wird es abwechslungsreich; ein geriebener Apfel (oder wenigstens ein ordentliches Stück davon) als Basis macht das Müsli schön luftig.
- Größeren Kindern, die ein trockenes, knuspriges Gemisch vorziehen, reicht man noch frische Früchte oder (verdünnten) Fruchtsaft dazu (Früchte fördern die Aufnahme von Mineralstoffen aus Getreide).

Dörrfrüchte in der Müslimischung können frische Früchte nicht gänzlich ersetzen, denn sie enthalten kein Vitamin C.

Grundrezept für ein Frühstücksmüsli

- *2-3 Eßl. (20 g) Müslimischung (siehe unten Variation 1)*
- *1/2 dl Wasser*

- *ca. 1/2 dl warme Milch (max. 70°C)*
- *1/2 geriebener Apfel oder ca. 50 g andere, sehr reife, zerdrückte frische Früchte*

Die Müslimischung wird mindestens 8 Stunden in Wasser eingeweicht; das Schüsselchen wird zugedeckt an einen kühlen Ort gestellt. Kurz vor dem Essen wird der Rest der Zutaten darunter gerührt. Wenn das Kind größer wird, kann man mehr Müslimischung nehmen; die Flocken sollten jedoch immer in Wasser (bedeckt) eingeweicht werden. Ausreichend zu trinken dazugeben: Kräutertee oder Milch, je nach dem, wieviel Milch im Lauf des Tages getrunken wird.
Manche Kinder essen zum Müsli noch gerne etwas Festes, beispielsweise eine Brotrinde oder einen Cracker*. 378

Variationen:
- Die warme Milch kann durch Viili* oder Joghurt 464
ersetzt werden, das Müsli wird dann au bain-marie* auf die gewünschte Temperatur erwärmt. 49
- Für größere Kinder die Variationen unter Müslimischung (siehe unten) beachten.
- Für magere Kinder wird ein Teil der Milch durch Sahne ersetzt, zusätzlich werden Nüsse dazugegeben.

Müslimischung (ca. 500 g)

Dieses Müsli hat dadurch, daß es leicht geröstet wurde, einen besseren Geschmack. Man kann davon einen Vorrat anlegen, luftdicht verpackt aufbewahren (an einem dunklen, trockenen und nicht zu warmen Ort). In der folgenden Mischung finden Sie keine Weizenflocken, weil Weizen in Brot und anderem Gebäck, in Teigwaren und Pfannkuchen im Ernährungsplan in genügender Menge auftritt.
Indem man Flocken und Früchte wechselt, kann man dem Müsli immer wieder einen anderen Geschmack geben und die Mischung auch der Altersstufe anpassen; man kann auch für jedes Kind ein angepaßtes Müsli herstellen (siehe Variationen).
Die folgende Mischung ist ziemlich grob (Variation 1 ist feiner). Die Nüsse werden nicht gehackt, denn der Nährwert von gehackten Nüssen läßt schnell nach. Außerdem regen ganze Nüsse zum Kauen an, was für eine gute Verdauung des Müslis eine Voraussetzung ist.
Zur Anwendung siehe die Einleitung und das *Grundrezept für ein Frühstücksmüsli*.

Für ein Backblech von ca. 30 x 40 cm

- *3 dl (150 g) grobe Haferflocken*
- *2 dl (150 g) Gerstenflocekn*
- *1 dl (85 g) Hirseflocken*
- *1 dl (ca. 50 g) Sonnenblumenkerne oder 100g Nüsse nach Wahl*
- *eventuell 1 Eßl. (6 g) Anissamen*

- *1 1/2 dl (100 g) Rosinen und/oder in Streifen geschnittene gedörrte Aprikosen*

Die Mischung (ohne Dörrfrüchte) wird ca. 3/4 cm dick, dicht zusammen auf einem trockenen Backblech ausgebreitet.
Backen: ca. 15 Minuten bei 160°C, mittlere Schiene. Die Mischung fängt an zu duften, darf jedoch kaum dunkler werden. Wenn sie an manchen Stellen beginnt braun zu werden, sollte man kurz umwenden oder das Backblech anders herum in den Ofen schieben.
Dörrfrüchte dazugeben, die Mischung durch und durch abkühlen lassen und in ein Glas geben (auf ein zusammengelegtes und wieder auseinandergefaltetes Stück Papier geben, dann fällt nichts neben das Glas).

Variationen:
- Nur feine Hafer-, Buchweizen- und Hirseflocken verwenden und *nicht* rösten. Keine Kerne oder Nüsse daruntermischen, jedoch kurz vor dem Essen frisch gemahlene Mandeln oder Haselnüsse oder 1/2 Eßl. Nußmus oder Tahin dazugeben.
- 1 dl der Haferflocken durch Roggenflocken ersetzen.
- Das Müsli kann man knuspriger machen, indem man nach dem Rösten 2-3 dl biologische Cornflakes* oder Popcorn* oder 1 dl gedarrten* oder 382
gerösteten Buchweizen (siehe *Kasha**) darunter- 119
mischt. Wenn das Müsli eingeweicht gegessen ►

wird, fügt man diese knusprigen Zutaten erst kurz vor dem Essen dazu.
- Für Leckermäuler werden die Rosinen durch in Streifen geschnittene Datteln oder Feigen ersetzt.
- Ein Teil der Samen/Nüsse kann durch Kokosraspeln oder durch kurz vor dem Essen frisch gestoßenen gerösteten* Sesamsamen ersetzt werden. 408
- Reis- und Buchweizenflocken verwenden und kurz vor dem Anrichten biologische Cornflakes* 383
dazumischen.

Tip: Wenn Sie keinen Backofen besitzen, können Sie die Flocken-Nußmischung auch in einer großen Bratpfanne mit dickem Boden rösten, die Gefahr des Anbrennens ist jedoch viel größer. Das «Mehl», das immer bei den Flocken ist, wird sehr viel schneller braun, und die Nüsse bekommen einen bitteren Geschmack, wenn sie zu stark geröstet werden. Deshalb sollte man die Mischung nur *sehr langsam* (1/2 Stunde lang) auf sehr *kleiner* Flamme rösten; alle 3-5 Minuten umwenden (Küchenwecker).

Budwigmüsli (für einen guten Esser)

Ein Müsli, das die deutsche Ärztin Budwig für Sportler und Rekonvaleszenten entwickelt hat. Die Nährstoffe sind in dieser Zusammenstellung und Zubereitung besonders gut verwertbar. Als tägliches Müsli ist es für kleine Kinder zu eiweißreich, es sei denn, man ersetzt den Quark durch Viili* oder Joghurt. 464
Zu diesem cremigen Müsli reicht man einen Vollkorncracker* oder eine geröstete Scheibe Brot und trinkt Kräutertee voraus. 378

- *2-3 Teel. flüssigen Honig*
- *1 Eßl. Leinöl*
- *3 Eßl. Milch*

- *100 g mageren Quark*

- *2 Eßl. frisch gestoßenen oder gemahlenen Leinsamen*
- *1 geriebenen Apfel oder andere klein geschnittene Früchte*

In einem Schüsselchen wird mit einer Gabel der Honig mit dem Öl und der Milch zu einem homogenen Sößchen geschlagen. Dann wird, nach und nach, der Quark daruntergerührt, bis keine Öltropfen mehr sichtbar sind. Eventuell mit etwas Milch in die gewünschte Konsistenz bringen.
In einem anderen Schüsselchen wird der Leinsamen mit den Früchten vermischt und die Quarksoße darübergeschüttet. Sofort anrichten.

Variationen:
- Ein wenig feine Haferflocken unter die Soße rühren und 1/4 Stunde ruhen lassen (Brot ist dann nicht notwendig).
- Das Müsli kann auch herzhaft gemacht werden, indem der Apfel durch fein geraspelte Karotte und 1 Eßl. Schnittlauch ersetzt wird. Keinen oder weniger Honig hinzufügen, eventuell durch etwas Gomasio* ersetzen. 408

Thermogrützenmüsli (für 1 Person)

In vielen Familien wird heutzutage «Frischkornmüsli» gegessen. Die Basis dafür ist immer frisch gemahlenes, nicht vorbehandeltes Getreide, das nur eingeweicht (also nicht gekocht) wird. Für manche Diät (auf ärztlichen Rat) kann dies gesund sein, ist jedoch für die meisten Kinder durch das rohe Getreide eine zu große Belastung für das Verdauungssystem und auf die Dauer auch für den Wärmeorganismus. Vor allem für allergische Kinder ist ungekochtes Getreide besonders problematisch. Für kräftige Kinder, die gerne kauen und einen ausgesprochenen Getreidegeschmack lieben, kann man Grützenmüsli aus groben Getreideflocken (Weizen, Gerste und Roggen) oder aus *Thermogrütze** machen (Hafer, Ger- 106
ste oder Dreikorn).
Man gießt 3/4 dl kochendes Wasser über 3 Eßl. (30 g) Grütze und läßt dies mindestens 8 Stunden, lieber noch 1 Nacht, zugedeckt stehen. Für die weitere Zubereitung richtet man sich nach dem *Birchermüsli**. 304

Variationen:
- Die Thermogrütze kann zum Teil oder insgesamt durch gedarrten Buchweizen* ersetzt werden 404
(eventuell im Mörser etwas zerstoßen).
- Die Grütze mit dem Wasser zum Kochen bringen und, im geschlossenen Topf, mindestens 20 Minuten (nicht mehr auf dem Herd) stehen lassen.
- Siehe Variation unter *Müslimischung**. 131

Eintopfgerichte und Aufläufe mit Getreide

Für diese Eintopfgerichte sollte es eigentlich nicht notwendig sein, Rezepte zu schreiben – wer schon seit einiger Zeit Getreide kocht, wird dieses Kapitel dann auch überspringen. Ein erfahrener Getreidekoch kombiniert Reste gekochten Getreides mit (kräftigem) Gemüse und vermischt das Ganze mit etwas Eiweißreichem wie Käse, Ei oder Quark. Er pflückt im Garten die dazu passenden frischen Kräuter, schneidet ein wenig Zwiebel und/oder reibt ein wenig Karotte dazu und schmeckt die Masse mit den richtigen Kräutern aus dem Kräuterregal pfiffig ab. Wenn er keine Eile hat, kann er die Schüssel noch für einige Zeit in den Backofen geben, denn dann wird das Ganze nicht nur sämig, sondern auch noch im Geschmack runder.

Solche **Getreideaufläufe** kann man zum großen Teil im vorhinein fertig machen (bis auf das rohe Gemüse und die frischen Kräuter), und eine Schüssel mit frischem Salat ist schnell gemacht.

Hirseomelette à la minute (1 Person)

Während Sie den grünen Salat fertig machen und eine Karotte raffeln, ist dieses schnelle Gericht gar.

- *1/2 Eßl. Butter oder Öl*
- *50-100 g Kürbis, Zucchini oder Topinambur (oder gemischt), in 3/4 cm dicke Scheiben geschnitten*

1/2 Ei, verquirlt mit
- *1 dl Wasser*
- *3 Eßl. (30 g) Hirsemehl** 406
- *1/4 Teel. Thymian, zerstoßen mit*
- *einer Messerspitze Salz*

- *eventuell 1 Eßl. geriebener Käse*

Die Butter in einer Bratpfanne mit Deckel schmelzen lassen und das Gemüse hineingeben. Den Deckel daraufgeben und höchstens 5 Minuten dämpfen (mäßige Hitze).

Die Gemüsescheiben umwenden und die Hirse/Eiermischung darüberschütten.

Weiterbacken, bis das Omelette fest ist, ca. 5 Minuten (den Deckel auf die Pfanne geben und hin und wieder mit einer Gabel die Masse etwas hochheben, damit die oben schwimmende «Soße» auch fest wird).

Das Omelette wenden und die Hitze zurückschalten. Nun wird das Omelette (Pfanne wieder zudecken) in 10-15 Minuten durch und durch gar gebacken.

Zum Schluß streut man den Käse darüber und läßt ihn schmelzen.

Variationen:
- Das halbe Ei wird durch 1 Eiweiß ersetzt.
- Das Ei kann, wenn nötig, durch eine Mischung aus 3 Eßl. Quark, 1 Eßl. gemahlenen Haselnüssen und 1 Eßl. Buchweizenmehl ersetzt werden (mit Wasser anrühren). Keinen Käse über das Omelette streuen.

– Der geriebene Käse kann durch 1 Eßl. geröstete Sonnenblumenkerne* oder grob gehackte Nüsse ersetzt werden; oder man gibt unter die Hirsemischung geriebene Nüsse. 408
– 1-2 Tomatenscheiben und/oder einen in Scheibchen geschnittenen Champignon mitbacken (in diesem Fall nur 1 dl Wasser nehmen).
– Das Hirsemehl wird durch 2 Eßl. Maismehl ersetzt (eventuell halb und halb Reis- oder Buchweizenmehl). Wenn man ausschließlich Reis- und/oder Buchweizenmehl verwendet, ist das Omelette in wenigen Minuten gar (die graue Farbe dieser Mehlsorten kann man durch 1 Messerspitze Kurkuma auffrischen).

Tip: Nicht mehr als 2 Portionen auf einmal in der Bratpfanne backen.

Eintopf mit rohem Gemüse

Für Kinder, die keine Rohkost mögen, und für Liebhaber von sämiger Kost aller Altersstufen. Wenn man unter den Eintopf Fleisch oder Käse mischt, ist eine Früchtenachspeise ausreichend; sonst reicht man einen *Nachtisch aus Milchprodukten** dazu. 311

– *1 Rezept Hirsepüree** 117
– *ca. 150 g milden Käse in Stückchen geschnitten*
– *oder 50 g geröstete Sonnenblumenkerne* oder andere Nüsse (75 g);* 408
– *oder 100 g ausgebackene Speckwürfel; oder 100 g geräucherte Wurst in Würfel geschnitten, kurz gebraten*
– *200-400 g Gemüse (weniger von leichtem Gemüse wie Postellein, viel von schweren Sorten wie Karotten)*
– *für die etwas größeren Kinder fein geschnittene frische Gartenkräuter wie Schnittlauch, Petersilie, Basilikum*

Geeignete Gemüse sind:
– *Frühjahr:* der erste Spinat; Rübstiele; Kresse; Brunnenkresse; Brennesselspitzen oder anderes **Wildgemüse** wie Melde, Vogelsternmiere, Hirtentäschel oder Löwenzahnblätter (bevor sich in der Blattrosette die Blütenblätter bilden, danach schmecken diese Blätter zu bitter), in Kombination mit zartem Blattgemüse und jungen Karotten
– *Sommer:* Spinat (kleinblättriger oder Neuseeländer Spinat); die grünen, jedoch nicht zu zähen Blätter von Kopf- oder Eissalat; das Herz von Spitzkraut, Chinakohl und Endiviensalat; Postellein in Kombination mit Karotten; Sommer-Rote-Bete in Kombination mit Kopf- oder Eissalat; das Innerste einer Fenchelknolle, sehr fein gehobelt.
– *Herbst und Winter:* was noch vom Sommergemüse übrig ist; saftige Karotten und Rote Bete; Winterpostellein; Feldsalat; Chicorée in Kombination mit Rote Bete oder Karotten.

Zuerst wird das Püree gekocht und das Gemüse geputzt.
Den «**Eiweißlieferanten**» richten: Käse, Nüsse, Speck oder geräucherte Wurst.
Das Gemüse waschen, in einer Salatzentrifuge oder in einem Geschirrtuch trockenschleudern und auf Zimmertemperatur kommen lassen (sonst kühlt das Püree zu schnell ab).
Nüsse oder Speckwürfel knusprig rösten.
Das Gemüse wird erst kurz vor dem Essen so fein wie möglich geschnitten und/oder geraffelt.
Das Püree unter Umständen noch einmal unter Rühren erwärmen und den Käse oder andere **eiweißhaltige Zutaten** darunterrühren (außer den knusprigen).
Das Gemüse unter das Püree schöpfen und das Knusprige darüberstreuen. Sofort anrichten, sonst zieht das Gemüse Wasser, und der Eintopf wird klebrig.

Hutspot

Hutspot (eine holländische Spezialität) ist, seines süßlichen Geschmacks wegen, bei den meisten Kindern der beliebteste Eintopf. Wenn man ihn auf der Basis von Hirse macht, ist er sehr leicht verdaulich und auch ohne Rindfleisch sehr nahrhaft. Wenn man alles zusammen in einem Topf kocht, ist er schnell fertig, sämiger wird er, wenn man die Variation 1 macht.

– *200 g Hirse (2 1/2 dl) mindestens 1/2 Stunde eingeweicht in*
– *6 1/2 dl Wasser (1:2 1/2) mit*
– *1 Lorbeerblatt*

– *400 g Karotten (geschält gewogen) in 1/2 cm dicke Scheibchen geschnitten*
– *1-2 Zwiebeln (100-200 g), geschnitten*

- *1/4-1/2 Teel. Fenchelsamen, zerstoßen mit*
- *ca. 1/2 Teel. Salz*

- *50-100 g milden Käse, in 1/2-1 cm große Würfel geschnitten*

Die Hirse mit dem Wasser und dem Lorbeerblatt langsam zum Kochen bringen. Den Rest der Zutaten (mit Ausnahme des Käses) in der genannten Reihenfolge darauflegen; *nicht* umrühren. Wieder zum Kochen bringen und auf kleiner Flamme (Deckel auf den Topf) alles in ca. 20 Minuten garen. Achtung vor Anbrennen.
Das Lorbeerblatt entfernen und alles miteinander zerstampfen. Der Hutspot wird eventuell mit Milch oder Sahne in die gewünschte Konsistenz gebracht, oder man rührt ein Stückchen Butter darunter.
Die Oberfläche schön glatt streichen und die Käsewürfel hineindrücken.

Variationen:
- Sämiger (jedoch auch umständlicher) wird der Hutspot, wenn man das Gemüse in wenig Wasser mit einem Stückchen Butter und 1/2 Teel. Salz separat kocht und dann erst mit dem Hirsepüree* 117
zerstampft.
- Die Hälfte der Karotte durch Pastinake ersetzen (weniger süßlich).
- Die Zwiebeln durch Lauch ersetzen.
- Der Käse wird durch in Öl gebackene *Sonnenblumenkerne** oder *geröstete Mandelstifte** er- 388,407
setzt.
- Die Zwiebeln weglassen, eventuell durch Fenchelknolle ersetzen. Für sehr kleine Kinder nimmt man anstelle des Käses etwas Magerquark und/oder 1 Teel. Butter oder Öl.
- Etwas mehr Zwiebeln oder Lauch verwenden (bis 200 g).
- Wenn man die Zwiebeln in etwas Öl hellbraun brät, bekommt der Hutspot mehr Geschmack.
- **Hutspot mit weißen Bohnen**: Die Hälfte der Hirse wird durch 150 g eingeweichte und mit dem Einweichwasser gekochte weiße Bohnen ersetzt (das sind ca. 400 g gekochte Bohnen). Den Käse weglassen, die in Ringe geschnittenen und gebratenen Zwiebeln auf den Hutspot legen.

Tip: Aus einem Hutspotrest kann man eine leckere Suppe machen: mit Bouillon verdünnen und mit etwas Salz oder Sojasoße* und viel Petersilie ab- 462
schmecken.

Eintopfgericht aus Hirse oder Buchweizen und Gemüse

Die kurze Kochzeit von Hirse oder Buchweizen paßt zu der Kochzeit der meisten festen Gemüsesorten, deshalb kann man alles in einem Topf aufs Feuer geben. Man muß allerdings gut aufpassen, daß nichts anbrennt, deshalb sollte man einen Topf mit gut schließendem Deckel verwenden, das Feuer niedrig halten und ab und zu kontrollieren, ob stets genug Feuchtigkeit im Topf ist. Mit Hirse wird dieses bunte Gericht locker, mit Buchweizen sämig.
Mit einem Schüsselchen geriebenem Käse oder gebackenen (oder gerösteten) Sonnenblumenkernen* 408
und mit frischem grünem Salat servieren.

- *1 Eßl. Öl*
- *1 große Stange Lauch, geputzt gewogen ca. 150 g, in 1 1/2 cm dicke Stücke geschnitten (bei Buchweizen 1/2 cm)*
- *500 g Karotten oder anderes kräftiges Gemüse (siehe unten), in 1 cm dicke Scheiben oder Würfel geschnitten (bei Buchweizen fein gehobelt)*

- *300 g Hirse oder Buchweizen*
- *6 dl Bouillon (aus Gemüseabfall)*

- *1/2 Teel. Salz*
- *nach Wunsch 1/4 Teel. Koriander, zerstoßen oder 1/4 Teel. Curry*
- *2-3 Eßl. Petersilie, fein geschnitten*

Geeignete Gemüsesorten sind:
- Sommer-Rote-Bete (ergeben ein rosarotes Gericht) in Kombination mit Blumenkohl(röschen)
- Karotten mit Bleichsellerie, Fenchel oder Schwarzwurzel
- Karotten mit Broccoliröschen
- junge Karottenstückchen mit frischen Erbsen (sehr zarte Erbsen nur die letzten 10 Minuten mitkochen)
- Prinzeßbohnen, Brechbohnen oder Stangenbohnen mit Tomaten, das Fruchtfleisch in Würfel geschnitten und abgetropft (nur die letzten 5 Minuten mitkochen)
- Lauchringe mit Kürbiswürfeln
- Karotte mit kleinen Rosenkohlröschen
- Pastinake mit Kohlrabi
- Zucchini mit roter Paprikaschote

►

In einem großen Topf mit dickem Boden wird das Öl mit dem Lauch erwärmt und auf mäßigem Feuer gedünstet, bis der Lauch zusammenfällt. Auch die Karotten einige Minuten mitdünsten, bis alles gut riecht, es darf jedoch nichts ansetzen. Die Bouillon darüberschütten und die Hirse dazugeben. Alles zum Kochen bringen.

Aufgepaßt: Da Buchweizen eine kürzere Kochzeit hat als Hirse, muß man das Gemüse zuerst 10 Minuten alleine kochen und dann den Buchweizen dazugeben.

Die Hitze vermindern und das Ganze, zugedeckt, leise köcheln lassen; bei Hirse 25 Minuten, 10 Minuten bei Buchweizen (siehe Einleitung für dieses Rezept).

Nicht nur das Getreide, sondern auch das Gemüse probieren, ob es gar ist.

Nun gibt man Salz und Kräuter dazu und läßt den Topf, nicht mehr auf dem Feuer, zugedeckt noch 5 Minuten stehen.

Variationen:
- Der Lauch wird durch ca. 75 g fein gehackte Zwiebel, durch in Streifen geschnittenen (Hirse) oder gehobelten (Buchweizen) Bleichsellerie, Fenchel, Kohl oder Paksoy ersetzt.
- Die Karotte durch Pastinake, Sellerie, Kohlrabi oder Steckrübe oder in Würfel geschnittenen Kürbis (bei Hirse erst nach der Hälfte der Kochzeit dazugeben) ersetzen.
- Die gedämpfte Zwiebel oder den Lauch weglassen und kurz vor dem Anrichten (nach Wunsch) etwas Öl dazugeben. Keinen Sellerie verwenden.
- Die Hirse durch Thermogrütze ersetzen (Gerste oder Hafer für Kindergartenkinder, für größere Kinder auch Weizen oder Roggen).
- Buchweizen verwenden.

Tip: Einen Rest von diesem Gericht gibt man in eine Auflaufform, streut etwas geriebenen Käse mit Paniermehl (halbe-halbe) oder Sonnenblumenkerne mit Butterflöckchen darüber und läßt es im Ofen heiß werden (180°C, 10-20 Minuten, je nach Menge).

◄ *Eintopfgericht aus Gerste, Linsen und Kohl*

Eintopfgericht aus Gerste, Linsen und Kohl

Dieses winterliche Eintopfgericht ist ein östlich gewürztes Gericht, zu dem ein saftiger Rote-Bete-Salat*, garniert mit Winterpostellein, paßt. Mit einem 291
Apfelsinensalat als Nachtisch ist dies eine kräftige Mahlzeit.

- *200 g Gerstenkörner oder Graupen*
- *100 g Linsen (siehe Tip) eingeweicht und gekocht in*
- *9 dl Wasser, nach dem Grundrezept Gerste** 120

Mitkochen:
- *1 Lorbeeblatt*
- *1/2 Zimtstange*
- *1/2 Teel. Koriandersamen*
- *3 Gewürznelken*

- *1/2 Teel. Salz*

- *1 Eßl. Öl*
- *1 Stange Lauch oder 1 große Zwiebel, in 1 cm breite Ringe geschnitten*
- *1/2 Eßl. Curry*
- *ca. 300 g Weißkohl, in Stücke geschnitten und diese wiederum in 2 cm breite Streifen geschnitten*

- *ca. 1 dl Wasser*
- *4 kleine Kochbirnen, geschält und in 4 Schnitzen*
- *1 Eßl. Shoyu** 462
- *1/4 Teel. Rübenkraut oder Vollrohrzucker*
- *1/4 Teel. Salz*
- *2-3 Eßl. Sellerieblätter oder Petersilie, fein geschnitten*

- *1 Eßl. Öl*
- *30-50 g Sonnenblumenkerne oder Mandelstäbchen*

Nach dem Nachquellen werden das Lorbeerblatt und die Zimtstange aus dem Getreide-Linsengemisch entfernt und auf die Seite gelegt. Salz zufügen.
In einem großen Topf werden der Lauch oder die Zwiebel im Öl erwärmt und glasig gedünstet. Auch den Curry und den Kohl mitkochen, bis letzerer zusammengefallen ist (mäßige Hitze).
Das Wasser dazugießen, die Birnenschnitze darauflegen und die Kräuter zufügen, auch die beiseite gelegten Gewürze, jedoch nicht die frischen Kräuter. Alles zum Kochen bringen und gut umrühren. Das Feuer vermindern, wenn der Deckel heiß ist, und alles ca. 20 Minuten dünsten. Aufpassen, daß nichts anbrennt.
Lorbeerblatt, Zimtstange und nach Möglichkeit auch die Gewürznelken entfernen und das Getreide-Linsengemisch und die frischen Kräuter dazugeben; kein Püree daraus machen. Nochmals zum Kochen bringen und 5 Minuten durchziehen lassen (Deckel auf den Topf).
Inzwischen werden die Sonnenblumenkerne* im Öl 388
gebacken und über das Gericht gestreut.

Variationen:
- Die Gerste durch **Roggen** oder **Weizen** ersetzen.
- Die Linsen durch andere **Hülsenfrüchte** ersetzen (grüne Erbsen oder Kichererbsen, Kapuzinererbsen oder weiße Bohnen).
- Die Gerste durch **Vollreis*** ersetzen (einweichen 118
ist nicht notwendig, nur die Linsen müssen nach dem Jahreswechsel eingeweicht werden).
- Die Gerste durch **Thermogetreide** ersetzen (Hafer oder Gerste).
- **Auflauf:** Eine Soße machen aus 1 1/4 dl saurer Sahne, Viili* oder Joghurt (oder halb/halb), 1/2 464
Eßl. Gomasio* und 1/2-1 Teel. Curry (für Kinder- 408
gartenkinder 1/4 Teel. Zimt). Diese Soße wird auf das Getreide gestrichen.
Backen: ca. 30 Minuten bei 180°C, mittlere Schiene (ein im vorhinein zubereiteter, kalter Auflauf braucht 10 Minuten länger).
Nach der Hälfte der Backzeit werden (ungeröstete) Kerne oder Nüsse darübergestreut.

Tip: Einen Rest von gekochten Hülsenfrüchten verwenden (ca. 250 g). Man braucht dann zum Kochen des Getreides weniger Wasser (siehe die entsprechenden Grundrezepte).

Hafereintopf mit Gemüse

Mit im vorhinein gekochtem Getreide und bereits geputztem Gemüse ist dieser herzhafte Auflauf schnell fertig. Inzwischen kann man den (grünen) Salat und die Nachspeise (mit Milchprodukten) zubereiten. Den Ofen rechtzeitig anheizen.

- *ca. 450 g gekochte Haferkörner* (150 g unge-* 120
kocht), am liebsten aus gedarrtem Hafer; oder* 404
*Thermogrütze** 123

- *1 Eßl. Öl*
- *1/2 Zwiebel, fein gehackt*

- *ca. 75 g Lauch, in 1 cm breite Ringe geschnitten*
- *ca. 100 g Fenchelknolle, dünn gehobelt*
- *1 kleine rote Paprikaschote, in Stücke geschnitten oder 1 Eßl. Rosenpaprika*
- *ca. 150 g Sellerie oder Bleichsellerie, in «Streichhölzchen» oder dünne Scheibchen geschnitten*

- *1/2 Eßl. Origano oder Basilikum*
- *4-5 Rosmarinnadeln, fein zerstoßen mit*
- *1 Messerspitze Salz*
- *1 dl Sahne oder Bouillon mit 1-2 Eßl. Öl*

- *eventuell 30-50 g Sonnenblumenkerne oder grob gehackte Nüsse*

- *1 Auflaufform von mindestens 1 1/2 l Inhalt, eingefettet*

Das Öl mit der Zwiebel erwärmen und diese glasig dünsten. Das übrige Gemüse mitdünsten, bis es zusammenfällt und lecker riecht. Mit 2 Eßl. Wasser ablöschen und das Gemüse 3-5 Minuten gardünsten (Deckel auf den Topf und Hitze vermindern).
Den Hafer und den Rest der Zutaten darunter rühren und die Mischung in die Schüssel geben. Alles schön glatt streichen und mit Nüssen bestreuen.
Backen: 30-40 Minuten bei 180°C, mittlere Schiene.

Variationen:
- Die Haferkörner durch grobe Haferflocken oder andere Getreideflocken ersetzen (außer den für dieses Alter noch zu schwer verdaulichen Rog- ►

genflocken und den für dieses Gericht zu weichen Reis- oder Buchweizenflocken). Die Flocken mindestens 1 Stunde in 1/2 l heißer Bouillon einweichen und 1/2 Teel. Kümmel- oder Fenchelsamen dazugeben. Ab und zu umschöpfen, die Flocken müssen gleichmäßig feucht werden. Erst dann weiterarbeiten, wenn alle Flüssigkeit aufgenommen ist, und wie gekochtes Getreide verarbeiten. Mit Flocken wird das Gericht weniger locker, dafür leichter verdaulich.

- Die Haferkörner durch Roggen-, Weizen- oder Gerstenkörner ersetzen (in Form von Thermogrütze – mit Ausnahme von Roggen – auch für kräftige Kleinkinder geeignet).
- Maisflocken verwenden; verarbeiten wie bei Variation 1.

Tip: siehe auch *Reissoufflé** 140

Hirseauflauf mit Käse und Bananen

Ein süß-pikantes Gericht, das auch Kinder, die noch nie Hirse gegessen haben, lecker finden werden. Rohkost aus einem Wurzelgemüse auf einer Unterlage von Winterpostellein oder jungem Spinat gibt die nötige Farbe und schmeckt gut dazu.
Dieses sämige Hirsegericht ist auch zum Füllen von Gemüse (Kürbis*, Zucchetti oder Tomaten) gut ge- 59
eignet, oder man kann es in einer Timbalform* oder 58
in einem Ring anrichten.

- *1 Rezept Risotto aus Hirse*, vor dem Nachquellen vermischt mit* 119
- *1/2 Teel. Kurkuma*
- *2-3 Eßl. (25 g) Rosinen*
- *1/4 Teel. Majoran, fein zerstoßen mit*
- *1/4 Teel. Salz*

- *1 dl Sahne oder milde Bouillon mit einem Stückchen Butter oder Öl*
- *75-100 g milden Käse, in 3/4 cm große Würfel geschnitten*
- *1 große reife Banane, in 1/2 cm dicke Scheiben geschnitten*

Die Hirse nicht länger als 1 Stunde nachquellen lassen, sonst kühlt sie zu sehr ab. Auf mäßigem Feuer vorsichtig mit der Sahne verrühren und zum Schluß den Käse und die Banane daruntermischen. Mit Salz abschmecken (Salzgehalt des Käses berücksichtigen). Die Hirse in eine vorgewärmte Schüssel geben.

Variationen:
- An einem Festtag kann man die Hirse mit frischen Ananasscheiben oder
- roten und grünen Paprikastreifen, die in Butter geschmort wurden, garnieren und geschälte und geröstete Mandeln darüberstreuen.
- Den Käse durch 50-75 g in Stücke gebrochene Walnüsse oder geröstete Cashewnüsse* ersetzen. 407
- Das Kurkuma durch Curry ersetzen.
- Die Hirse nach dem Grundrezept* kochen. 116

Tip: Wenn man das Gericht im vorhinein fertig machen will, kann man es in eine Auflaufform geben, feines Paniermehl darüberstreuen und hauchdünne Butterflocken darauflegen; oder man streut grob gehackte Haselnüsse oder Mandeln darüber.
Backen: ca. 20 Minuten bei 180°C, mittlere Schiene

Hirsekuchen mit Karotten und Lauch (4-6 Personen)

Ein Eintopfgericht, das, auf einem knusprigen Teig angerichtet, (beinahe) eine elegante Festmahlzeit ist. Der Kuchen gelingt immer und ist auch aufgewärmt noch lecker (dann den nitratreichen Sellerie durch Fenchel ersetzen).

- *1/2 Rezept Bröselteig** 346

- *150 g Hirse (1 3/4 dl)*
- *5 1/2 dl Wasser oder Bouillon (1:3)*
- *1 Lorbeerblatt*
- *1/2 Teel. Salz*

- *ca. 250 g Karotten, fein geraffelt*
- *1 Stengel (75 g) Bleichsellerie, fein geschnitten oder 50 g Sellerie, geraffelt*
- *1 Stückchen Lauch oder eine kleine Zwiebel (50 g), fein geschnitten*
- *2-3 Eßl. Petersilie oder Sellerieblätter, fein geschnitten*
- *50-75 g Haselnüsse oder Mandeln, fein gemahlen*
- *2 Eigelb*
- *1/2-1 Teel. Curry*
- *eventuell etwas Gomasio* oder Sojasoße** 408,

- *2 Eiweiß, steif geschlagen*
- *1 Springform oder Pizzaform von 26-28 cm Durchmesser*

Die Hirse nach dem *Grundrezept** kochen. 116
Den Teig 2-3 mm dick auswellen und in die Form legen*, der Rand sollte ca. 3 cm hoch sein. Den Teig 345
einigemale mit der Gabel einstechen.
Alle Zutaten, außer dem Eiweiß, unter die noch warme Hirse verarbeiten. Es muß eine gut gewürzte Mischung sein.
Zum Schluß das Eiweiß darunterheben, die Masse auf den Teig legen und die Oberfläche glatt streichen.
Backen 1: 10 Minuten bei 220°C, unterste Schiene.
Backen 2: ca. 20 Minuten bei 200°C. Den Kuchen noch warm anrichten und grünen Salat dazu reichen.

Variationen:
- Die Nüsse durch 50 g geriebenen Hartkäse und den Curry durch Paprika ersetzen. Dadurch wird der Kuchen im Geschmack herzhafter, dafür jedoch weniger luftig.
- **Hirsekuchen mit Kürbis:** Das oben genannte Gemüse durch 350 g festfleischigen Kürbis und die Nüsse durch kleine Walnußstückchen ersetzen. 1/2 dl Milch oder Sahne dazugeben, sonst wird der Belag zu trocken. Außer mit Petersilie auch noch mit ca. 1/2 Teel. geriebener Ingwerwurzel und 1/2 Eßl. Basilikum würzen.
  Diese Variation wird noch herzhafter, wenn man 100 g des Kürbis durch feingeschnittenen Bleichsellerie oder geraffelten Sellerie ersetzt.

Tip: Man kann den Belag auch in eine eingefettete Auflaufform geben und daraus **Hirsesoufflé mit Karotten (oder Kürbis)** machen (ca. 3/4 Stunde bei 200°C). Dann muß man allerdings 3 kleine oder 2 große Eier mitverarbeiten.
Nach Wunsch kann man zu diesem Soufflé außer Salat auch noch Bratkartoffeln oder in der Schale gekochte *Topinambur** essen oder vorab eine Sup- 261
pe reichen.

Reissoufflé

Süß oder salzig, ein Soufflé ist immer willkommen. Wir geben hier beide Versionen in einem Rezept, denn die Basis ist für beide die gleiche. Sie könnten sogar, ohne besondere Mühe, zwei kleine Formen anstelle einer großen füllen: die süße für die Kleinen, die herzhafte für die Großen. Zum herzhaften Soufflé kann man einen einfachen grünen Salat essen (den bekommen diejenigen, die das süße Soufflé essen, voraus).

Süßes Reissoufflé

- *200 g Reis (2 1/2 dl), am liebsten rundkörniger, 1 Stunde eingeweicht in*
- *4 dl Wasser (1:1 3/4)*
- *eventuell 1/4 Vanilleschote, längs aufgeschnitten*
- *1 Messerspitze Salz*
- *75-100 g Rosinen, je nach Süße der Früchte*

- *25 g weiche Butter*
- *175 g Quark*
- *50 g Haselnüsse, fein gemahlen*
- *1/2 Teel. Zimt*
- *4 reife, süße Birnen (ca. 500 g), geschält und in ca. 1 cm große Würfel geschnitten*

- *25 g Mandeln (oder Haselnüsse), sehr grob gehackt*

- *1 Auflaufform von mindestens 1 1/2 l Inhalt, eingefettet*

Den Reis mit dem Wasser und der Vanilleschote zum Kochen bringen und eine halbe Stunde köcheln lassen (Deckel auf den Topf). Das Salz und die Rosinen dazugeben und den Reis an einem warmen Ort mindestens 1 Stunde nachquellen lassen.
Vanilleschote entfernen. Den Rest der Zutaten durch den noch lauwarmen Reis rühren, außer den Haselnüssen. Die Masse in die feuerfeste Schüssel geben und den Rand abwischen.
Backen 1: 1/2 Stunde bei 200°C, zweitunterste Schiene. Einen Deckel (Porzellanteller, verkehrt herum) auf die Schüssel legen.
Backen 2: Mandeln über das Soufflé streuen und ►

Süßes Hirsesoufflé

nochmals 10 Minuten backen, *ohne* Deckel. Aufpassen, daß die Mandeln nicht zu braun werden.

Das Soufflé wird warm angerichtet und (an einem Festtag) eine Kanne kalte Vanillesoße* oder mit ein 187
wenig Honig gesüßte Schlagsahne dazugegeben.

Variationen:
- Die Vanille durch 1 Stück Zitronenschale (Sparschäler) oder
- durch 2-3 Scheibchen Ingwerwurzel ersetzen.
- Die Rosinen durch entkernte Datteln und die Birnen durch Äpfel ersetzen. Sie brauchen nicht geschält zu werden.
- Den Zimt durch zerstoßene Anis- oder Koriandersamen (oder halb/halb), ersetzen, diese Gewürze passen gut zu Äpfeln.
- 2 Äpfel durch ca. 250 g frische, reife Aprikosen oder Zwetschgen ersetzen, entkernen und in Viertel schneiden.
- **Hirsesoufflé:** Der Reis wird durch 150 g Hirse ersetzt. Diese braucht nicht eingeweicht zu werden, und die Kochzeit beträgt nur 20 Minuten. Für Kleinkinder sollte man keine Mandeln oder Kerne über das Soufflé streuen.

Herzhaftes Reis- oder Hirsesoufflé

Wie voriges Rezept, mit den folgenden Änderungen:

- Rosinen und Vanille weglassen und 1/2 Teel. Salz nehmen.
- Die Butter durch Öl ersetzen und zuerst mit dem Quark verrühren.
- Den Zimt durch Kümmel- oder Fenchel-, Koriander- oder Kreuzkümmelsamen (1/2 Teel.) oder Curry ersetzen.
- Die Haselnüsse durch in Stücke gebrochene Walnüsse ersetzen. Dadurch wird das Soufflé etwas weniger luftig, dafür paßt der Geschmack der Walnüsse gut zu Sellerie.
- Die Birnen durch Wurzel- und Stengelgemüse* 243
(geputzt gewogen) ersetzen, in kleine Würfel geschnitten und in wenig Wasser mit Salz (beinahe) gar vorgekocht.
Geeignete Gemüsesorten sind:
Fenchel; Karotte; Topinambur; Bleichsellerie; frische Erbsen, Mai- oder Steckrüben in Kombination mit Kürbis oder Karotte; Stengelmangold oder Paksoy in Kombination mit Tomate;
Sellerieknolle in Kombination mit Karotte oder Kürbis; Zucchetti mit Tomate (diese Kombination kann man mit Rosmarin und/oder Origano oder frischem Basilikum schmackhaft würzen); man kann auch gekochte Gemüsereste verwenden, eventuell ergänzt durch in Würfel geschnittene und gut abgetropfte Fleischtomate und/oder grob geraffelte Zucchetti (im Sommer) oder Kürbis (im Winter). Diese drei Gemüsesorten brauchen nicht vorgekocht zu werden.
- Nach Möglichkeit 2-3 Eßl. feingeschnittene frische Gartenkräuter verwenden.
- Die Mandeln kann man durch Sonnenblumenkerne* ersetzen. 408

Variation: Thermogrützensoufflé: Reis oder Hirse durch Thermogrütze ersetzen: **Gerste oder Hafer** für süßes Soufflé, **Weizen oder Roggen** für herzhaftes Soufflé.

Tip: Das Soufflé wird leichter verdaulich, wenn man die (hohe) Form mit gut schließendem Deckel, zur Not mit Alufolie zugedeckt, in einen Topf mit Wasser stellt (bis ca. 3 cm unterhalb des Randes der Schüssel). Das Wasser kurz vor dem Siedepunkt halten und ein dreifach zusammengelegtes Geschirrtuch als Wärmeisolation auf den Deckel des Topfes legen. Nach 1/2 - 3/4 Stunde ist das Soufflé gar, hat aber keine (etwas schwer verdauliche) knusprige Kruste.

Getreidepuddings

Süße Getreidegerichte sind nicht nur als nahrhafte Nachspeisen innerhalb eines etwas fett- oder eiweißarmen Menüs am Platz, sondern sind auch an sich eine nahrhafte (Kinder)**Mahlzeit**. Im Sommer wird man eher einen kalten Pudding, im Winter die warme Version wählen.

Die kalten Puddings kann man ganz und gar im vorhinein zubereiten, sie sind deshalb für die Tage besonders geeignet, an denen die Kleinen voraus essen.

Kalter Hirsepudding (ca. 9 dl)

Eine ausgewogene Schlemmermahlzeit, wenn man davor etwas Rohkost oder eine leichte Gemüsesuppe gereicht hat. Wenn man ihn als Nachspeise reicht, Obstkompott oder eine Früchtesoße* zum Pudding 188
geben, mit schönen Obststücken oder Beeren verziert.

- *130 g Hirse (1 1/2 dl), mindestens 20 Minuten eingeweicht in*
- *3 dl Wasser mit*
- *1 Teel. Agar Agar (2 1/2 g)*
- *eventuell 1/4 Vanilleschote, der Länge nach aufgeschnitten, die Samen herausgekratzt*

- *1 Prise Salz*
- *1 Teel. abgeriebene Zitronenschale*
- *3 1/2 dl Milch*

- *1/2 dl Sahne oder ein Stückchen Butter*
- *1-2 Eßl. Reissirup*
- *eventuell 35 geschälte, fein gemahlene Mandeln*

- *1 Schüssel von ca. 1 l Inhalt, ausgespült mit kaltem Wasser*

Die Hirse im Einweichwasser mit dem Agar Agar und der Vanille zum Kochen bringen und das Ganze 15 Minuten köcheln lassen (Deckel auf den Topf geben). Salz und Zitronenschale dazugeben und den Brei mit einem Schuß Milch verrühren. Die restliche Milch darunterschlagen und das Ganze unter Schlagen zum Siedepunkt bringen. Kurz kochen lassen und dann vom Feuer nehmen. Den Deckel auf den Topf geben und 1 Stunde nachquellen* lassen. Rasch ar- 114
beiten, der Brei sollte so wenig wie möglich abkühlen (siehe die Tips unter den Rezepten für *Brei aus feinen Getreideprodukten* und Vanillecreme**) 127, 313
Den Rest der Zutaten unter den noch warmen Brei rühren (ganz abgekühlt ist er zu fest!), Vanilleschote entfernen und den Brei in die Schüssel geben. Der Pudding muß durch und durch abkühlen. Kurz vor dem Anrichten wird er auf einen flachen Teller gestürzt, die Soße oder das Kompott gießt man darum herum.

Einen größeren Pudding kann man auch in einem Reisring festwerden lassen und die Soße in die Mitte gießen.

Variationen:

- Die Schlagsahne zurückhalten, schlagen und als Garnierung verwenden.
- Ungeschälte Mandeln oder Haselnüsse verwenden. Nach Wunsch kann der Reissirup durch Zukkerrübenkraut ersetzt werden.
- Die Nüsse in Stücke hacken.
- Den Sirup durch 50 g gehackte Dörrfrüchte (Datteln, Rosinen), die für Kindergartenkinder miteingeweicht und -gekocht werden, ersetzen.

Tip: Ein Rezept *warmen Buchweizen- oder Hirsepudding** machen: Nur 150 g Getreide verwenden 143
und den Pudding stürzen, wenn er durch und durch abgekühlt ist. Diese Puddings werden etwas fester als die oben beschriebenen.

Kalter Reispudding

Zubereiten wie *Hirsepudding*, die Hirse jedoch durch rundkörnigen Vollreis ersetzen. Die Einweichzeit hierbei beträgt mindestens 3 Stunden (für Kleinkinder eine Nacht), die Kochzeit 1/2 Stunde und die Nachquellzeit 2 Stunden.

Kalter Grießpudding

Zubereiten wie *Hirsepudding**, jedoch 140 g Voll- 141
kornweizengrieß oder
Polenta verwenden. Agar Agar ist nicht notwendig.

Kalter Buchweizenpudding

(schnell gemacht)

Zubereiten wie *Hirsepudding**, jedoch 130 g Buch- 141
weizengrütze verwenden und diese nur 5 Minuten kochen (ab und zu umrühren). Agar Agar ist nicht notwendig. 1/4 Teel. Zimt oder zerstoßene Anissamen oder halb/halb mit Koriander gemischt, schmeckt gut zu Buchweizen; die Vanille kann man weglassen. Mit Vollrohrzucker oder Zuckerrübenkraut süßen.
Siehe auch den Tip unter Hirsepudding.

Warmer Buchweizenpudding (ca. 1 l)

Ein rasch und einfach gemachter Pudding, der direkt in der Form gekocht wird.
Dieses süße und warme Getreidegericht kann man als Mahlzeit reichen, im Winter gibt man eine klare Gemüsesuppe vorab. Im Sommer kann man den Pudding schon morgens zubereiten (30 g weniger Buchweizen verwenden) und ihn, mit einer Rohkost vorab, mit einer Früchte- oder Vanillesoße kalt servieren.
Zu warmem Pudding passen Apfel- oder Birnenkompott oder Obstkonserven gut.
Wenn von dem großen Pudding etwas übrig bleibt, ist das nicht schlimm, denn am nächsten Tag schmeckt eine Scheibe davon noch genauso lecker:
als Nachspeise mit etwas Viili* oder Joghurt oder mit 464
süßer Sahne oder als Beilage kurz in ein wenig Butter aufgebacken.

- *160 g (2 dl) Buchweizengrütze, mind. 1/2 Stunde eingeweicht in*
- *4 dl Wasser (1:2)*
- *4-8 entkernte und in kurze, dünne Streifchen geschnittene Datteln*
- *75-100 g gemahlene Haselnüsse oder Mandeln*
- *120 g Quark verrührt mit*
- *1 Eßl. Öl*
- *2-3 Eßl. (40-60 g) Zuckerrübenkraut*
- *das Abgeriebene einer halben Zitrone oder einer Apfelsine*
- *1/2 Teel. Zimt*
- *1/2 Teel. Koriander, fein zerstoßen mit*
- *1 Messerspitze Salz*

- *1 Gugelhupf- oder Kastenform, Reisring, einen kleinen Topf oder eine hitzebeständige Puddingform von mindestens 1 1/4 l Inhalt, großzügig mit weicher Butter eingefettet und mit einem Teil der gemahlenen Nüsse ausgestreut*
- *1 passender Deckel oder ein doppelt gefaltetes Stück Alufolie, das rundherum 2 cm über den Rand hinausgeht und darüber gefaltet werden kann (mit einem Gummi befestigen)*
- *1 Topf mit Deckel, in den die Puddingform hineinpaßt.*

Die Datteln und Nüsse mit dem eingeweichten Buchweizen vermischen. Den Rest der Zutaten in der genannten Reihenfolge miteinander verrühren und zum Getreide/Nußgemisch geben. Alles in die vorbereitete Form geben. Form abschließen.
Einige Zentimeter Wasser in den Topf geben und die Puddingform hineinstellen. Heißes Wasser dazuschütten, bis 3 cm unter den Rand der Puddingform. Alles zum Kochen bringen und die Hitze so regeln, daß das Wasser kurz vor dem Siedepunkt bleibt.
Kochzeit: für die Gugelhupfform 1/2 Stunde, für die kompakte Form 3/4 Stunden. Diese Zeiten gelten für metallene Formen. Für Porzellanformen oder Formen aus anderem dickem und isolierendem Material dauert die Kochzeit doppelt so lang.
Der Pudding ist gar, wenn er in der Mitte sehr fest ist. Den Pudding vom Feuer nehmen und noch 5-15 Minuten ziehen lassen (im Kochwasser) und kurz vor dem Anrichten auf eine flache Platte stürzen. Das Kompott oder die Soße darumherum gießen oder an festlichen Tagen extra dazu reichen und den Pudding mit schönen Fruchtstücken und Schlagsahne garnieren.

Variationen:
- Das Rübenkraut durch andere Sirupsorten ersetzen (1 Eßl. mehr nehmen).
- Die Datteln durch 50 g Rosinen, durchgeschnitten, ersetzen; 1 Eßl. Süßungsmittel zusätzlich verwenden.

- Die Datteln durch 2-4 Feigen oder 4-8 getrocknete Aprikosen ersetzen. Diese härteren Früchte (feingeschnitten) mit dem Buchweizen zusammen einweichen.
- 30 g der Grütze durch gedarrte* oder geröstete* 404
Buchweizenkörner ersetzen – diese schmecken 119
im Pudding wie Nußstückchen.
- **Warmer Thermogrützenpudding**: Buchweizen durch Thermogrütze ersetzen (**Gerste oder Hafer**, nicht glutenfrei). Das Einweichwasser wird kochend heiß über die Grütze geschüttet, und das Ganze läßt man zugedeckt 1 Stunde einweichen.
- **Warmer Hirsepudding:** Den Buchweizen
durch grob gemahlene Hirse* oder Hirseflocken 406
und die Datteln durch getrocknete Aprikosen ersetzen. Wenn man die Mandeln vor dem Mahlen
schält* und eine helle Sirupsorte oder Honig ver- 407
wendet (1 Eßl. zusätzlich), bekommt man einen hellen Pudding mit orangefarbenen Aprikosenstückchen. Zimt und Koriander kann man durch das Mark einer halben Vanilleschote ersetzen. Saure Sahne schmeckt zu Hirse besser als Quark mit Öl.

Tip: Kleine Puddings in hitzebeständigen Gläsern oder Tassen machen (Inhalt 2 dl). Aus der oben genannten Menge bekommt man 6 Puddings von ca. 1 1/2 dl.

Rohrnudeln

Ein altes Rezept aus Süddeutschland aus der Zeit, als man noch große Kachelöfen mit Ofenrohr hatte und mit Holz geheizt hat. Diese im Dampf gebackenen süßen Brötchen wurden sowohl im Ofenrohr als auch in den mit Holz geheizten Küchenherden gebacken (in manchen Gegenden heißen sie auch Dampfnudeln).
Die folgende Menge ist ausreichend für eine Nachspeise mit einem Tellerchen Rohkost oder einer Eintopfsuppe vorab; denken Sie jedoch daran, Schulkinder können mit Leichtigkeit die dreifache Menge essen. Wenn ein Rest bleibt, ist dies kein Problem, denn diese «Brötchen» schmecken am nächsten Tag, aus der Hand gegessen, immer noch gut.
Die süßen, heißen Rohrnudeln werden mit kühlem, säuerlichem Apfel- oder Pflaumenkompott gegessen.

- *ca. 150 g Weizenmehl Type 1050 (CH: Ruchmehl)*
- *1/3 Eßl. Hefe, aufgelöst in*
- *1 dl Milch*

- *20 g Butter*
- *1 Messerspitze Salz*

- *1/2 Ei, wenn nötig mit Wasser auf 30 ml ergänzt*
- *1 Eßl. Vollrohrzucker*
- *das Abgeriebene einer halben Zitrone oder einer Apfelsine*

- *1 dl Milch*
- *1 Eßl. Vollrohrzucker*
- *1 Stückchen Butter*

- *1 Topf (20 cm Durchmesser) mit dickem Boden und gut schließendem Deckel*

2 Eßl. Mehl zurückbehalten und den Rest in eine Schüssel geben. Eine Vertiefung hineinmachen und die Hefemischung hineingeben. Mit etwas Mehl zu einem dünnen Teig verrühren.
Die Butter, in dünne Scheibchen geschnitten, auf den Vorteig legen, etwas Salz darüberstreuen und die Schüssel in eine Plastiktüte stecken. Den Teig bis zu seinem doppelten Volumen gehen lassen; es haben sich dann Bläschen gebildet, und die Butter ist weich geworden.
Ei, Zucker und Zitronenschale auf den Vorteig legen und alles von der Mitte her mit der Gabel zu einem festen, klebrigen Teig verarbeiten. Das zurückgehaltene Mehl darüberstreuen. Mit einem Holzlöffel zu einem geschmeidigen, vor allem nicht zu festen Teig kneten.
Noch einmal auf das doppelte Volumen gehen lassen und danach in 8 gleichgroße Stücke schneiden. Im Topf die Milch mit dem Zucker und der Butter erwärmen, bis alles aufgelöst ist, die Milch sollte jedoch nicht kochen. Die Teigstücke werden in die heiße Milch gelegt und der Deckel auf den Topf gegeben. Ein feuchtes Geschirrtuch, das zu einer Wurst geformt ist, wird rund über den Deckel geknotet, so daß der Topf gut geschlossen bleibt. Die Hitze so niedrig wie möglich einstellen und nach 20 Minuten nachschauen.
Nun wird ohne Deckel weitergedämpft, bis alle Milch aufgesogen ist und auf dem Topfboden eine karamelisierte Schicht entstanden ist. Jetzt sind die Rohrnudeln zum Essen fertig (am leckersten ist die ►

Karamelschicht auf dem Topfboden, also ehrlich teilen!).

Variationen:
- Die Butter durch 2 Eßl. Öl ersetzen.
- Das Ei kann man weglassen; man braucht dann zusätzlich 2 Eßl. Flüssigkeit.
- Die Milch durch Wasser und 5 g Butter oder einen zusätzlichen Teel. Öl ersetzen.
- Eine große Menge Rohrnudeln kann man am besten im **Backofen** backen.
  Von der Milchsoße wird 1 1/2 mal die Menge gemacht (erwärmen, damit Butter und Zucker sich auflösen). Davon wird die Hälfte in eine flache Auflaufform (26 cm Durchmesser für ein doppeltes Rezept) gegossen und die Teigkugeln hineingelegt.
  Backen: 30-35 Minuten bei 190°C, unterste Schiene. Nach der halben Backzeit wird der Rest der Milchsoße über die Rohrnudeln gegossen, dann werden sie schön glänzend und braun gebacken.

Tip: Den Teig schon morgens machen und die Teigschüssel in eine große Plastiktüte stecken. Im Kühlschrank gehen lassen. Auch die Milchsoße kann man schon morgens machen, dann kann man die Teigkugeln kalt aufsetzen, und sie gehen dann weiter, während sie im Topf oder im Ofen zum Kochen kommen. Dann dauert die totale Back- oder Kochzeit etwas länger.

Kirschensoufflé

Wenn man vorab eine Tasse Gemüsesuppe oder ein Schüsselchen Rohkost reicht, ist dies für Liebhaber von Süßem aller Altersstufen eine vollständige Mahlzeit. In einem Kännchen etwas geschlagene Sahne dazu reichen.

- *150 g Hirse (1 1/4 dl), gewaschen und gut abgetropft*
- *4 1/2 dl Wasser (1:3 1/2)*

- *1 Prise Salz*

- *die abgeriebene Schale einer Zitrone*
- *Saft einer halben Zitrone*
- *ca. 50 g Vollrohrzucker oder ca. 3 Eßl. Dicksaft oder Zuckerrübensirup*
- *50 g gemahlene Haselnüsse oder Mandeln*
- *2 Eigelb*
- *ca. 500 g Kirschen, gewaschen und entkernt*

- *2 Eiweiß, steif geschlagen*

- *1 Auflaufform von ca. 2 l Inhalt, eingefettet*

Die Hirse mit dem Wasser zum Kochen bringen und auf kleinem Feuer, zugedeckt, 20 Minuten kochen lassen.
Das Salz dazurühren und die Hirse noch eine Viertelstunde stehen lassen; vom Feuer nehmen.
Den Rest der Zutaten darunterrühren, zum Schluß die steif geschlagenen Eiweiß.
Diese luftige Masse wird in die eingefettete Form gegeben und diese sofort in den vorgeheizten Ofen geschoben.
Backen: 20-30 Minuten bei 180°C, mittlere Schiene.
Wenn man gegen Ende der Backzeit einige Butterflöckchen auf das Soufflé legt, bekommt es einen schönen Glanz.

Teigwaren

Teigwaren (Makkaroni, Nudeln, Spaghetti, Cannelloni, Lasagne, Hörnchen usw.) sind in vielen Haushalten die «Retter in der Not», vor allem, wenn zum Kochen wenig Zeit zur Verfügung steht. Man kann verschiedene Sorten von Vollkornteigwaren kaufen, die aus Vollkorn- und aus Weizenmehl Type 1050 (CH: Ruchmehl) oder aus Buchweizenmehl hergestellt sind (es gibt auch glutenfreie Teigwaren). In manche Teigwaren ist auch Sojamehl verarbeitet, was den Eiweißgehalt beträchtlich erhöht. Ich ziehe normale Vollkornteigwaren vor, weil ich das Eiweiß lieber in Form von Milchprodukten oder Nüssen selber zu den Teigwaren hinzufüge (abgestimmt auf den persönlichen Geschmack und Bedürfnisse).

Das Kochen von Teigwaren

Teigwaren sollten in reichlich Wasser kochen (1 l mit max. 1/2 Eßl. Salz pro 150-200 g trockene Teigwaren), dem 1/2 Eßl. Öl hinzugefügt ist, damit die Nudeln nicht zusammenkleben.
Der Begriff «gar» ist bei Teigwaren ein dehnbarer. Für Kinder sollten nicht nur der Geschmack, sondern auch die Verdauungsmöglichkeit die Kochzeit bestimmen; richtig gargekocht sind Teigwaren leichter verdaulich. Die Kochzeit liegt, je nach Sorte (dicke, aus Vollkornmehl, selbergemacht, frisch oder getrocknet, oder gekauft) irgendwo zwischen 5 und 20 Minuten.
Das Kochwasser können Sie für Suppe verwenden – aber aufgepaßt: Es ist sehr salzig! 1 Eßl. Öl oder ein Stückchen Butter unter die gekochten Teigwaren gemischt (nur wenn man sie ohne Soße serviert), läßt sie schön glänzen und verhindert, daß sie aneinander kleben.
Teigwaren sollte man nach dem Kochen sofort anrichten mit einem Schüsselchen geriebenem Käse und eventuell einer Soße. Anstelle von Käse kann man, gleichzeitig mit der Butter, auch einige frische, fein geschnittene Gartenkräuter (Basilikum) daruntermischen und etwas grob gehackte Nüsse darüberstreuen.
Wenn man in die Soße Gemüse verarbeitet, ist eine Schüssel grüner Salat ausreichend, um eine vollwertige Mahlzeit daraus zu machen. Do-it-yourself-Typen wagen sich vielleicht daran und machen die Teigwaren selber. Selbst gemachte Vollkornteigwaren sind viel billiger als gekaufte von biologischer Qualität. Zudem ist es, vor allem mit Kindern, ein faszinierendes und dankbares Hobby.

Pastateig (Nudelteig)

Die Menge in diesem Rezept ist gleich viel wie ca. 400 g fertig gekaufte Vollkornteigwaren.

- *250 g Weizenmehl Type 1050 (CH: Ruchmehl) oder 225 g Vollkornweizenmehl oder eine Mischung aus beidem*
- *2 Eier (100-120 g, ohne Schale gewogen)*
- *4 Eßl. Wasser*
- *1 Eßl. Öl*
- *1/4 Teel. Salz*

Das Mehl in die Teigschüssel geben und eine Vertiefung hineinmachen, 2 Eßl. Mehl zurückbehalten. Die Eier verquirlen und mit dem Rest der Zutaten in die Vertiefung schütten. Von der Mitte her zu einem glatten, jedoch noch klebrigen Teig verarbeiten.
Etwas von dem zurückbehaltenen Mehl auf die Ar- ►

beitsfläche streuen, den Teig darauflegen und alles zu einem geschmeidigen Teig verarbeiten, der nicht mehr klebt. Mit den Handballen kneten, den Teig immer wieder von sich wegschieben und wieder zusammenfalten. Wenn der Teig trotzdem noch an der Arbeitsfläche festklebt, streut man noch ein wenig Mehl darüber. Er darf nicht zu fest werden, sonst werden die Teigwaren zäh.
Den Teig in Plastikfolie wickeln und bei Zimmertemperatur mind. 20 Minuten ruhen lassen (es darf auch eine Nacht sein).
Für die weitere Zubereitung siehe *Nudeln*.

Variationen

- Den Teig nur aus Weizenmehl Type 1050 machen und nur Eiweiß verwenden (100 g)
- Orangefarbener Pastateig: Das Wasser durch *Karottensaft** ersetzen (eventuell mit ein wenig 402
  Rote-Bete-Saft gemischt).
- Roter Pastateig: Das Wasser durch *Rote-Bete-Saft** ersetzen. 402
- Gelber Pastateig: Das Mehl mit 1/4 Teel. Kurkuma (Gelbwurzel) vermischen.
- Grüner Pastateig: Das Wasser durch 100 g rohe Spinatblätter (ohne Stiele gewogen) ersetzen. Die Blätter aufeinanderstapeln, in sehr feine Streifchen schneiden und das Ganze zu Mus zerhacken (mit einem Wiegemesser). Den grünen Pastateig nicht länger als eine Stunde ruhen lassen. Etwas dicker auswellen (1 1/2 mm) und in breite Nudeln oder Lasagne schneiden. Dieser Teig ist auch für Spaghetti geeignet, jedoch nicht zum Trocknen.
- Das Weizenmehl durch 175 g Buchweizenmehl und 75 g Reismehl ersetzen und die zweite Variation machen. Zunächst ist dieser Teig sehr klebrig, wird nach dem Ruhen jedoch fester. Zum dünn Auswellen ist er nicht geeignet. Man kann allerdings Spaghetti oder Schupfnudeln daraus machen (siehe die Variationen bei *Nudeln*).

  Wenn ihr Kind den Buchweizengeschmack nicht so gerne mag, kann man auf 250 g Mehlmischung 50 g feingemahlene Haselnüsse oder Mandeln zum Teig geben. Dadurch wird er etwas luftiger, und die Nudeln sind nahrhafter (Käse ist dazu nicht notwendig).

  Wenn man nur für 1 Kind glutenfreie Teigwaren macht, kocht man diese zuerst; das Kochwasser kann man danach noch für die normalen Nudeln verwenden.

Nudeln selbst gemacht

(Siehe auch das *Kochen von Teigwaren*)* 145

Mit gedämpftem Gemüse oder einer *Gemüsepüreesoße** und Salat sind sie eine vollständige Mahlzeit. 180
Auf Wunsch kann man einen Teller Gemüsesuppe vorab geben.

- *1 Rezept Pastateig** 145
- *1 Eßl. Öl oder 1 Stückchen Butter*

Die Arbeitsfläche wird großzügig mit Mehl bestreut, die Hälfte des Teigs darauf gelegt, dieser etwas flachgedrückt und ebenfalls mit Mehl bestreut. 1 mm dick auswellen, aufpassen, daß er nicht festklebt. Eventuell noch etwas Mehl darüberstreuen.
Nun wird der Teig in 1-2 cm breite Streifen ausgerädelt und diese flach auf ein Geschirrtuch gelegt. Man kann auch Dreiecke ausrädeln. Wenn man die letzteren in der Mitte zusammendrückt, entstehen Schmetterlinge.
Die zweite Hälfte des Teigs auswellen. Ein zweites Geschirrtuch über alle ausgerädelten Nudeln legen und darauf die zweite Schicht geben. Wenn man sehr viele Nudeln macht, kann man so fortfahren.
Kochzeiten: selbstgemachte *frische* Nudeln 5-7 Minuten; selbstgemachte und *getrocknete* Nudeln (siehe Tip) 7-10 Minuten.

Variationen:

- Die Nudeln abwechselnd mit einer Schicht (ca. 100 g) geriebenem Käse in die Schüssel geben (oder den geriebenen Käse extra dazureichen).
- Den Käse (oder einen Teil davon) durch eine große, in Ringe geschnittene, in etwas Öl angebratene oder in Butter geschmorte Zwiebel ersetzen. Die Zwiebelringe über die Nudeln verteilen. Dazu reicht man eine Nachspeise aus einem Milchprodukt.

Tips:

- Selbstgemachte und sofort gekochte Nudeln nicht lange stehen lassen. Für eine größere Gesellschaft macht man die Nudeln am besten ein paar Tage davor und läßt sie trocknen. Sie sind dann fester und kleben beim Warmhalten weniger.
- **Getrocknete Nudeln:** Einen kleinen Wäschetrockner an eine untere Türe des Küchenschrankes hängen und die Nudeln (ungekocht) jeweils über 2 «Wäscheleinen» hängen. Den Wäschetrockner an einen trockenen, staubfreien Ort

transportieren und dort die Nudeln durch und durch trocknen lassen. Je nach Temperatur dauert das 1-3 Tage. Die getrockneten Nudeln werden in einem baumwollenen Sack an einem trokkenen, nicht zu warmen Ort aufbewahrt (es macht nichts, wenn sie brechen).

– Mit kleinen Kindern arbeitet man folgendermaßen: Nach dem Kneten wird aus dem Teig eine lange Rolle geformt und diese in Plastikfolie eingewickelt. Im Kühlschrank ruhen lassen. Das Mehl auf die Arbeitsfläche streuen, von der Rolle dünne Stücke abschneiden und diese von den Kindern zu langen «**Spaghetti**» ausrollen lassen (mit den flachen Händchen auf dem Tisch). Zwischen zwei Stühle einen Besenstiel legen, ein Geschirrtuch darüber legen und die Spaghetti darüberhängen. Wenn der Besenstiel voll ist (dicht zusammen, jedoch nicht übereinanderhängen), wird das Ganze mit in die Küche genommen und dort die erste Ladung gekocht.
  Die Kochzeit ist länger als die der Nudeln, je nach Dicke der «Spaghetti» 15-20 Minuten. Beim Kochen werden sie zweimal so dick. Man kann sie abgießen und eventuell auf dem Topf mit Kochwasser warm halten oder mit etwas Butter im Topf nochmals aufwärmen. Auch am nächsten Tag schmecken sie noch gut, wenn man sie in der Bratpfanne aufbäckt; sie passen gut zu Kohl oder Sauerkraut. Zum Trocknen sind diese «Spaghetti» nicht geeignet.
– **Schupfnudeln**: Die Teigstückchen (siehe vorigen Tip) zu kurzen, an den Enden spitz zulaufenden «kleinen Zigarren» ausrollen.
  Schupfnudeln schmecken am besten, wenn man sie nach dem Kochen (gut abgetropft) in der Bratpfanne mit etwas Butter, sie ab und zu umwendend, schön goldbraun bäckt. Zusammen mit Rotkohl oder Sauerkraut oder mit gebratenen Zwiebeln lassen sie sich gut wieder aufwärmen.

Maisnudeln

Für diese «Nudeln» brauchen Sie keinen Teig auszuwellen, sie werden direkt ins Kochwasser «fabriziert».
Mit Kürbissoße oder einer anderen *Gemüsepüreesoße** 180 und grünem Salat dazu ist dies eine farbenfrohe Mahlzeit.
Größere Kinder essen diese Nudeln vielleicht lieber mit herzhaftem geriebenem Käse (ca. 50 g) dazwischen oder mit in Butter hellbraun gebratenen Zwiebeln; dann kann man die Soße weglassen und gedämpftes Gemüse oder etwas Rohkost von Wurzelgemüse dazugeben. Oder man läßt die Kinder, während man die Nudeln kocht, eine kleine Karotte knabbern.
Maisnudeln (auch die Variationen) lassen sich gut wieder aufwärmen (mit etwas Butter, auf mäßigem Feuer, in der Bratpfanne).

- *125 g Maismehl*
- *125 g Weizenmehl Type 1050 (CH: Ruchmehl)*
- *1/2 Teel. Rosmarin und*
- *1/4 Teel. Thymian, fein zerstoßen mit*
- *1/2 Teel. Salz*

- *2 Eier, verquirlt*
- *2 dl Bouillon, lauwarm oder kalt*
- *1-2 Eßl. Öl*

In einer Teigschüssel werden die Zutaten des ersten Abschnittes miteinander vermischt. Dahinein gibt man die übrigen Zutaten und rührt alles, von der Mitte her, zu einem glatten, dicken Teig. An einem kühlen Ort zugedeckt mind. 2 Stunden ruhen lassen.
Zuerst eine Probenudel kochen: wenn sie auseinanderfällt, muß noch etwas Mehl in den Teig. Wird sie zu hart, gibt man noch etwas Wasser dazu.
In einem weiten Topf wird etwa 15 cm hoch Wasser mit 1/2 Eßl. Mehl und Salz (1 Teel. auf 1 l) zum Kochen gebracht. Das Wasser nicht sprudelnd kochen lassen, sondern kurz vor dem Siedepunkt halten.
Nun gibt man einen Flecken Teig auf die Ecke eines Brettchens und läßt ihn ganz zur Ecke laufen (schräg über den Topf halten). Dann wird ein Messer mit langer Schneide ins Kochwasser getaucht und nach und nach ***höchstens*** 1/4 cm breite Streifchen vom Teig abgeschnitten und ins Wasser geschoben (je dünner desto leckerer). Das Messer immer wieder ins Wasser tauchen, damit der Teig nicht daran festklebt. Die Nudeln müssen ca. 10 Minuten im Wasser ziehen (kurz vor dem Siedepunkt halten, ***keinen*** Deckel auf den Topf legen). Die Nudeln werden in 2 Portionen gekocht (die erste Portion hält man im Backofen warm, während man die zweite Portion kocht). Probieren, ob sie durch und durch gar sind, und mit einem Schaumlöffel aus dem Wasser fischen.

Variationen:
– **Buchweizennudeln:** Das Maismehl durch Buchweizenmehl ersetzen. Sie schmecken, wenn ►

man sie mit gedämpftem Spinat* oder eventuell 263
anderen Gemüseresten und geriebenem Käse in der Schüssel schichtet, köstlich (im Südosten der Schweiz heißen sie **Pizzoccheri**).

- **Spätzle:** Nur Weizenmehl verwenden (300 g), Type 1050 oder zur Hälfte mit Type 550 (CH: Halbweißmehl). Die Bouillon wird durch 2 1/2 dl Wasser ersetzt. Spätzle schmecken zu gedünsteten Kohlgerichten ausgezeichnet.
- 200 g Buchweizen- und 50 g Reismehl verwenden; 1/2 Ei mehr nehmen (oder 3 kleine) und die Teigbänder für die Nudeln etwas dicker schneiden; nach 5 Minuten bereits aus dem Wasser holen.

Tip: siehe *Hirseklößchen** 155

Makkaroni in Tomatensoße

(3-4 Personen)

Noch einfacher geht es nicht: Während sich die Soße im Backofen allein gar dünstet, kochen Sie die Makkaroni und richten eine sommerliche Salatschüssel.

- *500 g Fleischtomaten in 1/2 cm große Stücke geschnitten*
- *2 Eßl. frisches Basilikum, fein geschnitten oder 1 Teel. getrocknetes*
- *1/4 Teel. Rosmarin, fein zerrieben mit*
- *1/4 Teel. Salz*

- *2 Eßl. Öl*
- *250 g Vollkornmakkaroni, gekocht nach den Angaben**
- *ca. 100 g geriebenen Käse* 145

- *eine flache Auflaufform von ca. 2 l Inhalt, eingefettet*

Den Backofen vorheizen.
Die Hälfte der Tomatenstücke in die feuerfeste Schüssel legen (die Anschnitte mit der Schnittfläche nach oben).
Die Kräuter und das Salz darüberstreuen und die restlichen Tomaten darauflegen.
Backen: 20 Minuten bei 200°C, unterste Schiene.
Die Schüssel aus dem Ofen nehmen, das Öl über die Tomaten träufeln und alles mit der Gabel zu einer Soße schlagen. Die Makkaroni daruntermischen, den Käse darüberstreuen und die Schüssel nochmals 5 Minuten in den Backofen geben, bis der Käse geschmolzen ist.

Variationen:
- Noch etwas fein geschnittene Zwiebel und eventuell etwas Knoblauch unter die Tomaten mischen.
- Ca. 8 entkernte Oliven oder 2-3 kleine, in Stückchen geschnittene Gewürzgurken unter die Makkaroni mischen.

Getreidebratlinge, Getreideschnitten, Getreideklößchen

In diesem Kapitel geht es um sehr verschiedene Getreidegerichte, die jedoch oft aus beinahe denselben Zutaten gemacht werden; nur die Zubereitungsweise ist unterschiedlich.
Getreidebratlinge ähneln, was ihr Äußeres betrifft, kleinen Hamburgern, in der Schweiz heißen sie Getreideküchlein.
Getreideschnitten ähneln den Grießschnitten aus Großmutters Küche.
Getreideklößchen heißen in Österreich «Knödel», in Italien «Gnocchi».

Im vorhinein gekochtes Getreide (ganze Körner, Grütze, Flocken oder Grieß) bildet für diese Gerichte die Grundlage; sehr geeignet zum Verarbeiten von Getreideresten.
Als Bindemittel kann man neben Mehl oder Kartoffeln auch Quark oder Eier verwenden, die fürs Menü gleichzeitig das Eiweiß liefern.
Etwas Öl, gemahlene Nüsse oder Käse liefern das Fett und das Gemüse und die Kräuter die Vitamine. Wenn wir dies alles im richtigen Verhältnis mischen, können sehr überraschende Geschmackskombinationen entstehen. Die Variationen zum Thema sind unzählbar, sicherlich wenn Sie über frische Kräuter verfügen und Ihr Gewürzregal gut gefüllt ist.

Die Getreidebratlinge in den Rezepten werden, wenn nichts anderes vermerkt ist, mit einem normalen Eisportionierer geformt (Inhalt ca. 1/2 dl), die Klößchen sind kleiner.
Die angegebene Menge ist für Kindergartenkinder oder jüngere Schulkinder eine (reichlich bemessene) Hauptmahlzeit, größeren Kindern müßte man davor eine Suppe oder danach eine Nachspeise reichen. Dazu gehört gekochtes Gemüse und/oder Salat; Anregungen dafür finden Sie in den entsprechenden Rezepten. Für größere Kinder kann man noch etwas einfach gekochtes Getreide, Makkaroni oder Kartoffelpüree dazu geben; die Getreidebratlinge oder -schnitten dienen dann als Beilage. Wenn ausschließlich (viele) Getreidebratlinge oder Getreideschnitten gereicht werden, wäre dies ein zu eiweißreiches Menü.
Die Klößchen, im Wasser gekocht, sind am wenigsten fett- und eiweißreich und am leichtesten verdaulich. Die in der Bratpfanne gebratenen Getreidebratlinge sind am fettesten, die Schnitten liegen dazwischen. Das Öl, das beim Braten in der Pfanne benötigt wird, wird bei den Schnitten *in* die Masse verarbeitet (die Menge ist genau festzustellen) und wird dabei nicht so stark erhitzt wie in der Bratpfanne. Aber: Die knusprige Kruste schmeckt besonders lecker!
Vor allem Kinder im Schulalter werden Getreidebratlinge vorziehen (und diese auch gut verdauen können) und die Klößchen eher als Nachspeise zu schätzen wissen.

Grundrezept für Getreidebratlinge oder Getreideschnitten

Aus dieser Masse kann man einfache Getreidebratlinge oder Getreideschnitten backen (einige spezielle Rezepte folgen).

- *400 g gekochtes Getreide, wie Hirse-, Reis-, Buchweizen oder Haferkörner, Grütze, grobe Flocken, getrennt oder vermischt (Reste)*
- *100 g mageren Quark (die Molke ablaufen lassen), verrührt mit*
- *1/2 Eßl. Öl*
- *50 g feine Haferflocken (eventuell Reisflocken)*

- *frische oder getrocknete Kräuter*
- *eventuell 25-50 g gemahlene Nüsse oder Käse*

- *etwas fein geschnittenes rohes Gemüse (max. die Hälfte des Getreidegewichtes)*
- *Buchweizenmehl*

►

Das Getreide, den Quark und die Haferflocken miteinander vermischen (das Verhältnis ist immer 1:1/4:1/8). Mit den Gewürzen abschmecken und die Masse nach Wunsch mit Nüssen oder Käse nahrhafter machen.
Schließlich fügt man das Gemüse zur Masse, um sie etwas saftiger zu machen, und eventuell etwas Buchweizenmehl, um die richtige Konsistenz zu bekommen.

Bratling
Mit naß gemachten oder mit Öl eingeriebenen Händen oder mit dem Eisportionierer wird ein Probebratling geformt (direkt in die Pfanne legen).
In der Pfanne wird wenig Öl* bei mäßiger Hitze so 459
warm gehalten, daß ein wenig der Masse sofort zu brutzeln beginnt (es darf nicht heftig zischen, sonst ist das Öl zu heiß).
Der Probebratling wird hellbraun und knusprig gebraten: die erste Seite ziemlich schnell, die zweite etwas langsamer.
Wenn der Bratling beim Umwenden auseinanderfällt, mischt man noch etwas Mehl unter die Masse; wenn er zu trocken schmeckt, gibt man etwas Wasser dazu.
Nun werden die übrigen Bratlinge ausgeformt und nacheinander, in einem Abstand von 1 cm, ins heiße Öl gelegt. Backen wie den Probebratling.

Schnitten
Siehe *Getreideschnitten aus Buchweizen** 152

Klößchen
Siehe *Hirseklößchen** 155

Buchweizenbratlinge (ca. 16 kleine)

Mit einem zarten grünen Salat ist dies eine köstliche und schnell gemachte Mahlzeit.

- *200 g Buchweizen (2 3/4 dl) oder 400 g gargekochten Buchweizen*
- *4 1/4 dl Wasser (1:1 3/4)*
- *1/2 Teel. Salz*

- *175 g Quark*
- *1-2 Eßl. Öl*
- *1/2 Teel. Thymian*
- *ca. 4 Eßl. Buchweizenmehl*

- *150 g Karotten, nicht zu fein geraffelt*
- *50 g Lauch, vom weißen Teil, sehr fein geschnitten*
- *2-3 Eßl. Petersilie, fein geschnitten*

Den Buchweizen im Wasser zum Kochen bringen und 10 Minuten zugedeckt köcheln lassen. Das Salz dazugeben und den Buchweizen noch ca. 20 Minuten nachquellen lassen (vom Feuer nehmen und ein zusammengefaltetes Tuch auf den Deckel legen). Er muß gut gar und schön aufgegangen sein. Danach etwas abkühlen lassen.
Das Öl mit dem Quark gut verrühren, so daß es ganz aufgenommen ist, und zum Buchweizen geben.
Thymian und Mehl darüberstreuen und mit der Gabel gut vermischen.
Mindestens 1/4 Stunde ruhen lassen.
Kurz vor dem Ausbacken werden das feingeschnittene Gemüse und die Kräuter dazugegeben, es muß eine kräftige, etwas feste Masse werden; beim Backen wird sie weicher. Einen Probebratling backen und eventuell noch etwas Mehl dazugeben.
Mit Hilfe von zwei Eßlöffeln werden glatte, längliche Klößchen ausgeformt, die in der Pfanne etwas flach gedrückt werden.

Variationen:
- Die Karotten durch festfleischigen Kürbis ersetzen.
- Den Thymian durch Origano oder Basilikum ersetzen (doppelte Menge), bei frischen Kräutern mindestens 1 Eßl.
- Den Lauch durch Bleichsellerie ersetzen.
- Aus dieser Masse Schnitten* machen. 152
- **Herzhafte Buchweizenbratlinge:** Den Quark durch 100 g würzigen, jedoch nicht zu trockenen geriebenen Käse ersetzen; die Karotte durch Sellerie oder Petersilienwurzel ersetzen. 1-2 feingeschnittene Knoblauchzehen dazugeben und bis zu 50 g der Karotte durch Zwiebel ersetzen.
- Das Gemüse, zuerst Zwiebel und Knoblauch, in wenig Öl hellbraun braten. 1/4-1/2 Teel. Curry oder Paprikapulver oder geriebene Ingwerwurzel hinzugeben (lecker mit Kürbis).

Tip:
Den Buchweizen in der Thermoskanne* kochen. 124

Reisbratlinge mit Spinat (ca. 20 kleine)

Wenn man den Reis im vorhinein kocht (500 g gekochtes Getreide), sind diese grünen Getreidebratlinge schnell gemacht, möglicherweise mit aus dem Garten oder vom Spaziergang mitgebrachtem Wildgemüse (siehe Variation 1).
Gedünstete Karotten oder etwas Rohkost von Wurzelgemüse dazu essen.

- *150 g Vollreis (1 3/4 dl), am besten rundkörniger, nach Möglichkeit 2 Stunden oder länger eingeweicht in*
- *3,5 dl Wasser (1:2)*
- *1/4 Teel. Salz*

- *50 g geriebenen milden Käse*
- *75 g Quark, vermischt mit*
- *1 Eßl. Öl*
- *4-6 Eßl. Buchweizenmehl*

- *125 g jungen Spinat, ohne Stiele gewogen, gewaschen*

Den Reis mit dem Einweichwasser zum Kochen bringen und 1/2 Stunde zugedeckt köcheln lassen (45 Minuten, wenn der Reis nicht eingeweicht wurde). Das Salz dazugeben und den Reis mindestens 1 Stunde nachquellen lassen (Kochkiste*). Der Reis muß 114
sehr gar sein.
Den Käse, die Quark-Ölmischung und das Mehl darunterrühren. Es sollte eine feste Konsistenz ergeben, die Bratlinge werden durch das Braten wieder weicher.
Den Spinat trockenschleudern (Salatzentrifuge oder Geschirrtuch), die Blätter aufeinanderlegen und kleinschneiden. Der Spinat wird nun so fein wie möglich gehackt und unter die Reismasse geknetet. Auf Salz abschmecken und einen Probebratling backen. Wenn notwendig, noch etwas Mehl dazugeben. Mit nassen Händen oder mit Hilfe von 2 Eßl. werden glatte, sehr feste Klößchen geformt; etwas flachdrükken und in der Bratpfanne, wie beim Grundrezept*, 149
goldgelb backen.

Variationen:
- Den Spinat insgesamt oder teilweise durch Melde oder anderes Wildgemüse* ersetzen. 245
- 25 g des Spinates oder der Melde durch Brennesselspitzen ersetzen (vor dem Schneiden mit kochendem Wasser übergießen).
- Den Spinat durch jungen Mangold ersetzen.
- Den Quark durch 1 Ei ersetzen.
- Die Bratlinge größer machen (Eisportionierer). Einen pikanten Hartkäse verwenden oder den Käse durch Hackfleisch, das in wenig Öl kurz angebraten wurde, durch Schinkenwürfel oder sehr kleingeschnittene Fisch- oder Fleischreste ersetzen (z.B. Hühnerfleisch).
- Wenn man wenig Zeit hat (nicht glutenfrei): Den Reis durch grobe Haferflocken ersetzen. Diese übergießt man mit knapp 2 dl kochendem Wasser und läßt sie mind. 20 Minuten nachquellen. Mit Getreideflocken werden die Bratlinge klebriger als mit Getreidekörnern, vor allem wenn man Quark verwendet. Deshalb verwendet man lieber 1 Ei (Variation 4) und schlägt das Eiweiß steif (erst kurz vor dem Backen unter die Masse heben). So werden die Bratlinge luftiger, nehmen jedoch auch etwas mehr Fett auf beim Braten.

Haferbratlinge (ca. 16 Stück)

Ein zart gewürzter, jedoch fester und nahrhafter Getreidebratling, auf dem man gut kauen kann.
Spinatpüree oder Spinatsalat, jedoch auch Endivien oder anderes Blattgemüse schmecken gut dazu. Wenn der Hafer bereits gekocht ist, sind sie schnell gemacht. Man kann auch Haferflocken verwenden.

- *500 g gekochten Hafer (ca. 150 g ungekocht), am liebsten gedarrten Hafer* oder Thermo-* 149
grütze
- *2 kleine Eier*
- *1 Eßl. Öl*
- *50-75 g fein gemahlene Haselnüsse oder Mandeln*
- *1-3 Eßl. Buchweizen- oder Weizenmehl*
- *1/2 Teel, Koriander oder Kümmel, gestoßen*

- *1 Stück Karotte (ca. 100 g), nicht zu fein geraspelt*
- *2-3 Eßl. Petersilie oder andere Gartenkräuter, fein geschnitten*
- *eventuell etwas Salz*

Alle Zutaten kräftig miteinander vermischen, Karotte und frische Kräuter erst kurz vor dem Backen dazugeben; es sollte eine geschmeidige, nicht zu feste Masse ergeben (die Bratlinge werden durch das Backen fester). ►

Probebratling backen (siehe Grundrezept*).
Mit Hilfe eines Eisportionierers und/oder mit Hilfe der Hände flache Bratlinge machen. In der Pfanne, wie im Grundrezept, braten.

Variationen:

- Die Haferkörner durch 150 g Haferflocken ersetzen (am liebsten grobe, mit feinen werden die Bratlinge zu klebrig). Die Flocken werden mit 4 dl kochendem Wasser übergossen, dann müssen sie mind. 1/2 Stunde einweichen. Um diese Flockenbratlinge etwas luftiger zu machen, kann man das Eiweiß steif schlagen und kurz vor dem Backen unter die Masse heben.
- Die Eier durch 150 g Quark und 3-4 Eßl. Mehl zusätzlich ersetzen. Diese Masse muß sehr fest sein, die Bratlinge werden durch den Quark beim Backen weicher.
- Die Hälfte der oben genannten Nüsse durch Walnüsse ersetzen (mit dem Wellholz gequetscht).
- Die Hälfte der Nüsse durch Sonnenblumenkerne oder Sesamsamen ersetzen oder die Hälfte der Nüsse grob hacken. Sie werden jedoch nicht unter den Teig gemischt, sondern in einen tiefen Teller gegeben. Vor dem Backen wird jeder Bratling mit einer Seite in die Kerne oder Samen gedrückt und diese gut angepreßt. Diese «Verzierung» röstet dann, während die Bratlinge braten (aufpassen, daß nichts anbrennt).

Haferbratlinge mit Sonnenblumenkernen

149 – Die Variation mit Flocken und Quark machen und Schnitten (s. unten) daraus zubereiten.
– **Pikante Haferbratlinge:** Im Öl werden 150 g sehr fein geschnittener Lauch oder Zwiebel und 1-2 Knoblauchzehen geschmort (die Karotte weglassen). Die Hälfte der Nüsse wird durch 50 g fein geriebenen, pikanten Käse oder sehr fein gehackten Schinken ersetzt. Anstelle des Korianders nimmt man Curry oder Paprikapulver.

Weizen-, Gersten- und Roggenbratlinge (ca. 16 Stück)

(Weizen, Gerste)
(Roggen)

Zubereitung wie für das Rezept von *Haferbratlingen** (für Roggenbratlinge nimmt man vor allem die 151
letzte Variation). Wenn man ganze Getreidekörner verwendet, muß man mindestens die Hälfte der Körner durch den Fleischwolf drehen oder mit dem Stabmixer zerkleinern. Man kann auch 1/3 der Getreidemenge in Form von eingeweichten Flocken verwenden (praktisch, wenn man nicht genügend Getreidereste hat). Die ganzen Körner dieser Getreidearten haben zu wenig Bindefähigkeit, um Bratlinge daraus backen zu können. Dies gilt auch für die Thermogrützen dieser Getreidearten, weniger jedoch für selbstgemahlene (nicht gedarrte) Grütze.
Zu diesen Getreidearten können Sie die passenden Kräuter und Nüsse verwenden (zum Roggen beispielsweise Walnußstückchen).
Aufgepaßt: Die Einweichzeit für Gerste-, Weizen- und Roggenflocken (und Vierkornflocken) beträgt mindestens 1 Stunde! Diese Bratlinge sollten langsam gebraten werden, damit die kräftigen Flocken gar werden können. Während die zweite Seite bäckt, wird die Pfanne zugedeckt.

Getreideschnitten aus Buchweizen, Weizen, Gerste, Hafer und Roggen, auf dem Backblech gebacken

(Buchweizen)
(Weizen, Gerste, Hafer)
(Roggen)

Eine einfache Methode, um für viele Esser eine schmackhafte Getreidemahlzeit aufzutischen oder Getreidereste in eine Beilage umzuwandeln.

Aus den oben genannten Getreidesorten macht man eine Masse, die in den Rezepten für *Getreidebratlinge** angegeben wurde. 149

Das *Öl*, das man sonst zum Braten in der Pfanne verwenden würde, kann man eventuell (zum Teil) in die Masse verarbeiten.

Nüsse kann man (nicht für Kleinkinder), anstatt sie fein zu mahlen, grob hacken und auf die ausgestrichene Masse streuen. Sie werden dann geröstet und bekommen dadurch einen guten Geschmack.

Käse – gerieben oder in Streifchen geschnitten (ein hübsches Gitter machen) – oder für jedes Kind ein Figürchen aus Käse schneiden oder ausstechen (zum Fest passend), fünf Minuten vor dem Ende der Backzeit auf die Masse legen und schmelzen lassen.

Auf die Masse, in die Sie wenig oder kein Gemüse verarbeitet haben, können Sie (unter den Käse) gekochte Gemüsereste oder Tomatenscheiben oder Paprikastreifen legen. Ebenso wie bei den traditionellen Pizzen sind hier unzählige Variationen möglich.

Arbeitsanleitung:
Ein Backblech mit Rand (oder für kleinere Portionen eine Pizzaform oder eine flache Auflaufform) großzügig mit Butter einfetten und mit Mehl bestäuben, überflüssiges Mehl abklopfen.

Wenn man keine Form besitzt, kann man den Rand einer Springform (oder eine mit einer Büroklammer zu einem Rand geformte, doppelt gefaltete Alufolie) auf ein eingefettetes Backblech stellen und die Masse innerhalb dieses Randes ausstreichen; der Rand sorgt dafür, daß die Masse außen herum nicht zu braun wird. Deshalb sollte auch eine Masse, die nicht das ganze Backblech bedeckt, mit einem Streifen Folie abgedeckt werden.

Die Masse mit Hilfe eines Teigschabers und/oder eines Eßlöffels (Unterseite) gleichmäßig, reichlich 1 cm dick, und schön glatt ausstreichen. Wenn man ein Backblech verwendet, müssen auch die Ecken dick ausgestrichen werden.

Backen: ca. 30 Minuten bei 180°C, unterste Schiene (Ofen vorheizen).

Nach der Hälfte der Backzeit nachschauen, ob die Masse nicht zu trocken wird, wenn ja, etwas Bouillon darübersprenkeln oder mit einer Mischung aus Sahne und Viili* oder Joghurt bestreichen (nicht, 464
wenn man Nüsse oder Käse daraufgibt).

Die gebackene Masse wird nun in Vierecke, Rauten oder Dreiecke geschnitten. Was man auf dem Blech gebacken hat, kann man auf eine vorgewärmte flache Platte stapeln; die Auflaufform kann man so auf den Tisch stellen.

Maisschnitten (8-10 Stück)

Ein Gericht, das sich beinahe ohne Ihr Zutun selber kocht und das Sie zum größten Teil im vorhinein fertigmachen können.

Etwas Blattgemüse (Spinat) dämpfen und ein paar Karotten für die Rohkost raspeln. Als Nachspeise reicht man ein Früchtedessert mit einem Sauermilchprodukt*. 310

- *150 g (4 dl) Maisflocken*
- *1/2 Teel. Rosmarin, zerstoßen mit*
- *1/2 Teel. Salz*
- *6 dl kochendes Wasser (1:1 1/2)*
- *2 Eßl. Öl*

- *eventuell 1 kleines Ei, verquirlt*

- *1 Thermoskanne von mind. 8,5 dl Inhalt*
- *1 Kastenform von mind. 3/4 l Inhalt*

Die Maisflocken werden mit dem gewürzten Salz vermischt und in der Thermoskanne «gekocht»*, mind. 124
1/2 Stunde.

Das Öl unter den lockeren Maisbrei arbeiten und diesen in die kalt ausgespülte Form drücken. Der Mais muß durch und durch abkühlen und steif werden, das kann (an einem kühlen Ort) 2-3 Stunden dauern. Sicherheitshalber gibt man den Mais am ►

Maisschnitten mit Leinsamen

Vorabend in die Kanne und bereitet das Gericht im Lauf des Vormittages zu.

Den Maiskuchen auf ein Brett stürzen und mit einem scharfen Sägemesser in reichlich 1 cm dicke Scheiben schneiden. Die Scheiben werden im verquirlten Ei oder im feinen Paniermehl gewendet (zur Not kann man auch Mehl nehmen; das überflüssige Mehl abklopfen).

Die Schnitten in wenig Öl oder Butter braten (siehe Grundrezept Getreidebratlinge*). 149

Variationen:

- Die Schnitten werden ungebraten auf einen flachen Teller gelegt (Deckel darauf) und auf dem Gemüsetopf gewärmt. Den etwas scharfen Rosmarin kann man eventuell durch Petersilie ersetzen.
- Den Maisbrei fester kochen (175 g Flocken) und etwas pikanter mit 1/2-1 Teel. Curry oder Paprika würzen; eine fein gehackte Knoblauchzehe dazu geben. Zum Ausbacken verwendet man Öl und dreht die Flamme höher, dann werden die Schnitten schön knusprig.
- Wenn die erste Seite gebraten ist, legt man auf jede Schnitte eine dünne Scheibe milden Käse; oder *Linsensoße** dazu reichen (im letzteren Fall 186
gibt es als Nachtisch Früchte oder Apfelmus).

Tips:

- Wenn Sie keine Zeit haben, den Brei in der Kastenform abkühlen zu lassen, können Sie ihn auch auf einem flachen Teller oder auf der Anrichte ausstreichen (reichlich 1 cm dick). Nach einer halben Stunde legt man Plastikfolie darüber, damit sich keine harte Kruste bildet. Abgekühlt in Stücke schneiden und backen (siehe oben).
- Besitzen Sie keine große Thermoskanne oder brauchen Sie eine große Menge an Schnitten? Kochen Sie die Flocken dann **im Topf**. Das Flocken-Gewürz-Salzgemisch wird in den Topf gegeben und mit kochendem Wasser übergossen; gut umrühren. Auf dem Sparbrenner 20 Minuten ziehen lassen; ab und zu am Boden umrühren; das Feuer abstellen und den Topf mit zwei Topflappen auf dem Deckel noch mindestens 20 Minuten stehen lassen.

Herzhafte Roggenschnitten

Ein Wintergericht für gute Verdauer mit starken Zähnen (siehe Variation). Dazu gibt es einen Salat aus gekochten Rote Bete*, der mit einem Kranz Winter- 29
postellein garniert wurde, oder gedünstete Endivien und Rohkost von einem Wurzelgemüse*. 29

- *200 g Roggen (2 1/4 dl), 8-10 Stunden eingeweicht in*
- *4 1/2 dl Wasser (man kann auch ca. 700 g vorgekochten Roggen* verwenden)* 12

- *1 Teel. Thymian oder 4-5 Nadeln Rosmarin, fein zerrieben mit*
- *1/2 Teel. Salz*
- *1 Messerspitze Cayennepfeffer*
- *3 Eßl. feine Haferflocken*
- *5 Eßl. Quark*
- *100 g milchsauer eingelegte Gewürzgurken* in* 42
1/2 cm große Würfel geschnitten

- *80 g geriebenen Käse oder 50 g Sonnenblumenkerne oder in Stücke gebrochene Walnüsse*

- *1 flache Auflaufform von ca. 26 cm Durchmesser, eingefettet*

Den Roggen nach dem Grundrezept* kochen. 12

Die gargekochten Roggenkörner werden mit dem Rest der Zutaten, außer dem Käse, vermischt. Auf Salz abschmecken und die Masse gleichmäßig in die Auflaufform streichen.

Die Körner oder Nüsse darüberstreuen und leicht andrücken. Wenn man Käse verwendet, wird dieser erst in den letzten 5 Minuten der Backzeit darübergestreut.

Ofen vorheizen.

Backen: 20-30 Minuten bei 200°C, mittlere Schiene.

Der Roggen«kuchen» wird in Stücke geschnitten und in der Form auf den Tisch gebracht.

Variationen:

- Die Schnitten werden leichter verdaulich, wenn man sie aus Thermoroggengrütze* macht. Diese 123
braucht nicht eingeweicht zu werden, und die Kochzeit dauert nur 10 Minuten (allerdings 1/2 Stunde nachquellen lassen). Dieses Getreideprodukt hat so viel Bindefähigkeit, daß man die Haferflocken weglassen kann.

- Die Gewürzgurken zum Teil oder insgesamt durch rote Paprika oder feingeraffelte Sellerie ersetzen (zu letzterem passen Walnüsse gut).

Tip: Wenn man Roggenschnitten für viele Esser backen muß, kann man die aus Thermogrütze gekochte Masse auch auf ein eingefettetes und mit Mehl bestreutes Backblech 1 cm dick ausstreichen; gut glattstreichen. Dieser große Kuchen wird in Rauten geschnitten und auf einer flachen Platte gestapelt angerichtet.

Hirseklößchen (ca. 40 kleine)

Weiche, besonders leicht verdauliche Getreideklößchen in einer herzhaften und in einer süßen Version. Beide bilden eine vollwertige Kindermahlzeit, wenn man zu den salzigen Klößchen Gemüse (Püree*) und etwas grünen Salat und zu den süßen 271
Klößchen Kompott reicht. Davor gibt es eine farbenfrohe Suppe aus Rote Bete oder Karotten*. 88
Ein praktisches Rezept, wenn die Kleinen vorausessen müssen.
Was von den herzhaften Klößchen übrigbleibt, kann man am nächsten Tag in der Bratpfanne leicht aufbacken; die süßen schmecken auch kalt noch gut als Nachspeise mit einer *Früchtesoße**. 188

- *150 g Hirse (2 dl)*
- *4 1/2 dl Wasser (1:2 1/8)*
- *1/2-1 Teel. Salz*

- *175 g Quark, vermischt mit*
- *1 Eßl. Öl*
- *1/2 Teel. Koriander, zerstoßen*
- *ca. 50 g (5 Eßl.) Buchweizenmehl*
- *1 Eßl. Fenchelblätter, Kresse oder etwas Petersilie, sehr fein geschnitten*

- *20-50 g Butter*

Die Hirse wird mit dem Wasser zum Kochen gebracht, dann läßt man sie noch 15 Minuten leicht köcheln. Das Salz dazugeben und zugedeckt mit einem zusammengefalteten Geschirrtuch auf dem Deckel noch 25 Minuten nachquellen lassen (Feuer abdrehen). Die Hirse ausdampfen lassen und den Rest der Zutaten daruntermischen. Die Masse sollte würzig schmecken.

Das Kochen der Getreideklößchen:
In einem weiten Topf wird etwa 15 cm hoch Wasser mit 1/2 Eßl. Mehl und etwas Salz zum Kochen gebracht (knapp 1 Teel. auf 1 l, für süße Klößchen 1/4 Teel.) *Kurz vor dem Siedepunkt halten* (also auf keinen Fall sprudeln lassen!).
Immer, auch wenn man dieses Rezept schon oft gemacht hat, ein Probeklößchen kochen. Wenn es auseinanderfällt, noch etwas Mehl unter die Masse mischen. Wenn das Klößchen zu hart und trocken wird, gibt man noch etwas Wasser dazu (danach nochmals abschmecken). Mit zwei Löffeln (für das oben genannte Rezept mit einem Inhalt von 5 ml, aber nicht größer als 15 ml) werden kräftige Klößchen geformt. Man kann die Klößchen direkt vom Löffel ins Kochwasser schieben, oder man kann sie auch zuerst auf die mit Mehl bestreute Arbeitsfläche legen und danach zwischen den Händen zu glatten Bällchen drehen.
Aufgepaßt: Das Wasser darf niemals sprudelnd kochen, sonst fallen die Klößchen auseinander. Nur so viele Klößchen ins Kochwasser legen, wie nebeneinander gut Platz haben, und, *ohne* Deckel, ruhig ziehen lassen, bis sie nach oben schwimmen (ca. 20 Minuten) und innen nicht mehr naß sind.
Die fertigen Klößchen mit einem Schaumlöffel aus dem Wasser holen und gut abtropfen lassen, bevor man sie in die vorgewärmte Schüssel gibt. Wenn man viele Klößchen kocht, stellt man die Schüssel auf einen Topf mit heißem Wasser und hält sie so warm.
Die Butter schmelzen lassen (nicht heiß werden lassen) und über die Klößchen geben. Man kann auch etwas Zwieback oder Brotkrümel unter die Butter rühren und diese Streusel über die Klößchen geben.

Variationen:
- Die Hirse durch Thermogrütze ersetzen (Gerste, Hafer).
- Den Koriander durch Fenchel- oder Kümmelsamen ersetzen.
- Die oben genannten frischen Kräuter werden durch Basilikum (frisch 2 Eßl., getrocknet 1/2 Teel.) oder durch Thymian (ca. 1/2 Teel.) ersetzt.
- Die Butter durch 2 Eßl. Öl ersetzen und darin 2-3 Eßl. Sonnenblumenkerne hellbraun backen.
- Den Quark durch 1 Ei ersetzen und das Buchweizenmehl weglassen, der Teig muß geschmeidig sein.
- Den Klößchen kann man eine gelbe Farbe geben, indem man 1/2-1 Teel. Gelbwurzelpulver (Kurkuma) unter die Masse rührt.

- Den Koriander durch Curry oder Kreuzkümmel (1/4 Teel.) ersetzen oder durch eine Messerspitze Muskatnuß oder Paprika.
- In der Butter eine in hauchdünne Ringe geschnittene Zwiebel dünsten. Wenn man die Zwiebel hellbraun backen will, ist es besser, wenn man Öl verwendet. Die Zwiebel zwischen und über die Klößchen verteilen.
- Die Hirse durch Buchweizengrütze (Kochzeit 5 Minuten) oder durch Quinoa ersetzen. Ins Kochwasser kein oder glutenfreies Mehl geben (Buchweizen- oder Reismehl).

Süße Hirseklößchen

Wie oben genanntes Rezept, mit folgenden Änderungen:

- nur 1/4 Teel. Salz verwenden
- das Öl (nach Wunsch) durch 10 g weiche Butter ersetzen, die man unter die noch etwas warme Hirse rühren kann
- die Hälfte des Korianders durch Anis ersetzen
- die Gartenkräuter durch 40-50 g fein gemahlene Mandeln oder Haselnüsse ersetzen
- die Masse mit 2-3 sehr fein gehackten Datteln (20 g, entkernt gewogen) oder durch 1 Eßl. Vollrohrzucker ersetzen
- keine Butter über die Klößchen geben

Zur Abwechslung einmal anders anrichten: Den Zukker nicht unter die Masse geben, sondern mit einer Messerspitze Zimt vermischen und über die Klößchen streuen. *Rohes Apfelmus** dazu essen. 301

Tip: Das Kochwasser für Suppe verwenden (es ist 1-2 Tage im Kühlschrank haltbar).

Polenta neri (ca. 20 Stück)

Weiche Buchweizenklößchen, wie Nonna Dorsa in Viano (Puschlav, Schweiz) sie für ihre Enkelkinder kocht. Dazu gibt es gemischten Salat und als Nachspeise einen Fruchtjoghurt.

- *150-200 g mehlige Kartoffeln, geschält gewogen, in 2 cm kleine Stückchen geschnitten*
- *7 1/2 dl Bouillon*
- *knapp 1 Teel. Salz*

- *175 g Buchweizengrütze*

- *1 Eßl. Öl oder ein Stückchen Butter*
- *3 Eßl. frisches Basilikum, fein gehackt, oder 1/2 Eßl. getrocknetes*
- *1 Teel. Thymian*

- *ca. 30 g Butter*
- *3 Eßl. sehr grobes Paniermehl oder getrocknete Brotkrümel*
- *eventuell ca. 50 g geriebenen Käse*

Einen großen Topf mit dickem Boden verwenden. Darin werden die Kartoffeln in der Bouillon mit Salz ca. 20 Minuten gegart, bis sie beinahe auseinanderfallen.
Den Topf vom Feuer nehmen und die Buchweizengrütze auf einmal dazugeben. Vorsichtig umrühren, die Kartoffeln sollten noch nicht zerfallen, und der Buchweizen braucht zum Kochen Flüssigkeit. Den Topf wieder aufs Feuer stellen und den Brei in 8 Minuten auf kleinem Feuer garkochen, ab und zu umrühren.
Öl und Kräuter dazugeben und dabei die Kartoffeln so fein wie möglich zerdrücken. Der Brei muß nun so dick sein, daß man während des Rührens den Topfboden sehen kann. Den Deckel auf den Topf geben und das Ganze mindestens 30 Minuten nachquellen* lassen. 114
In einer Bratpfanne läßt man die Butter schmelzen (nicht zu heiß werden lassen) und rührt das Paniermehl dazu. Feuer niedrig halten.
Nun formt man aus dem Brei mit Hilfe von 2 Eßlöffeln längliche, feste Klößchen und legt sie auf das Paniermehl. Die Klößchen werden im Paniermehl gewendet (nicht zu heiß werden lassen) und in eine vorgewärmte Schüssel geschichtet, wobei man zwischen jede Schicht etwas Käse streut. Sofort anrichten.
Wenn man mehr Polenta neri machen muß als in der größten Bratpfanne Platz haben, kann man die Klößchen im Backofen wieder aufwärmen (siehe Tip).

Variationen:

- Keine Brotkrümel in die Bratpfanne geben. Eventuell Variation 2 machen.
- Anstelle von Brotkrümeln kann man eine große, in Scheiben geschnittene Zwiebel hellbraun backen oder
- man backt sie knusprig braun in der Butter. *Pikanten* geriebenen Käse verwenden.
- 50-75 g Frühstücksspeck in dünne Streifchen oder etwas geräucherte Wurst in kleine Würfel

schneiden. Man backt dies in etwas Öl aus und arbeitet das Fleisch vor dem Nachquellen unter den Buchweizenbrei. Die Zwiebeln oder die Brotkrümel kann man dann im zurückgebliebenen Fett in der Pfanne backen.

- Das Originalrezept wird mit Buchweizenmehl gemacht. Für meinen Geschmack werden die Klößchen dann jedoch zu klebrig.
- **Maisgnocchi**, ein Gericht aus den südlicheren (italienischen) Tälern: Den Buchweizen durch Maisgrieß (Polenta) ersetzen. Den Mais zusammen mit den Kartoffeln zum Kochen bringen und 20 Minuten köcheln lassen. Den Thymian durch 4-5 zerstoßene Rosmarinnadeln ersetzen. Am leckersten schmecken die Maisgnocchi, wenn man zuerst eine Tomatensoße* macht (oder in 183
der Pfanne einige dicke Tomatenscheiben weich dünstet) und die Gnocchi darin erwärmt (Paniermehl oder Zwiebeln fallen weg, dafür gehört der geriebene Käse immer dazu).

Tip: Polenta neri ist zum im vorhinein Fertigmachen sehr geeignet. Die Klößchen werden mit dem Käse in eine flache feuerfeste Schüssel gegeben, das Paniermehl und Butterflöckchen darübergestreut. Im *nicht* vorgeheizten Ofen bei 200°C 15-20 Minuten aufwärmen. Wenn die Klößchen in der Pfanne wieder aufgebacken werden, fallen sie auseinander.

Pfannkuchen

Pfannkuchen, die auf traditionelle Art mit Milch und (viel) Eiern zubereitet und in Butter herausgebacken werden, sind für kleine Kinder eine zu schwere Kost. Weil die meisten Kinder sie jedoch so gerne essen, machen wir sie weniger schwer und aus vollwertigen Zutaten, so sind Pfannkuchen nicht nur lecker, sondern auch eine gesunde (Fest-)Mahlzeit. Dann gehört jedoch auch gedämpftes Gemüse und etwas Rohkost dazu. Buchweizenmehl erhöht die Bindefähigkeit des Teiges, so daß man auch mit wenig Eiern und sogar mit Quark daraus ohne weiteres Pfannkuchen bakken kann. Da das Mehl im Wasser besser quillt als in der Milch, füge ich diese erst nach dem Einweichen hinzu. Die Kohlensäure in der Buttermilch oder im Mineralwasser macht den Teig luftiger.

Grundrezept Pfannkuchen

(10-12 dünne)

- *150 g Weizenmehl Type 1050 (CH: Ruchmehl)*
- *50 g Buchweizenmehl*

- *4 dl kohlensäurehaltiges Mineralwasser oder normales Wasser*
- *1 kleines Ei*
- *1 1/2 - 2 dl Buttermilch, normale Milch oder Wasser*
- *knapp 1/2 Teel. Salz*
- *2 Eßl. Öl*

Das Mehl in einer Schüssel vermischen und Wasser dazugießen.

Das Ganze wird (mit einem Holzlöffel mit Loch darin) zu einem glatten, noch sehr dicken Teig gerührt. Mindestens 10 Minuten ruhen lassen (es dürfen auch ein paar Stunden sein), zugedeckt und an einem kühlen Ort. Das Ei mit der Milch, dem Salz und dem Öl verrühren und kurz vor dem Ausbacken mit dem Teig vermischen.

Die Pfannkuchen werden in wenig Öl bei mäßiger Hitze auf beiden Seiten hellbraun gebacken. Eventuell muß man den Teig mit etwas Wasser verdünnen, wenn es sich zeigt, daß der erste Pfannkuchen beim Backen nicht ohne weiteres auseinanderläuft (je dünner der Pfannkuchen, desto knuspriger ist er). Den Teig muß man immer wieder bis auf den Grund der Schüssel gut durchrühren.

Die Pfannkuchen werden auf einer flachen Schale aufeinandergelegt und auf einem Topf mit heißem ►

Wasser warmgehalten (oder auf dem Suppen- oder Gemüsetopf).

Variationen:

- Das Ei durch 75 g Quark ersetzen. Man nimmt dann 200 g Weizen- und 100 g Buchweizenmehl und verwendet mind. 4 Eßl. Öl. Den Teig nicht zu dünn machen, kleine Pfannkuchen machen und eine Pfanne verwenden, in der die Pfannkuchen nicht leicht anbrennen.
- das Weizenmehl Type 1050 zum Teil oder insgesamt durch Vollkornmehl ersetzen.
- Wenn Sie weder Ei noch Quark noch Buttermilch verwenden dürfen, können Sie auch 1/2 Eßl. Hefe, die in wenig Wasser vom zweiten Abschnitt aufgelöst wird, zum Teig geben. Zusätzlich 1 Eßl. Öl verwenden und den Teig bei Zimmertemperatur stehen lassen, bis sich Bläschen bilden (mind. 1 Stunde).
- Das Weizenmehl in den Rezepten durch Reismehl oder *Hirsemehl** (glutenarm) ersetzen, für Tor- 406
tillas Buchweizenmehl nehmen (bindet besser). Zwei Eier verwenden und kleine Pfannkuchen backen, größere lassen sich in der Pfanne schlecht hantieren.

Tips: (Pfannkuchenreste)

- 1-2 Pfannkuchen: Die Pfannkuchen, in Streifchen geschnitten oder, für ein Fest, mit kleinen Förmchen ausgestochen, in eine würzige *Gemüse-bouillon** geben und viel Schnittlauch oder ande- 78
re frische Kräuter darüberstreuen.
- Sind viel Pfannkuchen übrig? Einfach wieder aufwärmen, wie man sie während dem Backen warmgehalten hat, oder in einer Pfanne mit dickem Boden und gut schließendem Deckel auf einem Flammenverteiler. Das darf ruhig eine Weile dauern, die Pfannkuchen sollten zwischendurch umgestapelt werden. Wenn man zwischen jeden Pfannkuchen etwas geriebenen Käse streut, werden sie durch den schmelzenden Käse zusammenkleben. Diese **schnelle Pfannkuchentorte** kann man bei Tisch in Kuchenstücke schneiden, als Beilage zur warmen Mahlzeit oder zur Brotmahlzeit.
- Ist pro Person 1 Pfannkuchen übrig? Dann kann man ihn mit gedämpftem Gemüse füllen und als Beilage zum einfach gekochten Getreide, zu Makkaroni oder Kartoffelpüree reichen.
- *Frühlingsrollen**, *Pfannkuchenröllchen** oder 159
*Pfannkuchentorte** machen. 161

Haferpfannküchlein

Wie Grundrezept, jedoch das Buchweizenmehl durch *Hafermehl** oder feine Haferflocken ersetzen. 405
Wenn die Pfannkuchen mit Flocken gemacht werden, sind sie zerbrechlich und lassen sich schlecht umdrehen; deshalb muß man kleine Pfannkuchen backen (3-4 in einer Pfanne).

Roggenpfannküchlein

Wie Grundrezept, der Teig wird jedoch aus 150 g feinen Haferflocken, 100 g (Thermo-)Roggenmehl und 7 dl Flüssigkeit gemacht. Mit 1 Teel. zerstoßenem Koriander würzen.
Bevor man den Teig in die Pfanne gibt, streut man etwas Sonnenblumenkerne oder Sesamsamen auf den Pfannenboden.

Tortillas

Wie Grundrezept, man verwendet jedoch eine Mischung aus zur Hälfte Weizenmehl Type 1050 und zur anderen Hälfte Maismehl und nimmt dazu ca. 1 dl Flüssigkeit weniger (oder zusätzlich 1 Ei, oder man gibt 1 Eßl. Marantamehl unter die Mischung).
In einem Mörser werden 4-5 Rosmarinnadeln und 1/4 Teel. Thymian mit dem Salz zerstoßen und zum Teig gegeben.
Der Teig wird zu dünnen, knusprigen Pfannkuchen ausgebacken.
Tortillas sind trockener als normale Pfannkuchen, schmecken jedoch köstlich, wenn sie mit *gedünstetem Spinat** oder Lauch gefüllt werden. Die Füllung 26
wird während des Backens der zweiten Seite auf den Pfannkuchen gelegt, so daß sie noch kurz mit anwärmen kann. Wenn die Unterseite braun ist, klappt man den Pfannkuchen zusammen.
Siehe auch *Indianertorte**. 60

Lauchpfannküchlein (Abbildung S. 182)

Wie Grundrezept, man verwendet jedoch 100 g Weizenmehl Type 1050 und 200 g Buchweizenmehl; ca. 1 dl Flüssigkeit weniger nehmen.

Kurz vor dem Ausbacken wird 300 g in hauchdünne Ringe geschnittener Lauch (nur vom hellgrünen Teil) unter den Teig gehoben. Daraus werden kleine Pfannkuchen gebacken (langsam, bei mäßiger Hitze) und mit etwas geriebenem Käse bestreut.
Wenn man einen halben Teelöffel zerstoßenen Fenchelsamen unter den Teig mischt, werden diese Pfannkuchen etwas leichter verdaulich. Mit Thymian bekommen sie mehr Pfiff.
Wenn man 50 g vom Lauch durch geraffelte Karotten ersetzt, schmecken die Pfannkuchen milder (süßlich).
Lauchpfannkuchen schmecken gut zu *gedünsteten Rote Bete**. 258

Spinatpfannküchlein

Einen Teig wie für Haferpfannkuchen machen und 25-50 g gemahlene Mandeln darunterrühren.
Kurz vor dem Backen wird 100 g junger, gut trocken geschleuderter Spinat sehr fein gehackt (die Blätter erst aufeinanderlegen und etwas kleinschneiden). Für größere Kinder kann man noch eine kleine Zehe Knoblauch und eine Sommerzwiebel fein hacken. Dies alles wird zum Teig gegeben und Pfannkuchen daraus gebacken. Schmeckt gut zu Rohkost (aus jungen Karotten).

Variation: Einen Teil des Spinates kann man durch zarten **Sauerampfer** (Stiele und Hauptnerven zuerst wegschneiden) oder durch **Brennesselspitzen** ersetzen.

Apfelpfannküchlein

Mit Suppe oder Rohkost vorab ist dies eine köstliche Kindermahlzeit, für die Größeren gibt es eine nahrhafte Nachspeise oder eine Eintopfsuppe voraus (*Linsensuppe**). 91

2-3 mürbe Äpfel werden in kleine, dünne Scheibchen gehobelt und kurz vor dem Ausbacken unter den (nicht zu dünnen) Teig gehoben (siehe Grundrezept*). Man bäckt kleine, ziemlich dicke Pfann- 157
küchlein, und zwar bei nicht zu starkem Feuer, sonst werden sie innen nicht gar. Beim Backen darauf achten, daß die Apfelscheibchen nicht aufeinander, sondern nebeneinander *im* Teig liegen. Mit *Zimtzukker** bestreuen. 410

Holunderblütenküchlein

Blütendolden mit gerade geöffneten Blüten pflükken, es dürfen noch einige Knospen dabei sein (zu viel Blütenstaub von ganz geöffneten Dolden schmeckt zu stark). Nach dem Grundrezept arbeiten, den Teig jedoch etwas dicker machen (1/2 l Flüssigkeit) und die Blütendolden Stück für Stück gründlich hineintunken (am Stiel festhalten). Erst die Blütenseite backen, dann den Stiel abschneiden und umdrehen.
Mit Zimtzucker bestreuen und etwas dünnen Honig darauf tröpfeln. Sofort aufessen, dann sind die Küchlein noch knusprig.

Würzige Pfannkuchenröllchen

Eine etwas aufwendige, jedoch sehr pikante Art, übrig gebliebene Pfannkuchen zu verwerten. Mit Risotto und einer schönen Salatschüssel ist dies beinahe eine Festmahlzeit.

- *5-6 übrig gebliebene Pfannkuchen (oder aus einem halben Rezept* frische machen)* 157

- *1 Eßl. Öl*
- *1 große Stange Lauch (geputzt gewogen ca. 200 g) in sehr dünne Ringe geschnitten*
- *1 rote Paprika (ca. 100 g), in 1/2 cm kleine Würfel geschnitten*
- *100 g Mungbohnensprossen*

- *1/2 Teel. Salz*
- *knapp 1 Teel. Curry oder 1/4 Teel. geriebene Ingwerwurzel*
- *2 Eßl. Sellerieblätter oder Petersilie, fein geschnitten*

- *1 dl Bouillon*

- *1 flache Auflaufform von ca. 20 cm Durchmesser, eingefettet*

Das Öl mit dem Lauch und der Paprika unter Rühren bei mäßigem Feuer dünsten, bis das Gemüse zusammenfällt. Den Topf vom Feuer nehmen und das Ge- ►

müse zugedeckt ca. 5 Minuten nachdünsten lassen. Salz und Kräuter dazugeben.
Ofen vorheizen.
Die Pfannkuchen aufeinanderschichten und rechts und links die Rundung abschneiden (aufbewahren für *Flädlesuppe**). 80
Die Füllung auf die Pfannkuchen streichen, und zwar so, daß an einer runden Seite 2 cm freibleiben. Die Pfannkuchen fest aufrollen, mit der bestrichenen Rundung beginnen. Jede Rolle wird in 4-5 Stücke geschnitten und diese Stücke dicht nebeneinander aufrecht in die Form gestellt.
Bouillon angießen.
Backen: ca. 15 Minuten bei 200°C, mittlere Schiene.

Variationen:

- Paprika durch Bleichsellerie, der in dünne Scheibchen geschnitten wurde, ersetzen.
- Paprika durch Austernpilze oder Hackfleisch ersetzen. Das Hackfleisch zuerst in Öl anbraten, dann zum Gemüse geben. Eine Messerspitze Chilipfeffer dazu geben.
- 50 g Frühstücksspeck ausbraten (in Scheibchen oder kleine Würfel geschnitten) und das Gemüse in diesem Fett dünsten. Weniger Salz verwenden.
- **Frühlingsrollen**: Im Pfannkuchenteig wird das Ei durch 2 Eiweiß ersetzt und daraus (1/2 Rezept verwenden) 6 Pfannkuchen gebacken. Nur an einer Seite und sehr hell backen, nicht aufeinanderlegen. Paprika in der Füllung ersetzen (siehe Variation 1). Nicht mit Curry, sondern mit Sojasoße würzen. Die Füllung wird auf die ungebackene Seite der Pfannkuchen gegeben, die Seiten über die Füllung geklappt und das Ganze zu einem Päckchen gerollt. Mit dem Verschluß nach unten auf das Backblech legen.
  Backen: ca. 15 Minuten bei 200°C, mittlere Schiene.
  Diese Frühlingsrollen sind frisch vom Blech schön knusprig, jedoch viel weniger fett, als wenn sie in der Friteuse gebacken werden.

Pfannkuchenfest

Zu einem großen Stapel Pfannkuchen reicht man vielerlei Leckeres wie:

- grob geraffelten Apfel, vermischt mit abgeriebener Zitronenschale und Zitronensaft, flüssigem Honig und eventuell etwas geriebenen Nüssen
- Scheiben sehr reifer, süßer Birnen, eventuell mit etwas Vollrohrzucker bestreut
- Johannis- oder andere Beeren, vermischt mit Honig
- dickes Apfel- oder Rhabarbermus, Früchtemus oder Marmelade
- dünne Scheibchen kandierten Ingwer
- Quark, gesüßt mit Sirup* oder flüssigem Honig 3
- pikanten geriebenen Käse
- fein geschnittenes rohes Sauerkraut, vermischt mit Walnußstückchen und Rosinen
- ein Schüsselchen Rohkost, mit Zitronensaft und sehr wenig Öl angemacht
- eine Schüssel frischen grünen Salat für eine gesunde Magenfüllung

Pfannkuchentorte mit Sauerkraut

(4-6 Personen)

Eine festliche, winterliche Pfannkuchentorte für kräftige Esser. Diese Torte läßt sich einfach und schnell, zum größten Teil im vorhinein machen. Salat von gekochten Rote Bete oder Rote-Bete-Rohkost schmeckt und paßt gut dazu. Rezepte für Pfannkuchentorten anderer Jahreszeiten siehe unten.

- *1 Grundrezept Pfannkuchen* (oder ein Rest des Vortages – mind. 6 Stück)* 157

Füllung:

- *20 g Butter oder 1 Eßl. Öl*
- *2 feste Äpfel (200 g), in kleine, 3 mm dünne Scheibchen geschnitten*
- *400 g Sauerkraut, fein geschnitten*
- *1/4 Teel. Anissamen, zerstoßen*
- *ca. 1/4 l Bouillon oder Apfelsaft*
- *1 Auflaufform, nicht weiter als der Durchmesser der Pfannkuchen, eingefettet*

Die Butter schmelzen lassen, die Äpfel darunterheben und unter Rühren bei mäßiger Hitze braten, bis sie gut riechen, dann gibt man das Sauerkraut dazu. Unter Rühren alles gut erhitzen. Deckel auf den Topf geben und 5 Minuten stehen lassen.
Die Pfannkuchen werden, mit jeweils einer Lage Sauerkraut dazwischen, in die Form geschichtet. Mit Sauerkraut anfangen und mit einem Pfannkuchen aufhören.
2 cm Bouillon dazugießen. Butterflöckchen darauflegen und die Schüssel mit einem hitzebeständigen Teller zudecken.
Backen: 20 Minuten bei 180°C, mittlere Schiene.
Nun wird die Schüssel auf den Teller gestellt (er schützt das Gemüse vor allzu starker Hitze) und das Ganze nochmals 10 Minuten gebacken.
Bei Tisch wird die Torte in Stücke geschnitten.

Variationen:

- 1 Apfel durch 25 g Rosinen ersetzen.
- Das Sauerkraut durch *hauchdünne* Lauchringe ersetzen (vom weißen und hellgrünen Teil), und anstelle des Anis 1/2 Teel. Fenchel nehmen.
- Die Äpfel durch Zwiebeln, in hauchdünne Scheibchen gehobelt, und den Anis durch Kümmel ersetzen (1/2 Teel.).

Tips:

- Ist die Form zu klein? Dann schneidet man einen Stapel Pfannkuchen maßgerecht zu und legt den «Abfall» in die Mitte zwischen zwei Schichten Füllung.
- Ist kein Ofen vorhanden? Dann wird der Pfannkuchenstapel in einer Pfanne mit hohem Rand und passendem Deckel gedämpft. 1 cm Bouillon angießen und keine Butter auf den obersten Pfannkuchen legen. Kurz vor dem Anrichten werden geröstete Nüsse oder Sonnenblumenkerne über die Torte gestreut. Für diese Version darf die Füllung nicht zu feucht sein. Die Dämpfzeit beträgt ca. 10 Minuten (mäßige Hitze und aufpassen, daß nichts anbrennt).

Pfannkuchentorte mit Spinat

Eine Pfannkuchentorte fürs Frühjahr. Lecker mit Rohkost aus jungen Karotten.

Nach dem Rezept *Pfannkuchentorte* (siehe oben), die Füllung wird jedoch folgendermaßen gemacht:
Eine Soße rühren aus 2 dl saurer Sahne (eventuell zur Hälfte aus Viili* oder Joghurt), 50 g sehr fein 464
gemahlene Mandeln oder Mandelmus, 1 Messerspitze Salz und 1 Messerspitze Muskatnuß. Diese Soße wird auf die Pfannkuchen, mit Ausnahme von einem, gestrichen.
750 g nicht ganz abgetropften Spinat in einem großen Topf im eigenen Saft zusammenfallen lassen. Das Gemüse auf ein Sieb geben und etwas kleinschneiden; gut ausdrücken und mit *Gomasio** ab- 408
schmecken.
Nun werden die bestrichenen Pfannkuchen mit einer Lage Gemüse dazwischen in die Schüssel gestapelt, siehe oben; der nicht bestrichene Pfannkuchen bildet den Abschluß. Butter darübergeben und backen wie oben.

Variationen:

- Anstelle von Spinat verwendet man 500 g **Mangold**, schneidet diesen klein und läßt ihn einige Augenblicke kochen.
- Ein Teil des Gemüses wird durch Brennesselspitzen ersetzt.
- Anstelle von Spinat verwendet man **Endivien**, in schmale Streifen geschnitten, oder **Rübstiele** (des scharfen Geschmackes wegen für die Kleinen zusammen mit fein geraffelten jungen Karotten, die roh daruntergemischt werden).

Pfannkuchentorte mit Broccoli oder Blumenkohl

Eine Pfannkuchentorte für den Sommer. Mit Radieschen garnierter Kopfsalat paßt gut dazu.

Nach dem Rezept *Pfannkuchentorte mit Sauerkraut** arbeiten, jedoch mit folgender Füllung: 161
Eine große, sehr reife Fleischtomate wird in Stücke geschnitten und mit einem Stückchen Butter oder Öl gedünstet.
400 g Broccoli oder Blumenkohl (ohne die größten Strünke) werden in Röschen zerpflückt und die kleinen Strünke in Scheiben geschnitten. Das Gemüse mit der Tomate beinahe gar dünsten; Deckel auf den Topf geben und aufpassen, daß nichts anbrennt. Etwas Salz und 1/2 Teel. Basilikum dazugeben.
Weiterarbeiten wie Pfannkuchentorte mit Sauerkraut.

Variation: Broccoli oder Blumenkohl durch in 1 cm breite Streifen geschnittenen **Spitzkohl** ersetzen.

Pfannkuchentorte mit Kürbis

Die Pfannkuchentorte für den Herbst. Ein mit gerösteten Sonnenblumenkernen bestreuter gemischter Salat schmeckt gut dazu.

Nach dem Rezept *Pfannkuchentorte mit Sauerkraut** arbeiten, die Füllung wird jedoch folgender- 161
maßen gemacht:
Man mischt eine Masse wie für *Kürbisküchlein**, 278
nimmt aber die doppelte Menge. Der Kürbis wird *sehr fein* geraffelt, die doppelte Menge Kräuter verwendet, der Zitronensaft weggelassen, und mit einigen Eßlöffeln saurer Sahne wird die Masse streichfähig gemacht. Auf Salz abschmecken (man kann auch Tamari verwenden). Diese Füllung wird über die Pfannkuchen verteilt und gleichmäßig ausgestrichen. Den Schluß bildet ein unbestrichener Pfannkuchen.
Weiter arbeiten wie für *Pfannkuchentorte mit Sauerkraut**, jedoch nur wenig Bouillon in die Schüssel geben, weil die Kürbismasse Wasser zieht.
Später im Herbst, wenn das Fruchtfleisch der Kürbisse etwas trockener geworden ist, macht man die Mischung durch etwas mehr saure Sahne streichfähig.

Vollkornwaffeln

(10 große, dicke von 18 cm Durchmesser)

Ein Rezept, das Sie in diesem Kapitel nicht erwartet hätten. Wenn Sie jedoch die Zutatenliste anschauen, finden Sie dort Nahrungsmittel, die auch zum Pfannkuchenbacken verwendet werden.
Wir verwenden für die Waffeln nur keine Bratpfanne, sondern ein Waffeleisen mit tiefen eingestanzten Figuren (Herzwaffeleisen). Da Waffeln nur warm, direkt aus dem Eisen lecker schmecken, ist ein elektrisches Tischmodell praktisch (siehe auch Tip).
Der Erfolg ist sicher, denn für kleine Kinder ist dieses «vegetarische Gourmetgericht» ein Fest. Diese Waffeln kann man als süßes Getreidegericht mit Apfelmus oder Beeren und Schlagsahne essen (Variation 1) oder als warme Mahlzeit mit einem hübsch angerichteten gemischten Salat.
Größere Kinder werden die Waffeln lieber mit einem frischen Getränk am Ende eines anstrengenden Tages oder bei einem Fest essen.

- *300 g Vollkornmehl*
- *1/4 Eßl. Hefe*
- *4 1/4 dl halb Milch/halb Wasser oder nur Wasser, lauwarm*

- *1 Ei*
- *1-2 Eßl. geschmolzene Butter oder Öl*
- *1/2 Teel. Thymian, zerstoßen mit*
- *knapp 1/2 Teel. Salz*

Das Mehl in eine Schüssel geben und eine Vertiefung hineinmachen. Die Hefe mit ein wenig der Flüssigkeit anrühren und in die Vertiefung schütten. Den Rest des Wasser dazugeben und von der Mitte aus einen dünnen Teig rühren. Den Rest der Zutaten darunterschlagen und den Teig zugedeckt bei Zimmertemperatur gehen lassen, bis sich Bläschen bilden. Dies kann 1/2 - 1 Stunde dauern. Wenn man zu einer bestimmten Zeit essen will, ist es praktischer, den Teig im vorhinein zu machen und im Kühlschrank gehen zu lassen. Dort kann er ruhig einen halben oder einen ganzen Tag stehen bleiben (Öl verwenden).
Das Waffeleisen wird jedesmal aufs neue mit einem Pinsel gut eingefettet, dann gibt man die benötigte Teigmenge in das vorgeheizte Eisen. Die Waffeln werden bei ziemlich hoher Temperatur goldbraun und knusprig gebacken.

Variationen:
- Man kann die Waffeln auch **süß** machen: Der Thymian wird durch Anis- oder Koriandersamen ersetzt; nur 1/4 Teel. Salz verwenden und über die gebackenen Waffeln einen Hauch mit Zimt vermischten *Puderzucker** sieben. 410
- Das Ei wird durch 1 Eßl. geschmolzene Butter oder Öl ersetzt. Der Teig wird (zum Teil) aus Weizenmehl Type 1050 (CH: Ruchmehl) gemacht, und man reicht einen Becher Milch oder etwas *Kräuterquark** zu den Waffeln. Waffeln ohne Ei 236 werden sehr schnell weich.
- **Käsewaffeln** (würziger und nahrhafter): Zum Teig rührt man 100 g feingeriebenen Käse. Den Thymian ersetzt man durch Kümmel (nicht zerstoßen), die Samen geben einen milden Geschmack und werden, während der Teig aufgeht, weich).
- Das Weizenmehl durch eine Mischung aus 125 g Reismehl, 125 g biologischem Maismehl und 50 g Buchweizenmehl ersetzen. 1 Eßl. Öl dazugeben und 1 großes Ei verwenden (ohne Ei lassen sich diese Mehlsorten nur sehr schwer backen).

Tip: Die Waffeln werden im Backofen bei 90°C warm gehalten (1 oder mehrere Kuchengitter aufs Backblech stellen). Den Puderzucker erst kurz vor dem Anrichten über die Waffeln streuen (übriggebliebene Waffeln bei 150°C kurz aufwärmen).

Altes Brot

Aus altem Brot kann man köstliche – würzige oder süße – Aufläufe machen, die, mit etwas Salat (die würzige Version) oder etwas Rohkost vorab (die süße Version) eine nahrhafte Mahlzeit bilden.

Tip vorab:
Stecken Sie das Brot, sobald Sie merken, daß es nicht mehr aufgegessen wird (also noch nicht steinhart ist und sich nicht mehr schneiden läßt), in eine Plastiktüte und legen Sie dies in den Kühlschrank. Dort kann man es einige Tage aufbewahren, ohne daß es weiter austrocknet oder zu schimmeln anfängt. Wenn man das Brot länger aufbewahren will, muß man hauchdünne Scheiben schneiden und diese auf einem sauberen Backblech an einem warmen Ort trocknen lassen (Sonne, Heizung, auf dem Schrank im geheizten Zimmer, Nachwärme im Backofen).
Außer hier finden Sie auch noch an anderen Stellen in diesem Buch Rezepte für altes Brot (*Wurst- oder Käseklößchen*, *Brotsuppe, Soldätchen*).

Zähes, jedoch noch nicht trockenes Brot oder Brötchen kann man wieder aufbacken, es bleibt dann jedoch nur kurze Zeit frisch und muß innerhalb eines Tages aufgegessen werden.

Aufbacken:
- Für Brot wird der Ofen auf 200°C vorgeheizt, für Brötchen auf 250°C.
- Das Brot oder die Brötchen auf ein trockenes Backblech legen; wenn das Brot angeschnitten ist, wird die Schnittfläche mit Alufolie zugedeckt. Backwerk und Backblech werden kräftig mit dem Pflanzensprüher besprüht (nicht ganz fertig gebackenes Brot oder Brötchen aus feinem Brotteig darf man *nicht* naßsprühen!
- Das Backwerk in den heißen Ofen schieben und backen lassen, bis das Wasser verdampft ist und die Kruste wieder trocken und knusprig, jedoch noch nicht zu braun geworden ist. Das dauert für Brötchen 10 Minuten, für Brot noch länger (sehr große Brote müssen zwischendurch nochmals naßgesprüht werden, sonst werden sie zu braun und bleiben innen doch noch altbacken).
- Das Backwerk sofort aus dem Ofen nehmen und auf dem Kuchengitter abkühlen lassen.

Pikante Brotpfanne

Das Geheimnis dieses nahrhaften Eintopfgerichtes steckt im hauchdünn geschnittenen Brot. Ansonsten ist es ein schnell und einfach herzustellendes Gericht.
Während die Pfanne auf dem Feuer steht, macht man eine Schüssel mit grünem Salat und etwas Rohkost von einem Wurzelgemüse.

- *50 g Butter*
- *250 g altes Vollkornbrot, in hauchdünne Scheiben geschnitten*

- *1 Lauch, geputzt ca. 150 g, in sehr dünne Ringe geschnitten*

- *1/4 Teel. Kümmelsamen*
- *2-3 Eßl. Petersilie- oder Sellerieblätter, fein gehackt*
- *1/4 Teel. Salz*

- *4 dl kalte Bouillon, nicht gesalzen*
- *2 Eier*
- *1 Eßl. Buchweizen- oder Thermomehl (Gerste)*
- *1 Prise Muskatnuß*

- *1 große Bratpfanne mit passendem Deckel*

Die Hälfte der Butter wird in der Pfanne erhitzt (nicht zu braun werden lassen) und das Brot dazugegeben. Sofort mit Umwenden anfangen, bis alle Butter vom Brot aufgesogen ist. Bei mäßigem Feuer arbeiten und darauf achten, daß nichts anbrennt, es geht nur darum, dem Brot einen leckeren Geschmack zu geben, denn gebacken ist es bereits. Mit dem Umwenden wird der Rest der Butter nach und nach dazugegeben. Lauch dazugeben und weiterhin umwenden, bis der Lauch zusammengefallen ist.
Kräuter und Salz dazugeben. Die Pfanne auf sehr kleinem Feuer (Flammenverteiler) stehen lassen.
Die Eier, Mehl und Muskatnuß in die Bouillon schlagen und diesen Guß über das Brot im Topf geben. Deckel auf die Pfanne geben und die Brotmasse durch und durch fest werden lassen.

Variationen:
- Die frischen Kräuter durch knapp 1 Teel. getrocknete (Thymian, Basilikum) ersetzen.
- Die Butter durch 1/2 Eßl. Öl ersetzen und darin ca. 50 g in Würfel geschnittenen Speck ausbraten. Nun erst wird das Brot dazugegeben. Den Lauch ersetzt man durch Zwiebel und 1-2 Knoblauchzehen, den Kümmel durch Kreuzkümmel und die Muskatnuß durch Cayennepfeffer, Curry oder Paprika (von den letzten beiden Gewürzen nimmt man 1/2-1 Teel.).
- Die Hälfte der Brotmasse gibt man in die Pfanne oder eine Auflaufform (siehe folgende Variation) und legt darauf Reste von gekochtem Gemüse. Mit dem Rest der Brotmasse abdecken.
- Das Gericht wird leichter verdaulich, wenn man das Rezept folgendermaßen verändert:
  - (Eventuell) kann man Brot aus Weizenmehl Type 1050 (CH: Ruchmehl) verwenden und dieses nicht in Butter backen.
  - Der Lauch wird durch gehobelte Fenchelknolle und/oder grob geraffelte Karotte ersetzt. Dieses Gemüse wird kurz in der Hälfte der Butter gedünstet.
  - Alle trockenen Zutaten miteinander vermischen, dieses Gemisch zum Fenchel geben und alles in eine eingefettete Auflaufform geben (1 1/2 l Inhalt).
  - Die Eiersoße darübergießen und den Rest der Butter (oder weniger) in hauchdünnen Flöckchen darübergeben.

Backen: 30-40 Minuten bei 200°C, mittlere Schiene. Wenn der Auflauf zu dunkel wird, bevor die Eiersoße auch innen fest geworden ist, deckt man die Schüssel mit Alufolie zu.

Apfelrösti (4-6 Personen)

Ein herrlich duftendes, süß-saures Apfelgericht aus der Schweiz. Mit einem Becher kalter Milch und vor allem mit kalter Vanillesoße* schmeckt es köstlich, 187
und mit Gemüsesuppe oder Rohkost vorab ist es sogar eine komplette Mahlzeit.

- *ca. 750 g feste, nicht zu saure Äpfel*

- *50 g Butter*
- *250 g Vollkornbrot in hauchdünne Scheiben geschnitten*

- *50 g Vollrohrzucker, vermischt mit*
- *1/4 Teel. Zimt oder 1/2 Teel. Koriander*
- *1/2 Teel. abgeriebene Zitronen- oder Apfelsinenschale*

Die Äpfel werden gewaschen und Stiel und Blüte entfernt. In Viertel und diese wiederum in höchstens 2 mm dicke Scheiben schneiden (mit Schale und Kerngehäuse) oder sehr grob raffeln.
Die Hälfte der Butter in einer großen Pfanne erhitzen und darin das Brot bei mäßigem Feuer und dauerndem Umwenden rösten. Das Brot darf nicht wirklich braun werden, den Rest der Butter nach und nach dazugeben.
Nun gibt man die Äpfel dazu und bäckt sie unter Rühren 5-8 Minuten mit.
Zimtzucker darüberstreuen und alles gut miteinander vermischen, noch immer bei mäßigem Feuer, bis die Äpfel Wasser ziehen.
Wenn man die Apfelrösti nun sofort anrichtet, sind sie knusprig. Wenn man sie weich lieber mag, kann man (Topf vom Feuer nehmen) einen Deckel auf die Pfanne legen und das Ganze eine Viertelstunde stehen lassen. Die feuchten Äpfel dämpfen dann das Brot weich.

Variationen:

- **Rhabarberrösti**: Die Äpfel durch 500 g Rhabarber, der in hauchdünne Scheibchen geschnitten wurde, ersetzen. Man braucht dann allerdings 1-2 Eßl. mehr Zucker und ersetzt die Gewürze durch 1/4 Teel. zerstoßene Anissamen und ebenso viel geriebene Ingwerwurzel. Halb Milch/halb Sahne (anstelle von Vanillesoße) macht den sauren Geschmack des Rhabarbers milder.
- Man kann auch halb Apfel/halb Rhabarber verwenden.
- *Nahrhafter:* 50-75 g gemahlene oder gehackte Haselnüsse oder Mandeln mit dem Brot zusammen rösten. Dann sollte das Rösti allerdings knusprig gegessen werden.

Gekeimtes Getreide und Samen

Gegen Ende des Winters haben wir oft das Bedürfnis nach einem besonderen, zarten Gemüse. Winterpostellein, Kresse und die ersten Rübstiele aus dem ungeheizten Gewächshaus sind dafür sehr geeignet, aber wir können auch Keimlinge von Getreide und Samen verwenden.
In dieser Jahreszeit verändert sich der Stoffwechsel im menschlichen Organismus, und diesen Prozeß kann man durch das Essen von Keimen unterstützen. Man sollte aber damit nicht übertreiben, denn ein Zuviel dieser aktivierenden Kräfte kann auch belastend wirken. Vor allem bei sehr unruhigen, chaotischen Kindern sollte man damit eher zurückhaltend sein. Für Kleinkinder sind vor allem die zarten Keime der Mungbohnen und Alfalfa geeignet. Untersuchungen haben gezeigt, daß beim Keimen der Gehalt an Mineralstoffen, Vitaminen und Enzymen im Getreide oder in den Samen stark zunimmt, doppelt bis viermal so viel. Es bildet sich Milchsäure, wodurch die Keime leicht verdaulich werden und blutreinigend wirken. Keime aus biologisch angebauten Produkten enthalten keine Umweltschadstoffe.
Keime sind *kein* Ersatz, sondern eher eine Ergänzung zum (Winter-)Gemüse oder wenn man, beispielsweise in den Ferien, kein frisches Blattgemüse kaufen kann. Sie sind für die tägliche Kost das ganze Jahr hindurch nicht geeignet.
Für schwächliche Kinder oder solche, die sich gerade von einer Krankheit erholen, kann gekeimtes Getreide jedoch eine stärkende Ergänzung zur vollwertigen Ernährung sein. 1-2 gehäufte Eßlöffel gekeimtes Getreide oder Samen pro Tag ist ausreichend.
Den größeren Kindern kann man die Verantwortung für das Ziehen der Keime übergeben; sie müssen nur zu bestimmten Zeiten gespült werden.

Keimlinge von Getreide und Samen (außer Hülsenfrüchten und Quinoa) sollte man am besten roh essen, z.B.

- in einen *Salat aus gekochten Rote Bete** oder 291
  zu anderem gekochtem Gemüse gemischt (ein Teil Keime auf zwei Teile Gemüse)
- zum Schluß zur Suppe gegeben

– mit Quark, ein wenig Öl und frischen Kräutern zu einem köstlichen, frischen Brotbelag gemischt
– mit geriebenem Apfel oder anderen geschnittenen Früchten, etwas Honig, eventuell etwas gemahlenen oder gehackten Nüssen und Viili* 464
oder Joghurt als Nachspeise. Wenn man zuerst noch Haferflocken im Viili einweicht, bekommt man ein nahrhaftes Müsli.

Das Gemüse in *Getreidebratlingen*, Getreide-* 149
schnitten und Getreideaufläufen** kann man 133
z.T. durch rohe Keime aus Getreide, Hülsenfrüchten (Mungbohnen) und Samen ersetzen, sofern diese Gerichte durch und durch erhitzt werden.

Arbeitsanleitung für das Keimen von Getreide und Samen

Es gibt spezielle Keimsets zu kaufen, in denen man Getreide und Samen keimen lassen kann, es gelingt aber auch in einem gewöhnlichen Marmeladeglas. Nur *nicht* chemisch behandeltes Getreide oder Samen aus biologischem oder biologisch-dynamischem Anbau verwenden (die chemisch behandelten handelsüblichen Samen kann man rundweg giftig nennen, sie sind nur als Saatgut im Garten zu verwenden).

Wenn man Getreide verwenden will, sollte man sich vorher erkundigen, ob es noch keimfähig ist. Getreide oder Samen, die nicht keimen, faulen oder schimmeln im feuchten Milieu sehr schnell. Oft ist der Keim durch das Schälen (Hafer, Gerste, Hirse, Reis und Buchweizen) leicht beschädigt, oder das Getreide wurde leicht erhitzt (Kochgetreide), wodurch es seine Keimfähigkeit verloren hat. Die Keimfähigkeit der Hülsenfrüchte vom Vorjahr ist stark reduziert. Bei diesem Rezept gehen wir von Weizen aus. Außer Getreide sind auch die folgenden (glutenfreien) Samen verwendbar: Buchweizen, Hülsenfrüchte, vor allem Linsen und die kleinen Mungbohnen (Taugé), Sesam-, Senf-, Radieschen- und Kleesamen (Alfalfa), Quinoa, Amarant und Sonnenblumenkerne (ungeschält, aus dem eigenen Garten). Natürlich ist die Keimzeit je nach Sorte unterschiedlich.

Manche Samen (unter anderem Alfalfa) schwellen beim Keimen so stark an, daß man sie schließlich in ein anderes Glas geben muß; die Keimpflänzchen brauchen, damit sie richtig wachsen können, genügend Platz.

In ein sauberes Marmeladenglas mit weiter Öffnung gibt man eine ca. 1 cm hohe Schicht gewaschener Weizenkörner, füllt das Glas zur Hälfte mit lauwarmem Wasser (ca. 20°C) und läßt dies über Nacht stehen (mind. 12 Stunden).

Am nächsten Morgen gibt man ein Stück Tüll (Nylon), rundherum 4 cm größer als die Glasöffnung, über das Marmeladenglas und befestigt es mit einem kräftigen Gummi. Durch dieses «Sieb» wird das Einweichwasser abgegossen. Das Glas wird an einen warmen Ort gestellt (20-25°C ist die ideale Keimtemperatur), nicht in die Sonne, jedoch auch nicht ins Dunkle.

Das Glas wird jeden Morgen mit Wasser gefüllt, das Getreide vorsichtig darin geschüttelt und das Wasser wieder abgegossen; gut abtropfen lassen. Wenn man merkt, daß das Getreide etwas schleimig ist, muß man nochmals spülen. Dieses gründliche Spülen (mind. 3 mal am Tag) ist wichtig; wenn man es vergißt, fängt das Getreide an zu schimmeln. Das Glas wird umgedreht zur Seite gestellt, schräg in den umgedrehten Deckel des Marmeladeglases, es muß Luft daran können.

Wenn der Keim ungefähr so lang ist wie das Getreidekorn und man die Körner zwischen Daumen und Zeigefinger zerdrücken kann, sind die gekeimten Getreidekörner zum Verzehr bereit. Dies kann 2-6 Tage dauern, je nach der Umgebungstemperatur; Quinoa und Amarant brauchen nur einen Tag. Die Keime sollten, außer bei Alfalfa, nicht länger wachsen, sonst kann im Glas ein unerwünschtes Schimmelwachstum entstehen.

Das gekeimte Getreide wird nochmals gut ausgespült, dann läßt man es gut abtropfen. Nicht gekeimte Körner und lockere Samenhäutchen (z.B. von Hülsenfrüchten) werden entfernt. Dann legt man den aufs Glas gehörenden Deckel auf den Tüll und stellt die Keime in den Kühlschrank, jedoch nicht ins Gefrierfach. Bei einer Temperatur unter 5°C steht der Wachstumsprozeß so gut wie still, und man kann das gekeimte Getreide 2-3 Tage aufbewahren (es ist dann ausreichend, wenn man einmal pro Tag spült). So kann man jeden Tag eine kleine Portion davon essen (z.B. bei einer Frühjahrskur) und inzwischen einen neuen Vorrat keimen lassen.

Aufgepaßt: Gekeimte Hülsenfrüchte* und Quinoa 281
müssen, bevor sie verwendet werden, mit kochendem Wasser übergossen und 1-2 Minuten durchgekocht werden, da durch das Keimen noch nicht alle *Fazyne* und *Saponine** abgebaut sind. 116

Variationen:

- **Weizengras** (vor allem für etwas chaotische Kinder geeignet) ist sehr reich an blutreinigendem Chlorophyll. Die gekeimten Getreidekörner werden aus dem Glas in eine flache Schale mit hohem Rand (oder in eine Vorratsdose) gegeben. Dabei werden die nicht gekeimten Körner entfernt, sie könnten anfangen zu schimmeln.Das Ganze muß jetzt im Licht, am besten in der Sonne stehen, beispielsweise auf dem Fensterbrett. Nun braucht nicht mehr gespült zu werden, genügend Feuchtigkeit ist jedoch wichtig. Dies erreicht man, indem man die Keime im Lauf des Tages mehrmals mit dem Pflanzensprüher besprüht, und nachts (oder wenn man tagsüber länger weg ist), indem man die Schale in eine große durchsichtige Plastiktüte steckt. Dafür sorgen, daß auf dem Boden der Schale immer ein wenig Wasser steht.
  Die Keime werden jetzt schnell grün und wachsen senkrecht in die Höhe. Die Pflänzchen haben ihre chaotische Keimphase überwunden und eine gewisse Form gefunden. Nach ungefähr 12 Tagen (vom Anfang an gerechnet) kann man das zarte, höchstens 5 cm hohe Weizengras in diesem «Gärtchen» ernten: Mit der Schere abschneiden, sehr fein schneiden, wie Schnittlauch in die Suppe, Salate, Soßen oder aufs Butterbrot geben. Man kann das Gras auch auskauen, bis es keinen Geschmack mehr hat, und es dann ausspucken. Dies ist die einfachste Methode, den wertvollen Saft zu gewinnen. Die Körner selber sind nicht mehr eßbar.
- **Kresse:** Die *nicht* eingeweichten, trockenen Samen werden auf nasse Watte oder feuchte Erde gestreut (handelsübliche Erde ist der Desinfektionsmittel und des Kunstdüngers wegen nicht anzuraten). Ansonsten wie beim Rezept für Weizengras vorgehen.
- Keine Roggen-, Weizen-, Hirse-, Gersten- und Haferkörner verwenden.

Kartoffelgerichte

Obwohl die Kartoffel bereits im 16. Jahrhundert von den Spaniern aus Peru nach Europa gebracht wurde, dauerte es doch bis zur Mitte des 18. Jahrhunderts, bevor sie bei uns zur täglichen Nahrung wurde, zunächst nur notgedrungen infolge vieler Mißernten von Getreide mit den sich anschließenden Hungersnöten. Danach war die Kartoffel über lange Zeit aus der Ernährung vor allem der nordeuropäischen Völker nicht mehr wegzudenken.
Seit einigen Jahren sind jedoch die verschiedenen Getreidearten vor allem in der vollwertigen (vegetarischen) Ernährung wieder im Vormarsch. Vor allem in der Kinderernährung sollten die in der Sonnenwärme gewachsenen, lichtdurchstrahlten Getreidearten der in der kühlen, dunklen Erde gewachsenen Kartoffel vorgezogen werden.
Trotzdem will ich die Kartoffel, vor allem für größere Kinder, nicht ganz aus dem Menü streichen. Die meisten mögen Kartoffeln gern, und sie liefern auch wichtige Nahrungsstoffe wie Stärke (eine schwerer verdauliche Art als die von Getreide), Vitamine (viel C, wenig B) und Mineralstoffe (viel Calcium, viel Eisen).
Den Kleinen kann man anstelle von Kartoffeln die sehr eisenhaltige, sehr leicht verdauliche einheimische **Topinambur*** geben. Für Kinder, die kei- 261
ne Milch trinken dürfen, ist die calciumreiche, aus den Tropen stammende **süße Kartoffel** (Batate) geeignet; Bataten* sind botanisch nicht mit 449
der Kartoffel verwandt.

Für Kinder verwenden wir die Kartoffel in der Regel nicht als Hauptgericht, sondern als Beilage (in Form von Bratkartoffeln, Kartoffelbratlingen), als Bindemittel in Getreidebratlingen und Getreideklößchen und in Suppen und Soßen.
Den einseitigen (erdhaften, wäßrigen und formlosen) Charakter der Kartoffeln können wir dadurch einigermaßen ausgleichen, daß wir sie «behandeln» (pürieren, raspeln, backen) und ihnen etwas hinzufügen (Milch, Eier, Getreide und vor allem wärmende Kräuter wie Kümmel, Majoran, Thymian und Basilikum). Was den Nährwert betrifft, muß die Kartoffel mit Eiweiß und Fetten angereichert werden; Kartoffeleiweiß wird dadurch vollwertiger, daß man die Kartoffeln mit Ei kombiniert (1 Ei auf 500 g Kartoffeln ist dann ausreichend).

Kartoffeln kochen

Außer den Vitaminen C und B sind die meisten Nährstoffe in der Kartoffel direkt unter der Schale; deshalb ist es vernünftig, die Kartoffeln *in der Schale** zu kochen. Der Vitaminverlust (C) ist 169
niedriger, als wenn die Kartoffeln ohne Schale gekocht werden. Die sauber gebürsteten Kartoffeln können ruhig am Vortag bereitgestellt werden; geschälte Kartoffeln hingegen, die lange im Wasser aufbewahrt wurden, verlieren bis zu 50% ihres Vitamin C- und 20% ihres Vitamin B 1-Gehaltes. Der Geschmack einer Pellkartoffel bleibt sehr viel besser erhalten. Dazu kommt noch, daß man von roh geschälten Kartoffeln gut viermal so viel Abfall hat (200 g auf 1 kg), auch wenn man einen Sparschäler verwendet.

Es gibt im Handel spezielle Gäbelchen zu kaufen, mit denen sich jeder bei Tisch die eigenen Kartoffeln schälen kann.

Kartoffeln aufbewahren

Kartoffeln müssen immer an einem kühlen und vor allem an einem dunklen Ort aufbewahrt werden. Kartoffeln gehören botanisch gesehen zur Familie der Nachtschattengewächse, zu denen vor allem giftige Pflanzen gehören, die nicht von Schmetterlingen und Bienen, sondern von Fliegen aufgesucht werden. Auch die Tomate, die Aubergine und die Paprika gehören zu dieser Pflanzenfamilie. Die Blätter und die Früchte der Kartoffelpflanze sind giftig, und kleine Mengen dieses Giftes (Solanin) befinden sich in der Schale, den «Augen» und vor allem in den grünen Flecken, die sich unter Lichteinfluß in der Kartoffel bilden. Diese Flecken müssen also beim Schälen großzügig weggeschnitten werden, auch bei Pellkartoffeln, denn Solanin wird durch das Kochen *nicht* abgebaut.

Pellkartoffeln

Pellkartoffeln können zu einer Festmahlzeit* wer- 67
den, wenn man sie schön anrichtet: in einem hübschen Körbchen, das mit einem bunten Geschirrtuch ausgelegt ist (die Ecken über die Kartoffeln legen, dann bleiben sie warm). Die (größeren) Kinder können ihre Kartoffeln selber schälen. (Achtung Faulpelze: Die Schale nicht mitessen!).
Zum Kochen von Pellkartoffeln wählt man am besten kleine Exemplare aus, die einigermaßen gleich groß sind, oder legt die größeren unten in den Topf.
Alte, verschrumpelte Kartoffeln schmecken in der Schale gekocht nicht mehr gut (roh schälen und Püree daraus machen).

- *1 1/2 - 2 kg fest kochende Kartoffeln*
- *1/4 Teel. Kümmel*
- *Wasser*

- *1 Topf mit gut schließendem Deckel*
- *1 Untertasse mit hohem Rand, die insgesamt 1-3 cm kleiner ist als der Topfboden*

Die Kartoffeln werden 5 Minuten in einem Eimerchen mit kaltem Wasser eingeweicht und danach unter fließendem Wasser sauber gebürstet. Auf die Untertasse, die verkehrt herum im Topf liegt, werden die Kartoffeln gelegt und mit Kümmel bestreut.

So viel Wasser hinzugießen, daß es gerade nicht über den Rand der Untertasse reicht. Den Deckel auf den Topf geben und alles zum Kochen bringen. Das Feuer niedrig stellen, sobald Dampf unter dem Deckel hervorkommt; dann ist der Siedepunkt erreicht. Die Kartoffeln, je nach Größe und Sorte, 20-30 Minuten garen. Ab und zu kontrollieren, ob noch genügend Wasser im Topf ist und ob es weiterhin kocht, sonst entwickelt sich nicht genügend Dampf.

Tips:

- Sauber gebürstete, jedoch nicht geschälte Topinambur, Bataten, Pastinaken oder Schwarzwurzelstücke auf die Kartoffeln legen und alles gleichzeitig garkochen. Man kann auch Rote Bete mitkochen, diese müssen jedoch sehr klein sein, und man muß sie unten in den Topf legen.
- Die sauber gebürsteten Kartoffeln können auch mit dem Brot zusammen gebacken werden: Man legt sie in eine (alte) Kastenform oder hitzebeständige Schüssel mit ein wenig Wasser. Die Kartoffeln werden bereits während des Vorheizens in den Ofen gegeben. Kleinere Kartoffeln (ca. 100 g) sind meistens bei einer Temperatur von ungefähr 200°C innerhalb 1/2 Stunde gar, größere (ca. 250 g) müssen 3/4 Stunde oder länger backen. Die Kartoffeln müssen zwischendrin umgedreht und mit Alufolie abgedeckt werden, wenn sie zu schnell braun werden. Diese Kartoffeln sind zum Sofort-Essen oder um später Brat- ►

kartoffeln daraus zu machen, besser geeignet als für Püree.

- Die Kartoffeln eventuell durch Topinambur* ersetzen. 261
- 1 Eßl. Essig zum Kochwasser gegeben verhindert Kalkbelag im Topf.
- Sehr geeignet, um Pellkartoffeln zu kochen, sind Einsätze von Dampfkochtöpfen (statt der Untertasse); diese kann man auch extra kaufen.

Alpenrösti

Die schwer arbeitenden Bergbauern wissen aus Erfahrung, daß gekochte Kartoffeln allein nicht genügend ernähren; deshalb backen sie sie zusammen mit dem Mehl der Getreidesorte, die in ihrem Tal wächst: Gersten-, Weizen- oder Buchweizenmehl. Da dieses Gereicht ziemlich trocken wird, essen sie es mit «Milchkafi» (1/4 Kaffee mit 3/4 warmer Milch): Der mit Rösti beinahe gefüllte Eßlöffel wird dabei vorsichtig in den Kaffee getaucht, bis er sich gefüllt hat.
Mit Kaffee wird die Rösti zum Frühstück gegessen; wenn man eine ganze Mahlzeit haben möchte, gibt es ein Stück Bergkäse und Salat dazu. Wenn Sie die Rösti auch mit Milchkaffee essen wollen (nehmen Sie dann Getreidekaffee), können Sie den Käse weglassen. Reichen Sie Apfelmus oder Kompott dazu.

- *ca. 600 g knapp gargekochte Pellkartoffeln*, am besten 1 Tag alt* 169
- *150 g Buchweizen- oder Thermomehl (Gerste)*
- *knapp 1 Teel. Salz*

- *ca. 50 g harte Butter*

Die kalten Kartoffeln werden geschält und auf einer sehr groben Reibe geraffelt oder in 2 mm dünne Scheibchen geschnitten. Dann gibt man sie in eine Schüssel und streut Mehl und Salz darüber. Vorsichtig, aber gut vermischen, es darf kein Mehl mehr zu sehen sein.
Ca. 1/3 der Butter in der Bratpfanne schmelzen und die Kartoffel-Mehlkrümel dazugeben. Unter dauerndem Umwenden ca. 20 Minuten bei mäßiger Hitze braten, es darf nichts anbrennen. Der Rest der Butter wird als Flöckchen dazugegeben; niemals zu viel auf einmal dazutun, sonst wird die Rösti hart. Das Gericht ist fertig, wenn die Masse hellbraun ist und herrlich riecht.

Rösti auf dem Backblech (4 - 6 Kinder)

Schnell gemacht und einfach; während die Rösti bäckt, macht man eine Schüssel gemischte Rohkost, und die Mahlzeit ist fertig. Kräftigen Essern reicht man eine *Getreide(flocken)-Suppe** vorab, und als 82
Nachspeise gibt es Früchte.

- *1 kg festkochende Kartoffeln, geschält gewogen (roh)*
- *125 g Emmentaler Käse*
- *knapp 1 Teel. Salz (weniger, wenn der Käse sehr salzig ist)*

- *etwas Muskatnuß*

Die Kartoffeln werden auf einer groben Reibe geraffelt oder in 2 mm dünne Scheibchen gehobelt. Dasselbe macht man mit dem Käse. Alles in eine Schüssel geben und Salz darüberstreuen. Gründlich mischen (mit den Händen).

Inzwischen wird der Ofen vorgeheizt und das Backblech ein wenig angewärmt (nicht heiß). Mit einem Stück Butter großzügig einfetten (oder die Kartoffeln mit 1 Eßl. Öl vermischen).
Die Kartoffelmischung auf das Backblech geben, bis zum Rand. Die Kartoffelschicht überall gleich dick machen. Wenn Sie zu wenig Masse haben, um das Blech mit einer 1 1/2 cm dicken Kartoffelschicht zu bedecken, können Sie einen Rand aus einer dreifach gefalteten Alufolie an der gewünschten Stelle anbringen. Die Kartoffeln fallen während des Backens etwas zusammen und würden bei einer zu dünnen Schicht verbrennen, bevor sie gar sind.
Auf einem Backblech von 30x40 cm kann man maximal 1 1/2 kg geraffelte Kartoffeln backen.
Backen: ca. 1/2 Stunde bei 110°C, unterste Schiene (bei mehr als 1 kg Kartoffeln bei 220°C).
Die Rösti sollte nur braune Spitzen haben.

Variationen:
- Die Rösti ohne Käse backen und Rührei oder eine andere Beilage dazugeben oder den Salat mit hartgekochten Eiern garnieren.
- Den Käse durch in Würfel geschnittenen, nicht zu mageren, geräucherten Speck oder geräucherte Wurst ersetzen (praktisch für eine gemischte Gesellschaft aus Vegetariern und Nicht-Vegetariern: die eine Hälfte des Backblechs mit Käse, die andere mit Speck oder Wurst; auf den Salzgehalt des Fleisches achten).

Kartoffelpüree

Siehe die Variation unter dem Rezept *Hirsepüree** 117

Eintopf

Siehe *Eintopf aus rohem Gemüse** 134

Bratkartoffeln

Für die meisten Kinder ist dies etwas Besonderes. Man kann es als einfaches Gericht für besondere Tage aufheben oder, in kleinen Mengen, als Beilage zu gekochtem Getreide reichen.
Meistens wird man einen Rest von gekochten Kartoffeln vom Vortag aufbraten. Verwenden Sie dafür lieber keine mehligen Kartoffeln, diese nehmen sehr viel Fett auf. Besonders geeignet sind *Pellkartoffeln**, jedoch auch *rohe* Kartoffelscheiben lassen 169
sich braten. Wenn man von rohen Kartoffelscheiben die zweite Seite brät, den Deckel auf die Pfanne geben, sie müssen langsam gebraten werden, dann werden sie durch und durch gar und nicht zu braun. Zum Braten Öl verwenden, mit eventuell am Schluß einem kleinen Stück Butter (für den guten Geschmack); das Öl sollte nicht qualmen. Die Kartoffeln werden in 3 mm dicke Scheibchen geschnitten und in kurzen Abständen in die Pfanne gelegt, dann kühlt das Öl nicht zu plötzlich ab.
Wenn man kurz vor dem Anrichten etwas fein geschnittenen Schnittlauch oder ein wenig *Gomasio** 408
darüberstreut, ergibt dies einen feinen, nicht zu salzigen Geschmack.

Gebratene Süßkartoffeln

Bataten sind ihres hohen Calciumgehaltes wegen für Kinder, die keine Milch trinken dürfen, ein wertvolles Nahrungsmittel. Diese Knolle schmeckt am leckersten, wenn man sie, geschält und in 1 cm dikke Scheiben geschnitten, langsam wie rohe Kartoffelscheiben (siehe oben) mehr dämpft als brät. Bataten sind in ca. 15 Minuten gar.

Pommes frites

Pommes frites sind, wenn sie im Ofen gebacken werden, viel weniger fett und schneller gar als in der Friteuse. Sonnenblumenöl verwenden, weil eine hohe Ofentemperatur nötig ist.

- *ca. 500 g große Kartoffeln, geschält gewogen*
- *1 Eßl. Öl*

Ofen vorheizen.
Die Kartoffeln werden in 3/4 cm dicke Scheiben und diese *quer* in ebenfalls 3/4 cm dünne, kurze Stäbchen geschnitten. Mit dem Geschirrtuch trockentupfen, in eine Schüssel legen und mit dem Öl vermischen (mit den Händen).
Die Pommes frites werden auf dem trockenen ►

Backblech ausgebreitet, sie sollten nicht aufeinanderliegen.
Backen: ca. 20 Minuten bei 220°C, mittlere Schiene. Die Kartoffeln zwischendrin einmal umwenden, sie sollten nicht zu braun werden.

Kartoffelwaffeln

(10-12 Stück von ca. 12 cm Durchmesser)

Vorzügliche, erstaunlicherweise nach Käse schmekkende Riesenchips. Mit frischem *Kräuterquark** und 236
Salat ist dies eine überraschende Kindermahlzeit, die auch von den Jugendlichen nicht verschmäht wird. Man reicht eine Gemüsesuppe vorab (auf jeden Fall für die Großen) oder ißt die Waffeln zu *Rote-Bete-Suppe**. Als Nachspeise gibt es Früchte. 88

- *80 g Vollkornweizenmehl*
- *3/4 dl Buttermilch oder Wasser*
- *1 Ei*

- *300 g Kartoffeln, geschält gewogen, fein geraffelt*
- *1 Eßl. Petersilie, fein geschnitten*
- *1/4 Teel. Thymian*
- *1/2 Teel. Salz*

- *1 Waffeleisen (portugiesisches oder Zimtwaffeleisen)*

Das Mehl mit der Flüssigkeit und dem Ei anrühren und mind. 20 Minuten ruhen lassen. Dann gibt man den Rest der Zutaten dazu, der Teig muß dickflüssig werden.
Vor jedem Backen muß das Waffeleisen gut eingefettet werden. Die Waffeln so dünn wie möglich, bei höchster Einstellung, backen, bis sie goldbraun und knusprig sind. So frisch wie möglich essen.

Variationen:
- Die Waffeln können pikanter gemacht werden, wenn man eine sehr fein gehackte kleine Zwiebel, eine Messerspitze Paprika oder Currypulver oder mit Salz fein gestoßenen Kümmel in den Teig gibt.
- Das Weizenmehl durch 60 g Reis- und 50 g Buchweizenmehl ersetzen.

Tip: Besitzen Sie kein Waffeleisen? Machen Sie dann *Kartoffelpuffer**. 174

Kartoffelküchlein (ca. 12 Stück)

Einfach und schnell gemachte weiche Getreidebratlinge mit Kartoffelgeschmack. Mit gedämpftem Gemüse (Zucchetti, Endivien, alle Kohlsorten usw.) und etwas Rohkost eine ausgewogene Mahlzeit (s. Abbildung S. 108).

- *150 g Hirse (1 3/4 dl) eventuell 1 Stunde eingeweicht in*
- *4 dl Wasser (1:2 1/4)*
- *2-3 mehlige Kartoffeln (200 g, geschält gewogen), in Stücke geschnitten*

- *1/2 Teel. Salz*

- *1/2-1 Eßl. Öl*
- *1 kleine Zwiebel oder 1 Stück Lauch (ca. 30 g), sehr fein gehackt*
- *1/4 Teel. Thymian*
- *eventuell 1/4 Teel. Kurkuma (um eine schöne gelbe Farbe zu bekommen)*
- *1-2 Eßl. Sellerieblätter oder andere frische Gartenkräuter, fein geschnitten*
- *1 großes Ei, verquirlt*

Hirse, Wasser und Kartoffeln zusammen zum Kochen bringen und bei kleiner Flamme 20 Minuten köcheln lassen (Deckel auf den Topf geben). Das Salz dazugeben und möglichst 20 Minuten quellen lassen (vom Feuer nehmen und ein zusammengefaltetes Geschirrtuch auf den Deckel legen).
Den Rest der Zutaten darunterarbeiten, wobei die Kartoffeln sehr fein gestampft werden. Man bekommt einen ziemlich feuchten Teig.
Etwas Öl in der Bratpfanne erhitzen und mit Hilfe eines Eisportionierers (oder 2 Eßlöffeln) schöne Häufchen hineingeben. Mit der Bratenschaufel flachdrücken und auf beiden Seiten goldbraun braten.

Variationen:
- Das Ei durch 50 g geriebenen Käse oder 75 g Quark ersetzen. Man nimmt dann 1/2 dl weniger Kochwasser und macht den Teig mit etwas Buchweizenmehl so fest, daß man die Bratlinge mit den Händen formen kann. Wenn man Quark verwendet, erst probieren, ob genügend Salz im Teig ist. Aus dieser Masse werden kleinere, dünnere Bratlinge gemacht und diese knusprig gebraten.
- Die Masse ohne Kartoffeln und mit Quark zube-

reiten, die Zwiebel durch 75-100 g fein geriebene Karotte ersetzen und 1/2 Teel. Anis dazugeben (mit dem Salz fein zerstoßen). Die Bratlinge werden sehr hell (und langsam) gebraten, oder man gart sie im Wasser (siehe *Hirseklößchen**). 155
- 1-2 durchs Sieb gestrichene, sehr reife Tomaten (ca. 150 g) zur Masse geben (die Tomaten 3 Minuten auf die kochende Kartoffel-Hirsemischung legen und enthäuten). 1 dl weniger Kochwasser verwenden und 1/2-1 Teel. Basilikum zur Masse geben.
- 30-50 g mit dem Wellholz gequetschte Walnüsse zur Masse geben.
- Etwas geriebenen Käse über die Bratlinge streuen oder eine dünne Scheibe milden Käse darauf legen, wenn die erste Seite gebacken ist. Zum Schluß die Pfanne mit einem Deckel schließen, damit der Käse schmelzen kann.
- 100 g Hackfleisch oder 30-50 g in Streifen geschnittenen Speck im Öl anbraten und unter die Teigmasse mischen (bei Speck mit Salz vorsichtig sein!).
- **Hirsebratlinge:** Die Kartoffeln weglassen, gleichzeitig mit den Kräutern 2-3 Eßl. Buchweizenmehl zur Masse geben.
- Die Hirse durch Buchweizen oder Quinoa ersetzen. Einweichen ist nicht notwendig, eventuell muß man etwas Buchweizenmehl zum Teig geben.

Tips:
- Man nimmt einen Rest gekochte Hirse (ca. 400 g) und läßt sie in einer Schüssel auf dem Kartoffeltopf warm und wieder geschmeidig werden. Die Kartoffeln abgießen und, noch heiß, mit der Hirse stampfen (kalt gewordene Kartoffeln oder Kartoffeln vom Vortag binden nicht mehr ausreichend). Wenn man keine Kartoffeln verwendet, wärmt man die Hirse am besten mit wenig Wasser wieder auf, dann läßt sie sich besser mit dem Mehl vermischen.
- Wenn man die Masse einige Stunden im vorhinein zubereiten will, ist es besser, die Zwiebel und den Lauch in etwas Öl zu dünsten, sonst verliert er den Geschmack. Das Ei oder den Quark und die frischen Kräuter erst kurz vor dem Ausbacken dazugeben.

Kartoffelwürstchen

Ein Rezept, mit dem man übriggebliebene Kartoffeln auf einfache Art schmackhaft verarbeiten kann. Es ist zwar etwas arbeitsaufwendig, jedoch können die Kinder dabei gut helfen. Man kann Pellkartoffeln oder Salzkartoffeln vom Vortag verwenden, sofern es sich um eine mehlige Sorte handelt. Am leckersten werden diese Nudeln jedoch aus frisch gekochten Kartoffeln.
Man kann gedünstetes Gemüse und etwas Rohkost dazu essen.

- *250 g gekochte, mehlige Kartoffeln, ohne Schale gewogen*
- *2-3 Eßl. (10 g) fein gemahlene Haselnüsse oder Mandeln*
- *2-3 Eßl. (25 g) Thermomehl (Gerste oder Hafer)*
- *1/2 Ei oder 1 Eigelb*
- *eine Messerspitze Fenchelkörner, zerstoßen mit*
- *1/4 Teel. Salz*

Die Kartoffeln durch ein Sieb streichen und die Zutaten in der genannten Reihenfolge dazugeben. Diesen festen, jedoch nicht zu trockenen Teig 10 Minuten ruhen lassen (Zimmertemperatur). Nun versucht man, aus der Masse ein kleinfingerdickes Würstchen zu formen; wenn es auseinanderfällt, gibt man eßlöffelweise noch etwas Flüssigkeit dazu (Milch, Bouillon oder Wasser) oder arbeitet noch etwas (Buchweizen-)Mehl unter die Masse, wenn das Ganze zu klebrig ist.
Nun wird aus dem Teig eine Rolle geformt und davon Stückchen abgeschnitten, aus denen fingerdicke Würstchen geformt werden.
Die Würstchen werden in nicht zu wenig Butter oder Öl, nicht zu schnell, goldgelb gebacken. Nicht alle zugleich in die Pfanne geben, sonst kühlt das Öl zu stark ab. Die Pfanne immer wieder schütteln, damit die Würstchen rundum gebacken werden.

Variationen:
- Wenn man gewöhnliches Weizenmehl verwendet, sollte der Teig mindestens 20 Minuten ruhen.
- Die Nüsse durch milden, geriebenen Käse ersetzen und mit Muskatnuß würzen.
- Eine doppelte Portion machen, Hartkäse dazugeben und mit Muskatnuß würzen.
- **Kartoffelgnocchi** sind leichter verdaulich, weil

sie nicht in Fett gebacken, sondern in Salzwasser gekocht werden. Dazu wird der Teig zu runden, walnußgroßen Klößchen geformt und wie *Getreideklößchen** gekocht. 155

– Das Thermomehl durch Buchweizen- oder Reismehl ersetzen.

Kartoffelpuffer (8-10 große)

Schnell gemachte, knusprige Kartoffelbratlinge. Da bereits Gemüse hineinverarbeitet wurde, braucht man lediglich noch eine Schüssel grünen Salat dazugeben, und die (Fest-)Mahlzeit ist fertig. Große Esser bekommen eine Tasse *Flockensuppe** vorab. 82

- *1 Ei*
- *1/2 Teel. Thymian oder 1/2 Eßl. Majoran*
- *1 Eßl. Schnittlauch oder 2 Eßl. Petersilie, fein geschnitten*
- *1/2 Teel. Salz*

- *300-400 g Kartoffeln, festkochend, geschält gewogen*
- *200 g Karotte oder halb Karotte/halb Lauch (vom weißen und hellgrünen Teil)*
- *1-2 Eßl. Buchweizenmehl (sehr schmackhaft, aber nicht glutenfrei, ist Thermomehl)*

Das Ei mit den Kräutern und dem Salz vermischen. Auf einer groben Reibe werden die Kartoffeln geraffelt, und mit der Hand wird so viel Flüssigkeit wie möglich herausgepreßt. Die Kartoffeln sofort mit der Eiermischung vermischen. Die Karotte *fein* raffeln, den Saft auspressen (als Apéro für den Koch). Die Karotten mit den Kartoffeln vermischen und die dünnen Lauchringe dazugeben. Das Mehl dazumischen und ein Probeküchlein backen. Wenn dies beim Backen auseinanderfällt, muß man noch etwas Mehl hinzufügen.
In einer oder zwei großen Pfannen wird wenig Öl erhitzt, es darf nicht qualmen. Mit Hilfe von zwei Eßlöffeln gibt man von der Kartoffelmasse Häufchen in die Pfanne und drückt diese, sobald die Unterseite beginnt, fest zu werden, mit der Bratenschaufel flach, so daß sie etwa 1 cm dick sind (genügend Abstand halten). Zuerst bei kräftigem Feuer braten und, wenn die Kartoffelpuffer fest geworden sind, daß man sie umdrehen kann, die Hitze vermindern. Die zweite Seite so langsam braten, daß die Puffer durch und durch gar werden können (probieren). Eventuell kurz den Deckel auf die Pfanne geben.
Kartoffelpuffer sollten frisch aus der Pfanne gegessen werden; wenn sie warmgehalten werden, verlieren sie ihre Knusprigkeit (außer über kurze Zeit im Backofen bei 120°C).

Variationen:

- Den Schnittlauch durch 2 Eßl. sehr fein gehackte Zwiebel ersetzen.
- Den Thymian durch zerstoßenen Kümmel oder Kreuzkümmel ersetzen.
- **Topinamburpuffer**: Die Kartoffeln durch Topinambur ersetzen. Diese brauchen nicht geschält zu werden.
- Die Karotte durch 200 g Quitte (zuerst schälen) ersetzen. Mit Majoran würzen, den Schnittlauch weglassen.
- **Pikant:** Die Karotte durch fein geraffelte Sellerie und den Lauch (zum Teil) durch feingehackten roten Paprika ersetzen. Nach Wunsch kann der Thymian durch Curry ersetzt werden.
- Siehe auch *Kartoffelwaffeln**. 172

Soßen

Soßen machen Getreide attraktiver und sind in einem vegetarischen Menü ein praktisches Mittel, um den Eiweiß-, Fett- und Stärkegehalt innerhalb der Mahlzeit zu regeln. So liefern Soßen aus Milchprodukten vor allem *Eiweiß*, Nußsoßen *Fett* und Mehlsoßen *Stärke*.
Für Kinder, die nicht gut kauen, haben Soßen allerdings auch einen Nachteil: Das mit Soße vermischte Getreide wird ungenügend gekaut und mit der Soße geschluckt. Vor allem die härteren, ganzen Körner oder die als Grütze gekochten Getreidearten werden dann schlecht verdaut. In diesem Fall reicht man zum Getreide besser ein saftiges Gemüse oder Salat.

Soßen mit Sauermilchprodukten

Diese frischen, schnell und einfach gemachten Soßen (auch bei kleinen Mengen) werden nicht gekocht und kalt gegessen. Soßen mit Milchprodukten ergänzen, was den Geschmack und was die Nährstoffe betrifft (Eiweiß, Calcium), das volle Getreide. Zudem sind sie ideal, wenn man eine etwas eiweiß- und/oder fettarme Mahlzeit nahrhafter gestalten möchte. Am eiweißreichsten ist Quark, am fettreichsten ist Sahne. Der Fett- und Eiweißgehalt der von Ihnen komponierten Soße hängt letztlich von den Zutaten ab, die Sie verwenden, um das Ausgangsprodukt in die richtige Konsistenz zu bringen und richtig abzuschmecken. Eine Quarksoße kann ohne weiteres eine Beilage ersetzen und wird nicht auf, sondern neben das warme Getreide auf den Teller geschöpft.
Allgemein gilt: Eine fettreiche Soße paßt zu einfach gekochtem Getreide besser als zu einem Eintopf; zu einem Menü mit einer eiweißreichen Soße reicht man lieber frisches Obst als eine Nachspeise aus einem Milchprodukt. Wenn man die Soßen etwas dicker macht, sind sie auch als **Dipsoßen** geeignet.

Apfelquarksoße

Grundrezept für eine Soße mit Sauermilchprodukten

Als Ausgangsprodukte sind geeignet:
- 2-3 dl Quark, Topfen*, Viili*, Joghurt, Crème 427
  fraîche oder saure Sahne 464

Mögliche Zusätze für Konsistenz und Fettgehalt:
- Milch, Sahne, Mayonnaise oder Öl

Mögliche Zusätze für den Geschmack:
- Salz, Honig oder andere Süßmittel, Senf, Tomatenmark oder Tomatenmus, getrocknete oder frische (fein gehackte) Kräuter; fein gehacktes Gemüse (Paprika, Gewürzgurken), fein geriebenes Obst (Äpfel). Bei der Wahl dieser Zutaten das Alter der Kinder berücksichtigen.

Man trifft unter den Ausgangsprodukten eine Wahl und bringt das Ganze *ungefähr* in die gewünschte Konsistenz. Zunächst sollte die Soße etwas dicker sein, verdünnen kann man sie kurz vor dem Anrichten immer noch.
Wenn man für eine Quarksoße Öl verwendet (ca. 1 Eßl. auf 2 dl), sollte dieses zuerst mit dem Quark zu einer homogenen Masse verrührt werden, bevor man sie, wenn nötig, verdünnt (es mischt sich dann besser, und die Soße wird leichter verdaulich).
Die Würzmittel dazurühren und das Ganze 1/2 Stunde ziehen lassen (wenn keine frischen Kräuter verwendet wurden, kann die Soße auch länger stehen).
Kurz vor dem Anrichten wird das frische Gemüse oder Früchte daruntergerührt und in die gewünschte Konsistenz und den richtigen Geschmack gebracht.
Es folgen einige Anregungen für Quarksoßen.
Für die übrigen Ausgangsprodukte kann man sich nach denselben Rezeptanregungen richten; die Ausgangsprodukte kann man auch miteinander mischen, um den gewünschten Fett- oder Eiweißgehalt zu erreichen. Je dicker das Ausgangsprodukt ist, desto länger kann man die Soße stehen lassen, allerdings leiden immer Geschmack und Nährwert darunter. Siehe auch das Rezept für *indische Gurkensoße**. 181

Tip: Den Rest einer dicken Soße kann man, in einem Glas, im Kühlschrank bis zum nächsten Tag aufbewahren und als Brotbelag verwenden. Dünne Soßen werden als **Salatsoße** verwendet (vor allem geeignet für Wurzelgemüse).

Kräuterquarksoße

Nach dem Grundrezept arbeiten: Als Ausgangsprodukt nimmt man Quark und fügt Öl, Salz und ca. 4 Eßl. sehr fein gehackte Kräuter dazu. Nach Wahl getrennt oder vermischt, Wildkräuter oder Gartenkräuter (50-100 g, je nach Geschmack der Kräuter).

Variation: Als Extrazusatz wird eine sehr fein gehackte Zwiebel oder eine durch die Presse gedrückte Knoblauchzehe verwendet.

Apfelquarksoße

Man richtet sich nach dem Grundrezept. Das Ausgangsprodukt ist Quark, dann gibt man etwas Honig und etwas gestoßene Anissamen dazu. Kurz vor dem Anrichten gibt man einen auf der gläsernen Reibe geriebenen Apfel zur Soße.

Variationen:
- Den Honig und den Anis durch Öl, Salz, Senf und ein wenig geriebenen Ingwer ersetzen.
- Den Ingwer von Variation 1 durch Meerrettich ersetzen.

Paprika- oder Tomatenquarksoße

Wie Grundrezept. 1/3 des Quarks wird durch Roquefort ersetzt und etwas Zitronensaft und fein gehackter Schnittlauch unter die Soße gerührt.
Kurz vor dem Anrichten gibt man eine zu Mus gehackte rote Paprika oder eine durch das Sieb gestrichene reife Tomate zur Soße.

Karamelquarksoße (3 dl)

Ein Rezept für eine süße Soße für zwei Personen. Lecker zu *Früchtefondue**. 68

- *200 g Quark*
- *1 Prise Salz*
- *2 Eßl. (40 g) Zuckerrübensirup*
- *ca. 1 dl Milch*
- *1 dl Sahne, halbfest geschlagen*

Das Salz und den Sirup zum Quark rühren und die Soße mit Milch in die gewünschte Konsistenz bringen. Kurz vor dem Anrichten wird die Sahne dazugegeben.

Variation: Schokoladenquarksoße: Der Sirup wird durch 3 Eßl. Karob, 1 Eßl. Vollrohrzucker und das Mark von 1/4 Vanilleschote ersetzt. Mindestens eine Stunde ziehen lassen.

Vanillesahnesoße (ca. 3 dl)

Eine «schlanke» Sahnesoße, köstlich zu *Apfelpudding**. 306

- *1 dl Wasser*
- *1/2 Vanilleschote, längs gespalten*

- *2 Eßl. Marantamehl, aufgelöst in*
- *1 dl Milch*

- *1 1/4 dl saure Sahne*
- *ca. 2 Eßl. Honig oder Reissirup*

Das Wasser mit der Vanille langsam zum Kochen bringen und ca. 10 Minuten ziehen lassen. Vanilleschote* entfernen. 464
Das Marantamehl/Milchgemisch dazurühren und alles nochmals zum Kochen bringen. Den Topf vom Feuer nehmen und kurz weiterrühren. Diese Creme läßt man unter gelegentlichem Rühren abkühlen und schlägt kurz vor dem Essen die saure Sahne und das Süßmittel darunter.

Mit Mehl gebundene Soßen

Die bekannteste dieser beliebten, jedoch, was die Nährstoffe betrifft, nicht so wertvollen Soßen ist die Béchamelsoße; sie liefert vor allem Stärke und Fett und wird als Soße über Blumenkohl oder anderes Gemüse innerhalb eines etwas kargen Menüs verwendet.
Traditionellerweise wird diese Soße auf der Grundlage einer **Mehlschwitze** (Butter und Weißmehl werden zusammen erhitzt, was eine ziemlich schwer verdauliche Kombination ergibt) gemacht und mit Bouillon ergänzt. Für kleine Kinder ist der umgekehrte Weg geeigneter: Flüssigkeit wird mit dem Bindemittel zuerst gekocht und die Butter danach hinzugefügt (siehe die Variationen 1 und 2 bei Béchamelsoße).
Indem man (frische) Kräuter zur Soße gibt, wird diese nicht nur schmackhafter, sondern auch vitaminreicher. Wenn man Käse dazugibt, kann sie eine eiweißreiche Beilage im vegetarischen Menü ersetzen.

Béchamelsoße (ca. 3 dl)

Vor allem als Soße über gekochtes Gemüse oder zum Gratinieren* geeignet. 52

- *25 g Butter oder 1 Eßl. Öl*
- *30 g Weizenmehl Type 1050 oder 550 (4 Eßl.) (CH: Ruch- oder Halbweißmehl)*

- *1 1/2 dl Bouillon (Kochwasser von Gemüse) oder Wasser*

- *1 Messerspitze Salz (nur wenn die Bouillon nicht gesalzen ist)*
- *1-1 1/2 dl Milch, Zimmertemperatur*

Die Butter wird in einem Topf mit dickem Boden geschmolzen, das Mehl dazugegeben und das Ganze ►

unter dauerndem Rühren erhitzt, bis es duftet (ca. 3 Minuten). Das Mehl muß jedoch hell bleiben.
Den Topf vom Feuer nehmen und die Hälfte der Bouillon auf einmal dazugeben; alles gut glattrühren, bevor man den Rest dazugibt.
Die bereits dicker werdende Soße unter Rühren zum Kochen bringen und 10 Minuten eher ziehen als kochen lassen (Deckel auf den Topf geben).
Das Salz dazugeben und die Milch nach und nach dazurühren, bis die Soße die gewünschte Konsistenz erreicht hat. Dann wird die Soße nochmals bis kurz vor den Siedepunkt erhitzt, sie sollte jedoch nicht mehr kochen. Die Soße sofort anrichten (siehe Tip 2
unter *Brei aus feinen Getreideprodukten**). 127

Variationen:
- Das Mehl in der Bouillon auflösen und unter Rühren zum Kochen bringen. Dann wird die Soße zubereitet wie oben beschrieben. Kurz vor dem Anrichten wird die gewünschte Menge (kalte) Butter nach und nach unter die heiße Soße geschlagen.
- Man kann auch einmal andere Mehlsorten, beispielsweise *Gersten-* oder *Hafermehl** oder 405
*Hirsemehl** verwenden. Die Thermomehlsorten 406
(Gerste und Hafer) binden am besten, geben der Soße mehr Geschmack und sind vor allem, wenn man keine Mehlschwitze macht, besonders geeignet.
- Das Weizenmehl durch 25 g Reismehl oder (schmackhafter) 15 g Reismehl und 10 g biologisches Maismehl ersetzen (Kochzeit 3-5 Minuten). Mit diesen Mehlsorten wird die Soße etwas grob, wenn man sie zum Schluß jedoch mit 1/4 Teel.
Marantamehl bindet*, wird sie schön glatt. 50

Tip: Wenn man eine große Menge Béchamelsoße benötigt, kann man die Milch gesondert in einem Topf zum Siedepunkt bringen und dann auf einmal unter die Soße schlagen.

Weiße Ragoutsoße

Zu Fisch und als Basis für *Ragouts** geeignet. 189

- *2 1/2 dl Wasser*
- *1/2 Zwiebel*
- *1 Gewürznelke*
- *1 Lorbeerblatt*
- *1 Stückchen Zitronenschale*

- *25 g Butter oder 1 Eßl. Öl*
- *30 g Weizenmehl Type 1050 oder 550 (4 Eßl.) (CH: Ruch- oder Halbweißmehl)*

- *1 Messerspitze Salz (nur wenn die Bouillon nicht gesalzen ist)*
- *1/2 dl Brottrunk* oder Wasser mit 2 Teel. Zitro-* 450
nensaft

- *eventuell 1 Eigelb*

Mit dem Wasser und der Zwiebel, auf die man mit der Gewürznelke das Lorbeerblatt und die Zitronenschale gesteckt hat, wird die Bouillon gekocht.
Nun wird in einem Topf mit dickem Boden die Butter zum Schmelzen gebracht, das Mehl dazugegeben und unter dauerndem Rühren erhitzt, bis es gut duftet (ca. 3 Minuten). Das Mehl sollte jedoch nicht dunkler werden.
Den Topf vom Feuer nehmen und die Hälfte der Bouillon auf einmal dazugeben; das Ganze glattrühren, bevor man den Rest dazugibt.
Die bereits dick werdende Soße unter Rühren zum Kochen bringen und bei kleinem Feuer 10 Minuten eher ziehen als kochen lassen (Deckel auf den Topf geben).
Mit Brottrunk abschmecken. Den Topf vom Feuer nehmen und das Eigelb, das zuerst mit ein wenig Soße verrührt wurde, unter die Soße schlagen.

Variationen und Tips: siehe *Béchamelsoße**. 177

Currysoße

Eine weiße Ragoutsoße machen, wobei man zuerst 1/2-1 Teel. mildes Currypulver und 1 Eßl. zu Mus gehackte Zwiebel in der Butter (oder im Öl) schmort. Kein Eigelb, sondern eine zu Püree zerdrückte, sehr reife Banane oder einen halben, sehr fein geriebenen Kochapfel dazugeben (im letzteren Fall keinen Brottrunk oder Zitronensaft hinzufügen).

Petersilien- oder Kerbelsoße (ca. 3 dl)

Petersiliensoße schmeckt würzig und paßt gut zu Karotten oder Pastinaken, gekochtem Fisch und Eiern; die mildere Kerbelsoße paßt zu gekochtem Getreide in Kombination mit zartem Frühjahrsgemüse (Erbsenschoten, Erbsen, junge Karotten, Kohlrabi).
Als Grundlage macht man eine *Béchamelsoße** und 177
rührt kurz vor dem Anrichten 3 Eßl. fein geschnittene Petersilie oder 4 Eßl. Kerbel dazu.
Die Soße wird mit ein paar Tropfen Zitronensaft oder 1/2 Teel. Senf abgeschmeckt.

Variation: Herzhafter: Die Milch wird durch Bouillon ersetzt (1 Lorbeerblatt mitkochen). Gleichzeitig mit der Petersilie werden eine sehr fein gehackte Gewürzgurke und 1/4 Teel. geriebene Ingwerwurzel zur Soße gerührt.

Spinatsoße

Spinatsoße (ca. 3 dl)

Eine giftgrüne, aber mild schmeckende Soße, die gut zu Maisgerichten, Hirse oder Teigwaren paßt.

- *100 g sehr jungen Spinat (von älterem werden nur die Blätter gewogen)*

- *1/2 Eßl. Öl*
- *1/2 kleine Zwiebel, fein geschnitten*

- *1 dl Bouillon oder Wasser*
- *2 Eßl. Reismehl, angerührt in*
- *1 dl Bouillon oder Wasser*

- *2 Eßl. Quark, Viili* oder Joghurt, verrührt mit* 464
- *1-2 Eßl. Öl*
- *1/4 Teel. Anissamen, fein gestoßen mit*
- *1/4 Teel. Salz*

Der gewaschene Spinat wird in einem Geschirrtuch trockengetupft oder in der Salatzentrifuge geschleudert.
Das Öl wird mit der Zwiebel erwärmt und die Zwiebel butterweich gedünstet (kleine Flamme und den Deckel auf den Topf geben).
Mit der Bouillon ablöschen, den Spinat dazugeben und unter gelegentlichem Umrühren zusammenfallen lassen. Mit dem angerührten Reismehl binden und ganz kurz kochen. Alles durch ein Sieb streichen oder mit dem Stabmixer pürieren (mit dem Mixer wird die Soße cremiger).
Die Soße wieder zum Kochen bringen und, vom Feuer genommen, den Quark nach und nach dazurühren, zum Schluß gibt man das gewürzte Salz dazu. In einer vorgewärmten Soßenschüssel anrichten.

Variationen:
- Die gedünstete Zwiebel weglassen.
- Die Soße herzhafter machen: Den Anis durch eine Messerspitze Chilipulver ersetzen.
- **Soße aus Rübstielen oder Radieschenblättern** (75 g): Den Spinat durch dieses (schärfer schmeckende!) Gemüse ersetzen. Das Gemüse wird etwas kleingeschnitten und 3-5 Minuten mit der Zwiebel gedünstet. Den Quark ersetzt man durch Sahne. 1/2 Teel. Honig macht den Geschmack der Soße milder.

Frühlingssoße aus Wildgemüse oder Kräutern

Für diese Soße kann man alles wilde Gemüse und Kräuter, getrennt oder gemischt, verwenden, eventuell kann man mit Kräutern aus dem Laden oder dem ►

Garten ergänzen. Beispielsweise: Brennessel, Gänseblümchen, die verschiedenen Meldearten, Wiesenschaumkraut, Vogelmiere, Brunnenkresse, Hirtentäschel, Sauerampfer.
Für die ersten, spärlichen, sehr zarten Blättchen macht man ein Rezept *Petersiliensoße**, für die 179
zwar noch jungen, jedoch nicht mehr so zarten Blätter ist das Rezept *Spinatsoße** geeigneter. 179

Käsesoße (ca. 3 1/2 dl)

Geeignet als Soße über Gemüse, beispielsweise Blumenkohl, grünem Kohl, Steckrüben, Chicorée; aber sie paßt auch zu gekochtem Getreide (Hirse, Thermogrütze).
Für Kindergartenkinder verwendet man wenig und milden Käse, für größere Kinder nimmt man mehr und pikanteren Käse und eine Messerspitze Muskatnuß.

- *30 g (3 Eßl.) Thermomehl (Gerste oder Hafer)*
- *3 dl Wasser*
- *1 Messerspitze gestoßener Kümmel*

- *1 dl Milch, Zimmertemperatur*

- *75-100 g geriebenen Käse (siehe Einleitung)*
- *eventuell etwas Salz*

Mehl und Kümmel werden im Wasser unter Rühren zum Kochen gebracht und kurz gekocht. Den Deckel auf den Topf geben und 10 Minuten quellen lassen. Die Milch wird nach und nach dazugerührt und die Soße unter Rühren wieder zum Kochen gebracht. Den Topf vom Feuer nehmen und den Käse dazugeben (auch die Muskatnuß). Auf Salz abschmecken. Die Soße sofort in einer vorgewärmten Soßenschüssel anrichten; wenn sie lange stehen bleibt, kann die Käsesoße wieder dünner werden.

Variationen:
- Das Thermomehl durch Weizenmehl Type 1050 (CH: Ruchmehl) ersetzen. 1/2 Stunde im Wasser einweichen und 10 Minuten eher ziehen als kochen lassen.
- Eine herzhaftere, jedoch auch fettere und schwerer verdauliche Käsesoße: 1 Rezept Béchamelsoße, wobei das Mehl, wenn man die Schwitze macht, *hellbraun* werden darf. Ansonsten siehe oben.
- Das Thermomehl durch Reismehl ersetzen.

Tip: siehe auch *Béchamelsoße**. 177

Gemüsesoßen

Mit einer Gemüsesoße fängt man zwei Fliegen mit einer Klappe: Man hat das gekochte Gemüse und die Soße in einem Gericht vereint. Wenn man kurz vor dem Anrichten noch 3-4 Eßl. Nußmus oder Tahin (oder 50-75 g feingemahlene Nüsse) unter die Soße schlägt, hat man auch noch die dritte «Fliege»: die Beilage. Gekochtes Getreide oder Teigwaren und einen frischen grünen Salat dazu – und das Menü ist komplett. Wenn Sie den Gemüsegeschmack der Soße pur haben wollen und eine etwas grobe Konsistenz nicht mögen, streuen Sie bei einem solchen Menü die Nüsse lieber über das Getreide (geröstet und grob gehackt); man kann die Nüsse auch weglassen und eine nahrhafte Nachspeise aus Milchprodukten reichen.

Dicke Gemüsesoßen sind auch als **Dipsoßen** geeignet.

Bei der Herstellung von Gemüsesoßen kann man sich im allgemeinen nach den Rezepten für *Gemüsepürees** richten; man nimmt dann die Hälfte 271
der angegebenen Gemüsemenge, jedoch die ganze Menge an Kräutern (eine Soße darf würziger sein als Püree, weil sie über das Getreide gegeben wird und nicht, wie das Püree, daneben). Die Soße wird mit Bouillon verdünnt, bis man die gewünschte Menge hat, und eventuell mit etwas Reismehl oder Marantamehl gebunden.
Es folgen einige Rezepte besonderer Gemüsesoßen, gekocht und ungekocht.

Zucchettisoße (ca. 4 dl)

Eine Gemüsesoße mit einem überraschenden (Pilz-) Geschmack (s. Abbildung S. 112).
Lecker zu Hirse, Reis, *Maispfannküchlein** oder 158
Getreidebratlingen. Mit einer kleinen Schüssel Rohkost vorab und einer Nachspeise aus einem Milchprodukt ist das Menü komplett.

- *1 Eßl. Öl*
- *1/2 Zwiebel, fein geschnitten*
- *1 Knoblauchzehe, fein geschnitten*

- *1 1/4 dl würzige Bouillon*
- *250 g kleine Zucchetti, in Stücke geschnitten (siehe Tip)*
- *1 Teel. Rosenpaprika*
- *1/4 Teel. Salz*

- *1/2 Eßl. frisches Basilikum, fein geschnitten (1/4 Teel. getrocknetes)*
- *1 frisches Salbeiblatt, fein geschnitten oder 1 Messerspitze getrockneten Salbei, fein zerrieben*
- *2 Eßl. saure Sahne, Viili* oder Joghurt* 464
- *1 Eßl. Schnittlauch, fein geschnitten*

Das Öl wird mit der Zwiebel und dem Knoblauch bei mäßigem Feuer erwärmt und glasig gedünstet.
Mit der Bouillon ablöschen und die Zutaten des zweiten Abschnittes dazugeben. Das Gemüse sollte ganz gar gekocht werden, es wird dann mit dem Stabmixer püriert oder durch ein Sieb gestrichen (weniger sämig).
Kurz vor dem Anrichten wird der Rest der Zutaten dazugegeben und die Soße wieder erhitzt.

Variation: Die geschmorte Zwiebel und den Knoblauch weglassen und den Paprika durch 1/4 Teel. Koriandersamen, die mit dem Salz zerstoßen werden, ersetzen. Kurz vor dem Anrichten wird die Soße mit einem Stückchen Butter abgeschmeckt.

Tip: Bei sehr großen Zucchetti werden die Schalen und die Kerne entfernt; man hat 250 g Fruchtfleisch nötig.

Kürbissoße (ca. 4 dl)

Eine süßliche, gebundene Soße, die dem gekochten Getreide etwas Farbe gibt.
Ein Rezept *Kürbissuppe** machen (für 4 dl Soße 87
braucht man ca. 250 g geputzten Kürbis). Der Kürbis wird in Würfel geschnitten, jedoch nur in wenig Bouillon oder Wasser gar kochen.
Für Kleinkinder, Schulkinder und Jugendliche: siehe die Variationen unter dem Kürbissuppen-Rezept.

Indische Gurkensoße (ca. 3 1/2 dl)

Eine frische, fettarme Sommersoße, die gut zu Reis, Hirse und Kartoffeln paßt. Auf dem Teller einen Platz für diese kalte, dicke Soße freihalten.

- *1/2 Eßl. dünner Honig*
- *1/2-1 Eßl. Öl*
- *1/2-1 Teel. Korianderkörner, fein zerrieben mit*
- *1/4 Teel. Salz*
- *1 Messerspitze Zimt*
- *2 dl Viili* oder Joghurt* 464
- *1 Eßl. frische Pfefferminze, feingeschnitten oder 1 Messerspitze Fenchelkörner, fein zerstoßen*

- *1 dünne Salatgurke (ca. 300 g)*

In einer Schüssel wird der Honig mit dem Öl zu einer homogenen Mischung verrührt und der Rest der Zutaten, außer der Gurke, dazugegeben. Diese Soße sollte mindestens 1/4 Stunde ziehen.
Kurz vor dem Anrichten wird die Gurke mit der Schale sehr fein geraffelt und dieses «Mus» auf ein Sieb gelegt. Die Flüssigkeit auspressen (mit einem Körnchen Salz ist dieser Saft ein leckerer Erfrischungstrank für den Koch). Das Gurkenmus unter die Soße mischen und sofort anrichten.

Variationen:
- Das Öl durch 2-3 Eßl. Cashewnußmus* oder Ta- 421
hin ersetzen.
- Im Winter wird die Gurke durch 100 g milchsauer eingelegte, fein gehackte Gewürz-
gurken* ersetzt. Man verwendet dann Viili und 425 ►

ersetzt eventuell 1/2 dl davon durch Crème fraîche oder Sahne.

– **Indische Quarksoße:** Die Soße wird nahrhafter (und als Beilage verwendbar), wenn man Viili oder Joghurt durch 175 g Quark ersetzt und diese Soße mit Sahne in die gewünschte Konsistenz bringt. In diesem Fall wird kein Nußmus dazugegeben.

Wintermenü: Lauchpfannkuchen, gedünstete Kohlrabi, Winterpostellein. Nachspeise: ein Apfel.

Paprikasoße (ca. 2 dl)

Eine samtig zarte, leicht säuerliche Soße, die man im
Sommer kalt zu *pochiertem kaltem Fisch** und ge- 198
kochten Eiern, jedoch auch zu gekochtem kaltem
Gemüse (Blumenkohl, Kohlrabi, Bleichsellerie, Pak-
soystengeln) essen kann. Au bain-marie* aufge- 49
wärmt, schmeckt diese Paprikasoße auch zu Getrei-
debratlingen (*Hirsebratlingen**), Teigwaren und 173
Polenta.

- *1 gelbe oder rote Paprikaschote (ca. 100 g), in Stücke geschnitten*
- *1/2 kleine Zwiebel, gehackt*
- *1/2 dl Wasser*
- *1 Messerspitze Salz*

- *1/4 Eßl. Marantamehl, angerührt in*
- *1/2 dl halb Zitronensaft/halb Wasser oder Brottrunk** 450

- *1/2 dl saure Sahne*
- *eventuell 1 Prise Cayennepfeffer*
- *etwas Schnittlauch oder andere Gartenkräuter, feingeschnitten*

Das Wasser wird mit dem Salz zum Kochen gebracht, die Zwiebeln und Paprika dazugegeben und alles in ca. 10 Minuten butterweich gekocht (den Deckel auf die Pfanne geben und aufpassen, daß nichts anbrennt).
Mit Marantamehl binden und die Soße durch ein Sieb streichen.
Kurz vor dem Servieren wird die Sahne daruntergeschlagen und mit Cayennepfeffer abgeschmeckt. Die frischen Gartenkräuter darüberstreuen.

Rohe Tomatensoße (ca. 2 1/2 dl)

Verwendung: siehe Paprikasoße.
Diese frische, vitaminreiche Soße sollte man nur im Sommer mit sonnengereiften Tomaten machen. Tomaten haben auf den Organismus eine kühlende Wirkung, deshalb wird (wärmendes) Öl unter die Soße geschlagen.

- *500 g sehr reife Roma- oder Fleischtomaten, in Scheiben geschnitten*
- *1/2-1 Teel. Zitronensaft oder 1 Eßl. Brottrunk** 450
- *eventuell 1 Knoblauchzehe, sehr fein gehackt oder durch die Knoblauchpresse gedrückt*
- *1/2 Teel. Honig*
- *1/2 Eßl. frisches Basilikum, fein geschnitten oder 1/4 Teel. getrocknetes*
- *1 kleines frisches Salbeiblatt, fein geschnitten, oder getrockneten Salbei, fein zerrieben*
- *1/4 Teel. Thymian oder 4-5 Nadeln Rosmarin, fein zerstoßen mit*
- *1 Messerspitze Salz*
- *2 Eßl. (Oliven-)Öl*

Die Tomaten werden durch das Sieb gestrichen und die restlichen Zutaten unter das Püree geschlagen. Die Soße (zugedeckt) 1/4 Stunde an einem kühlen Ort stehen lassen (wenn man getrocknete Kräuter verwendet hat, 1/2 Stunde).

Tip: Etwas harte Tomatenstücke kann man in ein wenig Öl zuerst gardünsten.

Gekochte Tomatensoße (ca. 3 dl)

Diese Soße hat einen sehr milden Tomatengeschmack.
Man macht 1/2 Rezept *Tomatensuppe**, verwendet 90
jedoch nur die Hälfte des Wassers und des Salzes.
Kurz vor dem Anrichten wird ein Stückchen Butter zur heißen Soße gegeben.

Ungekochte Selleriesoße (ca. 4 dl)

Eine dicke, kalte Soße. Sie schmeckt ausgezeichnet
zu *Pellkartoffeln**, jedoch auch zu gekochtem Ge- 169
treide und Hülsenfrüchten.

- *3 Eßl. Mayonnaise oder Cashewnußmus** 421
- *1 Eßl. Zitronensaft*
- *eventuell 1/2-1 Teel. Senf*
- *1/4 Teel. Koriandersamen oder 1 Messerspitze Anissamen, zerstoßen mit*
- *1 Prise Salz*

- *1 kleiner Apfel (75 g)*
- *150 g Sellerie, geschält gewogen*
- *ca. 1 dl Viili* oder Quark* 464

►

Die Zutaten des ersten Abschnittes werden zu einer Soße verrührt.
Auf der feinsten Reibe, die Sie besitzen, werden der Apfel und der Sellerie *direkt* in die Soße gerieben. Immer wieder mit der Soße verrühren, um ein Verfärben zu verhindern. So viel Viili oder Quark zur Soße geben, bis sie die gewünschte Konsistenz erreicht hat.
Eventuell einen Hauch Muskatnuß darüberstäuben.

Zwiebelsoße mit Apfel (ca. 3 dl)

Eine süß-scharfe Soße, die gut zu Hülsenfrüchten und gekochtem Getreide, jedoch auch zu *pochiertem Fisch** paßt. 198

- *1/2 Eßl. Öl*
- *1 große Zwiebel (ca. 100 g), fein geschnitten*

- *1/2 Teel. geriebene Ingwerwurzel*
- *knapp 1/2 Teel. Currypulver*
- *1/4 Teel. Salz*

- *2 Kochäpfel (200 g), geschält*
- *ca. 1 dl Wasser*

- *10-20 g harte Butter*
- *1/2-1 dl saure Sahne oder Viili* oder halb/halb* 464
- *eventuell etwas Zitronensaft oder Apfelessig*
- *eventuell 2 Eßl. Petersilie oder Sellerieblätter, fein geschnitten*

Das Öl mit der Zwiebel erwärmen und glasig dünsten. Den Topf vom Feuer nehmen und die Kräuter und das Salz dazugeben. Den Deckel auf den Topf legen. Die Äpfel werden gehobelt oder geraffelt und mit dem Wasser zu den Zwiebeln gegeben. Alles unter gelegentlichem Rühren (Topf zudecken) zu Mus kochen. Den Topf vom Feuer nehmen und, nach und nach, die Butter und den Sauerrahm darunterschlagen und (eventuell) den Zitronensaft tropfenweise dazugeben. Nun probiert man, ob diese ziemlich dicke Soße sauer genug ist, und schöpft die frischen Kräuter darunter.

Variation: Ingwer und Curry werden eventuell durch 1/4 Teel. Koriandersamen oder eine Messerspitze Kümmel, der mit Salz fein gestoßen wurde, ersetzt.

Meerrettichsoße

Nur für diejenigen geeignet, die gerne scharf essen. Die Soße wird, je länger sie steht, desto schärfer. Ein vorsichtiger Koch macht es richtig: Er reibt die geschälte Wurzel – mit Brille! – erst kurz vor dem Essen. Diese luftige Soße paßt zu pochiertem Fisch, kaltem Fleisch, zu Hülsenfrüchten und Pellkartoffeln.
Man schlägt Sahne steif und gibt so viel Meerrettich dazu, wie man gerne mag. Mit Zitronensaft und Salz abschmecken.

Nußsoßen

Fette und eiweißreiche Soßen. Kombiniert mit Getreide, gekochtem Gemüse und etwas Rohkost bilden sie eine vollwertige Mahlzeit. Das Grundrezept für die würzige Nußsoße kann man endlos variieren, indem man jedesmal andere Nüsse oder Samen und andere Kräuter verwendet.

Den besten Geschmack bekommt die Soße mit selbstgemahlenen Nüssen oder Samen (sehr fein mahlen in der elektrischen Kaffeemühle oder Küchenmaschine); sämiger wird die Soße mit Nußmus; man kann auch einen Teil der selbstgemahlenen Nüsse mit Mus vermischen, beispielsweise mit Tahin oder Sonnenblumenkernmus.

Würzige Nußsoße (ca. 3 dl)

- *1/2-1 Eßl. Öl*
- *1/2 Eßl. (10 g) Zwiebel, sehr fein gehackt*
- *nach Wunsch 1 Knoblauchzehe, durch die Presse gedrückt*

- *100 g sehr fein gemahlene Nüsse (Sorte nach Wahl), Sonnenblumenkerne oder Sesamsamen oder Nußmus (ungesalzen)*
- *ca. 2 dl heißes Wasser*
- *1/4 Teel. abgeriebene Zitronen- oder Apfelsinenschale*
- *Kräuter und Gewürze, zur Nußsorte passend (siehe Variation 1)*
- *ca. 1 Messerspitze Salz*

- *knapp 1 Teel. Marantamehl, angerührt in*
- *1/2 dl Wasser*
- *1/4 Teel. Zitronensaft oder Apfelessig*

In einem kleinen Töpfchen werden die Zwiebeln und der Knoblauch in Öl erwärmt und glasig gedünstet oder sehr hellgelb gebacken. Die Nüsse oder das Nusmuß werden dazugerührt und das Wasser nach und nach dazugegeben. Zitronenschale und Salz dazugeben und das Ganze unter Schlagen zum Kochen bringen.
Die Soße wird mit dem Marantamehl gebunden und mit Zitronensaft abgeschmeckt.

Variationen:
- **Walnußsoße** wird mit einer Prise Muskatnuß und/oder Nelke gewürzt.
- **Mandelsoße oder Haselnußsoße** würzt man mit 1/4 Teel. gestoßenem Anis oder mit Zimt.
- Die Zitrusschale wird durch geriebene Ingwerwurzel ersetzt.
- Das Salz wird durch 1/2 Eßl. Shoyu oder Miso ersetzt.
- Man kann der Soße durch 1/4 Teel. Sirup einen süßlichen Geschmack geben.
- Die Zwiebel und den Knoblauch weglassen und kurz vor dem Anrichten einen Schuß Sahne oder ein Stückchen Butter unter die Soße schlagen.
- **Erdnußsoße**: Man verwendet 40 g Erdnußmus und 60 g Sonnenblumenkernmus oder Tahin und gibt 1 Messerspitze *Sambal** dazu. 423

Tips:
- Es klingt unglaublich, aber eine Nußpastensoße wird, wenn man Wasser darunterschlägt, dicker; mit Zitronensaft wird sie dünner.
- Wenn man die Nüsse oder Samen zuerst röstet*, 408 bekommt die Soße einen besseren Geschmack (nicht bei Walnüssen).
- Ein Restchen von der Nußsoße kann man am nächsten Tag au bain-marie* wieder aufwärmen. 49

Ungekochte Nußsoße

In Italien heißt diese Soße **Pesto**. Schnell gemacht und besonders lecker. Sie wird kurz vor dem Anrichten unter die Teigwaren gemischt.

- *100 g weiche Nüsse (Walnüsse, Paranüsse, Pinien- oder Sonnenblumenkerne, man kann die Sorten auch mischen), fein zerstoßen oder sehr fein gemahlen*
- *50 g Hartkäse (Parmesankäse)*
  1 Eßl. Öl
- *1/4 Eßl. getrockneter Majoran oder Basilikum, fein verrieben, oder 2-3 Eßl. frische Kräuter*

- *2 dl kochendes Wasser*

Die Zutaten des ersten Abschnittes werden miteinander verrührt und nach und nach das heiße Wasser dazugegeben. Mindestens 10 Minuten ziehen lassen (dann wird die Soße sämiger). Eventuell mit Wasser verdünnen und, nach Wunsch, die Soße au bain-marie* wärmen. 49

Tip: Pesto kann auch auf Vorrat gemacht werden.* 422

Süße Mandelsoße (ca. 3 dl)

Ein Wölkchen dieser luftigen Soße schmeckt köstlich zu Früchtepudding oder zu Bratäpfeln. Jedoch auch mit Reis oder Hirse und jungen Karotten oder Fenchel ist dies für alle «süßen» Kinder ein Schlemmermenü.
Mandelsoße macht gekochten Spinat milder im Geschmack.
Mandelsoße ist auch zu *Früchtefondue** geeignet. 68

- *2 dl Wasser*
- *2 Eßl Reismehl*
- *1 Stück Zitronen- oder Apfelsinenschale*

- *1/2 Eßl. Zitronensaft oder 1 Eßl. Apfelsinensaft*
- *1-2 Eßl. Honig*
- *40-50 g geschälte Mandeln*, sehr fein gemahlen, oder Mandelmus* 407

- *1/2-1 dl Schlagsahne, nicht zu steif geschlagen*

Das Wasser wird mit dem Mehl und der Zitrusschale unter Rühren zum Kochen gebracht. Den Topf vom Feuer nehmen und diese dicke Soße, zugedeckt, im Topf abkühlen lassen.
Die Schale entfernen und kurz vor dem Anrichten den Fruchtsaft, den Honig, die Mandeln und die Schlagsahne unter die Soße rühren.

Linsensoße (ca. 1/2 l)

Dies ist Soße und Beilage in einem. Linsensoße paßt zu Hirse, Reis, Polenta und Nudeln und ist auch als Füllung für Pfannkuchen geeignet. Ein frischer grüner Salat schmeckt gut dazu.

- *100 g Linsen, mind. 2 Stunden, am besten jedoch über Nacht eingeweicht in*
- *4 dl Wasser mit*
- *1/4 Teel. Senf- oder Fenchelsamen (leicht zerstoßen)*
- *1 Lorbeerblatt*
- *1/4 Teel. Salz*

- *1/2 Eßl. Öl*
- *1 große Zwiebel, fein geschnitten*
- *1 Knoblauchzehe, fein geschnitten*
- *1 rote Paprikaschote, in Stücke gehackt, oder 1/2 Teel. Rosenpaprika*
- *1-2 reife Tomaten, enthäutet und entkernt, in Stücke geschnitten oder 2 Eßl. Tomatenmark*

- *1 dl Kochwasser der Linsen*

- *1 Salbeiblatt und 1/4 Teel. Rosmarin, fein zerstoßen*
- *1-2 Eßl. Öl oder ein Stückchen Butter*
- *2-3 Eßl. Sellerieblätter oder andere grüne Kräuter, fein geschnitten*

Die Linsen werden im Einweichwasser mit den getrockneten Kräutern und dem Salz gar gekocht (20-40 Minuten), dann läßt man sie noch 1 Stunde nachquellen, sie müssen musweich werden*. Das 283
Lorbeerblatt wird entfernt und das überschüssige Wasser abgegossen (aufbewahren!). Die Linsen werden fein gestampft.
Bei mäßigem Feuer werden Zwiebel und Knoblauch im Öl erwärmt und glasig gedünstet, Paprika und Tomate werden kurz mitgedünstet; aufpassen, daß nichts ansitzt.
Mit dem Kochwasser ablöschen und das Gemüse garkochen (Deckel auf den Topf geben).
Die Linsen, die Kräuter und eventuell noch etwas Kochflüssigkeit dazugeben und alles noch 5 Minuten köcheln lassen.
Nun wird die Soße so verdünnt, daß sie die gewünschte Konsistenz hat, und mit dem Rest der Zutaten abgeschmeckt. Wenn man die Soße als Füllung verwendet, wird die Flüssigkeit mit einer feinen Mehlsorte (wenn nötig glutenfreien) gebunden.

Variationen:

- Der Paprika wird durch 1/2 Teel. Curry ersetzt.
- Anstelle der Tomate nimmt man einen fein geriebenen sauren (Koch-)Apfel oder 1-2 Eßl. Apfeldicksaft oder 1 Eßl. Zitronensaft.
- Die Soße wird besonders sämig, wenn man 50 g geraffelten Kürbis oder mehlige Kartoffeln mitkocht (nach der Zwiebel dazugeben und garkochen, bevor man die Tomate hinzufügt).
- 1 Scheibe Honigkuchen über der Soße zerkrümeln (wenn man die Kräuter dazugibt), dies gibt der Soße einen besonderen Geschmack und macht sie gleichzeitig sämig (nicht glutenfrei).
- Rote Linsen* nehmen, Fenchelsamen verwenden, 45
Zwiebel, Knoblauch und Tomaten weglassen (Variation 2 machen).
- Die Linsen werden durch braune Bohnen oder

grüne Erbsen ersetzt (die Erbsen werden nach dem Kochen durch ein Sieb gestrichen). Die Einweichzeit dieser Hülsenfrüchte dauert eine Nacht und die Kochzeit 1-2 Stunden, die Nachquellzeit ebenfalls 1-2 Stunden. Für **Erbsensoße** wird die Tomate durch einen Apfel ersetzt (siehe Variation 2); **braune Bohnensoße** wird mit geriebener Ingwerwurzel oder Paprikapulver gewürzt.

Tips:
- Ein Soßenrest wird mit Bouillon verdünnt, dann gibt man etwas Kräuter und eventuell einen Getreiderest dazu und bekommt eine Tasse herzhafte **Hülsenfrüchtesuppe**.
- **Ragout aus Hülsenfrüchten:** Man nimmt 200 g Hülsenfrüchte und 5 dl Kochwasser, dadurch wird die Soße dicker und nahrhafter und kann größeren Kindern auch als Beilage dienen. Die Hülsenfrüchte werden nicht gestampft. Für Erbsen macht man Variation 3, oder man bindet das Ragout kurz vor dem Anrichten mit etwas Reismehl.
- Einen Rest gekochter Linsen verwenden: ca. 250 g für die Soße, ca. 500 g für das Ragout.

Gewürzte Hackfleischsoße (ca. 4 dl)

Für Kinder, bei denen es mehr um den Geschmack als um das Fleisch an sich geht. Das Geheimnis, wie man viel Geschmack aus wenig Fleisch holt, liegt im Braten und in der Kombination der Gewürze. Außer zu Kartoffeln paßt die glutenarme Soße auch zu Reis, Hirse, Nudeln, Linsen und weißen Bohnen oder anderen Hülsenfrüchten.

- *100 g Rinderhackfleisch oder halb Rind/halb Schwein*
- *1-2 Eßl. Öl*
- *1 große Zwiebel (50-75 g), fein geschnitten*
- *50 g Sellerie, gerieben, oder Bleichsellerie, sehr fein geschnitten*
- *im Sommer 1 Tomate (50-100 g), in kleine Stücke geschnitten*
- *im Winter: 1-2 Eßl. Tomatenmark** 423
- *1-2 Gewürznelken*
- *1/4 Teel. Curry oder Paprikapulver*
- *1 Eßl. Hirse (7 g), fein zerstoßen mit*
- *1/4 Teel. Kümmel und*
- *knapp 1 Teel. Salz*
- *ca. 2 dl Bouillon oder Wasser*
- *1 Lorbeerblatt*

Aus dem Hackfleisch macht man eine Kugel, legt sie auf einen flachen Teller und drückt sie flach wie einen Pfannkuchen, der die Größe der (größten) Bratpfanne hat. Das Öl erhitzen (nicht qualmen lassen!). Der «Hackfleischpfannkuchen» wird in 4 Teile geschnitten und mit Hilfe der Bratenschaufel in die Pfanne gelegt; nach jedem Stück kurz warten, damit das Öl nicht zu schnell abkühlt. Die Stücke werden bei nicht zu starkem Feuer auf beiden Seiten schön braun gebraten (vor Spritzern aufpassen).
Das Hackfleisch beiseite schieben und daneben die Zwiebeln *hell*braun braten; dabei wird das Hackfleisch mit einer Gabel zerkrümelt.
Den Rest der Zutaten (außer dem Wasser und dem Lorbeerblatt) dazugeben.
Das Gemüse wird unter Rühren gebraten, bis alles lecker riecht, es darf jedoch nicht braun werden.
Mit der Bouillon ablöschen, das Lorbeerblatt dazugeben und die Soße, zugedeckt, 20 Minuten köcheln lassen.
Das Lorbeerblatt entfernen. Die Soße wird mit der Bouillon verdünnt, bis sie die gewünschte Konsistenz hat. Mit Salz und/oder Chili abschmecken.

Variationen:
- Die Tomate wird durch 50 g geraffelten Kürbis ersetzt. Die Hirse kann man dann weglassen, der Kürbis bindet die Soße, wenn man ihn zum Schluß kräftig darunterrührt. Mit einem Eßl. Senf abschmecken.
- Lammhackfleisch verwenden und nur die Hälfte Öl verwenden, die scharfen Gewürze weglassen.
- Die Hirse durch 1 Eßl. Reismehl ersetzen.

Tip: Nach dem Braten das Hackfleisch noch nicht zerkrümeln, dann kann man für die Kleinen ein wenig Soße ohne Fleisch abschöpfen.

Vanillesoße (ca. 1/4 l)

Paßt gut zu *Früchtepudding** oder *Apfelrösti** und 306
zu Bratäpfeln, macht jedoch auch einen Löffel sehr 164
dickes Apfelmus zu einer leckeren Nachspeise. ►

1/2 Rezept *Vanillecreme** machen, jedoch nur 10 g 313
(1 Eßl.) Bindemittel verwenden.

Variation:
Karamelsoße und Schokoladensoße (köstlich zu gekochten halben Äpfeln oder Birnen) werden auf dieselbe Art und Weise gemacht, man geht von den Rezepten für Karamel- und Schokoladencreme* 313
aus.

Tip: Fertigcreme aus dem Bio-Laden wird mit Milch und eventuell einem Schuß Sahne verdünnt. Kurz vor dem Anrichten etwas Honig (für Vanillesoße) oder Rübenkraut (für Karamel- oder Schokoladensoße) dazugeben.

Früchtesoßen

Eine farbige, erfrischende Früchtesoße macht einen einfachen Pudding zu einer festlichen Nachspeise, jedoch auch Quark oder Eis schmecken köstlich damit. Sogar langweiligem Gemüse kann man mit einer heißen (Apfelsinen-)Soße einen exotischen Geschmack geben.
Das ganze Jahr über kann man einfach und schnell eine Früchtesoße machen, indem man Marmelade oder Früchtemus mit kochendem Wasser verdünnt und durch ein Sieb streicht oder mit dem Mixer püriert.
Viel schmackhafter und auch vitaminreicher ist jedoch eine Soße, die aus frischen Früchten zubereitet wird.

Früchtesoße, Grundrezept

- *ca. 250 g sehr reife, weiche Früchte: Himbeeren, Erdbeeren, rote Johannisbeeren, Aprikosen, Brombeeren; oder eine kleinere Menge Holunderbeeren oder Sanddorn, verdünnt mit Apfelsaft*

- *1 dl heißes Wasser*
- *2-3 Teel. Marantamehl*

- *eventuell Honig*

Die Früchte durch ein Sieb streichen. Das noch *nicht* abgewaschene Sieb wird auf einen Topf gelegt und das abgemessene Wasser durchgeschüttet, so werden auch die zurückgebliebenen Früchtereste verwertet. Marantamehl ins Wasser schlagen und unter Rühren zum Kochen bringen. Kurz durchkochen lassen, den Topf vom Feuer nehmen und den Fruchtsaft unter den noch warmen Brei schlagen.
Erst wenn die Soße ganz abgekühlt ist, probiert man, ob noch etwas Süßungsmittel nötig ist. Diese Soße sollte nicht lange stehen bleiben, denn der Vitamingehalt nimmt schnell ab.

Aufgepaßt: Den Saft von Holunderbeeren muß man zusammen mit dem Marantamehl aufkochen und noch kurz weiterkochen (siehe *Schädliche Stoffe**). 41

Tip: Anstelle von frischen Aprikosen kann man auch getrocknete verwenden. Diese werden über Nacht eingeweicht und 10 Minuten in wenig Wasser gargekocht.

Apfelsinensoße (ca. 2 1/2 dl)

Diese süßsaure Soße schmeckt **kalt** zu Puddings und (Vanille-)Eis oder **heiß** zu mit wenig Salz gargekochten dicken Gemüsescheiben*, z.B. zu **Topi-** 25
nambur, Sellerie, Pastinake, Kürbis, Bleichsellerie und zu den etwas geschmackloseren **helleren Kürbissorten und Zucchetti** oder zu **süßen Kartoffeln** (Batate).

- *1 dl Apfelsinensaft*
- *die Schale einer kleinen Apfelsine (Sparschäler)*
- *1/4 Zimtstange*
- *oder 2-3 Scheiben Ingwerwurzel*

- *1 Eßl. Marantamehl (1/2 Eßl. für die kalte Soße), angerührt in*
- *1 dl Apfelsinensaft*

- *10 g kalte Butter (2 Eßl. saure Sahne oder Viili* für die kalte Soße)* 464
- *1 Eßl. Honig (2 Eßl. für die kalte Soße)*

Den Apfelsinensaft mit der Schale und den Gewürzen zum Kochen bringen, den Deckel auf die Pfanne geben und das Ganze, vom Feuer genommen, 10 Minuten stehen lassen.
Die Schale und die Gewürze entfernen, den Saft wieder zum Kochen bringen und mit dem angerührten Marantamehl binden.
Den Topf vom Feuer nehmen und die Butter (nach und nach) unter die Soße schlagen.
Die Soße abkühlen lassen und, wenn sie lauwarm ist, den Honig darunterschlagen.
Die Sahne wird erst kurz vor dem Anrichten unter die Soße gezogen.

Apfelsoße (2 1/2 dl)

Einfach und im Nu gemacht, frisch säuerlich und deshalb über Eis und süßen Getreidepuddings köstlich.

- *1 1/2 dl Wasser*
- *1/2 Eßl. Marantamehl, angerührt in*
- *1/2 dl Wasser*

- *1/2 dl Apfeldicksaft*

Das Wasser zum Kochen bringen, das angerührte Marantamehl dazugeben und kurz aufwallen lassen. Die Soße abkühlen lassen und kurz vor dem Anrichten den Dicksaft darunterschlagen.

Variation:
Birnensoße (weniger sauer). Den Apfeldicksaft durch Birnendicksaft oder Birnel ersetzen.

Ragouts

Es folgen einige einfache, rasch gemachte Ragouts zum Füllen von Blätterteigpasteten, *Teigtaschen*, *Reisringen* und zum Belegen von geröstetem Brot.

Die Menge der Rezepte ist ausreichend für 8 kleine Blätterteigpasteten, 4 *Feuilletés**, 12-16 *Teig-* 234
*taschen**, 4-6 geröstete Brotscheiben oder für ei- 221
nen *Reisring** für 4 Personen. 58

Ragouts für Füllungen, Grundrezept

Als Grundlage dieser Ragouts verwenden wir eine *weiße Ragoutsoße**. Durch verschiedene Zutaten 178
bekommt jedes Ragout dann den ihm eigenen Geschmack.
Beim Füllen geht man folgendermaßen vor:
Für *Teigtaschen* werden die Zutaten nur mit der Hälfte der Soße vermischt, und diese Mischung läßt man abkühlen. Kalt ist diese Mischung so fest, daß man die Teigtaschen ohne weiteres damit füllen kann. Ein eventueller Rest der Füllung wird zur Soße gegeben, diese wieder erhitzt, eventuell mit etwas Bouillon verdünnt und in einem Schüsselchen extra dazu serviert.
Für *Pasteten, Feuilletés und Toast* kann man die Zutaten mit der ganzen Soßenmenge erhitzen und nur das Dicke in die Pasteten oder auf den Toast geben. Aus dem Rest macht man eine dünnere Soße und serviert sie extra dazu.
Aufgepaßt: Die Ragoutfüllungen müssen würzig abgeschmeckt werden, denn die Umhüllungen oder das Brot schlucken viel vom Geschmack.

Gemüseragout

- *1 1/2 Rezepte weiße Ragoutsoße, dazu verwendet man zusätzlich 1 1/2 Eßl. Mehl*
- *150-200 g festes Gemüse, in feine Würfel geschnitten und bißfest gekocht*
- *viel Petersilie, fein gehackt*

Das Gemüsewasser wird als Bouillon für die Zubereitung der *weißen Ragoutsoße** verwendet. Das 178
Gemüse mit der Soße vermischen.

Käseragout

- *1 1/2 Rezepte weiße Ragoutsoße; zusätzlich 1 1/2 Eßl. Mehl verwenden*

- *150 g würzigen Käse, in 3 cm große Würfel geschnitten*
- *1 Messerspitze Thymian*
- *1 Eßl. Zwiebel, sehr fein gehackt*
- *1 Knoblauchzehe, durch die Presse gedrückt*

Die *weiße Ragoutsoße** wird mit Kräutern, Zwiebel 178
und Knoblauch vermischt, den Käse gibt man erst kurz vor dem Essen zur Soße.

Linsenragout

Siehe *Linsensoße**, Tip 2. 186

Fischragout

- *1 1/2 Rezepte weiße Ragoutsoße*; als Flüssig-* 178
keit für die Soße wird die Fischbrühe verwendet und 1 1/2 Eßl. Mehl zusätzlich

- *ca. 300 g pochierten* festen Fisch (Wels, Kabel-* 198
jau, Schellfisch, Knurrhahn)

Die Soße wird mit den Fischstückchen vermischt.

Variation: Als Basissoße wird eine *Currysoße** ge- 178
macht, 100 g des Fisches werden durch 1 reife Banane und 1 Kiwi ersetzt; die Banane wird in dikke, die Kiwi in dünne Scheibchen geschnitten und zu den Fischstückchen in die Soße gegeben. Sofort servieren.

Hackfleischragout

1 Rezept *gewürzte Hackfleischsoße** machen, je- 187
doch sehr viel weniger Wasser verwenden.

Ragout aus Tempé

- *2-3 Eßl. Öl*
- *250 g Tempé* in Würfel geschnitten* 463

- *1 Zwiebel (ca. 75 g), fein gehackt*
- *1/2 rote Paprika, Stückchen*
- *100 g Bleichsellerie, in Stückchen geschnitten*
- *2 Eßl. Rosinen*
- *1/2 Teel. Koriander, gestoßen*
- *1/2 Teel. abgeriebene Zitronenschale*

- *2 1/2 dl Wasser*
- *1/2 Eßl. Zitronensaft*

- *2 Eßl. Reismehl, angerührt in*
- *1 dl Wasser*

- *1 Eßl. Shoyu oder etwas Salz*
- *2 Eßl. Sellerie, fein geschnitten*

In einer Pfanne wird das Öl erhitzt und darin die Tempéwürfel auf allen Seiten schön braun gebraten. Die Zwiebel, Paprika, Stangensellerie, Rosinen und Kräuter damit vermischen und das Ganze schmoren, bis es lecker duftet.
Mit dem Zitronenwasser ablöschen und das Gemüse bißfest (5-10 Minuten) garen.
Das angemachte Mehl dazurühren. Das Ragout läßt man unter dauerndem Umrühren abbinden. Noch 5 Minuten köcheln lassen. Mit der Sojasoße und den Kräutern abschmecken.

Variationen:

- **Ragout aus Tofu:** Das Tempé wird durch Tofu, das ebenfalls in Würfel geschnitten ist, ersetzt. Tofu wird jedoch nicht gebraten, sondern man gibt es erst zur Soße, wenn diese gebunden ist (kurz aufkochen lassen).
- Die Rosinen werden durch 2 Kugeln kandierten Ingwer ersetzt (in dünne Scheibchen schneiden).

Dressing

Eine einfache Basis-Salatsoße, die vor allem zum Anmachen von grünem Salat und Salat aus gekochtem Gemüse geeignet ist (beispielsweise Prinzeßbohnen, Blumenkohl usw.). Der Fettgehalt dieser Salatsoße kann dem Fettbedürfnis Ihres Kindes angepaßt werden oder sich nach dem Fettgehalt der übrigen Gerichte richten. Man sollte jedoch nicht weniger als 2 und nicht mehr als 6 Eßl. Öl verwenden, sonst schmeckt die Salatsoße nicht mehr gut.
Die folgende Menge ist ausreichend für 2-3 Schüsseln grünen Salat. Wenn Sie dieses Dressing mögen, können Sie gleich eine größere Menge machen (siehe Tip), im Kühlschrank hält sie sich 2 Wochen.
Die Basis-Salatsoße kann man jeden Tag variieren, indem man frische, fein geschnittene Gartenkräuter, getrocknete Kräuter und/oder eine fein geschnittene Zwiebel dazugibt. Diese Zutaten werden über den Salat gestreut und die Salatsoße darüber geträufelt.

- *3 Eßl. warmes Wasser*
- *eventuell 1/4 Teel. Honig*
- *1 Messerspitze Salz*

- *1-3 Eßl. Zitronensaft oder Apfelessig*
- *eventuell 1/4 Eßl. Senf*

- *2 Eßl. kalt gepreßtes (Distel-)Öl*

Das Wasser wird mit dem Honig und dem Salz in ein kleines Glas mit einem gut schließenden twist-off-Deckel gegeben und geschüttelt, bis Honig und Salz aufgelöst sind. Zitronensaft und, nach Wunsch, Senf dazugeben und nochmals schütteln, bis alles gut vermischt ist.
Das Öl dazugeben und kräftig schütteln, bis eine homogene Soße entstanden ist.
Die Salatsoße im Kühlschrank aufbewahren und das Glas vor Gebrauch kurz schütteln.

Variationen:

- Das Wasser und den Essig oder den Zitronensaft durch Brottrunk ersetzen.
- Den Senf weglassen und Zitronensaft oder Brottrunk verwenden, anfangs die kleinste Menge. Manche Kinder mögen den Salat nicht, wenn er zu sauer ist. Eventuell etwas mehr Honig verwenden.
- Salatsoße kann man nahrhafter machen, indem man 1 Eßl. Nußmus (Sorte nach Wahl), Sonnenblumenkerne oder Sesammus (Tahin) hinzufügt. Das Mus wird mit dem Öl unter die Soße geschlagen.
- Das Nußmus durch ein Stück zerdrückten Roquefortkäse ersetzen; dann kann man das Salz weglassen. Dieses Dressing schmeckt vor allem zu etwas geschmacklosem grünem Salat lecker (Eissalat, Spinat).
- **Dressing für Wurzelsalate:** Das Wasser und der Zitronensaft werden durch Joghurt oder Viili* 464 ersetzt.

Tips:

- Große Mengen Salatsoße werden mit dem Stabmixer schön sämig.
- Salatsoße auf Vorrat bewahrt man am besten in einer dunklen Flasche auf. Die folgenden Zutaten ergeben ca. 4 dl Salatsoße:

- *1 1/2 dl warmes Wasser*
- *1/4 Eßl. Honig*
- *1/2 Teel. Salz*

- *1 - 1 1/2 dl Apfelessig, Brottrunk oder Zitronensaft*
- *1 Eßl. Senf*

- *1 dl (oder mehr) Öl*

Fleisch

Brauchen Kinder, um gesund heranzuwachsen, Fleisch? Für viele Eltern ist dies eine brennende Frage. Ernährungswissenschaftlich gesehen kann diese Frage verneint werden, denn ein Mensch kann auf sehr gesunde Art und Weise alt werden, wenn er sich mit Vollkornprodukten, Milchprodukten, Nüssen, Samen, kaltgepreßten pflanzlichen Ölen sowie genügend frischem Obst und Gemüse ernährt. Nach neuesten Untersuchungen im In- und Ausland hat man sogar festgestellt, daß ein Mensch, der auf Fleisch weitgehend verzichtet, sowohl älter wird als auch gesünder bleibt.
Eine andere, von Eltern häufig geäußerte Frage ist die: Tut es meinem Kind wohl gut, wenn es Fleisch ißt? Hier ist die Antwort schon schwieriger, denn man hat es dabei nicht nur mit ernährungswissenschaftlichen Gesichtspunkten zu tun. Ich möchte hier einige Gesichtspunkte aufzählen, anhand derer Sie für sich und Ihr Kind Antworten finden können. Dabei will ich die Frage, ob es notwendig ist, zur eigenen Ernährung ein Tier zu töten, außer Betracht lassen.

- Fleisch stammt aus dem Tierreich und steht dem Menschen somit näher als pflanzliche Nahrung. Deshalb braucht man auch, um die Nährstoffe aus dem Fleisch umzusetzen, weniger Verdauungskräfte. Das Eisen aus Fleisch läßt sich zum Beispiel leichter aufnehmen als das Eisen aus Gemüse oder Früchten.
- Pflanzliche Nahrung ist zwar schwerer verdaulich, aber die Verdauung dieser Nahrung stärkt den Menschen (man kann dies als eine Art Konditionstraining betrachten). Forciertes Training ist jedoch auch hier schädlich.
- Fleisch enthält sehr viel Eiweiß. Zu viel Eiweiß belastet einerseits die Nieren, andererseits kann es Verstopfung bewirken, da Fleisch keine Ballaststoffe enthält.
- Jedes Tier baut sein arteigenes Eiweiß auf, das «Grundmuster» des Tieres ist sozusagen darin enthalten. Somit ist das Fleisch eines dauernd neugierigen Huhnes ganz anders als das einer stundenlang wiederkäuenden Kuh. Daher könnte man vielleicht sagen, daß jedes Fleisch, das der Mensch zu sich nimmt, eine andere Wirkung hat.
- Da das Fleisch am Ende der Nahrungsmittelkette steht, ist deutlich, daß die Schadstoffkonzentrationen darin viel höher sind als in pflanzlichen Nahrungsmitteln. Diese schädlichen Stoffe sind vor allem im Organfleisch, z.B. in Leber und Nieren, enthalten.
- Der Genuß von viel Fleisch gibt körperliche Kräfte, macht «wach», körperlich robust und «mit beiden Beinen auf dem Boden der Wirklichkeit stehend», wogegen eine Ernährung, die hauptsächlich aus Getreide besteht, eher das Kreative, Phantasievolle im Menschen anregt.

In Anbetracht der oben genannten Tatsachen erachte ich es als besser, kleinen Kindern kein Fleisch zu geben. Dies sollte man wenigstens bis zur Vollendung des dritten Lebensjahres durchhalten.

Zum Schluß noch einige Hinweise praktischer Art:

- Es ist ein Unterschied, ob man zu viel oder nur etwas Fleisch ißt, und es besteht ein Unterschied zwischen Fleisch von auf Bio-Höfen gut gehaltenen und ernährten Tieren (aus Öko-Schlachtereien) und dem Fleisch aus Intensivtierhaltungen.

- Nicht jeder Mensch bringt die Kraft auf, unter allen Umständen (Konstitution, Allergie, Krankheit) rein pflanzliche Kost zu verdauen.
- Für jemanden, der die Tendenz hat, etwas den Boden unter den Füßen zu verlieren, ist ein Stück Fleisch durchaus am Platze.
- Man kann einem heranwachsenden Kind den Genuß von Fleisch nicht verwehren, genauso wenig, wie man es zum Essen von Fleisch zwingen kann, wenn es keines mag. Wenn Kinder Fleisch essen wollen, sollte man langsam damit anfangen (nicht mehr als 30 g), und zwar zuerst Fisch und Geflügel, später Lammfleisch und erst zum Schluß Rind- und Schweinefleisch.
- Geben Sie Ihrem Kind nur dann Organfleisch (Rinder- oder Hühnerleber), wenn es keine Milch und Eier verträgt, und auch dann nur alle 14 Tage einmal.
- Siehe unter: *Tierisches Eiweiß in der Ernährung des Kindes**. 19

Braten von Fleisch bei niedrigen Temperaturen

Wenn Fleisch nach der herkömmlichen Art gebraten wird, wird das dabei verwendete Bratfett (Butter, Öl) sehr stark erhitzt. Butter wird dadurch sehr schwer verdaulich, und im Öl bilden sich, vor allem bei den sonst sehr wertvollen nicht raffinierten Ölen, chemische Verbindungen, die ungesund sind. Deshalb ist die Zubereitung bei niedrigen Temperaturen besser. Es bedarf dafür der Umgewöhnung, und deshalb sollte man beim ersten Mal einen ruhigen Moment wählen, so daß man in aller Ruhe zu Werke gehen kann (man kann das Fleisch später, ohne daß es an Nährwert verliert, wieder aufwärmen).

Schief gehen kann es eigentlich nur dann, wenn das Feuer zu stark ist.

Wer diese Methode einmal beherrscht, wird es nicht mehr anders machen wollen: Das Fleisch schrumpft weniger zusammen und wird auch nicht so trocken; es bekommt eine schönere Farbe, die Soße schmeckt besser, es riecht nicht mehr im ganzen Haus danach, und der Herd ist nicht mehr mit Fettspritzern übersät.

Die Zubereitung bei niedriger Temperatur eignet sich vor allem für Fisch- und Hühnerfilets, klein geschnittenes Hühnerfleisch, kleine Fische, kleine Stücke Schweinefleisch und Speck, Lamm- und Schweineschnitzel, frische Würste, Leberscheiben, Hackfleischbratlinge und alle Arten von Rinderschmorfleisch und Beefsteaks (siehe für die beiden letzteren unter Variationen). Für große Fleischstükke siehe unter Tip 2.

Arbeitsanleitung:

Hühnerfleisch in Stücken und ganze Fische: Fleisch unter fließendem, kaltem Wasser abspülen und mit einem sauberen Geschirrtuch trockentupfen (Tuch danach zur Wäsche geben und mit Kochwäsche waschen). *Alle anderen Fleischsorten*: zwischen Küchenpapier trockentupfen.

Verwenden Sie Bratpfanne oder Brattopf mit dickem Boden und passendem Deckel.

Fetten Sie den Boden mit etwas Öl ein und stellen Sie die Pfanne auf kleiner Flamme auf.

Geben Sie das Fleisch in die Pfanne und legen Sie den Deckel schräg darauf. Die Flamme muß klein bleiben. Wenn es in der Pfanne zu brutzeln anfängt (es kommt Flüssigkeit aus dem leicht grau gewordenen Fleisch), gibt man nach und nach die gewünschte Menge Butter dazu. Das Feuer sollte so eingestellt werden, daß das Fleisch leise am Brutzeln bleibt; es darf nicht spritzen, und die Butter darf nicht braun werden. Nun kann man Lorbeerblatt, Zwiebelscheiben, Karottenscheiben, eventuell Nelken oder einen Rosmarinzweig dazugeben, damit die Soße einen guten Geschmack bekommt. Wenn die Flüssigkeit verdampft und die untere Seite braun ist, wird das Fleisch umgewendet.

Nun streut man etwas Salz und Pfeffer auf das Fleisch und brät bei geringer Hitze weiter, der Deckel ist nach wie vor schräg auf der Pfanne. Sobald das Fleisch auf beiden Seiten gebräunt und gar ist, nimmt man es aus der Pfanne heraus (es darf also nicht zu lange braten), legt es auf einen vorgewärmten Teller und stellt es warm. Das für die gewünschte Soße notwendige Wasser wird angegossen und damit der Satz vom Boden gelöst. Schmecken Sie mit ►

Salz ab und richten Sie die Soße getrennt vom Fleisch an.

Variation:

- **Beefsteak**: Die Butter wird gleich von Anfang an dazugegeben (nur schmelzen, nicht heiß werden lassen) und das Beefsteak auf jeder Seite 3-4 Minuten gebraten. Es ist jetzt noch nicht braun. Drücken Sie jetzt auf das Beefsteak, je schlaffer es sich anfühlt, desto roher ist es innen noch.
  Braten Sie das Fleisch weiter, bis es die gewünschte Festigkeit hat (zwischendurch wenden). Es tritt nun Saft aus. Nehmen Sie das Fleisch aus der Pfanne (es ist jetzt immer noch nicht braun) und stellen Sie es warm.
  Flamme groß stellen, und wenn der Fleischsaft verdampft und die Butter heiß ist (nicht braun werden lassen!), brät man das Fleisch rasch auf beiden Seiten, bis es braun ist. Die Temperatur innen im Fleisch hat jetzt mindestens 80° C erreicht, was notwendig ist, um schädliche Bakterien abzutöten.
  Nehmen Sie das Fleisch aus der Pfanne und machen Sie die Soße wie oben.
- **Schmorfleisch** (ca. 2 cm dickes Rinderschmorfleisch): Nehmen Sie das Fleisch, wenn es auf beiden Seiten langsam angebraten ist, nicht aus der Pfanne, sondern gießen Sie etwas Wasser an. Geben Sie den Deckel auf die Pfanne und schmoren Sie das Fleisch in der *geschlossenen* Pfanne (das kann 1 1/2 - 2 Stunden dauern, hin und wieder kontrollieren, ob noch genügend Flüssigkeit in der Pfanne ist). Danach wird für die Soße die gewünschte Menge Wasser hinzugefügt, abgeschmeckt und mit dem Fleisch zusammen angerichtet.
- **Rinderleber** in Scheiben und **Hühnerleber** (nur biologisch-dynamisch oder biologisch): wie Beefsteak, nur in der letzten Phase nicht heiß braten.

Tips:

- Viele Kinder wollen Fleisch nur des Geschmacks wegen haben und/oder weil sie auch etwas davon auf den Teller bekommen wollen. Legen Sie dann gleichzeitig mit dem Lorbeerblatt eine feste Vollkornbrotrinde (die Hälfte vom Anschnitt) zum Fleisch. Es sollte jedoch nicht zu feucht werden, sonst löst es sich auf. Auch sollte es nicht zu viel Fett aufnehmen. Tunken Sie es nach dem Braten und vor dem Anrichten in die angemachte Soße.
  Für größere Kinder (Schulkinder) können Sie eine ganze, nicht zu große Zwiebel mitschmoren. Nicht zu Mus verkochen, nur garen, dann hat sie einen guten Geschmack.
- Wenn Sie viel Fleisch auf einmal braten müssen, wie Hühnerschenkel, Fisch oder Hackfleischbratlinge, können Sie dies auch im Backofen tun. Pinseln Sie ein Backblech (mit Rand) oder einen Bräter mit Öl ein und legen Sie das Fleisch hinein. Sehr mageres Fleisch kann man mit Öl bepinseln. Das Ganze wird in den ***nicht*** vorgeheizten Ofen geschoben und bei 100°C gebraten. Mit dem Bratensaft wird das Fleisch beträufelt, außerdem streut man etwas Salz darauf. Sobald das Fleisch gar ist, kann die Temperatur auf 150°C erhöht werden, damit sich eine braune Kruste bildet.
  Auf dieselbe Art können Sie auch **große Fleischstücke** oder ganze Hühner und große Fische braten. Man muß in diesem Fall jedoch von Anfang an einen Fleischthermometer in die dickste Fleischstelle stecken. Wenn das Thermometer 70°C anzeigt, muß die Temperatur auf 120°C erhöht werden, bis es auf 80°C geklettert ist; dann hat sich auch eine braune Kruste gebildet. Kontrollieren Sie die Temperatur folgendermaßen: Stecken Sie das Thermometer weiter hinein, ziehen Sie es wieder zurück und schauen Sie dabei, ob es bei 80°C bleibt. Wenn nicht, noch etwas länger braten.

Hackfleischbratlinge mit Soße

(8 kleine)

Mit wenig Hackfleisch können Sie mit diesem Rezept doch gute Fleischbratlinge auf den Tisch bringen. Größer werden sie, wenn Sie Zauberkugeln machen (siehe Variation 3). Für ein Kindergartenkind reicht dann eine halbe Zauberkugel. Größere Kinder können zwei Bratlinge bekommen.

- *200 g Rinderhackfleisch oder Lammhackfleisch*
- *3 Eßl. (25 g) feine Haferflocken oder eine zerbröselte Brotscheibe*
- *1 Zwiebel (50 g), sehr fein gehackt*
  1/4 Teel. Thymian oder 3-4 Nadeln Rosmarin, fein zerstoßen mit
- *1/4 Teel. Salz*
- *2 Eßl. Petersilie oder Sellerieblätter, fein geschnitten oder ein getrocknetes Salbeiblatt, fein gerieben*

- *ca. 1 Eßl. Öl*
- *eventuell etwas Butter*
- *eventuell eine Scheibe Karotte und ein Stück Zwiebel*

Mischen Sie die Zutaten des ersten Blocks (mit der Gabel in einer Schüssel) zu einer geschmeidigen Masse. Formen Sie 8 Kugeln daraus und drücken Sie diese flach.

Wärmen Sie das Öl in einer Bratpfanne an, ohne es zu erhitzen. Legen Sie die Fleischbratlinge Stück für Stück, nicht zu schnell hintereinander, sonst kühlt das Öl zu sehr ab, in die Pfanne und braten Sie sie bei mäßigem Feuer, bis die Unterseite braun ist. Karotte und Zwiebel braten Sie mit, das gibt der Soße mehr Geschmack. Je nach Fettgehalt des Fleisches kann man noch etwas Butter hinzufügen. Wenden Sie die Bratlinge um und regeln Sie die Hitze so, daß die Backzeit mindestens 20 Minuten beträgt; so haben die Haferflocken genügend Zeit zum Quellen und können die Masse binden.
Schließen Sie für die letzten 5 Minuten die Pfanne mit dem Deckel, dann werden die Bratlinge nicht zu trocken und schön dick. Nehmen Sie die Bratlinge aus der Pfanne und bräunen Sie sie in dem übrigen Fett (geben Sie, wenn nötig, noch etwas Butter dazu) 1 1/2 Eßl. (Reis-)Mehl an. Mit 2 dl Wasser löschen Sie ab und lassen die Soße 10 Minuten mit der Karottenscheibe, der Zwiebel, einem Lorbeerblatt und 2 Nelken ziehen. Schmecken Sie mit Sojasoße (Shoyu) und eventuell noch etwas Salz ab. Geben Sie die Fleischbratlinge wieder in die Soße, um sie nochmals aufzuwärmen.

Variation:

- Ersetzen Sie die Zwiebel durch fein geraffelte Karotten, das ergibt einen leicht süßlichen Geschmack.
- Ersetzen Sie 50 g des Hackfleisches durch ein kleines Ei oder extra 3 Eßl. Haferflocken mit 3/4 dl Buttermilch oder Wasser. Schmecken Sie mit genügend Gewürzen oder Salz ab, wälzen Sie die Bratlinge in Mehl und klopfen Sie überflüssiges Mehl wieder ab.
- **Sojaburger**: Das Fleisch wird durch Tofu und 1 Eßl. Öl ersetzt.
- **Zauberkugeln**: Stecken Sie in die Mitte des rohen Fleischküchleins einen kleinen Würfel milden Käse, ein Stück Essiggurke und eine kleine Partytomate.
- **Appetithäppchen**: Wie Zauberkugeln, jedoch noch kleiner, mit einer Haselnuß darin.
- Etwas Senf unter die Fleischmasse gemischt ist vor allem lecker, wenn man keine frischen Kräuter zur Verfügung hat.
- **Fleischküchlein mit Kokosraspel**: Ersetzen Sie die Haferflocken durch 100 g Kokosraspel und formen Sie 12 Kugeln aus.
- Aus der oben genannten Masse formt man 4 bis 5 Kugeln.
- Die Fleischküchlein werden würziger, wenn mehr ►

Zwiebeln verwendet werden und eventuell eine Zehe Knoblauch, die, bevor sie in die Fleischmasse verarbeitet wird, fein gehackt und hellbraun angebraten wird. Brutzeln Sie auch etwas Curry (Kokosbratlinge) mit oder fügen Sie etwas Muskatnuß und Chili dazu.
- Dünsten Sie eine kleine, geschälte Tomate in der Soße mit (oder rühren Sie 1 Eßl. Tomatenmark unter), das gibt dem Ganzen etwas mehr Geschmack.
- Ersetzen Sie die Haferflocken durch Reisflocken oder machen Sie die Kokosvariation.

Tip: Verwenden Sie das Hackfleisch nach dem Einkaufen sofort und lassen Sie die rohen Bratlinge nicht liegen. Man kann sie – ohne Verlust an Nährwert – wieder aufwärmen (kühl aufbewahren).

Wurstklößchen (16 Stück)

Weiche würzige Brotklößchen. Für große Esser gibt man etwas *Risotto** dazu und ißt das Ganze mit Roh- 118
kost (aus Blatt- und Wurzelgemüse). Für festliche Anlässe kann man eine (Gemüse-) Soße dazu machen.

- *150 g altbackenes Vollkornbrot, in dünne Scheiben und dann in Würfelchen geschnitten*
- *1 1/4 dl heiße Bouillon** 77
- *2 Salbeiblätter, fein geschnitten (trockene Blätter werden gerieben)*
- *1 Prise Muskatnuß*
- *1 Prise Salz*

- *1 kleines Ei, verquirlt*

- *1/2 Eßl. Öl*
- *100-125 g gekochte Räucherwurst, in 1/2 cm kleine Würfel geschnitten*

- *2 Eßl. Petersilie oder Sellerieblätter, fein geschnitten*

Brot, Kräuter, Salz und Bouillon in einer Schüssel mischen. Mit dem Löffel umwenden, bis alle Flüssigkeit aufgenommen ist. Zudecken und mindestens 20 Minuten ziehen lassen (man kann es auch gut mehrere Stunden stehen lassen).
Das Ei dazugeben und alles mit der Gabel zu einem festen Teig verarbeiten. Öl in der Pfanne anwärmen und die Wurstwürfelchen darin, bei mäßiger Hitze, leicht anbraten. Die Zwiebel dazugeben und, wenn gewünscht, hellbraun anbraten. Danach mit der Brotmasse vermischen und herzhaft abschmecken.
Den Teig in vier gleich große Teile teilen und aus jedem Teil 4 Klößchen formen.
In einen weiten Topf gibt man 5 cm hoch Wasser mit 1/2 Eßl. Mehl und etwas Salz (1 Teel. auf 1 l), bringt es zum Kochen und schaltet dann die Hitze zurück. Die Klöße werden hineingelegt, so viele, wie nebeneinander Platz haben. Das Wasser soll beinahe kochen, jedoch nicht sprudeln. Nicht zudecken. Die Klößchen müssen ca. 10 Minuten ziehen, bis sie gar sind. Mit dem Schaumlöffel aus dem Wasser nehmen und in eine vorgewärmte Schüssel geben.

Variationen:
- Die Wurst durch Schinken oder Fleischreste ersetzen.
- Wenden Sie die Klößchen in Paniermehl, drücken Sie sie platt und braten Sie die Bratlinge in wenig Öl in der Pfanne hellbraun und knusprig. Dadurch werden sie allerdings fetter und schwerer verdaulich.
- **Käseklößchen**: Ersetzen Sie die Wurst durch 100 g würzigen, in kleine Würfel geschnittenen Käse und mischen ihn unter die Brotmasse. Die Zwiebel sollte jetzt nur gedünstet werden, anstelle von Salbei nimmt man 1/4 Teel. Thymian, und die Muskatnuß wird durch 1/4 Teel. zerstoßenen Kümmel ersetzt.
- Die Zwiebel wird durch Lauch ersetzt (weiße und hellgrüne Teile).
- Verwenden Sie eventuell Brot aus Weizenmehl Type 1050 (CH: Ruchmehl), anstelle von Zwiebeln kann man geraffelte Karotten nehmen. Verwenden Sie einen milden Käse und würzen Sie mit Anis und Fenchel.
- Machen Sie für festliche Anlässe kleine Klößchen (gekocht oder gebraten) und reichen Sie diese als **Appetithäppchen aus Wurst oder Käse**.
- **Suppeneinlage:** Machen sie haselnußgroße Klößchen und lassen Sie diese in der Bouillon ziehen.
- Nehmen Sie glutenfreies Brot* und ein großes Ei. 327

Tips:
- Wenn Vegetarier und Nichtvegetarier gemeinsam essen, macht man zunächst eine Grundmasse ohne Fleisch und Käse und mischt dann unter die eine Hälfte Käse, unter die andere Hälfte Fleisch.
- Verwenden Sie das Kochwasser für eine Suppe (im Kühlschrank hält es sich zwei Tage), es ist jedoch sehr salzig, aufgepaßt!

Fisch

Abgesehen von Wild, war Fisch bis vor kurzem das einzige vom Menschen nicht gezüchtete Fleisch. Leider sind die Gewässer inzwischen so verunreinigt, daß man davon abraten muß, Fisch aus Flüssen zu essen. Um die **Salzwasserfische** ist es in den letzten Jahren glücklicherweise wieder besser bestellt. Es werden weniger Schwermetalle ins Meer abgelassen. Die Schadstoffe, die sich noch im Schlamm und im Wasser befinden, werden von den Fischen im Fettgewebe und vor allem in der Leber gespeichert. Schalentiere wie Muscheln und Garnelen sowie die fetten Fischarten wie Makrelen und Aale enthalten zu viele Schadstoffe, als daß sie für Kinder geeignet wären.

Als Folge der Verschmutzung der Gewässer wird heute in zunehmendem Maße Fisch in sauberem Wasser gezüchtet.

Salzwasserfisch: In großen Bassins mit «selbstgemachtem», also sauberem Meerwasser züchtet eine Firma in Holland (in Udden) den ursprünglich afrikanischen Süßwasserwels. Mit diesem Fisch wurde im Rahmen der Entwicklungshilfe in Afrika von Biologen aus Wageningen experimentiert. Dieses Ernährungsprojekt ist leider mißlungen, der Fisch jedoch wurde nach Holland mitgenommen. Er wird seit 1983 von der genannten Firma nach der natürlichen Auslese als Salzwasserfisch gezüchtet. Diese *Meretten* (so werden sie genannt) werden hauptsächlich mit Getreide gefüttert. Von diesem Fisch kann man tiefgefrorene Filets ohne Gräten (mit oder ohne Haut) und geräucherte Filets (ohne Haut und Gräten) in Naturkostläden kaufen, die eine Tiefkühltruhe besitzen.

Süßwasserfisch: Lachsforelle, Forelle, Karpfen. In Schweden, Deutschland und der Schweiz werden diese Fische gezüchtet und sind im Fischgeschäft zu kaufen. Leider entstehen auch in dieser schnell wachsenden Industrie die gleichen Probleme wie bei den anderen Intensivtierhaltungen.

Fisch ist leicht verdaulich (vor allem in pochierter Form), eiweißreich und enthält die Vitamine A, den gesamten B-Komplex (also auch B 12) und Vitamin D. Diese Vitamine sind auch in Milch, Eiern und Fleisch enthalten. In dieser Hinsicht ist Fisch ein guter Ersatz für diese Lebensmittel. Der Eisengehalt ist niedriger als bei Fleisch und Eiern, dafür ist Salzwasserfisch reich an Jod. Fisch sollte
nicht mit nitratreichem Gemüse* kombiniert wer- 253
den, da sich dann im Magen leicht **Nitrosamine** bilden können.

Es gibt Kinder, die weder Fleisch, Eier noch Milchprodukte essen dürfen, Fisch dagegen wohl vertragen und ein- bis zweimal wöchentlich essen dürfen. Außerdem gibt es «Halbvegetarier», die zwar kein Fleisch, dafür aber Fisch essen. Deshalb folgen hier einige Rezepte. Für Kinder, die keinen Fisch mögen, gibt es einige Rezepte, bei denen der
Fisch weggemogelt (*Fischpastete**) oder der Ge- 201
schmack versteckt wird (*Fischklößchen**, *Fisch* 200
in Backteig *). 201

Säubern des Fisches

Frischer Fisch wird schnell schlecht. Deshalb sollte man ihn nur dort kaufen, wo er auf Eis angeboten wird. Achten Sie auf festes, glänzendes Fleisch, runde, klare Augen und eine hellrote Farbe unter den Kiemen. Spülen Sie den Fisch sofort, wenn Sie zu Hause sind, unter fließendem kaltem Wasser ab (auch die Bauchhöhle), tupfen Sie ihn mit einem sauberen Geschirrtuch trocken und heben Sie ihn bis zur Zubereitung zugedeckt im Kühlschrank (0-2°C) auf. Bereiten Sie den Fisch am selben Tag zu, je frischer er ist, desto besser ist der Geschmack. Kaufen Sie lieber kein Filet, denn Gräten und Haut geben, gerade während der Zubereitung, viel Geschmack. Auf jeden Fall sollte man den Abfall für eine Fischsuppe* mitnehmen. 92

Aufgepaßt: Das Fischstück, das man kleinen Kindern gibt, muß auf Gräten kontrolliert werden.

Pochierter Fisch

Pochierter Fisch kann warm mit zerlassener Butter oder mit *Petersiliensoße** gegessen werden. Im 179
Sommer schmeckt er aber auch kalt mit ungekochter *Gemüsepüreesoße** oder mit einer Soße 180
aus Viili* (oder Joghurt) und/oder saurer Sahne, 464
etwas Salz und frischen Kräutern (Schnittlauch, Dill, Borretsch) sehr lecker.

Oder man macht eine Soße aus Mayonnaise, Viili* 464
oder Joghurt und Senf.

Zu Fisch passen außer Kartoffeln auch locker gekochte Hirse oder Thermogrütze (Weizen) und nitratarme Gemüse wie Karotten, Fenchel, Broccoli, alle Sorten frische Bohnen, Chicorée, Gurken und Tomaten.

Man rechnet pro Kind, je nach Alter, 30-100 g Fisch (geputzt gewogen).

Säubern Sie den Fisch (siehe oben) und reiben Sie ihn mit Zitronensaft ein (macht das Fleisch fester). Wählen Sie einen Kochtopf, in dem der Fisch flach liegen kann (leicht gebogen darf er auch sein). Zuerst wird die Brühe gemacht. Dafür wird so viel Wasser in den Topf gegeben, daß der Fisch nachher bedeckt ist.

Dazu kommen (pro Liter Wasser):

- *1/2 Eßl. Salz*
- *1/2 Zwiebel mit Schale*
- *1 Lorbeerblatt und/oder ein kleines Stück Muskatblüte*
- *1/4 Teel. Dillsamen und/oder Senfkörner, leicht gequetscht*
- *etwas dunkelgrüne Lauchblätter und/oder Fenchelabfall oder Petersilienstengel*
- *einige Karottenscheiben*
- *ein Schuß Milch und/oder eine feste Brotrinde (bindet etwas den für viele unangenehmen Fischgeruch)*
- *eventuell ein Streifen Zitronenschale*

Bringen Sie die Brühe im zugedeckten Topf zum Kochen und lassen Sie sie 20 Minuten bei schwacher Hitze ziehen. Danach noch höchstens 10 Minuten stehen lassen, absieben und in den Topf zurückgießen.

Bei kleinen Fischen wird die Brühe wieder zum Kochen gebracht, die Hitze verringert und die Fische hineingelegt. Große Fische bringt man zusammen mit der Brühe zum Kochen, sonst zerfallen sie, bevor sie innen gar sind. Regeln Sie die Hitze so, daß die Flüssigkeit gerade nicht den Siedepunkt erreicht (also 80-90°C). Der Topf bleibt offen.

Je nach Dicke des Fisches braucht er zum Pochieren 10 Minuten oder länger. Wenn sich die Rückenflosse leicht herausziehen läßt, ist er gar. Das Fischfleisch ist dann nicht mehr glasig, sondern milchweiß und fest.

Eine flache Schüssel wird vorgewärmt und, vor allem bei einem großen Fisch, eine Serviette daraufgelegt (sie nimmt Flüssigkeit auf und verhindert, daß der Fisch wegrutscht).

Fisch mit dem Schaumlöffel aus dem Sud nehmen und auf die Schüssel legen. Mit Petersilie und Gemüse aus dem Sud garnieren.

Ganz vornehm: Erst bei Tisch befreit man mit einem schönen Besteck den Fisch von seinen Gräten (bei der Rückenflosse anfangen) und gibt jedem sein Teil.

Tip:
- Heben Sie den **Fischsud** bis zum nächsten Tag im Kühlschrank auf und machen Sie daraus eine *Fischsuppe**. 92
- Aus eventuellen Resten kann man *Fisch im Back-* 201
*teig** oder *Fischbratlinge** machen. 200
- Heben Sie pochierten Fisch immer in etwas Brühe auf (in einem gläsernen Gefäß im Kühlschrank, nicht länger als einen Tag).

Gedämpfter Fisch

Schnell gemacht und leichter verdaulich als gebratener Fisch. Im Topf oder im Backofen zubereitet, ist jeder Fisch, groß oder klein, in Stücken oder filetiert, geeignet. Die Dämpfflüssigkeit kann für die Soße verwendet werden.

Fisch wie *gebratenen Fisch** vorbereiten (nicht im 199
Mehl wälzen).
Ein flacher Topf oder eine Auflaufform mit Deckel wird mit nitratarmem Gemüse wie Fenchel oder Lauch ausgelegt oder
mit Zwiebel, im Sommer mit Tomaten, Gurken oder Zucchini. Darüber werden Kräuter gestreut: Fenchel- oder Kümmelsamen im Winter, Thymian und Basilikum im Sommer.
Bouillon, 1 cm hoch, darübergießen und den Fisch darauflegen.

Im Topf: alles zum Kochen bringen, die Hitze so regeln, daß die Brühe nicht sprudelt. Topf zudecken und den Fisch langsam gar dünsten. Wenn sich die Rückenflosse leicht lösen läßt, ist er gar. Fisch auf vorgewärmte Schale legen und warm halten.
Das Gemüse wenn nötig vollends gar kochen und die Brühe mit etwas angerührtem Marantamehl binden. Butter oder saure Sahne unterziehen und auf Salz abschmecken. Man kann den Fischgeschmack etwas mildern, indem viel frische, fein geschnittene, Kräuter dazu gegeben werden (Petersilie, Schnittlauch, Liebstöckel, Basilikum, Minze). Soße über den Fisch gießen oder getrennt anrichten.

Im Backofen : Ofen vorheizen.
Hauchdünne Butterflöckchen auf den Fisch legen.
Backen: 30-40 Minuten bei 200°C, mittlere Schiene. Wenn der Fisch anfängt braun zu werden, bevor er gar ist, legt man einen feuerfesten Deckel (Teller) oder ein Stück Alufolie auf die Schüssel. Soße siehe oben.

Variationen:
- Bevor das Gemüse in den Topf oder die Auflaufform gegeben wird, schmort man es in etwas Butter oder Öl. Das ist zwar etwas schwerer verdaulich, dafür ist es schmackhafter. Außerdem kann man die Sahne nach der halben Backzeit direkt zugießen, denn das Gemüse wird dann gleichzeitig mit dem Fisch, auch wenn es sich um kleine Fische handelt, gar.
- Mit der Zwiebel oder dem Lauch kann man in Streifen geschnittene Paprika mitschmoren und mit einer Prise Cayenne oder Chili abschmecken.
- Einen besonderen Geschmack bekommt der Fisch, wenn man 3-4 Scheiben Ingwer mitziehen läßt (vor dem Anrichten aus der Soße entfernen).

Gebratener Fisch

Geeignet für Fischtranchen, nicht dicker als höchstens 2 cm, oder für Fischfilets.
Je nach Alter des Kindes rechnet man zwischen 50 und 100 g geputzten Fisch pro Kopf.
Fisch waschen* und mit Zitronensaft und feinem 198
Salz einreiben. Mindestens 1/4 Stunde in den Kühlschrank legen. Kurz vor dem Braten kann man den Fisch in Mehl wälzen (überflüssiges Mehl abklopfen). Man kann ihn auch *panieren**. 52
Fisch, der nur im Mehl gewälzt wurde, schmeckt in Butter gebraten am besten. Die Butter darf jedoch nicht zu heiß werden, also auf mittlerer Hitze *hell*braun braten.
Panierte Fischfilets bäckt man in nicht zu heißem Öl. Nach dem Anbraten wird die Hitze verringert, sonst ist der Fisch außen fertig und innen noch roh. Ein Schnitz Zitrone, die bei Tisch über den Fisch geträufelt wird, wird mit angerichtet.

Fischbratlinge (8 Stück)

Als Fleischersatz mit einer Getreidemahlzeit (Nudeln, *Risotto**) oder für größere Kinder als Hauptgericht. 118
Im letzten Fall sollten Sie Variation 1 verwenden und außer vom Fisch von allen Zutaten die doppelte Menge nehmen. Gurkensalat oder anderes nitratarmes Gemüse schmeckt gut dazu. Walnüsse überdecken etwas den Fischgeschmack, wenn Kinder damit Schwierigkeiten haben.

- *125 g pochierten Fisch* (Reste) zerdrückt* 198
- *ca. 250 g Kartoffeln, in der Schale gekocht*,* 169 *noch heiß geschält und zerdrückt*
- *eventuell 4 Walnüsse (10 g geschält), grob gehackt*
- *1 kleine Zwiebel (30 g) zu Mus gehackt*
- *1 saure Gurke (ca. 20 g), fein gehackt*
- *1/2 Eßl. Senf*
- *1 Eßl. frischen oder 1/4 Teel. getrockneten Estragon, fein geschnitten*
- *eventuell etwas Salz*

Alle Zutaten mit der Gabel zu einer geschmeidigen Masse vermischen. Eine dicke Rolle formen und diese 1/2 Stunde kühl legen und dabei fest werden lassen. Dann wird die Rolle in 8 Scheiben geschnitten und letztere schön rund und flach geformt. Die Bratlinge nun in Mehl wälzen, überflüssiges Mehl abklopfen.
Öl in der Pfanne erhitzen, nicht zu stark, und die Bratlinge rasch auf beiden Seiten goldbraun und knusprig braten.
Mit einer halben Zitronenscheibe und einem Sträußchen Petersilie anrichten.

Variationen:
- Die Kartoffeln werden durch klebriges, jedoch nicht zu feuchtes Getreide ersetzt wie Reis, Hirse (nicht glutenfrei) oder Buchweizen und mit Thymian gewürzt. Diese Bratlinge brauchen nicht im Mehl gewälzt zu werden.
- Estragon durch Petersilie oder Liebstöckel ersetzen.
- Die Masse mit 1/4 Teel. Kurkuma gelb färben
- oder mit 1/4 Teel. mildem Paprika rosa färben.
- Man kann auch 1/4 einer roten Paprikaschote, in kleine Würfel geschnitten, unter die Masse mischen.
- **Fischklößchen (Perkedel Ikan)**: (ca. 10 Stück) Hierfür nimmt man nur die Hälfte der Kartoffeln. Die Zwiebel wird, zusammen mit einer Knoblauchzehe, fein geschnitten und in wenig Öl hellbraun angebraten. Saure Gurke, Senf und Kräuter werden durch 1/2 Teel. ganzen Koriander und eine Messerspitze Kreuzkümmel, mit 1/4 Teel. Salz fein gerieben, ersetzt. Nach Wunsch kann eine Messerspitze *Sambal** hinzugefügt 423
werden, und schließlich arbeitet man unter die Masse, die ziemlich fest sein muß, 1/2 gequirltes Ei. (Backen Sie zuerst einen Probekloß, wenn er zerfällt, kann man noch etwas Buchweizenmehl unterkneten.)
Die Klöße werden, am besten im Wok, in reichlich Öl schwimmend rundum braun und knusprig gebacken. Auf Küchenpapier austropfen lassen.
- **Sojaklößchen**: Den Fisch durch Tofu ersetzen und die Zutaten der *Fischklößchen* verwenden (siehe oben).
- **Pilzklößchen**: Den Fisch mindestens zu 1/4 (oder ganz) durch Austernpilze oder Champignons ersetzen. Die Pilze werden fein gehackt und mit der Zwiebel in wenig Öl gar gedünstet. Saure Gurken und Senf läßt man weg.

Fischtimbal (4-6 Stück)

Fisch der Nouvelle Cuisine für das festliche Menü.
Die Timbals werden mit *Karotten-* oder *Kürbis-* 181
*soße** serviert. *Broccoli** oder *Rosenkohl** mit 260
*Hirsepüree** passen gut dazu. 117

- *400 g rohes Fischfleisch, von einem großen Fisch oder Fischscheiben; geputzt und ohne Gräten und Haut gewogen*
- *nach Wunsch ein Stück Zwiebel (25 g)*

- *ca. 1 Eßl. Zitronensaft*
- *2 Eßl. frischen Dill oder 1 Eßl. Schnittlauch, fein geschnitten*
- *ca. 3 Eßl. Sahne oder Bouillon*

- *4-6 kleine, hohe Auflaufförmchen, kleine runde Kuchenförmchen oder Tassen, eingefettet*

Fisch und Zwiebel in kleine Stücke schneiden und zu Mus hacken. Zitronensaft, Kräuter, Salz und so viel Sahne oder Bouillon daruntermischen, daß eine homogene Masse entsteht. In die Förmchen verteilen und die Oberfläche glattstreichen. Nun werden die

Förmchen in einen weiten Topf nebeneinander gestellt, in welchen man Wasser nicht weiter als 1 cm unter den Rand der Förmchen, aber bis zur Höhe des Fischpürees, füllt. Die Förmchen werden mit Deckeln, die über den Rand hinausgehen, zugedeckt (Deckel von Marmeladengläsern oder Alufolie). Das Wasser wird nun erhitzt, es soll aber nur beinahe kochen und darf nicht sprudeln.
Nach etwa 20 Minuten sind die Timbals fertig, sie haben jetzt eine feste Konsistenz und sind etwas aufgegangen. Nun stürzt man sie auf vorgewärmte Teller und garniert sie mit einem grünen Blatt. Etwas Soße gießt man darüber, und den Rest richtet man getrennt an.

Variationen:
- Auch aus pochiertem Fisch (Reste) lassen sich Timbals machen. Hier muß jedoch, weil der gekochte Fisch keine Bindefähigkeit mehr hat, ein gequirltes Ei (40 g) verwendet werden. Zitronensaft weglassen und mit Salz vorsichtig sein.
- Fischtimbals kann man auch kalt essen und mit einer sehr reifen, durch ein Sieb passierten Tomate rosa färben (oder mit etwas Demeter-Tomatenmark), indem man dadurch den Rahm im Rezept ersetzt. Man reicht *Gurkensoße** und 181
Weizenklößchen dazu.
- Kalte Fischtimbals mit *ungekochter Tomatensoße** und Getreidesalat schmecken gut. 183
- **Sojatimbals**: Den Fisch durch Tofu ersetzen.

Tip:
- Machen Sie ein großes Fischtimbal. Wenn keine Timbalform vorhanden ist, kann man auch einen neuen Steingut-Blumentopf verwenden, den man mit Alufolie auskleidet. Die Kochdauer eines großen Timbals beträgt etwa 1 Stunde.
- Wenn Sie viele kleine Fischtimbals machen müssen, können Sie das im Bräter im Backofen machen, bei 175°C. Das Zudecken mit Folie ist hier nicht nötig.

Fisch im Backteig

Fischstückchen, die in einer leckeren, knackigen Kruste versteckt wurden. Auf einen Spieß gesteckt und mit etwas Senf gegessen, ist dieses Gericht auch für ein Fest geeignet.
Den gesäuberten Fisch* in fingerdicke Streifen (als 198
Häppchen) oder in flache Stücke (zur Mahlzeit) schneiden und in Mehl wälzen (das überflüssige Mehl abklopfen). Den Fisch in den dicken *Backteig** tunken und in Öl schwimmend knusprig braun 279
backen, am besten im Wok (siehe auch *Fritieren**). 51

Fischpastetchen

Auch ein kleines Stückchen Fisch sieht, wenn es im Teigfisch versteckt ist, wie ein Karpfen aus, und wer keinen Fisch mag, legt eine Scheibe Käse dazwischen und ißt ein **Käsepastetchen**. Wenn Sie bei diesem Rezept den Fisch durch 250 g Hackfleisch oder 200 g fein geschnittenen Schinken ersetzen (vor dem Lauch kurz anbraten), machen Sie **Fleischpastetchen**. Essen Sie Karotten und Blattsalat dazu und stellen Sie für große Esser noch eine Schüssel Risotto auf den Tisch.
Man kann die Pasteten zum größten Teil am Vortag fertigmachen (siehe Tips).

- *1 Rezept Hefeteig* oder 300 g Blätterteig (Naturkostladen)* 346
- *1/4 eines gequirlten kleinen Eis*
- *2 Fische von je ca. 250 g, pochiert** 198
- *5 g Butter*
- *1 große Stange Lauch, ohne dunkelgrüne Blätter gewogen ca. 100 g, in hauchdünne Ringe geschnitten*
- *1 Eßl. Wasser*
- *1 Messerspitze Fenchelsamen, zerstoßen mit*
- *1 Messerspitze Salz*

- *3/4 Ei (Rest der Teigfische), gemischt mit*
- *2 Eßl. saurer Sahne oder Viili* (oder Joghurt)* 464
- *eventuell 1 Eßl. frischen Dill oder Borretsch, oder 1/2 Eßl. Liebstöckel, fein geschnitten*

Aus festem Papier schneidet man die Form eines hübschen, gemütlich runden Fisches (ca. 8 x 18 cm, siehe Zeichnung). Nun wellt man den Teig 3 mm dick zu einem rechteckigen Stück von 35 x 20 cm aus. Der Papierfisch wird jetzt daraufgelegt (auf eine Ecke des Teiges) und ausgerädelt. Auch die anderen drei Fische sollte man auszurädeln versuchen, ohne Teig anzustückeln (siehe Tip).
Die Teigfische werden aufs Backblech gelegt und mit Eigelb bepinselt (nicht über die Teigränder hinauspinseln). Machen Sie mit einem Butterlockenmesser ►

oder dem Rand einer Kronkapsel Halbkreise, als Schuppen, auf den Teig.
Backen: 5 Minuten bei 210°C, auf mittlerer Schiene, ca. 10 Minuten bei 180°C.
Die Teigfische werden vom Backblech genommen und auf ein Kuchengitter gelegt. Solange sie noch warm sind, werden sie längs durchgeschnitten, wobei der Schwanz, der meistens stärker gebacken ist, nicht durchgeschnitten wird, sondern ganz an der oberen Hälfte bleibt.
Mit dem Kuchengitter werden die Fische wieder in den warmen Ofen gegeben (niedrigste Einstellung: ca 70°C).
Vom pochierten Fisch wird die Haut entfernt und 4 schöne, längliche Stücke geschnitten. Nachsehen, ob Gräten drin sind. (Die Fischreste läßt man im Kochwasser und macht am nächsten Tag *Fischsuppe** 92
und/oder *Fischklößchen** daraus.) 200
In einem kleinen Topf mit dickem Boden wird der Lauch in Butter gedünstet, bis keine Flüssigkeit mehr da ist; aufpassen, daß das Gemüse nicht ankocht. Mit 1 Eßl. Brühe ablöschen, mit dem gewürzten Salz abschmecken und zudecken. Vom Feuer nehmen und ca. 5 Minuten ziehen lassen. Kurz vor dem Essen legt man die Fischstücke auf den Lauch, um sie wieder aufzuwärmen, und macht das Feuer wieder an.
Auf jeden im Ofen vorgewärmten Teller wird eine Hälfte eines Teigfisches gelegt und darauf kommt

jeweils ein Stück Fisch. Das Ei-Sahnegemisch wird unter den Lauch gerührt (nicht mehr kochen lassen), die frischen Kräuter dazugegeben und auf Salz abgeschmeckt. Die Lauchsoße wird jetzt auf die Fische gegeben und das Ganze mit der oberen Hälfte der Teigfische zugedeckt. Sofort anrichten.

Variationen:

- Schnell gemacht: Verwenden sie fertige Fischfilets (ca. 250 g) und lassen Sie den Fisch in einer flachen Auflaufform (mit leicht gesalzenem Wasser und etwas Zitronensaft gerade bedeckt und mit Alufolie zugedeckt) mit den Teigfischen zusammen während der zweiten Hälfte der Backzeit garen, jedoch nicht braun werden.
- Machen Sie **kalte** Fischpasteten: Man vermischt den in Stücke gezupften pochierten Fisch mit einer Soße aus halb Viili* (oder Joghurt), halb sau- 464
  rer Sahne, viel Schnittlauch und etwas Salz. Oder mit einer Soße zur Hälfte aus Viili (oder Joghurt), zur anderen Hälfte aus Mayonnaise mit Senf und frischem Dill.
- Ersetzen Sie im Sommer den Lauch durch fein gehobelten Fenchel.
- Wenn alle gerne Fisch essen, kann man auch eine große **Fischpastete** machen. Man zeichnet einen großen Fisch, der ein ganzes Din A 4-Blatt füllt.

  Aus den Teigresten sticht man «Schuppen» aus (einander halb überlappende Kreise, wodurch Halbmonde entstehen) und legt sie auf den Teigfisch.

  Backen: ca. 20 Minuten bei 190°C, mittlere Schiene. Es macht nichts aus, wenn der aufgeschnittene Teigfisch sich während des Warmhaltens verbiegt. Durch die Feuchtigkeit der Füllung bekommt er seine ursprüngliche Form wieder.

  Eventuell braucht man mehr Füllung, vielleicht auch nur mehr Gemüse.

  Bei Tisch wird der Fisch mit einem Sägemesser in Portionen geschnitten und mit dem Tortenheber verteilt.
- Wer gerne mit Teig modelliert, kann **dicke Teigfische** machen: Längliche Stücke *rohen* Fisches werden mit etwas Salz und wenig Zitronensaft eingerieben. Mit einem Zweig frischer Kräuter im Bauch legt man den Fisch auf ein 3 mm dünn ausgewelltes Teigstück und klappt es zu. Nun werden die «Nähte» rundum gut zugedrückt, der Schwanz eingeschnitten und der Kopf modelliert. Aus einem ausgeschnittenen Teigbogen macht man die Kieme und aus einem Kreis das Maul. Die Schuppen bekommt man, indem man mit der Schere kleine Einschnitte in den Teig macht (nicht durch den Teig hindurchschneiden).

  Mit Eigelb bestreichen und bei 200°C ca. 20 Minuten backen.

Tips:

- Stechen oder schneiden Sie Figuren aus den Teigresten und backen diese zusammen mit den Fischen. Diese Teigfiguren können, luftdicht verpackt, 2-3 Wochen aufbewahrt werden und eignen sich gut, um Gemüse- oder Salatschüsseln zu verzieren.
- Sowohl der richtige als auch die Teigfische können am Vortag zubereitet werden. Die pochierten Fischstücke werden dann, mit Brühe bedeckt, im Kühlschrank aufgehoben. Die vorgebackenen Teigfische werden vor dem Essen noch einmal aufgebacken (5 Minuten bei 150°C). Das 3/4 Ei kann ebenfalls, zugedeckt, im Kühlschrank aufbewahrt werden.
- Einfacher: Schneiden Sie den Teigfisch *nicht* längs durch, sondern verwenden Sie ihn als flache Platte, auf die Sie, kurz vor dem Anrichten, die Füllung geben (bei diesem Teigfisch wird nur der Rand verziert).

Beilagen

Man nennt die Beilagen mitunter auch Eiweißlieferanten. Zurecht, jedoch heißt das nicht, daß ein vegetarisches Gericht ohne Beilage zu wenig Eiweiß enthalten würde. Denn volles Getreide oder Getreideprodukte, Nüsse, Hülsenfrüchte und vor allem die in allerlei Gerichten verarbeiteten Milchprodukte liefern genügend Eiweiß, mit Sicherheit, wenn man die fett- und eiweißhaltigen Lebensmittel, die zum Frühstück, Abendbrot und zwischendurch gegessen werden, noch dazuzählt. Eine Beilage ist jedoch etwas Besonderes und wertet eine Mahlzeit auf. Außer in diesem Kapitel werden Beilagen auch in den Kapiteln *Festrezepte, Getreide, Fleisch, Fisch* und *knuspriges Salzgebäck* beschrieben.
Für die Kleinen enthalten diese Beilagen (außer einigen speziellen Rezepten) zu viel Eiweiß und/ oder Fett.

Käsetoast (1 Person)

Diesen Hungerstiller kann man mit und ohne speziellen Toaster machen.

Mit dem Spezialtoaster:
Man schneidet zwei dünne Scheiben Vollkornbrot auf Maß zu und bestreicht sie (eventuell) an einer Seite dünn mit Butter. Zwischen die beiden Scheiben legt man eine 3 mm dicke Scheibe Käse (die bestrichene Seite ist außen). Je jünger und fetter der Käse und je dicker die Scheibe ist, desto stärker schmilzt er beim Toasten. Deshalb sollte die Käsescheibe 1/2-1 cm kleiner sein als die Brotscheiben.
Der Toast wird auf beiden Seiten, bei mäßiger Hitze, hellbraun geröstet. Der Käse muß zu schmelzen anfangen, bevor der Toast ganz fertig ist.

In der Bratpfanne:
Nehmen Sie eine Pfanne mit hohem Rand und Deckel oder machen Sie einen Deckel aus Alufolie (doppelt gefaltet, dann kann sie wiederverwendet werden).
Toasts wie oben vorbereiten, die Brotscheiben brauchen jetzt nicht passend geschnitten zu werden. Die auf der Außenseite mit etwas Butter bestrichenen doppelten Brote werden in die trockene Pfanne gelegt und der Deckel darauf getan. Bei mäßigem Feuer werden die Toasts auf beiden Seiten schön braun gebacken.

Am Grill oder Lagerfeuer:
Toasts wie für die Pfanne vorbereiten. Lose in Alufolie wickeln und auf den Grill oder in die nicht mehr allzu heiße Asche des Lagerfeuers legen. Wenn die Asche noch zu heiß ist, kann man den Toast auf einen grünen Zweig legen (ein trockener fängt zu leicht Feuer) und über die Glut halten.
Hin und wieder umdrehen und nach 5 Minuten nachsehen, ob er schon braun ist.

Variationen:
- Bestreichen Sie, um einen herzhaften Toast zu bekommen, die «Käseseite» dünn mit Tomatenmark.
- Ersetzen Sie den Schnittkäse durch Brie oder Roquefort.
- **Hirtenpizza**: Legen Sie auf die Käsescheibe noch andere Köstlichkeiten wie: dünne Apfelscheiben, Birne oder Banane; kandierten Ingwer in dünne Scheibchen oder Schnitze geschnitten, 2 Schei-

ben Tomate, fein geschnittene Zwiebel und etwas Thymian; 1 Scheibe Schinken oder Speck, 2 Stangen Spargel und eine Prise Muskatnuß; etwas Sauerkraut (roh oder gekocht); ein Rest gekochtes Gemüse.

- **Apfeltoast**: Bestreichen Sie die Brotscheiben auch innen mit Butter und Honig (oder Sirup); die eine belegt man mit einem halben grob geraffelten Apfel und bestreut das Ganze mit einer Prise Zimt und etwas Rohrzucker. Man kann auch übriggebliebene *Füllung* von *Apfeltaschen** ver- 368
wenden.
- **Fischtoast**: Die Brotscheiben werden innen mit Senf und eventuell etwas Mayonnaise bestrichen und mit einem Rest gekochtem Fisch belegt. Darüber wird etwas Dill gestreut.

Tip: Man packt den Toast, wenn man ihn auf den Grill legt, nicht in die Alufolie ein, sondern macht aus doppelter Folie eine passende Schale mit hohen Rändern und legt ihn darauf. So ist er schneller gebacken und wird knuspriger, außerdem sieht man, wenn er fertig ist. Nur für ungestüme Hirten ist diese Methode nicht geeignet, denn ein einmal in die Asche gefallener Toast ist ungenießbar. Das Brot kann auch mit einem kleinen, biegsamen Zweig an der Astgabel befestigt werden, so kann der Toast am Ast gedreht werden.

Käseschnitzel mit Sesamkruste
(4 Stück)

Schnell gemacht, aus Zutaten, die immer zur Hand sind; es handelt sich hier allerdings um einen nicht für den Alltag geeigneten, sehr fetten und eiweißreichen Bissen. Deshalb sollte man gekochtes Getreide (Hirse) mit einer mageren (Gemüse-)Soße und etwas Salat dazuessen. Zum Nachtisch gibt es Früchte.

Pro Kind rechnet man, je nach Alter, eine dicke Scheibe jungen Gouda, 1 cm dick (ca. 20-50 g).
Üblicherweise macht man das Käseschnitzel, indem man es *paniert**. 52
Dieses Käseschnitzel ist etwas umständlich zu machen, schmeckt jedoch sehr lecker, und für die Kruste ist kein Ei erforderlich.

4 Eßl. Vollkornweizenmehl werden mit 2 Eßl. Sesamsamen vermischt und mit ca. 2 Eßl. Wasser zu einem dicken Brei verrührt.

Auf einen Teller schüttet man eine dicke Schicht Paniermehl. Nun wird die Käsescheibe auf allen Seiten mit dem Sesambrei bestrichen und im Paniermehl gewälzt, auch an den Schmalseiten. Nun müssen die Scheiben mindestens 10 Minuten trocknen (es darf auch länger sein, man kann sie sogar am Vortag richten, sie müssen dann jedoch, jeweils mit einer Plastikfolie zwischen jeder Scheibe, im Kühlschrank aufbewahrt werden).
Direkt vor dem Anrichten werden die Käseschnitzel in wenig Öl auf beiden Seiten, bei mäßiger Hitze, goldbraun gebraten.

Käsetörtchen (ca. 12 Stück, ø 6 cm)

Ein herzhafter Happen zum Fest oder etwas Besonderes zum Abendbrot. Am günstigsten ist es, wenn man Muffinformen mit 6 oder 12 Vertiefungen verwendet, da einzelne Förmchen auf dem Backofengitter unpraktisch sind (man kann sie auch aufs Backblech stellen, muß dann aber für genügend Unterhitze sorgen).

- *1 Rezept Mürbeteig* nach Wahl* 344

Verwenden Sie eine der folgenden Füllungen (geeignet für Kindergartenkinder 2 und 3):
- *100 g rote und grüne Paprika, in kleine Würfel geschnitten und mit fein geschnittenem Schnittlauch und Petersilie bestreut.*
- *100 g Erbsen oder Maiskörner (frisch oder eingemacht), mit viel Schnittlauch vermischt.*
- *100 g Fleischtomaten (ohne Saft und Kerne), in kleine Würfel geschnitten und mit Origano oder Basilikum bestreut.*
- *50-75 g Schinken, kleingehackt und mit etwas feingeschnittenem Schnittlauch bestreut.*

Soße:
- *1 Ei*
- *1 dl Milch oder halb Milch/ halb Sahne*
- *1/2 Eßl. Weizenmehl Type 1050 (CH: Ruchmehl)*
- *100 g Käse (Emmentaler, Gruyere, Leerdamer), sehr fein geraspelt.*

Den Teig 3 mm dick auswellen*, mit Glas oder Tas- 345
se passende Kreise ausstechen und in die Förmchen legen. Bei sehr flachen Förmchen sollte der Teig etwa 1/2 cm überstehen. Mit der Gabel zwei-

mal in den Teig stechen. Füllung auf die Förmchen verteilen.
Ei verquirlen, Milch hinzufügen, Mehl und Käse zufügen und das Ganze gut vermischen. Die Soße über die Füllung in den Förmchen verteilen. 3/4 des Teigrandes sollte frei bleiben, denn die Füllung geht etwas auf.
Backofen vorheizen:
Backen: ca. 15 Minuten bei 225°C, mittlere Schiene.

Variationen:
- Das Ei kann (wenn es wegen einer Diät notwendig ist) durch 50 g Quark und 2 Eßl. feine Haferflokken ersetzt werden.
- Machen Sie *glutenfreien Mürbeteig** und ersetzen Sie das Weizenmehl der Füllung durch Reismehl. 347

Tip: Wenn viele Gäste erwartet werden, können die Törtchen vorgebacken werden. Man nimmt sie aus den Förmchen (sie können für die nächste Ladung verwendet werden) und legt sie auf ein Backblech. Kurz vor dem Anrichten können Sie die Törtchen – ohne Förmchen – alle gleichzeitig aufwärmen (im vorgeheizten Ofen 5 Minuten bei 225°C); Ofen ausmachen und die Törtchen noch 5 Minuten darin stehen lassen.

Käse im Backteig

Auch eine kleine Käsescheibe sieht in einem luftigen Teigmäntelchen nach viel aus, und sie bleibt auch länger warm (erkalteter Käse wird zäh).

- *3/4 dl Wasser*
- *1 kleines Eigelb*
- *50 g Vollkornweizenmehl*
- *1 Prise Salz (Salzgehalt des Käses bedenken)*
- *1 Messerspitze Ysop oder Thymian*
- *100 - 150 g jungen Gouda*

- *1 Eiweiß, zu Schnee geschlagen*

Das Eigelb mit dem Wasser verquirlen und Mehl, Kräuter und Salz daruntermischen. Diesen Teig 1/2 Stunde ruhen lassen.
Den Käse in 1 cm dicke Scheiben schneiden.
Kurz vor dem Ausbacken zieht man den Eischnee unter den Teig.
Das Öl in der Pfanne erhitzen.
Jede Käsescheibe einzeln in den Teig tunken, mit dem Löffel herausnehmen und mit einem Löffel voll Teig in die Pfanne schöpfen.
Den Käse im Backteig bei mäßiger Hitze auf beiden Seiten goldgelb und knusprig herausbacken.

Variationen:
- Den Käse durch 50-75 g Tofu oder Tempé ersetzen, nachdem man es mit Sojasoße (Shoyu) bestrichen hat.
- Den Gouda durch Brie oder Fêta (Schafskäse) ersetzen.
- Das Weizenmehl durch Reismehl ersetzen, man braucht hier nur 1/2 dl Wasser.

Thermoburger (8 Stück)

Eine schnell gemachte Beilage mit feinem Nußgeschmack. Bis auf das Backen können die «Burger» einige Stunden vor dem Essen vorbereitet werden (zugedeckt im Kühlschrank aufheben).
Sie schmecken zu Nudeln, locker gekochter Hirse oder Buchweizen oder zu Kartoffelpüree sehr lecker. Man ißt am besten gekochtes Gemüse oder Salat dazu.

- *3 dl Bouillon** 77
- *10 g Butter oder 1/2 Eßl. Öl*
- *1/2 Teel. Anissamen, gestoßen mit*
- *1/4 Teel. Salz*

- *100 g Thermomehl (Gerste)*

- *50 - 75 g fein gemahlene Haselnüsse*

Die Zutaten des ersten Blockes werden miteinander in einem kleinen Topf aufgekocht.
Den Topf vom Feuer nehmen und das Mehl auf einmal dazugeben, rühren, bis ein glatter Teig entsteht. Wieder, diesmal bei mäßiger Hitze, auf den Herd stellen und so lange rühren, bis sich der Teig als Klumpen vom Topfboden löst.
Den Topf wieder vom Feuer nehmen und die Nüsse darunter rühren.
Den Teig auf ein Brett legen und eine Rolle daraus formen. Diese schneidet man in 8 Scheiben, rollt sie zu Kugeln und drückt diese flach (höchstens 1 cm dick).
Diese «Burger» werden in wenig Öl auf beiden Seiten in der Pfanne goldbraun gebacken und sofort, solange sie noch knusprig sind, angerichtet.

Variationen:
- Rascher gemacht, dafür aber etwas klebrig: Die gemahlenen Nüsse werden durch 3-4 Eßl. Nußmus oder Tahin ersetzt.
- Die Hälfte der gemahlenen Nüsse wird durch *grobe* Haselnuß- oder Mandelstücke (am besten geröstet) ersetzt (Nüsse und Mandeln gibt man in ein Säckchen und bearbeitet sie, um sie zu brechen, mit dem Wellholz).
- Die oben genannten Nüsse durch Erdnüsse und Anissamen durch eine Messerspitze *Sambal** ersetzen. 423
- Das Gerstenmehl durch 60 g Reismehl und 30 g Buchweizenmehl ersetzen. Zu dieser Mehlmischung passen Walnüsse gut, man sollte jedoch nicht mehr als die Hälfte der Haselnüsse durch Walnüsse ersetzen, weil sonst die Bratlinge auseinanderbrechen.

Sellerieburger

Eine eiweißreiche Beilage und gleichzeitig Gemüse. Schnell und einfach gemacht, schmeckt es lecker und kräftig.

Sellerieburger kann man größtenteils im vorhinein zubereiten.
Aufgepaßt: Sellerie wirkt stark harntreibend (Bettnässer).

- *1 Sellerie (ca. 500 g)*
- *1/4 Teel. Salz*
- *eine Prise Fenchelsamen*

- *ca. 100 g kräftigen Käse, in 3 mm dünne Scheiben geschnitten*

- *ca. 10 g Butter oder 1 Eßl. Öl*
- *4 Eßl. Sonnenblumenkerne*

Aus der Mitte der Sellerieknolle schneidet man vier schöne Scheiben von gut 1 cm Dicke und schält sie mit dem Kartoffelschäler. Die Scheiben werden nun mit Salz und Fenchel in einen Topf gelegt und mit so viel kochendem Wasser angegossen, daß sie gerade bedeckt sind. Zum Kochen bringen und zugedeckt 8 - 10 Minuten beinahe gar werden lassen. Scheiben aus dem Kochwasser nehmen und einmal längs durchschneiden. Beide Hälften aufeinanderlegen.
Die Käsescheiben werden auf Maß geschnitten und die unterste Hälfte der beiden Scheiben damit belegt; rundherum sollte 1/2 cm frei bleiben. Die obere Hälfte wird darauf gelegt.
In einer großen Bratpfanne läßt man 4 Stückchen Butter schmelzen und gibt darauf jeweils 1 Eßl. Son- ►

nenblumenkerne. Darauf werden die Selleriescheiben gelegt und bei mäßiger Hitze auf beiden Seiten goldbraun gebraten. Der Käse ist jetzt geschmolzen, und die Sonnenblumenkerne sind geröstet. Nun werden die Scheiben auf vorgewärmten Tellern angerichtet und die in der Pfanne zurückgebliebenen Kerne darübergestreut.

Variationen:
- Die Sonnenblumenkerne durch grob gehackte Mandeln oder Haselnüsse ersetzen.
- Die Kerne weglassen und die Scheiben nach dem Braten mit halben Walnußkernen garnieren.
- Die Kerne und die Butter durch kleine Speckwürfel oder Frühstücksspeck ersetzen.
- **Sellerie cordon-bleu**: Eine dünne Scheibe Schinken auf den Käse legen.

Tip: Den Rest der Knolle mit den Scheiben mitkochen und am nächsten Tag eine Suppe oder Soße davon machen. Man kann die ungekochten Anschnitte auch aufeinanderlegen, in eine Plastiktüte geben und später für Rohkost verwenden.

Gemüseschnitzel

Mit Getreide (Risotto, Polenta) oder Nudeln ist dies eine komplette Mahlzeit. Die Scheiben werden nahrhafter, wenn man die Variation macht oder auf jeder Scheibe, nachdem die erste Seite gebacken ist, eine Scheibe Käse schmelzen läßt. Für gute Esser macht man einen Früchte-/Milchprodukt-Nachtisch.
Pro Person rechnet man eine große oder mehrere kleine Gemüsescheiben.

- *Gemüsescheiben, etwa 1 cm dick (Sellerie, Kohlrübe, Kohlrabi, Karotte, Pastinake, Topinambur, Kürbis, Aubergine, Zucchetti, dicke Blumenkohl- und Broccolistrünke)*
- *Salz (1/4 Teel. auf 1/2 l Wasser)*
- *kochendes Wasser*

Zum Panieren:
- *1 kleines Ei oder 2 Eiweiß (50 g)*
- *2 Eßl. Wasser*
- *1/4 Teel. Salz (nicht, wenn man Käsescheiben paniert)*
- *1/4 - 1/2 Teel. zum Gemüse passende Kräuter (Ysop ist immer gut, da es hilft, das Bratfett zu verdauen).*
- *Mehl*
- *sehr feines Paniermehl** 406

Die Gemüsescheiben in den Topf legen, Salz darüberstreuen und mit kochendem Wasser angießen, bis sie gerade bedeckt sind. Mit dem Deckel zudekken und bißgar kochen. Zunächst im Kochwasser etwas abkühlen lassen (möglichst schnell), herausnehmen, abtropfen lassen und eventuell zugedeckt und kühl aufbewahren.

Variation: Das Paniermehl mit Sesamsamen (1:1), mit gemahlenen Mandeln oder gehackten Nüssen (1:2) mischen; zu Sellerie passen grob gehackte Walnüsse besonders gut, gemahlene Mandeln zu Zucchetti und gemahlene Haselnüsse zu Pastinaken. Die hier beschriebene Variation eignet sich auch für Käse, Tofu, Fisch und Fleisch.

Tofu* 463

Tofu ist für Kinder, die keine Milchprodukte essen dürfen, ein sehr geeignetes Nahrungsmittel (siehe auch Hülsenfrüchte*). 282
Da Tofu an sich so gut wie keinen Geschmack hat, muß es besonders lecker zubereitet werden. Hier einige Vorschläge:
- Tofu in Scheiben schneiden, 1 cm dick, mit Sojasoße beträufeln und etwa 20 Minuten einziehen lassen. Dann in der Bratpfanne in etwas Öl knusprig backen. Sehr lecker mit *Currysoße**. 178
- Kleinere Kinder bevorzugen eventuell eher die süße Variante: Tofuscheiben mit wenig Salz bestreuen, hellbraun herausbacken und mit *Orangensoße** servieren. 188
- Siehe *Gemüseschnitzel** (besonders gut ist die 208 Variation mit Walnüssen) und *Käse im Backteig**. 206
- Am einfachsten gemacht und am leichtesten verdaulich ist Tofu, wenn man die Scheiben auf das Gemüse legt und mitdämpfen läßt; in ca. 7 Minuten sind sie gar. Man muß dann allerdings eine schmackhafte Soße dazu geben.

Gefüllte Kartoffeln

Ein Fleischersatz, der für anstrengende Feiertage gut schon am Vortag zubereitet werden kann. Zusammen mit Reis oder Hirse aus der Kochkiste und einer hübsch angerichteten Schüssel Salat ist die Mahlzeit schnell fertig.

- *2 große, fest kochende Kartoffeln, in der Schale gekocht** 169
- *1 Rezept Rührei** 210

- *1 Rezept gekochte Tomatensoße** 183

- *2 Eßl. Schnittlauch, fein geschnitten*

Die fertiggekochten Kartoffeln etwas abkühlen lassen und vorsichtig schälen. Der Länge nach durchschneiden. Die eine Hälfte mit der Schnittfläche nach oben in die Handfläche legen und vorsichtig, nicht zu viel, aushöhlen (Kartoffelkrümel für Suppe aufheben). Ein Viertel des Rühreis in die Kartoffel füllen. Ebenso verfährt man mit den anderen drei Hälften.
Wenn man die Soße in einem entsprechend großen Topf gemacht hat, können die Kartoffeln kurz vor dem Essen hineingelegt und wieder aufgewärmt werden (sie dürfen in der Soße nicht ertrinken).
Die Kartoffeln in einer Schüssel anrichten, die Soße darüber und darum herum gießen und mit Schnittlauch bestreuen.

Variation: Die Tomatensoße durch andere schön farbige *Gemüsepüreesoßen** ersetzen. 180

Pizza-Kartoffeln

Auf einfache Art und Weise wird so eine festliche Beilage für viele hungrige Mägen gemacht. Unter Umständen können die Kartoffeln (zum größten Teil) am Vortag zubereitet werden (siehe Tip). Man ißt Nudeln oder *Risotto** und viel grünen Salat dazu. 118

- *4 flache Kartoffeln (fest kochend, pro Stück ca. 100 g) in der Schale gekocht*; sie dürfen nicht verkochen* 169
- *1/4 Glas (50 g, ca. 2 Eßl.) Tomatenmark* (Demeterware)* 423
- *1/2 dl (4 Eßl.) Sahne oder Milch*
- *1 Messerspitze Origano oder Basilikum und*
- *1 Messerspitze Rosmarin, zerstoßen mit*
- *1 Messerspitze Salz*
- *2-3 Eßl. Petersilie, fein geschnitten*
- *Krümel aus den gekochten Kartoffeln (maximal 100 g)*

- *ca. 75 g milden Käse, dünne Scheiben, etwas kleiner als die Schnittfläche der Kartoffelhälften*

- *eventuell 8 schwarze Oliven*
- *Petersilie*

Die gekochten Kartoffeln längs in zwei Hälften schneiden, ohne die Schale zu beschädigen (mit dem Sägemesser). Mit einem scharfkantigen Teelöffel ein wenig aushöhlen, die Wand muß 1 cm stark bleiben. Aus den Zutaten des zweiten Blockes macht man eine streichfähige Soße und verteilt sie auf die Kartoffeln, ruhig über den Rand streichen.
Ofen vorheizen.
Die gefüllten Kartoffeln werden jetzt auf ein Backblech oder, wenn es nicht viele sind, in eine Springform gelegt. Sie trocknen weniger aus, wenn sie dicht nebeneinander geschoben werden.
Backzeit: ca. 15 Minuten bei 220°C, mittlere Schiene.
Fünf Minuten vor Ende der Backzeit legt man die Käsescheiben auf die Kartoffeln und läßt sie schmelzen, jedoch nicht bräunen.
Mit Oliven und Petersilie garnieren.

Variationen:
- Milden Käse durch 50 g geriebenen Hartkäse oder 100 g in dünne Scheiben geschnittenen Mozzarella ersetzen.
- Den Käse durch dünne Scheiben Räucherwurst, dachziegelartig auf die Kartoffeln gelegt, ersetzen.

Tip: Wenn man die Kartoffeln kalt in den Ofen gibt, muß mit 5 Minuten mehr Backzeit gerechnet werden.

Rührei

Pro Kind rechnet man höchstens ein kleines Ei. Rührei eignet sich besonders gut zum Garnieren von Spinat oder Broccoli.

- *2 kleine Eier*
- *2 halbe Eierschalen voll Wasser*
- *2 Prisen Salz*

- *1 Eßl. Schnittlauch, feingeschnitten*

Die Eier in eine Schüssel schlagen und Wasser und Salz dazugeben. Mit der Gabel schlagen, *nicht* schaumig machen.
Die Butter in der Bratpfanne erwärmen, nicht zu heiß werden lassen und die Eier langsam dazugeben; die Hitze niedrig halten. Mit der Gabel schiebt man die stockende Eimasse immer wieder von außen nach innen und löst sie gleichzeitig vom Boden. Sobald kein flüssiges Ei mehr zu sehen ist, nimmt man die Pfanne vom Feuer.
Das Rührei darf nicht braun werden.
Mit Schnittlauch oder anderen frischen Gartenkräutern bestreuen.

«Fliegenpilze»

Gefüllte Eier

Ein festlicher Fleischersatz, z.B. zu verschiedenen Salaten im Sommer.
Ein halbes Ei pro Kind ist ausreichend.
Die Eier kann man am Vortag zubereiten, muß sie dann aber im Kühlschrank aufbewahren.

Die Eier hart kochen (6 Minuten kochen, 5 Minuten im Kochwasser liegen lassen, danach gleich in kaltes Wasser legen) und erst schälen, wenn sie ganz abgekühlt sind.
Jedes Ei längs durchschneiden, den Dotter vorsichtig herausheben, mit der Gabel Eigelb mit Mayonnaise, etwas Salz oder Gomasio* zerdrücken und mit Hilfe 408
von 2 Teelöffeln wieder in das Ei heben. Mit Petersilie oder einem Essiggurkenscheibchen garnieren.

Variationen:
- Würziger und «schlanker»: 1/4-1/2 der Majonnaise durch Senf ersetzen.
- **«Fliegenpilz»:** Die gekochten Eier werden *quer* durchgeschnitten, und die Füllung wird fester und gehaltvoller gemacht durch etwas gekochten Reis, Thermogrütze oder Brotkrumen, die beigemischt werden. Die Mischung wird mit Schnittlauch oder getrocknetem Majoran gewürzt. Die Eierhälften werden reichlich gefüllt und *in* eine dicke Tomatenscheibe gesetzt. Aus den Tomatenanschnitten macht man Hütchen, indem man sie etwas aushöhlt, und setzt sie auf die Füllung. Die Hütchen werden mit Sonnenblumenkernen «gespickt» (mit spitzem Messer Löcher in der Tomatenhaut vorbohren) und die Fliegenpilze in einem Beet aus Brunnenkresse oder anderem feinen grünen Salat angerichtet.

Pikante gefüllte Tomaten

Diese Beilage eignet sich besonders gut, wenn ein Kind bei Tisch mit Nichtvegetariern mitißt; deshalb ist dies ein Rezept für eine Person. Will man die Tomaten für mehrere Personen machen, müssen die in Klammern angegebenen Mengen multipliziert werden.
Wenn man einen geringfügigen Vitaminverlust in Kauf nimmt, kann die Tomate, abgesehen vom Backen oder Dämpfen, einige Stunden vor dem Essen vorbereitet werden.

- *1 kleine, reife, jedoch feste Fleischtomate (ca. 100 g)*
- *3 Rosmarinblätter oder eine Messerspitze Thymian, zerstoßen mit*
- *1 Messerspitze Salz*

- *1 kleine Knoblauchzehe*
- *1/2 Scheibe Vollkornbrot, 1/2 cm dünn (15 g)*
- *3 Eßl. Öl*
- *3 Mandeln, grob gehackt oder 1/2 Eßl. Sonnenblumenkerne (5 g)*
- *1 Eßl. geriebenen milden Käse (10 g)*
- *1/4 Eßl. frischer Liebstöckel oder Petersilie, fein geschnitten*

- *eine kleine Auflaufform oder kleinen Topf mit gut schließendem Deckel*

Das Kelchblatt von der Tomate entfernen, ohne sie zu beschädigen. Auf der anderen Seite ein Hütchen abschneiden und die Tomate (auch das Hütchen) vorsichtig mit einem scharfkantigen Teelöffel aushöhlen.
Das Fruchtfleisch und die Kerne über dem Förmchen oder dem kleinen Topf durch ein Sieb passieren und mit etwas Salz würzen. Wasser dazugeben, bis die Soße den Boden 1 cm hoch bedeckt.
Die Innenseite von Tomate und Hütchen mit dem Kräutersalz einreiben.
Die Knoblauchzehe durchschneiden und damit die Brotscheiben bestreichen. Das Brot in kleine Würfel schneiden.
Das Öl in der Pfanne erwärmen, Brotwürfel und Mandeln darin *hell*braun rösten (nicht zu viel Hitze). Die Pfanne vom Feuer nehmen und abkühlen lassen.
Den Rest der Zutaten damit vermischen, dieses noch knusprige Gemisch in die Tomate drücken und mit dem Hütchen bedecken. Wenn die Tomate im Ofen gebacken wird, gibt man sie in die Auflaufform; soll sie auf dem Feuer gedünstet werden, gibt man sie in den kleinen Topf.
Backen: 10 - 15 Minuten bei 220°C, mittlere Schiene.
Die Tomate eventuell mit Alufolie zudecken, das Hütchen darf nicht braun werden.
Dämpfen: Die Soße mit der Tomate zum Kochen bringen, den Deckel auf den Topf und, sobald der Deckel heiß ist, auf kleiner Flamme in ca. 5 Minuten garen. Sobald die Tomate gar ist, nimmt man den Topf vom Feuer und den Deckel ab.
Auf vorgewärmtem Teller, ein frisches grünes Blatt unter das Hütchen gesteckt, wird die Tomate angerichtet. Nach Wunsch kann der übriggebliebene Saft mit Butter oder Sahne abgeschmeckt und als Soße zur Tomate gereicht werden.

Variationen:
- Schnell gemacht: Anstelle der oben beschriebenen Füllung nimmt man einen Rest gekochten Getreides und/oder Hülsenfrüchte oder in etwas warmer Bouillon oder Milch eingeweichtes Brot, schmeckt es pikant mit gemahlenen Nüssen, geriebenem Käse und Kräutern ab und füllt die Tomate damit.
- Man nimmt etwas gekochten Buchweizen oder Reis für die Füllung und schmeckt ab, wie in der obigen Variation beschrieben.

Maisbratlinge (Djagung Frikadelle)

(10 Stück)

Eine vegetarische Beilage zur Reistafel. Zu Reis mit Gemüseragout und grünem Salat oder – aus der Hand – zur Suppe (Gemüse-, Rote Bete- oder Spinatsuppe) schmecken sie auch gut. ►

- *2 große, frische Maiskolben mit goldgelben Körnern*

- *1 Ei, verquirlt mit*
- *2 Eßl. Wasser*
- *1 Eßl. Zwiebel, zu Mus gehackt*
- *eventuell 1 Knoblauchzehe, fein gehackt*
- *1 Eßl. Sellerieblätter, fein geschnitten*
- *1 Messerspitze Kümmelsamen und*
- *5 Koriandersamen, fein zerstoßen mit*
- *1/2 Teel. Salz*
- *2 Eßl. Reismehl*
- *2 Eßl. gemahlene Mandeln oder Kokosraspel*

Den Mais säubern. Die Zutaten zu einem Teig verarbeiten und stehen lassen.
Inzwischen die Maiskolben auf einer scharfen, nicht zu feinen Raffel reiben. Man bekommt dann einen klaren, gelben Brei. Nun mit der stumpfen Seite des Messers über den Kolben kratzen, um den Rest der Körner zu lösen. Man braucht etwa 200 g geraffelten Mais. Nun wird der Mais mit dem Teig vermischt; nicht zu lange stehen lassen, sonst verliert der Mais seinen feinen Geschmack. Wenn nötig etwas Wasser hinzufügen, der Teig darf nicht zu zäh sein.
Wenig Öl in der Bratpfanne erwärmen und 5-6 Häufchen hineinlegen. Etwas flach drücken und auf beiden Seiten hellbraun und knusprig backen.
Die Maisfrikadellen warm, mit einem kleinen Selleriestengel garniert, anrichten.

Variationen:

- Kurz vor dem Backen 60 g geraffelte Sellerieknolle in den Teig geben, dadurch wird der süße Geschmack des Maises etwas kompensiert.
- Den Koriander durch Curry ersetzen und 1/2 in Würfel geschnittene, rote Paprikaschote und 1 Messerspitze *Sambal** dazugeben. 423

Tip: Die frischen Maiskörner durch *eingemachte Maiskörner* ersetzen. Gut abtropfen lassen und 1/2 Eßl. weniger Mehl verwenden. Anstelle von Wasser nimmt man die Einmachflüssigkeit für den Teig.

Maronibratlinge (12 kleine)

Aus einem kleinen Rest Kastanienpüree können Sie köstliche, außen knusprige, innen butterweiche und leicht süßlich schmeckende Bratlinge backen.
Drei bis vier dieser Bratlinge sind, mit Gemüse und Salat, für kleine Kinder eine ganze Mahlzeit. Für größere Esser kann man sie als Beilage mit ins Menü aufnehmen. Bis auf das Braten kann man die Kastanienbratlinge im vorhinein fertigmachen.

- *2 dl Wasser*
- *ein Stückchen Butter (5 g)*
- *1/2 Teel. Anissamen, fein zerstoßen mit*
- *1/4 Teel. Salz*

- *50 g Thermomehl (Gerste oder Hafer)*

- *1 kleines Ei, verquirlt*
- *100 g sehr festes Kastanienpüree** 298

In einem kleinen Topf wird das Wasser mit der Butter und dem gewürzten Salz zum Kochen gebracht (die Butter muß geschmolzen sein). Den Topf vom Feuer nehmen und das Mehl auf einmal dazugeben. Sofort kräftig rühren, bis die Masse glatt ist.
Zuerst das Ei (nach und nach) und danach das Kastanienpüree dazurühren; es muß ein glatter, glänzender Teig entstehen. Den Teig abkühlen lassen, in drei Teile teilen und mit nassen Händen glatte Klöße daraus formen. Auf einen Teller legen und mit einer Schüssel (verkehrt herum) zudecken, wenn man die Bratlinge später braten will.
Kurz vor dem Braten wird jede Teigkugel in 4 Stükke geschnitten und diese mit nassen Händen zu kleinen Kugeln von der Größe eines Tischtennisballes geformt. In gesiebtem Mehl wälzen (auf einem Stück Papier), flachdrücken, so daß sie eine Dicke von 1 cm bekommen, und das überflüssige Mehl abklopfen. In wenig Öl werden sie nicht zu langsam auf beiden Seiten hellbraun und knusprig gebraten.
Die Bratlinge werden sofort, mit einer Karottenscheibe und Petersilie garniert, angerichtet.

Variationen:

- Das Ei wird durch 50 g Quark und 2 Eßl. Thermo- oder Buchweizenmehl ersetzt.
- **Panierte* Maronibratlinge:** Man nimmt ein 52
großes Ei und verwendet für den Teig nur das Eigelb. Das Eiweiß wird mit 2 Eßl. Wasser ge-

schlagen, darin werden die bemehlten Bratlinge gewälzt, danach wälzt man sie noch einmal im Paniermehl.

- Der Anis wird durch eine Prise Cayennepfeffer ersetzt, oder man gibt ihn zur Masse.
- **Maroni-Pfannküchlein:** Das Thermomehl wird durch ca. 60 g Buchweizenmehl ersetzt. Mit Ausnahme des Wassers werden alle Zutaten miteinander vermischt (Gabel), und das Wasser wird dann nach und nach dazugegeben. Die Masse muß mindestens 1/4 Stunde ruhen, dann bäckt man kleine Pfannkuchen daraus. Bei dieser Variation darf das Ei *nicht* durch Quark ersetzt werden, sonst hat der Teig zu wenig Bindefähigkeit.

Tip: Ein aus Versehen zu dünn ausgefallener Teig, der sich nicht zu Bratlingen ausformen läßt, sollte nicht mit Mehl fester gemacht werden, dadurch wird er nicht besser. In diesem Fall kann man ihn wie *Getreidebratlinge** mit Hilfe von zwei Eßlöffeln formen und als längliche Klöße direkt in die Pfanne mit Öl geben. Während des Bratens flachdrücken. 149

Käsebratlinge (12 kleine)

Ein herzhafter Fleischersatz, etwas arbeitsaufwendig, aber nicht so eiweißreich wie eine Scheibe gebackenen Käses. Sie werden paniert (siehe Variation des Rezeptes *Maronibratlinge**). 212

Der Teig wird wie für *Maronibratlinge* gemacht, der Anis jedoch durch Kümmel ersetzt und eine Messerspitze Salz hinzugefügt. Das Maronipüree wird durch 75 g kräftigen Käse ersetzt, der in 1/2 cm große Würfel geschnitten und erst kurz vor dem Backen zum Teig gegeben wird (den Käse *nicht* reiben, sonst wird der Teig während des Backens zu dünn). Siehe auch den Tip im Anschluß an das Rezept.

Variation:
Käseklößchen: Verwenden Sie eine milde Käsesorte und kochen Sie die aus dem Teig geformten Klößchen in Salzwasser (siehe unter *Hirseklößchen**). 155

Nußklößchen (24 kleine)

Man nimmt die doppelte Menge wie für *Suppenklößchen**. 79
Das Ausformen und Kochen der Masse ist gleich wie bei *Hirseklößchen**. Für etwas größere Kinder können die Klößchen auch in etwas Butter in der Pfanne gebacken werden (statt sie im Wasser zu pochieren). 155

Variation: Siehe die Variation unter dem Rezept für *Suppenklößchen**. 79

Nußbratlinge (8 Stück)

Als Fleischersatz passen sie gut zu einer Mahlzeit mit Kartoffeln, jedoch auch zu Hirsepüree oder Nudeln können sie gegeben werden. Man sollte etwas gekochtes Gemüse und ein wenig Rohkost dazu reichen.
Die Masse wird wie für *Suppenklößchen** gemacht, jedoch nimmt man 50 g Nüsse dazu. Ausformen und Backen wie bei *Getreidebratlinge**. 79 149

Variation: Siehe die Variation unter dem Rezept für *Suppenklößchen**. 79

Petit Four aus Gemüse und Crème Fraîche

Lecker, hübsch, gesund und außer für Kleinkinder auch noch für solche Leute geeignet, die auf ihre schlanke Linie zu achten haben. Man reicht diese Häppchen zu einem Getränk oder integriert sie in ein sommerliches Menü als Beilage.

- *sehr dicke Karotten, Pastinake oder japanischen Rettich (Daikon)*
- *1/2 Teel. Anis- oder Fenchelsamen*
- *etwas Salz (ca. 1/4 Teel. auf 1/2 l Wasser)*
- *kochendes Wasser*

- *Crème Fraîche*
- *etwas Rote-Bete-Saft (siehe Gemüsesaft*), nicht zu Karotten* 402

Das Gemüse wird geschält und in Scheiben von 1/2 cm geschnitten. Man gibt es in den Topf, streut etwas ►

Anis oder Fenchel und ein wenig Salz darauf und gießt soviel kochendes Wasser zu, daß das Gemüse gerade bedeckt ist.
Die Scheiben werden gar gekocht.
Aufgepaßt: Wenn sie nicht wirklich gar gekocht sind, sind sie für Kleinkinder nicht gut verdaulich; wenn sie jedoch zu weich gekocht werden, brechen sie bei der Verarbeitung auseinander. Die Kochzeit von Rettich ist kürzer als die von Karotten.
Das Kochwasser abgießen (für Suppe aufheben) und die Gemüsescheiben abkühlen lassen.
Die Crème Fraîche kann eventuell mit einem kleinen Schuß Rote-Bete-Saft rosa gefärbt werden. Der Rote-Bete-Geschmack kann, wenn gewünscht, mit etwas zerstoßenem Anis überdeckt werden. Die Gemüsescheiben in einem Küchentuch trockentupfen und kleine Häufchen Crème Fraîche daraufgeben.

Variationen:

- Das Gemüse kann man roh lassen und die Scheiben etwas dünner schneiden. Man kann dann eventuell für ein Fest passende Figuren ausschneiden (Sterne). Im Sommer kann man rohe Gurkenscheiben verwenden, dabei sollte die Füllung mit einem Zahnstocher fixiert werden.
- Man kann auch scharfen weißen Rettich verwenden und die Füllung mit einem kräftigen geriebenen Käse, Gomasio* oder Senf pikanter machen. 408
Die Crème Fraîche kann auch mit sehr fein geschnittenem Schnittlauch oder Zwiebel oder Knoblauch und einer Spur Salz gemischt werden.

Salbeimäuschen

Die Salbeiblätter werden so gepflückt, daß die Stiele am Blatt bleiben (Schwänzchen). Wenn nötig waschen und trockentupfen.
Man hält die Blätter am Stiel fest und tunkt sie in einen *Backteig** (ohne Ysop). Das halbe Rezept ist 279
für 12 - 16 Mäuse ausreichend. Sie werden in etwas Öl (1-2 cm hoch in der Pfanne) hellbraun herausgebacken und zwischen zwei Stück Küchenpapier warm gehalten (siehe auch *Fritieren**). 51

Linsenkroketten (ca. 16 Stück)

Ein Fleischersatz für eine festliche Mahlzeit oder, für besondere Gelegenheiten, ein pikanter Happen (im letzteren Fall macht man kleine Kroketten oder Klößchen). Etwas zeitaufwendig, jedoch leicht zu machen. Linsenkroketten kann man auf Vorrat machen und sie, ausnahmsweise im Tiefkühlfach des Kühlschrankes, einige Wochen aufbewahren.

- *150 g Linsen (2 dl)*
- *75 rundkörnigen Vollreis (0,8 dl)*
- *5 dl Wasser oder Bouillon*
- *1 großes Lorbeerblatt*
- *1 kleines Stück Muskat*
- *1/2 Teel. Salz*

- *1/2 Teel. Curry oder 1/2-1 Teel. Paprikapulver*

- *1 Eßl. Öl*
- *2 Eßl. Sesamsamen oder Sonnenblumenkerne*
- *1 große Zwiebel (ca. 75 g), sehr fein gehackt*

- *1/2 Eßl. (3 g) Agar-Agarpulver*
- *1/2 Eßl. Basilikum oder Origano*

- *1 kleines Ei oder 2 Eiweiß, in einem tiefen Teller mit*
- *1 Eßl. Wasser geschlagen*
- *feines Paniermehl (wenn nötig glutenfreies)*

Linsen und Reis mit Lorbeerblatt, Muskat und Salz mindestens drei Stunden (nach dem Jahreswechsel etwas länger, sonst verkochen die Linsen nicht) einweichen. Alles zusammen 30-45 Minuten kochen

und hin und wieder umrühren. Curry dazugeben
und das Ganze eine Stunde in der Kochkiste* nach- 114
quellen lassen, es muß zu Mus verkocht sein.

Das Öl in der Pfanne erwärmen und darin Sesam und Sonnenblumenkerne hellbraun rösten. Die Zwiebeln dazugeben und hellgelb werden lassen.

Das Zwiebelgemisch mit Agar-Agar und Basilikum unter die Linsenmasse rühren; Lorbeerblatt und Muskat eventuell entfernen. Alles zusammen unter Rühren noch einmal zum Kochen bringen und die Masse feindrücken. Auf Salz abschmecken.

Ausformen und Backen der Kroketten: Die Masse wird 1-2 cm dick auf einem flachen Teller (große Mengen auf dem Tisch) ausgestrichen, sie soll jetzt auf Zimmertemperatur abkühlen. Mit einem Teller oder einem Backblech wird das Ganze zugedeckt, damit sich keine Kruste bildet.

Nun wird die Masse in 16 gleichgroße Teile geteilt, und mit Hilfe von 2 Eßlöffeln werden längliche glatte «Brötchen» daraus geformt.

Sie werden jetzt in Paniermehl gewendet und dabei zu schönen Kroketten mit glatten Schnittflächen geformt. Man achte darauf, daß beim Rollen keine Falten entstehen. Nun werden die Kroketten noch einmal in Ei gewendet und danach noch ein zweites Mal in Paniermehl gerollt. An einem kühlen Ort läßt man sie mindestens eine Viertelstunde trocknen.

In einer Bratpfanne mit hohem Rand wird Öl, 1-2 cm hoch, erhitzt, es darf jedoch nicht zu heiß werden (180°C). Damit das Öl nicht zu stark abkühlt, geht man folgendermaßen vor: Man legt 3 Kroketten in das Öl hinein, nach 1 Minute die nächsten 3 usw. Die Kroketten werden rund herum schön braun ge-
backen (höchstens 2 Minuten) und auf einem Küchenpapier zum Abtropfen hingelegt (siehe auch
*Fritieren**). Wenn viele Kroketten gebacken werden 51
müssen, hält man sie am besten im Backofen (120°C) warm. Während des Backens muß das Öl eventuell erneuert werden.

Die Kroketten auf Papierservietten mit Petersilien garniert anrichten. Reichen Sie Senf dazu.

Variationen:

– Basilikum durch 1/2 Teel. Thymian und 1/2 Teel. Rosmarin, fein zerstoßen mit Salz, ersetzen.
– Verarbeiten Sie Reste von gar gekochten Linsen oder anderen Hülsenfrüchten (ca. 300 g) und Getreide (ca. 250 g). Am geeignetsten für Kroketten sind braune Bohnen, grüne Erbsen und Kichererbsen. Von den Getreidesorten eignen sich am besten Hirse, Buchweizen oder Reis, falls letzterer «klebrig» gekocht ist; trocken gekochter Reis ist ungeeignet, er hat zu wenig Bindefähigkeit.
– **Bohnenkroketten** Hier kann man eine raffinierte Geschmackskombination dadurch erreichen, daß man den Reis wegläßt und die Sonnenblumenkerne durch 50 g gemahlene Haselnüsse und 25 g Walnußstücke ersetzt. Mit 1/2 Teel. Thymian würzen.
– Auch für **Erbsenkroketten** kann man den Reis weglassen und die Kerne durch 75 g gemahlene Mandeln (in die Masse rühren) ersetzen. Gewürzt wird mit 1/4 Teel. (getrocknetem) Bohnenkraut und 1 Eßl. Schnittlauch.
– Leichter verdaulich, aber auch etwas weniger pikant werden die Kroketten, wenn man die Zwie- ►

bel wegläßt und Sesamsamen oder Sonnenblumenkerne (am besten im Ofen geröstet*), zusam- 408
men mit kaltem Öl zur Masse gibt. Die Zwiebel kann durch sehr fein geraffelten Sellerie (sehr würzig) oder Karotte (süßlich) ersetzt werden. Die Masse muß allerdings noch einmal mit dem Agar-Agar aufgekocht werden, sonst bindet sie nicht ab.

- **Linsenbratlinge:** Agar-Agar weglassen und statt dessen 2-3 Eßl. Buchweizenmehl verwenden. Die Masse muß nicht aufgekocht werden. Man formt aus der Masse kleine Kugeln, wendet sie im Mehl und klopft das überflüssige Mehl ab. Dann werden sie flach gedrückt und in wenig Öl knusprig gebraten (siehe Grundrezept *Getreidebratlinge**). Siehe auch Variation 3. 149

Soldätchen

Eine nahrhafte Garnierung von Spinat, die viele Kinder lieber essen als das Gemüse selber. Die Soldätchen sind allerdings auch eine schnell gemachte Beilage zu *Gemüsepüree**. 271

Man bestreicht eine (oder mehr) feste Vollkornbrotscheiben an beiden Seiten dünn mit Butter und schneidet sie in Würfel, Streifen oder Dreiecke. Dieses Brot bäckt man in der trockenen Pfanne auf mäßigem Feuer beidseitig hellbraun. Die Stücke werden in einem vorgewärmten Schüsselchen getrennt angerichtet (auf dem Gemüse oder in der Suppe werden sie schnell weich).

Variationen:

- Wenn das Menü etwas eiweißarm ist, kann man die Brotscheiben etwas dünner schneiden und eine Scheibe dünnen Käse dazwischenlegen. Dann werden sie in Dreiecke geschnitten. An der Innenseite der Brote braucht nicht unbedingt Butter zu sein, denn der Käse klebt das Brot zusammen.
- Pikanter kann man die Soldätchen dadurch machen, daß man etwas geriebene Ingwerwurzel und eine zu Mus gehackte Knoblauchzehe unter die Butter mischt.
- **Sesamstreifen:** Man bestreicht die Brotscheiben nur an einer Seite mit Butter und drückt die bestrichene Seite in eine dicke Schicht Sesamsamen; man kann dann noch zusätzlich Sesam daraufstreuen und mit der Handfläche kräftig andrücken. Nun werden die Brotscheiben jeweils in drei Streifen geschnitten und auf ein trockenes Backblech gelegt (die bestrichene Seite nach oben).

  Backen: 10 Minuten bei 200 °C, mittlere Schiene

  Wenn man keinen Backofen hat, kann man die Sesamstreifen auch in einer Bratpfanne mit dikkem Boden backen (die bestrichene Seite nach unten), sehr vorsichtig bei mäßiger Hitze.

Pikantes

Ob es sich um einfache Teigtaschen oder um eine prächtig verzierte Pastete nach eigenem Entwurf handelt, sobald das Essen in Teig verpackt ist, schmeckt es den meisten Kindern besser, als wenn es nur einfach in Schüsseln auf den Tisch kommt. Kommt es durch die knusprige Kruste, die schon vor dem Essen ihren herrlichen Duft verbreitet, oder durch die Phantasie und Hingabe des Kochs, oder ist es vor allem die Überraschung, die gefülltes Gebäck beinhaltet? Gefülltes Gebäck ist zeitraubend in der Herstellung (man kann allerdings viel vorbereiten), aber es ist gerade wie beim Backen von Brot: Wer einmal auf den Geschmack gekommen ist, macht ein Hobby daraus. Ein Hobby, an dem man auch die kleineren Kinder teilhaben lassen kann, indem man sie die Formen entwerfen und die Teigverzierungen machen läßt.

Pizzen

Das Fett, welches die Franzosen in Form von Butter im Teig ihrer Quiche verarbeiten, träufeln die Italiener erst nach dem Backen über die Füllung ihrer Pizzen. Das ist sehr gesund, denn Fette sollen so wenig wie möglich erhitzt werden.
Man kann dann auch ruhig kaltgepreßtes Öl* mit 459
viel ungesättigten Fettsäuren für die Pizza verwenden.

Richten Sie die Dicke des Teigbodens nach dem Appetit Ihrer Kinder: dünnen Teig für die kleinen, dicken für die großen Esser, dann kommt jeder zu seiner Gemüsemenge.

Topinamburpizza

Eine sehr einfache Pizza, die in einer halben Stunde auf dem Tisch steht, wenn der Teig vorher fertig gemacht wurde. Man reicht einen saftigen Salat dazu und frisches Obst oder Kompott als Nachtisch.

- *1 Rezept Hefeteig*, mit 2 Eßl. Öl zubereitet* 346

- *1 Apfel*
- *1/2 Teel. zerstoßenen Anis- oder Fenchelsamen*
- *400 g Topinambur, sauber gebürstet*
- *1/2 Teel. Salz*
- *2 - 3 Eßl. Öl*

- *25 g geschälte Mandeln*, in Scheibchen geschnitten* 407

- *1 Pizzaform von 28 - 30 cm Durchmesser*

Teig auswellen* und in die Pizzaform legen. Mit der 345
Gabel einige Male in den Teig stechen. Backofen vorheizen.

Apfel und Topinambur auf einem Gurkenhobel in dünne Scheiben schneiden. Nun wird der Apfel auf ►

dem Teigboden verteilt, mit Kräutern bestreut, mit Topinambur bedeckt und Öl darüber geträufelt.
Backen: ca. 20 Minuten bei 220°C unterste Schiene. Nach der Hälfte der Backzeit streut man die Mandeln über die Pizza.
Wenn die Pizza zu schnell braun wird, kann Alufolie darübergedeckt werden. Nur wenn der Boden knusprig ist, schmeckt die Pizza wirklich lecker. So frisch wie möglich essen.

Variationen:
- Für ältere Kinder brauchen Sie die Mandeln nicht zu schälen.
- Die Mandeln durch geriebenen Käse ersetzen (kurz vor dem Backen darüberstreuen).
- Den Apfel durch eine Zwiebel und den Anis durch Thymian ersetzen.
- 250 g Hackfleisch in 1 Eßl. Öl braten und dieses als erste Schicht auf den Teigboden legen. Das Öl wird weggelassen.
- Ein Teil der Pizza wird nicht mit Mandeln, sondern mit Speckwürfeln bestreut (vor dem Backen auf die Pizza streuen), oder man legt auf den Teigboden eine Scheibe Schinken. Hier muß natürlich weniger Salz verwendet werden.
- Das Salz kann durch 1/2 - 3/4 Eßl. *Gomasio** 408 ersetzt werden (über die Zwiebeln streuen).
- Die Topinambur können durch 500 g süße Kartoffeln (Bataten) oder normale Kartoffeln (mehlige), geschält gewogen, ersetzt werden. Zu dieser **Kartoffelpizza** werden eine große Zwiebel (100 g) und 3 Eßl. Öl verwendet. Der Thymian wird eventuell durch zerstoßenen Rosmarin ersetzt. Zu Kartoffeln schmeckt Käse besser als Mandeln.
- Der Teigboden wird durch Mais ersetzt (siehe *Maispizza**). 219

Tomatenpizza

(6-8 Personen; für ein Backblech von ca. 35 x 40 cm)

Zu dieser saftigen Pizza serviert man am besten frischen grünen Salat. Auch ein wieder aufgebackenes Stück Tomatenpizza schmeckt lecker.

- *2-3mal das Hefeteigrezept*; dafür verwendet* 346 *man Öl und mischt einen halben Eßl. Thymian unter das Mehl. Der Teig sollte vor allem nicht zu fest sein (mit 600 g Teig wird der Boden knusprig, mit 900 g Teig wird er mehr brotartig).*

- *2 Eßl. Basilikum, fein geschnitten oder 1/2 Eßl. getrocknetes Origano*
- *1 große Zwiebel (ca. 100 g), in hauchdünne Ringe geschnitten*
- *ca. 250 g Zucchini, Aubergine oder Kürbis, in 2 mm dünne Scheiben geschnitten, oder 100 g Oliven*
- *1 große grüne Paprika in 1/4 cm dünne Ringe geschnitten*
- *3/4- 1 kg Fleischtomaten, in gut 1/2 cm dicke Scheiben geschnitten*

- *2 Mozzarella (ca. 200 g)*
- *2- 4 Eßl. Oliven- oder Basilikumöl* 185

Der aufgegangene Teig wird ca. 4 mm dick ausgewellt und auf das Backblech gelegt (hinten und an den Seiten bis zum Rand, vorne soweit der Teig reicht). Man kann den Teig auch portionsweise auf das Blech legen und die Teiglappen dann mit den Fingern aneinander schieben, wobei man darauf achten sollte, daß die Stoßstellen möglichst glatt sind. Der vordere Rand wird mit einem Streifen Alufolie abgeschlossen. Mit einer Gabel sticht man mehrere Male in den Teig, um Blasenbildung zu verhindern. Basilikum oder Origano über den Teig streuen. Nun werden zuerst die Zwiebelringe, danach die Zucchini und schließlich die Paprikaringe auf dem Boden verteilt. Zum Schluß legt man die Tomaten zwischen und neben die Paprikaringe. Die Füllung muß bis zum Rand gehen. Ofen vorheizen.
Backen: 20- 30 Minuten bei 220°C, unterste Schiene.
Etwa 10 Minuten vor Ende der Backzeit wird der in Scheiben geschnittene Mozzarella auf die Pizza gelegt, er schmilzt, sollte jedoch nicht braun werden. Pizza aus dem Ofen nehmen und Öl darüberträufeln.

Variationen:
- Im Winter kann man die frischen Gemüse durch 1 1/2 - 2 Gläser eingemachte *Pizza-Soße** erset- 424 zen.
- Über die Zwiebeln einen halben Eßlöffel Kümmelsamen streuen.
- Mozzarella durch 200 g Hartkäse ersetzen, gerieben oder in dünne Scheibchen geschnitten, oder 208 durch Tofu*, zerkrümelt und mit Gomasio* be- 408 streut.
- Die Hälfte des Käses durch 50-100 g Speckwürfel-

chen, die zu Anfang der Backzeit über das Gemüse gestreut werden, ersetzen. Man kann die Speckwürfel auch zuerst ausbraten und kurz vor dem Anrichten (eventuell nur über einen Teil der Pizza) auf die Pizza streuen.

- Einen Teil des Käses oder den ganzen Käse durch in Streifen geschnittenen Schinken ersetzen.
- Die Zucchetti werden durch 200 g Champignons ersetzt, die mit einigen Sardellenfilets auf die Tomaten gelegt werden (wenn der Käse sehr salzig ist, ist das nicht anzuraten).
- Siehe auch das Rezept *Pizza mit Zucchetti und* 220
  *Ziegenkäse** und *Topinamburpizza**; man 217
  nimmt sowohl vom Teig als auch von der Füllung die doppelte Menge. Eventuell kann ein Teigboden mit verschiedenem Belag bestückt werden.
- Einfach: **Pizza Marguerita**. Champignons und Paprika weglassen und Mozzarella durch 80-100 g Parmesankäse ersetzen.
- Teigboden durch Mais ersetzen (siehe *Mais-*
  *pizza**). 219

Pizza Espresso

Pizza Espresso

Nicht nur die schnellste, sondern auch die einfachste Art, viele Leute unterschiedlichster Geschmacksrichtungen mit Pizza zu versorgen.

- *ungeschnittenes Vollkornbrot oder Brot aus Mehl Type 1050 (CH: Ruchmehl), am besten einen Tag alt*
- *Zutaten für Pizzabelag (siehe vorige Rezepte)*

Das Brot wird auf die Seite gelegt und mit einem scharfen Messer die runde Oberseite abgeschnitten. Nun wird das Brot der Länge nach in schöne, gleichmäßig dicke Scheiben von reichlich 1 cm geschnitten. Auf trockenes Backblech legen und die Oberseite hellbraun (nur mit Backofengrill oder Oberhitze) rösten; das Brot wird so «versiegelt», sonst dringt der Pizzabelag zu tief ein.

Die Brotscheiben werden nun mit dem gewünschten Belag belegt, wobei darauf geachtet werden sollte, daß feuchter Belag nicht direkt auf das Brot gelegt wird (beispielsweise legt man dünne Zucchini oder Kürbisscheiben unter die Tomaten; die Tomatenanschnitte werden mit der runden Seite nach unten auf das Brot gelegt).

Backen: Man richtet sich nach den Rezepten des gewählten Belages, wobei man mit einer etwas kürzeren Backzeit rechnen kann. Wenn das Brot an der Unterseite vorzeitig braun wird, sollte die Unterhitze abgestellt werden.

Tip: Wählen Sie für diese Pizza kein hartes Gemüse wie Zwiebeln (oder diese erst in etwas Öl schmoren) und dicke Scheiben Topinambur, Zucchetti oder Kürbis (oder diese auf dem Gurkenhobel reiben). Die Backzeit reicht sonst nicht aus, um dieses Gemüse zu garen.

Maispizza

Eine schnell gemachte, saftige Pizza. Die Polenta für den Boden kann im voraus fertig gemacht werden; sie sollte dann jedoch warm gestellt werden, bis sie in die Form gestrichen wird, denn mit abgekühltem Mais gelingt es nicht so gut. Auch sollte man den Mais nicht zu lange vor dem Backen in die Form streichen, denn der feuchte Mais kann den Geschmack des Metalls annehmen.

Am besten ißt man einfachen grünen Salat oder *gedünsteten Spinat** und etwas Rohkost dazu. 263

Eine dicke *Polenta** kochen (man nimmt 50 g Mais 121
mehr, als im Grundrezept angegeben ist). Nach dem ►

Nachquellen streut man 2 Eßlöffel Buchweizenmehl über den Maisbrei und rührt dieses gut unter.
Für eine Pizzaform von 26-28 cm Durchmesser braucht man ein halbes Polentarezept mit Füllung, für ein Backblech von ca. 30-40 cm Durchmesser braucht man ein ganzes Rezept.
Die Backform großzügig mit Butter einfetten und mit Mehl (wenn nötig glutenfrei) bestäuben oder Backpapier verwenden. Mit einem Teigschaber wird die Polenta 3/4 - 1 cm dick gleichmäßig bis zum Rand und in die Ecken ausgestrichen; am Rand darf es etwas dicker sein. Die Kräuter werden noch *nicht* über den Maisboden gestreut.
Backen 1: 10 Minuten bei 250°C, mittlere Schiene. Jetzt werden die Kräuter über den Maisboden gestreut, und dieser wird mit einer der oben genannten Pizzafüllungen belegt (zu Mais schmeckt die Füllung der Tomatenpizza am besten).
Backen 2: siehe unter den Rezepten der verwendeten Füllung, unterste Schiene.
Die Maispizza außerhalb des Ofens noch 5 Minuten stehenlassen und dann erst, noch in der Backform, aufschneiden. Mit Hilfe eines Tortenhebers auf die Teller verteilen.

Tip: Unter jede Tomatenscheibe legt man eine dünne Zucchettischeibe; so durchweicht der Tomatensaft den Boden nicht so sehr.

Pizza mit Zucchetti und Ziegenkäse

(4 kleine)

Schnell gemacht, mild im Geschmack und hübsch anzusehen. Mit grünem Salat zu servieren.

- *1 1/2 mal das Hefeteigrezept*; hierfür verwen-* 346
  det man Öl und mischt einen halben Eßlöffel Thymian unter das Mehl, der Teig sollte nicht zu fest sein
- *2 Eßl. Basilikum, fein geschnitten (wenn es getrocknet ist, nimmt man 1/2 Teel. davon)*
- *150 g frischen Ziegenkäse*
- *2 kleine Zucchetti (ca. 300 g), in 2 mm dünne Scheibchen geschnitten*
- *8 - 10 kleine Tomaten (ca. 500 g), in 1/2 cm dicke Scheibchen geschnitten*
- *eventuell 1-2 Eßl. Olivenöl*

Den aufgegangenen Teig in vier gleich große Kugeln teilen, auswellen und runde Kreise von 18 - 20 cm Durchmesser ausschneiden. Aufs Backblech legen und mit einer Gabel einige Male einstechen. Basilikum auf den Teig streuen und die Hälfte des Käses in der Mitte zerkrümeln. Die Zucchetti und Tomatenscheiben dachziegelartig um den Käse legen. Dabei sollte außen ein Rand von 1 cm frei bleiben. Ofen vorheizen.
Backen 1: 20-25 Minuten bei 200°C, unterste Schiene.
Den Rest des Käses über das Gemüse verteilen.
Backen 2: ca. 5 Minuten, bis der Käse geschmolzen ist und eine hellgelbe Farbe angenommen hat. Die Pizzen auf Teller legen und nach Wunsch etwas Olivenöl darüberträufeln. Die Streubüchse mit *Gomasio** oder *Kräutersalz** auf den Tisch stellen. 408

Variationen:
- Den Ziegenkäse durch geriebenen alten Gouda ersetzen. In diesem Fall wird in die Mitte der Pizza kein Käse gestreut, sondern stattdessen eine Scheibe Tomate gelegt. Allen Käse (nach Backen 1) über das Gemüse streuen.
- Den Ziegenkäse durch zerkrümelten Tofu ersetzen, mit etwas Gomasio* bestreuen. 408
- Die Tomaten durch Kürbis ersetzen und nach der Hälfte der Backzeit etwas Bouillon über das Gemüse träufeln. Wenn das Gemüse zu trocken wird oder gar braune Ränder bekommt, bevor der Boden richtig gebacken ist, sollte man die Pizza mit Alufolie abdecken. Man kann die Zucchetti auch durch Gurke ersetzen, diese gibt mehr Flüssigkeit ab (günstig, wenn Sie Kürbis nehmen).
- Der Teigboden wird wie bei *Maispizza** gemacht 219
  und diese Pizza in einer Pizza- oder Springform gebacken.

Tips:
- Auf jeden Pizzateig kann man anstelle von frischen Tomaten einen großen Eßlöffel *Pizzasoße** 424
  oder knapp einen Eßlöffel *Tomatenpüree** strei- 423
  chen. Man sollte dann mehr Zucchetti verwenden. Vor dem Backen legt man maßgerecht geschnittene Alufolie lose über die Zucchetti. Ohne die Tomaten würde die Zucchetti schnell austrocknen. Vor dem Bestreuen der Pizza mit Käse wird die Folie entfernt.
- Siehe auch *Tomatenpizza**. 218

Teigtaschen und Rollen

Die warme Mahlzeit in Form von Gebäck ist für viele Kinder besonders ansprechend. Man braucht verhältnismäßig viel Teig, also ist es nicht nötig, zusätzlich Getreide oder Kartoffeln zu kochen, es ist ausreichend, wenn man eine große Schüssel grünen Salat dazu reicht. Sehr Hungrige können vorher eine Tasse Suppe und als Nachtisch ein Milchprodukt bekommen (es sei denn, im Gericht ist bereits viel Käse verarbeitet). Diese Rezepte sind für anstrengende Festtage besonders gut geeignet, denn die Teigtaschen und Rollen können gut vorher fertig gemacht werden (siehe Tip 2) und gelingen immer. Man braucht keine besondere Backform, so daß man auch für eine große Gesellschaft alles gleichzeitig backen kann.

Gemüsetaschen, Grundrezept

(12 - 16 Stück)

- *1 Rezept Mürbeteig* nach Wahl (wenn man die Taschen wieder aufwärmen muß, ist Hefeteig am besten geeignet)* 344
- *eine der Füllungen nach dem Rezept für Pfannkuchentorte* oder ein Ragout** 161

Man macht am besten zuerst den Teig und dann die gewünschte Füllung

Der Teig wird 3 mm dick ausgewellt*, dann sticht man Plätzchen aus mit einem Durchmesser von 10-12 cm. Die Füllung wird in so viele Portionen geteilt, wie man Teigplätzchen ausgestochen hat. 345
Nun wird die Füllung auf eine Hälfte der Plätzchen gelegt, wobei ein Rand von 1 cm frei bleiben sollte, den man mit geschlagenem Eiweiß oder Wasser bestreicht. Die Taschen werden zugeklappt und die Ränder vorsichtig angedrückt. Den Rand hübsch anrädeln. Nun werden die Taschen aufs Backblech gelegt und mit einer Mischung aus Milch und Eiweiß bestrichen.
Ofen vorheizen.
Wenn etwas Teig übrig ist, kann man ihn auswellen, kleine Förmchen ausstechen und die Taschen damit verzieren (mit Ei oder Wasser aufkleben). Damit während des Backens keine Risse entstehen, sticht man einige Male mit der Gabel in die runde Oberseite der Taschen (bei sehr feuchten Füllungen macht man mit dem Apfelbohrer ein Loch).
Backen: 25 Minuten bei 220°C, mittlere Schiene.

Variationen:
- Verwenden Sie die Füllung für *Kohlkuchen** (mit geriebenen Nüssen). 225
- Weniger Arbeit: Machen Sie eine große Tasche. Dann braucht man allerdings etwas weniger Teig oder mehr Füllung (1 1/2 mal die Menge). Diese Riesentasche wird am Tisch in Scheiben geschnitten.
- Die Taschen können mit dicker *Linsensoße** 186 oder *Hackfleischsoße** gefüllt und als Beilage gereicht werden. 187
- Man macht einen *glutenfreien Mürbeteig** (dieser ist für große Taschen und Ravioli nicht geeignet). 347
- Haben Sie keinen Ofen? Machen Sie dann **Riesenravioli:** Hierfür macht man einen *Pastateig**, 145 und als Füllung nimmt man die Masse für *Gemüsebratlinge** (Karotten-, Pastinaken-, Kürbis- 278 oder Zucchettibratlinge, von letzteren nur ein halbes Rezept). Aus dem höchstens 2 mm dick ausgewellten Teig sticht man Plätzchen von 10 cm Durchmesser. Alle Feuchtigkeit wird aus der Füllung gepreßt. Auf die Mitte der *Hälfte* der Kreise wird etwas Füllung gelegt. Die Ränder werden mit Wasser bestrichen und die übrigen Teigkreise daraufgelegt. Ränder gut andrücken und jeden Ravioli noch einmal ausstechen; dies ergibt einen schönen und festklebenden Rand. Die Ravioli werden in ca. 10 Minuten wie *Getreideklößchen** gar gekocht. Die Teigreste werden in Strei- 155 fen gerädelt und als *Nudeln** gekocht. 145

Tips:
- Kleine Gemüsetaschen sind auch eine nette (zukkerfreie) Überraschung, wenn man sie, frisch aus dem Ofen, zu einem verabredeten Zeitpunkt in ►

Gemüsetaschen, Vorbereitung

die Schule bringt. Was übrigbleibt, schmeckt auch am nächsten Tag noch lecker; man wärmt sie dann kurz vor dem Essen bei 200°C ca. 10 Minuten auf (ausgenommen sind Taschen mit Spinatfüllung wegen Nitritbildung*). 253
Man kann den Teig am Vortag auswellen und die Teigplätzchen, mit jeweils einem Stück Plastik dazwischen, aufheben. Man gibt sie in eine Plastiktüte und legt sie in den Kühlschrank. Mit Ausnahme von Hefeteig kann man sie so eine Woche aufheben; im Gefrierfach (auch Hefeteig) bis zu drei Monaten.

Käseröllchen (16 Stück)

Ein nahrhaftes, jedoch nicht fettes Gebäck, das mit einer Schüssel frischen Salates oder mit saftigem Gemüse eine vollwertige Mahlzeit für 4-6 Personen ergibt. Miniröllchen schmecken gut aus der Hand zu einem Getränk oder als zuckerfreies Geburtstagsgebäck (die Teigstückchen vor dem Füllen zuerst durchschneiden). Aufgebacken schmecken die Käseröllchen noch besser als frisch.

- *1 1/2 Rezepte Hefeteig** 346

Füllung:
- *60 g Weizenmehl Type 1050 (CH: Ruchmehl)*
- *2 dl Wasser*
- *10 g Butter*
- *1 Messerspitze Muskatnuß*

- *2 Eiweiß von kleinen Eiern, geschlagen mit*
- *1 Eigelb*
- *75-100 g geriebenen milden Käse*
- *2-3 Eßl. Schnittlauch oder andere grüne Kräuter, fein geschnitten*

- *1 Eigelb, verrührt mit*
- *1/2 Eßl. Wasser*

Das Mehl wird für die Füllung mit dem Wasser verrührt, Butter und Muskatnuß dazugegeben und das Ganze unter dauerndem Rühren zum Kochen gebracht. Der Topf wird vom Feuer genommen, wenn die Soße so dick ist, daß sie nicht mehr gerührt werden kann. Nach und nach die Eier unterrühren; die Soße muß die Eier jeweils aufgenommen haben, bevor das nächste folgt. Käse und frische Kräuter daruntermischen, den Deckel, mit einem Tuch dazwischen, auf den Topf legen.
Die Hälfte des Teiges wird zu einem Stück von 40 x 24 cm ausgewellt und dieses wiederum aufgeteilt in 8 Stücke von 10 x 12 cm. Die Hälfte der Füllung wird auf diese Teigstückchen gestrichen, wobei ein 1 cm breiter Rand freibleiben sollte. Die Teigstückchen werden sehr lose eingerollt (zu fest gerollte Rollen reißen während des Backens). Mit einem Zwischenraum von 2 cm werden die Rollen mit dem Teig-

Gemüsetaschen, Endresultat

schluß nach unten auf das Backblech gelegt, die Enden werden zusammengedrückt. Die andere Hälfte des Teiges wird mit dem Rest der Füllung auf die gleiche Art und Weise verarbeitet. Alle Rollen werden mit Eigelb eingepinselt. Mit einer Gabel fünfmal tief in jede Rolle stechen.
Backen: ca. 30 Minuten bei 200°C, mittlere Schiene.

Variationen:

- **Karottenröllchen** Die oben genannte Füllung wird durch eine Mischung aus 20 g geraffelter Karotte, 5 g gehackten Rosinen, 2 1/2 g leicht zerstoßenen Sonnenblumenkernen oder Sesam und einer Prise zerstoßenem Anis ersetzt. Die angegebene Füllung ist die Menge für eine Rolle.
- **Apfelröllchen** Wie Karottenröllchen, jedoch mit 30 g geriebenem Apfel.
- **Käserolle**: Anstelle von 16 kleinen macht man 2 große Rollen: Der Teig wird zu einem Stück von 40 x 25 cm ausgewellt und in zwei Hälften von 20 x 25 cm geschnitten. Der Teig wird wie oben gefüllt und weiter verarbeitet.
  Backen: ca. 40 Minuten bei 190°C, mittlere Schiene. Wenn die Rolle zu schnell braun wird, mit Alufolie abdecken; wenn die Backzeit zu kurz ist, wird die Füllung nicht gar.
- **Gemüserolle:** Man macht zwei große Rollen. Gefüllt wird mit einer Gemüsefüllung, wie sie bei *Gemüsetaschen** zu finden ist. Pro Rolle 221
  braucht man ein Rezept der gewählten Füllung. Wenn man die Rolle anschneidet, sieht es besonders hübsch aus, wenn man auf den noch nicht eingerollten Teig zunächst eine Lage grünen Gemüses gelegt hat: Grünkohl, Chinakohl, Paksoy oder grüne Spinatblätter (letzteres nur dann, wenn die Rolle nicht wieder aufgewärmt werden soll). Man sollte die Blätter allerdings zuerst in kochendes Wasser legen, dann lassen sie sich leichter verarbeiten.
  Backen: wie die große Käserolle der oben genannten Variation.
- Man verwendet *glutenfreien Mürbeteig** (für 347
  eine große Rolle nicht geeignet). Das Weizenmehl der Füllung wird durch Reismehl ersetzt.

Gemüse- und Käsekuchen

Ein *Gemüsekuchen* kann als Grundlage für eine warme Mahlzeit für 4 Personen dienen. Vieles kann schon am Vortag vorbereitet werden, dadurch ist diese Art von Kuchen sehr geeignet, wenn Gäste erwartet werden. Je nach Gemüseart, die verarbeitet wird, kann ein Salat aus rohem Wurzelgemüse oder frischer grüner Salat dazu gereicht werden.
Gemüsekuchen, bei denen auch Getreide verarbeitet wird, sind nahrhafter.

Käsekuchen liefern Eiweiß und Fette und sind als Beilage zu gekochtem Getreide oder als festlicher warmer Happen sehr geeignet. Ein Kuchen mit einem Durchmesser von 24-26 cm reicht für 4-6 Personen.

Gemüse- und Käsekuchen werden in der Regel so gebacken, daß die Backform mit Teig ausgelegt und der Belag gleich mitgebacken wird. Man braucht hierfür einen guten Backofen, der vor allem viel Unterhitze liefert. Wenn der Kuchen an seiner Oberseite zu schnell braun wird, während der Boden noch nicht knusprig ist, deckt man mit einem Stück Alufolie ab. Backformen aus Porzellan oder Metall, deren Boden mit einem Teflon-Belag versehen ist, sollten lieber nicht verwendet werden. Sowohl der Belag als auch das Porzellan halten die Unterhitze ab.
Eine Pizzaform mit einem Rand von 3-4 cm ist praktischer (niedererer Teigrand) als eine Springform, außerdem besteht nicht die Gefahr des Durchleckens.
Der Backofen wird immer vorgeheizt (auch bei Gas), eventuell bis zu 250°C, wobei nach 5 Minuten Backzeit auf die angegebene Backtemperatur zurückgeschaltet wird. Die folgenden Rezepte sind für eine Backform von 28-30 cm Durchmesser berechnet. Für einen Blechkuchen (ca. 30 x 40 cm) braucht man sowohl vom Teig als auch vom Belag die doppelte Menge.

Karottenkuchen

Dieser Kuchen ist schnell gemacht, und man serviert ihn am besten mit grünem Salat. Den größeren Kindern kann man einen Teller *gerösteter Flockensuppe** vorhergeben. Dieser etwas süßliche Gemü- 82
sekuchen kann an sommerlichen Tagen auch kalt gegessen werden.

– *1 Rezept Hefeteig* oder Ölteig** 345

– *500 g Karotten (geschält gewogen), nicht zu fein geraffelt*
– *1 Eßl. Öl*
– *1 Eßl. Schnittlauch oder 2 Eßl. Petersilie, fein geschnitten*
– *1 Eßl. Apfeldicksaft*
– *50 g Mandeln, fein gemahlen*
– *1/2 Teel. Anissamen*

– *175 g halbfetten Quark*
– *1 1/2 dl Sahne oder halb Sahne/halb Milch*
– *1/2 Eßl. Gomasio** 408

– *1 Pizza- oder Springform mit einem Durchmesser von 28 cm*

Teig auswellen* und damit die Form, auch den Rand, 345
auslegen. Mit einer Gabel einige Male einstechen.
Die Zutaten des ersten Blocks gründlich mit den Händen verarbeiten.
Ofen vorheizen.
Den Belag auf dem Teigboden verteilen und fest andrücken.
Die Sahne mit dem Gomasio unter den Quark mischen und diese Soße über den Belag streichen, der Belag muß damit ganz bedeckt sein.
Backen: ca. 40 Minuten bei 200°C unterste Schiene. Eventuell den Kuchen mit Alufolie zudecken, wenn die Quarksoße zu schnell braun wird.

Variationen:

– Den Schnittlauch durch eine fein geschnittene und glasig gedünstete Zwiebel ersetzen. Petersilie unter die Karotten mischen. Zu dieser herzhafteren Variation paßt Curry besser als Anis.
– **Rote-Bete-Kuchen:** Die Karotten durch 350 g Rote Bete und einen Apfel (ca. 250 g) ersetzen. Der Apfel wird mit den Rote Bete zusammen geraffelt, wenn diese schon etwas trocken sind (Winter), und in Stücke geschnitten, wenn man die saftigeren Sommer-Rote-Bete verwendet. Anis wird durch 1 Teel. Koriandersamen (zerstoßen) oder Fenchelsamen ersetzt. Zu Winter-Rote-Bete schmeckt es auch gut, wenn man kandierten Ingwer (2 kleinere Kugeln) hackt und dazu gibt. Wenn die Rote Bete sehr saftig sind, mischt man am besten einen Eßl. Mehl darunter oder drückt etwas von dem Saft aus (siehe *Gemüsesaft**); da- 402
mit verhindert man, daß der Teigboden zu weich wird.
– **Pastinakentorte:** Wie Rote-Bete-Kuchen, aber statt Rote Bete Pastinaken verwenden.
– **Süßlicher Kürbiskuchen**: Karotten durch 250 g Kürbis und 200 g fein geriebenen sauren Apfel ersetzen. Wie den Rote-Bete-Kuchen würzen.
– Siehe unter *Karottenpastete** und *Süßer Karot-* 231
*ten- und Kürbiskuchen**. 356
– **Dekorativer Karotten- oder Kürbiskuchen:** Man nimmt beinahe dieselben Zutaten, wendet nur etwas mehr Mühe auf:
Die Karotten werden längs halbiert, der Kürbis in nicht zu dünne Segmente geschnitten. Nun wird das Gemüse in leicht gesalzenem Wasser, 1 cm hoch, knapp gar gekocht (Kochwasser für Suppe oder Soße aufheben). Das Gemüse entsprechend der Backform schneiden und diese Stücke in 3 mm dicke Scheiben schneiden.
Mandeln, Schnittlauch und Anissamen auf den Teigboden streuen und darauf die Gemüsestreifen legen: strahlenförmig und zur Mitte hin dachziegelartig übereinanderliegend. Auch die kurzen «Abfallstücke» in Scheiben schneiden und am Rand unter die langen Scheiben legen.
Der Quark wird durch saure Sahne, die mit Ei geschlagen wurde, ersetzt. Diese Soße wird vorsichtig über das Gemüse gegossen. Backen siehe oben.
– Hierfür wird *glutenfreier Mürbeteig** und für 347
den Belag, wie bei Rote Bete-Kuchen, Reis- oder Buchweizenmehl genommen.

Kürbis-Lauchkuchen

Ein saftiger Gemüsekuchen, der auch wieder aufgebacken sehr gut schmeckt (10 Min. bei 200°C).

– *1 Rezept Mürbeteig* nach Wahl (Hefeteig,* 344
wenn der Kuchen wieder aufgebacken werden soll)

- *1 großer Lauch (nur weiße und hellgrüne Teile verwenden), in hauchdünne Ringe geschnitten*
- *1 Kürbis von ca. 1 kg in 1 cm große Würfel geschnitten (500 g geputzt)*
- *1 Eßl. frisches Basilikum, fein gehackt (1/2 Eßl. getrocknet)*
- *1-2 Eßl. Gomasio** 408
- *1/4-1/2 Teel. Curry oder Paprikapulver*

- *2 1/2 dl Milch oder halb Milch/ halb Sahne*
- *2 kleine Eier*
- *1 Eßl. Buchweizen- oder Reismehl*
- *1/4 Teel. Salz*

- *50-100 g geriebenen alten, herzhaften Käse*

- *1 Pizza- oder Springform von 28 cm Durchmesser*

Der Teig wird 2-3 mm dick ausgewellt und in die Backform gelegt, so daß der Rand 3 cm hoch ist. Mit einer Gabel einige Male in den Teig stechen. Backofen vorheizen.
Nun werden zuerst die Lauchringe und danach die Kürbisstücke über den Teigboden verteilt. Darüber werden die Kräuter gestreut und alles lose mit einer passenden Alufolie zugedeckt.
Backen 1: 20 Min. bei 220°C, unterste Schiene.
Eier, Milch, Mehl und Salz miteinander verquirlen, diesen Guß über das Gemüse gießen und den Kuchen vorsichtig wieder in den Ofen schieben (ohne Alufolie).
Backen 2: 15-25 Min. bei 200°C, unterste Schiene.
Fünf Minuten vor Ende der Backzeit wird der Käse über den Kuchen gestreut.

Variationen:
- Jungen, milden Käse verwenden.
- Der Lauch wird durch geraffelte Karotten ersetzt, die mit 25-50 g fein geriebenen Mandeln gemischt werden. Die Eier ersetzt man durch 3-4 Eßl. Quark, gibt 3 zusätzliche Eßl. Mehl dazu und läßt den Käse weg. Einfacher: Man macht den *süßlichen Kürbiskuchen**. 224
- Siehe auch den *dekorativen Kürbiskuchen** 224
- **Topinamburkuchen:** Der Kürbis wird durch ca. 350 g frische, saftige Topinambur ersetzt. Man bürstet die Knollen sorgfältig sauber und schneidet sie längs in 3 mm dicke Scheiben. Dann werden die Scheiben dachziegelartig auf den Lauch gelegt und mit einer Mischung aus Salz und zerstoßenem Rosmarin und Thymian bestreut (von jedem 1 Teel.). Für Kleinkinder ersetzt man den Lauch durch eine Schicht geraffelten Kürbis, der mit 25-50 g geriebenen Haselnüssen vermischt wurde.
- Hierfür verwendet man *glutenfreien Mürbeteig**. 347

Kohlkuchen

Dieser Kuchen ist für Kinder gedacht, die sonst keinen Kohl mögen. Man kann jede Kohlsorte der jeweiligen Saison verwenden und so das ganze Jahr diesen Kuchen backen. Das Grundrezept ist für den Winter gedacht, für die übrigen Jahreszeiten siehe die Variationen.

- *1 Rezept Mürbeteig* nach Wahl* 344

- *1 Eßl. Öl*
- *1 kleine Zwiebel, fein geschnitten*
- *200 g Weißkohl, sehr fein gehobelt*

- *1/2 Eßl. Senf*
- *100 g Karotten, fein geraffelt*
- *50 g grobe Haselnüsse*
- *1/2-3/4 Teel. Kümmel*
- *1 Eßl. Gomasio** 408
- *2 Eßl. Petersilie, fein gehackt*

- *1 1/2 dl halb Milch/ halb Sahne oder Viili* bzw. Joghurt* 464
- *25 g Sonnenblumenkerne*

- *1 Pizza- oder Springform von 28 cm Durchmesser*

Öl und Zwiebel im Topf mischen und die Zwiebel bei mäßiger Hitze glasig dünsten. Kohl daruntermischen und solange mitdünsten, bis er schlaff ist.
Den Topf vom Feuer nehmen und die Zutaten daruntermischen, die im zweiten Block aufgezählt sind.
Teig 3 mm dick auswellen* und in die Backform 345
legen. Mit einer Gabel mehrere Male in den Teig stechen. Ofen vorheizen.
Den Belag auf dem Teigboden verteilen und das Ganze mit Alufolie zudecken.
Backen 1: 20 Min. bei 220°C, unterste Schiene.
Folie entfernen, Guß über die Füllung gießen (die Menge hängt von der Feuchtigkeit des Gemüses ab). Jetzt die Folie nicht mehr darüberdecken.
Backen 2: ca. 20 Min. bei 200°C, unterste Schiene.
Nach der Hälfte der zweiten Backphase werden die Kerne über den Kuchen gestreut.

►

Variationen:

- Im *Frühjahr:* Der Weißkohl wird durch Sauerkraut (etwas kleingeschnitten) und die Karotten durch einen in Würfel geschnittenen Apfel ersetzt. Das Sauerkraut braucht nicht vorher gedünstet zu werden.
- Im *Sommer:* Der Weißkohl wird durch fein geschnittenen Spitzkohl und die Karotten durch 50 g roten Paprika (in Würfel geschnitten) oder Fleischtomaten, ebenfalls in Würfel geschnitten (ohne Fruchtflüssigkeit), ersetzt.
- Im *Herbst:* Jetzt wird der Weißkohl durch Chinakohl ersetzt, der in 1 cm breite Streifen geschnitten wurde, und die Karotten ersetzt man durch fein geraffelten Kürbis.
- Herzhafter: Die Haselnüsse ersetzt man durch in Stücke gebrochene Walnüsse und den Kümmel durch Currypulver.
- Nahrhafter: Man macht einen Guß aus: 1 kleinem Ei, 1 dl Milch und 30-50 g geriebenen Hartkäse. Dieser Guß wird nach der Hälfte der Backzeit über den Kohlbelag gegossen.
- Der Kohlbelag wird durch die Sauerkrautfüllung der *Pfannkuchentorte** (siehe auch die dortigen 161 Variationen) ersetzt.
- Karotte durch Hackfleisch ersetzen. Dieses wird in Öl braun angebraten. Hitze verringern und jetzt erst den Kohl dazugeben.
- Die Sonnenblumenkerne durch Speckwürfelchen ersetzen.

Hier wird *glutenfreier Mürbeteig** verwendet. 347

Lauchkuchen

Ein herzhafter Kuchen, von dem keine Reste übrigbleiben werden. Den besonders Hungrigen gibt man vorher eine nahrhafte *Getreidesuppe** und reicht 82 gebackene Kartoffeln dazu.
Ein einfacher grüner Salat wird auch noch die letzte leere Stelle auf dem Teller füllen.

- *1 Rezept Hefeteig*, Variation mit den Haferflocken* 346
- *1-2 Eßl. Öl*
- *100 g Lauch, geputzt und gewogen, in 1 cm breite Ringe geschnitten*
- *1/2 Teel. Curry*
- *100 g Sellerie, geraffelt*
- *3/4 Teel. Thymian*
- *1/4 Teel. Salz*
- *1 1/4 dl Sahne*
- *2 Eier*
- *2 Eßl. Buchweizen- oder Reismehl*
- *1/2 Teel. Salz*
- *75 g geriebenen pikanten Käse*
- *1 Pizza- oder Springform von 28 cm Durchmesser*

Teig 3 mm dick auswellen und damit die Backform auskleiden, mit einer Gabel einige Male in den Teig stechen, um Blasenbildung zu verhindern.
Ofen vorheizen. In einem Topf mit dickem Boden wird das Öl zusammen mit dem Lauch und dem Curry erwärmt und der Lauch gedünstet, bis er glasig ist.
Topf vom Feuer nehmen und Sellerie, Thymian und Salz darunter mischen. Eventuell vorhandene Kochflüssigkeit gießt man ab und gibt sie zur Sahne, mit Milch oder Wasser auf 2 1/2 dl anfüllen. Das Gemüsegemisch auf dem Teig verteilen und den Kuchen mit Alufolie zudecken.
Backen 1: 25 Min. bei 220°C, unterste Schiene.
Die Eier mit dem Sahnegemisch verrühren, Mehl und Salz darunterrühren und diesen Guß über das Gemüse gießen. Den Kuchen vorsichtig wieder in den Ofen schieben (jetzt ohne Folie).
Backen 2: ca. 20 Min. bei 200°C.
10 Minuten vor Ende der Backzeit den Käse über den Kuchen streuen.

Variationen:

- Die Eier werden durch 3-4 Eßl. Quark und zusätzlich 3 Eßl. Mehl ersetzt. In diesem Fall wird der Käse (100 g) mit dem Belag vermischt.
- Den Sellerie im Sommer durch in Würfel geschnittene Fleischtomate (ohne Fruchtflüssigkeit) ersetzen.
- Der Sellerie wird durch Karotten (süßlich) und der Curry durch Fenchelsamen ersetzt. Diese Variation wird ohne Ei gemacht.
- Bevor das Gemüse auf den Teig gegeben wird, legt man dünne Scheiben Schinken oder Frühstücksspeck auf den Teigboden.
- Der Käse kann durch in Würfel geschnittenen Räucherspeck ersetzt werden (eventuell nur für einen Teil des Kuchens). Man streut diesen gleich zu Anfang der zweiten Backphase auf den Kuchen.
- **Spinatkuchen:** Der Lauch wird durch 750 g Spinat ersetzt. Nach dem Waschen werden die Blätter trocken geschleudert. Dann werden die fein ge-

schnittenen Zwiebeln in Öl gedünstet, man gibt den Spinat dazu und läßt ihn lediglich zusammenfallen (nach und nach dazugeben), jedoch nicht kochen. Den Sellerie läßt man weg und gibt dafür 50 g fein gemahlene Mandeln zum Spinat. Curry und Thymian werden durch eine Prise Muskatnuß und 1/2 Teel. Majoran ersetzt.
Spinatkuchen solte nicht wieder aufgewärmt werden (Nitritbildung*). 253

- **Zwiebel-Käsekuchen:** Lauch und Sellerie werden durch 750 g gelbe Zwiebeln, die in 2-3 mm dicke Scheiben geschnitten wurden, ersetzt. 1 Teel. Kümmel wird mitgedünstet, den Curry läßt man weg. Der Käse (100-150 g Emmentaler) wird mit den Zwiebeln vermischt, für die Eimischung ist nicht so viel Salz nötig. Bei diesem Zwiebelkuchen kann der Guß von Anfang an über das Gemüse gegossen werden; der Kuchen muß nur dann zugedeckt werden, wenn er von oben zu schnell bräunt.
- Man verwendet *glutenfreien Mürbeteig**. 347

Camembert im Schlafrock

Dies sind schnell gemachte, jedoch ziemlich schwere Käsetörtchen. Die Menge ist für 4-6 Personen berechnet. Man ißt *Polenta** oder *Risotto* mit etwas 121 Karottenrohkost dazu und reicht als Nachtisch Obst.

- *1 Rezept Mürbeteig** 346
- *1 Camembert (250 g)*
- *250 g Spinat, gedünstet** 263

Der Camembert wird horizontal in 2 Hälften geschnitten.
Den Teig 3 mm dick auswellen. Daraus werden 4 Kreise ausgerädelt: 2 Teigkreise, die rundherum 2 cm größer sind als der Käse, 2 Teigkreise, die rundherum 3 cm größer sind.
Die Flüssigkeit aus dem gedünsteten Spinat ausdrükken und das Gemüse auf die beiden kleineren Teigstücke legen. Darauf wird jeweils eine Käsehälfte, mit der Schnittfläche nach oben, gelegt und mit dem größeren Teigstück zugedeckt. Ränder gut verarbeiten und das Ganze verzieren, siehe unter Pastete*. 229
Backen: ca. 20 Minuten bei 210°C.
Die Törtchen werden in kleine Stücke geschnitten.

Variation: Man verwendet *glutenfreien Mürbeteig**. 247

Käsekuchen

Dieser nicht so fette, jedoch sehr eiweißreiche Käsekuchen ergibt, zusammen mit einem frischen Salat, eine vollständige Mahlzeit für kräftige Schulkinder. Für Kindergartenkinder ist es ausreichend, wenn man ihnen ein Stück davon als Beilage gibt (neben Risotto oder etwas Hirse- oder Kartoffelpüree).

- *1 Rezept Hefeteig** 346

- *60 g Weizenmehl Type 1050 (CH: Ruchmehl)*
- *4 dl Milch, Bouillon oder halbe-halbe*
- *1/4 Teel. Kümmel*
- *1/4 Teel. Salz*

- *100-150 g milden Käse, gerieben*
- *2 kleine Eigelb*
- *2 Eiweiß, steif geschlagen*

- *1 Pizza- oder Springform von 28 cm Durchmesser*

Für die Füllung macht man in einem Topf mit dickem Boden Mehl und Flüssigkeit an und fügt den Kümmel und das Salz hinzu. Das Ganze läßt man nach Möglichkeit eine Viertelstunde stehen und bringt es dann unter ständigem Rühren zum Kochen. Einige Augenblicke weiterkochen lassen, dann den Topf vom Feu- ►

Camembert im Schlafrock

er nehmen, den Deckel darauflegen und weitere 10 Minuten stehen lassen. Dann nimmt man den Deckel vom Topf und läßt die Soße bis handwarm abkühlen. Jetzt erst wird die Backform mit dem 3-4 mm dick ausgewellten Teig ausgelegt und mit einer Gabel mehrere Male eingestochen. Backofen vorheizen. Käse und Eigelb unter die Soße rühren, auf Salz abschmecken und schließlich das steif geschlagene Eiweiß unterheben. Den Belag über den Teigboden verteilen.
Backen: ca. 30 Minuten bei 220°C, unterste Schiene. Den Kuchen, der wie ein Soufflé aufgegangen ist, sofort anrichten.

Variationen:

- Den Käsekuchen kann man im Sommer weniger schwer machen, indem man ihn (vor dem Bakken) mit ca. 1 cm dicken Fleischtomatenscheiben belegt oder sehr kleine halbe Tomaten (mit der Schnittfläche nach oben) in den Belag legt. Vor dem Backen mit etwas *Gomasio** und nach dem 408
Backen mit feingeschnittenem Schnittlauch bestreuen oder mit Petersilie garnieren.
- Damit der Kuchen etwas pikanter wird, nimmt man alten Gouda und verwendet dafür etwas weniger Salz.
- Man verwendet *glutenfreien Mürbeteig** und er- 347
setzt das Weizenmehl des Belags durch Reismehl.

Linsenkuchen (für eine Pizza- oder Springform von 20-24 cm Durchmesser)

Eine herzhafte *Beilage*, die warm oder kalt gegessen werden kann. Beide Versionen können am Vortag zubereitet und, wenn nötig, kurz vor dem Servieren wieder aufgewärmt werden (ca. 15 Minuten bei 150°C), das Aroma wird sich noch verbessern.
Eine Scheibe Pâté (siehe Variation 3) gibt einer kalten Mahlzeit eine festliche Note und ist als *Vorspeise* zu einer sonst nicht sehr eiweißreichen Mahlzeit geeignet.

- *ca. 150 g Mürbeteig*, nach Wahl* 344
- *1 Rezept Linsenpüree* (siehe auch die Varia-* 285
tionen)

Die Linsen werden nicht zerdrückt, und es wird auch keine Kochflüssigkeit hinzugefügt. Wenn man 1 Eßl. feine Haferflocken oder Buchweizenmehl unter die etwas abgekühlte Mischung rührt, ist der (warme) Kuchen in schönere Stücke zu schneiden; im kalt gewordenen Kuchen wird auch eine nicht zu nasse Masse ohne besonderes Bindemittel ausreichend fest. Der Belag wird höher, wenn man etwas Maiskörner (aus dem Glas), in Würfel geschnittene rote Paprika oder Fleischtomaten (ohne Fruchtflüssigkeit) daruntermischt. Der Teig wird 3 mm dick ausgewellt und in die Backform gelegt.
Ofen vorheizen.
Der Belag wird gleichmäßig auf den Teigboden gegeben und etwas angedrückt.
Nach Wunsch legt man einige hauchdünne Butterflöckchen oder (nach der Hälfte der Backzeit) einige Scheiben Frühstücksspeck auf den Kuchen.
Backen: ca. 30 Minuten bei 200°C, unterste Schiene. Der Kuchen sollte fünf Minuten im Ofen stehenbleiben, bevor man ihn auf den Kuchenteller schiebt (Ofentüre einen Spalt offenlassen).

Variationen:

- Schön geschmückt: Halbe Partytomaten in die Linsenmasse drücken (Schnittfläche nach oben); der Zwischenraum sollte jeweils 2-3 cm betragen (auch vom Rand). Nach dem Backen kann man etwas *Gomasio** darüberstreuen und mit Petersi- 408
lie garnieren. Im Winter kann man die Tomaten durch *Karotten** ersetzen (erst nach dem Backen 72
darauflegen). Wenn etwas Teig übrig ist, kann er ausgewellt und in Streifen gerädelt werden, die dann in einem Gittermuster über den Kuchen gelegt und mit einer Mischung aus Milch und Eigelb bestrichen werden.
- **Linsenpastete:** Hierfür braucht man die doppelte Teigmenge. Weil die Füllung unter dem Teigdeckel nicht austrocknen kann, müssen etwas Haferflocken oder Buchweizenmehl unter die Masse gerührt werden, um die Flüssigkeit zu binden. Arbeitsgang siehe *Grundrezept Pastete**. 229
Gebacken wird wie die hier folgende Linsenpâté.
- **Herzhafte Linsenpâté** (für eine Kastenform von mindestens 1 l Inhalt und ca. 300 g *Mürbeteig**): 344
Die Masse wird, wie oben beschrieben, gemacht, man gibt dann noch 1-2 in sehr kleine Würfel geschnittene Essiggurken dazu. Anstelle von Mehl oder Flocken rührt man hier 1 Teel. Agar-Agarpulver darunter, das zuvor in 1 dl sehr würziger Bouillon mindestens 20 Minuten eingeweicht wurde. Die Masse wird, nachdem das Agar-Agar hinzugefügt wurde, noch einmal gekocht. Sie muß jetzt etwas abkühlen, darf jedoch nicht zu fest werden, bevor sie in die mit Teig ausgeklei-

dete Form gegegeben wird. Arbeitsvorgang siehe *Grundrezept Pastete**. 229
Backen: ca. 40 Minuten bei 220°C, unterste Schiene (viel Unterhitze).
Die Pastete muß in der Form solange abkühlen, bis sie noch lauwarm ist (nicht länger), und wird dann vorsichtig auf einen Kuchenrost gestürzt. Wenn der Teig zu brechen droht, läßt man die Pâté in der Form ganz abkühlen. Dann bleibt der Teig allerdings nicht knusprig.
Die durch und durch abgekühlte Pâté wird mit einem scharfen Sägemesser in ca. 1 1/2 cm dicke Scheiben geschnitten.

– Man verwendet *glutenfreien Mürbeteig** und 347
macht die Pâté mit diesem bröckeligen Teig lieber nicht in einer Kastenform, sondern in einer flachen (Pizza-)Backform von ca. 20 Durchmesser.
– **Einfache Linsenpâté:** Die oben beschriebene Pâtéfüllung wird ohne Teig in die eingefettete Kastenform gegeben (gut andrücken und glattstreichen). Backen bei 200°C. Die durch und durch abgekühlte Pâté wird in eine flache Schale gestürzt und mit Petersilie und Tomaten garniert; im Winter nimmt man hierfür ein Lorbeerblatt und Karottenscheiben.
Noch einfacher: Man läßt die Agar-Agarmischung weg, sorgt jedoch dafür, daß die Mischung dick ist (die Linsen gut austropfen lassen). Die Masse wird in eine hübsche Porzellanschüssel gedrückt und so auf den Tisch gestellt. Diese Pâté läßt sich nicht in glatte Scheiben schneiden, ergibt jedoch einen sehr guten **Brotbelag**. Will man sie als festliche Vorspeise verwenden, dann reicht man Toast und Butterlocken dazu.

Pasteten

Für die Pastete werden Boden und Rand der Form mit Teig ausgekleidet und die Füllung zusätzlich mit einem Deckel aus Teig zugedeckt. Eine hübsch garnierte Pastete ergibt mit einer schön gerichteten Salatschüssel ein festliches Menü.
Da für eine Pastete zweimal soviel Teig benötigt wird wie für einen Gemüsekuchen, ist der Getreideanteil gegenüber dem Anteil an Gemüse und Eiweiß (Käse, Ei, Fleisch) so groß, daß man eine Pastete als eine Art Luxuseintopfgericht betrachten kann.
Wenn man für eine größere Gesellschaft kocht, ist es möglich (eventuell nach einigen Versuchen), die Pastete auf dem Backblech zu machen (siehe *Fischpastete**). Dann braucht man allerdings so- 203
wohl für den Teig als auch für die Füllung die doppelte Menge der Zutaten.
Da die Füllung der Pastete nicht direkt mit der heißen Ofenluft in Berührung kommt, kann sie nicht austrocknen und braucht im Gegensatz zu den offenen Kuchen keinen oder sehr wenig Guß.

Pasteten können zum großen Teil vorbereitet werden und gelingen immer.
Wer gar kein Risiko eingehen will, kann schon vor den Festtagen einen (Blätter-)*Teigrand** backen 234
und damit am Tag selber die Gemüseschüssel schmücken.
Genau wie die *Gemüsekuchen** brauchen auch 223
die Pasteten viel Unterhitze.

Pastete, Grundrezept

Für den Deckel der Pastete wird etwas weniger als die Hälfte der im Rezept angegebenen Menge Teig 2 mm dick ausgewellt*. Nun legt man die Backform 345
verkehrt herum darauf und schneidet den Teig der Form entlang aus. Die Teigreste entfernt man und gibt sie zum übrigen Teig in den Kühlschrank.
Auf den Teigdeckel legt man nun ein Stück Plastikfolie*, das mindestens so breit ist wie der Durchmes- 48
ser des Teiges und ca. 20 cm länger. Mit dem Wellholz wird leicht darübergerollt, damit die Folie auf dem Teig klebt. Nun wird die Folie mit dem Teig ►

zusammen schnell umgedreht, das überhängende Stück Folie auf den Teig gelegt und alles dreifach zusammengefaltet. Dieses Päckchen wird vorläufig in den Kühlschrank gelegt (ganz unten hinein; wenn der Teig zu kalt ist, kann er beim Wieder-Auseinanderfalten brechen).

Nun wird der Rest des Teiges 2-3 mm dick ausgewellt, etwas Mehl darauf gestreut, lose 2-3mal zusammengelegt und so in die Backform gegeben, daß die Spitze des Teigpakets auf die Mitte der Form zeigt. Teig rasch auseinanderfalten und die Form auslegen, auch den Rand (dabei dürfen ruhig Stückchen angeklebt werden). Den Teig gut in die Ecken zwischen Rand und Boden drücken. Mit einer Schere wird der überflüssige Teig weggeschnitten (bei Pizzaformen sollte der Rand etwa 2 cm darüber hinausragen). Mit der Gabel einige Male in den Teigboden stechen, um Blasenbildung während des Backens zu vermeiden.

Nun wird die Füllung nach den Anweisungen im Rezept auf den Teigboden verteilt und die Teigränder lose auf die Füllung zurückgelegt. Diese Teigränder werden mit etwas von dem Eigelb bestrichen, das nachher auch für den Deckel verwendet wird. Nun wird der Teigdeckel auf die Pastete gelegt und die Ränder gut angedrückt. Folie vorsichtig entfernen.

Die Teigreste werden aufs neue ausgewellt und (zum Fest passende) Förmchen ausgestochen. Diese klebt man mit etwas Wasser auf den Teigdeckel, wobei man darauf achtet, daß die Mitte frei bleibt. Mit einem Apfelentkerner wird in die Mitte ein Loch gestochen, damit der Dampf, der sich während des Backens entwickelt, entweichen kann (sonst reißt die Pastete).

Mit dem Rest des Eigelbes wird die Pastete bestrichen, mit der Gabel sticht man einige Male in den Deckel.

Die Pastete wird sofort in den vorgeheizten Ofen, auf die unterste Schiene, geschoben. Vor allem die Pasteten, die in einer Backform gebacken werden, brauchen viel Unterhitze. Sollte die Pastete zu schnell braun werden, wird sie mit einem Stück Alufolie abgedeckt. Für die Backzeiten richtet man sich nach den entsprechenden Rezepten (beim Backen auf dem Backblech zieht man 20°C der angegebenen Temperatur ab). Zum Anrichten steckt man ein Petersiliensträußchen in das «Dampfloch».

Tips:

- Man kann auch nur den Deckel der Pastete aus Blätterteig und den Rest aus *Krümelteig** oder *Hefeteig** machen. Die Pastete sieht dann sehr professionell aus, ist aber weniger fett, als wenn sie ganz aus Blätterteig gemacht wird. 346 346
- Der Teigdeckel kann schon vorher ausgewellt werden. Man kann ihn dann, geschmückt, jedoch noch *nicht mit Eigelb bestrichen,* in Plastik gefaltet und luftdicht verpackt, 1-2 Tage im Kühlschrank aufbewahren. Sollte der Teigdeckel dann zu steif geworden sein, kann man ihn kurz auf Temperatur kommen lassen, sonst bricht er beim Auseinanderfalten.
- Wird der Boden (oder die ganze Pastete) aus Hefeteig gemacht (bei feuchten Füllungen richtet man sich nach der Variation mit Haferflocken), kann die Pastete schon morgens gemacht und kurz vor dem Essen wieder aufgebacken werden (10-15 Minuten im vorgeheizten Ofen bei 180°C; die Backzeit hängt von der Dicke der Pastete ab). In der Zwischenzeit wird die Pastete auf dem Kuchengitter aufgehoben.
- Eine Pizzaform läßt sich leichter mit Mürbeteig auskleiden als eine Springform mit hohem Rand.

Karotten-, Rote-Bete- oder Kürbispastete

Außer der Rote-Bete-Pastete (Rote Bete sind nitrat-
reich*) können diese Pasteten vollständig vorberei- 253
tet und kurz vor dem Essen im heißen Ofen wieder aufgewärmt werden (10-15 Minuten bei 180°C). Wenn sie schön garniert und mit einer großen Schüssel Salat angerichtet werden, eignen sie sich besonders gut für ein «Kinderdinner».

- *ca. 2 1/2 mal das Rezept Hefeteig* (Variation mit Haferflocken)* 346
- *die Füllung wie für Karottenkuchen* (bei den Variationen der Rezepte für Rote Bete- und Kürbiskuchen nachschauen)* 224

Teig auswellen und die Form damit auslegen*. Alle 345
Zutaten der Füllung vermischen, auch die Quarksoße.
Ofen vorheizen.
Die Füllung in die Form geben und die Pastete, wie im Grundrezept angegeben, fertig machen.
Backen: ca. 35 Minuten bei 200°C, unterste Schiene.

Variation: Hefeteig durch *glutenfreien Mürbeteig** 347
ersetzen.

Käsepastete mit Zwiebeln

Diese Pastete wird auf dem Backblech gebacken, man braucht also keine besondere Backform dazu, und man kann sie rund oder rechteckig machen und so viele, wie Esser da sind. Das folgende Rezept ist für eine runde Pastete von ca. 28 cm Durchmesser berechnet.
Man reicht Salat und, wenn gewünscht, *Risotto** 118
dazu.

- *ca. 500 g Mürbeteig* nach Wahl* 334

- *1 Eßl. Öl*
- *50 g Zwiebeln, einmal der Länge nach durchgeschnitten und dann in 2 mm dicke Scheiben geschnitten*
- *1/4 Teel. Kümmelsamen*
- *1 Eßl. Wasser*

- *250-300 g geriebenen Emmentaler oder Gruyere*
- *2 Eßl. Reismehl*
- *etwas Salz*
- *2-3 Eßl. Petersilie oder Schnittlauch, fein geschnitten*

- *1 kleines Ei, Eigelb und Eiweiß getrennt*

Für die Füllung werden Zwiebel und Kümmel mit dem Öl in einem großen Topf erhitzt und bei mäßigem Feuer glasig gedünstet. Mit etwas Wasser ablöschen und 10 Minuten nachdämpfen lassen.
Den Rest der Zutaten (außer dem Ei) daruntermischen.
Die Hälfte des Teiges wird zu einem 2-3 mm dicken Stück ausgewellt und auf das Backblech gelegt. Der Rest des Teiges wird in der gleichen Form ausgewellt, jedoch rundherum 1/2 cm größer (siehe
*Pastete Grundrezept**). Bis hierher kann die Paste- 229
te vorher fertiggemacht werden.
Mit dem geschlagenen Eiweiß wird der Teigboden eingepinselt. Danach sticht man einige Male in den Teig. Die Füllung wird auf dem Teigboden verteilt, jedoch ringsherum 1 cm frei gelassen. Dieser Rand wird nochmals mit Eiweiß eingepinselt, der Teigdeckel darauf gelegt und nochmals mit einem scharfen Messer oder Rädchen schön geschnitten.
Ofen vorheizen.
Die Teigreste werden ausgewellt und Förmchen daraus ausgestochen, die man mit etwas Wasser auf den Deckel kleben kann. In die Mitte wird mit dem Apfelentkerner ein Loch gemacht und mit der Gabel mehrmals in den Teigdeckel gestochen (man kann dabei ein hübsches Muster machen, das mit der Verzierung übereinstimmt).
Den Teigdeckel mit Eigelb bestreichen.
Backen: ca. 30 Minuten bei 200°C, unterste Schiene. Die Pastete auf eine passende flache Schale legen und fünf Minuten stehen lassen, bevor man sie anschneidet.

Variationen:
- Zwiebeln durch **Lauch** ersetzen und nur 1 Eßl. Mehl verwenden.
- Mit derselben Füllung kann auch eine Pizza gemacht werden.
- Man verwendet *glutenfreien Mürbeteig**. 347

Tip: Diese Pastete schmeckt wieder aufgewärmt genauso gut wie frisch gebacken (ca. 15 Minuten bei 180°C).

Hühner-Gemüsepastete

Mit einer hübsch geschmückten Schüssel Salat eine festliche Sommermahlzeit für 4-6 Personen. Oder, mit der doppelten Menge der Zutaten auf einem Backblech gebacken, ein Hauptgericht fürs kalte Büffet. Dann stellt man verschiedene Salate dazu.
Die Füllung der Pastete ist (milde) östlich gewürzt und kann warm oder kalt gegessen oder im vorhinein gemacht und kurz vor dem Servieren wieder aufgewärmt werden (ca. 15 Minuten bei 180°C).

- *ca. 400 g Mürbeteig* nach Wahl (für den Deckel* 344
  eventuell Blätterteig verwenden)* 450
- *100 g Schinken oder 50 g Frühstücksspeck, dünn geschnitten*

- *mind. 400 g Hühnerbrust (ohne Knochen), in kleine Stücke geschnitten*
- *1/4 Teel. Kreuzkümmel oder Muskatnuß*
- *1/4-1/2 Teel. geriebene Ingwerwurzel*
- *1/4 Teel. Salz*
- *etwas Cayennepfeffer*

- *1- 2 Eßl. Öl*
- *1 große Zwiebel, fein geschnitten*

- *1 Karotte (ca. 150 g), in Würfel von 1 cm Größe geschnitten*
- *250 g frische Erbsen (ca. 500 g mit Hülsen) oder einige Stücke Bleichsellerie*

- *2 Eßl. Kapern oder 2 in Stücke geschnittene Cornichons*
- *1-2 große Fleischtomaten, ohne Haut und in 1 cm große Würfel geschnitten*
- *3 Eßl. Petersilie, fein geschnitten*
- *Gomasio* oder Salz nach Geschmack* 408
- *eventuell etwas Sojasoße* (Shoyu)* 462

- *eine Springform von 26 cm Durchmesser*

Fleisch mit Salz und Kräutern mischen. Die Zwiebel in Öl hellgelb braten, das Fleisch dazugeben und mitschmoren. Es darf nicht braten. Eventuell etwas Bouillon oder Wasser hinzufügen, wenn das Fleisch nicht genügend Wasser zieht. Auf kleinem Feuer gardünsten lassen.
Karotte und Erbsen in wenig Wasser beinahe garkochen und mit dem Rest der Zutaten zum Huhn dazugeben. Abschmecken, ob die Füllung pikant genug ist.
Teig auswellen und die Pastete dem *Grundrezept** 229
folgend füllen (zuerst Schinken oder Frühstücksspeck auf den Teigboden legen).
Ofen vorheizen.
Backen: ca. 30 Minuten bei 220°C, unterste Schiene.

Variationen:
- Die Karotte durch eine Fenchelknolle ersetzen, die in 1/2 cm breite Streifen geschnitten wird.
- Die frischen Erbsen durch Maiskörner oder 250 g Buschbohnen, klein geschnitten, oder durch in Scheiben geschnittene junge Zucchetti ersetzen.
- Man kann die Pastete auch in einer Auflaufform oder in kleinen Pâté-Förmchen machen, hierbei wird nur der Deckel aus Teig gemacht. Diese Variation (es handelt sich eigentlich um einen Pie) schmeckt warm am besten.
- **Fisch-Gemüsepastete:** Das Hühnerfleisch durch Fisch ersetzen; die Zwiebel weglassen und keinen Bleichsellerie verwenden. Die Petersilie wenn möglich durch frischen Dill und/oder Koriander ersetzen. Wenn Sie einen ganzen Fisch (ca. 1 kg) kaufen, können Sie ihn *pochieren** 198
  und den in Stücke zerpflückten Fisch ungebacken unter die Füllung mischen.
- **Fleisch-Gemüsepastete:** Das Hühnerfleisch durch Hackfleisch oder geschnetzeltes Lamm- oder Rindfleisch ersetzen. Diese Fleischsorten schmecken leicht braungebacken am besten (siehe *Hackfleischsoße**). 187

Pies

Bei dem aus England stammenden Pie gibt man die Füllung in eine flache Auflaufform, wonach vom ausgewellten Teig ein Deckel gemacht wird. Der Teig kommt mit der meist recht feuchten Füllung kaum in Berührung und wird deshalb auch in einem nicht so heißen Ofen schön knusprig.
Einen großen Pie kann man in der Bratpfanne machen. Man muß dann allerdings die Unterhitze etwas abdämmen, indem man die Pfanne auf ein Backblech stellt, eventuell noch mit einer Schicht zusammengefalteter Alufolie dazwischen (Blech leitet die Wärme besser als feuerfestes Glas oder Porzellan, und es könnte für die Füllung, ohne daß Teig darum ist, zu heiß werden).
Ein Pie bildet das Gemüsegericht einer Mahlzeit und muß deshalb durch ein Kartoffel- oder Getreidegericht oder etwas Brot (Baguette) ergänzt werden; man kann auch etwas Salat aus rohem Gemüse dazu reichen. Außerdem kann man als Vorgericht Suppe essen und/oder einen Nachtisch bieten.
Die schlauen Feiertagsköche stecken ein ganzes Menü unter einen Teigdeckel:

- eine Gemüse-Kartoffelmischung mit kleinen Stücken von gebratenem Hühnerfleisch oder Fisch darauf
- eine Gemüse- Getreidemischung mit gekochten Hülsenfrüchten oder geriebenem Käse vermischt.

Wenn der Teigdeckel mit passenden Motiven verziert wird, hat man mit dem Pie ein festliches Gericht für 4-5 Personen, welches zum großen Teil im vorhinein zubereitet werden kann.

Pie, Grundrezept

Man wählt am besten einen Mürbeteig, der zur Füllung Ihrer Wahl paßt, und sorgt dafür, daß die Kombination nicht zu fett oder zu eiweißreich wird.
Als Form ist jede nicht zu niedrige Auflaufform geeignet (in einer Form, deren Rand weniger als 5 cm hoch ist, würde das Gemüse zu heiß werden).

Anregungen für die Füllung (die entsprechenden Rezepte finden sich im Register dieses Buches):
- *Gemüsesoufflés* (Eiweiß nicht zu Schnee schlagen oder die Eier durch 100 g geriebenen Käse oder 150 g vollfetten Quark ersetzen.
- *Kürbis mit Linsensoße*, siehe Tip beim Rezept.
- Die Füllungen der *Gemüsekuchen* wie Topinamburkuchen, Kürbiskuchen, Lauchkuchen oder Zwiebelkuchen. Der in den Rezepten genannte Guß wird durch ein in 1 dl Milch geschlagenes Ei oder durch 100 g Sahnequark ersetzt.
- Füllungen der *Pasteten*.
- Blumenkohl- und Kohlfüllung der *Gemüsetaschen*, wobei man zur Kohlfüllung den Kürbis, in Würfel geschnitten, hinzufügen kann. Von diesen Füllungen sollte allerdings die doppelte Menge gemacht werden.
- Gemüsekombinationen nach eigener Wahl, wobei man die sehr feuchten Gemüsesorten (Tomate, Gurke) mit trockeneren (Buschbohnen, Erbsen, Karotten, Sellerie, Fenchel usw.) kombinieren kann. Festes Blattgemüse (alle Kohlsorten) kann man, eventuell mit einer kleinen Zwiebel, zuerst in einem Eßl. Öl leicht dünsten; härtere Gemüsesorten sollten in wenig Wasser vorgekocht werden (höchstens bißfest). Die Mischung sollte mit 1 dl Milch oder Sahne und eventuell etwas Quark geschmeidig gemacht werden (der säuerliche Geschmack des Quarks paßt jedoch nicht zu jeder Gemüsesorte, wohl zu Wurzelgemüsen wie Topinambur oder Pastinaken). Zu sehr feuchtem Gemüse sollte man ein geschlagenes Ei hinzufügen. Lieber keine Mehlsoßen verwenden.

Arbeitsvorgang: Form einfetten und Füllung hineingeben, bis höchstens 1/2 cm unterhalb des Randes, jedoch nicht tiefer als 2 cm unterhalb des Randes. Den Teig 3 mm dick auswellen, rundherum 2-3 cm größer als der obere Rand der Backform. Den Rand der Backform bestreicht man mit geschlagenem Eiweiß und legt den Teigdeckel *lose* darauf. Wenn der Teigdeckel zu straff aufliegt, kann er während des Backens, da er schrumpft, reißen oder sich ►

vom Rand lösen, wodurch die Füllung Flüssigkeit und Aroma verlieren würde. Wenn die Form nicht ganz voll ist, läßt man den Deckel auf der Füllung aufliegen.
Der Rand des Teiges wird vorsichtig mit flachen Händen auf den Schüsselrand gedrückt. Mit dem Apfelentkerner wird in die Mitte des Teigdeckels ein Loch gebohrt.
Die Teigreste werden wieder ausgewellt und nach eigener Phantasie Motive ausgestochen. Diese Motive werden mit etwas Ei oder Wasser auf den Teigdekkel geklebt, und das Ganze wird mit einem Eßlöffel Ei (von der Füllung zurückbehalten) bestrichen. Die Backform wird auf einen Springformboden gestellt und in den Ofen geschoben (die Füllung sollte keine zu große Unterhitze abbekommen).
Backen: ca. 20 Minuten bei 200°C, mittlere Schiene (bei einer hohen Form) oder eine Schiene höher, wenn die Form flacher ist. Der Pie braucht vor allem Oberhitze.
Der Pie wird direkt aus dem Ofen und heiß aufgetragen, dann ist die Kruste noch knusprig. Der Deckel wird vorsichtig vom Rand gelöst und mit einem spitzen Messer auf dem Pie in Portionen geschnitten und verteilt, bevor man die Füllung ausschöpft.

Tips:
- Nach Möglichkeit sollte man während der ersten 10 Minuten nur Oberhitze verwenden.
- Für die Füllung kann auch zartes Gemüse (Blattgemüse) verwendet werden, das durch eine dicke Schicht gekochten Getreides unten in der Schüssel gegen zu große Hitze geschützt werden kann; dadurch wird der Pie gleichzeitig auch nahrhafter.
- Eventuell zuerst mit dem einfach zu machenden *Apfelpie** experimentieren. 309

Blätterteigkissen (Feuilletés)

(8 Stück)

Eine einfache, jedoch festliche Art und Weise, *Ragouts* oder *Rührei* anzurichten. Grüner Salat und gekochtes Getreide sind gut dazu; wenn die Füllung aus Rührei besteht, reicht man zum Getreide noch eine Soße.

- *300 g Blätterteig aus dem Naturkostladen*
- *1 kleines Eigelb, verrührt mit 1 Teel. Milch*

- *Ragout* nach Wahl oder Rührei* 189

Der Teig wird 3 mm dick ausgewellt zu einem Stück von 22 x 30 cm. Die Ränder werden rechtwinklig ausgerädelt, so daß ein Rechteck von 20 x 28 cm entsteht. Dieses Stück wiederum wird in 8 Stücke von 7 x 10 cm ausgerädelt. Man legt sie auf ein Backblech und bestreicht sie mit Eigelb.
Backen: 5 Minuten bei 250°C; 5 Minuten bei 190°C, mittlere Schiene.
Diese «Kissen» werden mit einem scharfen, großen Messer horizontal durchgeschnitten. Sie werden auf die Teller gelegt und der untere Teil jeweils reichlich mit Ragout oder Rührei gefüllt. Der obere Teil des «Kissens» wird schräg als Deckelchen daraufgesetzt.

Tip: Man kann die Kissen auch vorher backen. Luftdicht verpackt halten sie sich an einem kühlen Platz eine knappe Woche. Kurz vor dem Anrichten bäckt man sie wieder auf (5 Minuten bei 200°C).

Teigrand

Ragout oder Gemüse festlich angerichtet: Der aus Blätterteig oder
Hefeteig gebackene Rand wird auf die Schüssel gelegt, nachdem diese gefüllt wurde. Bei Tisch be-

kommt jeder ein Stück dieses knusprigen Randes zum Gemüse oder Ragout auf seinen Teller.
Wenn Sie Blätterteig oder Hefeteig vorrätig haben, ist der Rand leicht und schnell gemacht. Man sollte keine Blätterteigrestchen für den Rand verwenden, sonst geht er nicht gleichmäßig auf. Der Teigrand ist, luftdicht verpackt, an einem kühlen und dunklen Ort
1-2 Wochen haltbar. 450

346

Man wellt ca. 250 g *Blätterteig** oder ein Rezept *Hefeteig** (für eine Schüssel von 24 cm Durchmesser) 3 mm dick aus. Der Teig wird auf ein Backblech gelegt und eine Schüssel verkehrt herum darüber gestülpt. Dabei sollte so wenig wie möglich Druck auf den Teig ausgeübt werden, es geht lediglich darum, den Umkreis der Schüssel zu markieren. Nun wird der Teig mit einem Rädchen rundherum 2 cm außerhalb dieser Markierung ausgerädelt (der Teig schrumpft während des Backens). Nun wird eine Schüssel oder ein Teller auf die Teigscheibe gelegt, die um soviel kleiner ist, daß ein Teigrand von 5-6 cm Breite übrigbleibt. Dieser neue Umkreis wird nun ganz ausgestochen. Das Mittelstück wird herausgenommen und neben den Teigrand gelegt. Man bestreicht es mit Eigelb (mit einem Eßl. Wasser verrührt) und bestreut es mit etwas feinem Salz und einer dichten Schicht Sesam- oder Mohnsamen. Nun rädelt man 12 Dreiecke aus und legt diese mit einem Abstand von 1 cm auf das Backblech. Ohne viel besondere Mühe backt man auf diese Art einige leckere salzige Häppchen mit.
Eventuelle Teigreste werden 2 mm dick ausgewellt, zum Fest passende Figuren ausgestochen und diese mit Wasser auf den Teigrand geklebt. Man sollte die Figürchen so groß wie möglich machen, denn während des Backens schrumpfen sie etwas zusammen. Alles zusammen wird mit Eigelb bepinselt. Der Rand sollte 10 Minuten an einem kühlen Platz ruhen. Inzwischen wird der Ofen vorgeheizt.
Backen: 8-10 Minuten bei 200°C, unterste Schiene. Dann wird der Ofen ausgeschaltet (nur bei Blätterteig) und ein Holzlöffel zwischen die Ofentür geklemmt. Das Gebäck bleibt noch 5 Minuten im Ofen und wird danach auf den Kuchenrost zum Abkühlen gelegt.

Variation: Hefeteig kann man etwas schmackhafter machen, indem man mit dem Salz 1/2-1/4 Teel. Thymian oder 1/4 Teel. Anis, fein zerrieben, daruntermischt. Man kann den mit Eigelb bestrichenen Teig auch reichlich mit Sesamsamen oder Sonnenblumenkernen bestreuen.

Brotbelag

Hier folgen einige Rezept für Fertigbrotbelag als Ersatz für die meist viel zu süßen und mit Farbstoff versehenen üblichen Produkte. Diese verlockend verpackten Streu- und Streichbelage sollte man solange wie möglich außer Reichweite halten oder für den sonntäglichen Brunch aufheben.

Kräuterquark

Dieser frische Quark schmeckt außer als Brotbelag auch sehr gut zu gekochtem Getreide (Weizen, Roggen, Thermogrütze) oder zu Pellkartoffeln. Er eignet sich auch als **Dipsoße**.

- *200 g Quark*
- *1 - 2 Eßl. Öl*
- *1/2 - 1 dl Milch oder Sahne*
- *2-4 Eßl. (je nach Geschmack auch etwas mehr) Schnittlauch oder andere frische Gartenkräuter, fein geschnitten*
- *eventuell etwas Gomasio** 408

Öl und Quark miteinander verrühren und soviel Milch darunterrühren, daß eine dickflüssige Soße entsteht. Kurz vor dem Anrichten werden die sehr fein geschnittenen Kräuter dazugegeben und mit Gomasio abgeschmeckt.

Variationen:

- Man fügt 1 Eßl. sehr fein gehackte Zwiebel und/oder 1-2 Knoblauchzehen (durch die Presse gedrückt) hinzu; oder 2-3 Eßl. fein geraffelten Winterrettich. In diesem Fall wird keine Milch zum Quark gegeben, der Winterrettich macht die Soße dünner.
- Winterrettich durch Meerrettichwurzel ersetzen (1 Eßl.)

Einige Sorten von frischem Brotbelag finden sich im Kapitel *Soßen auf der Basis saurer Milchprodukte**, Marmeladen siehe Kapitel *Zutaten*. 175
Allgemeine Anregungen für Brotbelag finden sich im Kapitel *Was ißt ein Kind an einem normalen Tag?**. 24

Tip: Übriggebliebene Soße kann mit Joghurt oder Viili* gestreckt und am nächsten Tag zum Rohkost- 464
salat aus Wurzelgemüse gegeben werden.

Avocadobutter

(für 4- 6 Brotscheiben oder ca. 20 kleine Toasts)

Mit hauchdünnen Radieschen- oder Karottenscheiben, mit Essiggürkchen oder gefüllten Oliven und/oder einem grünen Kräuterblättchen garniert, ist dies ein sehr besonders schmeckender Brotaufstrich für das festliche Abendessen oder zu einem kleinen Getränk. Avocados sind sehr nahrhaft und sehr eisen- und vitaminreich (B, C und Karotin).

- *1/2 Eßl. Zitronensaft*
- *1 Messerspitze Salz*
- *1 kleiner Apfel oder kleine Birne, geschält und sehr fein gerieben (75 g)*
- *1 große, sehr reife Avocado (250 g)*
- *1 Eßl. Schnittlauch, fein geschnitten*

Aus den Zutaten des ersten Abschnitts wird in einer kleinen Schüssel eine Soße gemacht.
Die Avocado wird längs durchgeschnitten und der Kern herausgenommen. Mit einem Löffel wird das Fruchtfleisch aus der Schale geholt und zur Soße

gegeben (immer gleich vermischen, das verhindert die Verfärbung). Nun wird die Avocado mit der Gabel so fein wie möglich zerdrückt; man kann auch den Stabmixer verwenden. Dieser Brotbelag wird nun in ein Glas gegeben und im Kühlschrank mindestens 20 Minuten stehen lassen. Kurz vor dem Essen wird abgeschmeckt und eventuell noch etwas Zitronensaft und/oder Salz hinzugegeben.
Der Schnittlauch wird über die bestrichenen Brote gestreut.
Ein eventueller Rest sollte nicht länger als bis zum nächsten Tag aufgehoben werden. Es ist auch besser, wenn dieser Brotbelag nicht zu lange vor dem Verzehr zubereitet wird (Verlust an Vitaminen und Verfärben).

Variationen:
- Der Zitronensaft kann durch 1 1/2 Eßl. saure Sahne, Viili* oder Joghurt ersetzt werden (von 464
  Viili wenn möglich die Rahmschicht, welche sich oben absetzt, verwenden).
- Der Zitronensaft kann durch 1-2 Eßl. Fermentgetreide* ersetzt werden, die gewünschte Konsi- 453
  stenz wird durch etwas Wasser erreicht.

Tip: Einfacher gemacht: Das Avocadofleisch kann unvermischt auf das Brot gestrichen werden. Man kann etwas *Gomasio** darüberstreuen oder dar- 408
unter Sirup oder Honig streichen. Auf die herzhafte Version kann man rohe Gemüsescheiben legen, auf die süße Apfel- oder Birnenscheiben.

Linsenpâté
(Menge: etwa ein kleines Marmeladeglas voll)

Ein Rest gekochter Hülsenfrüchte ist im Nu zu einem Brotbelag verarbeitet, der an Geschmack einer Leberpastete kaum nachsteht. Außer zum Brot schmeckt die Linsenpâté auch sehr lecker auf Toast (mit Essiggurkenscheiben oder Oliven garniert). Das Glas wird im Kühlschrank aufbewahrt und sollte auch nicht zu lange auf dem Tisch stehen, dann hält es sich 2-3 Tage.

- *150 g gut gargekochte* Linsen (50 g unge-* 283
  kocht), sehr gut abgetropft
- *25 g sehr fein gemahlene Nüsse, oder 1-2 Eßl. Nußmus oder Tahin*
- *1/4 Teel. Koriandersamen und*
- *2-3 Rosmarinnadeln, zerstoßen*
- *1-2 Eßl. Öl*
- *1/4-1/2 Teel. Tamari oder eine Prise Salz*
- *eventuell ein paar Tropfen Zitronensaft oder Apfelessig*

Alle Zutaten zu einem geschmeidigen Brei verrühren.

Variationen:
- Die Nüsse können durch Erdnußmus ersetzt werden (siehe *gemischtes Nußmus**) 238
- Die Linsen können durch andere Hülsenfrüchte ersetzt werden (Kichererbsen, braune Bohnen),
  und es kann eine Messerspitze *Sambal** hinzuge- 423
  fügt werden.
- Siehe auch unter pikante Linsenpâté (Variation unter *Linsenkuchen**). 228

Sesammus (ergibt ein Glas von 1 3/4 dl Inhalt)

Für Kinder, die zwar Sesam gerne essen, jedoch das original Tahin (Sesammus) nicht mögen. Im Kühlschrank 2-3 Wochen haltbar.

- *100 g Rosinen oder fein geschnittene Datteln, zu Mus gehackt*
- *50 g geröstete Sesamsamen*, im Mörser fein* 408
  zerstoßen oder in der Kaffeemühle fein gemahlen
- *25 g Thermomehl (Gerste)*
- *50 g (2 1/2 Eßl.) flüssigen Honig*
- *1 Eßl. Zitronensaft*

Die Zutaten in oben genannter Reihenfolge in eine Schüssel geben und mit einer Gabel zu einer streichfähigen Paste verarbeiten. Nur wenn es nicht anders geht (durch das Kneten wird das Mus geschmeidiger), tropfenweise heißes Wasser dazugeben.

Variationen:
- Das Gerstenmehl durch Fermentgetreide* und 453
  den Zitronensaft durch Brottrunk* ersetzen. 450
- Gerstenmehl durch Reismehl ersetzen.

Tip: Wenn man eine größere Menge Mus machen will, können die Rosinen und die Sesamsamen in einem Food-Processor gemahlen werden. Trotzdem sollte das Mus in kleinen Gläsern aufgehoben werden; da man es immer wieder auf den Frühstückstisch stellt, wird die Haltbarkeit verkürzt.

Gemischtes Nußmus (2 Gläser)

Dies ist eine Alternative zur Erdnußbutter*. Für Kin- 452
der, die auf die Erdnußbutter nicht verzichten können, kann die Variation gemacht werden.

- *1/2 Glas (175 g) Mandelmus*
- *1/2 Glas Sonnenblumenkernmus*
- *1/2 Glas Tahin pur*
- *125 g Haselnüsse (geröstet* und grob gehackt)* 407
- *1/4 Teel. Salz*
- *eventuell etwas Öl*

Alle Zutaten in eine Teigschüssel geben und mit der Gabel gründlich untereinandermischen. Wenn nötig, fügt man etwas Öl hinzu, es muß ein streichbares Gemisch entstehen.
Das Mus wird in saubere Marmeladegläser gegeben (gut andrücken) und an einem nicht zu warmem, vor allem dunklen Platz aufgehoben.

Variation: Man kann ein paar Eßl. biologisches Erdnußmus unter das Nußmus mischen. Erdnußmus hat einen ziemlich hervortretenden Geschmack, und es braucht nur wenig, um das ganze Mus nach Erdnüssen schmecken zu lassen.

Tip: Wenn Sie im Besitz einer Getreidemühle oder eines Food-Processors sind, können Sie die verschiedenen Muse durch ganze Mandeln, Kerne und Samen ersetzen und alles selber fein mahlen. Wenn Sie die Sonnenblumenkerne und die Sesamsamen
vor dem Mahlen rösten*, gibt dies dem Mus einen 408
besonders guten Geschmack. Nüsse, Kerne und Samen sollten getrennt voneinander gemahlen werden, denn die Härte ist jeweils verschieden.

Nußbrotaufstrich (300 g)

Die cremed Coconut* gibt diesem Nußbrotaufstrich 456
(beinahe) den Geschmack von echtem Kokosbrot, ist jedoch durch ihren Gehalt an leichter verdaulichen Nüssen für kleine Kinder besser geeignet. Dieser nahrhafte (etwas fette) Brotbelag ist leicht gemacht und genau wie der gekaufte Kokosbrotaufstrich lange haltbar (Kühlschrank). Da er *auf* dem Brot liegen bleibt, ist er für das Schulbrot gut geeignet.

- *3/4 dl Wasser*
- *100 g cremed Coconut*
- *100 g gemahlene Haselnüsse oder Mandeln, sehr fein gemahlen*
- *1- 1/2 Eßl. Honig*
- *eventuell 1/4 Teel. Vanillemark*

Das Wasser und das in Scheiben geschnittene cremed Coconut in ein kleines Töpfchen geben und
au bain-Marie* schmelzen lassen. 49
Gut verrühren und den Rest der Zutaten darunterkneten. Es muß eine feste, jedoch einigermaßen zusammenhängende Masse ergeben. In eine viereckige Dose drücken und im Kühlschrank durch und durch kalt und fest werden lassen (zudecken).
Die Dose kurz in heißes Wasser tauchen und den Inhalt auf ein Holzbrettchen stürzen.
Mit einem Sägemesser die gewünschte Menge Scheiben abschneiden und den Rest wieder in den Kühlschrank geben.

Variationen:
- Vanille durch 1 Messerspitze Zimt ersetzen
- **Kokosbrotaufstrich** (Originalrezept, schön weiß): Die oben genannten Nüsse werden durch Kokosflocken ersetzt, man nimmt nur 1 Eßl. Honig und keine Gewürze. Der Kokosbrotaufstrich sollte für besondere Gelegenheiten aufbewahrt werden
(siehe *Kokos**). 456

- Die oben genannten Nüsse können durch Walnüsse ersetzt werden; 75 g cremed Coconut ist dann ausreichend. Gewürzt wird mit 1/4 Teelöffel Zimt.
- **Brauner Nußbrotaufstrich:** Den Honig ersetzt man durch (4 Eßl.) Karobpulver oder 1 Eßl. Kakao mit 1 - 1 1/2 Eßl. Vollrohrzucker (*Puderzukker**). Man mischt dies mit den Fingern unter die gemahlenen Nüsse und glättet gleichzeitig die eventuellen Klümpchen. 410

Schwarzer Winterrettich

Kinder, die im Sommer gelernt haben, Radieschen zu essen, werden auch im Winter den rabenschwarzen Winterrettich zu schätzen wissen (gut für die Leber und reich an Calcium). Er ist jedoch so scharf, daß man nur kleine Mengen davon reichen sollte. Das tut nichts, denn der Winterrettich hält sich eine Woche frisch:
- Die Knolle unter dem kalten fließenden Wasser rundherum kräftig sauberbürsten (Nagelbürste); nicht schälen.
- Das Wurzelstück wird abgeschnitten und nur soviel vom Rettich verarbeitet, wie man braucht (hauchdünn auf einem Gurkenhobel schaben oder auf einer Rohkostreibe fein reiben).
- Der übrige Rettich wird in eine Tüte gesteckt (Zellophan, eventuell auch Plastik) und im Gemüsefach des Kühlschranks aufbewahrt.

Der geriebene Rettich schmeckt besonders gut auf einem mit *Majonnaise** bestrichenen Brot, 421
mit etwas *Gomasio** bestreut. Man kann auch die 408
Rohkost von Wurzelgemüsen mit etwas geriebenem Rettich herzhafter machen.

Mandelstreusel (2 Marmeladengläser)

Dieser sehr süße Mandelbelag schmeckt nicht nur zum Butterbrot sehr gut, sondern eignet sich auch zum Bestreuen von Eis oder Apfelmus und vor allem auf dem Apfelkuchen.

- *50 g sehr weiche Butter*
- *50 g dünnen Honig*
- *2 Eßl. Zuckerrübenkraut oder Birnel*
- *1 Eßl. Dicksaft*
- *die geriebene Schale einer halben Zitrone oder einer Orange*

- *125 g feine Haferflocken*
- *125 g sehr grob gehackte Mandeln*

Die Zutaten des ersten Abschnittes werden cremig gerührt und dann mit der Gabel die Mandeln und Haferflocken dazugegeben. Eine Viertelstunde auf Zimmertemperatur festwerden lassen. Diese Mischung kann auch in der letzten Viertelstunde der Backzeit über einen Kuchen gestreut werden.
Will man die Streusel auf Vorrat machen, muß man sie auf dem Backblech ausbreiten.
Backen: ca. 20 Minuten bei 150°C, mittlere Schiene.
Aufgepaßt: Diese Streusel dürfen zwar etwas Farbe bekommen, jedoch nicht zu braun werden, sonst schmecken sie bitter. Nach etwa einer Viertelstunde muß die Mischung mit dem Löffel umgewendet werden; abkühlen läßt man sie auf dem Backblech außerhalb des Backofens.
Mit den Fingern wird das Gemisch krümelig gerieben und in ein Glas gegeben. Luftdicht verschlossen und an einem nicht zu warmen dunklen Ort aufbewahrt (Schrank), ist es mehrere Wochen haltbar.

Variation:
Ersetze die Haferflocken durch Reisflocken.

Aniszucker (1 Glas voll)

Besonders lecker aufs sonntägliche Toastbrot. Man kann ihn auf Vorrat machen und an dunklem, nicht zu warmem Ort einige Wochen aufheben.

- *150 g nicht zu fein gemahlene Haselnüsse oder Mandeln*
- *20 g (2 Eßl.) feinen Vollrohrzucker*
- *1/4 - 1/2 Teel. zerstoßene Anissamen*
- *1 Pizza- oder Springform von 26-30 cm Durchmesser*

In einer Schüssel werden die Nüsse und der Zucker miteinander vermischt und dann in einer dicken Schicht in der Backform ausgebreitet.
Backen: ca. 10 Min. bei 125°C, mittlere Schiene.
Die Mischung muß immer wieder mit dem Löffel umgewendet werden, sie soll sich kaum verfärben. Zu dunkel gebacken, schmeckt sie bitter, und der Nährwert leidet. In ein Glas füllen und den Anis daruntermischen.

Variation:
- Die oben genannten Nüsse werden durch Kokosflocken ersetzt. Anis weglassen.
- **Gestoßene «Mäuschen»:** In einem Mörser wird 1/4 Teel. Anis mit 1 Eßl. Vollrohrzucker fein zerstoßen. Dieses Gemisch kann nicht auf Vorrat gemacht werden, denn es verliert schnell an Geschmack.
- **Seroendeng** (indonesisch): Pikant im Geschmack und sehr einfach, auch ohne Backofen, zu machen:
  Man nimmt Kokosflocken, ersetzt den Zucker durch fein gehackte Zwiebel und Knoblauch und den Anis durch eine Mischung aus 1 Teel. Koriandersamen und 1/4 Teel. Kümmel, die mit 1/4 Teel. Salz zusammen zerstoßen werden. Alles wird sehr gut miteinander vermischt und in einem kleinen Töpfchen unter Rühren geröstet, bis dieses Gewürzgemisch auf mäßigem Feuer lecker zu duften anfängt und die Kokosflocken goldbraun geworden sind. Man achte vor allem darauf, daß das Ganze nicht anbrennt, denn das geht auf Kosten des Geschmacks.
  Seroendeng schmeckt nicht nur zum Butterbrot gut, sondern eignet sich auch dazu, über gekochten Reis oder anderes locker gekochtes Getreide gestreut zu werden. Man mischt dann noch 100 g *geröstete Mandelsplitter** oder *ge-* 407
  *röstete Cashewnüsse** darunter; zum indonesi- 407
  schen Reisgericht Nasi werden gesalzene Erdnüsse verwendet (das ist dann das originale Seroendeng).

Tip: Der Aniszucker kann auch in einem trockenen Topf mit dickem Boden geröstet werden; in dem Fall wird der Zucker erst kurz nach dem Rösten zu den Nüssen gegeben. Während des Röstens muß dauernd gerührt werden, sonst brennt das Ganze an. Für diese Methode eignen sich Kokosflocken am besten.

Schokoladenbrotaufstrich
(ergibt ein Glas von 2 dl Inhalt)

Dieses süße Mus hält sich 2-3 Wochen (im Kühlschrank 2-3 Monate).

- *50-75 g sehr weiche Butter oder cremed Coco-*
  nut, eventuell 3 Eßl. Öl* 456
- *30 g (4 1/2 Eßl.) Karobpulver** 455
- *100 g Datteln, fein geschnitten und zu Mus gehackt*
- *100 g Haselnüsse (am besten geröstet*), sehr* 407
  fein gemahlen
- *1 Messerspitze Anis, fein zerstoßen*

Butter und Karob zu einer Creme verarbeiten und die übrigen Zutaten dazugeben. Siehe weiter unter
*Sesammus**, ebenso den Tip. 237

Variationen:
- Anis durch 1/4 Teel. Zimt oder 1/2 Teel. Koriander ersetzen.
- Karob durch 2 Eßl. Kakaopulver und 1-2 Eßl. Pu-
  derzucker* ersetzen. 410
- Schneller gemacht: Die Datteln können durch 2-3 Eßl. Dattelsirup ersetzt werden.

Tip: siehe auch *Doppelkeks mit Schokolade-*
*füllung**. 359

Gemüse und Kräuter

Weitaus der größte Teil unserer Ernährung kommt aus dem Pflanzenreich. Jede Pflanze hat ihre eigene Gestalt, deren Merkmale typisch sind für ihre Art. Aber wie groß der Unterschied der Erscheinungsformen auch ist, so hat doch jede Pflanze eine Wurzel, Stengel und Blätter, später Blüten und Früchte und Samen. Nur die Pilze haben keine Blätter.
Im Lauf der Jahrtausende hat der Mensch aus wilden Pflanzen unsere Gemüsegewächse gezüchtet, indem jeweils ein Teil der Pflanze besonders hervorgehoben wurde. Diesen Teil der Pflanze essen wir meistens in unreifem Zustand (je jünger, desto zarter!). Da die unterschiedlichen Teile der Pflanze verschiedene Eigenschaften für die Ernährung des Menschen haben, ist eine Ernährung erst dann harmonisch, wenn wir von *allen* Teilen der Pflanze etwas in unser Menü aufnehmen. Außer durch ein zweites Gemüse (von einem anderen Pflanzenteil) können wir diese Einseitigkeit des Gemüses auch durch einen Nachtisch mit Früchten oder, nicht zu vergessen, durch Kräuter ausgleichen. Siehe auch die Übersicht auf Seite 243.

In den **Wurzeln und Knollen** sammelt die Pflanze Nahrungsstoffe für die kommende Jahreszeit. Wurzel- und Knollengewächse sind deshalb auch besonders reich an Mineralstoffen. Dieser härteste Teil der Pflanze unterstützt vor allem diejenigen Funktionen, die im Kopf stattfinden (Nerven-Sinnesprozesse).

In **Stengel und Blatt** spielt sich der Säftestrom ab, mit welchem die Nahrungsstoffe aus der Wurzel in die anderen Pflanzenteile transportiert werden. So wird eine Verbindung zwischen der Wurzel und dem Blüten-/Fruchtbereich hergestellt. Unter dem Einfluß des Sonnenlichtes bildet das Blattgrün aus Wasser und Luft (CO_2) Stärke und Zucker (Photosynthese). Das Blatt enthält auch kleine Mengen an (sehr hochwertigem) Eiweiß. Dieser rhythmische Säftestrom der Pflanze kann mit dem menschlichen Blutkreislauf und der Atmung verglichen werden.

In der **Blüte** bildet sich ein Innenraum, später entsteht die **Frucht**. Die Blüte öffnet sich zur Sonne hin und läßt ihren Duft entströmen. Pflanzen, die Nektar bilden, öffnen sich den Einflüssen von Licht und Wärme in besonderem Maße. Auch die Früchte sind farbig und duften; sie sind meistens weich und süß und oft besonders schön geformt. Nur völlig ausgereiftes Obst kann unseren Wärmeorganismus richtig stimulieren und enthält genügend Vitamine.

Im **Samen**, der sich *in* der Frucht bildet, schließt sich der Kreislauf wieder; der Samen ist sozusagen die Zusammenfassung der Pflanze.
Alle Nahrungsmittel, die vom obersten Teil der Pflanze stammen, regen den Stoffwechsel und die Fortpflanzungsorgane an.

demeter

Gemüse und Kräuter aus dem Wurzelbereich

- *Wurzeln* alle Karottenarten, Pastinake, Rote Bete (Randen), alle Arten von Rettichen, Meerettichwurzel, Schwarzwurzel
- *Knollen* Steckrübe, Sellerie, Zwiebel, Knoblauch, Topinambur, Kartoffel (botanisch betrachtet ist die Kartoffel kein Knollengewächs, sondern eine Verdickung eines unterirdischen Stengels)
- *Kräuter* unter anderem Meerrettichwurzel, Ingwerwurzel, Gelbwurzel (Kurkuma)

Gemüse und Kräuter aus dem Blattbereich

- *Stengel* Lauch, Fenchelknolle, Kohlrabi (dies ist ein verdickter Stengel), Mangold, Paksoy, Bleichsellerie, Rübstiele, Spargel, Rhabarber
- *Blatt* Kopf- und Eissalat, Feldsalat (Nüsslisalat), Postellein (Portulak), Brunnenkresse, Spinat, Schnittmangold, Melde, Löwenzahnblatt, Brennessel, Chicorée, Endivien

  Weißkraut, Rotkraut, Grünkohl, Chinakohl und Spitzkohl, Rosenkohl, Blumenkohl (gebildet aus ganz und gar «gekrausten» Blättern; die Pflanze bildet, wenn sie auf dem Acker stehen bleibt, eine extra Blüte)
- *Kräuter* unter anderem Petersilie, Sellerieblatt, Liebstöckl, Basilikum, Origano, Salbei, Majoran, Thymian, Rosmarin, Dill, Bohnenkraut, Estragon, Korianderblatt, Lorbeerblatt, Zimt (Rinde von kleinen Zweigen)

Gemüse und Kräuter aus dem Blüten- und Fruchtbereich

- *Blüte* Broccoli, Artischocke
- *Frucht* Tomaten, Paprika, Auberginen, Gurken, Zucchetti, Kürbis, Zuckererbsen (Kefen), Feldbohnen, grüne Erbsen, Buschbohnen und andere grüne Bohnen
- *Samen* Getreide (auch Zuckermais), Hülsenfrüchte, Sonnenblumenkerne, Sesam- und Mohnsamen, alle Nußsorten
- *Gewürze* unter anderem Fenchelsamen, Dillsamen, Anissamen, Kümmel, Kreuzkümmel, Koriander- und Senfsamen, Wacholderbeeren, Paprika, Cayennepfeffer (Pulver von getrocknetem spanischem Pfeffer), Muskatnuß und Muskatblüte, Nelke (Blütenknospen), Vanille (fermentierte Hülsen einer tropischen Pflanze, voller aromatischer Samen)

Welches Gemüse ist für Kinder geeignet?

Wir verwenden für Kinder am liebsten das Gemüse,
welches die Jahreszeit bietet. Dadurch ergibt sich
ein bestimmter Jahresrhythmus, insbesondere,
wenn wir dabei auch noch die Jahresfeste* mitein- 54
beziehen. Was man nicht jeden Tag ißt, schmeckt
um so besser, wenn man es plötzlich wieder be-
kommt. Das Warten auf die ersten Erdbeeren ge-
hört zum Warten auf die ersten warmen Maitage,
und die ersten Mandarinen bringt der Nikolaus.

In der folgenden Liste finden Sie die verschiedenen Gemüse- und Obstsorten nach der Jahreszeit aufgeführt. Viele Sorten sind in mehr als nur einer Jahreszeit erhältlich, stehen jedoch nur bei ihrem ersten «Auftreten» auf der Liste.
Die Abbildungen auf Seite 242, 246, 247 und 250 zeigen die Gemüsesorten, die zu den verschiedenen Jahreszeiten gehören.

Frühling (siehe Abbildung auf Seite 242):
- Bundkarotten, Salatzwiebeln, Mairübchen (kleine, halb rosa, halb weiße Steckrüben), Radieschen
- Gartenkresse (selber aussäen!), Rübstiele, Spinat, Brennessel, Löwenzahn, Brunnenkresse, Spargel, Rhabarber, frische Kräuter
- Zuckererbsen, helle Apfelsinen

Sommer (siehe Abbildung auf Seite 246):
- Sommerkarotten, Schalotten, Knoblauch, Rettich, erste Rote Bete (Randen), erste Kartoffeln, Sellerie mit Blatt
- Schnitt- und Stielmangold, großblättriger Spinat, Paksoy, Sommerlauch, alle (Kopf-)Salatsorten, Postellein (Portulak), Endivien, Fenchel, Kohlrabi, Spitzkohl, Chinakohl, Blumenkohl
- frische grüne Erbsen, Gurken, Zucchetti, Auberginen, hellgrüne Kürbissorten, Tomaten, Paprikaschoten, grüne Bohnen, Puffbohnen, Broccoli, Zuckermais
- alle Beerensorten, Pflaumen, Melonen, frühe Apfel- und Birnensorten

Herbst (siehe Abbildung auf Seite 247):
- Steckrüben (Räben), Winterkarotten, Winterrettich, Topinambur, Zwiebeln, Kartoffeln
- alle Winterkohlsorten, Lauch, Herbstspinat
- Kastanien, Hokaidokürbis (japanischer Kürbis)
- Lageräpfel und -birnen, Trauben, Nüsse

Winter (siehe Abbildung auf Seite 250):
- alles, was an Gemüse und Früchten vom Sommer eingekellert ist
- Winterpostellein (Portulak), Feldsalat, Chicorée
- Mandarinen, Grapefruits, Blutorangen

Kräuter

Kräuter enthalten keine großen Mengen an Nährstoffen, sind dafür im Aroma sehr intensiv; einige Sorten (Meerrettichwurzel, Ingwer) werden bis in die Wurzel hinein ganz von Wärme, Licht und Luft durchdrungen. Dadurch kommt es, daß sich in diesen Pflanzen bis in den Wurzelbereich hinein, wo sonst die mineralischen Prozesse überwiegen, ätherische Öle bilden, Stoffe also, die wir sonst nur im Bereich der Blüte und der Frucht finden.
Ätherische Öle sind für die menschliche Ernährung sehr wichtig; gäbe es sie nicht, würde der Stoffwechsel auf die Dauer gelähmt werden, die Folge davon wäre Appetitmangel und Müdigkeit.
Die beiden wichtigsten Familien der Kräuterpflanzen sind die Lippenblütler und die Doldenblütler. Die *Lippenblütler* (Basilikum, Bohnenkraut, Majoran, Thymian, Rosmarin, Ysop, Salbei) machen vor allem fett- und eiweißreiche Gerichte leichter verdaulich; die *Doldenblütler* (Anis, Koriander, Fenchel, Dill, Sellerie, Petersilie, Liebstöckel) sorgen für eine bessere Verdaulichkeit von kohlehydratreichen Gerichten.
Kräuter, die mit dem Gericht mitgekocht werden (ganze Samen) oder mitquellen (getrocknete Blätter und fein zerriebene Samen), sorgen für eine bessere Verdaulichkeit dieses Gerichtes.

Kräuter, die kurz vor dem Anrichten zum Essen gegeben werden (frische Kräuter), fördern den Stoffwechsel.
Vor allem jedoch werden Kräuter ihres Geschmackes wegen verwendet.
Kleine Kinder sollten wenig Kräuter bekommen (zuerst frische Kräuter und später Gewürze) und nicht mehr als zwei bis drei verschiedene Sorten in einem Gericht. Bei einer Mahlzeit sollte nicht mehr als ein Gericht gewürzt sein, z.B. entweder die Soße oder das Getreide.
Bei allergischen Kindern muß man mit dem Würzen besonders vorsichtig sein.

Wildgemüse

Der Wert von wildem Gemüse wurde schon früher hoch geschätzt. Wildes Gemüse kann man nicht nur im Frühjahr, sondern während des ganzen Sommers pflücken, es wächst immer wieder mit neuen Trieben nach, die genauso zart sind wie die junge Pflanze im Frühjahr. Das wertvollste wilde Gemüse ist die Brennessel (siehe *Brennessel-* 401,
*trank** und *Spinat**), jedoch auch Melde, Vogel- 262
miere, Löwenzahnblätter und Sauerampfer enthalten sehr viel mehr Vitamine und Mineralstoffe als unser gezüchtetes Gemüse. Durch einige wenige Blätter wilden Gemüses, die in den Salat, die Suppe oder Soße gegeben oder mit anderem Blattgemüse vermischt werden, kann schon ein Teil des normalen Gemüses ersetzt werden (praktisch in den Ferien, wenn es schwierig ist, frisches Blattgemüse zu kaufen).

Pilze

Pilze enthalten kein Chlorophyll, so daß die Photosynthese, bei der unter Einfluß von Sonnenlicht Kohlenhydrat gebildet wird, nicht stattfinden kann. Pilze brauchen auch kein Sonnenlicht. Der größte Teil dieser Pflanze, das weit verzweigte Myzelium, wächst unter der Erdoberfläche. Was davon sichtbar wird, ist Blüte, Frucht und Samen zugleich, jedoch ein Produkt, das ohne Licht- und Wärmekräfte entstanden ist.
Die meisten Pilze leben in einer Symbiose mit einem Baum und verschaffen ihm auf effiziente Weise Wasser und Mineralstoffe. Manche Sorten bauen totes organisches Material ab, wie Holz und Blätter, andere wiederum speichern schädliche Stoffe, wie Schwermetalle und radioaktive Stoffe.
Pilze sind für das Milieu im Wald von unschätzbarem Wert, haben jedoch kaum einen Nährwert. Für kleine Kinder sind sie nicht geeignet; wie die Erfahrung zeigt, mögen sie sie auch meistens nicht. Größeren Kindern kann man sie ab und zu des Geschmackes wegen geben, beispielsweise in Eintopfgerichten oder auf der Pizza. Man sollte dann jedoch solche Pilze kaufen, die ohne Kunstdünger und chemische Mittel auf natürlichem Boden gezüchtet wurden.

Gemüseeinkauf

Biologisch* und biologisch-dynamisch* gezoge- 449,
nes Gemüse wurde ohne Kunstdünger und chemi- 450
sche Schädlingsbekämpfungsmittel angebaut und unterscheidet sich von der üblichen Handelsware durch einen besseren Geschmack, einen höheren Gehalt an Vitaminen und Mineralstoffen und einen
niedrigeren Nitratgehalt*. Weil dieses Gemüse 253
beim Kochen weniger zusammenfällt, braucht man im Vergleich zu üblichen Rezepten kleinere Mengen.

In meinen Menüanregungen kombiniere ich gerne gekochtes Gemüse mit Rohkost oder die Rohkost mit gekochtem Gemüse, eventuell als Eintopf verarbeitet, oder mit Gemüsesoßen. Außerdem ist auch Getreide reich an Mineralstoffen und Vitaminen, ebenso wie gute Suppen und (Obst-)Nachtisch.

Das Aufbewahren von Gemüse

Gemüse muß kühl und dunkel gelagert werden:

- Wurzelgemüse nicht länger als eine Woche, fest in einer Papiertüte verpackt, kleine Mengen zwischen den Kartoffeln. Dann trocknet das Gemüse weniger aus.
- Stengelgemüse einige Tage, lose in Papier verpackt.
- Blattgemüse so kurz wie möglich, zuerst alle welken Blätter entfernen, dann lose in einer reichlich großen Plastiktüte verpackt oder gewaschen, aber noch nicht trockengeschleudert, in der Salatschleuder (mit etwas Wasser unter dem Körbchen).

Gemüse und Früchte waschen und putzen

Bei allen Gemüse- und Früchtesorten, die durch ihre lange Wachstumszeit lange im Freien waren, ist das Waschen unter dem kalten Wasserhahn nicht mehr ausreichend.

Von den verschiedenen Kohlsorten und Köpfe bildenden Salatsorten werden die äußersten Blätter bereits entfernt, bevor das Gemüse in den Laden kommt. Bei den Wurzelgewächsen spielt die Luftverschmutzung keine Rolle, anders ist es bei Fruchtgemüse und Obst mit glatter Schale. Der Schmutz haftet an der natürlichen Wachsschicht besonders gut. Bei Fruchtgemüse* und 243
Früchten wie Äpfeln, Birnen, Pflaumen, Kirschen, Beeren, Trauben usw. verfährt man folgendermaßen:

- Man legt das Gemüse oder die Früchte 10 Minuten (nicht länger) in lauwarmes Wasser, dem man einige Tropfen Biospülmittel hinzugefügt hat. Mit den Händen gründlich, jedoch vorsichtig waschen und auf ein Sieb legen.
- Gemüse oder Früchte unter dem kalten fließenden Wasser abspülen.
- Große Früchte mit dem Geschirrtuch abtrocknen, die kleinen abtropfen lassen und mit dem Geschirrtuch trockentupfen. Damit werden Schimmel und Fäulnis, die im Kühlschrank leicht auftreten, verhindert. Beeren werden erst kurz vor dem Verzehr gerichtet.
- Unterwegs oder wenn es eilt: beide Handflächen einseifen, die Frucht gut waschen und unter dem Wasserhahn abspülen.

Gespritztes Gemüse und Früchte werden mit dem Sparschäler geschält und Vertiefungen, in denen sich Schmutz ansammeln kann, entfernt (z.B. Blüte und Stielansatz bei Äpfeln und Birnen). Kartoffeln, Gemüse und Früchte werden erst kurz vor dem Zubereiten geschält und sollten nie im Wasser liegen gelassen werden.

Ungespritztes Gemüse und Früchte werden nur geschält, wenn es unbedingt nötig ist; zähe, jedoch frische Schalen kann man zum Herstellen von *Bouillon** oder für *(Apfel-)Tee** verwenden. Früh 77,
in der Saison ist es meistens ausreichend, wenn

Wurzelgemüse kräftig mit einer Naturborstenbürste geschrubbt wird. Allerdings sollte man bei Äpfeln und Birnen den Teil, der rund um Stiel und Blüte ist, großzügig wegschneiden.
Das Gemüse kann ruhig einige Stunden vor dem Essen geputzt und gewaschen werden (z.B. nach dem Einkaufen am Morgen); man sollte es dann jedoch an einem kühlen Ort aufbewahren (beim Salat gibt man die *ganzen* gewaschenen Blätter in die Salatschleuder, schleudert jedoch noch *nicht*). Blattgemüse wird in reichlich kaltem Wasser gewaschen und ins Sieb zum Abtropfen gelegt. Der Waschvorgang wird wiederholt, bis das Wasser klar ist. Große Blätter werden unter dem kalten fließenden Wasser abgespült, auch an der Rückseite.
Faule Stellen am Obst können nur bei Äpfeln entfernt werden (sehr großzügig ausschneiden). Bei allen anderen Obstsorten (auch bei Tomaten) ziehen sich Schimmel und andere unerwünschte Stoffe aus dem faulen Fleck durch die ganze Frucht; also auf den Kompost werfen.

Die Zubereitung von Gemüse

Je mehr ein Pflanzenteil von Wärme durchdrungen wurde (z.B. Blüte und Frucht), desto leichter kann er verdaut werden. Reife Früchte (auch Fruchtgemüse wie Tomaten und Paprikaschoten) und sehr zartes Gemüse (Salat, Frühjahrskarotten) können deshalb von kleinen Kindern roh gegessen werden. Einen auf einer Glasreibe geriebenen Apfel kann sogar schon ein Baby verdauen.
Wenn durch äußere Umstände Früchte nicht ausreifen konnten, müssen wir diesen nicht abgeschlossenen Reifungsprozeß wieder aufgreifen und im Topf zu Ende führen. Das gilt auch für die meisten Gemüsesorten.
Das behutsame Garen von Gemüse und manchmal auch von Obst ist also (abgesehen von einem geringfügigen Vitaminverlust) kein Qualitätsverlust.

Es gibt verschiedene Methoden, um Gemüse zuzubereiten: ***kochen, dämpfen, dünsten, braten und backen***. Das ***Rührbacken*** (im Wok) ist ein Zwischending von Schmoren und Braten.
Bei all diesen Methoden achten wir darauf, daß der Siedepunkt so schnell wie möglich erreicht wird, denn die Enzyme, die im geschnittenen Gemüse und Obst beispielsweise das Vitamin C abbauen, sind bei Temperaturen zwischen 40° und 80°C am aktivsten.

Dampfkochtopf und Mikrowelle sparen zwar Zeit, sind aber zu gewalttätig. Im **Dampfkochtopf** entsteht ein höherer Druck, als er in der Natur je herrscht. Beim Kochen mit dem Dampfkochtopf hat man es, nach neueren Untersuchungen, durchaus mit einem Verlust an Vitaminen zu tun.
Im **Mikrowellenherd** bringen die Mikrowellen die Nahrungsmittelteilchen derartig in Bewegung, daß sie sich selber durch die entstandene Bewegung erhitzen. Diese unnatürliche Bewegung wird ihnen aufgezwungen. Sowohl der Einfluß dieser Strahlung auf Nahrungsmittel und Menschen (Leckstrahlung) als auch der auf die Bakterien ist noch nicht in genügender Weise untersucht worden. Beim Kochen im Dampfkochtopf und im Mikrowellenherd wird die Struktur, die dem Lebensmittel von Natur aus eigen ist, stärker verändert, als wenn sorgfältig in «normalen» Töpfen und Pfannen gekocht wird.

Kochen

Gemüse, das in viel Wasser gekocht wurde, gibt nicht nur Geschmack, sondern auch Vitamine und Mineralstoffe an das Kochwasser ab; dieser Vorgang verstärkt sich, je feiner das Gemüse geschnitten wurde und je länger der Kochprozeß dauert. Er gibt der Gemüsebouillon oder Gemüsesuppe einen guten Geschmack, ist jedoch nicht erwünscht, wenn man das Gemüse als Beilage essen will. Deshalb wird dieser Kochprozeß nur dann angewendet, wenn es sich um ganzes oder in große Stücke geschnittenes Gemüse (Spargel, Selleriescheiben) handelt, das nur dann gar wird, wenn es in genügend Wasser liegt. Damit so wenig wie möglich Nahrungs- und Geschmacksstoffe verloren gehen, geben wir etwas Salz ins Wasser (damit ist das Kochwasser bereits mit einem Mineralstoff versehen und zieht deshalb weniger Mineralstoffe aus dem Gemüse) und verwenden das Kochwasser später für die Suppe, Soße oder um Getreide darin zu kochen.
Wenn das Gemüse erst später verarbeitet werden soll, läßt man es knapp mit Wasser bedeckt stehen und rasch abkühlen; es sollte nicht länger als zwei Tage im Kühlschrank aufgehoben werden.

Dämpfen

Beim Dämpfen nimmt man gerade so viel Wasser, daß sich im Topf genügend Dampf entwickeln kann, um das Gemüse zu garen. Der perfekte Koch nimmt so viel Wasser, daß es verdampft ist, wenn das Gemüse fertig ist. Man sollte zum Wasser etwas Salz hinzufügen, damit möglichst wenig Mineralstoffe verloren gehen, und etwas Butter und Öl zur Erhaltung der Geschmacksstoffe.
Dämpfen eignet sich vor allem für kleingeschnittenes, hartes Gemüse wie Knollen- und Wurzelgemüse, für frische Bohnen und härtere Kohlsorten.
Aufgepaßt: Das Dämpfen in einem Körbchen *über* dem Wasser laugt das Gemüse sehr viel mehr aus, als wenn es *in* wenig Wasser mit Salz und Fett gegart wird. Eine Ausnahme bilden die Gemüsesorten, die man in der Schale kocht, wie Topinambur, Pastinaken, Schwarzwurzeln und Bataten (siehe Pellkartoffeln*). 169

Für Kinder wird das Gemüse gar gekocht (das heißt jedoch nicht, daß es zu Mus gekocht werden sollte). Vor allem für die Kleinen ist es noch zu schwer verdaulich, wenn «bißgar» gekocht wird. Alle Bohnensorten und frische Erbsen müssen auch für die Erwachsenen ganz gar gekocht werden (sie enthalten Phytin, einen leicht giftigen Stoff, der durch gutes Garkochen unschädlich gemacht wird).
Gemüsewasser nicht wegschütten, es enthält wichtige Nährstoffe.

Für Kleinkinder kann man alles Gemüse dämpfen, anfangs noch ohne Salz und Fett. Kurz vor dem Essen gibt man dann einen Löffel Sahne, ein Stückchen Butter oder einen halben Teelöffel Öl dazu. Eventuell vorhandenes Kochwasser wird auch hinzugefügt (als Soße zum Getreide). Vom Kindergartenalter an kann das Kind auch gedünstetes Gemüse bekommen, anfangs jedoch noch ohne Zwiebeln oder Lauch.

Dünsten

Beim Dünsten verwendet man den Saft, der von Natur aus in manchen Gemüsesorten vorhanden ist (Spinat, Chicorée, Champignons) oder beim Kleinschneiden von Gemüse bereits aus den Zellen fließt (Endivien, Kohl, Lauch).
Es ist eine Kunst, das Gemüse so schnell wie möglich, jedoch ohne es anbrennen zu lassen, zum Siedepunkt zu bringen und ihm gleichzeitig so viel Flüssigkeit wie möglich zu entziehen, damit es darin garen kann. Dies gelingt am besten, wenn man den Topf zuerst «vorwärmt», indem man eine kleingeschnittene Zwiebel darin dün-

stet. Das Hinzufügen von Salz fördert das Austreten von Flüssigkeit aus dem Gemüse und gibt obendrein einen guten Geschmack.
Tip: Wenn keine Zwiebel verwendet wird, wird das geschnittene Gemüse gleichzeitig mit dem Öl erhitzt; eventuell können 1-2 Eßl. Wasser hinzugefügt werden, das Gemüse darf sich nicht verfärben.

Dünsten ist die beste Methode, um Gemüse so schonend zu garen, daß möglichst viele Nährstoffe erhalten bleiben. Sofern das Fett nicht über 100°C erhitzt wird (dies passiert, wenn die Zwiebel *anfängt* gelb zu werden), kann auch ein Kindergartenkind gedünstetes Gemüse vertragen.

Sautieren

Wenn man beim Schmoren die Hitze verstärkt und
dabei rührt, steigt die Temperatur über 100°C, so
daß das Gemüse brät. Butter, die derartig erhitzt
wurde, ebenso kaltgepreßtes Öl mit viel ungesät-
tigten Fettsäuren* sind ungesund. Wer für Jugend- 459
liche ab und zu für bestimmte Gemüsesorten oder
exotische Gerichte Zwiebeln sautiert, sollte dafür
Sonnenblumen- oder Maisöl verwenden und auch
hier darauf achten, daß die Erhitzung nicht zu
stark wird.

Braten

Dies kann sowohl in der Bratpfanne als auch im
Ofen oder im Fritiertopf geschehen, auf jeden
Fall hat man es hier immer mit hohen Temperaturen zu tun. Um das Gemüse dagegen zu
schützen, versorgen wir es mit einer Schutzschicht in Form von Paniermehl, einem (Back-)
Teig, (Bechamel-)Soße oder mit einem Mürbeteig (Gemüsetaschen). Ausnahmen bilden die
stark wasserhaltigen Fruchtgemüse wie Tomate,
Aubergine und Kürbis, die wir, auf mäßigem Feu-
er, vorsichtig braten können (*gebratene Kürbis-
ringe**). 273

Fritieren

Das Fritieren gehört eigentlich nicht in die Kin-
derküche. Es handelt sich, vor allem auf dem
Gasherd, um eine gefährliche Kochmethode
(Brandgefahr). Die Gerichte nehmen (zu) viel
Fett auf, und die zum Fritieren notwendigen Tem-
peraturen (160-180°C) sind für die meisten
nicht raffinierten Öle* zu hoch. Wenn man ein- 459
mal eine Ausnahme machen möchte, nimmt man
zum Fritieren* am besten einen Wok, denn hier- 52
bei braucht man nur wenig Öl oder Fett, und die
Wirkung der Flamme wird verteilt. Es empfiehlt
sich, das Öl regelmäßig zu erneuern, dies ist bes-
ser, als wenn hin und wieder Öl hinzugegossen
wird. Ausgebrauchtes Öl sollte nicht einfach in
den Ausguß geschüttet, sondern biologisch ent-
sorgt werden.
In Naturkostläden kann man reines Kokosfett kaufen, das sich gut zum Fritieren eignet.

Aufwärmen

Das Wiederaufwärmen von Gemüse sollte so viel wie möglich vermieden werden. Dies gilt vor allem für **nitratreiches Gemüse** wie Rote Bete, Kohlrabi, Fenchel, Bleichsellerie, Rübstiele (Räben), Paksoy (chinesischer Senfkohl), Spinat, alle Salatsorten, Endivien, Postellein (Portulak), Mangold, Chinakohl und Spitzkraut.
Nitrat kommt von Natur aus in manchen Gemüsesorten vor und ist an sich nur in relativ großen Mengen schädlich. Es kann jedoch durch zu langes Aufbewahren (welkes Gemüse), durch langes Warmhalten nach dem Kochen und durch Wiederaufwärmen noch im Magen in Nitrit umgesetzt werden. Dies passiert in jungen Mägen, die noch sehr viel weniger Magensäure haben, sehr viel

schneller als im Magen eines Erwachsenen. Nitrit kann beim Baby (und bei Leuten mit schlechter Magen-Darmfunktion) zu Atemstörungen führen: Es hat die Neigung, sich mit den roten Blutkörperchen zu verbinden, wodurch diese keinen Sauerstoff mehr transportieren können. Außerdem kann Nitrit mit Eiweiß eine Verbindung eingehen und im Magen die krebserzeugenden Nitrosamine bilden. Wenn gekochtes Gemüse aufbewahrt wird, kann sich mehr Nitrit bilden, als wenn das Gemüse in rohem Zustand (kühl) aufgehoben wird. Die Nitritbildung ist bei Temperaturen zwischen 10 und 50°C am aktivsten.

Im Freien (also nicht unter Glas) und ohne Kunstdünger gezogenes Gemüse, das obendrein frisch geerntet wurde, enthält *weniger* Nitrat. Das Kochwasser von nitratreichem Gemüse sollte weggeschüttet werden.

Nitratarmes Gemüse sind *Karotten, Pastinaken, Schwarzwurzeln, Knollensellerie, Spargel, Zwiebeln, Lauch, Chicorée, Wirsing, Weißkraut (auch Sauerkraut), Rosenkohl, Grünkohl, Blumenkohl, Broccoli, Zuckererbsen, grüne Erbsen, Bohnen, grüne Bohnen, verschiedene keimende Samen*, Gurke, Zucchetti, Kürbis,* 165
Aubergine, Paprika, Rhabarber. Diese Gemüsesorten können zur Not auch aufgewärmt werden. In diesem Fall sollten sie jedoch nach dem Kochen gleich abkühlen, kühl aufbewahrt und schnell wieder erhitzt werden.

Am besten ist es jedoch, übriggebliebenes Gemüse am nächsten Tag zu einem Salat (nur nitratarmes Gemüse) oder im Eintopf zu verarbeiten. Dabei wird gar nicht oder nur ganz behutsam aufgewärmt.

Konservieren von Gemüse

Die natürlichste und wertvollste Methode ist das **milchsaure Einmachen** (unter anderem Sauerkraut). Dabei wird die Vermehrung von Milchsäurebakterien, die von Natur aus im Gemüse vorhanden sind, angeregt. Während der dadurch entstehenden Gärung bleiben nicht nur alle Vitamine und Mineralstoffe erhalten, sondern der Vitamin C-Gehalt wird sogar erhöht. Es bildet sich ferner ein neues Vitamin, das Vitamin B 12; dies ist ein Stoff, der sonst fast nur in tierischen Produkten zu finden ist.* Die milchsaure Gärung 40
macht das Gemüse leichter verdaulich, die Aufnahme von Eisen aus der gleichzeitig mit milchsaurem Gemüse genossenen Nahrung wird unterstützt und die natürlichen Abwehrkräfte des Körpers erhöht. Milchsauer eingemachtes Gemüse hat, wie saure Milchprodukte, eine regulierende Wirkung auf die Darmflora, sowohl Durchfall als auch Verstopfung können damit reguliert werden.

Das **Dörren**, die wahrscheinlich im Lauf der Geschichte älteste Konservierungsmethode, eignet sich vor allem für *Kräuter* und Früchte** (Dörr- 414
früchte). Wenn nicht mit zuviel Hitze getrocknet wird (ideal ist warme Außenluft ohne direkte Sonneneinstrahlung), bleiben außer Vitamin C auch alle übrigen Nährstoffe erhalten. In feuchten Küstengebieten ist das Trocknen ohne spezielle Apparate leider schwierig.

In Naturkostläden gibt es biologisch-dynamisch gezogenes, auf sorgfältigste Art getrocknetes Gemüse zu kaufen. Das Gemüse wird gründlich gewaschen, jedoch nicht blanchiert, um einen Verlust von Mineralstoffen und Vitaminen zu verhindern; die Farbe dieses getrockneten Gemüses ist deshalb weniger verlockend als die von auf übliche Art getrocknetem Gemüse. Getrocknetes Gemüse eignet sich besonders gut als «Notration», und durch sein geringes Gewicht ist es ideal für die Ferien.

Einwecken (Sterilisieren) und **kochend heiß Einfüllen** ist ein Küchenhobby für leckere Dinge, die sonst nicht ohne unerwünschte Zu-

sätze zu kaufen sind. Für denjenigen, der keinen eigenen Garten hat, ist es nicht rentabel, und die Nahrungsmittel leiden, was ihre Qualität betrifft, beim Einwecken noch mehr als beim kochend heiß Einfüllen. Im Kapitel *Zutaten, die man selber machen kann** sind für Liebhaber einige 404
Rezepte enthalten. Einmachen ist eine interessante Tätigkeit, bei der Kinder gerne helfen und die sie in guter Erinnerung behalten.

Die am meisten angewendete Methode, das **Tiefkühlen**, ergibt ohne Zweifel ein geschmacklich besseres Resultat als das altmodische Einwecken, Einsalzen oder Trocknen. Allerdings ist Tiefkühlen sehr energieaufwendig (nicht nur das Einfrieren selber, sondern auch das Aufbewahren) und für den Durchschnittshaushalt nicht rentabel. Beim Einfrieren in der Nahrungsmittelindustrie wird das zunächst in kochendem Wasser blanchierte Nahrungsmittel sofort bis zu 30°C unter den Gefrierpunkt gebracht. In der Gebrauchsanweisung wird oft angeraten, bei der Zubereitung die Lebensmittel im gefrorenen Zustand sofort in den Topf oder ins Fritierfett zu geben. Diese schockartigen Temperaturunterschiede bewirken eine viel stärkere Störung des inneren Zusammenhangs der Nahrung, als dies beispielsweise beim vorsichtigen Trocknen oder *kochendheiß Einfüllen** passiert. Allerdings kann man mit ei- 52
ner Portion selbst gemachtem Teig oder dem Rest gekochter Hülsenfrüchte, die man im Tiefkühlfach aufgehoben hat, Streß an anstrengenden Tagen vermeiden und wird dadurch niemandem schaden.

Wer darauf angewiesen ist, Tiefkühlnahrung aufzutischen, sollte wenigstens «wärmende» Kräuter hinzufügen (Thymian, Rosmarin, Basilikum, Anis, Ingwer, Paprika). Ganz allgemein ist es anzuraten, zu einer Mahlzeit aus aufgewärmten oder konservierten Gerichten den Mangel an Vitaminen durch frischen Salat und/oder Früchte auszugleichen.

Karotten

Trotz ihrer Wurzelgestalt enthält die kräftig orangefarbige Karotte Blütenqualitäten; sie hat diese Eigenschaften (Farbe, Saftigkeit, einen Zuckergehalt bis 10%, viel Karotin) sozusagen nach unten gezogen. Wer eine dünne Karottenscheibe gegen das Licht hält, sieht die in der Karotte verborgene Blüte. Deshalb ist eine Karotte von guter Qualität ein Gemüse, das nicht nur das stimuliert, was sich im Kopf abspielt, sondern auch für die Eingeweide gut ist (bei Durchfall und als Wurmkur). Eine zarte Karotte ist so leicht verdaulich, daß sie das erste Gemüse ist, das man einem Baby gibt.

Frische Gartenkräuter.
Von links nach rechts und von oben nach unten:
Basilikum, Salbei, Pfefferminze, Liebstöckel;
Schnittlauch, Kerbel, Estragon;
Zitronenmelisse, Majoran, Sellerie, Fenchel;
◄ *Rosmarin, Thymian, Petersilie.*

Gedünstete Karotten

Schnell gemacht und vorteilhaft. Es paßt und schmeckt gut zu Hirse mit geriebenem Käse und einer kleinen Salatportion (Feldsalat, Winterpostellein, Chicorée).

- *ca. 500 g Karotten*

- *1 Eßl. Öl*
- *1 kleine Zwiebel, fein geschnitten*
- *1/4 Teel. Fenchel- oder Koriandersamen*

- *ca. 1/2 dl Wasser*

- *1 Eßl. Petersilie, fein geschnitten oder 1/4 Teel. Majoran, zerstoßen*

Karotten mit dem Sparschäler schälen (dies ist bei sehr jungem Gemüse nicht nötig) und in 3-5 mm dicke Scheiben schneiden.
Das Öl mit der Zwiebel bei mäßiger Hitze erwärmen und die Zwiebel glasig dünsten. Karottenscheiben und Kräutersamen hinzufügen und kurz mitdünsten, bis alles mit wenig Öl bedeckt ist.
Wasser dazugeben und den Deckel auf den Topf legen. Wenn der Deckel heiß ist, wird die Hitze verringert und die Karotten in ca. 8 Minuten gegart (später in der Saison dauert es länger). Hin und wieder muß kontrolliert werden, ob noch genügend Wasser im Topf ist. Salz nur dann dazugeben, wenn es wirklich nötig ist. Kurz vor dem Anrichten die Kräuter darüberstreuen.

Variationen:
- **Gedämpfte Karotten:** Im kleinen Topf wird 1 cm hoch Wasser mit Kräutersamen und einem haselnußgroßen Stück Butter zum Kochen gebracht und danach die Karottenscheiben dazugegeben. Garen wie oben.
- Wenn nach dem Winter die Karotten etwas bitter werden, kann man kurz vor dem Anrichten einen Teelöffel Honig darunterrühren.
- Überraschend anders schmecken Karotten, wenn man 1-2 fein gehackte Knoblauchzehen mitdämpft; hier paßt Fenchel besser als Koriander.

Tip: Man schneidet vor dem Schälen ein 1 cm dickes Stück an der Stielseite der Karotte ab und legt dieses mit der Schnittfläche nach unten auf eine Untertasse mit etwas Wasser darin. Das Ganze stellt man aufs Fensterbrett und läßt die Kinder regelmäßig Wasser nachgießen. Nach einigen Tagen zeigt sich das erste Grün, das man wie Petersilie verwenden kann.

Sellerie

Viele Kinder mögen Sellerie als Gemüse nicht. Versuchen Sie deshalb einmal, diese gesunde Knolle (sie enthält viel Calcium, Eisen und die Vitamine B und C) auf die Art zu kochen, wie dies unter *Kohlrabi mit Kürbis** beschrieben wird. Auch das Rezept für 270
*gedämpfte Rote Bete** ist geeignet (dabei wird der 258
Fenchel durch Koriander und der Lauch eventuell durch 50 g gehackte Zwiebeln und 100 g in Scheiben geschnittene Karotten ersetzt).
Größere Kinder schätzen es mehr, wenn man einen Löffel *Tomatenmark** und etwas Basilikum dazugibt. 423
Siehe auch unter Rezepten *gedämpfte Pastinake**, 256
Sellerieburger und Gemüseschnitzel*. 207

Gedämpfte Pastinake (Abbildung S. 182)

Der Geschmack dieses Wurzelgemüses kommt in einer aus dem Kochwasser gemachten Honigsoße gut zur Geltung, und die Pastinake behält ihre weiße Farbe.

- *ca. 1 1/2 dl Wasser*
- *2 Eßl. Brottrunk* oder 1 Eßl Zitronensaft* 450
- *10 g Butter*
- *ca. 400 g Pastinaken, geschält gewogen, in 1-2 cm große Würfel geschnitten*

- *ca. 3 1/2 Eßl. Marantamehl, angemacht in*
- *ca. 1 1/2 dl Wasser*
- *1 Eßl. Honig*

- *1/2 Eßl. Petersilie, fein gehackt*

Wenig Wasser, etwa 1 cm hoch, mit Brottrunk und Butter zum Kochen bringen und die Pastinake dazugeben. Gut umrühren. Wieder zum Kochen bringen und, wenn der Deckel heiß ist, die Hitze vermindern. Das Gemüse wird in ca. 10 Minuten gegart. Darauf achten, daß immer genügend Flüssigkeit im Topf ist. Die Flüssigkeit mit etwas angerührtem Marantamehl binden und die Flamme niedrig drehen. Honig dar-

demeter

untergeben und noch 5 Minuten ziehen lassen. Kein Salz dazugeben. Pastinaken, mit frischen Kräutern bestreut, anrichten.

Variation: Pastinake durch **Topinambur** (braucht nicht geschält zu werden) oder durch **japanischen Rettich** (Daikon) ersetzen.

Gebratene Pastinaken

Nicht arbeitsaufwendig und trotzdem überraschend gut. Risotto oder ein anderes nicht zu trocken gekochtes Getreide und etwas frischen Blattsalat, mehr braucht es nicht dazu.

Eine große Pastinake wird gekocht wie *Pellkartoffeln** (siehe den Tip). Innerhalb von ca. 20 Minuten 169
wird sie halb gar sein (das Innerste ist noch etwas hart, wenn man mit dem Messer hineinsticht). Nun wird die Pastinake geschält und in 1 1/2 cm dicke Scheiben geschnitten. Mit Butter in der Bratpfanne wie *Kürbisringe** braten (siehe auch den Tip unter 273
diesem Rezept).

Gedämpfter Fenchel

Knollenfenchel ist ein sehr leicht verdauliches, saftiges Gemüse, zu dem Getreide oder Nudeln passen. Man ißt noch etwas grünen Salat dazu.

- *ca. 300 g Fenchel, geputzt gewogen, in 1/2 - 1 cm schmale Scheiben geschnitten*
- *10 g Butter*
- *ca. 1 dl Bouillon (aus beim Putzen übriggebliebenen Fenchelresten gekocht)*

Die feinen Blättchen hält man zurück zum Garnieren. Die zähen Fenchelblätter werden mit kochendem Wasser übergossen (gerade bedeckend) und daraus eine schmackhafte Bouillon gezogen (ca. 15 Minuten).
Die gesiebte Fenchelbrühe (im Topf 1 cm hoch) mit Butter zum Kochen bringen und den Fenchel dazugeben. Gut umrühren, so daß der Fenchel mit Butter überzogen ist. Den Topf zudecken und, wenn der Deckel heiß ist, die Hitze vermindern. Der Fenchel wird in 15-20 Minuten gegart (junger Fenchel braucht nicht so lange).
Salz ist beim Fenchel meistens nicht nötig.
Nun wird der Fenchel in eine Schüssel gegeben und das zurückgehaltene Grün darübergeschnitten. Die übriggebliebene Gemüseflüssigkeit und die Fenchelbouillon kann für Suppe aufgehoben werden, oder man bindet sie mit einem Teelöffel Marantamehl und gibt diese Soße zum Gemüse.

Variation: Das Süßliche des Fenchels kann durch die folgende Soße, die kurz vor dem Anrichten über das gedämpfte Gemüse gegeben wird, unterstrichen werden: 3 Eßl. saure Sahne mit 3 Eßl. Apfelsinensaft und ca. 3/4 Teel. Marantamehl werden miteinander gemischt. Das Ganze erhitzt man (es sollte nicht richtig kochen), bis die Soße gebunden ist.

Rote Bete (Randen, rote Rüben)

Rote Bete sind das ideale Wintergemüse. Außer der phantastischen Farbe bringen sie auch viel Vitamin C auf den Tisch. Im Gegensatz zu anderem Einkellerungsgemüse sinkt der Gehalt an Vitaminen bei den Rote Bete nicht ab, sondern erhöht sich sogar. Nach neuesten Untersuchungen verdoppelt sich der Vitamin C-Gehalt nach sechs Monaten sogar.

Gedämpfte Rote Bete mit Lauch

Die auf diese Art zubereiteten Rote Bete haben einen überraschend frischen Geschmack und sind schnell gekocht. Dieses saftige Gemüse paßt zu allen Getreidegerichten.

- *ca. 400 g rohe Rote Bete, am besten große (siehe Tip)*
- *3 Wacholderbeeren, etwas zerdrückt*
- *2 dl Wasser*

- *1 Eßl. Öl*
- *100-150 g Lauch vom grünen, jedoch noch zarten Teil, in 1 cm breite Ringe geschnitten*
- *1/2 Teel. Fenchelsamen*

- *1-2 dl Rote Bete/Lauchbouillon*

- *eventuell 1/2 Teel. Zitronensaft*

Die Rote Bete werden unter dem fließenden Wasser gewaschen und mit dem Sparschäler geschält. Vom Lauch werden das Wurzelstück und die zähen, jedoch noch schönen grünen Blatteile abgeschnitten. Wasser und Wacholderbeeren werden zum Kochen gebracht und die Rote-Bete-Schalen und die zähen Lauchblätter dazugegeben. Wenn diese Bouillon 10 Minuten gezogen hat, wird sie sofort abgeseit (sonst wird sie bitter).
Die Rote Bete werden in höchstens 1 cm dicke Scheiben geschnitten, aus denen man kleine Würfel macht. Nun wird der geschnittene zarte Lauch im Öl erwärmt und zusammen mit dem Fenchel bei mäßigem Feuer gedünstet, bis er schlaff ist.
Die Bouillon dazugeben. Nun werden die Rote-Bete-Würfel daruntergerührt. Topf zudecken und, wenn der Deckel heiß ist, Hitze vermindern. Die Rote Bete werden in 10-20 Minuten gegart (im Sommer kürzer, im Winter länger). Aufpassen, daß das Gemüse nicht trocken kocht, eventuell etwas Rote-Bete-Bouillon hinzufügen. Mit Zitronensaft abschmecken.

Variationen:
- Man kann vor allem im Winter die letzten 5 Minuten etwas geriebenen mürben Apfel mitkochen, das mildert den manchmal etwas bitterlichen Geschmack alter Rote Bete.
- Der Lauch kann durch eine Zwiebel und der Fenchelsamen durch 1/2 Eßl. geriebene Ingwerwurzel oder ein Stück gehackten kandierten Ingwer ersetzt werden.
- Die Rote Bete können grob geraffelt werden, dann verkochen sie etwas saftiger. Den Lauch läßt man weg, und die Rote Bete werden nur in Bouillon oder Wasser mit etwas Butter oder Öl und Fenchelsamen gedämpft. Man kann sie auch ganz ohne Fett kochen und kurz vor dem Anrichten durch eine Mischung aus 2 Eßl. Sahne und 1/2 Teel. Marantamehl mit einem milden Geschmack versehen. Alte Rote Bete sind für Kleinkinder zu schwer verdaulich.

Tip:
- Man sollte die Schalen und das dunkelgrüne Lauchblatt nur von *ungespritztem* Gemüse verwenden. Im Winter sind die Rote-Bete-Schalen meistens bräunlich und zum Herstellen von Bouillon nicht mehr geeignet. Dagegen braucht man frische Rote Bete, die im Sommer in Bündeln auf den Markt kommen, nicht einmal zu schälen. Wenn die Blätter noch grün sind, kann man sie dämpfen*. 259
- Rote Bete sollten nicht wieder aufgewärmt werden, besser ist es, einen *Salat** daraus zu machen. 291

Blätter von jungen Karotten, Sommer-Rote-Bete oder jungen Kohlrabi

Die Blätter der ersten Kohlrabi, Rote Bete und Karotten sind so zart, daß es schade ist, sie wegzuwerfen. Um so mehr, als dieses Grünzeug nicht nur gut schmeckt, sondern auch voller wertvoller Nahrungsstoffe ist (unter anderem Calcium und Eisen). Man kocht also am einen Tag die Blätter und am folgenden die Knollen.
Aufgepaßt: Man sollte nur Blätter von *ungespritztem* Gemüse verwenden (siehe Abb. S. 112).
250 g Stengel mit Blatt sind ausreichend als zweites Gemüse neben Rohkost aus Wurzelgemüse. Blätter und Stiele kleinschneiden und gründlich waschen.

- *1 Eßl. Öl*
- *1 kleine Zwiebel (30 g), fein geschnitten*
- *1/4 Teel. Fenchelsamen*
- *die Stiele in 1/2 cm lange Stücke geschnitten*

- *Blätter, in 1 cm breite Streifen geschnitten*
- *ca. 1 dl Wasser*

- *1 Schuß Sahne*
- *1/2 Eßl. Marantamehl*
- *eventuell 1/2 Teel. Honig*
- *eventuell etwas Salz*

Öl mit Zwiebel und Fenchelsamen auf kleinem Feuer erhitzen und die geschnittenen Stiele dazugeben. Alles glasig dünsten und mit Wasser ablöschen. Im zugedeckten Topf 5 Minuten dämpfen lassen. Nun gibt man die Blätter dazu und dämpft alles zusammen in ca. 15 Minuten gar.
Die Kochflüssigkeit wird in eine Tasse abgegossen und mit Sahne angefüllt (bis 1 dl). Darin wird Marantamehl angerührt, um das Gemüse damit zu binden. Eventuell mit Salz abschmecken.

Variation: Wer gerne Scharfes ißt, kann auch die **Blätter von Radieschen** verwenden: Sehr zarte Blätter nimmt man für einen *Eintopf aus rohem Gemüse**, die übrigen Blätter werden wie oben ge- 134
kocht oder für eine *Püreesoße** verwendet. 180

Blumenkohl und Broccoli

Von allen Kohlsorten darf ein Kind die leicht verdau-
lichen (Blumenkohl und Broccoli) als erste essen.
Broccoli ist ein richtiges Blütengemüse (wenn es zu
lange aufbewahrt wird, öffnen sich die Blütenknos-
pen zu gelben Blüten, und der Broccoli wird bitter).
Die «Blüte» des Blumenkohls müssen wir noch zum
Blattbereich* rechnen. Broccoli hat einen herzhafte- 241
ren Geschmack als Blumenkohl, enthält genauso viel
Vitamin C, jedoch obendrein viel Calcium, Karotin
und Eisen. Beide Gemüse sind nitratarm, und man
kann sie, den Blumenkohl am besten in seinen grü-
nen Blättern, kühl einige Tage aufbewahren.
Aus gekochten Blumenkohl- oder Broccoliresten
kann man einen köstlichen **Salat** machen (mit etwas
*Dressing**). 191

Blumenkohl oder Broccoli mit etwas geriebenem Käse oder einer Käsesoße, dazu Reis oder Hirse und etwas Rohkost aus Rote Bete ergeben eine ausgezeichnete Mahlzeit für Kindergartenkinder. Kleinkinder bekommen etwas Nußmus, das auf dem gargekochten Gemüse schmilzt und die Rote Bete als Suppe. Schulkinder bekommen etwas geröstete oder gebratene Sonnenblumenkerne über das Gemüse.

Gedämpfter Blumenkohl

- *1 Blumenkohl*
- *1/4 Teel. Fenchelsamen*
- *etwas Salz*
- *1 Stückchen Butter*

- *1 Rezept Bechamelsoße** 177

Der Blumenkohl wird in einzelne Röschen zerpflückt oder ganz gelassen (die hellgrünen Blätter kann man daranlassen). Wasser, ca. 2 cm hoch, mit dem Fenchel, Salz und Butter zum Kochen bringen. Den Blumenkohl dazugeben. Während des Dämpfens wird der Blumenkohl immer wieder mit etwas Kochwasser beträufelt, Topf geschlossen halten. Das Wasser muß am Kochen bleiben, denn der Blumenkohl braucht, um gar zu werden, den Dampf (aufpassen, daß das Gemüse nicht trocken kocht).
Für die Bechamelsoße nimmt man das Blumenkohlkochwasser.

Tip: Der Strunk ergibt eine köstliche *Blumenkohl-*
*suppe**. 89

Gedämpfter Broccoli

- *300-400 g Broccoli*
- *1 Messerspitze Salz*
- *1 Stückchen Butter*

- *1 Teel. Zitronensaft*

Der zarte Strunk schmeckt beinahe noch besser als der Blumenkohlkopf. Man schneidet ihn unten etwas ab und kontrolliert, ob er holzig ist. Der holzige Teil wird abgeschnitten und, wenn nötig, der Strunk mit einem Sparschäler geschält, nach unten kann etwas großzügiger geschält werden. Nun wird der Strunk in reichlich 1 cm dicke Scheiben geschnitten, bis der Broccoli in einzelne Röschen zerfällt. Die Blätter läßt man an den Röschen dran.
Die Strunkstücke werden in den Topf gegeben, Salz und Butter dazugegeben und mit ca. 1 cm kochendem Wasser angegossen. Alles zusammen wird zum Kochen gebracht und dann die Röschen dazugegeben. Deckel auf den Topf und, wenn der Deckel heiß ist, die Hitze reduzieren. Broccoli ist in ca. 10 Minuten gar; während des Garens wird das Gemüse 2-3 mal mit Kochwasser beträufelt. Aufpassen, daß es nicht trocken kocht. Kurz vor dem Anrichten wird, um den Geschmack zu verfeinern, ein Teelöffel Zitronensaft über das Gemüse geträufelt.

Topinambur (Erdbirne)

Wenn man im Frühjahr eine Topinamburknolle in einen Blumentopf mit Erde steckt und später in den Garten verpflanzt, wird man überrascht sein, was für eine hübsche Blume aus dieser bizarren Knolle wächst (es ist eine kleinblütige Sonnenblume).
Topinambur schmeckt süß und nussig, wenn sie roh gegessen wird, wenn man sie kocht, eher wie eine Artischocke. Im Gegensatz zur Stärke der Kartoffel ist die der Topinambur (Innulin) sehr leicht verdaulich. Dieses außerdem noch sehr eisenhaltige Wurzelgemüse (es enthält auch viel Vitamin B) ist deshalb für kleine Kinder besser geeignet als die Kartoffel.
Manche Kinder bekommen Blähungen, wenn sie rohe Topinambur essen. Dann sollte man die Scheiben oder die geraffelte Topinambur eine halbe Stunde in etwas Zitronenwasser (1:4) marinieren.
Außer in den folgenden Rezepten finden Sie Topinambur auch unter *Gemüsekuchen** und unter *Gemüse-* 223
*cocktail**. Topinambur ist vom Herbst bis zum Früh- 403
jahr in Naturkostläden zu bekommen. Man sollte sie nicht wie die Kartoffeln auf Vorrat kaufen, denn sie trocknen schnell aus und sind nicht länger als eine Woche haltbar (am besten hebt man sie mit den Kartoffeln in derselben Tüte auf, dann bleiben sie frischer). Man sollte nur solche Topinambur kaufen, die sich fest anfühlen; dann braucht man sie nur unter fließendem Wasser kräftig abzubürsten, schälen ist (außer für die ganz kleinen Kinder) nicht nötig.

Topinambur in der Schale gekocht

Der Kochvorgang ist der gleiche wie bei *Pellkartof-*
*feln** (Tip). Allerdings ist die Kochzeit kürzer, man 169
rechnet 10-15 Minuten, je nach Größe der Knollen. Zu weich gekochte Topinambur fällt auseinander und bekommt einen wäßrigen Geschmack.
Die mit der Schale gekochte Topinambur wird längs durchgeschnitten, auf der Schnittfläche mit einem Stück Butter belegt und aus der Schale gegessen.
Auch mit einer *Gemüsepüreesoße** schmeckt sie 180
gut. Zusammen mit gekochtem Getreide und etwas grünem Salat bekommt man eine gute Mahlzeit.
Pro Person rechnet man 3-4 Topinambur (ca. 200 g).

Variation: Die aufgeschnittene Topinambur wird mit *Gomasio** oder sehr fein geriebenem herzhaftem Käse bestreut. 408

Gedämpfte Topinambur

Im Geschmack mild und vor allem geeignet, wenn die Topinambur eine etwas zähe, dicke Schale haben.

- *500 g Topinambur, sauber gebürstet*
- *1/2 dl Wasser*
- *10 g Butter*
- *1 Messerspitze Salz*
- *1 Eßl. Petersilie, fein geschnitten oder eine Messerspitze Muskatnuß*

Die Topinambur werden in der Schale gar gekocht* 261
(ca. 10 Minuten). Dann werden sie geschält und in Scheiben von reichlich 1/2 cm Dicke geschnitten.
Das Wasser mit Butter und Salz zum Kochen bringen und darin die Topinamburscheiben gar dämpfen (ca. 5 Minuten), der Topf ist zugedeckt. Das Gemüse anrichten und mit Petersilie oder Muskatnuß bestreuen.

Variationen:
- Die Topinambur werden ganz gar gekocht und die Scheiben mit 1 1/2 dl *Bechamelsoße** vermischt. 177
Sofort anrichten. Anstatt Bechamelsoße kann man auch *Käsesoße** (aus mildem Käse) machen. 180
- Die rohen Topinamburscheiben (2-3 mm) werden in Butter gedünstet, und Wasser und Salz werden hinzugefügt, bevor das Gemüse sich verfärbt. Etwas mehr Wasser verwenden.
- Kochen Sie die Topinambur wie beim Rezept für
*gedämpfte Pastinake**; die Knollen werden in 256
3/4 cm dicke Scheiben geschnitten. Frisch geerntete Topinambur brauchen bei diesem Rezept nicht vorgekocht und geschält zu werden.
- Herzhafter: **Geschmorte Topinambur mit Lauch**. Etwa 150 g Topinambur wird durch Lauch ersetzt (in 1 cm dicke Ringe geschnitten). Der
Lauch wird in einem Eßl. Öl oder Butter gedünstet* 251
und die vorgekochte Topinambur dazugegeben.

Gebratene Topinambur

Dieses Gericht paßt gut zu *Maisschnitten** mit safti- 153
gem grünem Salat.
500 g gewaschene und geputzte* Topinambur wer- 248
den kurz vor dem Braten in 1 cm dicke Scheiben geschnitten; mit einem Küchentuch trockentupfen. ►

In der Bratpfanne wird wenig Öl (nicht zu heiß) erhitzt und darin die Topinamburscheiben auf beiden Seiten hellbraun und knusprig gebraten. So schnell wie möglich anrichten und auf dem Teller mit *Gomasio** oder *Kräutersalz** bestreuen. 408

Spinat

Spinat ist eines der ersten Blattgemüse des Frühjahrs. Dieses zarte Gemüse kommt zu dieser Jahreszeit jedoch noch nicht vom Freiland und hat einen hohen Nitratgehalt*. Man sollte sich informieren, ob das Ge- 253
müse aus einem kalten oder warmen Gewächshaus kommt. Im kalten Gewächshaus und an sonnigen Tagen gewachsen, ist der Nitratgehalt dieses Gemüses meist auch für Kinder noch akzeptabel. Man sollte jedoch auch diesen Spinat nur mit Maßen verwenden, beispielsweise ab und zu als zarten Salat* neben dem 288
schon etwas zähen gedämpften Wintergemüse. Wenn dann etwas später der festere Spinat vom Freiland auf den Markt kommt, kann man dieses typische Saisongemüse in vollen Zügen genießen.
Spinat ist sehr eisen- und oxalsäurehaltig. Ersteres ist seit langem bekannt und der Grund dafür, daß Kinder ihren Eltern zuliebe viel Spinat essen müssen. Letzteres könnte die Erklärung dafür sein, daß Kinder den Spinat oft gerade nicht mögen.
Oxalsäure ist auch im **Rhabarber** enthalten, man «schmeckt» es an den Zähnen. Sie verbindet sich mit dem im Essen vorhandenen Calcium, wodurch das unlösliche Calciumoxalat entsteht. Dieses wird vom Körper nicht aufgenommen und mit dem Stuhlgang wieder ausgeschieden. Diese Tatsache ist jedoch für die Calciumversorgung kein Problem, solange nicht täglich oxalsäurereiches Gemüse gegessen wird, die Ernährung abwechslungsreich ist und auch Milchprodukte enthält. Kinder, die keine Milchprodukte vertragen, sollten nicht zu viel oxalsäurehaltige Nahrungsmittel bekommen, oder man könnte das oxalsäurehaltige Gemüse und den Rhabarber mit etwas Kreide kochen (1/4 Teel. pro kg, in der Drogerie zu kaufen). Außer der Tatsache, daß Leute mit empfindlichen Mägen leicht einen «sauren Magen» bekommen können, ist Oxalsäure nicht schädlich. Es gehört einfach zu den Frühjahrsgemüsen und regt den Stoffwechsel an. Der etwas herbe Geschmack, den die Gerichte durch die Oxalsäure bekommen, kann durch eine Handvoll Haferflocken, die mitgekocht werden, oder durch Getreide zum gekochten Spinat neutralisiert werden (*Reisbratlinge*, Eintopf mit rohem* 151
*Gemüse**). Auch ein Löffel Quark oder eine Handvoll 134
gemahlener Mandeln, kurz vor dem Anrichten daruntergemischt, sind dafür geeignet. Noch besser schmeckt eine sahnige Quark- oder *Mandelsoße** 185
(siehe die folgende Variation).

Der **Eisengehalt** im Spinat ist verhältnismäßig hoch, jedoch viel niedriger als bei **Rübstielen** und **Schnittmangold**; dies sind wiederum Gemüse, die die meisten Spinathasser wohl essen. Die Mangoldblätter kann man mitsamt den Stielen in Streifen schneiden. Die Kochzeit ist etwas länger als bei Spinat. Rübstiele werden ebenso mitsamt den Stielen und (in kleinen Mengen) als Salat oder als *Eintopf mit rohem Gemüse** zubereitet. Wenn man fein ge- 134
raspelte Karotten daruntergibt, wird der etwas scharfe Geschmack gemildert.
Eine Handvoll mitgekochter **Brennesselspitzen** erhöht den Eisengehalt des Spinatgerichtes. Mit der oxalsäurefreien **Vogelmiere**, die jedoch sehr viel Eisen enthält und in jedem Gemüsegarten als Unkraut wächst, kann man den Geschmack von Spinat etwas abmildern. Denselben Effekt haben die Blätter von jungen Karotten, hier werden zunächst die klein geschnittenen Stengel gekocht und, zwei Minuten bevor der Spinat dazugegeben wird, die klein geschnittenen Blätter, dann wird alles gleichzeitig gar.
In manchen Naturkostläden gibt es im Sommer den aus einer völlig anderen Pflanzenfamilie stammenden **neuseeländischen Spinat** (Tetragonia tetragonioides). Dieses Gemüse ist genauso wertvoll wie Spinat, enthält jedoch keine Oxalsäure und ist im Geschmack milder.

Spinat muß immer in reichlich Wasser gut gewaschen werden, bis das Wasser klar ist, unbekanntes Unkraut wird entfernt. Beim **großblättrigen Spinat**, der noch in Rosetten zusammenhält, werden die roten Teile bei der Wurzel nicht entfernt, sondern gut ausgespült und (für die Kleinen fein geschnitten) mitgekocht; die rote Farbe weist auf Eisen hin.

Gekochter Spinat

Geeignet für große Mengen.

Der Spinat wird mit dem noch nicht abgetropften Waschwasser in einem großen Topf aufgesetzt, jedoch nur so viel, daß das Gemüse während des Zu-

sammenfallens leicht umgewendet werden kann, sonst besteht die Gefahr, daß es ansitzt. Die zusammengefallene Spinatportion wird aus dem Topf geschöpft und auf ein Sieb gelegt. Auf die gleiche Art wird weitergemacht, bis der ganze Spinat fertig ist.
Der gut abgetropfte Spinat wird jetzt sofort abgeschmeckt und in einem Sößchen wieder aufgewärmt. Salz sollte nur wenn notwendig hinzugefügt werden. Reste werden nicht aufgewärmt und das Kochwasser weggeschüttet.

Variationen:

- Man kann im vorhinein eine Soße machen aus 100 g Sahnequark oder saurer Sahne (oder halb saure Sahne / halb Quark), mit einer Messerspitze Salz und einem Eßl. fein geschnittener Petersilie oder etwas Majoran. Während man den Spinat im Topf hat, heizt man den Ofen auf 225°C vor. Nun wird der gut abgetropfte und ausgedrückte Spinat in eine Auflaufform gegeben und die Soße darübergestrichen. Die Schüssel wird in die Mitte des Ofens gestellt und die Temperatur auf 180°C zurückgeschaltet. Das Gemüse läßt man ca. 10 Minuten im Ofen, bis es durch und durch warm ist.
- Der Spinat kann mit *Soldätchen** und mit in Vier- 216
  tel geschnittenen, hartgekochten Eiern garniert werden.
- Man kann auch *geröstete Mandelsplitter** oder 407
  *Sonnenblumenkerne** über den Spinat streuen. 408
- Ein schnell gemachtes Gericht: Man gibt einen vollen Eßl. geschmorten Spinat auf eine Scheibe geröstetes Brot und bedeckt das Ganze mit einer Scheibe milden Käse; in der zugedeckten Bratpfanne läßt man, bei mäßiger Hitze, in ein paar Minuten den Käse schmelzen.
- Der Spinat kann mit etwas angedünsteter Zwiebel und/oder Knoblauch abgeschmeckt werden.

Gedünsteter Spinat

Geeignet für kleine Spinatmengen (ca. 1/2-3/4 kg).
Der gewaschene Spinat wird trockengeschleudert. In einem großen Topf wird etwas geschnittene Zwiebel und/oder Knoblauch mit einem Eßl. Öl erwärmt und bei mäßiger Hitze glasig gedünstet.
Nun gibt man den Spinat dazu, nicht alles auf einmal und dauernd umrührend. Innerhalb von 5 Minuten ist der ganze Spinat zusammengefallen. Junger Spinat ist dann auch gleich gar, älterer Spinat kann bei geringer Hitze in zugedecktem Topf noch einige Minuten weiterdünsten, bis auch die Stengel gar sind. Großblättriger Spinat kann, noch im Topf, mit einer Schere etwas kleingeschnitten werden, so daß das Gemüse besser aufgetan werden kann.
Die inzwischen gebildete Flüssigkeit kann mit einem feinen Mehl gebunden werden (dies ist meist nicht nötig, wenn man 2-3 Eßl. feine Haferflocken mitgekocht hat).

Variationen: (siehe gekochter Spinat)

Paksoy und Mangoldstiele

Paksoy ist ein Kohlgewächs; Mangold dagegen gehört genau wie der Spinat zur Familie der Gänsefußgewächse. Paksoy und Mangold sind also, was ihre botanische Herkunft betrifft, nicht miteinander verwandt, sind dies jedoch wohl, was ihren Geschmack und vor allem die Art der Zubereitung betrifft.

Gekochtes Paksoy oder Mangoldstiele (Krautstiele)

Es sieht hübscher aus und schmeckt auch besser, wenn Blatt und Stiele getrennt gekocht werden.

- *ca. 500 g Paksoy oder Mangoldstiele*
- *etwas Salz*
- *1/4 Teel. Zitronensaft*
- *1 kleines Stück Butter*

- *1/4 Teel. (Kreuz-)Kümmel (bei Paksoy) oder*
- *Majoran, Petersilie oder Muskatnuß (bei Mangold)*

Stengel und Blätter unter dem kalten fließenden Wasser waschen (gut auf die Vertiefungen an der Unterseite achten) und mit einem scharfen Messer die Blätter von den Stengeln trennen.
Stengel in kleine Stücke schneiden und in wenig Wasser mit Salz, Zitronensaft und Butter garen. Stengel aus dem Wasser nehmen und warm halten. Mit dem Paksoy wird der Kümmel mitgekocht, beim Mangold werden die Kräuter erst nach dem Kochen über das Gemüse gestreut. ►

Die Blätter läßt man im Kochwasser zusammenfallen und hackt sie danach fein oder püriert sie. Dieses Gemüsepüree wird mit etwas in Sahne oder Milch angerührtem Mehl oder Marantamehl gebunden und als Soße über die Stengel gegeben oder extra dazu angerichtet.
Die Blätter können auch wie Spinat gedünstet und die Stengel am nächsten Tag gegessen werden (siehe Variationen).

Variationen:
- Die Stengel können auch am Stück gekocht und wie Spargel mit etwas geschmolzener Butter gegessen werden.
- Abgekühlte, gekochte und in Stücke geschnittene Stengel schmecken auch kalt als Salat sehr gut.

Salat aus Paksoy- oder Mangoldblättern

Die Blätter von Paksoy oder Mangold schmecken ganz anders, wenn man sie (gekocht) als Salat anmacht. Im rohen Zustand sind sie zu zäh.

- *1 Knoblauchzehe, in Scheibchen geschnitten*
- *1 Eßl. Öl*
- *250 g Paksoy- oder Mangoldblätter, in 2-3 cm breite Streifen geschnitten*
- *1/4 Teel. gemahlenen Kreuzkümmel*
- *1/4 Teel. Paprikapulver (mild)*
- *1 Prise Salz*

- *1 Eßl. Zitronensaft*
- *etwas fein geschnittenen frischen Koriander*

Der Knoblauch wird zusammen mit dem Öl erwärmt und glasig gedünstet. Für Kindergartenkinder entfernt man ihn danach. Die Blätter werden mitgedünstet, bis sie zusammenfallen und ganz mit Öl bedeckt sind.
Kümmel, Paprikapulver und Salz werden unter das Gemüse gerührt, den Deckel gibt man auf den Topf und läßt das Gemüse, wenn es vom Feuer weggenommen ist, noch fünf Minuten nachdünsten.
Zum Schluß rührt man Zitronensaft und nach Wunsch Koriander darunter.
Lauwarm oder kalt essen.

Mangold-, Paksoy- oder Spinaträllchen

Siehe *Chinesische Kohlrouladen**, Variation. 270

Gedünstete Endivie (à la Crème)

Etwas für Liebhaber von sämigem Gemüse. Das Dünsten in Öl und die Sahnesoße machen dieses etwas bittere Gemüse auch für Kinder lecker. Man verwendet die äußeren Blätter und hebt die inneren für einen *Endiviensalat** auf. 289

- *ca. 500 g Endivie, geputzt und in 1 cm breite Streifen geschnitten*
- *1 Eßl. Öl*
- *eventuell eine halbe Zwiebel (ca. 30 g), fein geschnitten*
- *1 Messerspitze Salz*

- *1-2 Eßl. biologisches Maizena* oder feines Mehl, angerührt in* 457
- *1/2 dl halb Milch / halb Sahne*

Bei mäßiger Hitze wird in einem Topf mit dickem Boden die Zwiebel im Öl erhitzt und glasig gedünstet. Nun rührt man die Endivie hinein und streut etwas Salz darauf. Immer wieder umrühren, bis die Endivie zusammengefallen ist. Der Topf wird nun zugedeckt und das Ganze bei kleinem Feuer gedünstet, bis die Endivie bißfest ist (10-15 Minuten). Man muß darauf achten, daß das Gemüse nicht ansitzt, eventuell gibt man eßlöffelweise Wasser dazu.
Mit Maizena wird das Gemüse gebunden.

Variation: Ein wenig geriebene Muskatnuß über die Endivie schmeckt gut.

Geschmorter Chicorée

Wenn dieses sonst etwas bittere Gemüse auf diese Art zubereitet wird (es bekommt einen Karamelgeschmack), mögen es auch die Kinder gern. Die Bitterstoffe stimulieren die Leber und helfen Fett zu verdauen. Chicorée enthält wenig Mineralstoffe und Vitamine, diesen Mangel kann man jedoch durch etwas Rohkost aus Wurzelgemüse und einen Obstnachtisch ausgleichen (siehe auch *Chicoréesalat**). 289

- *300-500 g Chicorée*
- *10 g Butter*
- *1/2 Eßl. Vollrohrzucker*

Der Chicorée wird unter fließendem Wasser gewaschen und der Strunk 1/2 cm dick abgeschnitten. Man wählt einen Topf aus, dessen Deckel gut schließt und in dem die Chicorées genau nebeneinander Platz haben. Die Butter wird darin geschmolzen (nicht erhitzen) und die Chicorées daraufgelegt. Den Zucker streut man darüber. Nun wird der Dekkel auf den Topf getan und der Chicorée bei mäßiger Hitze 10-15 Minuten langsam gar gedünstet. Ab und zu werden die Chicorées umgedreht. Das Gemüse gibt etwas Flüssigkeit ab, die jedoch während des Dünstens verdampft, und der Zucker karamelisiert leicht. Man muß gut darauf achten, daß die Sache nicht anbrennt (dazu muß man die Nase gebrauchen, denn der Zucker ist von Natur aus schon braun; man kann in diesem speziellen Fall auch einmal weißen Zucker verwenden).

Gedünstete Gurke

Ein sommerliches Rezept für denjenigen, der mit seiner Gurkenernte aus dem eigenen Garten nicht mehr weiß wohin.

- *1 Eßl. Öl*
- *1 dicke Gurke, geschält und entkernt, in reichlich 1 cm dicke Scheiben geschnitten*
- *1/4 Teel. Salz*

- *2-3 Eßl. saure Sahne, Viili* oder Joghurt* 464
- *nach Wunsch 1/2 Teel. Zitronensaft oder Apfelessig*
- *1-2 Eßl. fein gehackte frische Gartenkräuter (Dill, Schnittlauch, Basilikum, Petersilie)*

In einem weiten Topf wird das Öl mit der Gurke und dem Salz erwärmt und gerührt, bis die Gurke Flüssigkeit abgibt. Nun wird die Hitze vermindert und der Deckel auf den Topf getan. Das Gemüse wird in etwa 10 Minuten sanft gar gedünstet.
Eventuell gießt man etwas von der Kochflüssigkeit ab (oder verwendet es als Soße) und mischt den Rest der Zutaten darunter.

Variationen:
- Die Gurke wird mit wenig Wasser *gedämpft*, den Zitronensaft läßt man weg und nimmt weniger Kräuter (Dill, Kerbel).
- Das Gericht kann mit ein wenig mitgedünstetem Knoblauch herzhafter gemacht werden (in hauchdünne Scheibchen geschnitten) oder mit einer Sommerzwiebel (mitsamt den Schloten und in dünne Ringe geschnitten).
- Mit einer Messerspitze *Sambal** oder 1/4 Teel. 423
geriebener Ingwerwurzel kann man die wäßrige Gurke etwas feuriger machen.

Tip: Für dieses Gericht sollte man keine getrockneten Blattkräuter verwenden. Bei Mangel an frischen Kräutern nimmt man lieber Thymian oder Rosmarin oder Fenchelsamen oder Senfkörner, die man mit dem Salz zerstößt.

Kohl

Seit es von wissenschaftlicher Seite her erhärtet ist, daß die Kohlgewächse sehr vitaminreich sind (vor allem Vitamin C und K) und Mineralstoffe (Eisen) enthalten, sogar solche Stoffe, die den Krebs verhüten können (Indolen), sind die lange Zeit kaum beachteten Winterkohlsorten wieder zu Ehren gelangt. Diese Gemüsesorten haben jedoch einen Nachteil: Sie stellen an den Stoffwechsel einige Anforderungen. Je älter der Kohl ist und je dichter die Blätter aufeinanderliegen, desto schwerer verdaulich ist er. So ist Weißkohl schwerer verdaulich als Chinakohl. Außerdem werden die Winterkohlsorten (Weiß- und Rotkohl), je weiter die Wintersaison fortschreitet, desto schwerer verdaulich. Das merkt man auch an der Kochzeit, die im Februar länger dauert als im November.
Die Kohlsorten haben jedoch, um sie leichter verdaulich zu machen, ein «eingebautes Mittel»: das Senföl. Dieser scharf schmeckende Stoff (man kennt ihn vom Rettich, der auch zur Familie der Kreuzblütler gehört) wird erst frei, wenn das Gemüse geschnitten wird, verflüchtigt sich jedoch schnell. Dadurch wird das Gemüse, wenn es nach dem Schneiden lange liegenbleibt (im Laden bereits geschnittener Kohl) oder zu lange gekocht wird, schwerer verdaulich. Damit die Winterkohlsorten auch noch am Ende des Winters gut verdaulich sind, kann man etwas zerstoßene Senfkörner mitkochen. Auch Kümmel und Fenchel machen Kohlgerichte

leichter verdaulich (mitkochen). Sauerkraut wurde während des milchsauren Gärungsprozesses sozusagen vorverdaut.

Verdaulichkeit der Kohlsorten:
- Baby: Blumenkohl, Broccoli
- Kleinkind: Chinakohl, Spitzkohl (mit dem Herzen beginnen), Sauerkraut (rohes Sauerkraut, feingeschnitten und mit kleinen Apfelstückchen und Öl vermischt, ist nicht so sauer wie gekochtes)
- Kindergartenkinder: Paksoy, Rosenkohl
- Schulkind: Grünkohl, Weißkohl und Rotkohl

Aufgepaßt: Rohkost aus Winterkohlsorten ist für die meisten Leute zu schwer verdaulich. Für die Rohkost nimmt man am besten frisch geernteten Kohl und außerdem nur das Innerste des Kohls.
Rohkost aus Sauerkraut, Spitzkohl und Chinakohl ist, sofern sie *sehr* fein geschnitten ist, gut verdaulich.
Alle Kreuzblütler enthalten Stoffe, die Kropf (Struma) hervorrufen können, diese werden jedoch durch das Kochen unschädlich gemacht. Deshalb sollte man mit dem Genuß von Rohkost dieser Gewächse nicht übertreiben und es keinen Kindern geben, die bereits einen Jodmangel haben.

Tips:
- Kohl mit Kürbis: Auf den Kohl im Topf legt man ein Kürbissegment, mit der Schale nach unten. Dieses für jedes Alter leicht verdauliche Gemüse dämpft dann mit dem Kraut zusammen. Dann wird der Kürbis in schmale Schnitze geschnitten und sternförmig auf dem Kohl in der Schüssel angeordnet. Die Kleinen dürfen dann die Garnierung essen und ein wenig vom Kraut probieren.
- Mit dem Rosenkohl kann man Karottenscheiben mitkochen*. 268

Gedämpfter Spitzkohl, Chinakohl und Grünkohl

Die schnell gewachsenen Sommerkohlsorten (Spitzkohl und Chinakohl) fallen mehr zusammen als die «trockenen» Winterkohlsorten (Weiß- und Rotkohl), so daß man mengenmäßig mehr davon braucht. Die Strünke kann man mitkochen (beim Spitzkraut sehr fein schneiden).

- *1-2 Eßl. Öl*
- *1 kleine Zwiebel, feingehackt (nicht für Kleinkinder)*
- *1/4-3/4 Teel. Kümmel*
- *300-400 g Kohl, in 1-2 cm breite Streifen geschnitten*
- *1 Messerspitze Salz*
- *eventuell etwas (Kohl-)Wasser*
- *1/4-1/2 Teel. Senfkörner, zerstoßen*

In einem großen Topf mit dickem Boden wird das Öl mit der Zwiebel erhitzt. Bei mäßiger Hitze glasig dünsten. Die Gewürze kurz mitdünsten und dann den Kohl und das Salz dazugeben. Während des Erhitzens sollte der Kohl gewendet werden, bis er ganz mit Öl überzogen und etwas zusammengefallen ist. Aufpassen, daß das Gemüse nicht ansitzt. Etwas Wasser dazugeben, den Deckel auf den Topf legen und, wenn letzterer heiß ist, die Hitze vermindern. Der Kohl wird, je nach Sorte und Jahreszeit, 5-20 Minuten gedünstet, er sollte aber keinesfalls zu weich werden. Hin und wieder muß man nachsehen, ob noch genügend Flüssigkeit im Topf ist. Ideal ist es, wenn alles Wasser verkocht ist, sobald das Gemüse gar ist. Gegen das Ende der Kochzeit werden die Senfkörner untergerührt.

Variationen:
- Zum Chinakohl kann 1/4 Teel. Curry gegeben werden.
- Zum Chinakohl und Spitzkohl kann kurz vor dem Anrichten eine Prise Cayennepfeffer gegeben werden.

Tip: Schnell gemacht: Den Kohl in 3-4 cm breite Segmente schneiden (an der breiten Seite gemessen). Die Strünke läßt man daran, sonst fallen die Segmente auseinander. Nun nimmt man einen weiten Topf, um die Zwiebel zu dünsten, gießt 1 cm hoch Wasser zu und gibt das Salz hinein. Dann schichtet man die Kohlsegmente in den Topf und dämpft wie oben beschrieben. Das Gemüse hin und wieder mit Kochwasser begießen. Selbstverständlich werden die Strünke nicht gar, man läßt sie auf dem Teller liegen.

Gedünsteter Rot- und Weißkohl

Man verfährt wie beim Rezept für *gedämpften Spitzkohl* (siehe oben).

Weiß- und Rotkohl müssen sehr fein gehobelt werden (hölzerner Krauthobel). Je feiner gehobelt, desto kürzer ist die Kochzeit und desto besser sind Geschmack und Verdaulichkeit.
Strünke entfernen, klein schneiden, in Wasser kochen und diese «Bouillon» zum Angießen des Kohls verwenden. *Rotkohl* wird kurz vor dem Anrichten mit 1-2 Eßl. Apfelessig, Brottrunk oder Apfeldicksaft abgeschmeckt, das ergibt eine schöne Farbe und rundet den Geschmack ab.

Nur frisch geernteter Winterkohl (bis einschließlich Oktober) kann in Segmenten, wie oben beim Spitzkohl beschrieben, zubereitet werden, später ist er für diese Art der Zubereitung zu hart.

Variationen:
- **Rotkohl mit Honigkuchen:** Wenn man nach der Hälfte der Kochzeit eine Scheibe zerbröselten Honigkuchen zum Rotkohl gibt, wird er leicht süß und schön sämig. Wahrscheinlich muß man dann noch etwas Wasser zugeben, denn der Kuchen nimmt viel Flüssigkeit auf.
- **Gewürzter Rotkohl:** Außer Kümmel oder Kreuzkümmel gibt man noch 1/4 Teel. Koriander, 1 Lorbeerblatt und 2-3 Nelken dazu.
- Man kann auch einen geschälten, in dicke Scheiben geschnittenen Apfel auf den Kohl legen und mitdämpfen. Kurz vor dem Anrichten wird der inzwischen zu Mus gekochte Apfel unter den Kohl gerührt, er bindet den zum Frühjahr hin etwas hart gewordenen Kohl und gibt ihm mehr Geschmack.
- Man halbiert zwei nicht zu saure Äpfel mit Schale, entfernt das Kernhaus großzügig und füllt die entstandenen Mulden mit einer Mischung aus feingemahlenen (Wal-)Nüssen und Honig. Diese **gefüllten Apfelhälften** legt man mit der Schale nach unten auf den Kohl und dämpft sie mit. In einem Menü mit einem Getreidegericht ersetzen sie das Fleisch.

Kohl im Backofen

Dieses Gericht ist vor allem für etwas hart gewordenen Kohl, nach dem Jahreswechsel, geeignet. Es schmeckt mit Hirse und Rohkost aus Wurzelgemüse gut.

- *300-400 g Kohl nach Wahl, nach dem Spitzkohlrezept* zubereitet* 266
- *eventuell einen fein geriebenen Apfel*
- *1 1/4-2 dl saure Sahne oder mit 1 Eßl. Öl verrührter Quark*
- *30-50 g sehr fein gemahlene Mandeln oder Haselnüsse (oder Nußmus)*
- *Gomasio* nach Geschmack* 408

Man nimmt den Kohl, kurz bevor er gar ist und mit Zwiebel (und/oder Knoblauch) geschmort wurde, vom Feuer. Wenn der (Rot-)Kohl etwas trocken geworden ist, gibt man den feingeriebenen Apfel dazu. Nun gibt man den Kohl in eine eingefettete Auflaufform und drückt ihn gut an. Unten in der Schüssel sollte 1 cm hoch Kochwasser sein, wenn nicht, wird mit Bouillon oder Wasser angefüllt.
Backofen vorheizen.
Aus den Zutaten des zweiten Abschnitts wird eine Soße angerührt und bis an den Schüsselrand über den Kohl gestrichen.
Backen: 10-15 Minuten bei 220°C, mittlere Schiene.

Rosenkohl

Dies ist eine der Gemüsesorten, die Kinder oft nicht mögen. Das liegt jedoch häufig an der Art der Zubereitung. Probieren Sie einmal diese Zubereitungsart und verabreden Sie mit den Kindern, daß sie nur *eines* versuchen müssen (dürfen). Siehe auch den Tip.

- *300-400 g Rosenkohl, nur die unschönen Blätter werden entfernt, die Strünke etwas abgeschnitten und kreuzweise ca. 1/2 cm tief eingeschnitten*
- *1/4-1/2 Teel. Salz*

- *1 Eßl. Öl*
- *1 kleine Zwiebel, fein gehackt*
- *eventuell eine kleine Knoblauchzehe, in hauchdünne Scheibchen geschnitten*
- *1 Messerspitze Thymian*
- *1 Prise Salz*

Der Rosenkohl wird mit dem Salz in den Topf gegeben und mit so viel kochendem Wasser übergossen, daß er gerade bedeckt ist. Zum Kochen bringen und 2 Minuten kochen lassen. Auf einem Sieb abgießen (Kochwasser für Suppe aufbewahren).
Kurz vor dem Essen werden Zwiebel und Knoblauch im Öl erwärmt und glasig gedünstet. Den Rosenkohl dazugeben und Thymian und Salz darüberstreuen. ►

Kurz umrühren und dann ganz wenig Wasser zugießen. Den Topf zudecken und, wenn der Deckel heiß ist, die Hitze verringern. Innerhalb weniger Minuten (je nach Größe der Röschen) wird das Gemüse bißfest gedünstet. Sofort anrichten.

Variationen:

- Zwiebel und Knoblauch weglassen und das Gemüse in wenig Wasser mit einem Stück Butter dämpfen.
- **Rosenkohl mit Karotten oder Trauben:** Für denjenigen, der sich zum Rosenkohl nicht bekehren lassen will, kocht man 100 g in dünne Scheiben geschnittene Karotte mit (zuerst mit der Zwiebel dünsten, bis die Scheiben halb gar sind) oder legt die letzten 5 Minuten eine Handvoll weißer Trauben auf das Gemüse.

Gedämpfter Grünkohl

Wie das Rezept für *gedämpften Spitzkohl**. 266
Grünkohl wird leichter verdaulich, wenn man die Blätter, noch mitsamt den Stielen, in einen großen Topf legt, mit kochendem Wasser überbrüht und 5 Minuten kocht. Über ein Sieb abgießen, das Kochwasser nicht mehr verwenden. Nun werden die Blätter von den Stielen getrennt (bis hinein ins Blatt). Die zarten Strunkstücke und Stiele kann man kleinschneiden und mit den Blättern zusammen kochen.

Gedämpftes Sauerkraut

Durch die milchsaure Gärung mit den Vitaminen C und B angereichert und leichter verdaulich geworden, ist Kohl in dieser Form auch für Kindergartenkinder geeignet. Sofern Sauerkraut nicht zu lange gekocht wird, behält es seinen frisch-säuerlichen Geschmack und seine wertvollen Nährstoffe.
Sauerkraut enthält viel Salz; dieser Tatsache muß beim Salzen der übrigen Gerichte des Menüs Rechnung getragen werden (siehe auch den Tip).

- *1 Eßl. Öl*
- *1 kleine Zwiebel, sehr fein gehackt*
- *2 Wacholderbeeren, leicht zerdrückt*
- *1/4 Teel. Kümmel*

- *400 g Sauerkraut*
- *ca. 1 dl Wasser*

---

100 g des Sauerkrautes behält man zurück.
Das Öl mit der Zwiebel und den Gewürzen bei mäßiger Hitze erwärmen und dünsten. Sauerkraut (etwas auseinandergezogen) dazugeben und das Wasser angießen. Den Topf zudecken und, wenn der Deckel heiß ist, das Feuer klein drehen. In 10 Minuten wird das Kraut gedämpft, später im Jahr dauert es etwas länger. Aufpassen, daß nicht alle Flüssigkeit verkocht.
Das zurückgehaltene Sauerkraut wird fein geschnitten und mit dem gekochten vermischt. Dabei das Gemüse noch einmal zum Kochen bringen.

Variationen:

- Das Sauerkraut nur in etwas Wasser dämpfen. Eine dicke Scheibe mürber Apfel wird auf das Kraut gelegt, mitgedämpft und am Schluß damit vermischt. Damit wird etwas von der Säure weggenommen.
- Siehe auch die Variation mit gefüllten Apfelhälften unter dem Rezept für *gedünsteten Rot- oder Weißkohl**. 266
- Bei festlichen Gelegenheiten kann man eine Scheibe Ananas auf das Sauerkraut legen und mitdämpfen. Zum Anrichten garniert man das Sauerkraut mit Ananasscheiben und füllt die Löcher der Scheiben mit roter Marmelade.

Sauerkraut als Rohkost

Wenn man offenes Sauerkraut im Naturkostladen kauft, sollte man ein Glas mitnehmen. Gut verschlossen wird das Kraut in der Tasche nicht auslaufen, und außerdem kann man es so 1-2 Wochen im Kühlschrank aufheben.

Klein geschnittenes Sauerkraut kann man als *Brotbelag** oder zum Mischen unter die Rohkost aus 236
Wurzelgemüse nehmen. Außer Öl oder Sahne braucht man für die Salatsoße nichts, denn das Sauerkraut ersetzt sowohl das Salz als auch den Zitronensaft. Wenn im Glas etwas Sauerkrautsaft übrigbleibt, kann man diesen an salzige Gerichte geben anstelle von Zitronensaft oder Essig.

Chinesische Kohlrouladen

(4 große oder 8 kleine)

Als Füllung für diese kleinen Kohlpakete gibt es viele Variationsmöglichkeiten und damit viele Überraschungen. Man ißt Hirse oder Reis dazu oder auch *Kartoffelpuffer** (Schulkinder). Etwas Rote Bete- 174
oder Karottenrohkost gibt farblich einen hübschen Effekt. Die Kohlrouladen können im voraus fix und fertig gemacht werden, im Topf (milder, schnell gar) oder im Backofen (herzhafter, braucht mehr Energie und Backzeit). Die im Topf oder der Auflaufform übriggebliebene Gemüsebrühe kann als Soße zum Getreide verwendet werden. Für festliche Gelegenheiten kann man eine Nußsoße (*Erdnußsoße**) 185
dazu servieren (in diesem Fall kann man die Mandeln bei der Füllung eventuell weglassen).

- *4 sehr große oder 8 kleinere äußere Blätter (ca. 400 g) eines großen Chinakohls von mindestens 750 g*

- *2 Eßl. Öl*
- *3 Eßl. (25 g) Sonnenblumenkerne*

- *1 Zwiebel (75 g), fein gehackt*
- *100 g Chinakohl (innere Blätter, klein geschnitten und danach fein gehackt)*
- *1 dicke Scheibe Vollkornbrot, ohne Rinde gewogen 50 g, zerkrümelt*
- *1/2 Teel. Thymian und*
- *1/4 Teel. Majoran, fein zerstoßen mit*
- *1/2 Teel. Salz*
- *1 Eßl. Kochwasser vom Kohl*

- *1 Eßl. Thermomehl oder Buchweizenmehl, angerührt in*
- *1/2 dl Kohlsaft*

- *25-50 g Mandeln, sehr fein gemahlen*
- *eventuell 2-3 Eßl. Petersilie oder andere frische Kräuter, fein geschnitten*

Die Kohlblätter in einen großen Topf legen und mit 1 - 1 1/2 l kochendem Wasser überbrühen. Den Dekkel sofort auf den Topf legen und 5 Minuten stehen lassen. Den Kohlblätterstapel einmal umschichten.

Das Öl wird in einem kleinen Töpfchen mit den Sonnenblumenkernen erwärmt, bis diese hellbraun sind.

Nun wird zuerst die Zwiebel und dann der feingehackte Kohl dazugegeben und kurz mitgedünstet. Danach kommen das Brot und das gewürzte Salz und schließlich das Kochwasser dazu. Das Ganze sollte jetzt, zugedeckt, 5 Minuten köcheln.

Nun wird das angerührte Mehl unter dauerndem Rühren dazugegeben und alles zum Kochen gebracht. Rühren, bis sich der Brei vom Topf löst. Mandeln und frische Kräuter darunterrühren.

Die abgetropften Kohlblätter legt man, mit dem Strunk zu sich her, auf den Tisch, streicht die Fül- ►

Kleine Paksoyrouladen

lung, solange sie noch warm und geschmeidig ist, auf die Mittelrippe des Blattes, schlägt die Blattseiten darüber und rollt das Blatt auf. Die Rouladen werden mit dem Schluß nach unten, in einen weiten Topf oder eine Bratpfanne mit Deckel gelegt, einige Eßlöffel Bouillon oder Kochwasser vom Kohl darübergegeben und der Deckel geschlossen. Alles zum Kochen bringen und, sobald der Deckel heiß ist, die Hitze verringern. Die Rouladen garen in etwa 10 Minuten, sehr große Rouladen brauchen etwas länger.

Im Backofen: Die Rouladen werden in eine Auflaufform dicht nebeneinander gelegt und einige Eßlöffel Kochwasser dazugegeben. Mit einem gutschließenden Deckel zudecken (oder mit Alufolie).
Backen 1: 20 Minuten bei 200°C, mittlere Schiene. Schale aus dem Ofen nehmen und die Rouladen großzügig mit Öl bepinseln.
Backen 2: ca. 10 Minuten bei 200°C, bis sich der Kohl hellbraun färbt.

Variationen:
- Mandeln durch 50 g herzhaften Käse ersetzen (dann nur die Hälfte des Salzes verwenden).
- Brot durch ca. 100 g gekochtes Getreide ersetzen (Hirse, Reis, Thermogrütze).
- Die ganze Füllung durch ein halbes Rezept *Getreideküchlein** oder *Polenta** ersetzen. 149 156
- Den Chinakohl durch **Kopfsalat, Endivien, Paksoy-Blätter, Mangold** oder **großblättrigen Spinat** ersetzen. Die Kochzeit dieser zarten Gemüse ist kürzer, und sie eignen sich auch nicht so gut zum Backen im Ofen.
  Bei den nitratreichen* Gemüsen wird nur die Füllung im vorhinein fertiggemacht und die Rouladen erst kurz vor dem Essen gekocht. 252
- Mandeln durch 2-3 Eßl. Erdnußmus ersetzen und die Füllung mit Curry würzen (1/4 Teel.).
- Der Kohl in der Füllung wird durch Lauch oder zur Hälfte durch in kleine Würfel geschnittene rote Paprika oder Fleischtomaten ersetzt (im letzteren Fall braucht man kein Wasser zum Dünsten).
- Mandeln durch 100-150 g Hackfleisch, nach den Sonnenblumenkernen kurz angebraten, ersetzen. Fein gehackte Knoblauchzehe und Zwiebel mitschmoren. Majoran durch Rosmarin ersetzen (3-4 Nadeln) und eine Messerspitze Chili dazugeben.

Kohlrabi mit Kürbis

Gemüse in einer Soße, die sich selber kocht. Während der Zeit, die die Kohlrabi zum Garwerden brauchen, verkocht der Kürbis völlig. Wenn man das Gemüse mit der Soße über das Getreide schöpft (Hirse, Buchweizen, Thermogrütze), braucht man nur noch etwas Salat und gedämpftes Blattgemüse, und schon hat man eine einfache, jedoch vollständige Mahlzeit. Auch die Kinder, die Kohlrabi sonst nicht mögen, essen das so zubereitete Gemüse vielleicht doch, weil der leicht süße Kürbisgeschmack den Kohlrabigeschmack überdeckt.

- *2 Kohlrabi (300 g), geschält*
- *ca. 200 g Kürbis, saubergemacht gewogen*
- *1 cm hoch Wasser im Topf*
- *1 Messerspitze Salz*

- *10 g Butter*
- *1/2 Teel. frische Minzblätter oder andere Gartenkräuter, fein geschnitten*

Kohlrabi in Würfel und den Kürbis in hauchdünne Scheiben schneiden. Wasser und Salz zum Kochen bringen und die Kohlrabi hineinlegen. Auf die Kohlrabi legt man die Kürbisscheiben, deckt den Topf mit dem Deckel zu und bringt alles langsam zum Kochen (der Deckel ist dann heiß). Feuer zurückschalten und Kohlrabi nicht zu weich dämpfen (ca. 15 Minuten). Ab und zu kontrollieren, ob das Gemüse weiterkocht, der Kürbis wird im Dampf gar, aber die Kohlrabi dürfen nicht anbrennen.
Butter und Kräuter dazugeben und alles kräftig durchrühren.

Variationen:
- Wenn beinahe alles Wasser verkocht ist, kann die Butter durch einen Schuß Sahne ersetzt werden, das Gemüse bekommt dann einen besonders milden Geschmack.
- Etwas Käse zum Getreide reichen und zum Nachtisch ein saures Milchprodukt wählen.
- Für diejenigen, die «Kohlrabi pur» bevorzugen: Butter und einen Teelöffel Fenchelsamen zum Kochwasser geben und den Kürbis weglassen. Während das Gemüse zum Kochen kommt, wird es immer wieder umgewendet.

Gemüsepüree

Viele Kinder mögen weder Steckrübe (Räben) noch Sellerie. Der leicht scharfe Geschmack dieses gesunden und billigen Wintergemüses wird, wenn man Püree daraus macht, milder (den Abfall der Rübenlaternen verwenden!). Außer von Steckrüben und Sellerie kann man auch aus anderen Gemüsesorten ein appetitliches Püree machen.
Das Gemüsepüree steht innerhalb des Menüs sowohl für Gemüse als auch für die Soße. Man sollte jedoch dafür sorgen, daß in einer solchen Mahlzeit etwas enthalten ist, das gekaut werden muß: Das Püree kann mit gerösteten Nüssen oder Kernen oder mit *Soldätchen** garniert werden, außerdem 216
reicht man einen Salat aus kräftigem Blattgemüse dazu (Feldsalat, Chicorée, Chinakohl, Eissalat), das Getreide sollte in Form von ganzen Körnern gekocht werden (*lockere Hirse** oder *Risotto** mit 116
geriebenem Käse), als Nachtisch gibt es einen Ap- 118
fel. Oder, wenn man schnell fertig werden will, reicht man das Gemüsepüree zu geröstetem Brot mit Käse oder Nußmus.
Zu Gemüsepüree kann man auch altes und zähes Gemüse (im Winter) lecker verarbeiten und/oder Gemüsereste verwerten. Wenn die Gemüsemenge zu klein ist, kann man Kartoffeln mitkochen (mehlige Sorte).

Steckrübenpüree (ca. 5 dl)

- *ca. 500 g Steckrüben, Kohlrabi oder halb Steckrübe / halb Karotten, geschält gewogen*
- *2 dl Wasser*
- *1 Stückchen Butter*
- *1 Lorbeerblatt*
- *1/4 Teel. Fenchelsamen*
- *1 Messerspitze Salz*
- *ca. 1/2 Eßl. Thermomehl (Gerste oder Hafer), angemacht in wenig Wasser*
- *1/2 dl (saure) Sahne, Viili* oder Joghurt und* 164
  etwas Butter
- *1 Eßl. frische Kräuter (Petersilie, Sellerieblatt), fein geschnitten*

Die Steckrübe wird in dicke Scheiben geschnitten, geschält und in Würfel geschnitten.
Das Wasser mit der Butter, den Kräutern und dem Salz wird zum Kochen gebracht und die Gemüsewürfel darin in ca. 1/2 Stunde gar gekocht. Ab und zu umrühren und aufpassen, daß das Gemüse nicht trocken kocht.
Das Lorbeerblatt entfernen und eventuell vorhandenes Kochwasser abgießen (aufheben). Das Gemüse wird nun püriert, indem man es fein stampft, durch ein Sieb reibt oder mixt.
Nun wird das angerührte Mehl hinzugefügt und alles noch einmal zum Kochen gebracht. Mit Sahne und frischen Kräutern abschmecken, eventuell etwas Zitronensaft dazugeben.

Variationen:
- 1 Streifen Zitronen- oder Apfelsinenschale oder
- eine kleine Scheibe Ingwerwurzel mitkochen.
- Die frischen Kräuter durch 1/4 Teel. Majoran, der nach dem Pürieren dazugegeben wird, ersetzen.
- 100 g des Gemüses durch einen leicht säuerlichen Apfel ersetzen. Diesen schneidet man in knapp 1/2 cm kleine Würfel und mischt ihn unter das Püree, zusammen mit 30-50 g in Stücke gebrochenen Walnüssen. Das Ganze gibt man in eine eingefettete Auflaufform und stellt diese 1/4 Stunde in den Backofen (200°C, mittlere Schiene). Mit (getoastetem) Brot besonders lecker.
- Anstelle von Thermomehl wird Reismehl verwendet.

Selleriepüree

Wie *Steckrübenpüree* (s. oben), mit den folgenden Änderungen: Sellerie wird nur 10-15 Minuten gekocht und 1/4 Teel. geraspelte Ingwerwurzel dazugegeben. Der Fenchel wird eventuell durch Koriander ersetzt. Mit einer Prise Muskatnuß abschmecken. ►

Variationen:

- 300 g der Sellerieknolle werden durch Fenchel ersetzt und das Ganze mit Anis gewürzt. Dieses Püree wird, wenn der Fenchel etwas zäh ist, durch ein Sieb gestrichen, dann bleiben die harten Fasern zurück.
- Siehe die Variationen unter *Steckrübenpüree**. 271

Pastinakenpüree

Aus diesem ziemlich trockenen Gemüse kann man ein so festes Püree machen, daß man es mit dem Eisportionierer auf die Teller verteilen kann. Mit einer bunten *Kürbissoße* oder *Tomatensoße**, etwas 183
Feldsalat und einer knusprigen Beilage (z.B. feste *Getreidebratlinge**) ist dies ein Festtagsmenü. 149

Der Kochvorgang ist derselbe wie bei *Steckrübenpüree**. Es wird mit Thymian und Kümmel gewürzt. 271
Die Sahne wird durch ein Stückchen Butter ersetzt, weil sonst das Püree zu weich würde.

Variationen: siehe Variationen unter *Steckrübenpüree*.

Herbstmenü: Gebratene Kürbisringe, Risotto und Endiviensalat. Nachspeise: Garniertes Apfelmus.

Karottenpüree (Abbildung S. 108)

Wie *Steckrübenpüree**, mit folgenden Änderungen: 271
Die Karottenscheiben werden nur 15-20 Minuten gekocht und mit Koriander- oder Anissamen gewürzt (kein Lorbeerblatt).
Die Sahne ersetzt man durch Apfelsinensaft und ein Stückchen Butter.
Hier verwendet man keine frischen Kräuter, sie würden den feinen Geschmack dieses Pürees verdrängen.

Variationen: siehe die Variationen unter *Steckrübenpüree*.

Kürbispüree

Man nimmt einen Kürbis von mindestens 3/4 kg und kocht ihn, wie im Rezept für *Kürbissuppe** 87
beschrieben wurde. Man braucht jedoch nur 1 cm hoch Wasser im Topf, um den Kürbis (in Würfeln) garzukochen.
Kurz vor dem Anrichten wird etwas Butter oder 2-3 Eßl. Nußpaste unter das Püree geschlagen.
Für die anderen Altersgruppen: siehe Variation unter dem Suppenrezept.

Gebackene Kürbisringe

Mit diesem farbigen Gemüse wird auch ein einfacher *Risotto** eine festliche Mahlzeit. Feldsalat oder Win- 118
terpostellein komplettieren das Menü.

- *1 Kürbis von ca. 1 1/2 kg, sauber gebürstet*
- *1 Eßl. Sonnenblumenkerne oder Sesamsamen, für jeden Kürbisring*
- *etwas weiche Butter*

Der Kürbis wird durchgeschnitten und die Kerne und Stränge entfernt. Mit einem großen Messer schneidet man nun von jeder Hälfte so viel Ringe, wie Esser da sind. Die Anschnitte werden für eine andere Mahlzeit aufgehoben. Die Ringe sollte man am Ende des Winters schälen, da die Schale dann etwas zäh und bitter ist.
Die Kerne oder Samen werden in einer dicken Schicht auf ein Stück Papier gelegt. Die Schnittflächen der Kürbisringe werden mit weicher Butter bestrichen (mit den Fingern!) und fest auf die Samen oder Kerne gedrückt. Nun legt man die Ringe auf ein sauberes, trockenes Backblech.
Backen: 20 Minuten bei 180°C, mittlere Schiene.
Auf jeden (vorgewärmten) Teller wird ein gebackener Kürbisring gelegt und mit einem Berg Risotto, der zuvor mit geriebenem Käse vermischt wurde, gefüllt. Der Rest des Risotto wird in der Schüssel auf den Tisch gestellt.

Variation: Der Risotto kann durch trocken gekochten Reis oder eine andere Getreideart ersetzt werden, man reicht dann *Currysoße** oder *Petersilien-* 178
*soße** dazu. 179

Tip: Ist kein Backofen vorhanden? Man röstet dann die Sonnenblumenkerne in wenig Öl in der Bratpfanne hellbraun (Feuer niedrig halten). Aus der Pfanne nehmen und zur Seite stellen. Die trockengetupften Kürbisringe werden halbiert und im übriggebliebenen Öl bei mäßiger Hitze in 10-15 Minuten auf beiden Seiten hellbraun gebacken. Die erste Hälfte der Backzeit sollte der Deckel geschlossen sein. Nun werden die Ringe auf den Teller geschoben, wieder aneinander gelegt und, wie oben beschrieben, gefüllt. Die gebackenen Kerne werden darübergestreut.
Wenn man sehr vorsichtig brät (nicht zu heiß), kann man den Kürbis für ältere Kinder auch mit Butter braten.

Kürbis mit Linsensoße

Diesen Auflauf kann man zum größten Teil im vorhinein zubereiten, er paßt zu allen einfach gekochten Getreidesorten. Dazu paßt grüner Salat.

- *1 Kürbis von mind. 750 g (400 g Fruchtfleisch)*
- *ca. 1 dl Bouillon (aus Kürbisabfall hergestellt)*
- *1 Messerspitze Salz*

- *1 Rezept Linsensoße** 186

- *1 flache Auflaufform, eingefettet*

Der Kürbis wird durchgeschnitten und die Kerne und Stränge entfernt (für Bouillon). Der Kürbis wird in höchstens 1 cm dicke Scheiben geschnitten und geschält (bei sehr jungem Kürbis kurz nach der Ernte ist dies nicht notwendig).

►

Ofen vorheizen.
Man gibt 1/2 cm hoch Bouillon mit etwas Salz in die Auflaufform und legt die Kürbisringe dachziegelartig hinein.
Backen 1: 15 Minuten bei 200°C, zweitunterste Schiene.
Die Bouillon ist jetzt verdampft und der Kürbis beinahe gar. Nun wird die Linsensoße über den Kürbis verteilt und mit Butterflöckchen oder mit Rauchspeckwürfeln bestreut.
Backen 2: 10-20 Minuten.

Variationen:
- Der Kürbis wird durch **Zucchetti, Gurke oder Aubergine** ersetzt; die kleineren Exemplare brauchen weder geschält noch entkernt zu werden.
- Der Kürbis wird durch in Scheiben geschnittene **Pastinaken, Kohlrabi, Steckrüben, japanischen Rettich**, in breite Streifen geschnittenen **Chinakohl, Topinambur oder Süßkartoffel** (Bataten) ersetzt. Da diese Gemüsesorten eine längere Kochzeit benötigen, müssen sie zuerst in etwas Bouillon knapp gargekocht werden.

Tips:
- Energiesparend: Wenn man dieses Gericht im vorhinein fertigmachen will, ist es besser, den Kürbis im Topf vorzukochen. Die Backzeit verlängert sich auf etwa 20-30 Minuten, wenn das Gericht kalt in den Ofen kommt.
- Ist kein Backofen vorhanden? Man gibt den vorgekochten Kürbis in einen hübschen Topf, gießt die Soße darüber und läßt das Ganze auf kleinem Feuer noch 5 Minuten durchziehen.

Gratiniertes Gemüse

Gemüse, das für manche Kinder einen zu ausgesprochenen Geschmack hat (Sellerie, Steckrübe usw.) wird milder, wenn man es – zuvor gargekocht – mit
einer *Bechamelsoße** oder *Käsesoße** anrichtet, 177
eventuell im Ofen gratiniert. 180
Zu diesen nahrhaften Gemüseaufläufen ißt man am besten einfach gekochtes Getreide und etwas grünen Salat.
Zur Vorbereitung der verschiedenen Gemüsesorten folgen hier ein paar Tips:

- **Topinambur, Pastinake, Schwarzwurzeln
und Kartoffeln:** Mit der Schale gekocht* und in 169
1/2 cm dicke Scheiben geschnitten.
- **Spargel, Bleichsellerie, Mangoldstiele und Paksoy:** Hierfür wird vor allem etwas älteres Gemüse verwendet und in 3 cm lange Stücke geschnitten. Die Gemüsestücke werden in einen Topf gegeben, etwas Salz darübergestreut und mit soviel kochendem Wasser übergossen, daß sie gerade bedeckt sind. Nun wird das Gemüse gargekocht. Die Stücke nimmt man aus dem Kochwasser und läßt sie auf dem Sieb abtropfen. Das Kochwasser wird zur Zubereitung der Soße verwendet.
- **Fenchel:** Man sollte vor allem die etwas zähen Knollen oder nur die äußersten «Schalen» verwenden, die zum Rohessen nicht mehr zart genug sind. Man schneidet das Gemüse in ca. 1 cm breite Streifen und kocht es wie Spargel.
- **Lauch:** Der Lauch wird in fingerlange Stücke geschnitten und wie Spargel gekocht.
- **Chicorée:** Man läßt den Chicorée ganz und kocht ihn wie Spargel.
- **Kohlrabi, Steckrübe und Sellerie:** Das Gemüse wird in ca. 1 cm dicke Scheiben geschnitten und wie Spargel gekocht. Nach dem Kochen schneidet man sie in Würfel.

Nun wird eine Auflaufform mit Butter eingefettet und das abgetropfte Gemüse hineingelegt. Man gießt soviel Soße darüber, daß das Gemüse ganz bedeckt ist. Wenn man eine Bechamelsoße ausgewählt hat, kann man eine Mischung aus geriebenem Käse und *Pa-
niermehl** überstreuen, das gibt eine schöne und 406
lecker knusprige Kruste.
Gratinieren: ca. 15 Minuten bei 200°C, mittlere Schiene.

Variation: Die Bechamelsoße wird durch folgenden **Eierguß** ersetzt:

- *1 dl Sahne*
- *1 Eßl. Weizenmehl oder Reismehl*
- *2 kleine Eier*
- *2 dl Gemüsewasser, wenn nötig mit Bouillon verlängert*
- *1 Messerspitze Muskatnuß*

Das Mehl wird mit Sahne angerührt und die Eier daruntergeschlagen, danach gibt man das etwas abgekühlte Gemüsewasser dazu. Dieser Eierguß wird über das gekochte Gemüse gegeben.

Backen: 20 Minuten bei 200°C, mittlere Schiene. Nach der Hälfte der Backzeit wird die Auflaufform mit Alufolie zugedeckt. Das Gericht ist fertig, wenn der Eierguß auch in der Mitte fest geworden ist. Zu diesem eiweißreichen Auflauf kann man außer Getreide auch Pellkartoffeln essen.

Tips:
- Man kann etwas frische, fein geschnittene oder getrocknete Kräuter zwischen das Gemüse geben.
- Aus verschiedenen gekochten Gemüseresten, wenn nötig ergänzt durch geschälte, in Scheiben geschnittene gekochte Kartoffeln, kann man einen gemischten Gemüseauflauf machen. Gekochte Getreidereste oder Nudeln kann man schichtweise mit dem Gemüse aufwärmen. Über das Ganze gibt man eine Bechamelsoße. Zu solch einem Resteauflauf ißt man am besten frischen grünen Salat.

Zucchetti mit Mandelfüllung

Eine überraschende Geschmackskombination, zu der Nudeln, Polenta, Reis oder Hirse paßt, angereichert durch Blattsalat. Die herzhafte Gemüsebouillon aus dem Auflauf kann als leichte Soße zum Getreide gegeben werden.

- *2 Zucchetti von je 300 g, gewaschen, längs durchgeschnitten und ausgehöhlt, so daß ein Rand von 1 cm stehenbleibt*

- *1/2 Eßl. Öl*
- *1/2 Zwiebel (ca. 20 g), fein gehackt*
- *das Innere der Zucchetti (nicht mehr als 100 g), fein gehackt*

- *1 Eßl. Mehl, angemacht in*
- *1/2 dl Bouillon*
- *2 Scheiben Vollkornbrot ohne Rinde (50 g), zerkrümelt*
- *50 g Mandeln, fein gemahlen*
- *eventuell 2 bittere Mandeln*, zerstoßen* 457
- *1/4 Teel. Koriander, zerstoßen*
- *1 Messerspitze Curry*
- *1/4 Teel. Salz*

- *2 dl herzhafte Bouillon*
- *ca. 50 g geriebenen Hartkäse*
- *1 flache Auflaufform, eingefettet*
- *1 Blatt Alufolie, rundherum 2 cm größer als die Schale*

In einem Topf mit dickem Boden wird die Zwiebel mit dem Öl vorsichtig erhitzt und glasig gedünstet. Auch das Innere der Zucchetti wird kurz mitgedünstet, dann gibt man den Deckel auf den Topf und läßt alles garen (etwa 5 Minuten).
Nun wird der Rest der Zutaten hinzugefügt (außer Bouillon und Käse). Das Ganze wird unter ständigem Rühren gut durchgekocht, zugedeckt, vom Feuer genommen und noch 5-10 Minuten ziehen gelassen. Es muß eine würzige, sehr feste, jedoch noch streichbare Masse sein.
Ofen vorheizen.
Die Zucchetti werden gefüllt und in die Auflaufform gelegt. Nun gießt man die Bouillon in die Schale und faltet die Folie über die Schale.
Backen: 20 Minuten bei 225°C, unterste Schiene.
Die Folie wird entfernt und der Käse über die Füllung gestreut. Nun schiebt man die Schüssel nochmals in den Ofen und läßt noch 5 Minuten weiterbacken, bis der Käse geschmolzen und hellbraun ist. Eventuell verdampfte Bouillon wird mit etwas Wasser angefüllt.

Variationen:
- Den Käse durch vier Eßl. Sonnenblumenkerne und ein wenig Salz ersetzen.
- Hier werden keine Bittermandeln verwendet und der Hartkäse durch milden ersetzt.

Tip: Wenn man eine große Zucchetti verwendet (nicht größer als 3/4 kg), ist die Schale zu zäh, um gegessen zu werden. Es ist jedoch nicht ratsam, die Zucchetti vor dem Backen zu schälen, denn sonst fällt sie womöglich während des Backens auseinander. Man entfernt also die Schale während des Essens.

Fliegende Untertasse

(gefüllter Pâtisson, französischer Kürbis)

Man macht das gleiche Rezept wie für *gefüllte Zucchetti** (siehe auch den Tip), nimmt jedoch an- 60
stelle von Zucchetti einen Kürbis von ca. 750 g. Dieses dekorative Fruchtgemüse muß man jedoch 10-15 Minuten in ca. 1/4 l Wasser mit einer Messerspitze Salz vorkochen. Zuvor wird am Stielansatz ►

ein Käppchen abgeschnitten und das Gemüse ausgehöhlt. Wenn Sie mehr als die 100 g an Fruchtfleisch für die Füllung haben, wird dieses mit dem Kürbis mitgekocht, man hat dann gleich Bouillon, die man in die Form geben kann. Das Käppchen wird auch mit dem Kürbis mitgekocht, aufbewahrt und zum Anrichten auf den gebackenen Kürbis gesetzt (im Backofen würde es verbrennen).
Backen 1: ca. 30 Minuten bei 225°C, unterste Schiene, mit Alufolie zugedeckt.
Backen 2: ca. 5 Minuten ohne Folie. Der Kürbis wird in eine flache Schüssel gegeben und am Tisch wie eine Torte in Stücke geschnitten.

Zucchetti-Kartoffelauflauf

Ein einfach und schnell gemachter Auflauf, in dem die Kartoffeln die Rolle des Gemüses innerhalb des Menüs übernehmen. Deshalb sollte man noch (einfach gekochtes) Getreide dazuessen, z. B. Hirse, Thermogrütze oder auch Teigwaren. Den Blattsalat nicht vergessen.

- *4 große Kartoffeln (ca. 500 g), nicht mehlig, sauber gebürstet*
- *3-4 Zucchetti (zusammen ca. 400 g) oder 400 g Fruchtfleisch einer Zucchetti*

- *1 große Zwiebel (75- 100 g)*

- *100 g Quark*
- *1/2 Teel. Salz*
- *1/4 Teel. Rosmarin*
- *1/2 Teel. Basilikum*
- *1 Messerspitze Chili*
- *2 Eßl. Petersilie oder Sellerieblätter, fein geschnitten*

- *10 g feste Butter*

- *1 flache Auflaufform von ca. 1 1/2 l Inhalt, eingefettet mit 1 Eßl. Öl*

Die Kartoffeln werden als Pellkartoffeln* gekocht. 169
Dazu nimmt man einen Topf, in dem die Kartoffeln *nebeneinander* liegen können. Die Zucchetti werden längs durchgeschnitten und mit der Schnittfläche nach oben auf die Kartoffeln gelegt. Nun wird alles zum Kochen gebracht und das Feuer erst niedrig gestellt, wenn der Deckel heiß ist. Man sollte jedoch darauf achten, daß das Wasser, das unten im Topf ist, stets kocht, denn Kartoffeln und Zucchetti müssen im Dampf gar werden. Nach ca. 20 Minuten sind die Kartoffeln gar (jedoch nicht geplatzt) und die Zucchetti sehr weich.
Die Zucchetti werden zur Seite gelegt und die Kartoffeln geschält.
Nun wird die Zwiebel in hauchdünne Ringe geschnitten und auf dem Boden der Schale verteilt. Die Kartoffeln schneidet man in 1/2 cm dicke Scheiben und legt sie dachziegelartig auf die Zwiebeln.
Nun gibt man den Quark in eine tiefe Schüssel, zerstößt die trockenen Kräuter mit dem Salz (im Mörser) und gibt dies zum Quark.
Ofen vorheizen.
Nun werden die frischen Kräuter unter den Quark gerührt, die Zucchetti in Stücke geschnitten und auf den Quark gelegt. Nun wird alles mit dem Pürierstab püriert (man kann die Zucchetti auch durch ein Sieb streichen und dann mit dem Quark vermischen). Das Ganze muß eine dünne Soße ergeben. Eventuell kann sie mit etwas Sahne verdünnt werden. Die Soße über die Kartoffeln geben; sie müssen alle bedeckt sein.
Die Butter wird in hauchdünne Scheibchen geschnitten und auf die Soße gelegt.
Backen: 15 Minuten bei 220°C, mittlere Schiene.
Der Auflauf sollte nicht zu dunkel gebacken werden.

Variationen:
- Die Zucchetti werden im Winter durch 2 Stücke **Kürbis** ersetzt (zusammen ca. 400 g). Die Schale muß nach dem Kochen entfernt werden, wenn es schon etwas später im Jahr ist (nach Weihnachten, dann schmeckt die Schale für eine feine Soße zu bitter).
- Die Zucchetti werden durch (nicht zu holzige) Strünke von **Broccoli oder Blumenkohl** ersetzt. Gewürzt wird mit 1/2 Teel. Senf und einem Teel. Fenchelsamen (beides zerstoßen). Dazu paßt (im Sommer) Tomatensalat.
- Den Rosmarin eventuell durch Thymian ersetzen und den Chili weglassen.
- Den Quark durch Tofu ersetzen.

Karottenpudding (1 l)

Mit Feldsalat ist dieser leicht süße Gemüse-Getreidepudding ein mühelos bereitetes Festmahl. Dazu gibt es einen *Fruchtsalat**. 300

- *175 g Buchweizengrütze, eine halbe Stunde eingeweicht in*
- *4 dl Wasser*

- *75-100 g gemahlene Haselnüsse*
- *100 g Quark, verrührt mit*
- *2 Eßl. Öl*
- *die abgeriebene Schale einer halben Zitrone*
- *1/4 Teel. Anissamen und*
- *1/2 Teel. Koriandersamen, fein zerstoßen mit*
- *1/2 Teel. Salz*

- *340 g Karotten, geschält gewogen, sehr fein geraspelt*

Siehe, was die benötigte Form und Arbeitsweise betrifft, unter *warmer Buchweizenpudding**. 142
Der Pudding wird mit dünnen Karottenscheibchen und Petersiliensträußchen garniert.

Variationen:
- Herzhafter: 50 g der Karotten werden durch hauchdünne Scheiben Stangensellerie ersetzt.
- Die Buchweizengrütze wird durch grob gemahlene* Hirse oder durch Hirse-, Gersten-, oder 406
Weizenflocken ersetzt (nicht glutenfrei).
- Die Buchweizengrütze wird durch Thermogrütze ersetzt (Hafer oder Gerste) oder
- durch Roggenflocken (diese werden eventuell im trockenen Topf leicht geröstet). Das Einweichwasser wird zum Kochen gebracht und damit die Thermogrütze oder die Roggenflocken begossen (zugedeckt ein Weilchen stehen lassen).
- Quark, Öl und die Hälfte der Nüsse werden durch 150 g geriebenen Käse ersetzt (weniger Salz verwenden). Dies schmeckt vor allem mit Sellerie (Variation 5) gut. Anis und Koriander können eventuell durch eine Prise Muskatnuß und 1/2 Teel. zerstoßene Kümmelsamen ersetzt werden.
- **Selleriepudding und Pastinakenpudding:** Die Karotten werden ganz oder zum größten Teil durch sehr fein geraffelten Sellerie ersetzt (oder eine Mischung von allen dreien). Anstelle der Anissamen nimmt man eventuell geriebene Ingwerwurzel oder 1 Messerspitze Muskatnuß (wenn Käse verwendet wurde).
- **Lauchpudding:** Wie Variation 2 (Roggen), die Karotten werden durch Lauch ersetzt, der in dünne Ringe geschnitten und mit 1 Eßl. Öl knapp gar gedünstet* wurde. Hier paßt Kümmel besser als 251
Anis.

Tips:
- Der Pudding schmeckt am nächsten Tag noch genauso lecker. Man kann ihn in dicke Scheiben schneiden und in etwas Butter anbraten.
- Man kann auch kleine Puddings machen (siehe Tips bei *warmem Buchweizenpudding**). 142
- **Karotten-, Sellerie- oder Pastinakenauflauf:** Einfacher, jedoch etwas schwerer verdaulich. Man braucht 1/2 dl mehr Einweichwasser. Die Masse wird in eine eingefettete Auflaufform gegeben und mit Butterflöckchen belegt.
Backen: 30-40 Minuten bei 180°C, mittlere Schiene.

Gemüsebratlinge

Ein guter Trick, Kinder dazu zu veranlassen, Gemüse zu essen. Da in den «Teig» auch Eiweiß verarbeitet ist, braucht man nur noch etwas *Risotto*, Hirsepüree* oder Kartoffelpüree** und 117
grünen Salat dazu zu essen. Es sind vor allem die festen Gemüsesorten, die zur Herstellung von Gemüsebratlingen geeignet sind. Da sie sowohl was den Geschmack als auch was den Feuchtigkeitsgehalt betrifft, unterschiedlich sind, kann nicht ein Rezept für alle Sorten geschrieben werden. Da aber die Art der Zubereitung für alle dieselbe ist, folgt zuerst das Grundrezept und danach die Zutatenlisten für die verschiedenen «Teige».

Gemüsebratlinge, Grundrezept

(4-6 Stück)

Das Gemüse wird geschält und, wenn nötig, geraffelt. Nun wird das geraffelte Gemüse mit dem Rest der angegebenen Zutaten vermischt und miteinander verknetet. Das Gemüse gibt immer etwas Feuchtigkeit ab, dadurch wird der Teig sämig. Wenn einige Gemüsesorten zuviel Feuchtigkeit absondern, muß dies durch ein hinzugefügtes Bindemittel wieder aufgefangen werden. Der Teig muß fest sein (eventuell noch mehr Mehl dazugeben), denn während des Backens sondert das Gemüse noch einmal Feuchtigkeit ab. Deshalb sollte der Teig auch nicht lange stehen bleiben, sondern gleich verbacken werden. Zu diesem Zweck erhitzt man Öl in einer Bratpfanne und legt mit Hilfe eines Eisportionierers oder mit zwei Eßlöffeln 4-6 Häufchen Teig hinein. Mit der Bratenschaufel drückt man sie flach und brät sie an beiden Seiten hellbraun und knusprig.

Karottenbratlinge

- *250 g Karotten, fein geraffelt gewogen*
- *1 Eßl. Öl*
- *50 g Haselnüsse, sehr fein gemahlen*
- *die abgeriebene Schale einer Zitrone*
- *1 Eßl. Dicksaft oder 1 Eßl. Zitronensaft mit 1/4 Teel. Honig*
- *1 Messerspitze Salz*
- *eventuell 1-2 Eßl. Buchweizenmehl*
- *2-3 Eßl. Petersilie, fein geschnitten oder 1 Eßl. getrocknete Dillspitzen*

Für die Zubereitung siehe Grundrezept oben.

Pastinakenbratlinge

Wie Karottenbratlinge. Man kann die Haselnüsse (auch bei Karottenbratlingen) durch 1 kleines Ei und 2 Eßl. Quark, Viili* oder Joghurt ersetzen (mit- 464
einander verquirlt). Die frischen Kräuter kann man durch 1/4 Teel. zerstoßenen Anis ersetzen.
Für die Zubereitung siehe Grundrezept oben.

Kürbisbratlinge

- *250 g Kürbis, fein geraffelt gewogen*
- *eventuell 1 kleine Zwiebel*
- *50 g milden Käse, fein gerieben*
- *1/2 Teel. Zitronensaft*
- *1/2 Teel. getrocknetes Basilikum oder 1-2 Eßl. frisches, fein gehackt*
- *1/2 Teel. Koriander, fein zerstoßen mit*
- *1/4 Teel. Salz*

Für die Zubereitung siehe Grundrezept oben.

Tip: Diese Masse eignet sich auch für einen großen Kuchen in der Bratpfanne (jede Seite 5 Minuten). Bei mäßiger Hitze backen und während der ersten 5 Minuten den Deckel auf die Pfanne legen. Auf diese Art kann man sogar die doppelte Menge auf einmal backen.

Zucchettibratlinge (8 Stück)

- *500 g Zucchetti oder 500 g Fruchtfleisch von geschälten und entkernten Zucchetti, mittelfein geraffelt, die Flüssigkeit etwas ausgedrückt*
- *1/2 rote Paprika, in kleine Stücke gehackt*
- *1 Ei, verquirlt*
- *25 g milden Käse, fein gerieben*
- *3 Eßl. feine Hafer- oder Reisflocken (glutenfrei)*
- *3 Eßl. Buchweizenmehl*
- *1/4 Teel. Rosmarin oder 1/2 Teel. Thymian, fein zerstoßen mit*
- *1/4 Teel. Salz (mehr, wenn der Käse salzarm ist)*
- *1 Eßl. Schnittlauch, fein geschnitten oder 1 Eßl. Zwiebel, sehr fein gehackt*
- *Rosenpaprika (über die gebratenen Bratlinge zu streuen)*

Für die Zubereitung siehe *Gemüsebratlinge, Grundrezept**. 278

Variation: Der Käse kann durch 50 g feingemahlene Mandeln oder 50 g grob gehackte Walnüsse mit 1-2 Eßl. Mehl ersetzt werden.

Spinatbratlinge (ca. 20 Kleine)

Milde Bratlinge für Kinder, die sonst keinen Spinat mögen, oder wenn der Spinat im Frühjahr noch zu nitratreich* und/oder zu teuer ist, um größere Men- 252
gen zu kaufen.
Zusammen mit etwas Rohkost von Wurzelgemüse ergibt dies eine farbige Kindermahlzeit.

Für die Zubereitung siehe das Rezept *Reisbratlinge mit Spinat**. 151

Gemüse im Backteig

Wenn man allerlei verschiedene Sorten (Reste) Gemüse in Teig gehüllt auf den Tisch bringt, ist jeder Happen eine Überraschung.

Gemüse im Backteig kann, neben Hirse- oder Kartoffelpüree und einer Schüssel gemischtem Salat, an Festtagen als Beilage dienen.
Das Rezept für den Teig folgt hier unten.

Geeignete Gemüse sind folgende:

- **Sellerie:** Der Sellerie wird geschält und in 1 cm dicke Scheiben geschnitten. Die Scheiben werden in einen Topf gelegt und mit soviel kochendem Wasser übergossen, daß sie bedeckt sind. Salzen (ca. 1/2 Teel. auf 1/2 l) und alles zum Kochen bringen. Das Gemüse wird bißfest gekocht und danach in ein Sieb geschüttet (das Kochwasser nicht wegschütten, sondern für den Teig, eine Suppe oder Soße aufheben), das Gemüse gut abtropfen lassen.
- **Topinambur, Pastinake, Schwarzwurzeln** (dicke): Diese Gemüse eventuell zusammen mit Kartoffeln in der Schale garen*. 169
- **Zucchetti**, junger **Kürbis** kurz nach der Ernte, kleine **Auberginen:** Dieses zarte Gemüse braucht nicht geschält und auch nicht vorgekocht zu werden. Kurz vor dem Backen wird es in 1 cm dicke Scheiben geschnitten.
- **Broccoli und Blumenkohl:** Die zarten Strünke werden in dicke Scheiben geschnitten und der Blütenteil in einzelne Röschen zerpflückt. Vorkochen wie Sellerie.

Backteig (für ca. 400 g Gemüse)

Man sollte immer eine reichliche Menge Teig machen, damit das Gemüse (siehe oben) großzügig eingetaucht werden kann. Einen eventuellen Rest kann man, in ein Glas gegeben, im Kühlschrank aufheben und am folgenden Tag kleine Pfannkuchen davon backen. Der Ysop im Teig hilft bei der Fettverdauung.

- *1 Ei*
- *1 dl lauwarmes Wasser oder Gemüsesaft*
- *1/4 Teel. Ysop, fein zerstoßen mit*
- *1/4 Teel. Salz*
- *100 g (ca. 2 dl) Weizenmehl Type 1050 (CH: Ruchmehl)*

Das Ei mit dem Wasser und dem gewürzten Salz verquirlen und dann das Mehl darunterrühren. Dieser Teig sollte mindestens 1/2 Stunde ruhen (Zimmertemperatur). Eventuell kann noch etwas Wasser ►

dazugegeben werden, der Teig muß dickflüssig sein. Sowohl das vorgekochte als auch das rohe Gemüse wird mit einem Geschirrtuch oder zwischen Küchenpapier trockengetupft und in Mehl gewälzt. Das überflüssige Mehl wird abgeklopft und das Gemüse danach in den Teig getunkt.
Nun wird Stück für Stück im heißen Öl oder Fritierfett, im Wok oder, mehrere gleichzeitig, in einer Bratpfanne mit hohem Rand herausgebacken. Das Gemüse sollte nicht zu schnell hintereinander herausgebacken werden, sonst kühlt das Öl zu sehr ab. Das Gebäck muß an beiden Seiten hellbraun sein.

Variationen:

- Das Ei kann durch knapp 1 Eßl. Marantamehl und 1/2 Teel. Öl ersetzt werden.
- Man kann 2 Eßl. Sesamsamen zum Teig geben, dann wird die Kruste etwas härter.
- Das Weizenmehl wird durch 50 g (ca. 3/4 dl.) Reismehl, 2 Eßl. (20 g) Marantamehl und 1/2 Teel. Öl ersetzt.
- **Gemüsespießchen:** Das Gemüse wird in mundgerechte Stücke geschnitten und nach dem Backen auf Grillspießchen gespießt, eventuell abwechselnd mit dünnen Scheiben roher Karotte, Streifchen zarten Fenchels oder Stangenselleries, kleinen Fleischtomatenstücken, gebackenem Tofu oder dicken Rauchwurstscheiben.

Queller

Früher ein Armeleutegemüse, heute eine teure Delikatesse, die im Juni und Juli in Delikatessgeschäften und manchmal in Naturkostläden zu kaufen ist.
Der biologisch gezogene Queller wird seit einigen Jahren wieder in kleinem Maßstab auf kontrollierten unverschmutzten Stellen entlang der Küste angebaut. Wie alle Nahrungsmittel, die von der See stammen, ist auch der Queller sehr eiweiß- und jodreich*. 39
Queller ist salzig und kann als Würzmittel (ca. 100 g pro Gericht) in Suppen und Teigwaren- oder Getreidegerichten das Salz ersetzen (erst am Schluß mitkochen).
Wenn man Queller (in kleinen Mengen) als Gemüse essen will – es schmeckt ähnlich wie Postellein –, muß man es zuvor eine Weile in kaltes Wasser zum Entsalzen legen. Danach abtropfen lassen und mit ein wenig Butter 5-10 Minuten dünsten*. 251

Hülsenfrüchte

Wer keinen Garten besitzt, in dem er seinen Kindern das Keimen, Wachsen und nach der Samenbildung wieder Absterben der Pflanzen zeigen kann, könnte das am Beispiel der Hülsenfrüchte tun. Sie sind zum Keimen und Wachsen auf dem Fensterbrett besonders gut geeignet.

An einem warmen Ort läßt man die Samen keimen* und steckt sie danach in einen Topf mit 165
Erde; bereits nach wenigen Tagen erscheinen die ersten Keimblätter. Bei guter Betreuung werden sie sich zu einer Pflanze entwickeln, zwar ohne besonders feste Stengel, dafür werden manche Sorten (Erbsen) Rankarme ausbilden, die einen Halt suchen. Die Pflanze wird sich an einem dazugesteckten Stöckchen oder einem straff gespannten Bindfaden emporranken, und wer gut aufpaßt, sieht, daß sich die Blätter gegen Abend mit Hilfe kleiner Gelenke, die sich am Anfang der Blattstiele befinden, nach unten bewegen. Die Mimose, die zur selben Pflanzenfamilie gehört, zeigt diese Bewegung, die an sich für das Pflanzenreich untypisch ist, sobald man sie nur leicht berührt, noch deutlicher.

Wer die Pflanzen weiterhin gut versorgt, wird innerhalb von 6 Wochen durch schmetterlingartige Blüten belohnt, die einen süßen Duft verströmen. Nach 2 Monaten können schon grüne Schoten geerntet werden. Wer noch mehr Geduld hat, läßt sie an der Pflanze trocknen, nach 2-3 Monaten können die Hülsenfrüchte aus den Schoten geholt werden.

Im Gegensatz zum Getreide, das die feste, aufrechte Ähre mit großer Kraft zum Licht wachsen läßt, sind die Lippenblütler viel mehr der Erde verhaftet und schirmen ihre Früchte durch feste Schoten unter üppig blühenden Blättern gegen die Sonne geradezu ab.

Die Art des Wachstums und die äußere Erscheinung der Lippenblütler hat etwas Animalisches an sich (am deutlichsten wird dies bei der mit einer pelzartigen Schote umschlossenen **Sojabohne***), was auch im Aufbau des Eiweißes zum 462
Ausdruck kommt. Das Eiweiß der Hülsenfrüchte ähnelt dem tierischen Eiweiß am meisten. Die **Linsen***, die ein beherrschteres Wachstum zei- 456
gen, haben diesen «animalischen» Charakter am wenigsten.

Der hohe Eiweißgehalt von Hülsenfrüchten ist bemerkenswert. Sie bilden dieses Eiweiß mit Hilfe des Stickstoffes, der sich in ihren Wurzeln befindet. Ein Teil dieses Stickstoffes wird jedoch nicht zur Bildung von Eiweiß benötigt, sondern für die Bildung von Giftstoffen, die dem Eiweiß verwandt sind (unter anderem Fazyn). Diese giftigen Stoffe sind mehr oder weniger in allen Leguminosen vorhanden, am meisten in der Sojabohne, am wenigsten in einheimischen Hülsenfrüchten (Linsen, gelbe und grüne Erbsen, braune Bohnen und graue Erbsen). Durch den Kochvorgang werden diese giftigen Stoffen abgebaut und unschädlich gemacht. Auch beim Keimen* werden sie abge- 165
baut, jedoch nicht gänzlich. Deshalb ist es anzuraten, wenn man zum Beispiel ein Reisgericht wie Nasi macht, Sojasprossen oder gekeimte Linsen kurz mitzukochen.

Das Eiweiß, das die Lippenblütler in so reichem Maße bilden und das in den Hülsenfrüchten gespeichert ist, ist in den Zellen in sehr kompakter Form eingeschlossen und deshalb für das menschliche Verdauungssystem schwer erreichbar. Sojabohnen enthalten außerdem noch eine sehr schwer verdauliche Kohlehydratsorte. Aus all diesen Gründen sind Hülsenfrüchte für kleine Kinder und größere Kinder mit einer schwachen Verdauung eine zu schwere Belastung.

Linsen haben eine etwas leichter verdauliche Eiweißstruktur und sind deshalb für die Kinderernährung zuerst zu verwenden (ab 3 Jahre, die übrigen Hülsenfrüchte ab 10 Jahre). Für gesunde

Kinder sind die Hülsenfrüchte eine willkommene Quelle wertvoller Nährstoffe (Eiweiß, Eisen, Vitamin B) und Ballaststoffe; außerdem machen sie das Menü abwechslungsreicher. Allerdings sind die Hülsenfrüchte in einer sorgfältig zusammengestellten vegetarischen Ernährung aus Vollkorngetreide, Nüssen, Samen, Milchprodukten, Gemüse und Obst nicht unentbehrlich. Siehe auch *Nüsse* und *Linsen* in der *Produktinformation**. 448
Für Kinder, die keine Milchprodukte, Nüsse und Samen, Eier, Fisch oder Fleisch essen dürfen, sind die einheimischen Hülsenfrüchte und Sojadrinks*, ab und zu auch ein Sojaprodukt wie 462
Tofu und Tempé*, eine mögliche Alternative. 463

Das Kochen von Hülsenfrüchten

Bei der Zusammenstellung des Menüs kombiniere ich Hülsenfrüchte immer mit Getreide (ca. 1 : 3). Dies ergibt eine vollwertige und nicht zu schwer verdauliche Eiweißkombination. Auch Sesam, beispielsweise in Form einer Soße (siehe Rezept *Nußsoßen**), ist eine gute Ergänzung. 185
Fleisch, Käse oder andere Milchprodukte sollten nicht dazu gereicht werden; sie sind überflüssig und machen das Gericht nur schwer verdaulich. Das Eiweiß der Hülsenfrüchte bildet zusammen mit dem Eiweiß der genannten Nahrungsmittel eine schwer verdauliche Kombination. Aus diesem Grund sollte auch kein Nachtisch aus Milchprodukten gegeben werden. Rhabarberkompott oder Obstdesserts (vor allem die gerbsäurehaltigen Heidel- oder Moorbeeren) sind besser geeignet, eventuell mit Getreide, wenn dieses nicht bereits im Hülsenfrüchtegericht verarbeitet ist (*Apfelcrisp**). Hülsenfrüchte werden wie Getrei- 308
de gekocht: waschen – einweichen – kochen – quellen*. 110

Einweichen

Zunächst wird sorgfältig nachgesehen, ob kleine Steinchen oder angeschimmelte Hülsenfrüchte dabei sind.
Hülsenfrüchte müssen lange eingeweicht werden: Linsen 2 Stunden, die übrigen Sorten 12 Stunden (dies sind Minimumangaben, gegen Ende der Saison im Sommer kann es sein, daß man 24 Stunden einweichen muß).
Zum Einweichen muß genügend Wasser genommen werden: mindestens dreimal das Volumen der Hülsenfrüchte. Außerdem sollte man dem Einweichwasser pro 250 g Hülsenfrüchten 1/2-1 Eßl. Zitronensaft oder Apfelessig hinzufügen; dies begünstigt die Zersetzung der Phytinsäure*, die in 111
den Hülsenfrüchten vorhanden ist. Während der Einweichzeit sollte der zugedeckte Topf an einen kühlen Ort gestellt werden, um Bakterienbildung zu vermeiden.

Kochen

Die Hülsenfrüchte werden, sofern sie ungespritzt sind, im Einweichwasser gekocht, nur wenn die Kinder Schwierigkeiten mit Blähungen haben, sollte das Wasser erneuert werden. Eventuell übriggebliebenes Kochwasser sollte man für Suppe oder Soße verwenden, denn ein Teil der Vitamine und Mineralstoffe bleibt darin zurück.
Wenn doppeltkohlensaures Natron mitgekocht wird, verkürzt dies zwar die Kochzeit, vernichtet jedoch bis zu 50 % des Vitamin B.
Auch das Mitkochen von Salz verkürzt die Koch-

zeit, fördert jedoch das Verkochen. Für eine Suppe ist dies gut, für einen Salat, zu dem man gerne ganze Bohnen haben möchte, ist es nicht so geeignet. Ein schlauer Koch salzt dann nach der Hälfte der Kochzeit.

Obwohl Hülsenfrüchte vom Vorjahr ihren Nährwert behalten, ist die Einweich- und Kochzeit länger, und auch dann werden sie nicht ohne weiteres gar. Deshalb sind sie für Kinder nicht geeignet. Weil die Hülsenfrüchte im Laufe des Jahres härter werden, ist es schwierig, eine für das ganze Jahr gültige Kochzeit anzugeben. Am besten ist es, die eingeweichten Hülsenfrüchte schon ein paar Stunden vor dem Essen zu kochen, bis sie innen nicht mehr hart sind. Wenn man sie dann mit dem Kochwasser nachquellen läßt, kann nichts mehr schiefgehen. Das Wiederaufwärmen der Hülsenfrüchte ist, was ihren Nährwert betrifft, ähnlich wie beim Getreide, nicht schädlich.

Hier sind einige Anhaltspunkte: Vor dem Jahreswechsel sind die Kochzeiten (nach dem Einweichen) folgendermaßen:

- große **Linsen** ca. 20 Minuten,
- **weiße und braune Bohnen** 3/4 Stunde,
- **gelbe und grüne Erbsen** 1 Stunde,
- **graue Erbsen** 1 1/2 Stunden

Tips für eine bessere Verdaulichkeit:

- Für eine gute Verdaulichkeit ist es für Kinder und/oder Leute mit schwacher Verdauung immer besser, das Salz bereits ins Einweichwasser zu geben. Dies steht im Gegensatz zu dem, was man über das Kochen von Getreide sagt*. Die 111 Getreidestärke erschließt sich besser, wenn das Getreide im ungesalzenen Wasser eingeweicht und gekocht wird, dagegen erschließt sich die Stärke in den Hülsenfrüchten im gesalzenen Wasser besser.
- Zur besseren Verdaulichkeit kann man **Kräuter** mitkochen: Lorbeerblatt, Senf- und Koriandersamen, Kümmel- und Fenchelsamen, Nelken, für größere Kinder Paprika und Chayennepfeffer.
- Auch wenn **Seetang*** (Kombu, Wakamé) mit- 461 eingeweicht und gekocht wird, fördert dies die Verdaulichkeit von Hülsenfrüchten (nicht notwendig für Linsen).
- Auch nach dem Kochen können Kräuter dazugegeben werden. Vor dem Nachquellen *getrocknete* Kräuter (eventuell dieselben, die schon mitgekocht wurden), kurz vor dem Anrichten *frische* Kräuter. Man wählt zwischen Thymian, Bohnenkraut, Basilikum, Rosmarin, Knoblauch, Petersilie oder Sellerie und Liebstöckel aus.

Nachquellen

Gönnen Sie Hülsenfrüchten vor allem genügend Zeit, um zu quellen. Je älter die Hülsenfrüchte sind, desto wichtiger ist die Einweich- und Nachquellzeit. Man rechnet für das Nachquellen etwa zweimal die Kochzeit. Für Kinder mit einer schwachen Verdauung kann man die Hülsenfrüchte durch ein *grobes* Sieb streichen (dann bleiben die Häutchen zurück, die Keime jedoch werden durchpassiert).

Ein Gericht aus Hülsenfrüchten sollte mit etwas **Saurem** abgeschmeckt werden (Zitronensaft, Apfelessig, Brottrunk, Apfeldicksaft, Tomate, Sauerkraut). Man kann auch etwas Saures dazureichen (Essiggürkchen, Silberzwiebeln, Chutney, Salat aus einem oxalsäurehaltigen Blattgemüse wie Spinat, Schnittmangold, Sauerampfer). Diese Dinge regen die Verdauung an.

Tips:

- Aus einem Rest nicht verkochter Hülsenfrüchte kann Salat gemacht werden (*Linsensalat**). 294
- Aus verkochten Hülsenfrüchten werden Getreidebratlinge, Kroketten oder Suppe gemacht.

Sommerliches Gulasch mit Hülsenfrüchten

Ein schnell gemachtes Gericht, wenn die Hülsenfrüchte bereits gekocht oder eingemachte vorhanden sind (siehe sonst Variation 1).
Vollreis, Hirse oder Polenta passen gut dazu, kombiniert mit einem einfachen Grünsalat. Für den, der es mag, steht ein Schälchen mit ausgebackenen Streifen Frühstücksspeck auf dem Tisch.

- *150 g braune oder weiße Bohnen, graue oder Kichererbsen, eingeweicht und gekocht*; oder* 282 *ca. 400 g vorgekochte oder eingemachte Hülsenfrüchte*

- *40 g Vollkornmehl*
- *3 dl Kochwasser von den Hülsenfrüchten, wenn nötig ergänzt mit Bouillon** 77
- *1/4 Teel. Salz*
- *1/2 Teel. mildes Paprikapulver oder geriebene Ingwerwurzel*

- *1 Eßl. Öl*
- *1 große Zwiebel (ca. 75 g), gehackt*
- *1-2 Zehen Knoblauch, in hauchdünne Scheibchen geschnitten*

- *150 g Bleichsellerie, in Streifen geschnitten*
- *150 g Zucchini, in Würfel geschnitten*
- *1 kleine rote Paprika, in Streifen geschnitten*
- *250 g reife Tomaten, in dünne Scheiben geschnitten*

- *1/2 Teel. Majoran oder Origano*
- *fein geschnittene Blätter vom Bleichsellerie*
- *2 Eßl. Petersilie, fein gehackt*
- *eventuell etwas Chili*
- *eventuell einen Schuß Sahne, Viili* oder Jo-* 464 *ghurt oder Bouillon*

Das Mehl wird mit der Kochflüssigkeit angemacht und Salz und Paprika dazugerührt. Dies läßt man mindestens 10 Minuten ruhen.
In einem Topf mit dickem Boden wird bei mäßiger Hitze das Öl mit den Zwiebeln und dem Knoblauch erwärmt, bis diese goldgelb gedünstet sind (aufpassen, daß es nicht anbrennt).
Nun wird das übrige Gemüse dazugegeben und unter Rühren mitgedünstet (ca. 10 Minuten), bis es bißfest ist. Nun wird das angerührte Mehl dazugegeben und alles zusammen ca. 5 Minuten leise geköchelt (Deckel auf den Topf geben).
Dann werden auch die Kräuter und die Hülsenfrüchte dazugegeben und alles noch einmal zum Kochen gebracht. Wenn nötig, wird das Gulasch mit Sahne oder Bouillon verdünnt und auf Salz und Kräuter abgeschmeckt.

Variationen:

- Die Hülsenfrüchte werden durch in Würfel geschnittenen frischen Ziegenkäse ersetzt (100-150 g). Man verwendet weniger Zwiebel und läßt den Knoblauch weg. Vorsichtig salzen, wenn man Fêta verwendet; den Käse kurz vor dem Anrichten unter das Gericht mischen.
- Die oben genannten Hülsenfrüchte werden durch Linsen* ersetzt. Paprika und Pfeffer ersetzt man 456 durch Gartenkräuter (Thymian, Basilikum, Liebstöckel, Salbei).
- Das Weizenmehl durch Reis- oder Buchweizenmehl ersetzen.

Dicke Bohnen und Zwiebelsoße mit Apfel

Tip: Man koche die doppelte Menge Getreide und Gulasch, lasse die Hälfte davon für einen Auflauf am übernächsten Tag abkühlen und hebe dies im Kühlschrank auf (nicht länger als zwei Tage; Getreide und Gemüse getrennt aufheben).
Zum Aufwärmen wird das Getreide in eine eingefettete, am besten flache Auflaufform gedrückt und das Gulasch darüber verteilt.
Backen: ca. 20 Minuten bei 190°C, mittlere Schiene. Nach der Hälfte der Backzeit wird Paniermehl oder hauchdünne Butterflöckchen oder in Streifen geschnittener Speck darübergestreut, damit das Gulasch nicht austrocknet.
Wenn kein Backofen vorhanden ist, kann das Gericht auf dieselbe Art in einer Bratpfanne mit hohem Rand und passendem Deckel auf kleinem Feuer zubereitet werden. Hier muß jedoch darauf geachtet werden, daß das Ganze nicht anbrennt, eventuell einmal umwenden.

Winterliches Gulasch mit Hülsenfrüchten

Wie das Rezept für *sommerliches Gulasch mit Hülsenfrüchten**, jedoch mit den folgenden Ände- 284
rungen:

- Der Bleichsellerie wird durch in 1 cm große Würfel geschnittenen Sellerie ersetzt.
- Die Zucchetti ersetzt man durch Kürbis (2 cm große Würfel).
- Anstelle von Paprika nimmt man 50-75 g Austernpilze oder etwas mehr Paprikapulver.
- Die Tomaten werden durch ein kleines Glas Tomatenmark ersetzt (Demeter oder selber einge- 423
macht*).
- Die Blätter des Bleichsellerie ersetzt man durch Sellerieblätter (2 Eßl.).

Indisches Linsenpüree

Dieses herzhafte Gericht aus Hülsenfrüchten paßt vor allem zu Reis- oder Hirserisotto und einem einfachen gedämpften Gemüse mit etwas Rohkost. Reste sind kein Problem, denn mit etwas Wasser verdünnt und mit frischen Gartenkräutern abgeschmeckt, ergeben sie für den nächsten Tag eine herrliche Suppe.

- *200 g Linsen, mindestens 2 Stunden oder eine Nacht eingeweicht in*
- *6 dl Wasser*
- *1 Lorbeerblatt*
- *1/4 Teel. Salz*

- *2-3 Eßl. Öl*
- *50-100 g Zwiebel, fein gehackt*
- *1-2 Knoblauchzehen, in hauchdünne Scheibchen geschnitten*
- *1/4-1/2 Teel. geriebene Ingwerwurzel*

- *1 Nelke*
- *1 Messerspitze Kümmel*
- *1/4 Teel. Koriander, fein zerstoßen mit*
- *1/4 Teel. Salz*
- *1/4 Teel. Kurkuma*
- *1 Messerspitze Chili*

- *1 Eßl. Apfeldicksaft oder eine reife Tomate, ohne Saft, durch ein Sieb gedrückt*
- *1-2 Eßl. Sellerieblatt oder Petersilie, fein geschnitten*

Die Linsen werden im Einweichwasser mit Lorbeer und Salz gut gargekocht (20-30 Minuten) und mindestens 1 Stunde in der Kochkiste* zum Nachquel- 114
len stehengelassen. Dann werden die Linsen zum Abtropfen auf ein Sieb gegeben, das Kochwasser wird aufgefangen. Lorbeerblatt entfernen.
Das Öl mit der Zwiebel erwärmen und die Zwiebel darin glasig oder hellbraun dünsten. Danach werden auch die Gewürze kurz mitgedünstet und die Linsen dazugegeben. Unter Rühren wird alles zum Kochen gebracht (eventuell etwas Kochflüssigkeit der Linsen dazugegeben). Nun wird das Ganze auf kleinem Feuer 5-10 Minuten geköchelt, bis die Linsen zu Mus gekocht sind. Dann werden sie zu einem sämigen Püree gestampft. Eventuell mit etwas Kochflüssigkeit ►

verdünnen. Mit dem Dicksaft oder der Tomate und den grünen Kräutern abschmecken.

Variationen:

- Den Dicksaft oder die Tomate kann man durch eine Essiggurke, die in sehr kleine Würfel geschnitten wurde, ersetzen.
- Anstelle des Ingwers nimmt man 1/4 - 1/2 rote Paprika, sehr fein gehackt.
- 50-100 g in kleine Scheiben geschnittene Champignons mit der Zwiebel mitschmoren.
- Die exotischen durch einheimische Kräuter wie Fenchel-, Kümmel- und Senfsamen, Bohnenkraut, Basilikum, Salbei ersetzen. Oder machen Sie das Rezept für *Linsensoße** (nur 2-3 Eßl. 186
  Wasser verwenden).
- Die Linsen durch **braune Bohnen oder grüne Erbsen** ersetzen (die Erbsen nach dem Kochen durch ein Sieb streichen). Aufgepaßt: Die Einweich- und Kochzeiten dieser Hülsenfrüchte sind
  länger*. 283

Salate

Ein hübsch angerichteter Salat kann ein Tischschmuck sein und eine einfache Mahlzeit in eine Festmahlzeit verwandeln. Für Kinder, die beim Kochen gerne helfen, sind die Salate die ersten Gerichte, die sie selbständig machen können, denn diese Arbeit ist nicht gefährlich (keine heißen Töpfe), und sie können sich Zeit lassen (nichts kühlt ab oder brennt an). Bereits ein Kindergartenkind kann mit einer am Tisch fest montierten Rohkostmühle umgehen, und die größeren Kinder können unter Aufsicht lernen, Messer und Schere zu handhaben (Kräuter und Blattgemüse fein schneiden). Wenn man dem kleinen Koch verschiedene Gemüsesorten zur Verfügung stellt, kann er seine Phantasie in Farb- und Formkombinationen ausleben, und vielleicht gibt es im (Kräuter-)Garten auch noch Material zum Schmücken (Borretschblüten oder Schnittlauchblüten, Blütenblätter der Ringelblume, Ostindische Kresse). Es sind jedoch auch die meisten wilden Blumen eßbar (sofern sie nicht gespritzt und von Auspuffgasen weit genug entfernt gepflückt wurden), beispielsweise Gänseblümchen, Vogelmiere, Heckenröschen, Tausendgüldenkraut, Lungenkraut, Holunderblüten, Weißdornblüten. Es gibt jedoch Kinder, die Blumen nicht essen wollen!

Die Garnierung der Salate kann gleichzeitig zur Ergänzung des Menüs dienen:

- Eischeiben oder (Ziegen-)Käse, in Würfel geschnitten bei einem eiweißarmen Menü.
- Nüsse oder Samen oder *Soldätchen** bei einem 216
  fettarmen Menü.

Rohkost ist, außer daß sie frisch ist und gut schmeckt, voll von Vitaminen und Mineralstoffen und sehr ballaststoffreich. Das ist sowohl für eine schöne Haut als auch für eine problemlos verlaufende Verdauung gut.

Die Rohkost ist jedoch, was die Verdauungs- und Wärmekräfte des Organismus betrifft, eine Herausforderung. Was der Kochprozeß für die Verdaulichkeit der Nahrungsmittel tut, muß bei der Rohkost durch die eigene Aktivität des Stoffwechsels aufgebracht werden. Vor allem sehr kleine Kinder und kaufaule größere Kinder können Schwierigkeiten damit haben. Wenn man mit der Rohkost zu früh anfängt (siehe *Wann kann ein Kind was verdauen?**), kann folgendes passieren: 23

- Die Rohkost kommt unvollständig verdaut wieder aus dem Körper.
- Das Kind verdaut zwar die Rohkost, muß dafür jedoch so viel Kräfte investieren, daß dies auf Kosten von anderen Gebieten geschieht (beispielsweise dem Wärmeorganismus mit der Folge von Frösteln).
- Der Organismus wehrt sich dagegen, und es
  entstehen Allergien*. 428

Es gibt auch Kinder, die Rohkost einfach nicht mögen. Vielleicht ist dies ihr Instinkt, weil sie sie nicht gut vertragen können. Dann sollte man mit der täglichen Rohkost in Form von reifen Früchten und *Gemüsesaft** beginnen, oder man rührt, 402
wenn die Suppe oder das gekochte Getreide fertig sind, am Ende fein geraffelte Karotten darunter. Es ist nicht nur für die Kleinen gut, sondern es schmeckt auch den Großen, wenn man fein geschnittenes rohes Sauerkraut, rohen Spinat oder Endivien zum gekochten Gemüse derselben Sorte mischt.

Danach kann man mit kleinen Rohkostmengen anfangen (am besten an warmen Tagen) und langsam steigern. Dann sollte man jedoch die Rohkost nicht mit anderen ballaststoffreichen Nahrungsmitteln wie Lagerkohlsorten, Hafer, Weizen und Roggen kombinieren (siehe auch das *Einführungsschema für Nahrungsmittel**). 25
Manche Kinder mögen den Salat nicht, weil er ihnen zu sauer ist. In diesem Fall kann man eine Portion mit einer Soße aus Viili* oder Joghurt 464
oder saurer Sahne mit etwas dünnem Honig machen (siehe auch *Dressing**). 91

Einige allgemeine Tips:

- Es ist besser, jeden Tag ein wenig Rohkost zu essen, als einmal in der Woche große Mengen. Man sollte dann beim Menü die Rohkost mit gekochtem Gemüse kombinieren, beispielsweise geschmortes Blattgemüse mit Rohkost aus Wurzelgemüse und einen Blattsalat mit gedämpftem Wurzelgemüse oder Püree.
- Hartes Blattgemüse sollte immer sehr fein geschnitten werden. Zum Raffeln von Wurzelgemüse muß eine Reibe aus rostfreiem Stahl verwendet werden. Rost vernichtet das Vitamin C. Je feiner das Gemüse geraffelt oder geschnitten ist, desto besser ist es verdaulich und desto mehr Saft sondert es ab. Dadurch braucht man weniger (fette) Soße. Die Rohkost sollte jedoch immer mit einem Sößchen angemacht werden; Öl oder fette Milchprodukte schützen das Gemüse gegen den Verlust von Geschmack und Vitaminen, außerdem «wärmt» das Fett das Gemüse sozusagen an (Öl ist konzentrierte Sonnenwärme).
- Man kann Salate sowohl aus rohem als auch aus gekochtem Gemüse machen. Für die rohen Salate sollte man nur die zarten Teile des Gemüses verwenden, beispielsweise das Innere eines Endivien oder eines Kohlkopfes.

Spinatsalat

Kinder, die gekochten Spinat nicht mögen, essen dieses Gemüse oft lieber ungekocht. (Abbildung S. 108)
Dieser farbenfrohe Frühjahrssalat paßt zu Getreide und gekochtem Wurzelgemüse.

- *250 g jungen Spinat*
- *1 Eßl. Zitronensaft*
- *1/4 Teel. Salz*
- *1/4 Teel. Senf*
- *1 Eßl. Öl*
- *1 Eßl. Sahne, Viili* oder Joghurt* 464
- *1 Stückchen Zitronenschale in 1 mm feinen Streifen*
- *4-8 Radieschen*
- *12 geschälte, in Streifen geschnittene und geröstete Mandeln**
- *eventuell ein hartgekochtes Ei, in Scheiben oder Viertel geschnitten oder gehackt* 407

Mit Hilfe einer Gabel werden Salz und Senf in der Salatschüssel miteinander geschlagen. Dann wird Öl und danach Sahne oder Viili mitgeschlagen. Die Salatsoße wird mit der Zitronenschale gewürzt.
Nun werden die dicken Stiele von den Spinatblättern abgeschnitten und die Blätter aufeinandergestapelt.

Mit einem scharfen Messer in 1 cm breite Streifen schneiden und sofort mit der Soße vermischen. Sehr junge Spinatblätter kann man auch ganz lassen. Radieschen in Scheibchen schneiden und mit dem Spinat vermischen. Mit Mandeln und Ei garnieren.

Variationen:
- Man kann dem Salat etwas mehr Volumen geben, indem man in kleine Würfel geschnittene Gurke (frisch) oder in dünne Bögen geschnittenen zarten Stangensellerie (würzig) hinzufügt.
- Süßlich: Die Radieschen durch 1/2 Apfelsine oder einen Apfel ersetzen. 1/2 Teel. Honig unter die Soße mischen und das Ei weglassen.
- Nahrhafter: *Soldätchen** über den Salat streuen. 216
- Die Zitronenschale wird durch eine fein gehackte Frühjahrszwiebel oder eine durch die Presse gedrückte Knoblauchzehe ersetzt.
- Mandeln durch 8 halbe Walnüsse ersetzen.
- Man kann auch einmal **großblättrigen Spinat** verwenden (sogenannter «wilder» Spinat).
- Man kann 50-75 g zerkrümelten Ziegenkäse über den Spinatsalat streuen und mit schwarzen Oliven anstelle von Nüssen und Radieschen garnieren. Kein Salz an die Soße geben, dafür eventuell etwas Knoblauch. Mit einer Suppe vorab und Stangenbrot dazu für 2 Personen ein nahrhafter Salat.
- Herzhafter: 50 g in Würfel geschnittenen und gebratenen mageren Speck über den Salat streuen.

Endiviensalat (Abbildung S. 272)

Ein frischer Blattsalat mit leicht bitterem Geschmack, den die meisten Kinder jedoch gerne mögen, wenn man ein wenig süßes Obst daruntermischt.

- *das Innere eines Endiviensalates*
- *1 Rezept Dressing*, gemischt mit* 191
- *1 Eßl. Sahne*
- *einige Rosinen, entzweigeschnitten*
- *1/2 Apfelsine, die Schnitze in Stücke geschnitten*
- *1/2 süßer Apfel, gerieben*
- *8 grob geschnittene Mandeln, evtl. geröstet** 407

Die Endivienblätter werden in hauchdünne Streifchen geschnitten und mit dem Dressing gemischt. Rosinen und Apfelsinen dazugeben und den Apfel darüberraffeln. Alles gut miteinander vermischen und zum Schluß die Mandeln darüberstreuen.

Sauerkrautsalat

Das Sauerkraut wird fein geschnitten und etwas Öl darunter gemischt.
Ansonsten kann man noch dazugeben:
- Bananenscheibchen
- Apfelstückchen, reife Banane oder Ananas
- durchgeschnittene Rosinen oder andere geschnittene Dörrfrüchte
- grob gehackte (Wal-)Nüsse.

Tip: Gegen Ende des Winters wird das Sauerkraut manchmal etwas trocken und zäh; für kleine Kinder ist es besser, wenn es dann gekocht wird. Wer von den Älteren trotzdem lieber rohes Sauerkraut ißt, kann den Salat dadurch etwas saftiger machen, daß er etwas geriebenen Apfel oder Apfelsaft (oder Dicksaft mit Wasser) daruntermischt.

Chinakohlsalat

Wer im Winter nicht jeden Tag einkaufen kann, hat mit einem Chinakohl im Gemüsefach (lose in eine Plastiktüte gegeben) eine eiserne Reserve an Blattgemüse. Die äußeren Blätter kann man wie Endivien* dün- 251
sten (ohne Sahnesoße) oder Kohlrouladen* daraus 269
machen. Von den inneren Blättern nimmt man immer wieder etwas für einen mild schmeckenden Salat.
Das Gemüse wird sehr fein geschnitten und mit Dressing vermischt. Den größeren Kindern kann man sehr fein geschnittene Zwiebel daruntermischen, den Kleineren fein geraffelte Karotten.

Chicoréesalat

Viele Kinder, die gekochten Chicorée nicht mögen, finden dieses leicht bitter schmeckende Gemüse im rohen Zustand doch lecker. Beim Kochen hält man einen Chicorée roh zurück und schneidet ihn vor dem Essen hauchdünn oder für größere Kinder in 2-3 cm dicke Scheiben darunter. Die meisten Bitterstoffe befinden sich unten im Strunk.
Das geschnittene Gemüse wird sofort mit Dressing vermischt, dem etwas Zitronensaft zugesetzt wurde.

Variation: Der Chicorée wird mit einem Stück Apfel (in Würfel oder Scheiben geschnitten) vermischt.

Salatgericht aus Chicorée

Zu diesem Salat ißt man Vollkornbrot und gibt vorab eventuell eine Getreidesuppe.

- *400-500 g grob geschnittenen Chicorée*

- *1 hartgekochtes, zerquetschtes Ei*
- *2 Eßl. Mayonnaise*
- *4 Eßl. Viili* oder Joghurt* 464
- *1/2 Eßl. milden Senf*
- *eventuell etwas Zitronensaft*
- *1/4 Teel. Salz*

- *1 Banane (in Scheibchen geschnitten)*
- *1 Mandarine (die Schnitze in Stücke geschnitten)*
- *100 g jungen Käse, in Würfel geschnitten*

- *4-8 halbe Walnüsse*

Aus den Zutaten des zweiten Abschnittes macht man die Salatsoße und gibt sie zum Chicorée.
Banane, Mandarine und Käse werden zum Salat gegeben. Mit Walnüssen garnieren.

Blumenkohlrohkost

Roher Blumenkohl hat einen köstlichen, nußartigen Geschmack. Man sollte dafür nur die knackig frischen Blumenkohlröschen verwenden und aus dem Strunk eine *Blumenkohlsuppe** machen. 89
Bei festlichen Gelegenheiten kann man Blumenkohlrohkost mit Rohkost aus einem farbigen Wurzelgemüse machen. Die verschiedenen Salate werden portionsweise auf einer flachen Schale angeordnet, darumherum legt man einen Kranz aus grünem Blattsalat.
Die Soße wird aus Viili* oder Joghurt mit etwas Öl 464
und Salz oder
aus halb Viili/halb *Mayonnaise** gemacht und die 421
Blumenkohlröschen auf einer feinen Reibe in die Soße geraffelt.

Variation: Etwas Tomatenmark oder Tomatenketchup wird unter die Soße gerührt.

Blumenkohlsalat

Die beste Art und Weise, um an einem warmen Sommertag gekochtes Gemüse zu essen oder um einen Rest des Vortages zu verwerten, ohne ihn wieder aufwärmen zu müssen.

Ein in wenig Wasser bißfest gedämpfter Blumenkohl wird auf eine flache Schale gelegt und ein paar Löffel *Dressing** darüber geschöpft. Gekochte Blumen- 191
kohlreste werden vorsichtig mit der Salatsoße vermischt.
Einen festlichen Salat bekommt man, wenn man ihn mit einer Mischung aus in Würfel geschnittener Fleischtomate und einem grob gehackten, hart gekochten Ei bestreut. Zum Schluß wird noch etwas Schnittlauch oder Petersilie darübergestreut.

Rohkost von Wurzelgemüse

Nicht nur aus Bundkarotten oder Winterkarotten, sondern aus allen übrigen Wurzelgewächsen kann nach dem folgenden Rezept Rohkost gemacht werden. Für ein Kleinkind rechnet man – als Ergänzung zum gedämpften (Blatt- oder Frucht-)Gemüse – nicht mehr als 50 g Wurzelgemüse.
Man macht immer zuerst die Salatsoße und mischt dann jeweils das geraffelte Gemüse darunter. So wird

vermieden, daß das Gemüse sich verfärbt, und die Nährstoffe bleiben besser erhalten. Rohkost sollte immer kurz vor der Mahlzeit gemacht und keine Reste aufgehoben werden.

- *3-4 Eßl. Sahne*
- *1/4 Teel. Korianderkörner, zerstampft*
- *1/4-1/2 Teel. flüssigen Honig*
- *1/2 Eßl. Zitronensaft*

- *ca. 250 g Wurzelgemüse, eventuell geschält oder geschabt*
- *eventuell etwas Schnittlauch oder Petersilie, fein geschnitten*

Die Zutaten des ersten Abschnittes werden zu einer sämigen Soße geschlagen und das Gemüse hineingerieben. Frische Kräuter darüberstreuen.

Variationen:
- Der Koriander wird durch 1 Messerspitze Anis- oder Fenchelsamen ersetzt. Im Winter ersetzt man die frischen Kräuter durch getrockneten Majoran (1 Prise, zerrieben). – Die Sahne durch Viili* oder Joghurt mit 1 Eßl. Öl ersetzen und den 464 Zitronensaft weglassen.
- Der Salat wird nahrhafter durch gemahlene Mandeln oder
- durch Kokosraspel, die darunter gemischt, oder durch geröstete Sonnenblumenkerne, die darübergestreut werden.
- Wenn das Gemüse in den Wintermonaten trocken wird, mischt man etwas geriebenen Apfel darunter. Für kleine Kinder ist Rohkost aus altgewordenem Gemüse zu schwer verdaulich, das Gemüse wird dann besser gedünstet oder zu Püree* ge- 273 kocht.

Salat aus Rote Bete

Vor allem für junge, zarte (Sommer-)Rote Bete geeignet. Rote Bete sollten nicht mit anderem nitratreichem Gemüse* kombiniert gegessen werden, 253
sondern z.B. mit gekochtem Blumenkohl oder Broccoli, mit grünen Bohnen oder Zucchetti.
Die Rote Bete sauber bürsten und die Wurzel abschneiden. Schälen sollte man nur, wenn es notwendig ist. Die Rote Bete raffeln und den Angaben für das Karottensalat*-Rezept folgen. Oder 290
man verwendet Dressing*. 191

Salat aus gekochten Rote Bete

Geeignet für etwas ältere Rote Bete. Der Salat wird auf einer Unterlage aus Winterpostellein oder Feldsalat serviert, oder man legt einen Kranz aus *Chinakohlsalat** oder *Chicoréesalat** darumherum. 289
Dieser gemischte Salat paßt gut zu Getreide, Hirse, Buchweizen und
Roggen.

Der Salat kann aus kleinen, in der Schale gekochten Rote Bete gemacht werden (siehe *Pellkartoffeln**). 169
Die Rote Bete werden geschält und in dünne Scheiben geschnitten oder auf einer groben Reibe geraffelt; ein Apfel wird mitgerieben oder geschnitten. Das Ganze wird mit etwas *Dressing** vermischt. Die 191
Salatsoße kann auch durch 1-2 Eßl. Öl und 100 g feingeschnittenes rohes Sauerkraut ersetzt werden.

Schneller geht es, wenn man an einem Tag eine größere Menge *gedämpfte Rote Bete** macht und unter 258
den noch lauwarmen Rest etwas Essig mischt. Öl braucht nicht dazugegeben werden, denn damit wurden die Rote Bete bereits gedämpft. Man kann allerdings kurz vor dem Servieren noch einige Apfelwürfel daruntermischen oder etwas fein geschnittenes rohes Sauerkraut (im letzteren Fall braucht nach dem Kochen kein Essig unter die Rote Bete gemischt werden).

Topinambursalat

Mit vorher gekochtem und in die Kochkiste gestelltem Getreide (Reis, Hirse, Buchweizen, Thermogrütze) ist dies ein Gericht, das ganz und gar im vorhinein zubereitet werden kann.
Legen Sie einen Rand aus Feldsalat oder Winterpostellein um den Topinambursalat und reichen Sie bei festlichen Gelegenheiten eine *Kürbissoße** dazu. 181

- *300 g Topinambur, in der Schale gekocht** 261
- *2 Eßl. Dressing*, mit Zitronensaft angemacht* 191

- *25 g geröstete Haselnüsse*, grob gehackt* 407

Die Topinambur werden geschält, solange sie noch warm sind, und in 3 mm dünne Scheibchen geschnitten. Das Dressing wird über die noch lauwarmen Topinamburscheiben geschöpft und das Ganze zugedeckt mindestens eine halbe Stunde stehengelassen, damit die Salatsoße gut einziehen kann.
Vor dem Anrichten werden die Nüsse darübergestreut, nachdem der Salat noch vorsichtig gewendet wurde.

Rohkost aus Topinambur

Ein Wurzelgemüse, das nach frisch gepflückten Haselnüssen schmeckt. Der Salat kann außer zu warmen Mahlzeiten auch gut auf Butterbrot gegessen werden.
Hierfür werden nur sehr feste, frische Knollen verwendet, die unter dem fließenden Wasser sehr sauber gebürstet wurden, dann brauchen sie nicht geschält zu werden. Da Topinambur sehr schnell oxidiert, wird sie erst kurz vor dem Essen gehobelt oder geraffelt. Man rechnet pro Person 1 Topinambur (mittlere Größe).

Die Topinambur wird gehobelt und sofort mit Zitronensaft übergossen (1 : 2 mit Wasser verdünnt). Man kann etwas *Gomasio** und eventuell in Stücke 408
gebrochene Walnüsse darüberstreuen.

Variation: Machen Sie eine Soße aus Quark, Viili* 464
oder Joghurt mit etwas Öl und Gomasio und raffeln Sie die Knollen grob. Sofort mit der Soße vermischen. Auf diese Art angerichtet, können auch die Kleinen Topinambur gut kauen.

Gurkensalat mit Apfel

Mit den letzten Gurken und ersten Äpfeln der Saison läßt sich eine frisch-süßliche Kombination machen.

- *150-200 g Gurke, junge Exemplare werden nicht geschält, in kleine Würfel geschnitten*

- *1 kleiner, fester Apfel, wenn möglich mit roter Schale, in kleine Würfel geschnitten*

- *1 1/2 Eßl. Zitronensaft oder Apfelessig*
- *1 Messerspitze Salz*

- *1/2-1 Eßl. Öl*

- *1 Eßl. frischen Dill oder 1/2 Eßl. Schnittlauch, fein geschnitten*

Das Salz wird in Zitronensaft aufgelöst und das Öl daruntergeschlagen. Diese Soße wird mit den Gurken und den Apfelwürfeln vermischt. Der Salat muß 5-10 Minuten ziehen, kurz vor dem Anrichten werden die frischen Kräuter dazugegeben.

Variationen:
- **Gurkensalat mit Rettich oder Radieschen**: Der Apfel wird durch kleine, in dünne Scheibchen geschnittenen Rettich oder Radieschen ersetzt und 1/2 Teel. Honig unter die Soße geklopft. Sofort anrichten, sonst zieht die Gurke zuviel Saft, und der Rettich wird immer schärfer.
- 1 Messerspitze Curry zum Dressing geben
- **Zucchettisalat:** Die Gurke wird durch Zucchetti ersetzt. Man nimmt mehr Dressing und läßt den Salat 10 Minuten ziehen, bevor der Apfel dazugegeben wird. Zu Zucchetti paßt auch eine (Fleisch-)Tomate.

Getreidesalat

Ein schnell gemachter Salat, der auch zum Mitnehmen fürs Picknick gut geeignet ist.
Es kann Brot dazugegessen werden. Mit einer warmen *Karottensuppe** vorab schmeckt der Getreide- 88
salat auch im Winter gut.

- *ca. 300 g gekochte Thermohafergrütze* (100 g* 123
  ungekocht)
- *100-150 g Sauerkraut, fein geschnitten*
- *1/4 Teel. Kümmel*

- *1 Eßl. Honig, aufgelöst in*
- *4-5 Eßl. Sahne, Viili* oder Joghurt oder halb* 464
  Sahne/halb Viili

- *1 Apfel (150 g), wenn möglich mit roter Schale*
- *8 halbe Walnüsse*
- *1 Stückchen Karotte oder Rote Bete*

Die Grütze wird mit dem Sauerkraut und dem Kümmel vermischt.
Die Soße wird zum Getreide gegeben. Alles gut miteinander vermischen und 1 Stunde ziehen lassen (kühl, jedoch nicht im Kühlschrank). Kurz vor dem Essen wird der Apfel in ca. 3/4 cm große Würfel geschnitten und zum Salat gegeben. Kontrollieren, ob noch etwas Salz oder Zitronensaft fehlt.
Mit den Walnüssen und etwas geriebener Karotte oder Rote Bete garnieren; für festliche Gelegenheiten nimmt man Apfelsinenschnitze, Tomatenschnitze oder Streifen von rotem Paprika, abwechselnd mit Feldsalat oder jungem Spinat.

Variationen:
- Man kann auch einmal Thermogerste- oder Weizengrütze, für größere Kinder auch Thermoroggengrütze machen oder trockengekochten Reis oder locker gekochte Hirse.
- Sauerkraut und Apfel werden durch festes gekochtes Gemüse (Reste) ersetzt wie: Karotten, Fenchel, Kohlrabi, Sellerie, Schwarzwurzel, Spargel, Erbsen, frische graue Erbsen, Blumenkohlröschen. Hier verwendet man statt Viili oder Joghurt *saure* Sahne und schmeckt mit Zitronensaft ab.
- Die Nüsse (oder die Hülsenfrüchte) werden durch 50-100 g in Würfel geschnittenen milden Käse ersetzt.
- Der Salat wird nahrhafter, wenn man ca. 250 g gekochte weiße Bohnen oder andere Hülsenfrüchte dazugibt.
- Die Thermogrütze durch Vollreis oder in der Thermoskanne* gekochten Buchweizen ersetzen. 124

Käse-Apfelsalat

Mit (Stangen-)Brot serviert ist dies eine erfrischende sommerliche Mahlzeit; auch im Winter schmeckt der Salat, mit einer kräftigen Tasse Suppe vorab und warmen *Weizenbrötchen** dazu, sehr gut. 323

- *4 Eßl. Mayonnaise*
- *2 Eßl. Viili* oder Joghurt* 464
- *3 Eßl. Zitronen- oder Apfeldicksaft oder eine Mischung von beidem*
- *nach Wunsch 3 Stücke kandierten Ingwer, fein geschnitten*

- *3-4 große, saftige Äpfel (ca. 500 g), wenn möglich mit roter Schale*
- *150 g Emmentaler Käse, in 1/2 cm große Würfel geschnitten*
- *einige schöne Blätter von Kopf- oder Eissalat oder Feldsalatrosetten*
- *ca. 50 g geschälte, geröstete Mandeln** 407
- *2-4 Eßl. Schnittlauch, Liebstöckl oder Petersilie, fein geschnitten*

Die Mayonnaise, den Viili oder Joghurt, den Zitronensaft und den Ingwer zu einer sahnigen Soße verrühren.
Die Äpfel waschen, die Blüten, die Stiele und die Kerngehäuse entfernen und die Äpfel durchschneiden. Nun werden sie in 1 cm große Würfel geschnitten und jede geschnittene Apfelhälfte sofort zur Soße gegeben, damit der Apfel sich nicht verfärbt.
Käse dazugeben und den Salat nun mindestens 1/4 Stunde (jedoch nicht länger als 1 Stunde) am kühlen Ort durchziehen lassen. Erst danach wird auf Salz abgeschmeckt.
Aus den Salatblättern macht man in einer Glasschale ein Bettchen und schöpft den Apfelsalat darauf. Mandeln und frische Kräuter werden darüber gestreut.

Variationen:
- Die Mandeln werden durch gekochte Maiskörner oder Erbsen, am liebsten frisch gekocht, sonst eingemachte, ersetzt und 50 g Käse zusätzlich dazugegeben.

►

- Die Mandeln durch in Würfel geschnittenen Schinken oder geräucherte Wurst ersetzen.
- Den Ingwer ersetzt man durch 50 g Rosinen, die, entzweigeschnitten, ein paar Stunden in der Soße eingeweicht wurden.
- **Getreidesalat mit Apfel und Käse:** Man macht 1 1/2 mal das Soßenrezept und gibt 500-600 g gekochtes Getreide dazu (Reis, Weizen, Gerste oder Thermogrütze), das ist 150-200 g ungekocht. Dadurch wird der Salat nahrhafter, und man braucht kein Brot dazu zu essen.

Linsensalat mit Spinat

Eine festliche, sommerliche Salatmahlzeit, die vollständig im vorhinein fertiggemacht werden kann. Frische (oder kurz aufgebackene) *Weizenbrötchen** mit Butter schmecken dazu herrlich. 321

- *ca. 300 g gekochte Linsen* (ungekocht 100 g)*
- *1 kleine Zwiebel, quer in hauchdünne Ringe geschnitten*
- *eventuell 1 Knoblauchzehe, sehr fein geschnitten*

- *1 Eßl. Zitronensaft oder Apfelessig*
- *1 Eßl. Apfeldicksaft oder 2 Eßl. Apfelsinensaft*
- *1/2 Teel. Senfkörner, zerstoßen, oder Senf*
- *1 Messerspitze Salz*
- *3 Eßl. Öl*

- *ca. 200 g jungen Spinat, gewaschen und trokkengeschleudert*
- *1 Eßl. Liebstöckel, Bohnenkraut oder andere frische Gartenkräuter, fein geschnitten*
- *ca. 200 g Karotten*

- *25 g geröstete Mandelstifte* oder Sonnenblumenkerne** 407 408

Die Linsen müssen sehr gut abtropfen und werden dann in eine Schüssel gegeben. Zwiebel und Knoblauch legt man darauf. Nun werden die Zutaten des zweiten Abschnittes in der genannten Reihenfolge zu einem sämigen Sößchen verquirlt und über die Linsen geschüttet. Alles wird gut vermischt, es sollte jedoch kein Mus daraus gemacht werden. An kühlem Ort (nicht im Kühlschrank) mindestens 1 Stunde ziehen lassen.

Auf einer flachen Schale wird ein Kranz aus den schönsten Spinatblättern gelegt. Kurz vor dem Anrichten wird der Rest des Spinats in schmale Streifen geschnitten und, zusammen mit den frischen Kräutern, unter die Linsen gemischt. Der Linsensalat wird in den Spinatkranz gegeben.
Die Karotten werden fein geraffelt und mit Hilfe eines Eisportionierers oder zwei Eßlöffeln auf den Spinatkranz gelegt. Über das Ganze werden die Nüsse gestreut.

Variationen:
- Der Spinat wird durch grüne Eissalat- oder Kopfsalatblätter ersetzt oder durch das Innere eines Endiviensalates oder im Winter durch 100 g Winterpostellein oder Feldsalat.
- Ein Rest von gekochtem Getreide (Reis) kann unter den Salat gemischt werden. Man braucht dann allerdings etwas mehr Dressing.
- Ein Teil der Linsen kann durch Maiskörner ersetzt werden.
- Essig und Zwiebeln weglassen.
- Die Karotten werden durch feingeschnittenen Bleichsellerie und in Streifen geschnittenen roten Paprika oder Tomatenschnitze ersetzt.
- Die Nüsse werden durch gebratene magere Speckwürfel ersetzt.
- Linsen durch andere Hülsenfrüchte ersetzen: graue Erbsen oder Kichererbsen, alle Bohnensorten außer den braunen (zu breiig).

Sommersalat

Eine bunte, nahrhafte Salatmahlzeit, die jedoch erst einige Stunden ziehen muß, bevor sie lecker schmeckt; deshalb ist sie auch gut geeignet, im vorhinein fertig gemacht zu werden. An warmen Tagen wird die Schüssel (zugedeckt) an einen kühlen Ort gestellt.
Dazu ißt man (Stangen-)Brot.

- *500 g Fleischtomaten, in Schnitze geschnitten*
- *1 dünne Salatgurke (ca. 300 g), längs in 2 Hälften geschnitten und diese wiederum in 3 mm dicke Scheibchen geschnitten*
- *1 gelbe Paprika, in 4 Schnitze und diese wiederum in 1/2 cm breite Streifen geschnitten*
- *2-3 Stengel Bleichsellerie oder Paksoy in 3 mm dicke Scheiben geschnitten*
- *2-3 kleine Zwiebeln, quer in hauchdünne Ringe gehobelt*
- *1 Knoblauchzehe, fein gehackt oder durch die Presse gedrückt*
- *450 g gekochte* weiße Bohnen oder andere Hülsenfrüchte (ungekocht 150 g)* 483
- *ca. 4 Eßl. Dressing** 191

- *1-2 Eßl. frisches oder 1/2 Teel. getrocknetes Basilikum oder andere Gartenkräuter*

Die Zutaten des ersten Abschnittes werden in einer tiefen Schüssel miteinander vermischt (wenn man getrocknete Kräuter verwendet, gibt man sie jetzt schon dazu). Den Salat läßt man mindestens 1 Stunde ziehen und gibt kurz vor dem Anrichten die frischen Kräuter dazu.

Variationen:
- Die Gurke wird durch Zucchetti ersetzt.
- Der Bleichsellerie wird durch weißen Rettich ersetzt (Daikon-Rettich ist milder als der gewöhnliche).
- Anstelle der Paprika nimmt man Maiskörner.
- Die Hülsenfrüchte werden durch vier kleine, hartgekochte Eier ersetzt. Man schneidet sie in Viertel und garniert damit den Salat.
- Die Hülsenfrüchte werden durch *pochierten** Fisch oder gedämpfte Makrele, die in kleine Stükke zerpflückt wurde, oder durch 250 g in Würfel geschnittenen Schinken oder kalten Braten (Reste) ersetzt.
- Der Salat bekommt mehr Volumen, wenn man, gleichzeitig mit dem Gemüse, zwei dicke, geröstete Scheiben Vollkornbrot (ca. 100 g), in Würfel geschnitten, daruntermischt. Man braucht dann 1-2 Eßl. mehr Salatsoße.

Kartoffelsalat (4-5 Personen)

Mit einem Salat aus Prinzeßbohnen kombiniert und, für große Esser, etwas Brot oder einen *Maiskolben** 123
dazu, hat man hiermit eine sommerliche Mahlzeit, die schon am Morgen zubereitet werden kann. Der Salat wird mit Eierscheiben, Karottenscheiben und Petersilie, alles abwechselnd als Rand um den Salat angeordnet, garniert; für festliche Gelegenheiten macht man dies mit Tomatenschnitzen oder Streifen von rotem Paprika, Gurkenstreifen und für jeden einen *«Fliegenpilz»**. 210

- *750 g in der Schale gekochte Kartoffeln (Salatkartoffeln)*

- *1 Knoblauchzehe, entzweigeschnitten*
- *1 Teel. Salz*
- *ca. 6 Eßl. (3/4 dl) Dressing** 191

- *2 zarte Stengel Bleichsellerie, in dünne Scheibchen geschnitten*
- *1 kleine Zwiebel, fein gehackt*

Die Salatschüssel wird mit dem Knoblauch ausgerieben.
Die Kartoffeln werden geschält, solange sie noch warm sind, und sofort in 3 mm dicke Scheiben geschnitten. Salz darüberstreuen, Dressing auf die noch warmen Kartoffeln gießen und alles miteinander vermischen, ohne daß die Kartoffeln zerdrückt werden. Das Ganze sollte mindestens 1 Stunde an einem kühlen Ort (nicht im Kühlschrank) ziehen.
Kurz vor dem Essen werden der Bleichsellerie und die Zwiebel daruntergehoben und der Salat auf einem Bett aus grünen Salatblättern angerichtet. Garnieren wie oben beschrieben.

Variationen:
- Die Zwiebel wird durch 2 Eßl. feingeschnittenen Schnittlauch oder in hauchdünne Scheibchen geschnittenen Lauch oder Sommerzwiebeln ersetzt.
- Der Bleichsellerie wird durch geraffelte Karotte (süßlich) oder Sellerie (herzhaft) ersetzt; im Winter nimmt man *Essiggürkchen**. 425

Kastanien (Maronen)

Wer von den Herbstferien in südlichen Ländern den Duft der Maronibuden kennt, wird diese nußartigen Früchte der Edelkastanie auch gerne zu Hause essen wollen. Man muß dann allerdings die etwas zeitraubende Zubereitung der Maroni in Kauf nehmen. Vielleicht können Sie sich während eines schönen Ferientages mit Ihren Kindern damit beschäftigen, denn nach einem warmen Sommer und einem sonnigen Herbst werden die Edelkastanien auch nördlich der Alpen reif. Ansonsten kann man sie ab Oktober bis Weihnachten beim Gemüsehändler kaufen. Gedörrt und geschält bekommt man sie das ganze Jahr. Bei uns in italienischen und/oder französischen Spezialitätenläden, im Herkunftsland im Lebensmittelladen. Im Delikatessenladen bekommt man sie gekocht, geschält und in Vakuum verpackt; manchmal auch als Tiefkühlware, geschält, aber noch nicht gekocht. Es gibt auch Maronenpüree in Dosen, sowohl gesüßt als auch ungesüßt.

Kastanien enthalten neben wertvollen Eiweißstoffen, Mineralstoffen und Vitaminen (Vitamine K) mehr Kohlehydrate, jedoch weniger Fett und Phosphor als Nüsse. Es sind auch weniger allergische Reaktionen auf Kastanien bekannt als auf Nüsse, und das macht sie, mit Maßen gegessen, für in dieser Hinsicht empfindliche Kinder besonders geeignet.

Kastanien sind zwar teuer, schmecken aber gut und sind außerdem so nahrhaft (man kann sie mit Vollgetreide vergleichen; in den Herkunftsländern nennt man sie auch das «Brot der Armen»), daß man daraus eine richtige Festmahlzeit machen kann:

- *Gebraten**, mit frischem Obst (Trauben) und einem Glas Milch (für hungrige Wandersleute gibt man eine Tasse kräftige Gemüsesuppe mit einer Scheibe Brot vorab). 297
- *Gedämpft** als Fleischersatz zu einer Mahlzeit aus Rotkraut und vor allem zu Rosenkohl. 298
- Als Mahlzeit (*Kastaniensuppe**, *Kastanienbratlinge und Kastanienpfannkuchen**). 86 213
- Als Nachtisch (*Kastanieneis und Montblanc**). 315

Die Vorbereitung der Kastanien

Frische Kastanien

Die Kastanien werden gewaschen und mit einem scharfen, spitzen Messer (Taschenmesser) an der *runden* Seite, durch die Schale bis zum Fruchtfleisch, eingeschnitten. Nun gibt man sie in einen Topf und fügt soviel Wasser hinzu, daß sie davon bedeckt sind. Das Ganze wird zum Kochen gebracht und fünf Minuten weitergeköchelt. Nun werden die Kastanien auf ein Sieb geschüttet und so warm wie möglich geschält, dann lösen sich auch die braunen «Innenhäutchen» ohne weiteres. Diese geschälten (jedoch noch nicht gar gekochten) Kastanien sind nun so weit, daß man sie nach den folgenden Rezepten weiterverarbeiten kann.

Kastanien, die locker in der Schale sind (zu alt!) kann man nach dem Einschneiden 1 Nacht in Salzwasser legen (1 Teel. auf 1 l). Dies ist zwar keine Qualitätsverbesserung, aber Sie können diese Kastanien nun doch noch schälen und eventuell auch braten, ohne daß sie zu schnell verbrennen.

Gedörrte Kastanien
Diese Kastanien werden in den südlichen Alpentälern oft noch in speziell zu diesem Zweck gebauten Hütten auf einem glimmenden Feuer geröstet. Nach dem Rösten werden sie in schmale Jutesäcke gegeben und mit Stöcken solange geschlagen, bis die mürbe gewordenen Schalen abgehen. Schließlich werden sie in große hölzerne Behälter getan, die solange herumgedreht werden (man braucht starke Hände dazu, es ist eine richtige Kunst!), bis die innere Haut soviel wie möglich abgescheuert ist.

Gedörrte Kastanien müssen vor dem Kochen mindestens 12 Stunden, gut mit lauwarmem Wasser bedeckt, einweichen. Danach kann man mit einem spitzen Messer die Reste der braunen Innenschale entfernen. Beim Kochen muß man bedenken, daß die Kochzeit der getrockneten Kastanien länger sein kann als die von frischen, und zwar von 10 Minuten im Herbst bis zu einer dreiviertel Stunde von Kastanien aus dem vorigen Jahr.
500 g getrocknete Kastanien ergeben etwa soviel wie 1 kg frische.

Gebratene Kastanien (Maroni)

Mit einer Tasse Gemüsesuppe oder Rohkost und frischem Obst oder Apfelmus als Nachtisch ergibt dies eine vollwertige Mahlzeit. Man kann die Maroni auch einfach an einem gemütlichen Winterabend mit einem Glas Apfelsaft reichen.
Gebratene Maroni sind auch eine gesunde Geburtstagsüberraschung (siehe Tip 3).

- *1 kg frische, feste Kastanien, eingeschnitten wie oben beschrieben*
- *1 feste Papiertüte*
- *1 Teewärmer oder ein (alter) wollener Pullover*

Die eingeschnittenen Kastanien werden mit der flachen Kante nach unten in die Fettpfanne oder aufs Backblech mit hohem Rand (Pizzaform) gelegt. Nun wird der Boden mit Wasser bedeckt und Alufolie auf die Kastanien gelegt.
Backen: 20 Minuten bei 225°C, mittlere Schiene.
Die Folie entfernen und kontrollieren, ob die Kastanien beinahe gar und die Schalen etwas aufgeplatzt sind (das Wasser ist jetzt verdampft). Wenn dies nicht der Fall ist, läßt man sie noch etwas länger braten, muß jedoch aufpassen, daß sie nicht verbrennen. Eventuell wird die Temperatur niedriger geschaltet, jedoch kein Wasser mehr dazugegeben. Dann werden die Maroni aus dem Ofen geholt, rasch in die Papiertüte und danach in den Teewärmer gesteckt. Sie müssen mindestens eine Viertelstunde nachdämpfen (sie bleiben ungefähr 1 Stunde warm).

Tips:
- Eine kleinere Menge Kastanien kann man auch auf dem Herd in einer Bratpfanne mit dickem Boden und passendem Deckel braten. Man läßt dann die Kastanien in der geschlossenen Pfanne mit etwas Wasser zuerst bei großem Feuer sehr heiß werden. Dann wird die Hitze zurückgeschaltet.
- Mit viel Vorsicht oder zunächst Stück für Stück in Alufolie verpackt, kann man die Kastanien auch in der heißen Asche des Kaminfeuers oder am Lagerfeuer braten; ideal ist jedoch eine gußeiserne Maronipfanne mit Löchern im Boden, die man auch auf dem Gasherd verwenden kann.
- Für die Geburtstagsüberraschung: Man legt die Tüte mit den Maroni für den Transport zwischen zwei kleine Kissen und steckt diese in einen Kissenbezug; fest zubinden – wenn keine kalte Luft darankommt, bleiben die Maroni gut eine Stunde heiß.

Gedämpfte Kastanien

Kastanien mit Rosenkohl oder Rotkraut schmecken köstlich und sind zum Festtagsmenü mit Fleisch ideal. Die Vegetarier oder die Kleinen dürfen dann die Kastanien aus dem Gemüse holen.

- *500 g frische oder 250 g eingeweichte, gedörrte Kastanien, geschält** 296

- *10-20 g Butter*
- *ca. 2 1/2 dl Wasser*

- *1 Messerspitze Anissamen, fein zerstoßen mit*
- *1 Messerspitze Salz*

- *nach Wunsch 1 Teel. Honig*

In einem Topf mit dickem Boden wird die Butter geschmolzen, die Kastanien und das gewürzte Salz unter Rühren dazugegeben. Bei mäßigem Feuer rührbacken, bis sie hellbraun sind. Mit der Hälfte des Wassers wird abgelöscht und alles wieder zum Kochen gebracht. Frische Kastanien sind in ca. 1/2 Stunde gar. Die Dämpfzeit von gedörrten Kastanien ist meist länger. Während des Dämpfens wird das restliche Wasser nach und nach dazugegeben. Wenn die Kastanien gar sind, müssen sie alles Wasser aufgesogen haben. Die nun glänzenden Kastanien werden mit dem Honig und eventuell noch etwas Salz abgeschmeckt. Die Kastanien werden mit dem gargekochten Gemüse vermischt oder getrennt gereicht.

Variation: Die Kastanien nur mit Wasser dämpfen und die Butter erst kurz vor dem Anrichten dazugeben (leichter verdaulich).

Maronipüree, Grundrezept

(ca. 500 g)

Dieses kräftige Püree kann man als Grundlage für salzige und für süße Gerichte verwenden. Im geschlossenen Glas ist das Püree im Kühlschrank 2-3 Tage, im Gefrierschrank 3-4 Monate haltbar. Einen kleinen Rest kann man zu köstlichen *Kastanienküchlein** verarbeiten. 212 100 g frische Kastanien ergeben ungefähr 100 g festes Püree, 100 g gedörrte Kastanien ergeben 200 g Püree.

- *500 g frische oder 250 g eingeweichte gedörrte Kastanien, geschält** 296
- *1/2 Messerspitze Anissamen, zerstoßen mit*
- *1 Messerspitze Salz*
- *ca. 1/2 l kochendes Wasser*

Die geschälten Kastanien werden mit dem Anis und dem Salz in einen Topf gegeben und mit soviel heißem Wasser übergossen, daß sie gut bedeckt sind. Sie werden sehr weich gekocht, man muß darauf achten, daß immer genügend Wasser vorhanden ist. Dies dauert bei sehr frischen Kastanien ca. 20 Minuten, bei getrockneten 1/2 Stunde oder länger. Abgießen (Kochwasser für Suppe aufheben) und die gedörrten Kastanien nach Möglichkeit noch 1/2 Stunde in der Kochkiste* nachquellen lassen. 114
Solange sie noch warm sind, werden sie durch ein Sieb gestrichen oder mit dem Stabmixer püriert (es darf noch etwas Kochwasser dazugegeben werden).

Marrons glacés (20 Stück)

Für Kinder, die keine Schokolade und/oder Nüsse essen dürfen, sind dies elegante **Pralinen**. Glasierte Kastanien sind jedoch mit etwas dünn geschlagener, *un*gesüßter Sahne auch ein leckerer **Nachtisch** (2-3 pro Person). Auch als **Beilage** zum Rotkraut schmecken sie gut.
Zur **Garnierung** auf Torten (*Schokolade-Biskuittorte**) sind sie ebenfalls geeignet. Sie können für 376 alle Zwecke lange vorher zubereitet werden.
Marrons glacée halten sich, mit Zellophan zwischen jeder Schicht, in einem geschlossenen Behältnis im Kühlschrank 1-2 Wochen. Aus frischen Kastanien gemacht, werden sie weicher, aus gedörrten bleiben sie besser ganz.

- *20 geschälte Kastanien** 296

- *1/2 dl Kochwasser, davon 2 Eßl. Zitronensaft (einer bei gedörrten Kastanien)*
- *2 Eßl. Ahornsirup, Birnel oder (nicht glutenfrei) Reis- oder Maissirup*

Die Kastanien werden wie für *Kastanienpüree** ge- 298
kocht, sie dürfen jedoch nicht zu weich werden. Aus dem Kochwasser herausnehmen.

Zitronensaft und Sirup werden in einem kleinen Topf kurz aufgekocht und die Kastanien dazugegeben. Vorsichtig mit dem Sirup vermischen und 5-10 Minuten leise köcheln lassen. Den Deckel auf den Topf geben, jedoch gut darauf achten, daß nichts anbrennt. Die Kastanien werden regelmäßig umgerührt, so daß jede mit dem Sirup überzogen wird und schön glänzt. Auf ein Pergamentpapier legen und ganz auskühlen lassen, bevor sie (eventuell) aufbewahrt werden.

Nachspeisen

Die einfachste Mahlzeit bekommt sofort einen festlichen Charakter, wenn neben dem Teller der Nachspeisenlöffel bereitliegt und die Nachspeise ankündigt. Ich selber finde nicht, daß es eine Verwöhnerei ist, jede Mahlzeit mit einer Nachspeise zu schließen, wenn es sich auch nur um schön auf ein Tellerchen gelegte Apfelsinenscheiben oder ein Schälchen kleingeschnittene Früchte mit Joghurt handelt.

Eine Nachspeise verlängert die Mahlzeit, bietet Gelegenheit zum entspannten Gespräch und hindert die meisten Kinder daran, sofort nach dem letzten Happen vom Stuhl zu gleiten. Für die Zähne ist Süßigkeit, die in die Mahlzeit eingebettet ist, weniger schlecht, als wenn zwischendrin geschleckt wird.

Aus ernährungskundlichem Blickwinkel gesehen sind Nachspeisen auch dazu geeignet, etwas mager ausgefallene Hauptgerichte zu ergänzen. So können Nachspeisen aus Milchprodukten, zu einer vegetarischen Mahlzeit gereicht, das notwendige Eiweiß liefern; ein Löffel Schlagsahne liefert ergänzendes Fett, und ein Fruchtsalat ist eigentlich auch Rohkost. Wenn man es so betrachtet und mit Bedacht auswählt, macht eine Nachspeise kaum zusätzliche Arbeit – und auch nicht dick.

Manche Nachspeisen können, besonders für Kinder, sich zu einem Hauptgericht auswachsen - «süße» Kinder mögen dies besonders gern (man lese hierzu die Einleitung zu den folgenden Rezepten und beachte die süßen Getreidegerichte).

Nachspeisen mit Früchten

Nachspeisen mit Früchten sind besonders nach einer kräftigen Mahlzeit angesagt und in der Regel auch leicht zu machen. Dabei ist die schön angerichtete Fruchtschale die Krönung, wobei man mit dem Einfachen etwas Anspruchsvolles machen kann, indem man einen Querschnitt durch das Saisonobst serviert.

Für die meisten Kinder jedoch ist in der Zeit der Fertigprodukte eine einzelne Frucht keine richtige Nachspeise mehr. Die folgenden Obstnachspeisen sind echte Nachspeisen, überraschend lecker und mit einigen wenigen Handgriffen zubereitet.

Fruchtsalat

Man wähle reife Früchte, nach Möglichkeit Obst der Jahreszeit, getrennt oder vermischt (ca. 75 g pro Kind). Süßes mit säuerlichem Obst gemischt, erspart Zucker.

Anregungen:

- Apfelsine mit Apfel, reifen Birnen und einer feingehackten Dattel
- Johannisbeeren mit Melone
- rote und schwarze Johannisbeeren mit Erdbeeren
- schwarze Johannisbeeren mit Pfirsich
- Heidelbeeren mit Erdbeeren und Melone

Für die ganz «Süßen» kann man, kurz bevor man zu Tisch geht, unter die geschnittenen Früchte etwas dünnen Honig mischen, der während der Mahlzeit durchziehen kann.
Ein Tupfen Schlagsahne, ein Löffel ungeschlagene (saure) Sahne oder Viili*, aber auch einige *geröste-* 464
*te Mandelstifte** können die Säure neutralisieren. 407
Zu Früchten, die wenig Saft ziehen, kann etwas Wasser, das mit Birnendicksaft verdünnt wurde, hinzugefügt werden.
Siehe auch *Banane**. 449

Variation: Die Mandeln werden gemahlen und die Früchte sehr klein geschnitten; 50 g Obst ist ausreichend.

Apfelmus

Apfelmus kann man auch als Nachspeise essen, eventuell mit etwas Vanillecreme, Joghurt oder – zum etwas eiweißarmen Menü – mit Quark oder Mandelmus bedeckt (letzteres wird zuerst mit etwas
Viili* oder Milch verrührt oder mit etwas flüssigem 464
Honig oder einer halben sehr reifen und fein zerdrückten Banane gesüßt).
Die Apfelmusnachspeise wird besonders luftig und zart im Geschmack, wenn man 1/2 - 1 dl steif geschlagene Sahne darunterrührt.
Apfelmus kann nur im Notfall das frische Obst und/ oder das frische Gemüse der Hauptmahlzeit ersetzen, beispielsweise in den Ferien, wenn für die Kleinen kein geeignetes Gemüse zu bekommen ist (siehe
*eingemachtes Apfelmus**). Die kleinen Mägen dür- 421
fen jedoch nicht mit zuviel Apfelmus belastet werden (2 Eßl. sind ausreichend).

Apfelmus kann auf 3 Arten gemacht werden:
- aus rohen Äpfeln
- aus geschälten und gekochten Äpfeln, dies gilt für gespritzte, alte (Fall-)Äpfel
- aus ungeschälten Äpfeln (nur von ungespritztem Obst).

Apfelmus aus rohen Äpfeln

Hierfür braucht man eine gläserne Apfelreibe.
Sehr fein geriebenes Apfelmus wirkt stopfend, weil die durch das Reiben frei gewordenen Pektine die Flüssigkeit im Darm binden. Ein normal aus der Hand gegessener Apfel wirkt in dieser Hinsicht eher harmonisierend (neutral). Gekochtes Apfelmus hat eher eine laxierende Wirkung.
Für rohes Apfelmus braucht man viel weniger Süßungsmittel als für gekochtes; man sollte jedoch keine Kochäpfel verwenden, sondern süße Sorten wie Cox Orange und Golden Delicious.
Das rohe Apfelmus wird erst kurz vor dem Essen bereitet, weil es sich sehr schnell braun verfärbt. Um dieses Oxidieren so gut wie möglich zu vermeiden, mischt man den geriebenen Apfel gleich mit einem sauren Milchprodukt.

- *2 oder mehr Eßl. Viili* oder Joghurt* 464
- *2-3 Teel. flüssigen Honig*
- *1 Apfel (ca. 125 g)*

Aus Viili und Honig wird ein Sößchen gemacht.
Der Apfel wird gewaschen*, durchgeschnitten und 248
das Kernhaus entfernt. Nun werden die Apfelhälften, mit der Schnittfläche beginnend, gerieben; die Schale bleibt übrig (für *Apfeltee** aufheben). 391
Der geriebene Apfel wird mit dem Sößchen verrührt und sofort serviert.

Variation: Wenn man zum Apfelmus etwas geraspelte Apfelsinen- oder Orangenschale gibt, wird es schmackhafter.

Apfelmus aus geschälten Äpfeln

(ca. 1/2 l)

Wenn man ungespritzte Äpfel hat und diese gut
wäscht*, kann man die Schalen (und die Kerngehäu- 248
se) für *Apfeltee** verwenden. 391

Die geschälten Äpfel werden in Schnitze geschnitten und das Kernhaus entfernt.
Nun werden die Schnitze in einen Topf gegeben und 1 cm hoch Wasser dazugegossen (wenn man Apfelmus als Beilage essen will, braucht man weniger Wasser).
Zur Geschmacksverbesserung wird ein Streifen Zitronen- oder Apfelsinenschale dazugegeben oder eine kleine Scheibe Ingwerwurzel.
Die Äpfel werden im geschlossenen Topf gar gekocht, hin und wieder umgerührt, bis sie musgar sind (5-10 Minuten). ►

Die Zitronenschale wird entfernt und der Apfel fein zerstampft. Wenn einem die Struktur des Apfelmuses zu grob erscheint, kann man es durch ein Sieb streichen, die Fasern bleiben dann zurück. Wenn die Äpfel gesiebt werden, kann man (auch von gespritzten Äpfeln) die Kerngehäuse mitkochen, sie enthalten wertvolle Nährstoffe.
Mit ca. 1 Eßl. Vollrohrzucker oder Honig wird das Apfelmus gesüßt (den Honig erst dazugeben, wenn das Apfelmus nur noch handwarm ist).

Variationen:
- Das Kochwasser wird durch Apfelsaft ersetzt, wenn die Äpfel selber nicht viel Geschmack haben (beispielsweise noch grüne Golden Delicious).
- Weder Zucker noch Honig verwenden, sondern 50 g kleingeschnittene Dörrfrüchte (Datteln oder Rosinen) unter das noch heiße Apfelmus rühren. Abkühlen lassen und vor dem Servieren noch einmal gut durchrühren. Feigen und Aprikosen müssen erst einige Stunden eingeweicht werden (im geschnittenen Zustand 2-3 Stunden, ungeschnitten 1 Nacht).
- **Rosarotes Apfelmus:** Das Apfelmus wird mit roter Marmelade oder Fruchtaufstrich gesüßt. Mit einem Tupfen Schlagsahne obendrauf ist dies eine nette und leckere Nachspeise.

Tip: Wenn viele (Fall-)Äpfel zur Verfügung stehen, kann man Apfelmus auch einmachen*. 421

Apfelmus aus ungeschälten Äpfeln

Vor allem für ungespritzte und kleine (Fall-)Äpfel geeignet, bei denen sonst viel zu viel Abfall entstehen würde.

Die Äpfel werden gewaschen* und die schlechten 248 Stellen, Wurmstiche, Stiele und Blüten großzügig ausgeschnitten (beim Stiel und in den Blüten ist der meiste Schmutz).
Die Äpfel in vier Teile schneiden und das Kernhaus darin lassen.
Nun werden die Äpfel wie für Apfelmus aus geschälten Äpfeln gekocht und durch ein Sieb gestrichen.
Mit Zucker, Sirup oder Honig süßen und nach Wunsch mit einem Hauch Zimt bestreuen.

Variationen und Tip: siehe *Apfelmus aus geschälten Äpfeln** 301

Melone mit Erdbeersoße

(6-8 Personen)

Eine einfache, jedoch sehr festliche Nachspeise, die zum größten Teil im vorhinein gemacht werden kann. Sie ist frisch und trotzdem ziemlich nahrhaft und deshalb für Kinder, die an heißen Tagen nicht gerne warm essen, besonders geeignet.

Sicherheitshalber kauft man die Melonen 2-3 Tage vor dem Verzehr und läßt sie eventuell bei Zimmertemperatur nachreifen. Reife Melonen werden im Kühlschrank aufbewahrt.

- *250 g sehr reife Erdbeeren, in Stückchen geschnitten*
- *175 g Quark*
- *ca. 2 Eßl. flüssigen Honig*

- *1 reife, saftige Melone mit nicht allzuviel Eigengeschmack (z.B. Galia), mindestens 1 kg schwer*
- *1/2-1 dl Schlagsahne*
- *2 reife Pfirsiche oder Nektarinen, jede in 12-16 Schnitze geschnitten*
- *einige frische Pfefferminz- oder Melissenspitzen zur Garnierung*

Die Erdbeeren werden durch ein Sieb gerieben oder mit dem Stabmixer püriert. Zu diesem Mus werden Quark und Honig gemischt. Diese Soße gibt man in ein Schraubdeckelglas und hebt sie im Kühlschrank auf (nicht länger als einen Tag). Kurz vor dem Servieren wird die Melone durchgeschnitten und die Kerne entfernt. Jede Hälfte wird in 6-8 Schnitze geschnitten und geschält (mit einem Grapefruitmesser ist dies kein Problem). Auf jeden Teller wird ein Melonenschnitz gelegt. Nun schlägt man die Sahne steif und gibt sie zur Erdbeersoße. Diese gießt man in die «Kurve» neben die Melone und legt einen Fächer aus Pfirsichschnitzen auf die Soße. Mit einem grünen Blättchen garnieren.
Außer dem Dessertlöffel wird auch eine kleine Gabel gedeckt, um die Melone beim Essen festhalten zu können.

Birnen mit Karamelcreme

Süße Birnen in einer gebundenen Soße. Für festliche Gelegenheiten kann man **Birnenigelchen** machen, indem man geschälte* und noch feuchte Mandeln in Stifte schneidet und diese in die Birnen steckt. 407

- *2 kleine Birnen (jede ca. 100 g)*

- *4 Eßl. Zucker*
- *3 dl Wasser*

- *1 1/2 Eßl. Marantamehl, angerührt in*
- *1 dl Wasser*

- *1/2 - 1 dl Sahne*

Die Birnen schälen, längs durchschneiden und das Kerngehäuse entfernen. Nun nimmt man einen Topf, in dem die Birnenhälften nebeneinander liegen können und schwenkt ihn mit kaltem Wasser aus. Der Zucker wird auf den nassen Topfboden gestreut und der Topf auf mäßiges Feuer aufgesetzt. Dabeibleiben, nicht rühren und das Wasser daraufgeben, sobald der Zucker geschmolzen und hellbraun ist.

Aufgepaßt: Kindernasen in sicherem Abstand halten, es kann spritzen.
Hier verwendet man lieber keinen Vollrohrzucker, denn dieser ist von Natur aus bereits braun und verbrennt, bevor man es sehen kann.

Nun werden die Birnen mit der Schnittfläche nach unten ins Zuckerwasser gelegt und in ca. 5 Minuten knapp gar gekocht. Mit Hilfe eines Schaumlöffels legt man sie auf flache Schälchen.
Das Kochwasser wird abgemessen und, wenn nötig, auf 3 dl verdünnt. Wieder zum Kochen bringen und mit Marantamehl binden. Diese Creme läßt man abkühlen und schlägt dann die Sahne darunter. Die Creme wird über die Birnen gegossen.

Variationen:
- Für denjenigen, der Zucker nicht karamelisieren will (nicht glutenfrei): Der Zucker wird durch 3 Eßl. Zuckerrübenkraut ersetzt, der im Wasser aufgelöst wurde. Das Marantamehl ersetzt man durch 3 Eßl. Thermogerstenmehl (einige Augenblicke kochen lassen). Die Kombination von Rübenkraut und Thermomehl ergibt einen karamelartigen Geschmack.
- Süß/sauer: Der geröstete Zucker wird durch Birnendicksaft ersetzt (Apfeldicksaft ist zu sauer).
- **Birnenschmetterling:** Pro Person rechnet man eine kleine Birne. Stiele aufheben. Die Birnenhälften werden, wie oben beschrieben, gekocht (Karamelzucker ist nicht notwendig) und im Kochwasser abgekühlt.
  Nun werden 2 halbe Birnen auf ein Tellerchen gelegt, mit den Stielseiten zueinander, die runde Seite nach oben. Mit einem scharfen Messer werden die Hälften nun längs in 1/2 cm dicke Schei- ►

ben geschnitten, und zwar so, daß die Einschnitte kurz vor der Stielseite aufhören. Nun werden diese Scheiben fächerartig auseinandergeschoben und eine halbe Dattel als Körper dazwischengelegt. Die Fühler macht man aus den Stielen (längs in zwei Hälften gespalten).

– **Karameläpfel:** Die Birnen werden durch feste Äpfel (Golden Delicious, Cox Orange) ersetzt.

Apfel- oder Birnensalat

Der einfachste Obstsalat, zu dem man die Zutaten meistens vorrätig hat.

– *5-6 Eßl. Viili* oder Joghurt* 464
– *1-2 Eßl. flüssigen Honig*
– *eventuell Saft einer halben Zitrone oder einer kleinen Apfelsine (bei Birnen notwendig)*

– *3-4 sehr reife Äpfel oder Birnen (ca. 400 g)*

Die flüssigen Zutaten werden in einer Schüssel miteinander verquirlt. Dies kann vorbereitet und an einem kühlen Ort stehengelassen werden.
Kurz vor dem Essen werden die Äpfel, nur wenn notwendig, geschält, die Birnen werden auf jeden Fall geschält, und von beidem wird das Kernhaus entfernt. Die Schnitze werden quer in Scheibchen geschnitten und zur Soße gegeben.

Variationen:
– Der Honig wird durch andere Süßungsmittel, beispielsweise durch ca. 20 g sehr fein geschnittene süße Dörrfrüchte, ersetzt; man läßt sie in der Soße einweichen.
– Die sauren Milchprodukte werden durch (insgesamt) 1 dl Apfelsinen- oder Apfelsaft (aus Dicksaft) ersetzt.
– Bevor die Zitrusfrucht ausgepreßt wird, werden mit einem Sparschäler einige Streifchen Schale abgeschält und in der Soße ziehen lassen.
– Der Salat kann nahrhafter werden, indem man ca. 25 g geröstete *Mandelsplitter** darüberstreut 407
oder
– durch Walnußstücke, die man dazumischt.

Gefüllte Apfelsine

Eine leichte Nachspeise, die im vorhinein fertig zu machen ist und hübsch aussieht.

– *2 Apfelsinen mit fester Schale*
– *1 Teel. (2 g) Agar-Agarpulver, mindestens 20 Minuten eingeweicht in*
– *1/2 dl Wasser*

– *ca. 1/2 dl Schlagsahne, geschlagen*

Die Apfelsinen werden quer durchgeschnitten und ausgepreßt, ohne die Schale zu beschädigen. Der Saft wird abgemessen und mit Wasser auf 1 1/2 dl verdünnt.
Nun werden die Häute mit einem geeigneten (nicht spitzen) Teelöffel aus den Schalenhälften gekratzt. Es kann passieren, daß dabei ein kleines Loch entsteht, das jedoch mit einer Rosine abgedichtet werden kann. Die Apfelsinenhälften dicht nebeneinander in ein flaches Behältnis stellen, sie müssen sich gegenseitig aufrecht halten.
Das eingeweichte Agar-Agarpulver wird zum Kochen gebracht und, bis es aufgelöst ist, gerührt. Dann nimmt man den Topf vom Feuer und rührt den Saft zum Agar-Agar dazu, gut vermischen. Eventuell ein wenig Honig oder ein anderes Süßungsmittel dazugeben. Nun wird der Saft in die Apfelsinenhälften gegossen und alles zum Steifwerden an einen kühlen Ort gestellt (mindestens 1/2 Stunde). Mit der geschlagenen Sahne und einem Melissenblatt garnieren.

Bircher Müsli (für ein Kind)

Dieses Originalrezept des Schweizer Pioniers der Vollwertkost ist eine ideale Kindermahlzeit. Nach Möglichkeit reicht man vorher eine Tasse Suppe, größere Kinder bekommen eine Eintopfsuppe (z.B. aus Hülsenfrüchten). Je nach Hunger schmecken
Butterbrot, *Crackers* oder *Buchweizenwaffeln** 381
köstlich dazu, für den Durst gibt es eine Tasse warmen Kräutertee.
Als Nachspeise nach einer nicht zu reichhaltigen vegetarischen Mahlzeit reicht es aus, wenn man das Rezept 2-3mal nimmt. Mit einem beiseite gelegten

Stück Obst und eventuell einem Tupfen Schlagsahne garnieren.

- *1 voller Löffel (ca. 10 g) feine Haferflocken, 20 Minuten (oder länger) eingeweicht in*
- *3 Eßl. Wasser*

- *3 Eßl. Joghurt oder Viili** 464
- *ca. 1/2 Eßl. Honig oder eine helle Sirupsorte*

- *1 reifer, nicht zu saurer Apfel (100 g)*
- *1/2 Eßl. gemahlene Haselnüsse oder Mandeln*

Joghurt und Honig mit den eingeweichten Haferflokken vermischen.
Der Apfel wird durchgeschnitten und das Kernhaus entfernt. Nun reibt man den Apfel auf einer sehr feinen (Bircher-)Reibe direkt in die Soße hinein (damit er sich nicht verfärbt). Wenn man beim Reiben die ganze Schnittfläche des Apfels auf die Reibe drückt, bleibt der größte Teil der Schale übrig (mit den Kerngehäusen in Kräutertee auskochen). Für größere Kinder kann die Schale mitgeraspelt werden.
Die gemahlenen Nüsse untermischen und sofort essen. Keine Reste aufheben.

Variationen:
- Der Apfel wird ganz oder zum Teil durch andere (Saison-)Früchte ersetzt oder, wenn das Müsli als Mahlzeit gegessen wird, zur Hälfte aus zarten Karotten.
- Für Kinder, die kein Brot dazu essen, kann 1 Eßl. Fermentgetreide* ins Müsli gegeben werden. 453
- Für größere Kinder nimmt man mehr Früchte (bis 200 g).
- Die feinen Haferflocken werden durch grobe oder durch Reis-, Hirse- oder Buchweizenflocken ersetzt; die Einweichzeit dauert dann länger (mindestens 2 Stunden).
- Die gemahlenen Nüsse werden durch (*geröstete**) grob gehackte Nüsse ersetzt. Man kann 407 ruhig auch mal Gerstenflocken (2 Stunden einweichen) verwenden.
- Buchweizenflocken verwenden und keinen Malzextrakt nehmen.

Tip: Manchen Kindern ist das mit viel geriebenem Apfel gemachte Birchermüsli zu sauer. Weniger sauer, jedoch auch weniger sämig wird das Müsli, wenn man die Äpfel erst in Schnitze und diese quer in dünne Scheibchen schneidet und/oder einen Teil des Apfels durch eine reife Birne ersetzt. Auch etwas mehr Haferflocken (und Wasser) und eine zerdrückte, sehr reife Banane* (anstelle von Honig) 449 neutralisieren die Fruchtsäure einigermaßen.

Karottennachspeise (für ein Kind)

Ungewöhnlich, jedoch überraschend lecker und schon von kleinen Kindern leicht herzustellen, während Sie sich in aller Ruhe mit dem Rest des Menüs beschäftigen. Man reicht es nach einer Mahlzeit, bei der keine Rohkost gegessen wurde.

- *10 kleine Rosinen, durchgeschnitten oder fein gehackt*
- *eventuell 1 Prise zerstoßene Anissamen*
- *1-2 Eßl. süße Sahne*

- *1/4 Teel. Zitronensaft oder 1 Eßl. Apfelsinensaft*
- *ca. 50 g zarte Karotten (geschält gewogen), sehr fein gerieben*
- *etwas Viili* oder Joghurt oder Apfelsaft* 464

Rosinen und Anis nach Möglichkeit 1/4 Stunde in der Sahne einweichen.
Nun wird der Zitrussaft zur Sahnesoße gerührt und die geriebenen Karotten dazugegeben. Die Nachspeise wird mit Viili oder Apfelsaft in die gewünschte Konsistenz gebracht.
Mit einem Zitronenmelisseblatt oder einer Apfel- oder Birnenscheibe garnieren.

Variationen:
- Die Rosinen werden in etwas Viili oder Apfelsaft eingeweicht. Die geschlagene Sahne erst ganz zum Schluß darunterheben. Dadurch wird die Nachspeise luftiger.
- Eine Messerspitze geriebene Zitronen- oder Apfelsinenschale zur Soße geben.
- **Rote-Bete-Nachspeise:** Die Rosinen werden durch eine feingehackte große Dattel oder einige süße Kirschen ersetzt, anstelle der Karotten nimmt man (im Sommer) halb Rote Bete, halb Birne oder Apfel. Mit Zimt würzen.

Apfelcreme (ca. 3/4 l, ca. 6-8 Personen)

Geeignet für eine milchfreie Diät.
Wie das Rezept für *Apfelpudding**, jedoch: 306
- Apfelstückchen weglassen
- man nimmt nur 1/2 Eßl. (3 g) Agar-Agarpulver, läßt die Masse nur auf Zimmertemperatur abkühlen und schlägt sie dann mit dem Schneebesen kräftig durch.

Die Masse in kleine Schüsselchen gießen und an einem kühlen Ort fest werden lassen.
Mit kleinen Obststücken und/oder (wenn erlaubt) einem Tupfen Schlagsahne garnieren.
Etwas grob gehackte (geröstete*) Mandeln darüber- 407
streuen.

Variationen: siehe die Variationen unter *Apfelpudding.*

Apfelpudding
(reichlich 3/4 l für 6- 8 Personen)

Eine frische Nachspeise, mit welcher man ein (eiweißreiches) Festmahl beschließen kann. Man kann auch mit flüssigem Honig halbsteif geschlagene Sahne dazureichen (siehe Tip).

- *2-3 feste Äpfel (keine Kochäpfel)*
- *die Schale von einer halben Zitrone oder einer Apfelsine (Sparschäler)*
- *ca. 2 cm einer Zimtstange*
- *3 dl Wasser*

- *2-3 Eßl. Birnendicksaft, Birnel oder anderes Süßungsmittel*
- *1 Eßl. (7 1/2 g) Agar-Agarpulver, 20 Minuten eingeweicht in 1 dl von*
- *5 dl Apfelsaft (Demeter) oder Apfeldicksaft mit Wasser (1:6)*

- *1 Puddingform von ca. 1 l Inhalt*

Die Äpfel mit dem Sparschäler schälen und halbieren. Kernhaus entfernen und mit den Apfelschalen, den Zitronenschalen und dem Zimt in ein Töpfchen geben. Wasser dazugeben und alles zum Kochen bringen. Zudecken und auf kleinem Feuer ca. 5 Minuten ziehen lassen.
Inzwischen werden die Apfelhälften in ca. 1/2 cm große Würfel geschnitten.
Schalen und Zimt aus dem Wasser nehmen und Süßungsmittel dazugeben. Nun gibt man die Apfelwürfel dazu und läßt kurz aufkochen. Topf vom Feuer nehmen, die Äpfel herausschöpfen und in die Puddingform geben.
Das Agar-Agargemisch wird ins Kochwasser geschlagen und 1 Minute aufgekocht. Den Rest des Apfelsaftes dazugießen, den Topf vom Feuer nehmen und alles gut miteinander verquirlen. Die Soße gießt man über die Äpfel in der Puddingform, stellt das Ganze an einen kühlen Ort und läßt es fest werden (mindestens 1 Stunde).
Kurz vor dem Servieren wird der Pudding auf eine flache Schale gestürzt; die Schale erst kalt abspülen, dann kann man den Pudding noch etwas verschieben, wenn er nicht ganz in der Mitte ist. Zuerst werden die Ränder mit einem Messerchen von der Form gelöst, und wenn der Pudding beim Stürzen sich nicht von der Form lösen will, kann man kurze Zeit ein heißes Tuch darüberdrücken.

Variationen:
- Der Apfeldicksaft kann durch flüssigen Honig oder Ahornsirup ersetzt werden, der unter die blanchierten Äpfel in der Schüssel gezogen wird.
- Apfeldicksaft durch eine andere Fruchtsaftsorte oder durch kräftig gewürzten *Apfeltee**ersetzen, 391
eventuell halb/halb.
- Die Äpfel können durch Beeren oder andere weiche Früchte ersetzt werden, eventuell eine Mischung aus verschiedenen Sorten (das braucht

nicht gekocht zu werden, siehe Birnenpudding).

- **Birnenpudding:** Die Äpfel werden durch Birnen ersetzt. Hier werden die Schalen nicht ausgekocht, sie haben einen bitteren Geschmack. Wenn die Birnen sehr reif sind, braucht man die Stückchen nicht zu kochen (sie werden dann mit einem Eßlöffel Zitronensaft vermischt, damit sie sich nicht verfärben). Bei Birnen wird die Zimtstange durch eine halbe, längs durchgeschnittene Vanilleschote* ersetzt. 464
- **Zwetschgenpudding:** Die Äpfel durch ca. 750 g Zwetschgen ersetzen, diese werden entkernt und in dünne Schnitzchen geschnitten. Den Apfelsaft läßt man weg bis auf 1 dl, in dem man das Agar-Agar einweicht.
- **Quittenpudding:** Dies ist ein Pudding mit besonderem Geschmack! Die Äpfel werden durch Quitten und der Apfelsaft durch 3/4 l Wasser ersetzt. Im letzteren kann man die Schalen und die Kerngehäuse der Quitten etwa 20 Minuten auskochen. Das aromatische Kochwasser wird gesiebt und abgemessen (5 dl müssen zurückgehalten werden). Die Quittenstückchen werden in diesem Kochwasser gekocht, sie schmecken erst gut, wenn sie wirklich gar sind.

Tip: Für die Kleinen kann man das Fleisch oder einen nicht geeigneten Fleischersatz im (Festtags-)Menü kompensieren, indem man eine süße *Mandelsoße* oder *Vanillesahnesoße** zum Pudding reicht. 177

Körnercoup

Eine köstliche und zugleich auch gesunde und nahrhafte Nachspeise. Man reicht sie nach einer Eintopfsuppe oder nach einer Kartoffelmahlzeit.

- *2 1/2 dl oder 200 g locker gekochtes Getreide (Reste). Am geeignetsten sind Hirse (glutenarm) und Quinoa, aber auch Buchweizen (sofern in der Thermoskanne gekocht*)* 124
- *ca. 150 g weiche, süße Früchte der Jahreszeit, in Stücke geschnitten*
- *1 1/4 dl Schlagsahne, geschlagen mit (eventuell)*
- *1/2 Eßl. Honig*
- *einige schöne Obststücke*
- *eventuell etwas geriebene Mandeln (für größere Kinder geröstete Mandelstifte*)* 407

Das Getreide wird mit der Gabel verrührt und die Früchte dazugegeben. Kurz vor dem Servieren die Schlagsahne unterheben, mit Früchten garnieren und die Mandeln darüberstreuen.

Variation: Der Coup wird etwas herzhafter, wenn man einen Teelöffel abgeriebene Zitronenschale oder etwas gehackten, kandierten Ingwer daruntermischt.

Gefüllte Äpfel im Backofen

Eine warme, winterliche Nachspeise, die man beispielsweise nach einem nahrhaften Eintopf aus Hülsenfrüchten reichen kann.

- *4 Äpfel, mittelgroß (keine Kochäpfel)*
- *30-50 g Haselnüsse oder Mandeln, fein gemahlen*
- *2-3 Eßl. Korinthen oder Rosinen, gehackt*
- *1/2 Eßl. flüssigen Honig*
- *1/2 Eßl. Zitronensaft*
- *1/4 Teel. geriebene Zitronenschale oder Zimt*
- *2-3 Eßl. Sahne oder Quark*
- *1 dl Apfelsaft*
- *1 Auflaufform, eingefettet** 51

►

Die Äpfel werden nur geschält, wenn die Schale nicht mehr schön oder hart ist. Man sollte jedoch auf jeden Fall mit dem Sparschäler einen schmalen Streifen um die Mitte des Apfels schälen, dies verhindert das Platzen der Schale während des Backens.
Mit einem Apfelbohrer wird das Kernhaus entfernt. Von dem Ausgestochenen schneidet man ca. 1 cm ab (ohne Kerngehäuse) und stopft dies wieder in den Apfel zurück, dies verhindert, daß die Füllung herausläuft. An der Oberseite wird das Loch etwas erweitert (mit einem scharfen Teelöffelchen).
Nüsse, Dörrfrüchte, Honig, Zitronensaft und abgeriebene Zitronenschale werden miteinander vermischt und soviel Sahne oder Quark dazugegeben, daß ein fester Teig entsteht. Daraus macht man vier kleine Rollen und stopft sie in die Äpfel. Die Füllung darf oben ruhig ein Stück herausschauen.
Den Apfelsaft in die Schale geben und die gefüllten Äpfel hineinstellen. Eventuell muß der Apfelsaft mit Wasser etwas verdünnt werden, so daß eine Höhe von 1 cm erreicht wird.
Backen: ca. 20 Minuten bei 200°C, mittlere Schiene. Während der ersten Hälfte der Backzeit werden die Äpfel lose mit einem Stück Alufolie bedeckt. Die Äpfel werden noch warm angerichtet, zusammen mit einem Kännchen mit Sahne vermischter Milch (halb/halb) oder mit *Vanillesoße**. 187

Variationen:
- Die im Rezept beschriebene Füllung wird durch *Mandelfüllung** oder durch 4-6 Eßl. Müslimi- 412
schung (1 Stunde in 4-6 Eßl. Apfelsinensaft eingeweicht) und mit 1/4 Teel. Zimt und, wenn nötig, etwas Sirup ersetzt.
- Die Rosinen in der Füllung werden durch 8 feingehackte Datteln ersetzt. Der Honig wird weggelassen. Anstelle des Zitronensaftes nimmt man eine Messerspitze Zimt.
- Keine Zitronenschale verwenden und vor dem Essen die Schale vom gebackenen Apfel entfernen.
- Der Apfel wird zwar geschält, der Apfelsaft in der Form jedoch weggelassen, und auch das Stück ausgestochenen Apfel steckt man nicht wieder in den Apfel zurück. Dadurch läuft die Füllung etwas aus und karamelisiert.
- **Gebackener Apfel mit Hirse**: Wie Variation 4, dann gibt man 1/2 Rezept Hirse- (oder Gries-) Brei, der mit 2 Eßl. Sahne sämig gemacht und mit 1 Eßl. Vollrohrzucker und einer Messerspitze Zitronenschale abgeschmeckt wurde, darüber. Die Schüssel gibt man noch einmal 5-10 Minuten in den Ofen.
- **Gewürzte Äpfel:** Die Äpfel werden geschält (die Schalen für *Apfeltee** verwenden) und nur mit 391
Rosinen (ein Teil der Menge kann auch eventuell feingehackter kandierter Ingwer sein) gefüllt. In jeden Apfel steckt man 3-5 Nelken. Der Apfelsaft wird durch Apfelsinensaft ersetzt. Vor dem Anrichten werden die Nelken wieder entfernt. Mit Viili* oder Joghurt, der eventuell mit halbfest ge- 464
schlagener Sahne vermischt wurde, servieren.
Gewürzäpfel schmecken auch kalt sehr lecker: Man legt eine dicke Scheibe Apfelsine in einen tiefen Teller und stellt darauf den abgekühlten, gebackenen Apfel. Der Saft aus der Auflaufform wird über die Äpfel gegossen und das Ganze mit einem Tupfen Schlagsahne garniert. Sehr festlich und lecker: Man streut noch etwas geröstete *Mandelstiftchen** darüber. 407
- Gefüllte Äpfel können auch in Alufolie gewickelt und in der heißen Asche des Lagerfeuers oder des Barbecues* gebacken werden. 68

Apfelcrisp

Eine einfach gemachte, jedoch sättigende Nachspeise, die nach einer Tasse Erbsensuppe oder nach einem anderen Hülsenfrüchtegericht gereicht wird. Apfelcrisp schmeckt, warm oder kalt, mit *Vanillesoße** 187
oder halbsteif geschlagener Sahne besonders lecker.

- *25 g fein gehackte Datteln oder 2-3 Eßl. Vollrohrzucker*
- *ca. 750 g Äpfeln (keine sauren)*
- *25 g Rosinen*
- *2 Teel. abgeriebene Zitronen- oder 1/2 Eßl. Apfelsinenschale*

- *2 Eßl. Öl oder 50 g geschmolzene Butter*
- *3 Eßl. Apfeldicksaft oder 2 Eßl. flüssigen Honig oder Sirup** 343

- *25 g grobe Haferflocken oder Gerstenflocken*
- *75 g Weizenmehl*
- *50 g Haselnüsse oder Mandeln, grob gemahlen oder Sonnenblumenkerne (am liebsten geröstet*)* 408

- *1 Auflaufform (am besten flach), großzügig mit Butter eingefettet*

Datteln und Zucker werden auf den Boden der Auflaufform gestreut. Die Äpfel schneidet man in Schnitze und diese (quer) in 3 mm dünne Scheibchen.
Äpfel, Rosinen und die abgeriebene Schale werden miteinander vermischt und über die Datteln gelegt. Gut andrücken.
Nun wird die Butter oder das Öl mit dem Süßungsmittel sahnig gerührt und der Rest der Zutaten damit verknetet.
Diese Krümel werden über die Äpfel gestreut.
Backen: ca. 30 Minuten bei 180°C, mittlere Schiene.

Variationen:
- Die Äpfel werden durch Quitten ersetzt.
- Reisflocken und Reismehl verwenden.

Apfelpie

Heiße Äpfel mit einer knusprigen Mütze. Den Kleinen gibt man vorher etwas Rohkost, den Größeren eine Eintopfsuppe aus Hülsenfrüchten, so hat man eine herrliche Mahlzeit.

Es ist dasselbe Rezept wie für *Apfelcrisp**, die Krümelschicht wird jedoch durch einen Deckel aus Mürbeteig ersetzt. Die Nüsse der Krümel kann man in die Füllung geben. Arbeitsvorgang siehe *Pie, Grundrezept**. 308 233
Backen: ca. 20 Minuten bei 200°C, mittlere Schiene; nach Möglichkeit gibt man die ersten 10 Minuten nur Oberhitze (oder stellt die Auflaufform auf einen Springformboden).
Wenn die Teigränder zu schnell braun werden, werden sie mit einem Streifen Alufolie abgedeckt.

Schweizer Beerenkompott

Die Heidelbeeren für den Heitisturm mußten die Bauernkinder früher selber pflücken gehen, die Holunderbeeren für die Holderzunne dagegen wachsen nahe beim Haus hinter der Scheune. Mit einer kräftigen (Gemüse-)Suppe ergeben beide Gerichte auch für Stadtkinder, die vielleicht in den Ferien wilde Beeren pflücken können, eine leckere Mahlzeit.

Heitisturm

(Kompott aus rohen Heidelbeeren)

- *ca. 500 g Heidelbeeren*
- *3-4 dl Milch*

- *100-150 g Vollkornbrot*
- *25-40 g Butter*

- *40-60 g Vollrohrzucker, vermischt mit*
- *1/2 Teel. Zimt*

Die Beeren werden in eine Schüssel gegeben und mit Milch übergegossen. An einem kühlen Ort 1/2 Stunde stehenlassen (nicht im Kühlschrank).
Vom Brot und der Butter werden *Soldätchen** gemacht, wobei ganz zum Schluß der Zimtzucker darübergestreut wird. Rühren, bis aller Zucker aufgenommen worden ist (aufpassen, daß die Sache nicht anbrennt, sonst schmeckt es bitter). 216
Das noch warme, geröstete Brot wird auf die Beeren gegeben, und diese Köstlichkeit wird gegessen, solange die Soldätchen noch knusprig sind.

Variationen:
- **Chriesibrägel**: Die Heidelbeeren werden durch 3/4-1 kg sehr reife, entkernte Kirschen ersetzt.
- Soldätchen mit dem Kompott vermischen und weich werden lassen oder (leichter verdaulich) durch Zwiebackbröckchen ersetzen.

Holderzunne (Hollergrütze)

(Mus aus gekochten Holunderbeeren *Sambucus Nigra*; keine roten Holunderbeeren *Sambucus Racemosa* verwenden, siehe auch «aufgepaßt» bei *Beerensaft**.) 417
Das Mehl im Kompott bindet beim Kochen die freiwerdende Fruchtsäure, wodurch man weniger Süßungsmittel braucht.

- *ca. 500 g reife Holunderbeeren, entstielt gewogen*
- *20 g Butter*
- *30 g Vollkornmehl*

- *ca. 2 dl Milch*
- *ca. 2 Eßl. Rübenkraut oder Vollrohrzucker*

- *eventuell etwas (saure) Sahne, Viili* oder Joghurt* 464

►

Die Beeren werden mit wenig Wasser zum Kochen gebracht und die Hitze zurückgeschaltet, sobald der Deckel heiß ist. Einige Minuten sanft weiterkochen lassen. In einem kleinen Topf mit dickem Boden wird die Butter zum Schmelzen gebracht und das Mehl damit verrührt. Dieses Gemisch wird solange bei mäßigem Feuer erhitzt, bis es hellbraun ist. Töpfchen vom Feuer nehmen und diese Mehlschwitze mit den Holunderbeeren verrühren. Unter Rühren wird das Ganze nochmals zum Kochen gebracht und kurz durchgekocht. Dann nimmt man den Topf vom Feuer und läßt eine Viertelstunde nachquellen (Deckel auf den Topf). Mit Milch wird das Kompott in die gewünschte Konsistenz gebracht und mit Süßungsmitteln abgeschmeckt. Lauwarm oder kalt anrichten und auf dem Teller Sahne oder Viili dazugeben.

Variationen:

- Leichter verdaulich: Die gekochten Holunderbeeren werden durch ein Sieb gestrichen und die Kerne entfernt. Das Vollkornmehl wird durch Thermomehl (Gerste oder Hafer) ersetzt. Mit ein wenig Milch wird es angerührt, zu den Holunderbeeren gegeben und das Ganze nochmals zum Kochen gebracht. Die Butter kann man nach dem Nachquellen darunterrühren oder überhaupt weglassen. Im letzteren Fall wird dann 1/4 dl der Milch durch Sahne ersetzt.
- Das Weizenmehl wird durch Reismehl ersetzt und wie Thermomehl verwendet (siehe Variation 1).

Nachspeisen auf der Grundlage von sauren Milchprodukten

Nachspeisen aus sauren Milchprodukten sind oft die Retter in der (Zeit-)Not; wenn sie jedoch mit etwas Phantasie zubereitet werden, sind sie lekker.

Je nach Menüzusammenstellung kann das folgende Grundrezept ausgewählt werden:

- Quark (viel Eiweißstoffe)
- Crème fraîche oder saure Sahne (viel Fett)
- Joghurt oder Viili* (weniger fett- und eiweißreich) 464
- Schwedenmilch (mager)

Natürlich können die verschiedenen Dinge auch miteinander vermischt werden. Unter Umständen gibt dies erstaunliche Resultate, beispielsweise geschlagene Sahne mit Viili.

Fertigmilchprodukte als Nachspeisen sollte man nicht kaufen, das Kind gewöhnt sich an einen zu süßen Geschmack. Eine gute Gewohnheit ist es, wenn man (einen Teil) der täglichen Obstportion in eine Nachspeise verarbeitet. Zu sehr sauren Früchten, wie Johannisbeeren und bestimmten Apfelsorten, kann man etwas Honig oder gehackte Rosinen geben, besser ist es jedoch, man kommt ohne Süßungsmittel aus. Die Früchte sollten jedoch richtig reif sein und mindestens

20 Minuten mit dem Milchprodukt vermischt stehen, um die Süßigkeit abgeben zu können. Dann ist die Nachspeise auch nicht mehr so kalt und dadurch leichter verdaulich. Joghurt mit isoliertem Zucker* jeglicher Art ergibt eine sehr ag- 342
gressive Kombination für den Zahnschmelz.
Die Erfahrung zeigt, daß Früchte in Verbindung mit sauren Milchprodukten weniger sauer sind; das eine ergänzt das andere.
Es folgen nun zunächst das Grundrezept und danach drei ausgearbeitete Rezepte: zwei Blitznachspeisen und ein festliches Quarkdessert. Alle drei können, auf jeden Fall bei kleinen Kindern, das Fleisch im (Festtags-)Menü ersetzen.

Grundrezept

Das Grundrezept ist einfach:
Man wählt unter den folgenden Fruchtsorten aus:
- Johannisbeeren oder Kirschen,
- Birnenstücke, süßer Apfel, Aprikose, Pflaume, Ananas, süße Apfelsine oder Mandarine,
- Banane* in Scheiben geschnitten oder zerdrückt, 449
- durchgeschnittene und entkernte Trauben.

Die geputzten und gewaschenen Früchte werden in eine Schüssel gegeben und mit soviel des Milchproduktes übergossen, daß es reichlich bedeckt ist. Quark kann man zuerst mit Milch in die gewünschte Konsistenz bringen.
Siehe auch *Melone mit Erdbeersoße**. 302

Strammer Max, süß

Eine Mischung aus halb Quark / halb Viili* oder 464
Joghurt wird miteinander glatt gerührt und mit etwas dünnem Honig oder einem anderen hellen Süßungsmittel gesüßt. Auf jedes Tellerchen legt man einen Zwieback oder eine Reiswaffel (glutenfrei) und gießt soviel von der Quarkmischung darauf, daß der Zwieback damit bedeckt ist. Obendrauf, in die Mitte, wird eine halbe frische oder eingemachte Aprikose gelegt (als «Eidotter»).

Ungekochte «Karamelcreme» (1/2 l)

- *200 g Quark*
- *3 dl Milch*
- *eventuell das Mark einer halben Vanilleschote*
- *1 Prise Salz*

- *1 dl Schlagsahne*
- *1 1/2 - 2 Eßl. Zuckerrübenkraut*

Die Zutaten des ersten Abschnittes werden mit dem Schneebesen kräftig geschlagen, in der oben genannten Reihenfolge, und mindestens 1/2 Stunde stehengelassen.
Kurz vor dem Essen wird die Sahne halb steif geschlagen, dann wird während des Schlagens das Rübenkraut dazugegeben und die Sahne ganz fest geschlagen. Die gesüßte Schlagsahne wird zu der Quarkmischung gegeben und das Ganze angerichtet.

Kleine Quark- oder Joghurtpuddings
(4-6 Stück)

Man macht die Füllung wie für Quarkkuchen* (siehe 374
auch die dazugehörigen Variationen) und gießt die Masse sofort in Förmchen. Mindestens eine Stunde an einem kühlen Ort festwerden lassen (nicht unbedingt im Kühlschrank). Kurz vor dem Servieren wird jedes Förmchen rasch in heißes Wasser getaucht (wieder abtrocknen) und die kleinen Puddings auf flache Tellerchen gestürzt.
Kleine Fruchtstücke werden darumherumgelegt und im Sommer mit einem Zitronenmelisse- oder Pfefferminzblättchen garniert.

Kruudmus (Kräuterbrei) (1 l)

Dies ist in Gelderland (NL), mit Wurst und Speck, ein stärkendes, traditionelles Frühlingsgericht. Den Kindern wird es besser schmecken, wenn man Rosinen und etwas Sirup dazugibt. Kruudmus schmeckt sowohl warm als auch kalt sehr gut.

- *100 g Graupen oder Gerste, eine Nacht eingeweicht in*
- *3 1/2 dl Wasser (siehe Tip)*
- *1 Prise Salz*
- *75 g Rosinen*
- *2 schwarze Johannisbeerblätter (wenn möglich)*
- *1/2-1 Eßl. krause Minze, fein gehackt*
- *2 Eßl. Kerbel, fein gehackt*
- *ca. 3 dl Buttermilch*
- *eventuell 1 Schuß Sahne*

Die Graupen werden nach dem Grundrezept* ge- 120
kocht. Vor dem Nachquellen werden Salz, Rosinen und Johannisbeerblatt dazugegeben.
Frische Kräuter darunterrühren und nach Wunsch alles noch einmal zum Kochen bringen. Das Kruudmus wird mit Buttermilch verdünnt, bis es die gewünschte Konsistenz hat, und mit Sirup abgeschmeckt (Sorte nach Wunsch). Johannisbeerblatt entfernen.

Variationen:
- Der Kerbel wird durch 1/2 Teel. Anissamen ersetzt, die mit der Grütze mitgekocht werden.
- **Kruudsuppe:** Die Gartenkräuter werden durch *Wildgemüse** (ca. 100 g) ersetzt. Den Sirup läßt 245
  man weg, und die Buttermilch wird durch gesalzene Bouillon ersetzt.
- Anstelle der Rosinen gibt man zur Kruudsuppe in Scheiben geschnittene Rauchwurst.
- Die Gerste durch Buchweizen ersetzen; dieser braucht nicht eingeweicht zu werden und hat eine Kochzeit von nur 10 Minuten.

Tip: Größere Mengen Gerste kochen: für eine Suppe oder ein Getreidegericht am einen Tag, für die Nachspeise am nächsten Tag. Dann werden die Rosinen, knapp mit Buttermilch bedeckt, eingeweicht.

Creme und Pudding aus Milch

Außer den Fertigprodukten aus dem Laden und dem Kochen mit Hilfe mehr oder weniger «vollwertiger» Päckchen gibt es noch viel mehr – wirklich vollwertige – Möglichkeiten, diese bei den meisten Kindern sehr beliebten Desserts zuzubereiten. Durch spezielle Zubereitungsarten können wir Creme, ohne die Milch lange kochen zu müssen, auch aus anderen Getreideprodukten als Maizena machen.
Die feinste Konsistenz bekommt man durch eine Mischung aus Reismehl oder biologischem Maizena* und Marantamehl (4:1). 457
Ansonsten sind geeignet: durch ein feines Sieb gesiebtes Vollkornweizenmehl; Gerste- und Hafermehl, Hirsemehl*. Je feiner das Mehl ist, desto 406
weniger braucht man davon und desto kürzer ist die Koch- und Nachquellzeit (ein Geheimtip: Man sage nie im vorhinein, ob man Creme oder Pudding macht, dann gibt es keine Enttäuschung).

Vanillecreme (knapp 1/2 l)

- *25-40 g Getreide (Sorte siehe Einleitung), wenn möglich 20 Minuten eingeweicht in*
- *1 1/2 dl Wasser, mit*
- *1/4 Vanilleschote, aufgeschnitten und die Samen ausgekratzt*
- *einige Körnchen Salz*

- *2 1/2 dl Milch*

- *1 Eßl. Reissirup, Ahornsirup, Birnel oder flüssigen Honig mit neutralem Geschmack*
- *1/2 dl Schlagsahne*

Die Zutaten des ersten Abschnittes werden unter Rühren zum Kochen gebracht und 2-5 Minuten gekocht; wenn der Brei zum Rühren zu dick wird (bei sehr feinen Mehlsorten), muß eventuell noch ein wenig von der Milch dazugegeben werden. Den dikken Brei mit einem Schuß Milch verrühren. Der Rest der Milch wird dazugegeben und das Ganze unter Schlagen noch einmal zum Kochen gebracht. Einmal aufkochen lassen und den Topf vom Feuer nehmen.
Zugedeckt 5-15 Minuten nachquellen* lassen. 114
Nun wird die Creme an einen kühlen Ort gestellt und erst kurz vor dem Anrichten das Süßungsmittel dazugegeben, eventuell gleichzeitig mit der geschlagenen Sahne (siehe Tip 2 unter dem Rezept *Brei aus
feinen Getreideprodukten** und den darunter ste- 127
henden Tip).

Variationen:
- **Schokoladencreme**: Gleichzeitig mit der Milch werden 4 Eßl. Karobpulver zur Creme gegeben. Die Vanille kann man eventuell weglassen, ein Süßungsmittel wird nicht nötig sein; eventuell kann man ein wenig Zuckerrübenkraut dazugeben.
- **Creme mit Karamelgeschmack**: Die Vanille weglassen. Als Bindemittel verwendet man Thermogerstenmehl und als Süßungsmittel Zuckerrübenkraut: Diese Kombination ergibt einen Karamelgeschmack.
- **Apfelsinencreme** (ohne Milch): Das feinste Mehl verwenden. Die Vanille wird durch die Schale einer halben Apfelsine (Sparschäler) ersetzt und die Milch durch 2 dl (Blut-)Apfelsinensaft. Der Saft darf, nachdem er mit dem dicken Brei vermischt wurde, nicht mehr kochen. Erst kurz vor dem Servieren wird noch 1 dl saure Sahne dazugegeben und die Schlagsahne mit etwas Honig gesüßt. Garniert wird mit einer in Scheiben geschnittenen Apfelsine.
- Als Bindemittel wird Reismehl und/oder biologisches Maizena* verwendet. Keinen gemalzten 457
Sirup* verwenden. 342

Tips:
- Sollte die Creme (oder der Pudding) nach dem Abkühlen unglücklicherweise wieder flüssig geworden sein, kann die Sache gerettet werden, indem man ca. 1 dl der Creme mit 1/4 (bzw. 1/2 Eßl.) Agar-Agarpulver vermischt und zum Kochen bringt. Kurz durchkochen lassen, vom Feuer nehmen und den Rest der dünnen Creme oder des Puddings damit vermischen. Sofort in Schüsselchen verteilen und an einem kühlen Ort steif werden lassen (dies passiert innerhalb einer Viertelstunde). Es ist sinnlos, wenn man versucht, mit Maizena oder einem anderen Stärkemittel binden zu wollen, denn die in der dünnen Creme wirkenden Enzyme würden auch die neue Stärke wieder abbauen.
- Zu dick ausgefallene Creme wird erst kurz vor dem Servieren mit etwas kalter Milch verdünnt (Schneebesen).

Vanillepudding, Schokoladenpudding und Karamelpudding

Der Arbeitsgang ist derselbe wie für *Vanillecreme**, 313
jedoch nimmt man hier die doppelte Menge des Bindemittels. Für die anderen Puddings orientiert man sich an den Variationen unter *Vanillecreme*.
Die Puddingform wird mit kaltem Wasser ausgespült, bevor die dicke «Creme» hineingeschüttet wird. Erst kurz vor dem Essen wird der Pudding gestürzt, nachdem der Rand mit einem Messerchen gelöst wurde. Siehe auch den Tip unter dem Vanillecremerezept.

Reispudding und andere kalte Getreidepuddings

Siehe kalter Reispudding, kalter Hirsepudding, kalter Griespudding und kalter Buchweizenpudding.

Junket (1/2 l)

Junket ist süße Dickmilch; eine Art Pudding, der jedoch nicht gestürzt wird, sonst zerfällt er. Die Milch wird nicht mit Mehl angedickt, sondern mit Lab, das auch zur Herstellung von Quark und Käse verwendet wird. Junket ist besonders leicht verdaulich und kann sowohl aus roher* als auch aus pasteurisierter 426
Milch gemacht werden, nicht jedoch aus Ersatzprodukten wie Mandel- oder Sojamilch.

- *1/2 l Milch, am besten auf Zimmertemperatur*
- *das Mark einer viertel Vanilleschote*
- *eventuell 1/2 Teel. Honig*
- *1 Tropfen Lab** 456

Die Milch wird unter dauerndem Schlagen mit der Vanille und dem Honig auf 35°C erhitzt, am besten au bain-marie*. Dann wird das Lab daruntergeschla- 49
gen. Die Milch wird sofort in kleine Schälchen gegossen und bei Zimmertemperatur (mindestens 20°C) *ruhig* stehen gelassen. Nach 10-30 Minuten ist die Milch dick (nicht schütteln!), und man kann sie an einem kühlen Ort noch fester werden lassen (mindestens 1 Stunde).

Variationen:

- Mit Früchten: Der Honig wird nicht zur Milch gegeben, sondern man verwendet ihn zum Süßen von ca. 200 g Johannisbeeren oder anderen (kleingeschnittenen) Früchten und läßt dies ziehen, bis der Junket dick wird. Kurz vor dem Anrichten legt man auf jedes Schüsselchen ein Häufchen Früchte.
- Mit «Schokolade»: Der Honig wird durch 3-4 Eßl. Karobpulver ersetzt.
- Mit «Karamel»: Der Honig wird durch 1-2 Eßl. Zuckerrübenkraut ersetzt.

Eis

Eis ist für alle Kinder jeglicher Altersgruppen die leckerste Nachspeise. Das Eis aus dem Laden ist meist voller Geschmacks- und Farbstoffe, Fette und Eiweißstoffe unklarer Herkunft und immer viel zu süß. Wenn Sie Ihr Eis selbermachen, wissen Sie genau, was darin ist. Mit guten Zutaten hergestellt, ist es nicht ungesund, sofern es nicht in zu großen Mengen und nicht zu schnell gegessen wird. Kleine Mägen können dadurch zu sehr abkühlen, deshalb ist das Essen von Eis, vor allem im Sommer, häufig der Grund für Magen- und Darmverstimmungen.

Geben Sie Eis vorzugsweise als (festliche) Nachspeise, dann gelangt es nie in einen leeren Magen. Da das Eisschlecken zur Kinderkultur gehört und keine einzige Mutter im Kampf dagegen gewinnen kann, gebe ich, neben einigen festlichen Eisrezepten auch meinen eigenen bewährten Tip für Eis-am-Stiel* weiter. 316

Apfeleis (knapp 3/4 l)

Frisch im Geschmack und leicht gemacht. Mit gerösteten *Mandelstiften** besonders lecker (kurz vor 407
dem Anrichten darüberstreuen).

- *3 große, am besten süße Äpfel (Cox Orange), ca. 500 g*
- *1 kleines Stück Zitronenschale*
- *2 Eßl. Zitronensaft (bei säuerlichen Äpfeln Wasser)*

- *eine Messerspitze zerstoßene Anissamen*
- *ca. 75 g Honig*
- *2 1/2 dl Schlagsahne, geschlagen*

- *1 großes Eiweiß (ca. 35 g), au bain-marie** 49
geschlagen mit
- *2 Eßl. Vollrohrzucker (siehe Tip)*

Äpfel schälen, Kerngehäuse entfernen und die Äpfel in dünne Stückchen schneiden. Im Zitronensaft, zusammen mit der Zitronenschale, im geschlossenen Topf musgar dünsten.
Zitronenschale entfernen und die Äpfel durch ein Sieb streichen oder mit dem Stabmixer pürieren. Von diesem Püree werden 2 1/2 dl abgemessen und auf Handwärme abgekühlt.
Die Anissamen dazugeben und den Honig darin auflösen. In das völlig abgekühlte Mus wird der Schlagrahm untergehoben und das Ganze in einen nicht zu kleinen Behälter mit Deckel gegeben. Dies wird ins Gefrierfach des Kühlschranks gestellt und 2-3 Stunden darin gelassen. Mit einer Gabel wird alle halbe Stunde (Wecker stellen!) das Eis umgerührt, um die Bildung von Eiskristallen zu verhindern (siehe Tip 2); das Eiweiß wird mit dem halbgefrorenen Eis vermischt. Wenn man Platz sparen möchte, kann man das Eis nach dem letzten Umrühren in ein kleineres Gefäß geben; es hält sich 2-3 Monate. Vor dem Anrichten stellt man es eine halbe Stunde ins Gemüsefach des Kühlschrankes, denn direkt aus dem Gefrierfach ist es zu hart und läßt sich schlecht ausschöpfen.

Variationen:
- Der Anis wird durch Zimt und der Honig eventuell durch Zuckerrübensirup ersetzt (das Eis wird dann etwas dunkler in der Farbe, bekommt jedoch einen besonderen Geschmack).
- Die Schlagsahne wird (zur Hälfte) durch Viili* 464
oder Joghurt ersetzt. Dadurch wird das Eis weniger fett, jedoch auch weniger sämig.
- **Fruchteis:** Das Apfelmus wird durch 300 g *sehr reifes* Obst ersetzt wie Erdbeeren, alle Beerensorten, Aprikosen, Pfirsiche (in kleine Stücke geschnitten) oder Banane. Die Sorten sollten nicht miteinander vermischt werden, denn dann schmeckt es nach nichts Besonderem mehr. Das Obst wird durch ein Sieb gestrichen oder mit dem Stabmixer püriert.
- **Maronieis**: Das Apfelmus wird durch 250 g Kastanienpüree* ersetzt. Den Honig kann man 298
weglassen, Kastanien haben eigene Süße. Wenn man ein Eigelb zum noch heißen (70°C, siehe Tip 1) Püree rührt, kann man auch die Schlagsahne weglassen, denn das Eis wird trotzdem sämig. Man kann jedoch auch die Schlagsahne verwenden (mit 1/2 Eßl. Sirup gesüßt) und dafür das Ei weglassen (Eigelb und Eiweiß).
- **Sorbet (**Wassereis): Die Schlagsahne weglassen. 2 dl Wasser mit 1 Teel. Agar-Agarpulver kurz unter Rühren zum Kochen bringen (1 3/4 g, bei dünnem Fruchtpüree bis zu 3 g) und etwas abkühlen lassen. Zum noch flüssigen Agar-Agar werden das Apfel- oder Fruchtmus und der Rest der oben genannten Zutaten gemischt.

Tips:
- Wegen der möglichen Infektion mit Salmonellen* 460
muß die Schaummasse eine Temperatur von mindestens 70°C erreichen (mit dem Fleischthermometer zu messen). Man kann das Eis auch

Mont Blanc

ohne Eiweiß machen, es wird dann weniger luftig.
- Das halbgefrorene Eis wird, bevor es mit Eiweiß vermischt wird, mit dem Stabmixer bearbeitet, es bekommt dann eine feinere Struktur.

Mont Blanc (4- 6 Nachspeisen)

Sehr lecker, jedoch – vor allem für kleine Kinder – als Nachspeise eigentlich zu nahrhaft. Das sollte man bei der Zusammenstellung bedenken (eine vorab gereichte Eintopfsuppe oder gemischter Salat mit Vollkornbrot sind ausreichend). Der Mont Blanc ist ein arbeitsaufwendiges Dessert, jedoch zum größten Teil im vorhinein vorzubereiten.

- *250 g sehr festes Kastanienpüree** 298
- *1 Eßl. dünnen Honig*

- *Vanilleeis oder Apfeleis* (pro Portion eine Kugel)* 314
- *1 1/4 dl Schlagsahne*

Der Honig wird zum Kastanienpüree gerührt; es sollte dick, jedoch geschmeidig sein. Das Püree wird in eine Spritztüte mit der kleinsten Tülle gegeben (siehe Tip) und auf jedes Tellerchen ein Kranz Kastanien-«Spaghetti» gespritzt (dies sind die Felsen). Kurz vor dem Anrichten wird in den Kranz eine Kugel Vanilleeis gelegt, und über das Ganze läßt man geschlagene Sahne fließen (der frische Schnee).

Variationen:
- Das Eis wird durch *einen kleinen Vanillepudding* oder *Fruchtgelee** ersetzt und das Kastanienpüree darumherum gespritzt. Diese Methode ist auch für eine große Gesellschaft geeignet, man kann dann einen sehr großen Mont Blanc auf einer großen Schale machen. 420
- Einfacher, jedoch auch sehr lecker: **Mousse aux châtaignes:** Man macht *Kastanieneis**, friert es jedoch nicht ein. Mit einem Tupfen Schlagsahne und einigen Trauben garnieren. 315

Tip: Wenn man keinen Spritzsack hat, kann man das Püree auch durch ein Sieb oder einen Schaumlöffel mit kleinen Löchern streichen, zur Not geht auch ein grobes Haushaltssieb. Man kann auch eine Plätzchenspritze verwenden.

Wer vom Mont Blanc besonders begeistert ist, kann sich in Frankreich oder in der Schweiz eine spezielle «Vermicelle-Presse» kaufen.

Bananeneis

Im Nu gemacht und in einem gut funktionierenden Gefrierfach in 2-3 Stunden gefroren.
Dieses Eis-am-Stiel ist sehr hart, und man kann keine zu großen Happen davon nehmen, sondern muß wie ein Kaninchen daran herumknabbern. Dadurch gelangt nie eine zu große Menge Eis auf einmal in den Magen, und das Kind ist ohne zu große Kleckerei eine ganze Weile damit beschäftigt.
Sehr reife Bananen werden in 3-4 Stücke geschnitten, an den Mittelstücken wird eine Seite spitz zugeschnitten. In die flache Schnittfläche jedes Bananenstückes wird ein hölzerner Stiel gesteckt. Dieses Bananeneis wird in ein Gefäß mit Deckel gelegt. Man muß dafür sorgen, daß die Bananen einander nicht berühren (eventuell ein Stückchen Plastik dazwischenlegen).
Das Gefäß wird ins Tiefkühlfach (kälteste Einstellung) gelegt, bis die Bananen gefroren sind.
Absolut «super»: Kurz vor dem Austeilen des Eises taucht man die oberste Hälfte in eine Tasse mit *Schokoladenglasur* *und wendet das Ganze kurz in grob 412
gehackten, gerösteten Haselnüssen*. 407

Vanillesahneeis (ca. 3/4 l)

- *1 dl Wasser*
- *1/2 Vanilleschote, aufgeschnitten und die Samen herausgekratzt*
- *1/2 Eßl. (3 1/4 g) Agar-Agarpulver*

- *3 1/2 dl Milch*
- *50-75 g Honig*

- *1 1/2 dl Schlagsahne, geschlagen*

Die Zutaten des ersten Abschnittes müssen mindestens 20 Minuten einweichen. Dann wird alles unter Rühren zum Kochen gebracht und 5 Minuten weitergeköchelt (Deckel auf den Topf). Dann nimmt man den Topf vom Feuer und gibt die Milch nach und nach zu, bis die Flüssigkeit Körpertemperatur erreicht hat. Darin wird der Honig aufgelöst und danach die restliche Milch dazugegeben. Wie *Apfeleis** 315 gefrieren lassen. Die Schlagsahne wird unter das halbgefrorene Eis gehoben.

Variationen:

- **Zimteis:** Die Vanille wird durch 1/2-3/4 Eßl. Zimt ersetzt (mit dem Honig zusammen hinzufügen). Zimteis mit (heißem) Pflaumenkompott oder *Apfelsoße** ist eine raffinierte Geschmacks- 189 kombination.
- **Schokoladeneis:** Man löst 100 g echte oder 100 g Karobschokolade im Milch/Agar-Agargemisch auf und ersetzt die Vanille und den Honig durch die halbe Menge Vollrohrzucker (dieser wird mit dem Agar-Agar mitgekocht, dann löst er sich leichter auf).

Joghurt/ Zitroneneis (ca. 1/2 l)

Dieses Eis ist süßsauer im Geschmack und im Nu gemacht. Zum Auftischen gibt man dem Ganzen etwas Farbe mit frischen Obststücken oder einem Blatt Minze oder Zitronenmelisse.

- *2 dl Viili* (mildsauer) oder Joghurt* 464
  2-3 Eßl. dünnen Honig
- *1/4 Teel. abgeriebene Zitronenschale*

- *1 dl Schlagsahne*

Viili, Honig und Zitronensaft werden miteinander vermischt und wie *Apfeleis** gefroren. Wenn das Eis 315 halb gefroren ist, wird die geschlagene Sahne darunter gemischt.

Variation:

Bananeneis (ca. 6 dl): Eine sehr reife Banane wird mit 2 Eßl. Viili* oder Joghurt zerdrückt. Ansonsten 464 folgt man dem oben genannten Rezept. Wahrscheinlich braucht man etwas weniger Honig.

Eistorte

Eine etwas aufwendige, aber professionell anmutende Art, Eis für eine große Gesellschaft anzurichten (im vorhinein zu richten).

Nach den oben genannten Rezepten macht man zwei bis drei Sorten buntes und weißes Eis.
In getrennten Gefäßen läßt man es (nicht ganz) gefrieren.
Die Menge des hergestellten Eises (in dl) wird zusammengezählt und eine passende Kastenform (reichlich bemessen) ausgewählt.
Die Form wird mit Plastikfolie (aufgeschnittene Plastiktüte) ausgekleidet. Nun wird das Eis Schicht um Schicht hineingedrückt, auch in die Ecken. Schnell und möglichst in einem kühlen Raum arbeiten. Die Form wird mit Folie zugedeckt und ins Gefrierfach gestellt (mindestens 1 1/2 Stunden). Kurz vor dem Anrichten wird die Folie entfernt und die Eistorte auf eine vorgekühlte Kuchenplatte gestürzt. Wenn sich das Eis nicht aus der Form löst, drückt man ein mit heißem Wasser warm gemachtes und wieder ausgewrungenes Küchentuch auf die Form (nur kurz). Die Folie vorsichtig entfernen.
Mit Obst und grünen Blättchen (Zitronenmelisse, Pfefferminze) wird die Eistorte garniert und am Tisch mit einem heißen Messer in Scheiben geschnitten (in heißes Wasser tauchen und wieder abtrocknen).

Brot

Keine häusliche Beschäftigung ist so befriedigend wie das Brotbacken. Während des Knetens kann man den Kindern zuhören und selber Geschichten erzählen, und sogar die Kleinen können mithelfen. Sie können ihr eigenes kleines Brötchen kneten und formen. Wenn sie dann größer sind, beherrschen ihre Hände diese Arbeit schon gut, so daß man einem von ihnen die Aufgabe, für das Brot zuständig zu sein, übertragen kann: Nach eigener Wahl können sie selber backen oder im Laden einkaufen. Schon schnell werden Sie bemerken, daß der tatsächliche Zeitaufwand beim Selberbacken nicht mehr als eine Viertelstunde beträgt (das übrige sind Geh- und Backzeiten), und so lange muß man auch manchmal im Laden anstehen. Brotbacken ist vor allem eine Frage guter Beobachtung und Geduld, bis der Teig gegangen ist; aber es ist auch eine Frage von Vorausdenken und Organisation, denn die Vorratshaltung von Mehl, Hefe oder Sauerteig gehört auch zum Mandat.

Treibmittel

Was die Treibmittel betrifft, so können wir zwischen Hefe und Sauerteig wählen. Das Brotbakken mit Hefe geht schneller und ist, vor allem für den Anfänger, etwas einfacher.

Sauerteig enthält viele Bakteriensorten und Hefezellen. Diese Mikroorganismen bewirken während der langen Zeit des Gehens die Umbildung des Getreides, wodurch es völlig aufgeschlossen und auch für empfindliche Mägen verdaulich wird.
Bei der Gärung mit Sauerteig entstehen Kohlensäuregas und Milchsäure. Die Milchsäure wirkt als natürliches Konservierungsmittel, dadurch wird das Brot länger haltbar. Durch die lange Zeit des Gehens und die Milchsäure wird das *Phytin** 111
im Vollkornmehl abgebaut. Aus all dem können wir schließen, daß Sauerteig zum Backen von Weißbrot nicht geeignet ist.
Sauerteigbrot schmeckt erst am zweiten Tag wirklich gut und hält sich tagelang frisch.

Hefe ist eine Monokultur einer Hefezellensorte, die im Brotteig nur diejenigen Getreidebestandteile erschließt, die sie zur eigenen Vermehrung braucht.
Bei dieser Gärung bilden sich Kohlesäuregas und etwas Alkohol. Die Kohlensäure läßt den Teig gehen, der Alkohol verschwindet während des Bakkens. Wer trotz allem Hefebrot vorzieht, kann einen Kompromiß machen: Das Hefebrot wird mit sehr wenig Hefe und einer milchsauren Flüssigkeit gemacht, und das Ganze läßt man sehr lange gehen (siehe Tip 2 unter dem Rezept *Vollkornbrot mit Hefe**). Dadurch wird auch Hefebrot 320
gut verdaulich. Hefebrot wird schnell altbacken (siehe unter *altes Brot**). 163
Backferment (siehe Produkt-Info*) 449

Für Anfänger der Brotbackkunst gebe ich im folgenden ein Rezept für *ein* Brot. Wenn man mit dem Energieverbrauch verantwortungsbewußt umgehen will, ist es jedoch besser, wenigstens zwei Brote gleichzeitig zu backen.
Brotbackformen gibt es in allen Größen zu kaufen, auch ausziehbare. Mit zwei Formen von je mindestens 2 l Inhalt kann man Brot aus 2 kg Mehl backen und bekommt ca. 3 kg Brot.
Wenn die Backformen nur für Brotteig verwendet

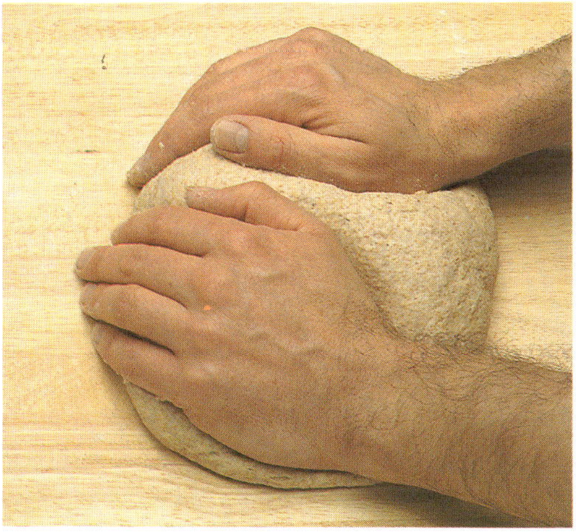

werden, braucht man sie nach dem Backen nicht jedesmal abzuwaschen. An einem trockenen Ort aufbewahren (im Backofen) und vor jedem Backen leicht einfetten*. 51

Aufbewahren von Brot

Wenn man jeden Tag frisches Brot bäckt oder wenn man mehr als ein Brot gleichzeitig macht, kann man es im Brotkasten aufbewahren. Der Brotkasten sollte regelmäßig saubergemacht werden und an einem kühlen Ort stehen. Wenn das Brot länger als zwei Tage aufbewahrt wird, ist es besser, wenn man es in eine feste, nicht zu kleine Plastiktüte gibt. Im Brotkasten würde es dann doch austrocknen. Die Plastiktüte kann immer wieder verwendet werden (umkrempeln, unter dem Wasserhahn abwaschen und gut trocknen lassen).
Brot sollte (mit Ausnahme von Pumpernickel) nicht im Kühlschrank aufbewahrt werden, dort wird es schneller altbacken.

Vollkornbrot mit Hefe (ca. 800 g)

- *400 g Vollkornweizenmehl*
- *1/2 Eßl. frische Hefe, aufgelöst in*
- *3 1/2 dl lauwarmem Wasser (maximal 30°C)*
- *3/4-1 Teel. Salz* (4-6 g)* 460
- *ca. 100 g Weizenmehl Type 1050 oder 550 (CH: Ruch- oder Halbweißmehl)*
- *1 Brot- oder Kastenform von 1 1/2 l Inhalt, eingefettet** 51

Das Vollkornmehl wird in eine große Schüssel gegeben und eine Vertiefung darin gemacht. Die Hefemischung in die Vertiefung gießen. Nun wird von der Mitte aus gerührt und geschlagen, bis der Teig glatt, jedoch noch sehr feucht ist.
Das Salz darüberstreuen (*nicht* daruntermischen). Nun wird die Schüssel in eine Plastiktüte geschoben oder ein feuchtes Tuch darübergedeckt (siehe Tip 1). Der Teig muß nun bei Zimmertemperatur (oder kühler) gehen, bis er zweimal sein Volumen erreicht hat. Dies kann 1 Stunde oder noch länger dauern. Je langsamer dieser nasse Teig geht, desto besser verdaulich ist das Brot nachher.
Nun wird ca. die Hälfte des Mehles Type 1050 oder 550 dazugegeben und mit Hilfe eines Teigschabers mit dem Teig vermischt; es klebt dann beim Kneten weniger. Der noch lockere Teig wird auf die Arbeitsfläche gelegt und geknetet, bis er sich von den Händen löst und geschmeidig und elastisch ist (ca. 5 Minuten für diese kleine Menge). Dabei mit dem Handballen den Teig immer wieder flach drücken und zusammenfalten; hin und wieder macht man eine viertel Umdrehung. Wenn nötig, knetet man noch etwas mehr Mehl dazu. Schließlich formt man eine Rolle, die so lang ist wie die Backform.
Den Teig in die Backform legen, auch gut in die Ecken drücken und die Oberseite mit den Fingern glattstreichen. Die Form wird mit einem Stück Plastik lose zugedeckt, der Teig darf nicht austrocknen. Den Teig gehen lassen, bis er sich hochwölbt (nicht zu hoch, denn im Backofen geht er noch weiter, siehe Tip 1). Bei Zimmertemperatur dauert das Gehen ca. 1/2 Stunde, manchmal etwas länger.
Inzwischen wird der Backofen vorgeheizt, das Brot muß in den heißen Ofen kommen.
Die Oberseite wird naßgesprüht (Pflanzensprüher) und mit einer Schere eingeschnitten; das Brot kann dann schöner gehen und besser durchbacken.
Backen 1: 30 Minuten bei 210°C, unterste Schiene; dann
Backen 2: ca. 30 Minuten bei 180°C. Wenn das Brot zu dunkel wird, deckt man es mit Alufolie zu; gar ist es, wenn es beim Daraufklopfen hohl klingt. Große Brote (aus 1 kg Mehlmischung) werden in jeder Phase 10 Minuten länger gebacken.
Auf einem Kuchengitter muß das Brot durch und durch abkühlen, bevor es in den Brotkasten gelegt wird.

Variationen:
- Für Kinder mit empfindlichem Darm wird ausschließlich Mehl Type 550 verwendet. Dann kann

man langsam damit beginnen, das Mehl Type 550 durch Vollkornmehl zu ersetzen.

- Auch das Mehl Type 1050 wird durch Vollkornmehl ersetzt.
- Das Weizenmehl kann z. T. durch andere Mehlsorten ersetzt werden; vom glutenfreien Mehl (Mais, Reis, Hirse oder Buchweizen) darf nicht mehr als 25% genommen werden. Gluten ist zum Gehen notwendig.
- **Drei- oder Vierkornbrot:** Bis zu 50% des Vollkornweizenmehls kann durch Gersten-, Hafer- oder Roggenmehl ersetzt werden.
- Die Hälfte des Mehles Type 1050 im Grundrezept kann durch Thermomehl (Gerste oder Hafer) ersetzt werden (maximal 10% der gesamten Mehlmenge); dies gibt einen warmen Geschmack.
- Bis zu 10% des Vollkornmehls kann durch Getreideflocken oder Buchweizengrütze ersetzt werden; dadurch bekommt das Brot eine lockerere Struktur.
- Man kann 1-2 getrocknete Gewürze unter den Teig kneten, beispielsweise Thymian, Kümmel-, Koriander- oder Anissamen. **Kümmelbrot** schmeckt mit Käse besonders gut, **Anisbrot** schmeckt besser mit süßem Belag.
- **Nußbrot**: 50-100 g in kleine Stücke gebrochene Nüsse oder ganze Sonnenblumenkerne werden unter den Teig geknetet. Dieses Brot ist auch ohne Belag sehr nahrhaft.
- Damit das Brot fester wird, knetet man 30-50 g mehr Mehl unter den Teig. Dieses Brot bekommt eine sehr knusprige, etwas dickere Rinde. Der gute Geschmack der Rinde durchzieht innerhalb eines Tages das ganze Brot. Dieses mit verhältnismäßig weniger Wasser gebackene Brot ist etwas schwerer verdaulich.

Tips:

- Brot, das zu hoch gegangen ist, bekommt eine grobe Struktur. Wenn der Brotteig aus Versehen über die Form hinausgegangen ist, kann man ihn wieder in die Form zurückdrücken. Mit nassen Händen streicht man den Teig wieder glatt und gibt das Brot, *ohne* es nochmals zum Gehen gestellt zu haben, sofort in den Ofen. Dies ist eine Notmaßnahme, das Brot wird dadurch nicht schöner.
- Vollkornbrot wird verdaulicher, je länger es gegangen ist. Das Getreide kann dann, in genügender Feuchtigkeit, gut quellen. Der Prozeß des Gehens sollte nicht forciert werden, indem man den Teig an einen warmen Ort stellt. In der Plastiktüte bleibt die während der Gärung sich entwickelnde Wärme drinnen (günstig in einer kalten Küche); ein feuchtes Tuch kühlt ab (günstig an warmen Tagen). Den feuchten Teig kann man (außer in besonders warmen Nächten) auch über Nacht gehen lassen und erst am nächsten Morgen kneten und backen. Dann verwendet man nur 1/4 Eßl. Hefe und *kaltes* Wasser. Man kann den Teig auch über Tag gehen lassen und erst am Abend backen. Wenn man 1 dl des Wassers durch Brottrunk oder Buttermilch aus dem Naturkostladen (oder Molke) ersetzt, wodurch während der langen Zeit des Gehens eine leichte milchsaure Gärung entsteht, bekommt man ein Vollkornbrot, das durch seine gute Verdaulichkeit dem Sauerteigbrot ähnlich ist, jedoch den Geschmack von Hefebrot hat.
- Wenn man Brot aus mehr als 500 g Mehl bäckt, braucht man nicht im Verhältnis mehr Hefe zu nehmen. 1 Eßl. Hefe reicht für 1 1/2-2 kg Mehl (wenn man den Teig eine Nacht gehen läßt, braucht man nur die Hälfte). Will man noch mehr Hefe sparen, kann man einen Vorteig machen: Die Hefe wird in 1 dl der angegebenen Wassermenge aufgelöst und diese Mischung in die Vertiefung gegeben. Mit wenig Mehl wird ein dünner Teig angerührt, den man gehen läßt, bis er Blasen bildet (mindestens 1/4 Stunde). Dann haben sich die Hefezellen bereits vermehrt, der Rest des Wassers wird dazugegeben und der Teig glatt gerührt.

Brotlaib, Baguette und Brötchen

Man nimmt dasselbe Rezept wie für *Vollkornbrot mit Hefe**, knetet jedoch 30-50 g mehr Mehl unter 320 den Teig. Die ausgeformten Brotlaibe oder Brötchen (siehe unten) werden auf ein eingefettetes Backblech gelegt. Locker mit einem Stück Plastik zudekken und den Teig gehen lassen, bis er die doppelte Größe erreicht hat.

Die nicht bestreuten Brote und Brötchen werden mit dem Pflanzensprüher naßgespritzt. Auch das Backblech darf naß werden, dadurch entwickelt sich Dampf im Ofen, wodurch das Brot besser geht und vor allem weniger austrocknet.

Brotlaib

Ein längliches, nicht zu schmales Brot wird ausgeformt.

Backen: ca. 3/4 Stunde bei 210°C, unterste Schiene.

Baguette
Zwei Teigrollen von ca. 35 cm Länge werden geformt.
Backen: ca. 15 Minuten bei 225°C, mittlere Schiene.

Brötchen
Aus dem Teig wird zuerst eine lange Rolle geformt, die in vier gleichgroße Stücke geschnitten wird. Diese werden wiederum in vier Stücke geschnitten (im ganzen 16 Stück). Diese Teigstückchen werden an den Rändern etwas nach unten gezogen und diese an der Unterseite eingefaltet.
Backen: siehe Baguette.

Variation:
Sesambrötchen, Mohnbrötchen und Müslibrötchen: Die ausgewählten Streusel werden in eine kleine Schüssel gegeben. Nun hält man die soeben geformten Brötchen mit den Fingerspitzen an der Unterseite fest und tunkt sie zur Hälfte in Buttermilch oder in eine Mischung aus geschlagenem Eiweiß mit Wasser (eventuell auch nur Wasser) und danach kräftig in die Streusel.

Sauerteigbrot (2 Brote von ca. 900 g)

Wenn man Sauerteigbrot macht, sollte man nur Mehl und Buttermilch aus biologischem oder biologisch-dynamischem Anbau verwenden. Diese Produkte enthalten die notwendigen Nährstoffe und Bakterien, die die Säurebildung (Gärung) leicht in Gang kommen lassen. Sie enthalten keine chemischen Zusätze,
die diesen Prozeß stören könnten. Kräuter* (*nicht* 244
*bestrahlt**), Honig und milchsaure Produkte unter- 414
stützen die Gärung. Chlorhaltiges Leitungswasser sollte 5 Minuten abgekocht werden (oder kohlensäurefreies Quellwasser verwenden).
Abends mit dem *Sauerteig* beginnen:

- *1/2 Eßl. Honig (nur kalt geschleudert)*
- *2 1/2 dl Brottrunk oder Buttermilch, lauwarm (35°C)*
- *100 g Roggenmehl (2 1/2 dl, kein Thermomehl)*
- *1/4 Teel. Kümmel, zerstoßen*
- *1/4 Teel. Fenchel, zerstoßen*

Der Honig wird in der Flüssigkeit aufgelöst und der Rest der Zutaten damit vermischt; dies ergibt einen dickflüssigen Brei. Dieser Brei wird in ein Schraubdeckelglas (Inhalt 7 dl) gefüllt. Der Deckel wird lose daraufgelegt, der Sauerteig muß Luft bekommen, darf jedoch nicht austrocknen. Das Glas wird an einen gleichmäßig temperierten Ort gestellt (20-30°C), z.B. auf das Luftgitter über dem Motor des Kühlschranks, auf den Boiler oder einfach ins warme Zimmer. Niedrigere Temperaturen sind nicht schädlich, es dauert nur länger, bis der Sauerteig fertig ist. Dieser Teig wird nun jeden Morgen und jeden Abend gut durchgerührt. Sobald sich Blasen bilden und eine deutliche Gärung wahrzunehmen ist (dies kann bereits nach 24 Stunden geschehen), kann der Teig mit 2 vollen Löffeln (30 g) Roggenmehl «gefüttert» werden. Der Brei wird gut durchgerührt und das Glas wieder an seinen Platz gestellt.
Diesen Vorgang wiederholt man noch zweimal, jeweils nach ca. 12 Stunden; insgesamt wird der Sauerteig also dreimal gefüttert. Wenn der Sauerteig zu trocken werden sollte, fügt man eventuell etwas Wasser hinzu, der Brei muß dickflüssig bleiben).
Der Sauerteigansatz ist fertig, wenn er nach der letzten «Fütterung» wieder anfängt zu gären. Wenn man den Sauerteig noch etwas aufheben will, muß das Glas mit dem Deckel verschlossen und in den Kühlschrank gestellt werden (der Sauerteig hält sich eine Woche).

Weil ein großes Sauerteigbrot besser schmeckt als ein kleines und weil Sauerteigbrot sehr lange – gut eine Woche – frisch bleibt, folgt hier das Rezept für zwei große Brote. Man sollte gleich früh morgens beginnen, das Gehen dauert lange (4-8 Stunden).

- *ca. 1 kg Vollkornmehl oder gemischt mit Mehl Type 1050 (CH: Ruchmehl, Weizen oder Roggen oder eine Mischung aus beidem)*
- *ca. 400 g Sauerteig*
- *knapp 1 Eßl. Salz* (15 g) oder weniger* 39
- *6 dl lauwarmes Wasser (35°C)*

- *2 Backformen von ca. 1 1/2 l Inhalt, eingefettet* ►

Verschiedene Brote.
Von links nach rechts und von oben nach unten:
Sonnenblume; Vollkornbrot mit Hefe; glutenfreies Brot; Brotlaib; Phantasiebrot; Geburtstagsbrot in der Form eines Buchstabens

Ca. 400 g des Mehls wird zurückgehalten.
Den Rest gibt man in eine Schüssel und macht eine Vertiefung. Dahinein wird der Sauerteig gegeben, mit Salz bestreut und das Wasser dazugegossen. Nun wird alles zu einem glatten Teig gerührt.
Das zurückgehaltene Mehl wird nun zu dem Teig gegeben und mit dem Teigspachtel untergearbeitet, es klebt dann beim Kneten nicht mehr so sehr. Dieser unzusammenhängende Teig wird auf die Arbeitsfläche gelegt und ca. 5 Minuten gut durchgeknetet, bis er weder an den Händen noch an der Arbeitsfläche kleben bleibt. Eventuell wird noch etwas Mehl dazugenommen, der Teig darf jedoch nicht zu trokken werden. Ca. 150 g des Teigs nimmt man, vermischt ihn mit knapp 1 dl Wasser zu einem dickflüssigen Brei, gibt dies wieder in ein Schraubdeckelglas und macht damit einen neuen Sauerteigansatz.
Der Rest des gekneteten Teigs wird zu einer schönen Rolle geformt und in die Backform gedrückt (auch in die Ecken), die Oberseite wird mit nassen Fingern glattgestrichen. Die Form deckt man lose mit Plastikfolie zu, der Teig darf nicht trocken werden. An einem warmen Ort läßt man ihn gehen, bis er sich hochgewölbt und die Form ausgefüllt hat (4-8 Stunden).
Ofen vorheizen. Das Brot wird mit dem Pflanzensprüher naßgesprüht und mit der Schere eingeschnitten.

Backen 1: 15 Minuten bei 200°C, unterste Schiene.
Backen 2: ca. 1 Stunde bei 180°C.
Das Brot sollte noch 10 Minuten im ausgeschalteten Ofen stehenbleiben (nicht länger), danach läßt man es auf dem Kuchengitter abkühlen.

Variationen: (unter anderem Dreikornbrot, Brotlaib, Baguette, Nuß- und Kräuterbrot, Brötchen) siehe *Vollkornbrot mit Hefe**, als Basis wird jedoch 320 Brotteig mit Sauerteig verwendet.

Tips:
- Je mehr Sauerteig man verwendet, desto saurer schmeckt das Brot. Man kann auch weniger nehmen (es geht schon mit einer Tasse Sauerteig auf 1 kg Mehl), dann dauert jedoch die Zeit des Gehens noch länger.
- Das Sauerteigbrot bekommt eine besonders schöne Struktur, wenn man es nach dem Kneten zurück in die Schüssel gibt und ca. 3 Stunden an einem warmen Ort vorgehen läßt. Dann wird der Teig nochmals durchgeknetet und in die Form gegeben. Jetzt dauert es nur etwa 1 Stunde, bis das Brot in den Ofen geschoben werden kann.
- Wenn das Brot im Lauf der Zeit nicht mehr so gut geht, ist es notwendig, daß man einen neuen Sauerteigansatz macht.

Glutenfreies und glutenarmes Vollkornbrot

Das Gluteneiweiß, das in manchen Getreidesorten vorhanden ist, macht es möglich, daß mit Hilfe von Hefe oder Sauerteig aus Mehl ein schön gegangenes Brot gebacken werden kann. Getreidesorten, die Gluten enthalten, nennt man deshalb auch Brotgetreide. Manche Menschen reagieren allergisch* auf dieses Gluteneiweiß und können 429 deshalb kein normales Brot essen. Für diese Menschen müssen wir unsere Zuflucht bei Brot aus glutenfreien oder glutenarmen Getreidesorten suchen. Diesen glutenfreien Teig kann man nicht kneten. Das Mehl/Wasser-Verhältnis, das Gehen und das Backen des Teiges fordern mehr Aufmerksamkeit, als dies bei normalem Vollkornbrot der Fall ist.
Mais, Reis, Buchweizen, Quinoa und Amarant sind gluten*frei*, Hirse ist gluten*arm*. Ich verwende im folgenden Grundrezept für glutenfreies Brot eine Mischung aus Reis-, Buchweizen- und Maismehl. Das Öl im Teig gibt eine etwas sämigere Konsistenz, das Eiweiß läßt den Teig besser gehen und macht das Brot etwas weniger krümelig (besonders wichtig, wenn es als Pausenbrot für die Schule mitgenommen werden muß). Sirup und Zitronensaft geben dem Brot etwas mehr Geschmack. Kräuter (Thymian oder Rosmarin überwiegend zu Mais und Buchweizen, Kümmel oder Anis zu Hirse und Reis), Rosinen und andere kleingeschnittene Dörrfrüchte, Sonnenblumenkerne und Nüsse können selbstverständlich mitgebacken werden, wenn die Diät es erlaubt (siehe auch Variation unter *Früchtebrot**). 331

Das lange Gehen (das Mehl kann in dieser Zeit einweichen) und der langsame Backprozeß sorgen für eine gute Erschließung des harten Mais- oder Hirsemehls und lassen es besser gar werden, wodurch das Brot für die meisten Kinder gut verdaulich ist.

Die Mehlmischung kann nach eigener Geschmacksrichtung zusammengestellt werden, wobei man die Geschmacks- und Backeigenschaften der verschiedenen Mehlsorten berücksichtigen kann. Nach einigem Experimentieren wird man sein eigenes Hausrezept mit der bevorzugten Mehlmischung entwickeln und vielleicht sogar abwechselnd verschiedene Brotsorten backen (Anregungen dazu finden Sie in den Variationen des Grundrezeptes).

Aufgepaßt: Wenn Sie neben glutenfreiem auch noch normales Brot oder Gebäck machen, sollten Sie für die glutenfreien Sorten extra Formen anschaffen (wenn Sie kein Backpapier verwenden) und einen besonderen Pinsel zum Einfetten. Man sollte sogar ein separates Brotbrettchen, Brotmesser, Brotkörbchen und eventuell sogar Butterbehälter und Gläser mit Brotbelag anschaffen. Es können unbemerkt Krümel von normalem Brot hineingeraten (ein Krümel vom normalen Brot kann beim Allergiker Reaktionen verursachen).

Geschmacks- und Backeigenschaften von glutenfreien und glutenarmen Mehlsorten.

Wenn man ein gluten*armes* Brot backen will, kann man, backtechnisch gesehen, 75 g Maismehl durch 100 g *Hirsemehl** ersetzen. 406 Hirse gibt dem Brot einen zarteren Geschmack als Buchweizen- und Maismehl, überdies enthält Hirse Stoffe, die den anderen glutenfreien Getreidesorten gerade mangeln (Kieselsäure).

Buchweizenmehl hat eine ausgezeichnete Bindefähigkeit, jedoch eine graue Farbe und einen ziemlich ausgeprägten Geschmack, den Kinder oft nicht besonders mögen. Für Kinder, die ihn mögen, kann man eine Mehlmischung aus 250 g Maismehl und 200 g Buchweizenmehl machen. Wenn man ein reines Buchweizenbrot backen muß, kann man den Geschmack annehmbarer machen, indem man zu 250 g gewöhnlichem Buchweizenmehl noch 200 g geröstetes Buchweizenmehl mischt. Zum Rösten wird eine ca. 1/2 cm dicke Schicht Buchweizenkörner auf ein trockenes Backblech gelegt. Diese Körner läßt man bei einer Temperatur von 150°C 10 Minuten im Backofen *hell*braun werden. Davon kann man sich einen Vorrat zulegen und die benötigte Menge jeweils kurz vor dem Backen mahlen*. 406

Die *Reismehl-* und *Buchweizenmehlmengen* (oder Quinoa oder Amarant) können ohne weiteres untereinander vertauscht werden. Ein hoher Anteil von Reismehl macht das Brot jedoch etwas klebrig.

Das Brot wird weniger krümelig und leichter verdaulich, wenn das *Maismehl* oder *Hirsemehl* zuerst gekocht* wird. 328

Ein besonders feines, leicht verdauliches, jedoch nicht mehr 100%iges Vollkornbrot (mit weniger Ballaststoffgehalt) bekommt man, wenn das *Maismehl* oder *Hirsemehl* durch biologisches Maizena* ersetzt wird. 103 Nach Möglichkeit sollte man später das Maizena allmählich wieder durch Mais- oder Hirsemehl ersetzen.

Da das Brot seinen leckeren Geschmack vor allem von einer gut durchgebackenen Rinde bekommt, verwende ich lieber zwei kleine Formen als eine große.

Glutenfreie Fertigmehlmischungen

Man kann auch glutenfreie Fertigmehlmischungen kaufen. Diese Mehlmischungen sind jedoch einerseits sehr teuer und andererseits raffiniert. Manche Mehlsorten sind leider mit zuviel Salz vermischt, und/oder es wurde bereits Natron hinzu-

gefügt. Den Salzgehalt kann man vermindern, indem man 10-20% einer solchen Mehlmischung durch Reis- und/oder Buchweizenmehl ersetzt. Wenn Sie bisher diese Fertigmehlmischungen verbacken haben, können Sie allmählich dazu übergehen, diese nicht vollwertigen Mehlsorten durch die Mehlsorten zu ersetzen, die in meinen Rezepten angegeben werden. Am besten fängt man mit biologischem Maizena* an, danach kommt Reis- 457
mehl, Buchweizenmehl und zum Schluß Maismehl. Sobald Buchweizenmehl verwendet wird, braucht man etwas mehr Wasser. Vielleicht gelingt es Ihnen, ihr Kind langsam an die festere Konsistenz und an den runderen Geschmack des echten glutenfreien Vollkornbrotes zu gewöhnen.
Aufgepaßt: Die in meinem Rezept genannten Mehlsorten können nicht durch «Diätmehlsorten» ersetzt werden; das Verhältnis Mehl/Wasser stimmt dann nicht mehr, und das Brot wird nicht gut gelingen.

Nährwert

Glutenfreies Vollkornbrot ist nicht so ballaststoffreich wie Vollkornweizenbrot und enthält auch weniger Eisen und Vitamin B. Wenn im Lauf des Tages genügend Obst und Gemüse (zum Teil in Form von Rohkost) gegessen wird, braucht dies, was den Ballaststoffgehalt betrifft, kein Nachteil zu sein. Sollte der Stuhlgang zu hart sein, obwohl alles, was im Kapitel *Verstopfung** empfohlen 436
wird, befolgt wurde, kann man zu der Mehlmischung Guargranulat* hinzufügen (siehe Varia- 454
tion 3). Guargranulat ist ein Ballaststoff, der aus dem Fruchtkern (Hülsenfrucht) der tropischen Guarpflanze hergestellt ist.
Den Eisenmangel kann man durch eisenreiche Nahrungsmittel kompensieren; eine entsprechende Liste ist unter dem Kapitel *Blutarmut** zu fin- 442
den. Der niedrige Vitamin B Gehalt ist bei einer ansonsten abwechslungsreichen, vollwertigen Ernährung kein Problem (siehe *Ernährungslehre**). 35

Aufbewahrung von glutenfreiem Brot

Das Brot wird im Kühlschrank aufbewahrt; durch den verhältnismäßig hohen Feuchtigkeitsgehalt würde es sonst schnell schimmeln. Vor dem Essen sollte es wieder Zimmertemperatur haben. Einen besseren Geschmack und eine mehr brotartige Konsistenz erhält man, wenn die für eine Mahlzeit benötigten Scheiben geröstet oder in einer Pfanne mit Deckel (oder auf der Heizung) etwas erwärmt werden. Das Brot hält sich im Kühlschrank 4-5 Tage. Damit es beim Schneiden nicht zerbröselt, sollte man es mit einem dünnen Wellenschliffmesser schneiden.

Grundrezept für glutenfreies Vollkornbrot (Abbildung S. 322)

- *150 g Maismehl*
- *250 g Reismehl*
- *100 g Buchweizenmehl*

- *5 dl heißes Wasser (50-60°C)*
- *3/4-1 Teel. Salz*
- *1 Teel. Zitronensaft (zur Not Apfelessig)*
- *1 Eßl. Öl*
- *1 Eßl. Zuckerrübenkraut oder Birnel*

- *1/4 Eßl. (5 g) Hefe, aufgelöst in*
- *1/2 dl kaltes Wasser*

- *2 Eiweiß oder 1 Ei, verquirlt*

- *2 kleine Kastenformen von ca. 8 dl Inhalt, ausgekleidet mit Backpapier** 49

In einer Teigschüssel werden die Mehlsorten miteinander gemischt und heißes Wasser dazugegossen. Sofort – mit einem Löffel mit Loch darin – schlagen, bis alle Klumpen verschwunden sind. Die übrigen Zutaten (außer dem Ei) werden in der genannten Reihenfolge dazugegeben; es entsteht ein dicker, glatter Teig.
Nun wird die Schüssel in eine Plastiktüte gesteckt, diese wird zugebunden und der Teig bei Zimmertemperatur stehengelassen, bis sich in dem Brei Bläschen gebildet haben und er gegangen ist; dies dauert mindestens 3/4 Stunde, unter Umständen auch länger.
Nun gibt man das Ei dazu und rührt gleichzeitig den Teig noch einmal gut durch. Den Teig in die Form geben.
Der Teig braucht jetzt nicht mehr zu gehen, die Form wird sofort in den *nicht* vorgeheizten Ofen gestellt. Im Gasbackofen bäckt man die erste Viertelstunde auf 100°C. Damit das Brot richtig gehen kann, ist es notwendig, daß die maximale Ofentemperatur von 190°C erst innerhalb von 15-20 Minuten erreicht wird.
Backen: ca. 1 Stunde bei 190°C, mittlere Schiene. Danach läßt man das Brot noch ca. 10 Minuten im ausgeschalteten Ofen stehen.
Das Brot reißt während des Backens auf, wodurch die Ofenhitze das ganze Brot gut durchdringen kann und zum Schluß eine schöne braune Kruste entsteht. Wenn das Brot zu früh braun wird, sollte man es mit Alufolie abdecken, auf jeden Fall muß man das Brot solange backen, bis es eine braune Kruste hat.
Das Brot wird auf ein Kuchengitter gelegt und das Backpapier an den Seiten abgezogen, so daß das Brot gut ausdampfen kann. Sobald das Brot etwas abgekühlt und nicht mehr so brüchig ist, nimmt man auch das restliche Backpapier weg.

Variationen:
- Die Hefe wird, wenn dies nicht anders geht (für eine bestimmte Diät), durch Natron* ersetzt. Die- 451
ser Teig braucht vor dem Backen nicht unbedingt zu gehen. Allerdings wird das Brot leichter verdaulich, wenn man den Teig zunächst ohne Natron macht und 1 Stunde oder länger ruhen läßt. Direkt vor dem Backen wird dann das Natron in 1 Eßl. kaltem Wasser aufgelöst und gründlich unter den Teig gerührt (im noch warmen Teig würde die Wirkung des Natron sofort anfangen und schon vor dem Backen wieder zu Ende sein).
- Das Eiweiß wird, wenn nötig, durch 1 Eßl. Marantamehl und 2 Eßl. Wasser ersetzt.
- Wenn nötig (siehe Einleitung), gibt man 1/2 - 1 Eßl. (8 g oder 5 ml) Guargranulat zum Mehl und verwendet 1/2 dl mehr Wasser.
- Ein Teil des Buchweizenmehls (bis zu 1/3) kann in Form von Grütze verwendet werden. Dadurch wird das Brot etwas fester.
- Die Mengen von Reis- und Maismehl können ausgewechselt werden. Dieses Brot wird etwas krümelig, hat dafür aber eine schöne gelbe Farbe und einen guten Geschmack.
- **Glutenfreies Vollkornbrot ohne Buchweizenmehl:** Man nimmt ein Gemisch aus 200 g Maismehl, 250 g Reismehl und 50 g Marantamehl. Das Buchweizenmehl kann auch durch Quinoamehl oder Amarantmehl* ersetzt werden. 406
- **Glutenfreies Brot ohne Maismehl:** Man nimmt ein Gemisch aus 250 g Buchweizenmehl, 150 g Reismehl und 75 g Marantamehl.
- **Glutenarmes Hirsebrot:** Das Maismehl wird durch 185 g *Hirsemehl** ersetzt. 406

Tips:
- Man kann gleichzeitig einen *glutenfreien Maiskuchen* oder *Kräuterkuchen** backen. Die Brote 349
können in Scheiben geschnitten und portionsweise für 2 Tage eingefroren werden (ausnahmsweise). Nach dem Auftauen wird das Brot wieder im Kühlschrank aufbewahrt.
- Haben Sie keinen Backofen? Backen Sie das Brot dann in einem Topf*. 329

Leicht verdauliches glutenfreies Vollkornbrot

(für Kinder ab 10 Monaten)

Wie das Grundrezept, jedoch wird das Buchweizenmehl durch 20 g Marantamehl ersetzt und die doppelte Menge Hefe genommen.

Das Maismehl wird in eine große Stielkasserolle gegeben und mit 5 dl *kochendem* Wasser übergossen. Mit einem starken Schneebesen sofort glatt rühren. Nun stellt man den Topf auf ein mäßiges Feuer und läßt den Brei unter ständigem Rühren mit einem Holzlöffel dick werden (ca. 5 Minuten).

Den Topf vom Feuer nehmen und mit einem gut schließenden Deckel zudecken. So läßt man den Mais ca. 3/4 Stunden nachquellen und langsam abkühlen (auf ca. 40°C; kalter Brei läßt sich mit dem übrigen Mehl kaum mehr vermischen, im heißen Brei verliert die Hefe ihre Wirkung. Man kann den
Brei auch in der Kochkiste* nachquellen lassen und 114
später verarbeiten).

Nun rührt man Salz, Zitronensaft, Öl, Sirup, die angerührte Hefe und das Eiweiß darunter (wenn Eiweiß nicht erlaubt ist, nimmt man 1/2 dl Wasser mehr). Das übrige Mehl wird mit der Masse verarbeitet, bis ein geschmeidiger Teig entsteht, den man in die eingefettete Backform drückt. Die Oberfläche mit nassen Fingern glatt streichen. Nun wird das Ganze in eine Plastiktüte gegeben und im *warmen* Zimmer zum Gehen hingestellt, bis die Form ausgefüllt, die Oberfläche gewölbt ist und Risse entstanden sind; bei diesem schweren Teig kann das 1 Stunde oder länger dauern.

Backen: siehe Grundrezept.

Variationen:

- Für gluten*armes* Brot wird das Maismehl durch 175 g Hirsemehl ersetzt.
- Das Reismehl wird insgesamt oder zum Teil durch Buchweizenmehl ersetzt (oder Quinoa- oder Amarantmehl).
- Anstelle von Marantamehl kann man auch 25 g Buchweizen- oder Reismehl verwenden.

Glutenfreie Brötchen (20 Stück)

Der Brotteig wird mit gekochtem Mais- oder Hirsemehl (glutenarm) gemacht (siehe voriges Rezept). Mit Hilfe von etwas Reis oder Buchweizenmehl wird eine dicke Rolle geformt und davon Stücke von nicht mehr als 50 g abgeschnitten. Mit nassen Händen werden kugelrunde Brötchen ausgeformt und auf ein mit Backpapier belegtes Backblech gelegt.

Für **glutenfreie Korinthenbrötchen** kann man einige Eßlöffel Korinthen oder Rosinen unter den Teig arbeiten (für die Kleinen sollte man sie etwas feinhakken). Die Brötchen werden mit Plastikfolie zugedeckt, sie müssen gut gehen (mindestens 1 Stunde). Der Backofen wird auf 150°C vorgeheizt.

Backen: ca. 30 Minuten bei 190°C, die letzten 5 Minuten bei 200°C, mittlere Schiene.

Frisch sind die Brötchen knusprig, nach einem Tag sind sie trockener als das Brot, es sei denn sie wurden in einer Plastiktüte aufbewahrt (dann verlieren sie jedoch ihre Knusprigkeit). Wenn man Brötchen zum Aufheben bäckt, kann man die letzte (heiße) Backphase weglassen und sie kurz vor dem Verzehr noch einmal aufbacken (10 Minuten).

Weißbrot (ca. 800 g)

Weißbrot schmeckt frisch gebacken am leckersten; dies ist ein zusätzlicher Grund, dieses Brot für besondere Tage selber zu backen. Wenn man Milch für den Teig verwendet, wird die Kruste etwas weniger knusprig, das Brot bleibt jedoch länger frisch.

Altbackenes Weißbrot schmeckt besonders gut, wenn man die Scheiben erst toastet. Auch für ein
Brotgericht* ist es gut geeignet (siehe *altes Brot*). 163
Man richtet sich nach dem Rezept für *Vollkornbrot
mit Hefe**, mit folgenden Änderungen: 320
Man verwendet Mehl Type 550 oder 1050 (CH: Halbweiß- oder Ruchmehl, damit wird das Brot nicht ganz weiß), nimmt 4 dl Wasser und etwas mehr Salz (1/2 Eßl. entspricht 8 g).

Backen: ca. 45 Minuten bei 220°C, untere Schiene. Das Brot bekommt einen schönen Glanz, wenn man es sofort nach dem Backen mit Milch oder Wasser bestreicht und nochmals 2 Minuten in den ausgeschalteten Ofen schiebt.

Variationen und Tips: siehe *Vollkornbrot mit
Hefe**. 320

Brotbacken ohne Ofen

Das leckerste Brot mit duftender Kruste rundherum bekommt man aus einem Holz- oder Gasbackofen. Es können jedoch auch Situationen entstehen, bei denen es notwendig ist, das Brot ohne Ofen, auf einem Kochherd oder am Lagerfeuer zu backen. Dies erfordert jedoch sehr viel Zeit und Energie und lohnt sich nur, wenn kein Bäcker in erreichbarer Nähe ist oder wenn ein spezielles (z.B. glutenfreies) Brot gebacken werden muß.
Wie man Brot am Lagerfeuer backen kann, habe ich im Rezept *Stockbrot** beschrieben (für glutenfreies 70
Brot nicht geeignet).

Gedämpftes Brot
Dies geht sehr einfach: Der geknetete Teig wird nicht in die Brotform, sondern in eine eingefettete Auflaufform mit Deckel gegeben.
Nach dem Gehen wird der Teig auf eine Untertasse in einen großen Topf gestellt und kochendes Wasser zugegossen, bis ca. 2 cm unterhalb des Formrandes. Der Topf wird mit dem Deckel verschlossen und das Wasser am Kochen gehalten, bis sich der Teig oben in der Mitte fest anfühlt.
Dieses au bain-marie* gedämpfte Brot hat natürlich 49
keine Kruste. Nach dem Stürzen muß es gut ausdampfen und wird im Kühlschrank aufbewahrt (es schimmelt leicht).

Brot aus dem Topf
Auf diese Art kann man Brot backen, welches unten und an den Seiten eine Kruste hat.
Für einen Brotteig von 500 g Mehl nimmt man einen großen (alten) Topf von mindestens 23 cm Durchmesser und 12 cm Höhe. Auf den Boden legt man Alufolie (nicht notwendig, wenn der Topf alt ist und nur für diesen Zweck verwendet wird) und läßt sie an den Rändern 3-4 cm hoch stehen.
Nun gibt man in den Topf eine Schicht sauberen, trockenen Sand, 1-2 cm hoch (ca. 1 - 1 1/2 kg). Auf den Sand wird die Alufolie mit der glänzenden Seite nach unten gelegt; diese Folie hält die Backform sauber und verhindert eine zu große Unterhitze.
Der Rand einer Springform von 20 cm wird eingefettet und zwischen Rand und Blech Backpapier oder eingefettetes Pergamentpapier geklemmt. Dieses verhindert, daß der Teig ausleckt, außerdem schützt es vor zu großer Unterhitze, und das Brot bekommt während der langen Zeit des Gehens und der langen Backzeit keinen Metallgeschmack.
Der geknetete Brotteig wird in die Springform gegeben und zum Aufgehen in den Topf gestellt (Deckel auf den Topf). Sobald der Teig sich hochwölbt, wird die Hitzequelle angestellt. Sobald sich der Deckel heiß anfühlt, wird die Hitze heruntergeschaltet.
Wenn der Deckel gut abschließt, muß ein Streichholz zwischen Topf und Deckel geklemmt werden, damit der Dampf entweichen kann. Auf den Deckel legt man ein doppelt gefaltetes Handtuch, damit er warm bleibt (aufpassen, daß es nicht Feuer fängt).
Die Backzeit beträgt ungefähr 1 1/2 Stunden. Je nach Hitzequelle kann dies kürzer oder länger sein. Man sollte es zuerst zu Hause ausprobieren.
Wenn sich das Brot an der Oberseite in der Mitte fest anfühlt, ist es fertig. Wenn alles gut gegangen ist, hat das Brot an den Seiten eine braune Kruste, und unten ist es nicht zu dunkel. Eventuelle schwarze Flekken werden mit einem scharfen Messer entfernt, wenn das Brot beinahe abgekühlt ist.

Tips:
- In diesem «Öfchen» kann man auch Plätzchen aus festem Teig machen, die man zwischendrin umwendet (*Mandelplätzchen**), ebenso wie ge- 364
fülltes Gebäck, wobei die Oberhitze eine untergeordnete Rolle spielt (Apfelkuchen, Käsekuchen, Gemüsekuchen mit vorgegartem Gemüse).
- Da der Sand im Topf sehr lange heiß bleibt, kann die Hitzequelle unter dem «Ofen» schon vor dem Ende der Backzeit ausgeschaltet werden. Man kann auch für den Abwasch einen Topf mit Wasser hineinstellen.
- Für Gebäck, das nicht gehen muß, wird der Ofen vorgeheizt (oder man bäckt zuerst Brot darin).

Korinthen- oder Rosinenbrot

(ca. 1 kg)

Je nach Alter und (Fest-)Tag kann man dieses süße Brot aus Vollkornteig (Hefe oder Sauerteig) oder aus weißem oder *feinem Brotteig** machen. 332

- *0,8-1 kg nicht zu trockenen Brotteig (für Vollkorn- und weißes Hefebrot und für feinen Brotteig ist dies ein ganzes Rezept, für Vollkornbrot aus Sauerteig ein halbes Rezept)*
- *150-200 g Korinthen oder Rosinen oder halb/halb*

- *1 Kastenform von mindestens 1 1/2 l Inhalt, großzügig eingefettet und mit Mehl bestäubt** 51

►

Der gegangene Teig wird auf der Arbeitsfläche zu einem ca. 1 cm dicken, rechteckigen Stück ausgewellt, wovon die schmale Seite so breit wie die Kastenform ist.
Die Korinthen oder Rosinen werden darauf bis zum Rand verteilt und etwas hineingedrückt. Nun wird der Teig der Länge nach aufgerollt und diese gefüllte Teigrolle in die Form gegeben. Den Teig gut andrükken, auch in die Ecken, und die Oberfläche mit nassen Fingern glattstreichen.
Der Teig muß noch einmal gehen, bis er sich schön hochwölbt. Inzwischen wird der Ofen vorgeheizt.
Mit dem Pflanzensprüher wird das Brot naßgesprüht.
Backen: siehe die entsprechenden Brotrezepte. Nach 20 Minuten Backzeit und kurz nach dem Backen wird das Brot mit Milch bestrichen; dann wird die Kruste nicht zu hart und glänzt schön.

Variation:
- **Korinthenbrot mit Mandelfüllung:** Man legt
  eine kleine Rolle *Mandelfüllung** (ca. 250 g) auf 412
  die schmale Seite des mit Korinthen bestreuten Teiges; hier fängt man mit dem Aufrollen an.

Korinthenbrötchen

Man hält sich an das Rezept für Korinthen- oder Rosinenbrot. Der Teig wird der Länge nach aufgerollt und 24 Scheiben davon abgeschnitten. Aus diesen Scheiben werden Kugeln geformt (siehe Brötchen*) und 321
auf das eingefettete Backblech gelegt. Man läßt sie nun (lose mit einem Stück Plastik zugedeckt) gehen, bis sich das Volumen verdoppelt hat. Während des Gehens werden sie 2-3mal flachgedrückt.
Ofen vorheizen. Mit dem Pflanzensprüher werden die Brötchen besprüht, und die aus dem Teig herausragenden Korinthen werden hineingesteckt (mit einer Pinzette oder einem spitzen Messer).
Backen: 15-20 Minuten bei 210°C, mittlere Schiene.

Variationen:
- **Apfelkorinthenbrötchen:** Ein Teil der Korinthen (bis zur Hälfte) wird durch in kleine Würfel geschnittenen festen Apfel ersetzt. Dadurch halten sich die Brötchen länger frisch (kühl aufbewahren).
- **Pfingstbrötchen:** Hierfür wird feiner Brotteig verwendet und die Brötchen nur halb so groß gemacht. Die Backzeit ist dann kürzer.

Früchtebrot mit Nüssen

(2 Brote von ca. 500 g)

Der gesündeste Kuchen, den man sich denken kann: ohne Süßungsmittel gebacken und so zusammengestellt, daß eine dicke Scheibe (eventuell mit einem Becher Milch) eine nahrhafte Zwischenmahlzeit ergibt (auf Reisen ideal). In dünne Scheiben geschnitten und eventuell mit Butter bestrichen, schmeckt Früchtebrot auch gut zu Kaffee oder Tee.
Da dieses vielseitige Gebäck sehr arbeitsaufwendig, jedoch auch sehr lange haltbar ist (an einem kühlen Ort bis zu einem Monat, im Kühlschrank länger), gebe ich hier ein Rezept für zwei große Brote.

- *500 g Vollkornmehl oder Weizenmehl Type 1050 (CH: Ruchmehl) oder eine Mischung von beidem*
- *1 Eßl. Anissamen*
- *1/2 Eßl. Zimt*
- *eine Messerspitze Muskatnuß*
- *eine Prise Nelkenpulver*
- *1/2 Teel. Salz*

- *1/2 l Wasser*
- *ein Kügelchen Hefe, so groß wie eine Haselnuß*

- *25 g Orangeat* oder die abgeriebene Schale ei-* 414
  ner kleinen Apfelsine
- *25 g Zitronat* oder die abgeriebene Schale ei-* 414
  ner Zitrone
- *ca. 300 g Dörrfrüchte, die Sorten nach eigenem Geschmack, am besten gemischt (Aprikosen, Birnen, Feigen; Pflaumen und Datteln ohne Kerne gewogen), in 2-3 mm dünne Streifchen geschnitten*
- *150 g Rosinen*
- *100 g ganze oder etwas zerstoßene Nüsse (Sorten nach eigenem Geschmack)*

- *2 Kastenformen von je 1 l Inhalt, großzügig*
  *eingefettet und mit Mehl bestäubt** 51

In einer großen Teigschüssel die Zutaten des ersten Abschnittes vermischen und eine Vertiefung machen.
Die im Wasser aufgelöste Hefe in die Vertiefung gießen und von der Mitte aus alles zu einem glatten Teig rühren und klopfen.
Den Rest der Zutaten in der obengenannten Reihenfolge untermischen.
Die Teigschüssel in eine Plastiktüte stecken und ei-

nen Tag oder eine Nacht (mindestens 8 Stunden) an einem kühlen Ort gehen lassen (Kühlschrank oder Keller; damit sich keine Bakterien bilden, unter 10°C). In dieser Zeit können die Dörrfrüchte im feuchten Teig einweichen, dadurch ist das Früchtebrot auch für Kindergartenkinder gut verdaulich.
Nun den gegangenen Teig behutsam und kurz durchrühren (er muß zusammenfallen, aber die Früchte sollten nicht zu Mus gerührt werden). In die Formen füllen und den Teig dabei auch gut in die Ecken drücken.
Die Oberfläche der Brote mit nassen Fingern glattstreichen und (zugedeckt) noch etwas gehen lassen, bis der Teig sich wölbt.
Unterdessen den Ofen vorheizen.
Backen 1: 15 Minuten bei 200°C, unterste Schiene
Backen 2: ca. 1 Stunde bei 180°C.
Die Brote mit Alufolie abdecken, wenn sie vorzeitig braun werden. Das Brot ist gar, wenn eine auf dem höchsten Punkt hineingesteckte Stricknadel trocken bleibt.
Die Brote eine Viertelstunde in der Form stehen lassen (nicht länger) und dann auf ein Kuchengitter setzen. Durch und durch auskühlen lassen, bevor sie verpackt werden (satt in Plastikfolie gewickelt). An einem kühlen Ort (unter 10°C) aufbewahren.

Variationen:
- Die Gewürze im ersten Abschnitt durch 1 1/2 Eßl. Honigkuchen- oder Lebkuchengewürz ersetzen.
- Die Nüsse zur Hälfte durch Sonnenblumenkerne ersetzen.
- Einen Teig machen wie für glutenfreies Vollkornbrot*, jedoch 1/2 dl mehr Wasser nehmen. Die 327
doppelte Menge Hefe nehmen und die obengenannten Gewürze und alle Zutaten des letzten Abschnittes unter den Teig rühren. Dieser nasse Teig wird nun gehen gelassen wie oben angegeben, aber gebacken wird das glutenfreie Früchtebrot wie das glutenfreie Vollkornbrot.

Festtagsbrote (Abbildung S. 55)

Von einem mit Hefe oder Sauerteig gebackenen Brotteig kann man allerlei festliche Brote backen.
Das einfachste Festtagsbrot machen Sie wie folgt:
Einen Brotteig nach Wahl machen und wie für einen *Brotlaib** kneten. 321
Ca. 100 g vom Brotteig mit etwas Mehl zu einem festen Teig kneten und in den Kühlschrank legen.
Den Rest des Teiges zu einem runden Laib formen und auf dem eingefetteten Backblech flachdrücken.
Den kleinen Teig aus dem Kühlschrank 1/2 cm dick auswellen und einen Stern, einen Hasen, eine (Pfingst-)Blume ausstechen oder eine zum Fest passende Form ausschneiden (dazu eine Schablone aus festem Papier machen).
Das Brot großzügig mit Wasser bestreichen und gut gehen lassen, am besten bei Zimmertemperatur (*nicht* abdecken).
Bevor man das Brot in den Ofen schiebt, eine dünne Schicht Mehl darübersieben. Während des Backens steigt die Figur in die Höhe und wird dadurch gut sichtbar. Vorsichtig ein Stück Alufolie auf das Brot legen, wenn es vorzeitig braun wird.
Den gleichen Effekt erreicht man, wenn man Weiß- 328
brot*- oder feinen Brotteig* macht, nur bestäubt 332
man das Brot dann nicht mit Mehl, sondern bestreicht es mit Eigelb.
Den Ofen vorheizen.
Backen: siehe bei den betreffenden Brotrezepten, die Back*zeit* kann etwas kürzer sein.

Geburtstagsbrot (Abbildung S. 322)

Von einem gegangenen Brotteig (Teigsorte nach eigener Wahl, Variation *Brotlaib**) eine ca. 3 cm dicke 321
Rolle formen.
Diese Rolle in der Form eines Buchstabens oder einer Zahl auf ein eingefettetes Backblech legen. Bei den Ecken an der Innenseite ein keilförmiges Stück Teig herausschneiden und die Schnittkanten aneinanderlegen. Das Brot (zugedeckt) noch etwas gehen lassen und unterdessen den Ofen vorwärmen.
Noch vor dem Backen kann man das Brot mit Eigelb bestreichen und Sesamsamen oder Sonnenblumenkerne daraufstreuen, oder man garniert es erst nach dem Backen mit Dörrfrüchten, geschälten
Mandeln* oder Pop-corn (die Garnituren kann 407
man mit mit einem «Leim» aus mit ein paar Tropfen Wasser angemachtem Mehl aufkleben).
Backen: siehe bei den betreffenden Brotrezepten, wobei die Back*temperatur* 25°C niedriger und die Back*zeit* etwas kürzer ist.

Brotblume (Abbildung S. 322)

Eine Brotblume (Sonnenblume) bereitet man wie folgt zu: Erst macht man ein halbes Rezept Vollkorn-Brotteig mit Hefe* und gleich danach ein ganzes Re- 320
zept Weißbrotteig* (Vollkornteig hat etwas mehr Zeit 328
nötig zum Gehen).
Nun formt man aus dem gegangenen Vollkornteig einen schönen runden Ball und wellt diesen auf einem eingefetteten Backblech zu einer dicken, 16 cm großen Scheibe aus. Der Weißbrotteig wird in 16 Stücke geteilt und diese zu länglichen «Brötchen» mit einem spitzen Ende geformt. Die Brötchen mit dem stumpfen Ende dicht gegen die Vollkornteigscheiben anlegen. Das Brot gehen lassen, bis es die doppelte Größe erreicht hat (zudecken).
Jetzt wird das Mittelstück mit geschlagenem Ei bestrichen und dicht mit Sonnenblumenkernen bestreut. Zum Schluß werden auch noch die «Brötchen» mit Ei bestrichen.
Backen: ca. 3/4 Stunde bei 180°C, mittlere Schiene.

Partybrot

Für ein Partybrot macht man von einem Brotteig nach eigener Wahl eine Rolle und schneidet diese in gleichgroße Stücke (ca. je 50 g). Jedes Teigstück zu einem runden Brötchen* formen. 321
Man legt das erste Brötchen gleich nach dem Formen mitten auf eine eingefettete Pizzaform oder ein Backblech. Alle folgenden Brötchen legt man nun um das mittlere und füllt so, Kreis um Kreis, die ganze Backform. Sie können von den Teigstücken jedoch auch längliche Brötchen formen und diese als eine Reihe nebeneinander legen.
Während des Gehenlassens «wachsen» die Brötchen aneinander und formen beim Backen ein zusammenhängendes rundes oder längliches Brot.
Legen Sie einen doppeltgefalzten Streifen Alufolie um die Teigbrötchen, wenn Sie das Brot auf einem Backblech backen, die äußersten Brötchen würden sonst vorzeitig braun.
Wenn man die Brötchen auf diese Art bäckt, trocknen sie weniger aus und bleiben länger frisch, als wenn man sie einzeln bäckt.
Auf dieselbe Art kann ein leicht zu teilendes **Dreikönigsbrot** für eine Schulklasse gemacht werden. Man macht dann ein Brot, das aus der gleichen Anzahl Kugeln besteht, wie Schüler (mit dem Lehrer gerechnet) in der Klasse sind. Man darf nicht vergessen, in einem der Brötchen eine Bohne zu verstekken (oder zwei weiße und eine braune in drei verschiedenen Kugeln). Diese Bohnen werden zuerst in ein Stück Alufolie gewickelt, damit sie nicht aus Versehen hinuntergeschluckt werden.
Ofen vorheizen.
Backen: siehe entsprechendes Brotrezept; die Backzeit kann etwas kürzer sein.

Duivekater

Der Duivekater ist ein traditionelles Feiertagsbrot, das schon auf holländischen Gemälden des 17. Jahrhunderts abgebildet wurde (beispielsweise zu sehen bei Pieter Aertsen «Christus bei Maria und Martha», Wien, Kunsthistorisches Museum).

Man macht einen *feinen Brotteig** und läßt ihn an 332
einem nicht zu warmen Ort gehen.
Aus dem aufgegangenen Teig wird ein längliches, leicht rautenförmiges, ziemlich flaches Brot mit eingedrückten Enden geformt und aufs Backblech gelegt. Es muß nun, lose mit einer Plastikfolie zugedeckt, an einem kühlen Ort (ca. 15°C) gehen, bis es schön gewölbt ist (nicht länger).
Ofen vorheizen.
Das aufgegangene Brot wird mit Eigelb bepinselt. Danach werden mit einem scharfen Messer Verzierungen in das Brot gekerbt (nicht tiefer als 1 mm), dafür muß das Messer immer wieder sauber- und trockengewischt werden. Am schönsten werden die Verzierungen mit geraden Linien. Das Brot sofort in den Ofen schieben, die Einschnitte verbreitern sich durch das Aufgehen während des Backens und bleiben heller als der Rest des Brotes, das mit Eigelb bepinselt wurde (es sollte also nicht zu dunkel gebacken werden!).
Backen: ca. 30 Minuten bei 200°C, unterste Schiene.

Feiner Brotteig (ca. 800 g)

Dieser Teig wird aus Weizenmehl Type 1050 oder 550 (CH: Ruch- oder Halbweißmehl) für nicht alltägliche Brotsorten gemacht. Zum Aufgehen ist hier Hefe besser geeignet als Sauerteig. Damit das Brot

länger frisch bleibt, verwendet man anstelle von Wasser Milch und gibt noch etwas Butter dazu. Dann kann das Festtagsbrot ruhig 1-3 Tage vor dem Verzehr gebacken werden. Wenn das Gebäck etwas früher aus dem Ofen genommen wird (es ist dann bereits fest, aber noch kaum gebräunt), kann es kurz vor dem Essen noch einmal aufgebacken werden (siehe *altes Brot**): 163
Solange wird das Brot oder die Brötchen in einer Plastiktüte an einem kühlen Ort aufbewahrt.

Im Gegensatz zu den traditionellen Rezepten wird die Butter hier nicht geschmolzen, sondern in weichem Zustand mit dem Teig verarbeitet; dadurch ist der aufgegangene Teig nicht so klebrig, und das Gebäck wird mürber.

Der feine Brotteig, aus dem man schön geformte Brote (*Duivekater** und andere Festbrote) oder 332
Brötchen (*Brotfiguren*) backen will, sollte nach dem Kneten an einem kühlen Ort aufgehen (Keller, Kühlschrank, im Winter draußen, jedoch nicht kälter als 5°C). Das kann 3-4 Stunden oder länger dauern; kalter Hefeteig läßt sich sehr viel besser formen als warmer. Die geformten Brote oder Brötchen läßt man dann allerdings bei Zimmertemperatur gehen. Wenn das beinahe fertig aufgegangene Gebäck nochmals für 10 Minuten in die Kälte gestellt wird, behält es beim Backen seine Form besser.

Dies alles heißt, daß man den Teig am besten abends macht und am nächsten Tag genügend Zeit zum Ausformen und Backen einplant.

Feiner Brotteig enthält so viel Fett, daß das Backblech nicht eingefettet zu werden braucht. Das Gebäck wird bei hoher Temperatur und ziemlich schnell gebacken, sonst trocknet es zu sehr aus.

- *ca. 500 g Weizenmehl Type 550 oder 1050 oder eine Mischung aus beiden Sorten*
- *1/2 Eßl. Hefe, aufgelöst in*
- *3 dl lauwarmer Milch (nicht wärmer als 30°C)*

- *50 g harte Butter*
- *1/2 Eßl. Salz (8 g)*

Ca. 100 g Mehl zurückbehalten (zum Kneten) und den Rest in eine Schüssel geben. Vertiefung hineinmachen und in die Vertiefung die Hefemischung gießen; von der Mitte aus mit wenig Mehl zu einem feuchten Teig verrühren.

Die Butter in sehr dünne Scheibchen schneiden und *auf* diesen Vorteig legen. Das Salz über die Butter streuen (Butter und Salz also noch nicht mit dem Teig vermischen).

Die Schüssel in eine Plastiktüte stecken. Diesen Vorteig läßt man bei Zimmertemperatur gehen, bis er sein Volumen verdoppelt hat; dies kann 20 Minuten oder länger dauern.

Nun wird die Hälfte des zurückgehaltenen Mehls auf den Vorteig gestreut und zusammen mit der in der Gärungswärme etwas weich gewordenen Butter und dem Salz mit einem Teigspachtel ein wenig verarbeitet. Dieser unfertige Teig wird jetzt auf die Arbeitsfläche gelegt und mit den Händen geknetet (nicht zu lange), bis er sich von den Händen löst, und zwar fest, aber trotzdem geschmeidig und elastisch ist (je mehr Kleie im Mehl enthalten ist, desto *weniger* Mehl braucht man zum Kneten). Man knetet am besten mit dem Handballen und wendet den Teig immer wieder.

Den Teig in die Schüssel zurücklegen und 1 Stunde zugedeckt an einem kühlen Ort gehen lassen, bis er das doppelte Volumen erreicht hat.

Brotfiguren

Seit ich mit unserem ältesten Sohn und seinen Kindergartenfreunden zur Geburtstagsfeier zum erstenmal Brotfiguren gebacken habe, ist uns dieser Brauch erhalten geblieben. Es gibt bei uns kein Fest ohne die dazu passenden Brötchen. Geburtstagszahlen, Zöpfe zu Neujahr, Hähne und Hasen zu Ostern, die ganze Tiermenagerie zu Fasching, kleine Vögel zu Pfingsten, Nikoläuse zum Nikolaustag und kleine Wickelkinder zu Weihnachten. Man muß also gut wissen, auf was man sich einläßt! Der Vorteil dieser Familientradition ist, daß ich mir, was den Tafelschmuck betrifft, nie den Kopf zu zerbrechen brauche: Die duftenden, frisch (auf)gebackenen Brötchen auf jeder Serviette werden höher gewertet als jedes andere Kunstwerk.

Beim Ausformen des Teiges kann man seiner Phantasie freien Lauf lassen.

Arbeitsanleitung:
Man macht einen *feinen Brotteig** und läßt diesen 332
im Kühlschrank gehen. 800 g Teig (1 Rezept) ist für beispielsweise 8 Palmosterhähnchen, Osternester oder Schildkröten oder 8-12 Vögel oder 16 Tiere (Vögel, Mäuse, Igel, Hasen, Schwäne) oder 16-20 Wickelkinderchen ausreichend.

Aus dem aufgegangenen Teig macht man so viele Stücke, wie man Figuren formen will, und legt sie auf ein mit etwas Mehl bestreutes Tablett (mit einem Stück Plastik lose zudecken). Dies wird an den kühl- ►

Brotfiguren. Von links nach rechts und von oben nach unten:
Vögelchen, Schwan, Wickelkind, Hahn, Schnecke; Schwarzer Piet, Osternest, Osterhasenfamilie, Igel und Mäuschen

sten Ort der Küche gestellt, dann braucht man sich mit dem Ausformen der Teigstückchen nicht zu beeilen. An warmen Tagen oder wenn die Küche sehr warm ist und sicherlich, wenn man mit Kindern arbeitet, werden die Teigstücke in den Kühlschrank gelegt. Man kann es auch so machen, daß man nur so viele Teigstücke schneidet, wie man innerhalb der nächsten halben Stunde verarbeiten kann.

Beim Ausformen kann man ruhig kräftig modellieren, denn der Teig geht sowohl auf dem Backblech als auch im Backofen wieder auf.

Den Figuren sollte man eine «schlanke Linie» geben, denn durch das Aufgehen werden sie kaum länger, aber sehr viel dicker und vor allem höher. Deshalb ist es auch gut, wenn die Brotbäuchlein während des Aufgehens und kurz vor dem Bestreichen mit Eigelb mindestens zweimal flachgedrückt werden. An die Figuren sollte man keine dünnen Teile machen (z.B. abstehende Ärmchen oder Stiele), denn diese können zu dunkel werden, bevor das Brötchen durchgebacken ist.

Wenn eine Form mißglückt ist, kann man den Teig wieder kneten, jedoch nicht sofort wieder formen. Dieses Teigstück läßt man zuerst wieder an einem nicht zu warmen Ort (zugedeckt) ca. 10 Minuten ruhen.

Einkerbungen kann man besser mit einem spitzigen Scherchen als mit einem Messer machen; das Scherchen immer mal wieder ins Mehl tauchen.

Da, wo man Korinthen, halbe Rosinen, Nelken, Sonnenblumen- oder Apfelkernchen für die Augen anbringen will, macht man mit einem spitzen Messer vorher kleine Öffnungen; fest in den Teig hineinstecken.

Die geformten Brötchen läßt man, mit mindestens 3 cm Abstand auf ein Backblech gelegt, gehen (mit einem Stück Plastik locker zugedeckt), bis sie das Volumen beinahe verdoppelt haben.

Das Blech mit den beinahe ganz aufgegangenen Brötchen stellt man wenn möglich 10 Minuten in die Kälte, dann behalten sie während des Backens ihre Form besser.

Die Brötchen werden mit Eigelb bestrichen, und eventuell aus dem Teig herausragende Augen werden mit Hilfe einer Pinzette wieder tief an ihren Platz gedrückt.

Backen: 15- 20 Minuten bei 225°C, mittlere Schiene; wenn man die Brötchen auf Vorrat bäckt, rechnet man 10 Minuten weniger, damit man sie noch einmal aufbacken kann.

Aufbewahren und wieder aufbacken: siehe *feiner Brotteig**. 332

Tips:

- Zu den Brötchen, die die Kinder geformt haben, legt man ein Stückchen Pappe mit ihrem Namen, damit sie nach dem Backen, wenn ihr Werk vielleicht nicht mehr deutlich erkennbar ist, ihr Brötchen trotzdem wieder herausfinden können.
- Reichen die Backbleche nicht aus? In diesem Fall kann man Tabletts, festen Karton, Bleche von der Nachbarin, zur Not auch Schrankbretter mit

*Backpapier** oder mit eingefettetem Pergamentpapier belegen. Darauf werden die geformten Brötchen gelegt und zugedeckt. Man läßt sie nur halb aufgehen und hebt sie an einem kühlen Platz auf, bis sie gebacken werden können. Mitsamt dem Papier läßt man sie auf das Backblech gleiten, bestreicht sie und bäckt das Papier mit. 49

Croissants (12 große oder 16 kleine)

Durch ein aufgeblasenes, fettes französisches Croissant aus dem Bäckerladen ist der Appetit des Kindes für den Rest des Frühstücks meistens befriedigt, ohne daß es die notwendigen Nährstoffe bekommen hat. Man kann weniger fette, knusprige Croissants selber machen und, wenn dies gewünscht wird, vor dem Essen wieder aufbacken.

- *1 Rezept Hefeteig für Kuchenboden*, am besten aus Mehl Type 1050 (CH: Ruchmehl); 50 g Butter nehmen* 346

Der im Kühlschrank gegangene Teig wird in zwei Hälften geschnitten, die eine Hälfte legt man in den Kühlschrank zurück. Jedes Teigstück wird zu einem Kreis von 28-30 cm Durchmesser ausgewellt. Der Kreis wird in sechs oder acht gleichgroße Dreiecke ausgeschnitten. Die kurze (runde) Seite eines jeden Dreieckes wird in der Mitte zwei Zentimeter lang eingeschnitten. Die Ecken an dieser Seite werden zwischen Daumen und Zeigefinger genommen und zur Spitze hin *lose* eingerollt, während die Ecken etwas nach außen gezogen werden. Die spitzen «Ekken» werden ein wenig nach innen geschlagen, sonst trocknen sie beim Backen zu sehr aus.

Diese Röllchen werden in einem beinahe geschlossenen Kreis aufs Backblech gelegt, und zwar so, daß das spitze Schlußstück an der Unterseite liegt. Die Croissants werden mit einem Stück Plastikfolie lose zugedeckt; 20-30 Minuten gehen lassen.

Ofen vorheizen und die Croissants mit Milch bestreichen.

Backen: ca. 20 Minuten bei 200°C, mittlere Schiene. Die Croissants nochmal mit Milch bestreichen und noch einmal 2 Minuten (nicht länger!) in den ausgeschalteten Backofen schieben. Auf dem Kuchengitter abkühlen lassen.

Variationen:

- **Käsecroissants:** Die Teigdreiecke werden großzügig mit Wasser bestrichen und jeweils mit einem Eßlöffel geriebenen Käse bestreut (ca. 100 g für 16 Stück). Rundherum 1 cm Teig freilassen.
- **Mandelcroissants:** 125 g *Mandelmus** wird mit ca. 1 Eßlöffel heißem Wasser streichfähig gemacht. Diese Füllung wird auf die Dreiecke gestrichen, wobei rundherum 1 cm Teig freibleibt. 412
- **Nußcroissants:** Wie Mandelcroissants, jedoch wird das Mandelmus durch 100 g Haselnußpaste, die mit ca. 1 1/2 Eßlöffel dünnem Honig und eventuell etwas Wasser streichfähig gemacht wurde, ersetzt. Man kann auch aus 100 g fein gemahlenen Haselnüssen, 2 Eßl. Honig, 1/2 fein geriebenem Apfel und 1/4 Teel. Zimt eine Füllung machen.
  Kurz vor dem Anrichten werden die Nußcroissants mit ein wenig *Puderzucker** bestäubt. 410

Osternesterchen aus feinem Brotteig

(8 - 12 Stück)

Man macht ein Rezept *feinen Brotteig**. 332

Dann sucht man sich 8-12 Kartoffeln in der Größe eines Eies aus und wickelt sie in Alufolie. Der aufgegangene Teig wird in 8-12 Portionen geteilt.

Jede Portion wird halbiert und zu einer kleinen ►

Das Ausformen der Brotformen der Brotfiguren. Von links nach rechts und von oben nach unten: Mäuschen, Igel, Vögelchen; Wickelkind; Schwan, Schnecke, Hahn; Häschen, Schildkröte; Schwarzer Piet

Schlange von 20-30 cm Länge gerollt. Diese beiden Schlangen werden geflochten und zu einem Kreis geschlossen. Dabei werden die Enden an die Unterseite gesteckt. Nun wird jede Alufolien-Kartoffel zur Hälfte großzügig mit weicher Butter bestrichen und mit der bebutterten Seite nach unten ins Nest gelegt. Diese Nestchen müssen gehen, bis sie ihr Volumen verdoppelt haben.
Ofen vorheizen.
Die Nester werden mit Eigelb bestrichen.
Backen: ca. 15 Minuten bei 225°C, mittlere Schiene.
Die Kartoffel wird entfernt, und man kontrolliert, ob der Teig darunter gut durchgebacken ist. Wenn das nicht der Fall ist, werden die Nester ohne Kartoffel noch einmal ca. 5 Minuten gebacken.
Am Ostermorgen wird auf jeden Frühstücksteller ein Brotnestchen mit einem schön gefärbten, gekochten Ei gelegt.

Tip: Bevor man die Kartoffeln in Alufolie wickelt, werden sie gut saubergebürstet. Während des Backens werden sie beinahe gar, und später kann man sie schälen und Bratkartoffeln daraus machen.

Weihnachtsstern aus feinem Brotteig

(ca. 35 cm Durchmesser)

Dies ist ein einfaches Weihnachtsgebäck, das am Tag vorher gebacken werden kann. Ungefüllt schmeckt es gut als Luxusbrot zum Weihnachtsfrühstück, gefüllt ist es ein leichtes Gebäck zum Kaffee. Hier folgt das Rezept für einen gefüllten Stern.

– *1 Rezept feinen Brotteig** 332
– *1 Rezept der Füllung für den Rosenkuchen** 355

Auf ein doppeltes festes Papier wird ein Fünfstern von ca. 30 cm Durchmesser gezeichnet. Der Stern wird 1 cm ***außerhalb*** der Bleistiftlinie ausgeschnitten. Dann schneidet man den inneren Stern der Bleistiftlinie entlang aus.
Der aufgegangene Teig wird in zwei Hälften geteilt. Die eine Hälfte wird ausgewellt und aufs Backblech gelegt. Nun legt man den kleineren Papierstern auf den Teig und schneidet ihn aus. Die Teigreste werden zur zweiten Teighälfte gegeben.
Die Füllung wird auf dem Stern ausgestrichen, jedoch rundherum reichlich 1 cm freigelassen.
Nun wird der übrige Teig ausgewellt und daraus der größere Stern ausgeschnitten. Ein Stück Plastik wird daraufgelegt und ganz leicht mit dem Wellholz festgedrückt. Die Teigreste knetet man zusammen und legt sie in den Kühlschrank.
Der Teigrand rund um die Füllung des kleineren Sternes wird mit Wasser bestrichen. Nun wird der größere Teigstern lose um das Wellholz gerollt und über die Füllung auf den kleineren Stern gelegt. Die Ränder werden gut aufeinandergedrückt und das Plastik entfernt. Das Ganze wird nochmals ausgeschnitten, dadurch klebt alles besser zusammen.
Nun werden die Teigrestchen 3 mm dick ausgewellt und daraus Sternchen ausgestochen (in verschiedenen Größen).
Der gefüllte Stern wird mit Eigelb bestrichen, die Verzierungen daraufgelegt und auch diese mit Eigelb eingepinselt. Man kann die ausgestochenen Sternchen auch bereits auf der Arbeitsfläche mit Eigelb bepinseln und mit Sesam bestreuen; jetzt muß man sie allerdings sehr vorsichtig auf den Stern legen (mit einem breiten Messer).
Man kann den eingepinselten Stern auch mit Mohn bestreuen und darauf die kleinen Sternchen kleben.
Backen: ca. 30 Minuten bei 190°C, unterste Schiene; den ungefüllten Stern bäckt man 20 Minuten bei 200°C.
Wenn man den Stern im vorhinein fertig macht, bäckt man ihn kürzer (ganz hell) und bäckt ihn am Festtag noch einmal auf.

Gebäck und Süßigkeiten

Außer revolutionären Ideen und Margarine haben wir Napoleon auch den raffinierten (Rüben-)Zucker zu verdanken. Im Jahre 1812 verlieh er dem Besitzer der ersten Raffinerie für Rübenzucker den Orden der «Légion d'honneur», ohne natürlich zu wissen, in welche Schwierigkeiten der raffinierte Zucker die Menschheit bringen würde. Damals waren Vitamine noch unbekannt, und auch von der Bedeutung der Mineralstoffe in der Nahrung wußte man noch wenig. Man hatte allerdings gegen den Mangel an Lebensmitteln zu kämpfen, die überdies auch noch schnell schlecht wurden. Man war der Meinung, daß man in dem nahrhaften, unbeschränkt haltbaren und außerdem noch konservierend wirkenden weißen Zucker die Lösung für beide Übel gefunden hatte.

Dieser selbe Zucker ist jedoch auch für Karies, Stoffwechselstörungen, chronische Müdigkeit, zu hohen Blutdruck und ein zu hohes Körpergewicht mit verantwortlich. Wir wissen das alles, kommen jedoch ohne diesen Zucker nicht mehr aus. Um den Schaden zu beschränken, verwenden wir künstliche Süßstoffe, kommen damit jedoch vom Regen in die Traufe: Die Leber bekommt durch den süßen Geschmack auf der Zunge das Signal für «Kohlehydrat», wird dann jedoch mit einem Stoff abgespeist, den sie nicht erkennt und daher nicht verarbeiten kann. Unser Organismus läßt sich jedoch nicht betrügen und fordert mehr – das ist der Grund dafür, daß man zur Tasse Kaffee mit Süßstoff Gebäck möchte und daß Kaugummi ein Hungergefühl hervorruft.

Bei der Kinderernährung haben wir es, was das Zuckerproblem betrifft, vor allem mit Karies und erhöhtem Körpergewicht zu tun. Dies sind zumindest die ersten Anzeichen einer Schädigung. In den allzu «süßen» Kinderjahren muß man jedoch auch die Ursachen für spätere Gesundheitsschäden suchen.

Kleine Kinder essen das, was die Eltern ihnen geben und finden das (meistens) auch lecker. Es könnte also gut möglich sein, ein Kind ohne ein Körnchen Zucker aufzuziehen. Familienangehörige und Nachbarn haben in dieser Zeit des «gesunden Lebens» meistens Verständnis für Ihre Wünsche (wenn es nötig ist, kann man alternative Ideen anbieten). Sobald jedoch ihr erstes Kind zur Schule geht, fängt der Kampf an, den man als Eltern kämpfen muß; ein Kampf, den man, wenn man nur Verbote ausspricht, letztendlich verliert. Deshalb hier einige Erfahrungen, gute und schlechte, die ich in meiner eigenen Familie gemacht habe.

Wie kann man mit dem Naschen umgehen?

Ein Kind hat von Natur aus einen «süßen Geschmack» (der Zuckergehalt in der Muttermilch beträgt 7,3%, in der Kuhmilch jedoch nur 4,8%). Ein kleines Kind braucht offensichtlich diesen leicht verdaulichen Stoff. Je älter es jedoch wird und je mehr es auf festere Nahrung übergeht, desto mehr gewöhnt es sich auch an andere Geschmacksnuancen und kann die Kohlehydrate auch in Form von Stärke (Getreide) verdauen. Deshalb ist es sehr unvernünftig, wenn man gerade in dieser Phase den Brei und den Tee mit Zucker oder mit einem anderen konzentrierten Süßungsmittel süßt und das Kind dadurch unnötig an einen süßen Geschmack gewöhnt.

Brei mit Milch und einem Körnchen Salz hat an sich schon einen süßen Geschmack; «süß» heißt nicht nur «Zucker». Wenn das Kind bereits an gesüßten Brei gewöhnt wurde, können mitgekochte Dörrfrüchte oder süßes frisches Obst eine (Zwischen-)Lösung bieten (siehe Breirezepte*). Vollwertige Süßungsmittel und damit mäßig 127
gesüßte Getreidegerichte, Gebäck und Süßigkeiten lassen das Kind einen ganz anderen Geschmack für Süßes entwickeln als Nahrungsmittel, die mit Industriezucker oder mit viel Honig gesüßt wurden.

Bedürfnis nach Süßem

Das Bedürfnis nach Süßem ist von Kind zu Kind und von Lebensphase zu Lebensphase verschieden. Dem durch eine bestimmte körperliche oder psychische Konstitution verursachten Bedürfnis kann man in der Regel durch «süße Mahlzeiten» entsprechen, d. h. durch vollwertige süße Gerichte, die zum Ernährungsplan gehören und die man in diesem Buch findet. Das muß nicht immer eine Nachspeise sein, sondern an bestimmten Tagen kann man sogar eine süße Mahlzeit in Form eines süßen Getreidegerichts, das mit vollwertigen Zutaten gekocht wurde, bereiten. Auch Plätzchen und Kuchen zum Wochenende duften und schmecken nicht nur lecker, sondern geben dem Naschen zu bestimmten Stunden und Tagen einen gewissen Rhythmus. Außerdem sorgt das Backen auch für eine gemütliche Atmosphäre und regt Kinder häufig dazu an, selber für bestimmte Bewirtungen zu sorgen (siehe auch *mithelfen**). 29

In jedem Kinderleben gibt es jedoch Phasen, in denen nicht alles so verläuft, wie es eigentlich sollte. Vor allem Kinder, die von klein auf daran gewöhnt sind, bei jedem Verdruß mit einer Süßigkeit getröstet zu werden, werden auch später versuchen, ihre Unlustgefühle durch Süßigkeiten zu verdrängen (zu rauchen und/oder zu trinken – die Wurzel für eine Abhängigkeit kann hier liegen).

Die kleinen Saugflaschen mit süßem Tee oder Säften, mit denen die Babys stillgehalten werden, sind eine Ursache für schlechte Zähne, ungleichmäßiges Wachstum der Zähne und Kieferveränderungen (das sogenannte *nursing bottle Syndrom*). Kinder, die ihre Bedürfnisse immer sofort befriedigen können, haben keine Möglichkeit, das Warten zu lernen. Es kostet Zeit und Einfühlungsvermögen, lohnt jedoch die Mühe, vor allem im Hinblick auf die Zukunft, wenn man die Kinder lehrt, anders mit ihrem Kummer umzugehen. Etwas Nettes *tun*, am besten mit einem anderen oder für einen anderen, hilft dem kleinen Kind besser über seinen Verdruß hinweg, als wenn es mit einem Lutscher in der Ecke sitzt.

Verbieten

Eine Rosine kann ein Bonbon nicht immer ersetzen und ist, pur gegessen, für die Zähne auch nicht gerade das Beste. Auch wenn man dies vielleicht denkt, gelingt es nie, alle Süßigkeiten zu verbieten. Wer zu Hause nichts bekommt, kauft,

tauscht oder stiehlt sich die Sachen. Oft ist es gut, wenn man mit den Kindern darüber spricht, manchmal ist der Schmerz beim Bohren des ersten Löchleins im Zahn für die Erkenntnis notwendig, daß das Naschen lieber begrenzt werden sollte. Es gibt jedoch Alternativen: Man kann Karamel-
bonbons selber machen (siehe *Zimtkissen**), 385
und Süßholz* ist eine gute Alternative zum Lut- 463
scher. *Gedörrte Apfelringe** sind für Kinder, die 415
gut kauen können, ein guter Kaugummiersatz. Sie sind eine Weile damit beschäftigt, jedoch nicht so endlos lange wie mit dem Kaugummi.

Naschmomente

Als wir zu Hause «schlechte» Naschereien gegen «gute» Naschereien eingetauscht haben, hatten wir schließlich einen derartig großen Berg «schlechter» Naschereien beisammen, daß die Menge an «guten Naschereien» nicht nur auch ungesund, sondern außerdem unbezahlbar wurde.
Dieses System war also nicht durchführbar. Es war jedoch bis zu einem bestimmten Alter machbar, «Naschmomente» nach dem Prinzip «lieber einmal viel, als immer wieder ein bißchen» einzuführen. Nicht auf den leeren Magen, sondern beispielsweise sonntags nach dem Frühstück darf genascht werden, dann ist auch genügend Zeit da, dies zu genießen. Wenn während des ganzen Tages immer kleine Mengen genascht werden, verursacht dies ein saures Milieu im Mund, das für den Zahnschmelz schädlich ist. Über den ganzen Tag verteilt hält der Zahnschmelz fünf bis sechs «Säureschübe» aus. Das deckt sich mit drei Mahlzeiten und zwei Zwischenmahlzeiten. Es ist zwar nützlich, wenn nach jeder Mahlzeit und nach jeder Zwischenmahlzeit der Mund gespült wird, am wichtigsten ist es jedoch, vor dem Zubettgehen die Zähne gründlich zu putzen. Indem man vermeidet, süßen Belag aufs Vesperbrot zu geben und lieber *kräftiges* Vollkornbrot anbietet, kann der mögliche Schaden am Gebiß eingeschränkt werden. Stärke ist weniger schädlich als Zucker, und kräftiges Brot regt zum Kauen an, wodurch ein Teil des Zahnbelags entfernt wird, während das Zahnfleisch eine natürliche Massage bekommt.

Eigene Verantwortlichkeit

Mit Naschern, die älter als 10 oder 12 Jahre sind, kann man (im richtigen Moment) meistens reden. Man sollte versuchen, das oben Stehende deutlich zu machen. Dann wissen sie, worum es geht, und Sie können wenigstens einen Teil der Verantwortlichkeit loslassen und sich auf die Zusammenstellung des täglichen Ernährungsplanes beschränken. Man kann sie ruhig einmal ausprobieren lassen, ob ein Schüsselchen mit Karottenscheiben neben dem Mathematikbuch für die Konzentration nicht genauso gut oder sogar besser ist als die
Tüte mit Bonbons (siehe auch die Kapitel *gesunde* 32
*Ernährung** und *Gemüse**). 241
Man hat Glück, wenn die Kinder Sport treiben. Sie merken dann am eigenen Leib, daß ihre Kondition durch schlechte Eßgewohnheiten (auch Rauchen und Trinken) schnell schlechter wird.

Freunde

Größere Kinder haben, was ihre Einstellung zum Naschen betrifft, oft mehr Schwierigkeiten mit ihrer Haltung den Freunden gegenüber als mit dem Naschen an sich. In solch einer Situation kann die Anschaffung eines Waffeleisens oder eines Popcorngerätes, mit dem die Kinder lernen können selber umzugehen, den eigenen Status der Umwelt gegenüber stärken.

Entwöhnung

Wer plötzlich mit einer zuckerfreien Ernährung beginnt, kann Entzugserscheinungen bekommen. Das zeigt, daß Zucker zu Abhängigkeit führt. Wer es soweit hat kommen lassen, sollte besser einen Übergang zu süßem, jedoch vollwertigem Zucker bis hin zu weniger süßem, ebenfalls vollwertigem Zucker machen, als den Zucker plötzlich weglassen. Übrigens sind auch die vollwertigen, aus Nahrungsmitteln isolierten, sehr konzentrierten Süßungsmittel für den Zahnschmelz schädlich.

Vollwertige Süßungsmittel

Ein Kind, das ausreichend Obst und Gemüse ißt und unter der Woche eine vollwertige Ernährung angeboten bekommt, kann durchaus hie und da eine Süßigkeit verarbeiten. Eine übertriebene Angst vor Zucker schafft eine schlechte Atmosphäre, unterstützt Heimlichtuereien und ist mindestens so schädlich für die Gesundheit wie das Naschen selber.

Es hat sich gezeigt, daß das Bedürfnis nach isolierter Süße (Naschereien) bei einer vollwertigen Ernährung viel geringer ist als bei einer Ernährung mit Auszugsmehlen und raffiniertem Zucker. Der Zucker braucht zu seiner Verdauung im Stoffwechsel «Begleiter» in Form von Vitaminen (B 1) und Mineralstoffen (unter anderem Phosphor). Vollwertige Süßungsmittel wie süße Früchte (frisch und gedörrt), Sirup und Dicksaft enthalten diese Stoffe in reichlichem Maße und sind deshalb im wahrsten Sinne des Wortes sättigend. Dem raffinierten Zucker fehlen alle Vitamine und Mineral stoffe, die für seine Verdauung erforderlich sind. Die Folge davon sind «Gelüste nach mehr», wobei der Organismus meint: «Vitamine und Mineralstoffe», unsere Zunge jedoch übersetzt: «lecker und süß».

Bei einer vollwertigen Ernährung kann der Organismus die zur Verdauung von raffinierten Kohlehydraten (Kristallzucker, Weißmehl) notwendigen Stoffe auch aus den übrigen Nahrungsmitteln holen. Wenn das jedoch nicht ausreichend ist (bei extrem viel Naschereien), kann ein Vitamin-B-Mangel entstehen, und der Mineralstoffhaushalt, vor allem der Kalkstoffwechsel im Körper, wird gestört. Der gesündeste Zucker ist derjenige, der vom Körper selber durch Umsetzung anderer Kohlehydrate aus beispielsweise Getreide (Brot, Teigwaren), Hülsenfrüchten und Kartoffeln gebildet wird. Diese Kohlehydrate werden in unserem Magen-Darmkanal zu Zucker abgebaut, der für die Zähne nicht mehr schädlich ist und außerdem von unserem Körper viel allmählicher aufgenommen wird als der Zucker aus der Naschdose.

Es folgt eine Übersicht der vollwertigen Süßstoffe, die für die Rezepte verwendet wurden.

Nahrungsmittel, die von Natur aus süß sind

Süßes, reifes und frisches *Obst* (Birnen, Pfirsiche, Pflaumen, Erdbeeren) sind, mit Ausnahme von Birnen, bereits für Babies ab einem halben Jahr geeignet. Frische, reife Früchte sind reich an Mineralstoffen und Vitaminen und außerdem der wichtigste Lieferant von Vitamin C.

Dörrfrüchte (Datteln, Feigen, Rosinen, Aprikosen und Pflaumen) sind, wenn man sie einfach so aus der Tüte ißt, für den Zahnschmelz genauso schädlich wie andere Naschereien (sehr konzentrierte Süße), und außerdem sind sie für Kinder unter drei Jahren nicht gut verdaulich. Auch für größere Kinder ist es besser, wenn Dörrfrüchte in Gerichten verarbeitet werden, in denen sie quellen (für

die Kleinen zuerst feinschneiden) und so leichter verdaulich werden können.
Dörrfrüchte sind mineralstoff- und vitaminreich (außer Vitamin C) und sorgen für weichen Stuhlgang.

Süßungsmittel, die aus Nahrungsmitteln isoliert wurden

Durch Kochen eingedickte Säfte.
Zuckerrübenkraut, Apfel- und Birnenkonzentrat (Apfeldicksaft, Birnendicksaft, Birnel), Apfelkraut, Birnenkraut und Dattelmus; Ahornsirup ist der Saft aus dem Stamm einer bestimmten Ahornsorte, und *Vollrohrzucker* wird aus dem Zuckerrohr gewonnen (Markennamen sind Sucanat, Mascobado, Panella und Rapadua).

Außer dem Vollrohrzucker sind all diese Süßungsmittel mehr oder weniger flüssig. Mit Ausnahme des Ahornsirups enthalten sie beinahe alle Stoffe des Ausgangsproduktes außer den unverdaulichen Fasern und dem größten Teil des Wassers. Deshalb ist es wichtig, daß diese Produkte ohne Kunstdünger und Schädlingsbekämpfungsmittel angebaut werden.

Vollrohrzucker enthält außer Eisen und Kalk auch Vitamin B; die Gesamtsumme dieser Stoffe ist um ein Vielfaches höher als beim üblichen Rohrzucker; siehe auch *Zucker**. 465
Rohrzucker gehört, botanisch gesehen, genau wie Getreide zur Familie der Gramineen und könnte deshalb bei Kindern, die allergisch auf Getreide reagieren, entsprechende Reaktionen hervorrufen. Zuckerrübenkraut, Ahornsirup, Dattelmus, Apfelkraut, Birnenkraut, Birnel und Apfel- und Birnendicksaft sind glutenfrei.

Sirupsorten, die beim Malzen des Getreides gewonnen werden.
Das Getreide wird in Wasser eingeweicht und beginnt zu keimen. Vor allem die Gerste läßt sich besonders gut malzen. Während des Keimens werden unter anderem die von Natur aus im Getreide vorhandenen Enzyme, wie Amylase, aktiviert, die die Kohlehydrate in Maltose, Glucose und Sacherose abbauen. Dieses «grüne» Malz wird gedarrt (getrocknet) und vorläufig gelagert. Dann wird das getrocknete Malz grob gemahlen und mit warmem Wasser zu einer Art Teig gerührt. Diese Masse wird nun gefiltert; dafür verwendet man im biologischen Betrieb die Getreidekleie und andere während der Produktion entstandene Reste, so daß keine chemischen Hilfsmittel notwendig sind. Die so entstandene Lösung wird eingedampft, das Resultat ist dann der Gerstenmalzsirup, der als *Malzextrakt* verkauft wird.
Reismalzsirup und *Maismalzsirup:* Reis und Mais werden gewalzt, und es wird immer ein bestimmter Prozentsatz Gerstenmalz als «Starter» dazugegeben. Dadurch sind alle gemalzten Sirupsorten nicht 100%ig glutenfrei (Etikett beachten). Gemalzte Sirupsorten haben auf Getreideprodukte eine vorverdauende Wirkung und sind deshalb als erste Süßungsmittel für die Kleinen besonders geeignet. Reismalzsirup ist der am leichtesten verdauliche Malzsirup. In der Nahrungsmittelindustrie werden Maisstärke und Weizenstärke mit chemischen Mitteln in Zucker umgesetzt. Dieser billige (glutenfreie) Maissirup und auch der Weizensirup werden in großem Umfang als Ersatz für Kristallzucker bei der Herstellung von Frischgetränken, Gebäck und Süßwaren verwendet.

Honig

Der Honig hat in der Reihe der vollwertigen Süßungsmittel eine besondere Stellung. Rübenzukker stammt von einer kühlen, schweren **Wurzel**, dem am meisten mit der Erde verbundenen Teil einer Pflanze. Rohrzucker wird aus dem **Stengel** gewonnen, dem zwischen Wurzel- und Blütenbereich harmonisierend wirkenden Pflanzenteil. Der Ursprung des Honigs ist der in den **Blüten**

gebildete Nektar, der von der Biene gesammelt, in ihrem Magen fermentiert und als Notvorrat für den folgenden Winter in der Wabe gelagert wurde. Für die Zubereitung von 1 kg Honig sind 3 kg Nektar erforderlich. Dafür muß eine Arbeitsbiene 10-15 Millionen Blüten besuchen und dabei ca. 24.000 Kilometer fliegen. Wer sich das klarmacht, wird den Zuckertopf nicht gedankenlos durch den Honigtopf ersetzen. Honig ist im Grunde genommen ein «Ur-Nahrungsmittel», ein von der Biene komponiertes, sehr kostbares Naturprodukt (auch wenn er durch den Raubbau auf die Bienen verhältnismäßig billig ist), das wir nur sehr sparsam verwenden sollten.
Honig wirkt lösend, bis in den Stoffwechsel hinein, und ist deshalb eher für ältere Menschen geeignet. Babys können Durchfall davon bekommen. Kleinen Kindern sollte man nicht mehr als einen Teelöffel pro Tag geben; ab der Kindergartenzeit kann man 2-3 Teelöffel pro Tag geben, jedoch nur allerbeste Qualität. Für Kinder ist Blütenhonig (Lindenhonig) am geeignetsten. Man reicht ihn am besten in die Fruchtnachspeise gerührt oder mit Butter oder Quark vermischt als Brotaufstrich. Kaltgeschleuderter Honig sollte nicht höher als auf Körpertemperatur erhitzt werden, sonst werden die wertvollen Enzyme, die aus dem Blütenstaub stammen, vernichtet. Für traditionelles, besonderes Gebäck sollte Backhonig* (Speisehonig) verwendet werden. 454
Honig enthält kleine Mengen an Mineralstoffen (Kalium, Calcium und Phosphor) und ein wenig Vitamin C und B. Wichtiger sind die wertvollen Enzyme, die wie Antibiotika wirken, die Blütenpollen und mehr als 100 verschiedene Aromastoffe. Honig setzt sich aus den sehr leicht verdaulichen Zuckersorten Glucose und Fructose zusammen.
Bei allergischen Kindern (Heuschnupfen) und Kindern, die zu Durchfällen neigen, muß man mit Honig besonders vorsichtig sein. Siehe auch *Produktinformation**. 454

Geschmacks- und Backeigenschaften vollwertiger Süßungsmittel

Wenn man den weißen Kristallzucker bei üblichen Rezepten durch vollwertige Süßungsmittel ersetzen will, hat nur der Vollrohrzucker, was die Konsistenz betrifft, dieselbe Backeigenschaft und Süßkraft. Die Süßkraft sirupartiger Süßungsmittel ist, verglichen mit Kristallzucker, ca. 75%. Es ist auffallend, daß man von vollwertigen Süßungsmitteln weniger braucht als von raffinierten. Alle Süßungsmittel sind sehr konzentriert, und es ist mit Blick auf den Zahnschmelz besser, wenn man sie nicht ohne weiteres als Brotaufstrich verwendet (mit Quark oder Butter vermischen oder mit Obst belegen).
Maßvoll verwendet sind die vollwertigen Süßungsmittel schon für Kleinkinder geeignet.

Wenn man sie in der Küche verwendet, muß noch auf einige andere Eigenschaften geachtet werden:

- Ahornsirup hat den neutralsten **Geschmack**, dann folgen Reissirup und Akazienhonig. Diese Süßungsmittel haben auch die hellste **Farbe**. Dies sind Eigenschaften, die wünschenswert sind, wenn man Gerichte macht, bei denen sowohl der zarte Geschmack als auch die schöne Farbe erhalten bleiben sollen.
- Einen sehr süßen Geschmack geben Birnel, Birnendicksaft, Reis-, Rüben- und Maissirup, Ahornsirup und Honig.
- Apfeldicksaft und Apfelkraut haben einen säuerlich-süßen Geschmack.

- Vollrohrzucker und Malzextrakt haben einen süßlich-wehen Geschmack (viele Kinder mögen ihn ausgesprochen gerne, andere lehnen ihn völlig ab).
- Honig und gemalzte Sirupsorten enthalten Enzyme, die die Stärke in den damit gesüßten Getreidegerichten (Brei, Creme, Pudding) manchmal schon innerhalb einer Viertelstunde in Zucker umsetzen, wodurch die Nachspeise zwar süßer, aber auch viel dünner wird. Diese Sirupsorten werden darum erst kurz vor dem Essen unter die mit Mehl gebundenen Gerichte gerührt.
- Vollrohrzucker hat als einziges vollwertiges Süßungsmittel eine kristalline Form und ist dadurch zum Backen von knusprigen Plätzchen geeignet. Dieser Zucker löst sich nicht leicht auf, und manchmal gibt es dabei auch große Körner. Wenn man solch ein Paket im Haus hat, kann man es sieben und die Resultate in verschiedene Gläser geben. Den groben Zucker kann man zum Süßen von Getränken oder für Gebäck verwenden, indem man den Zucker zuerst in einer Flüssigkeit, die zum Rezept gehört, auflöst (Milch, Ei). Man kann den Zucker auch mahlen (siehe *Puderzucker**). 410
- Wenn man für ein Rezept für knusprige Plätzchen den Kristallzucker doch durch Sirup ersetzen will, sind Zuckerrübenkraut, Maissirup oder Birnel am besten geeignet.

Mürbeteig

Mürbeteig wird vor allem für Kuchenböden, Pasteten, Teigtaschen und Pizzas verwendet. Mürbeteig ist mehr oder weniger spröde und enthält keine Süßungsmittel. Die Säure (Zitronensaft oder Essig), die man zum Teig gibt, hat einen festigenden Einfluß auf das Gluten im Mehl, der Teig wird dadurch mürber.

Für Pizzas und einfache Gemüsekuchen kann man Vollkornmehl verwenden, für festliches oder feineres Gebäck nimmt man Mehl Type 1050 oder 550 (CH: Ruch- oder Halbweißmehl) oder ein Gemisch von beidem.

Mürbeteig enthält soviel Fett, daß man das Backblech oder die Backform nicht einzufetten braucht.

Aus vielen Mürbeteigsorten habe ich für dieses Buch drei ausgesucht:

- *Ölteig* ist einfach und schnell gemacht und nicht zu fett; ein gesunder Teig für den Alltag. Ölteig läßt sich sehr leicht auswellen, bekommt jedoch eine etwas harte Kruste. Wenn er dünn ausgewellt wird (2 mm), schmeckt er am besten.
- *Bröselteig* ist etwas umständlicher zu machen und fetter. Die Kruste vom Bröselteig ist etwas mürber (aber auch brüchiger). Er schmeckt ebenfalls besser, wenn er dünn (2-3 mm) ausgewellt wird.
- *Hefeteig* bekommt, sofern er mit Butter gemacht und nicht dicker als 2-3 mm ausgewellt wird, eine knusprige Kruste. Wenn er mit Öl gemacht und dicker ausgewellt wird, bekommt er eher eine brotartige Kruste (Pizza).

Für glutenfreie Diät wird ein besonderes Rezept aufgeführt*. 347

Das Auswellen des Teiges

Einige Tips:

- Den Teig läßt man bis kurz vor dem Auswellen im Kühlschrank liegen.
- In der kühlen Küche arbeiten.
- Wenig Mehl auf die Arbeitsfläche streuen, der Teig nimmt das Mehl während des Auswellens auf (zuviel Mehl macht die Kruste trocken).
- Wenn der Teig trotzdem klebt, kann man ein

Stück Backpapier oder Plastik zwischen Wellholz und Teig legen (immer wieder wegziehen und neu darauflegen). Man kann den Teig auch auf einem mit Mehl bestäubten Geschirrtuch auswellen (beispielsweise für *Apfelstrudel**). 373

- Reste läßt man 10-20 Minuten aufeinandergestapelt und verpackt im Kühlschrank ruhen. Danach lassen sie sich wieder besser auswellen.
- Man kann den Teig in einem ruhigen Moment *im vorhinein* auswellen, legt ihn jedoch noch nicht in die Backform, er könnte einen Metallgeschmack annehmen. Mit sanftem Druck legt man eine großzügig bemessene Plastikfolie auf den Teig und rollt ihn (lose) derartig auf, daß nie Teig auf Teig zu liegen kommt. Das Ganze wird in eine Plastiktüte gegeben und im Kühlschrank aufgehoben, bis man es braucht (Hefeteig nicht länger als einen Tag, Bröselteig zwei Tage).
- Kleine Teigkreise (*Apfelküchlein*, Gemüse-* 367
  *taschen**) kann man, wenn man sie im vorhin- 221
  ein auswellt, stapeln, indem man jeweils Plastikfolie dazwischenlegt. Wenn man einen solchen Stapel in eine Plastiktüte gibt, kann man den Teig im Kühlschrank bis zu einer Woche, im Gefrierfach bis zu 3 Monaten aufbewahren. Letzteres ist auch mit Hefeteig möglich, sofern man ihn innerhalb einer halben Stunde knetet und auswellt und danach sofort ins Gefrierfach legt.

Das Auslegen einer Backform mit Mürbeteig:

- Etwas Mehl über den ausgewellten Teig sieben und ihn lose zweimal falten.
- Dieses Päckchen so in die Backform legen, daß die Spitze genau auf die Mitte der Backform zeigt.
- Den Teig rasch auseinanderfalten und die Backform damit auslegen, auch den Rand (dabei wenn nötig Teigstücke ankleben). Den Teig gut in die Ecken zwischen Rand und Boden drücken, aber dabei nicht am Teig ziehen (Mürbeteig zieht sich beim Backen etwas zusammen und sollte darum eher locker in der Form liegen).
- Mit einer Schere den überhängenden Teig wegschneiden oder nach innen doppelt legen. Diesen dicken Rand kann man mit aus Teigresten ausgestochenen kleinen Figuren garnieren (die Figuren mit etwas Wasser oder geschlagenem Ei festkleben).
- Mit einer Gabel ein paarmal in den Teigboden stechen, um Blasenbildung während des Backens zu vermeiden.

Ölteig (ca. 500 g)

Schnell gemacht und bereits nach einer Viertelstunde Ruhezeit zum Gebrauch fertig.
Ölteig eignet sich zum dünnen Auswellen besonders gut (*Apfelstrudel**). 373
Der Teig hält sich im Kühlschrank 3- 4 Tage, eignet sich jedoch nicht zum Tiefkühlen.

- *275 g Vollkornweizenmehl oder 300 g Mehl Type 1050 (CH: Ruchmehl)*
- *1/2 dl Öl*
- *1/2 Teel. Salz*
- *1 3/4 dl lauwarmes Wasser*
- *1 Stabmixer oder ein elastischer Schneebesen*

Das Mehl in eine Schüssel geben und eine Vertiefung darin machen.
Öl und Salz in einen Meßbecher (Mixer) oder in eine Schüssel (Schneebesen) geben. Das warme Wasser zum Öl geben. Sofort mixen oder schlagen, bis eine weißliche Emulsion entsteht. Gleich in die Mehlvertiefung gießen und von der Mitte her (mit der Gabel) zu einem glatten Teig verarbeiten (nicht mit den Händen). Mindestens 15 Minuten zugedeckt bei Zimmertemperatur ruhen lassen oder, in Plastik gewickelt, im Kühlschrank aufbewahren.

Variation: Weizenmehl Type 1050 (CH: Ruchmehl) verwenden.

Bröselteig (ca. 450 g)

Bröselteig hält sich im Kühlschrank 1 Woche, im Tiefkühlfach 3 Monate.
Das Wasser wird genau abgemessen, wenn hinterher Mehl dazugeknetet wird, wird der Teig weniger mürbe.
Die Buttermenge im Teig sollte mit dem Fettgehalt des Belages abgestimmt werden.

- *250 g Vollkornweizenmehl*
- *100 g harte Butter oder reines Kokosfett* aus dem Naturkostladen* 252

- *1/4-1/2 Teel. Salz, aufgelöst in*
- *1 1/8 dl Wasser mit*
- *1/4 Teel. Zitronensaft oder Essig*

Das Mehl gibt man in eine Schüssel und schneidet oder hobelt 2 mm dünne Butterscheibchen darauf; sie werden immer wieder im Mehl gewälzt, damit sie nicht aufeinanderkleben. Butter und Mehl werden miteinander verkrümelt (kühle Finger oder kräftige Gabel), bis keine «blanken» Butterstückchen mehr zu sehen sind.
In der Mehlmischung wird eine Vertiefung gemacht und dahinein die Wassermischung gegossen. Nun rührt man mit der Gabel von der Mitte her alles zu einem einigermaßen zusammenhängenden Teig und formt mit Hilfe eines Teigschabers eine glatte Kugel daraus. Nicht kneten!
Im Kühlschrank läßt man den Teig, in Plastik verpackt und schon etwas flachgedrückt, fest werden (mindestens 1 Stunde).

Variation: Wenn dies nötig ist, kann man zum Teil oder überhaupt Weizenmehl Type 1050 (CH: Ruchmehl) verwenden.

Hefeteig, wie Mürbeteig zu verwenden

(ca. 300 g)

Hefeteig hält sich im Kühlschrank maximal 1 Tag (oder Nacht), im Gefrierfach 3 Monate (nach dem Auftauen sofort verarbeiten!).
Die Butter- oder Ölmenge im Teig muß mit dem Fettgehalt des Belages abgestimmt werden. Je härter die Kruste werden soll, desto mehr Mehl verwendet man zum Kneten (nicht für Kleinkinder).
Nach dem Auswellen braucht der Teig nicht zu gehen, dies tut er dann während des Backens im Ofen.

- *ca. 180 g Vollkornweizenmehl oder Mehl Type 1050 (CH: Ruchmehl)*

- *1/4 Eßl. Hefe, aufgelöst in*
- *1 dl Wasser und*
- *1/4 Teel. Zitronensaft oder Apfelessig*

- *50-75 g Butter oder 3- 4 Eßl. Öl*
- *1/4-1 Teel. Salz (wenig bei süßem Gebäck)*

Zwei gehäufte Eßlöffel Mehl hält man zurück.
Der Rest des Mehles wird in eine Schüssel gegeben und eine Vertiefung darin gemacht. In diese gibt man das Hefe-Wassergemisch und verrührt es von der Mitte her mit einem Teil des Mehls zu einem dünnen Teig.
Die Butter wird in dünnen Scheibchen auf diesen Vorteig gelegt, das Salz darübergestreut und die Schüssel in eine Plastiktüte geschoben. Eine Viertelstunde stehen lassen, bis sich Bläschen im Teig gebildet haben und er deutlich aufgegangen ist. Die Butter ist nun weich geworden (wenn man anstelle von Butter Öl verwendet, fügt man das Öl erst nach dem Gehen zum Vorteig). Mit einer kräftigen Gabel wird alles zu einem glatten, jedoch noch klebrigen Teig verarbeitet. Die Hälfte des zurückgehaltenen Mehls wird nun auf die Arbeitsfläche gestreut und der Teig daraufgelegt. Nun knetet man alles rasch zu einem glatten, elastischen Teig, eventuell noch mit dem Rest des Mehls. Nicht zu lange kneten, sonst fängt der Teig wieder an zu kleben und wird beim Backen weniger mürbe. Vor allem der mit Öl gemachte Teig darf nicht zu fest werden, eventuell in der Schüssel mit der Gabel kneten; der noch weiche Teig wird im Kühlschrank fester.
Der Teig muß, lose in ein Stück Plastikfolie gewikkelt und etwas flachgedrückt, mindestens 1 Stunde im Kühlschrank fest werden. Er geht dann mit der Restwärme des Knetens ein wenig auf. Hefeteig sollte innerhalb eines, höchstens innerhalb von zwei Tagen verarbeitet oder sofort nach dem Kneten ins Gefrierfach gelegt werden.

Variationen:

- 25 g des Mehls kann durch feine Haferflocken (= 2 gehäufte Eßlöffel) ersetzt werden. Dadurch wird der Teig etwas lockerer und nimmt mehr Flüssigkeit von einem feuchten Belag auf. Er ist auch besonders geeignet für Gebäck, das wieder aufgewärmt werden soll.
- **Süßer Hefeteig** (für Gebäck mit Belag): 1 1/2 Eßl. Vollrohrzucker oder 1 Eßlöffel Sirup* wird 343
  in warmem Wasser aufgelöst.

Glutenfreier Mürbeteig (500 g)

Aus dem folgenden Mehlgemisch bekommt man einen mürben Teig, der mit einiger Umsicht gut auszuwellen ist. Sowohl die Butter als auch das Ei haben in diesem Teig eine bindende Wirkung, deshalb sollten sie nur ersetzt werden, wenn es nicht anders geht. Die Zutaten müssen sehr exakt abgewogen und gemessen werden, denn das Verhältnis von Mehl zu Flüssigkeit reagiert sehr empfindlich.
Wenn man aus glutenfreiem Mürbeteig Teigtaschen bäckt, teilt man den Teig am besten zuerst in kleine Stücke von 30 g, formt diese zu kleinen Kugeln, drückt sie etwas flach und legt sie zum Auswellen auf ein großzügig mit Reismehl bestreutes Backblech. Die Kugeln nimmt man Stück für Stück aus dem Kühlschrank, der Teig läßt sich besser auswellen, wenn er kalt ist.
Wenn man große Teigstücke braucht (beispielsweise für eine Pastete), muß der Teig zwischen zwei Stücken Backpapier oder Plastikfolie ausgewellt werden; dabei zieht man die Plastikfolie abwechselnd an der Unterseite und der Oberseite wieder ab. Der ausgewellte Teig wird auf der Folie zur Backform transportiert und die Folie erst (vorsichtig) abgezogen, wenn der Teig an seinem Platz liegt. Sollte der Teig trotzdem reißen, werden die Stücke wieder zusammengeschoben und die Nähte mit den Fingern glatt gestrichen.
Der zwischen Folie ausgewellte Teig kann, samt der (Plastik-)Folie aufgerollt, bis zu 24 Stunden im Kühlschrank aufbewahrt werden, ebenso der nicht ausgewellte Teig. Auf Vorrat gemachter Teig wird im Gefrierfach aufgehoben (1-2 Monate).

- *100 g Reismehl*
- *100 g biologisches Maizena* oder feinstes* 457
  Maismehl
- *50-60 g Buchweizenmehl*
- *100 g harte Butter oder Kokosfett* aus dem* 252
  Naturkostladen

- *1 Ei (40 g, ohne Schale gewogen)*
- *3/4 dl Wasser mit 1/2 Teel. Essig*
- *1/2 Teel. Salz (1 Prise bei süßem Gebäck)*
- *1/2 Eßl. Hefe oder 1 Messerspitze Natron** 466

Die Mehlsorten werden miteinander in einer Schüssel vermischt und die Butter, in 2 mm dünne Scheibchen geschnitten, daraufgelegt; immer wieder im Mehl wenden, damit sie nicht aneinanderkleben. Dann wird die Butter mit dem Mehl verkrümelt (kühle Finger oder kräftige Gabel), bis keine «blanken» Butterstückchen mehr zu sehen sind. Das Ei wird mit dem Wasser verquirlt, das Salz und zum Schluß das Treibmittel darin aufgelöst.
In die Mehl-Buttermischung wird eine Vertiefung gemacht und dahinein die flüssigen Zutaten gegossen. Von der Mitte aus rührt man mit einer Gabel alles zu einem einigermaßen zusammenhängenden Teig und formt mit Hilfe eines Teigschabers eine glatte Kugel daraus. Nicht kneten!
Den Teig läßt man, in Plastik gewickelt und vorläufig etwas flachgedrückt, im Kühlschrank fest werden (mindestens 1 Stunde). Glutenfreier Mürbeteig darf nicht dünner als 2 1/2 mm ausgewellt werden, er ist sehr brüchig.

Variationen:

- Das Ei, nur wenn es notwendig ist, durch 1/2 dl zusätzliches Wasser ersetzen.
- Nur wenn es notwendig ist, wird die Butter oder das Fett durch 3/4 dl Öl und 1 dl zusätzliches Wasser ersetzt. Das Öl wird unter die für das Rezept benötigte Flüssigkeit geschlagen (Stabmixer).
- **Glutenfreier Sandkuchenteig:** 30-50 g Vollrohrzucker wird unter die Flüssigkeit geschlagen. Wenn der Zucker durch Sirup ersetzt wird, mehr Reismehl verwenden. Der Teig wird besonders mürbe, wenn man 50 g gemahlene Haselnüsse oder Mandeln unter das Mehl mischt; sonst kann man auch 25 g mehr Butter nehmen.
- **Glutenarm:** Das Maismehl wird durch Hirse-
  mehl* ersetzt. 406

Brandteig (Brühteig)

Brandteig wird nicht gesüßt; dadurch bekommt das Gebäck einen neutralen Geschmack, so daß man es mit süßer oder salziger Füllung essen kann. Brandteig erfordert keinen großen Arbeitsaufwand, man braucht dafür weder eine Backform noch spezielles Gerät. Man kann den Teig einige Stunden oder sogar am Abend vorher machen und erst kurz vor dem Verzehr backen. Windbeutel schmecken frisch am besten.

- *1 dl Wasser*
- *30 g Butter*
- *1 Prise Salz*

- *75 g Vollkornweizenmehl oder Weizenmehl Type 1050 (CH: Ruchmehl) oder halb/halb*

- *2 Eier (100 g, ohne Schale gewogen), verquirlt*

In einem kleinen Stieltopf wird das Wasser mit der Butter und dem Salz zum Kochen gebracht. Dann wird die Flamme sehr klein gedreht oder der Topf vom Herd genommen. Nun wird alles Mehl auf einmal dazugegeben und sofort mit einem Holzlöffel kräftig verrührt, bis der Teig glatt und geschmeidig ist. Dann wird er bei mäßiger Hitze unter dauerndem Rühren nochmals eine halbe Minute gekocht, bis er sich als Kugel vom Topfboden löst.
Den Topf vom Feuer nehmen und ca. 3/4 der Eier dazugeben. Der Teig wird kräftig geschlagen, bis er alles Ei aufgenommen hat. Der Rest der Eier wird unter den Teig gerührt, bis dieser wie ein Kloß vom Löffel fällt. Je mehr Kleie der Teig enthält, desto mehr Ei nimmt er auf.
Der Teig wird, wie in den Rezepten angegeben, verarbeitet.
Brandteig wird verwendet für: *Windbeutel mit* 369
*Sahne**, *Spatzen* oder Pariser Ring* und für herz- 371
hafte Windbeutel: *warm* gefüllt mit Ragout, *kalt* mit
*Kräuterquark**. 236

Variation: Das Weizenmehl wird durch 60 g Reismehl ersetzt. Der Teig muß völlig abkühlen, dann wird 1 Messerspitze (1/4 g) Natron darunter gearbeitet; die Windbeutel gehen dann etwas besser auf.

Sandkuchenteig

(ca. 350 g, für eine Springform von 24 cm Ø)

Die mürbe Konsistenz kommt bei diesem mäßig süßen, jedoch festen Teig vom Reis- und Hirsemehl. Wenn man Vollrohrzucker oder Zuckerrübensirup verwendet, wird der Teig knuspriger als mit anderen Sirupsorten. Buttermilch macht ihn leichter als Milch (siehe auch Variation 1). Sandkuchenteig eig-
net sich für einfache Plätzchen (*Mandelplätzchen**) 364
und für *festliche Obstkuchen und Quarktorten**. 374
Für die Kuchen kann man den Teig «blind» oder mit dem Obst zusammen backen. Der blind gebackene Teigboden ist, gut durchgebacken, ebenso wie ungebackener Teig 1-2 Wochen haltbar. Der Teig wird in Plastikfolie gewickelt und im Kühlschrank aufbewahrt; der Teigboden wird luftdicht verpackt an einem dunklen, nicht zu warmen Ort aufbewahrt.

- *50 g Vollkornweizenmehl oder Weizenmehl Type 1050 (CH: Ruchmehl)*
- *75 g Reismehl*
- *75 g sehr feines Hirsemehl** 406
- *1 Prise Salz*
- *das Abgeriebene einer halben Zitrone oder eine Messerspitze Zimt*

- *2 Eßl. (20 g) Vollrohrzucker, aufgelöst in*
- *3/4 dl Buttermilch (oder halb Viili* oder Jo-* 464
ghurt / halb Wasser), Milch oder Wasser

- *75-100 g Butter oder 4-5 Eßl. Öl*

In einer Schüssel werden die Zutaten des ersten Abschnittes miteinander vermischt und eine Vertiefung hineingemacht.
Die Zuckerlösung wird in die Vertiefung geschüttet und mit ein wenig des Mehls zu einem dünnen Teig verarbeitet (Gabel). Die Butter wird in hauchdünnen Flöckchen daraufgelegt (Öl darübergießen). Wenn sich die Butter auf Zimmertemperatur erwärmt hat und etwas weich geworden ist, wird das Ganze miteinander vermischt, bis ein geschmeidiger Teig entstanden ist. Mit Hilfe des Teigschabers wird eine Kugel daraus geformt, die in ein Stück Plastikfolie gewickelt wird (Teig, der mit Öl gemacht wurde, ist manchmal etwas zu weich, um ihn sofort zu verpacken, man läßt ihn 1/4 Stunde ruhen). Die Teigkugel wird flachgedrückt und im Kühlschrank mindestens 2 Stunden, besser jedoch 1 Nacht, zum Festwerden aufbewahrt.
Zum Auskleiden einer Springform siehe die Tips.
Blindbacken: siehe *Küchenbegriffe**. 50

Variationen:
- Der Vollrohrzucker wird durch Sirup ersetzt (Sorte nach Wahl) und nur 1/2 dl Flüssigkeit genommen.
- Wenn der Teig etwas weniger fest werden soll, nimmt man eine Mischung aus 200 g Weizenmehl und 30-50 g feingemahlenen Haselnüssen oder 1 Messerspitze Natron* (Buttermilch verwenden 451 oder 1/2 Teel. Zitronensaft zum Wasser geben).
- Das Natron der Variation 2 kann durch 1/2 Eßl. Hefe ersetzt werden (in Flüssigkeit auflösen). Diesen Teig kann man, außerhalb des Gefrierfaches, nicht länger als einen Tag aufheben.
- siehe *glutenfreier Mürbeteig**, Variation 3 347

Tips zum Auslegen einer Springform mit Sandkuchenteig:
- Man legt ein feuchtes, zusammengefaltetes Geschirrtuch unter den Boden der Springform und wellt den Teig direkt auf diesem Boden aus (wenn der Teig klebt, legt man ein Stück Plastikfolie zwischen Wellholz und Teig). Überhängender Teig wird abgeschnitten und der Rand saubergemacht; nun erst wird der Rand um die Form geschlossen.
- Teigboden öfter mit der Gabel einstechen.
- Für den Teigrand macht man Teigwürstchen und legt diese entlang der Innenseite der Springform. Nun drückt man die Teigwürste mit den Fingern gegen den Rand hoch (3-4 mm) und schiebt ihn mit den Zähnen einer Gabel wieder etwas zurück. Man kann den Teigrand auch mit Daumen und Zeigefinger in regelmäßigen Abschnitten hochdrücken. Der derartig verzierte Teigrand sollte mit einem spitzen Messerchen wieder etwas vom Rand der Form gelöst werden (er wird beim Backen dann nicht so schnell zu dunkel).
- Bevor man die Reste auswellt (für einen Deckel oder ein Gitter), streut man etwas Mehl auf die Arbeitsfläche und den Teig. Klebt dieser zu sehr, legt man ein Stück Plastikfolie zwischen Wellholz und Teig (viel Mehl macht den Teig zu trocken).
- Wenn der Belag sehr feucht ist, sollte der Teigboden vorher 10 Minuten vorgebacken werden (siehe *blind backen**). 50

Gewürzkuchen

Ein vorteilhafter, mild gewürzter Kuchen, der nicht an den Zähnen festklebt. Er schmeckt erst nach 2 Tagen richtig gut, und man kann ihn, an einem kühlen Ort (satt in Plastik verpackt) 2-3 Wochen aufheben. Man schneidet ihn in höchstens 1/2 cm dicke Scheiben und bestreicht diese (eventuell) mit einem Hauch Butter.

- *350 g Vollkornweizenmehl oder Weizenmehl Type 1050 (CH: Ruchmehl) oder eine Mischung aus beidem*
- *3/4 Teel. Natron** 451
- *1/2 Teel. Zimt oder 1/4 Teel. Piment*
- *1 Messerspitze Muskatnuß*
- *2 Nelken und*
- *1/4 Teel. Koriander, zerstoßen mit*
- *1 Messerspitze Salz*

- *125 g Sirup* oder Vollrohrzucker (fein) oder halb/halb* 343
- *2 dl heißes Wasser (1 3/4 dl bei Weizenmehl Type 1050)*
- *1/2 dl Buttermilch (oder Wasser mit 1/2 Teel. Zitronensaft)*
- *25-50 g Orangeade*, in kleine Würfel geschnitten oder die abgeriebene Schale einer Apfelsine* 414
- *die abgeriebene Schale einer halben Zitrone*
- *eventuell 50 g Haselnüsse oder Mandeln, wenn möglich geröstet** 407

- *1 Kastenform von 1 1/2 l Inhalt, eingefettet und mit Mehl bestäubt** 51

In der Teigschüssel alle Zutaten des ersten Abschnittes miteinander vermischen und eine Vertiefung machen.
Der Sirup oder Zucker wird im Wasser aufgelöst und muß dann *ganz* abkühlen. Die Buttermilch dazugeben und diese Mischung in die Vertiefung gießen. Auch Zitrusschalen und Nüsse dazugeben.
Nun wird alles von der Mitte her zu einem glatten, klebrigen Teig verrührt. Man läßt ihn, zugedeckt, mindestens 1 Stunde bei Zimmertemperatur ruhen. Den Teig in die Backform geben und mit nassen Fingern glattstreichen.
Backen: ca. 1 1/2 Stunden bei 160°C, unterste Schiene.

Variationen:
- Wem der Kuchen zu trocken ist, ersetzt die Buttermilch durch saure Sahne und/oder schlägt 25 g Butter unter die noch warme Zuckerlösung.
- Die Gewürze des ersten Abschnittes können durch 1/2 - 3/4 Teelöffel Lebkuchengewürz ersetzt werden, oder man stellt selber eine Kräutermischung zusammen: für die Kleinen mit Anis- ►

und Koriander, für die Größeren mit Muskatnuß, Muskatblüte, Piment oder frisch geriebener Ingwerwurzel; Zimt ist für beide Mischungen eine gute Grundlage.

- Die doppelte Menge Gewürze verwenden.
- **Ingwerkuchen:** Die Apfelsinenschale und die Nüsse werden durch 1/4 - 1/2 Teelöffel Ingwerpulver und 50-100 g in Stücke geschnittenen kandierten Ingwer ersetzt.
- Man verwendet eine Mischung aus 150 g Reismehl, 100 g Maismehl, 50 g Buchweizenmehl und 25 g Marantamehl.
  Dieser Teig eignet sich nicht zum Backen eines flachen Gewürzkuchens, es sei denn, man verwendet eine Springform.

Tips:

- Haben Sie keine Kastenform? Backen Sie dann einen **flachen Gewürzkuchen** (Luzerner Lebkuchen): Man gibt den Teig in zwei «Bergen» auf das eingefettete Backblech mit möglichst großem Abstand voneinander und vom Rand. Nun werden der Teig und das Backblech mit dem Pflanzensprüher naßgespritzt, damit sich nicht zu schnell eine Kruste bildet. *Nicht* flachdrücken, der Teig fließt während des Backens von alleine in die richtige Form.
  Backen: ca. 30 Minuten bei 160°C, mittlere Schiene.
- Die lange Backzeit kann man mit einem *Hirsekuchen** teilen. 351

Rührkuchen

Das Grundrezept zu einem Rührkuchen, zu dem es viele Variationen gibt. Die Zubereitungsweise ist besonders einfach und zeitsparend, und der Kuchen kann nicht mißlingen, sofern der Bäcker ein Handrührgerät besitzt und sich genau an die Angaben hält. Der Kuchen schmeckt bereits am Tag des Bakkens lecker und bleibt, luftdicht verpackt, an einem kühlen Ort 1-2 Wochen frisch.

- *120 g Weizenmehl Type 1050 (CH: Ruchmehl)*
- *75-100 g Vollrohrzucker, gesiebt*
- *1/4 Teel. (1 g) Natron**
- *1 Prise Salz*

- *die abgeriebene Schale einer halben Zitrone oder Apfelsine*
- *40 g sehr weiche, jedoch nicht flüssige Butter*
- *1 großes Ei, auf Zimmertemperatur, verquirlt*
- *1/2 dl Buttermilch, Milch oder Wasser, auf Zimmertemperatur*

- *1 Kastenform von 0,8-1 l Inhalt, eingefettet und mit Mehl bestäubt** 51

In einer hohen Teigschüssel werden die Zutaten des ersten Abschnittes miteinander vermischt und eine Vertiefung hineingemacht. Dahinein kommen die Zitronenschale und die Butter, das Ganze wird auf Stufe 1 von der Mitte aus zu einer feinkrümeligen Mischung verarbeitet, wobei man immer wieder etwas von der Mehlmischung dazurührt.
Das Ei wird nach und nach dazugegeben und mit dem Handrührgerät weitergearbeitet, bis ein weicher Teig entstanden ist. Zum Schluß wird mit der höchsten Stufe die Milch nach und nach dazugegeben.
Insgesamt wird 3 Minuten auf höchster Stufe gerührt und der dicke Teig dann in die Form gegeben.
Backen: ca. 50 Minuten bei 180°C, unterste Schiene.
Der Teig ist durchgebacken, wenn man mit einer Stricknadel am höchsten Punkt einsticht und diese wieder trocken herauskommt. Den Kuchen zunächst 10 Minuten in der Form abkühlen lassen. Dann löst man die Ränder mit einem Messer und stürzt ihn vorsichtig auf ein Kuchengitter, damit er ganz abkühlen kann.

Variationen:

- Wenn dies nötig ist, kann die Butter durch 3 Eßl. Öl ersetzt werden.
- **Schokoladenkuchen:** Man mischt 2-3 Eßl. Kakao und 1-2 Eßl. Zucker zusätzlich zum Mehl; man kann auch 5- 6 Eßl. Karobpulver verwenden oder anstelle des Pulvers 40 g in kleine Stücke gebrochene Schokolade. Anstelle der Zitrusschale kann das Mark einer halben Vanilleschote* verwendet werden. 464
- **Früchtekuchen:** Man gibt 50-100 g Rosinen oder andere kleingeschnittene Dörrfrüchte (nach Sorte getrennt oder vermischt) zum Teig. Dann braucht man 25-50 g weniger Zucker.
- **Mandelkuchen oder Haselnußkuchen:** 50 g feingemahlene Nüsse mit dem Mehl vermischen, anstelle der Zitrusschale nimmt man 1/4-1/2 Teel. Zimt.
- **Tirolerkuchen:** Zum Teig des Mandel- oder Haselnußkuchens gibt man 40 g in knapp 1/2 cm große Stücke geschnittene Bitterschokolade.
- **Apfelsinenkuchen:** Das Abgeriebene einer ganzen Apfelsine verwenden, anstelle von Milch nimmt man Apfelsinensaft.
- Das Weizenmehl wird durch 100 g Reismehl und 20 g Buchweizenmehl ersetzt. Dieser Kuchen wird auch Kindern schmecken, die keine Diät einhalten müssen.

Hirsekuchen

Hirsekuchen

Ein feuchter, ziemlich fester Kuchen, der lange frisch bleibt. Erst zwei Tage nach dem Backen schmeckt er wirklich gut. Man sollte mehr Südfrüchte nehmen, wenn man weniger Sirup verwendet.

- *200 g Hirse, gewaschen und mindestens zwei Stunden eingeweicht in*
- *3 dl Wasser mit*
- *80-100 g getrockneten Aprikosen, in hauchdünne Scheibchen geschnitten*

- *80-100 g sehr weiche Butter*
- *80-100 g Sirup** 343
- *1 großes Ei, verquirlt*

- *das Abgeriebene einer halben Zitrone oder einer Apfelsine*
- *1/4 Teel. Zitronensaft*
- *1 Prise Salz*
- *150 g Vollkornweizenmehl, vermischt mit*
- *3/4 Teel. Natron* (siehe Variation 6)* 451

- *1 Kastenform von ca. 1 1/4 l Inhalt, eingefettet und mit Mehl bestäubt** 51

Ofen vorheizen.

Die Butter wird mit dem Sirup zusammen schaumig gerührt und das Ei in 2 Portionen, jeweils mit einem Eßlöffel Mehl, zum Buttergemisch gegeben (das verhindert das Gerinnen).

Den Rest der Zutaten dazurühren, zum Schluß die mit den Aprikosen eingeweichte Hirse. Der Kuchen wird in den kalten Ofen geschoben.

Backen: 1 1/2 Stunden bei 160°C, mittlere Schiene. Wenn der Kuchen zu schnell braun wird, wird er mit einem Stück Alufolie abgedeckt. Der Kuchen muß wirklich die vorgeschriebene Zeit im Ofen stehen, sonst wird die Hirse nicht gar.

Den Kuchen noch 10 Minuten im ausgeschalteten Ofen und nochmals 5 Minuten außerhalb des Ofens stehenlassen, bevor man ihn vorsichtig auf das Kuchengitter stürzt. Den abgekühlten Kuchen hebt man im Kühlschrank auf (luftdicht verpackt).

Hirsekuchen ist sehr krümelig, wenn er jedoch eiskalt ist, kann man ihn in schöne Scheiben schneiden. Bevor man ihn anrichtet, sollte er jedoch Zimmertemperatur erreichen, sonst kommt der Geschmack nicht zur Geltung. ►

Variationen:

- Die Hirsekörner können durch Hirseflocken ersetzt werden; es ist ausreichend, wenn man sie 10 Minuten in *kaltem* Wasser einweicht.
- Die Aprikosen werden durch 80 g Rosinen ersetzt, diese brauchen nicht eingeweicht zu werden.
- Die Butter kann durch 5 Eßl. Öl und zusätzlich 2 Eßl. Wasser ersetzt werden. Man gibt dann 1/4 Teelöffel Natron zum Mehl.
- 25 g der Butter (oder ein Eßl. des Öles) können durch 50 g gemahlene Haselnüsse oder Mandeln ersetzt werden.
- Das Ei kann durch 50 g Quark und 1 Eßl. Buchweizenmehl ersetzt werden. Dieser Teig kann nicht mit Öl gemacht werden.
- Das Natron kann durch 1/4 Eßl. Hefe, die in zwei Eßl. Einweichwasser aufgelöst wurde, ersetzt werden. Dieser Teig muß, zugedeckt, 3/4-1 Stunde gehen, bis sich Blasen gebildet haben. Nochmal durchrühren und dann in die Form geben. Jetzt erst den Ofen vorheizen, der Kuchen kann dann in der aufkommenden Ofenwärme gehen.
- **Maiskuchen:** Die Hirse wird durch 150 g Maismehl ersetzt.
- Das Weizenmehl wird durch 100 g Reismehl (mit dem Hirsemehl einweichen) und 40 g Buchweizenmehl ersetzt. Man nimmt zusätzlich 1 Messerspitze (1/4 g) Natron. Backzeit wie bei *glutenfreiem Brot**. 327
- Man macht einen Maiskuchen und ersetzt das Weizenmehl wie für glutenarmen Kuchen. Keinen gemalzten Sirup* verwenden. 342

Tip: Die lange Backzeit kann mit einem *Gewürzkuchen** geteilt werden. 349

Napfkuchen (Gugelhupf) (Abbildung S. 55)

Ein königlicher Geburtstagskuchen, den das Geburtstagskind bereits von seinem ersten Geburtstag an genießen kann. Dieses Hefegebäck braucht genügend Zeit zum Aufgehen, deshalb sollte man es am Tag vor dem Fest backen. Direkt vor dem Anschneiden wird der Napfkuchen mit Puderzucker* bestreut. Übrig- 410 gebliebener Napfkuchen schmeckt, mit etwas Butter bestrichen, noch besser als Rosinenbrot.

- *400 g Weizenmehl Type 1050 (CH: Ruchmehl) oder Vollkornweizenmehl (oder eine Mischung aus beidem)*

- *1/2 Eßl. Hefe, aufgelöst in*
- *3 dl Milch*
- *100 g harte Butter*
- *1/4 Teel. Salz*

- *50 g Vollrohrzucker oder Sirup*, aufgelöst in* 353
- *2 Eigelb*
- *die abgeriebene Schale einer Zitrone oder einer Apfelsine*

- *125 g Datteln, ohne Kern gewogen und quer in dünne Streifchen geschnitten*

- *einige geschälte halbe Mandeln** 407

- *eine Napfkuchenform mit 2 l Inhalt, großzügig eingefettet und mit Mehl bestäubt** 51

Das Mehl in eine Schüssel geben und eine Vertiefung machen. Hefemischung hineingießen und mit wenig Mehl zu einem dünnen Vorteig verrühren. Die Butter wird in dünne Scheibchen geschnitten, daraufgelegt und das Salz darübergestreut. Dann steckt man die Schüssel in eine Plastiktüte und läßt den Teig bei Zimmertemperatur stehen, bis er Blasen bildet (20 Minuten oder länger). Nun gießt man das Ei/Zucker- bzw. Sirupgemisch über die inzwischen weichgewordene Butter und streut die Zitrusschale darüber. Von der Mitte aus wird nun der Teig gerührt und geschlagen, bis er glatt und feucht ist (5 Minuten schlagen!). Dann gibt man die Datteln dazu und läßt den Teig aufgehen, bis er das doppelte Volumen erreicht hat. Bei Zimmertemperatur dauert das sicher 2 Stunden, länger schadet nicht.

Nun werden die Mandeln mit der runden Seite nach unten und der Spitze nach außen auf den Boden der Napfkuchenform gelegt. Den Teig schöpft man mit Hilfe eines Teigschabers in die Form (es ist gut, wenn er dabei etwas zusammenfällt) und steckt die Datteln, die über die Oberfläche des Teiges herausragen, mit einem spitzen Messerchen in den Teig zurück. Mit einem Löffel wird der Teig schön glatt gedrückt, dann läßt man ihn wieder aufgehen, bis er eine Rundung hat.

Inzwischen wird der Ofen auf 225°C vorgeheizt.

Backen: ca. 40 Minuten bei 190°C, unterste Schiene. Der Napfkuchen sollte noch 5 Minuten im ausgestellten Ofen stehenbleiben, danach läßt man ihn auch außerhalb des Ofens noch 5 Minuten stehen und stürzt ihn dann auf ein Kuchengitter.

Variationen:

- Die Datteln kann man durch 150 g andere Dörrfrüchte und eventuell 50 g Zitronat* ersetzen. 44

- 50-100 g des Mehls durch ebensoviel (geschälte) gemahlene Mandeln ersetzen (man sollte dann nicht mehr als 100 g Butter verwenden). Dadurch bekommt das Gebäck einen besonders feinen Geschmack und bleibt länger frisch.
- Die Butter durch 80 g (5 1/2 Eßl.) Öl und 1/4 dl zusätzliche Flüssigkeit ersetzen.
- Die Milch durch Buttermilch oder Wasser oder einer Mischung aus beidem ersetzen.
- Das Eigelb kann man durch 1/2 Teel. Kurkuma, für die gelbe Farbe, ersetzen. Damit der Teig sämig wird, nimmt man zusätzlich 10 g Butter oder 1/2 Eßl. Öl.

Tips:
- Aus dem übriggebliebenen Eiweiß kann man *Makronen** machen. 364
- Haben Sie keine Napfkuchenform? Machen Sie dann einen original italienischen **Panetone** (in einer Springform mit einem Durchmesser von 16-18 cm). Die Milch wird durch Wasser und die Datteln durch 150 g Rosinen ersetzt. Unten in die Form werden keine Mandeln gelegt, sondern sie werden in dünne Scheibchen geschnitten und *auf* den Teig gestreut.

Osterhase oder Osterlamm

(für eine Form von 1/2 l Inhalt)

Dazu braucht man eine spezielle Backform (z.B. von Kaiser), die aus zwei auseinandernehmbaren Hälften besteht. Das mitgelieferte Rezept enthält viel Ei, Butter und Zucker; hier folgt ein Rezept für ein weniger schwergewichtiges Ostertierchen.

Man macht ein halbes Rezept *Napfkuchenteig**. 352
Die Form auseinandernehmen und beide Hälften mit einem Pinsel (mit weicher Butter) einfetten. Mit Mehl ausstreuen und das überflüssige Mehl wieder ausklopfen. Die Form schließen und den Teig hineingeben. Man macht das am Anfang mit kleinen Portionen, damit man sieht, ob die Ohren und der Kopf des Tieres auch gut gefüllt sind. Die Form auf ein Backblech stellen und in den Ofen schieben.
Backen: ca. 30 Minuten bei 190°C, unterste Schiene. Das Gebäck läßt man noch 5 Minuten in der Form stehen und öffnet sie dann vorsichtig (die Ränder zuerst mit einem Messer lösen).
Auf dem Kuchenrost läßt man das Gebäck abkühlen und schneidet, bevor es präsentiert wird, eine gerade Standfläche. Mit *Puderzucker** bestreuen. 410

Blechkuchen

(für ein Blech von 30 mal 40 cm)

Ein Kuchen für eine große Kinderschar; er läßt sich leicht verteilen und ohne zu krümeln (aus der Hand) aufessen. Frisch schmeckt der Kuchen am besten, aber durch die Früchte bleibt er auch zwei Tage saftig. Man sollte ihn nicht auf dem Backblech liegen lassen, auf die Dauer bekommt er sonst einen Metallgeschmack. Siehe Tip.

Man macht einen *Napfkuchenteig**, nimmt jedoch 352
1 dl mehr Flüssigkeit und macht die Variation 2 (mit 100 g fein gemahlenen Nüssen). Datteln verwendet man weniger oder läßt sie ganz weg.
Das Backblech wird eingefettet* und mit Mehl be- 51
streut. Der aufgegangene Teig wird gleichmäßig dick auf das Blech gestrichen, die Ecken nicht vergessen. Dafür verwendet man einen Teigschaber.
Den Teig mit Früchten belegen, fest in den Teig drükken, durch das Aufgehen kommen sie wieder nach oben, und zwar so, daß zwischen jedem Obststück und vom Rand 1-2 cm Platz bleibt.
Geeignete Früchte sind:
- halbe kleine Äpfel oder reife Birnen; sie werden an der runden Seite mehrmals längs eingeschnitten und mit der runden Seite nach oben auf den Teig gelegt
- halbierte und entkernte Zwetschgen oder frische Aprikosen mit der Schnittfläche nach oben
- entkernte Kirschen (frisch oder aus dem Glas)

Der Ofen wird auf 225°C vorgeheizt. Das Obst wird
mit *Zimtzucker** bestreut und das Blech in den Ofen 410
geschoben.
Backen: ca. 30 Minuten bei 190°C, mittlere Schiene. Auf dem Blech abkühlen lassen und dann in viereckige Stücke schneiden.

Variation: Vor dem Backen kann der Kuchen mit
*Mandelstreusel** bestreut werden. Dann verwendet 239
man keinen Zimtzucker.

Tip: Wenn man den Kuchen mehr als einen Tag vor dem Verzehr machen muß, nimmt man besser einen
*Rührkuchenteig** als Grundlage. Für ein Backblech 350
von ca. 30 x 40 cm braucht man 3-4 mal soviel Teig wie im Rezept angegeben.

Zuckerbrotkuchen (28-30 cm Ø)

Dieser schon aus dem Backofen duftende Kuchen wird mit wenig Süßungsmittel gemacht und schmeckt trotzdem ziemlich süß (der Zucker liegt oben drauf). Der Kuchen läßt sich einfach zubereiten und darf sofort, noch ofenwarm, gegessen werden. Außer dem Originalrezept kann man aus dem gleichen Teig auch einen *Streuselkuchen* oder einen *Bienenstich* machen. Alle drei Varianten sind besonders für das Backblech geeignet (man muß dann von allen Zutaten die doppelte Menge nehmen).
Wenn das Gebäck im vorhinein gemacht wird, bäckt man es nicht ganz fertig und wärmt es kurz vor dem Anrichten noch einmal kurz im Ofen auf (ca. 10 Minuten bei 200°C).

- *1 Rezept feinen Brotteig*. Man nimmt dann 1 dl mehr Milch, die Hälfte des angegebenen Salzes und rührt 1 Eigelb unter den aufgegangenen Vorteig.* 332
- *1 Eiweiß, verquirlt mit*
- *3/4 dl Sahne (süß oder sauer)*
- *40-50 g Vollrohrzucker (darf grob sein)*
- *50-60 g Mandeln, eventuell geschält* und in Scheiben geschnitten* 407
- *1 Pizza- oder Springform von 28 cm Ø*

Der aufgegangene Teig wird in der Backform flachgedrückt, und zwar so, daß er am Rand etwas höher ist. Mit einer Gabel sticht man mehrmals in den Teigboden, jedoch nicht hindurch.
Die Eiweiß/Rahmmischung wird sofort daraufgegossen, wobei man mit Hilfe der Gabel soviel wie möglich in die kleinen Löcher fließen läßt. Es darf jedoch ruhig eine Schicht oben drauf stehen bleiben.
Den Ofen vorheizen und inzwischen den Kuchen gehen lassen (höchstens 1/4 Stunde), im Ofen geht er noch weiter.
Zucker darüberstreuen.
Backen: ca. 20 Minuten bei 200°C, unterste Schiene.
Nach der Hälfte der Backzeit werden die Mandeln darübergestreut. Wenn der Zucker während des Backens entlang der Innenseite der Form ausläuft, muß man den Kuchen, noch während er heiß ist, aus der Form heben (Zucker klebt wie Kleister).
Wenn der Kuchen oben zu schnell braun wird, deckt man ihn ab (das Braune schmeckt bitter und ist ungesund).

Variationen:

- **Streuselkuchen:** Man nimmt 3/4 des Teiges (unter den Rest kann man noch etwas Mehl kneten und Brotfiguren* daraus backen). 333
  Streusel:
  Man knetet 60 g Vollkornweizenmehl, 60 g Vollrohrzucker, 60 g gemahlene Mandeln und 60 g sehr weiche Butter in dieser Reihenfolge mit einer Gabel zu einer bröseligen Masse und streut diese vor dem Backen auf den Teigboden. Gut andrücken und weiter arbeiten wie beim Zuckerbrotkuchen.
- **Bienenstich:** Man macht einen Teig wie für den Streuselkuchen. Dann läßt man auf kleinem Feuer 50 g Butter schmelzen und nimmt sie vom Feuer. Dazu rührt man 50 g Honig und 1 Eßl. Sahne oder Milch und schlägt das Ganze zu einer glatten Soße. Dann schöpft man 75-100 g geschälte* und 407 fein gehobelte Mandeln darunter und streicht diese klebrige Masse auf den Teig. Weiterarbeiten wie für den Zuckerbrotkuchen.

Tip: Sowohl den Streuselkuchen als auch den Bienenstich kann man – abgekühlt – mit einem doppelten Rezept *Backcreme** füllen. Damit der Kuchen 411 durchgeschnitten werden kann, muß er dicker sein: Deshalb macht man ein ganzes Rezept feinen Brotteig. Wenn man die obere Hälfte schon in Stücke schneidet, bevor man sie auf die ausgestrichene Füllung legt, läßt sich der Kuchen beim Servieren besser schneiden.

Rosenkuchen mit Nußfüllung

(für eine Springform von 26-28 cm Ø)

Ein toller Kuchen, der kaum mißlingen kann und drei Tage frisch bleibt.
Zum Grundrezept gibt es zahllose Variationen, und es besteht die Möglichkeit, daß dieser Kuchen zu Ihrem «Hauskuchen» erklärt wird.

- *1 doppeltes Rezept Hefeteig*, die süße Variation* 347

Füllung:
- *50 g Butter*
- *50 g (3 Eßl.) Sirup*
- *125 g Haselnüsse, gemahlen*
- *1/2 dl Sahne*
- *1/2-1 Teel. abgeriebene Zitronen- oder Apfelsinenschale*
- *75 g Rosinen, fein gehackt*

- *1 Pizza- oder Springform von 26-28 cm Durchmesser, eingefettet*

Alle Zutaten für die Füllung werden in der genannten Reihenfolge miteinander verrührt. Diese Mischung läßt man an einem warmen Ort stehen, dann bleibt sie streichfähig.
Den Teig zu einem Stück von 35x45 cm* auswellen. 345
Dann wird er mit der Füllung bestrichen, wobei an einer der langen Seiten ein Rand frei bleibt, der mit Wasser bepinselt wird. Nun wird der Teig der Länge nach gleichmäßig, jedoch nicht zu fest, aufgerollt. Den mit Wasser bestrichenen Rand gut andrücken. Von der Rolle werden 5 cm dicke Stücke abgeschnitten, die aufrecht in die Backform gelegt werden. Nun deckt man den Kuchen mit Plastikfolie zu und läßt ihn bei Zimmertemperatur noch einmal gehen, bis er sich hochwölbt (30-45 Minuten).

Backen: ca. 40 Minuten bei 200°C, unterste Schiene. Wenn der Kuchen oben zu schnell braun wird, wird er mit Alufolie abgedeckt.
Möchte man den Kuchen länger als einen Tag aufheben, bestreicht man ihn, damit er nicht austrocknet, sofort nach dem Backen mit *Zitronengelee**. 420

Variationen: (für die Füllung)
- Die Sahne wird durch 1/2 dl Viili* (oder Joghurt) 464
  oder 2 Eßl. Quark, die mit 1/2 dl Milch verrührt wurden, ersetzt; dadurch wird der Geschmack etwas säuerlich.
- Die Haselnüsse durch Mandeln ersetzen, davon eventuell drei bittere (letztere im Mörser zerstoßen).
- Die Haselnüsse vor dem Verwenden rösten; man braucht dann 25 g weniger.
- Einen nicht zu sauren geriebenen Apfel zur Füllung geben; dadurch bleibt das Gebäck länger frisch.
- **Hefeschnecken**: Die gefüllte Teigrolle wird in 2-3 cm dicke Stücke geschnitten. Man legt sie aufs Backblech und drückt sie fest. Die Backzeit beträgt nur 15 Minuten. Die Hefeschnecken werden nach dem Backen sofort mit *Zitronengelee** 320
  bestrichen.
- **Osterkranz:** Die Rolle wird nicht in Stücke geschnitten, sondern in einem Kranz aufs Backblech gelegt. Die Enden mit den Fingern kräftig ausstreichen, so daß keine Naht entsteht. Nach der Hälfte der Zeit des Gehens wird der äußere Rand des Kranzes alle 2 cm mit einer Schere ca. 3 cm tief eingeschnitten. Die Backzeit ist kürzer (ca. 30 Minuten).
  Kurz vor dem Servieren wird der Kranz mit einem Hauch *Puderzucker** bestreut, und in die Mitte 410
  stellt man eine Vase mit Frühlingsblumen.
- **Schmetterlinge:** eine nette Art der Bewirtung. Ein Viertel des Hefeteigs wird zurückgehalten. Die restlichen Dreiviertel wellt man zu einem Stück von 30 x 40 cm aus und schneidet dieses der Länge nach in zwei Teile. Die beiden Streifen werden jeweils mit der Hälfte der Füllung bestrichen; ►

so bekommt man zwei dünne Rollen. Man schneidet sie in gut 1 cm dicke Scheiben. Aus dem zurückgehaltenen Teig formt man Schmetterlingskörper. Nun legt man jeweils einen Schmetterlingskörper zwischen zwei «Flügel» direkt auf das eingefettete Backblech. Auf dieselbe Art kann man auch Schnecken machen. Die Tierchen werden mit verquirltem Ei bestrichen.
Backen: wie Hefeschnecken

Karotten- oder Kürbiskuchen (Rüblitorte)

(für eine Springform von 28 cm Ø)

Für eine Bewirtung in der Schule besonders geeignet. Dies ist ein mäßig süßer, nahrhafter Kuchen, der mehrere Tage frisch bleibt. Da er einen Teigboden hat, ist er einfacher in (kleine) Stücke zu schneiden und krümelt weniger als der ursprüngliche Karottenkuchen. Vor dem Aufschneiden kann man eventuell mit Hilfe einer runden Ausstechform oder einer dünnwandigen Tasse einen kleinen Kreis aus der Mitte des Kuchens ausstechen. Man bekommt dann kleinere Stücke ohne Spitze, die doch meistens abbricht.

Für einen Blechkuchen von ca. 30 x 40 cm braucht man sowohl vom Belag als auch vom Teig die doppelte Menge.
Die Mengen von Süßungsmittel und Mehl hängen von der Qualität der Karotten ab. Je süßer, desto *weniger* Süßungsmittel, je saftiger (und je feiner geraffelt), desto *mehr* Mehl braucht man.
Für den Kürbiskuchen verwendet man wenig Mehl und viel Süßungsmittel. Wenn das Gemüse im Frühling sehr trocken geworden ist, kann man einen Teil davon durch einen saftigen Apfel ersetzen.

- *1 Rezept Mürbeteig* nach Wahl* 344
- *250 g Haselnüsse oder Mandeln, fein gemahlen*
- *75-100 g Vollkornweizenmehl*
- *250 g Karotten, geschält gewogen und fein geraffelt*
- *die abgeriebene Schale einer Zitrone*
- *1/2 Teel. Zimt*
- *Saft einer halben Zitrone (Kürbiskuchen)*
- *3 Eigelb*
- *1/2 dl Buttermilch oder Wasser*
- *150-175 g Vollrohrzucker oder Sirup** 343

- *3 Eiweiß, steif geschlagen mit*
- *1 Prise Salz*

- *1 Spring- oder Pizzaform von 28 cm Durchmesser*

Der Teig wird 3 mm dick ausgewellt und in die Form gelegt*. Dabei macht man einen Rand von 2 cm 345
Höhe.
In einer Schüssel werden die Zutaten des zweiten Abschnittes gründlich miteinander vermischt (zuerst mit der Gabel, dann mit den Händen).
In einer sauberen Schüssel wird das Eiweiß mit einem sauberen Schneebesen steif geschlagen und dieser Eischnee auf die Karottenmischung gelegt. Nun wird alles luftig untergehoben und diese Füllung gleichmäßig dick auf dem Teigboden ausgebreitet.
Backen: 30-40 Minuten bei 200°C, unterste Schiene.
Wenn der Kuchen oben vorzeitig braun wird, wird er mit Alufolie abgedeckt (zu braun gewordene Karotten schmecken bitter).
Der Kuchen braucht viel Unterhitze. Auf dem Kuchengitter abkühlen lassen.

Variationen:
- Die Eier durch 100 g Magerquark und 30 g feine Haferflocken ersetzen. Das Mehl wird mit 1/2 Teel. Natron* vermischt. 451
- Für den Kürbiskuchen wird 30-50 g feingeschnittener kandierter Ingwer mit der Füllung vermischt.
- Nüsse und Karotten etwas gröber, dies ergibt einen etwas anderen Geschmack; man schmeckt dann die Nüsse und die Karotten getrennt voneinander.
- Der Hefeteig wird durch *glutenfreien Sandkuchenteig** und das Vollkornweizenmehl der 347
Füllung durch 50-75 g Reis- oder Maismehl ersetzt. Wenn man die Eier ersetzen muß (siehe Variation 1), nimmt man Buchweizenflocken. Keine gemalzte Sirupsorte* verwenden. 342

Tip: Kein Nußmus verwenden und die Nüsse nicht im Mixer mahlen; nur wenn die Nüsse in einer Mandelmühle sehr fein gemahlen wurden, wird der Kuchen luftig.

Bärchen (ca. 300 g, 50 Stück) (Abbildung S. 358)

Der erste richtige Keks, den man (wenn man es nicht doch noch eine Weile bei der zuckerfreien Brotrinde belassen will) zum ersten Geburtstag geben kann. Das Plätzchen bricht nicht so leicht und krümelt auch nicht. Es enthält sehr wenig Fett und auch keinen Kristallzucker. Trotzdem sollte man das Kind nicht mit den Plätzchen alleine lassen.
Luftdicht verpackt bleiben die Bärchen 2-3 Wochen frisch.

- *60 g weiche Butter*
- *60-80 g Malzextrakt** 342
- *40 g (2 Eßl.) Apfel- oder Apfelsinensaft*
- *200 g Weizenmehl Type 550 oder 1050 (CH: Halbweiß- oder Ruchmehl)*

Butter und Süßungsmittel miteinander cremig rühren, danach den Saft und das Mehl dazurühren, zuerst nur die Hälfte des Mehls. Aus diesem geschmeidigen Teig formt man eine Rolle von 2-4 cm Dicke und verpackt sie in Plastikfolie; dabei wird die Rolle etwas flachgedrückt. Im Kühlschrank festwerden lassen (mindestens 1/2 Stunde).
Nun wird der Teig mit einem scharfen Messer in 3 mm dicke Scheiben geschnitten und aufs Backblech gelegt. Nach Wunsch kann man nun einen kleinen Bären formen, indem man mit Daumen und Zeigefinger Hals und Ohren formt und die Beine einschneidet. Mit einer Stricknadel werden Augen, Mund und Arme markiert.
Backen: ca. 15 Minuten bei 150°C, mittlere Schiene. Sobald die Bärchen einen etwas dunkleren Rand bekommen haben, holt man sie aus dem Backofen und nimmt sie vom Blech. Auf dem Kuchengitter abkühlen lassen.

Variationen:
- Der Malzextrakt kann durch Reis- oder Maissirup ersetzt werden, wenn der Geschmack des Malzextraktes nicht akzeptiert wird.
- Der oben genannte Saft kann durch Birnendicksaft (Apfeldicksaft ist zu sauer) ersetzt werden, dann werden die Plätzchen etwas süßer.
- Keinen gemalzten Sirup* verwenden und das Weizenmehl durch 220 g Reismehl oder 175 g glutenfreies Kindermehl ersetzen. 342
  Die Plätzchen werden mit Reismehl etwas «körniger», mit Kindermehl jedoch genauso fein wie mit Weizenmehl Type 1050.

Kinderplätzchen (ca. 350 g, 50 Stück) (Abbildung S. 358)

Ein leicht verdauliches Plätzchen mit zartem Geschmack. Luftdicht verpackt hält es sich 2-3 Wochen frisch.

- *60 g weiche Butter*
- *100-140 g Reismalzsirup* oder Birnel* 342
- *40 g sehr fein gemahlene Haselnüsse*
- *2 Eßl. Wasser*
- *100 g Weizenmehl Type 1050 (CH: Ruchmehl)*
- *90 g Thermogerstenmehl** 107

Die Butter mit dem Süßungsmittel cremig rühren. Dazu werden die übrigen Zutaten in obengenannter Reihenfolge gerührt. Dieser klebrige Teig soll nun mindestens 20 Minuten bei Zimmertemperatur ruhen (mit Plastikfolie zudecken). Den nun etwas fester gewordenen Teig kann man zu einer 4-5 cm dicken Rolle formen, in Plastik einwickeln und im Kühlschrank fest werden lassen (mindestens 2-3 Stunden oder eine Nacht).
Mit einem scharfen Messer werden 2-3 mm dicke Scheiben von der Teigrolle geschnitten und aufs Backblech gelegt.
Backen: ca. 15 Minuten bei 175°C, mittlere Schiene. Die Plätzchen dürfen einen braunen Rand haben, sollten ansonsten jedoch nicht dunkler werden.

Variationen:
- Der Sirup wird durch 60-100 g Vollrohrzucker ersetzt. Dadurch bekommen die Plätzchen eine dunklere Farbe und einen herzhafteren Geschmack.
- Gleichzeitig mit den gemahlenen Nüssen gibt man 1/4 Teel. Zimt oder 1/2 Teel. gestoßenen Anis dazu.
- Aus den (Klein-)Kinderplätzchen kann man auch Plätzchen für etwas größere Kinder machen. Man ersetzt die oben genannten Zutaten durch 50 g entkernte, feingeschnittene Datteln. Für dieses Alter kann man auch Vollkornmehl oder normales Gerstenmehl oder selbergemahlene Gerstenflocken* verwenden. 405
- Das Weizen- und Gerstenmehl wird durch 200 g Reismehl oder 170 g glutenfreies Kindermehl (Holle) ersetzt. Anstelle des Reissirups nimmt man Ahornsirup oder Dattelsirup.
  Mit Kindermehl werden die Plätzchen feiner als mit Reismehl.

Tüpfelchen (s. Abbildung)

(ca. 400 g, 60 Stück)

Ein nicht zu süßer, mit guten Zutaten gemachter Keks, den die Kleinen an Festtagen als Zwischenmahlzeit knabbern können.
Luftdicht verpackt sind sie 2-3 Wochen haltbar.

- *75 g weiche Butter*
- *100 g Vollrohrzucker*
- *60 g (ein großes) Ei, ohne Schale gewogen, verquirlt*
- *1/4 Teel. (2 g) abgeriebene Zitronenschale*
- *1 Eßl. (15 ml) Zitronensaft oder Apfeldicksaft*

- *25-50 g Haselnüsse (eventuell geröstet*) oder* 407 *Mandeln, fein gemahlen*
- *125 g Vollkornweizenmehl oder Weizenmehl Type 1050 (CH: Ruchmehl)*
- *125 g feine Haferflocken*

Butter und Zucker cremig rühren, dann nach und nach das Ei, die Zitronenschale und den Zitronensaft dazugeben. Dauernd rühren, bis eine homogene Masse entstanden ist. Danach werden die trockenen Zutaten dazugegeben. Dieser klebrige Teig (mit Plastikfolie zugedeckt) muß nun mindestens 20 Minuten bei Zimmertemperatur ruhen. Danach kann man eine 4 cm dicke Rolle daraus formen. Diese Rolle wird in Plastik gewickelt und zum Festwerden zwei Stunden in den Kühlschrank gelegt.
Danach wird der Teig mit einem scharfen Messer mit Wellenschliff in 3 mm dicke Scheiben geschnitten und diese aufs Backblech gelegt.
Backen: ca. 15 Minuten bei 160°C, mittlere Schiene.
Die Kekschen dürfen nicht zu braun werden, müssen jedoch gut durchgebacken sein.

Variationen:
- Die Zitronenschale kann durch Apfelsinenschale (doppelte Menge) oder durch 1/4 Teel. Zimt oder Piment oder durch 1/2 Teel. Koriander oder 1/4-1/2 Eßl. Anissamen ersetzt werden.
- Grobe Haferflocken verwenden und die Teigrolle etwas dicker machen.
- Das Mehl wird durch 150 g Reismehl oder 120 g Kindermehl (Holle) ersetzt, und anstelle der Haferflocken nimmt man Buchweizenflocken oder (glutenarm) Hirseflocken.
  Mit dem Kindermehl werden die Kekse feiner als mit Reismehl.

Teebiskuits (s. Abbildung)

(ca. 225 g, 50 Stück mit einer Größe von 5 x 5 cm)

Wenn Sie das Dünnauswellen von Teig* beherr- 345
schen, wird Ihre Keksdose schnell gefüllt sein. Diese mürben Kekse sind einfach zu machen, ergiebig, nicht zu süß und trotzdem überraschend lecker. Luftdicht verpackt halten sie 3-4 Wochen; ein Grund mehr, gleich eine ordentliche Menge zu backen.

- *160 g Vollkornweizenmehl*
- *40 g feines Hirsemehl** 406
- *1/2 Teel. Natron** 451
- *1 Körnchen Salz*

- *40 g Vollrohrzucker aufgelöst in*
- *3/4 dl kochendem Wasser, wieder abgekühlt*
- *1/4 Teel. Zitronensaft*

- *50 g weiche Butter*
- *eventuell das Mark von 1/4 Vanilleschote*

Diverse Kekse.
Von links nach rechts und von oben nach unten: Osternester, Bärchen, Tüpfelchen, Mandelplätzchen, Kokoskuchen; Makronen, Kinderplätzchen, Teebiskuits

Die Zutaten des ersten Abschnittes werden in einer Schüssel vermischt und eine Vertiefung hineingemacht.
Dahinein gießt man das lauwarme Zuckerwasser und macht mit dem Mehl einen dicken Teig. Butter und Vanille werden daraufgelegt und nun mit der Gabel zu einem glatten, jedoch noch etwas klebrigen Teig geknetet. In Plastikfolie einwickeln und dabei ein flaches Rechteck formen.
Im Kühlschrank mindestens eine Stunde fest werden lassen (nach Möglichkeit auch länger).
Nun wird eine Hälfte des Teigs (Teigstück horizontal durchschneiden) auf einer mit Mehl bestreuten Arbeitsfläche 2 mm dick ausgewellt. Schön eckig zuschneiden (Reste zur anderen Teighälfte geben) und lose um das Wellholz legen. So wird der Teig zum Backblech transportiert, auf die eine Hälfte gelegt und in Rauten geschnitten. Mit der zweiten Teighälfte verfährt man ebenso und legt sie dicht neben die erste Hälfte auf das Backblech. Die Reste werden ausgewellt, ebenfalls in Rauten geschnitten und mit aufs Backblech gelegt. Mit einer Gabel mehrmals einstechen.
Backen: ca. 15 Minuten bei 160°C, mittlere Schiene. Die Plätzchen dürfen kaum dunkel werden, sollten aber gut durchgebacken sein.
Vom Backblech nehmen und aufs Kuchengitter zum Abkühlen legen.

Variationen:

- Das Vollkornweizenmehl wird eventuell durch Weizenmehl Type 1050 ersetzt (CH: Ruchmehl).
- Das Hirsemehl wird durch Reismehl oder Vollkornweizenmehl ersetzt. In letzterem Fall wird ein halbes Ei verquirlt und so mit Wasser verdünnt, daß die Menge 0,8 dl ergibt. Mit dieser Flüssigkeit ersetzt man das Wasser vom Grundrezept.
- Der Zucker wird durch Sirup ersetzt (Sorte nach Wahl): Dann werden die Plätzchen etwas weniger mürbe.
- Anstelle der Butter nimmt man 40 g (2 1/4 Eßl.) Öl.
- Die Vanille wird durch die abgeriebene Schale einer halben Zitrone oder einer Apfelsine oder durch 1/2 Teel. Zimt oder durch 1-2 Teel. gestoßenen Anis ersetzt.
- Dafür verwendet man eine Mehlmischung aus 100 g Reismehl, 50 g Maismehl und 30 g Marantamehl. Dieser Teig ist zum dünn Auswellen zu empfindlich. Man macht daraus eine dicke Rolle, wickelt sie in Plastik und läßt sie über Nacht im Kühlschrank festwerden. Dann schneidet man 2 mm dünne Scheibchen davon ab, legt diese aufs Backblech und sticht sie mit einer Gabel ein. Die **Backzeit** beträgt hier nur 10 Minuten.
- **Doppelkekse:** Man bestreicht ein Plätzchen mit *Schokoladen-Brotaufstrich** und legt ein zweites 240
  darauf (hierfür wird die maximale Buttermenge verwendet).

Spekulatius (ca. 500 g)

Wer ein Spekulatiusbrett besitzt und dazu die nötige Geduld hat, kann dieses traditionelle Winterplätzchen nach allen Regeln der Kunst backen. Im folgenden geben wir zwar das Rezept für den Teig, jedoch mit einer einfacheren Zubereitungsweise, bei der man kein Brett benötigt.

- *150 g weiche Butter*
- *135 g Vollrohrzucker, aufgelöst in*
- *2 Eßl. kochendem Wasser*

- *300 g Weizenmehl Type 1050 (CH: Ruchmehl) oder Vollkornweizenmehl oder eine Mischung aus beiden*
- *10 g (reichlich 1 Eßl.) Spekulatiusgewürz*

- *eventuell 1/3 Eiweiß, verquirlt mit 1 Eßl. Wasser*
- *eventuell 50 g geschälte und halbierte Mandeln** 407

Butter und den aufgelösten Zucker miteinander sahnig rühren. Die Gewürze dazurühren und das Mehl mit Hilfe einer Gabel oder eines hölzernen Löffels darunterrühren. Wenn der Teig sehr klebrig ist, läßt man ihn 20 Minuten (bei Zimmertemperatur) ruhen.
Nun formt man aus dem Teig eine glatte Rolle von 4 cm Durchmesser, wickelt sie in eine Plastikfolie und läßt sie im Kühlschrank ganz fest werden.
Von der Rolle werden 2-3 mm dünne Scheibchen abgeschnitten und aufs Backblech gelegt.
Die Plätzchen (nur die 3 mm dicken) werden eventuell mit Eiweiß bepinselt und mit einer halben Mandel verziert.
Backen: ca. 10 Minuten bei 160°C, mittlere Schiene.
Die Plätzchen dürfen beim Backen kaum dunkler werden.
Luftdicht verschlossen aufbewahren.

►

Variationen:

- Anstelle des Zuckers kann man 150 g Birnel oder Zuckerrübenkraut verwenden. Dadurch werden die Plätzchen etwas weniger mürbe, es sei denn, man verwendet 1 Messerspitze Natron* und 1/4 451 Teel. Zitronensaft.
- Das Weizenmehl wird durch 200 g Reis- und 80 g Buchweizenmehl ersetzt, ansonsten die Variation 1. Für eine glutenarme Diät kann man die Hälfte des Reismehls durch Hirsemehl* ersetzen, 406 dann werden die Plätzchen etwas mürber.
- **Spekulatiusbrocken** (3-4 Stück von ca. 135 g): Zum Teig mit Zucker gibt man eine Messerspitze und zum Teig mit Sirup 1/4 Teel. (1/2 g) Natron dazu (wenn man nur Vollkornweizenmehl verwendet, wird der Teig etwas lockerer).
  Nachdem der Teig geruht hat, wird er in 2-3 Kugeln aufgeteilt; diese Kugeln werden jeweils auf einem mit Mehl bestreuten Backbrett 1 cm dick in einigermaßen quadratische Scheiben ausgewellt. Diese Scheiben legt man mit Hilfe eines breiten Messers aufs Backblech und bestreicht sie mit Milch. Wenn man die Spekulatius jedoch mit halben Mandeln verzieren will, sollte man zum Bestreichen Eiweiß verwenden.
  Backen: ca. 20 Min. bei 175°C, mittlere Schiene.

Lebkuchen (ca. 1 kg)

Ein seit vielen Jahren erprobtes Rezept, das von einem ursprünglich sehr süßen Gebäck abgeleitet wurde. Der Teig kann nach dem Auswellen auch von Kindern gut verarbeitet werden, die gebackenen Kuchen sind stoßfest und halten sich wochenlang. Wenn man sie nach dem Backen (nachdem sie abgekühlt sind) sofort in einer luftdicht schließenden Dose oder Tüte dicht beieinander, mit einem Butterbrotpapier zwischen jeder Lage verpackt, bleiben sie weich. Lebkuchen, die trotzdem hart geworden sind, kann man eine Nacht neben den Brotlaib in den Brotkasten legen, dann sind sie wieder weich. Wenn man die Lebkuchen hinterher mit Süßigkeiten verziert, sollte man beim Backen so wenig wie möglich Süßungsmittel verwenden,

Aus Teig, der 2-3 mm ausgewellt wurde, werden kleine Förmchen ausgestochen, aus 3-5 mm dickem Teig kann man große Formen ausstechen (bis ca. 12 x 15 cm). Eventuell kann man auch mit Hilfe einer Schablone, die aus festem Papier ausgeschnitten wurde, einen eigenen Entwurf machen (Nikolaus-Überraschungen, siehe Tips).

Für die Wände und das Dach eines *Lebkuchenhäuschens** braucht man einen Teig, der 3/4 cm dick 362 ausgewellt ist.

Zum Verzieren nimmt man halbe geschälte Mandeln*, halbe Cashewnüsse, alle Sorten Dörrfrüchte 407 (in Stücke geschnitten), Sonnenblumenkerne und Nelken (für die Augen), Sesam (für die Haare) und Popcorn (für Bart und Schnee). Mit Hilfe eines Teiges aus Mehl Type 550 und ganz wenig kaltem Wasser kann man diese Verzierungen fest auf die Lebkuchen kleben. Man sollte so wenig wie möglich davon verwenden, damit dieser «Leim» unsichtbar bleibt.

Mit *Zuckerglasur** kann man feine Linien (Buch- 412 staben) auf die Kuchen spritzen. Für diese genauen Arbeiten, ein Vergnügen für lange Wintersonntage, ist eine Pinzette sehr praktisch. Siehe auch Tips.

Der Teig sollte mindestens 6 Stunden vor dem Bakken gemacht werden. Im Kühlschrank hält er sich 2-3 Tage.

- *150-175 g Vollrohrzucker*
- *1 dl heißes Wasser*

- *150-175 g Backhonig* oder Sirup (Zucker-* 454 *rübenkraut ergibt die dunkelste Farbe und den stärksten Geschmack)*
- *1 1/4 Buttermilch oder Wasser mit 1/2 Teel. Zitronensaft oder Essig*
- *50 g Orangeade* oder die abgeriebene Schale* 414 *einer Apfelsine*

- *600 g Weizenmehl Type 1050 (CH: Ruchmehl) oder Vollkornweizenmehl oder aus beidem eine Mischung*
- *1/2 Eßl. Spekulatiusgewürz*
- *1/2 Eßl. Anis, zerstoßen mit*
- *1 Messerspitze Salz*
- *1/2 Eßl. Natron** 451

In einem kleinen Topf wird der Zucker im Wasser aufgelöst; eventuell kurz aufkochen, dann jedoch vom Feuer nehmen, sonst verdampft zuviel von der Flüssigkeit.

Nun werden der Sirup, die Milch und die Apfelsinenschale daruntergerührt. Das Ganze läßt man *völlig* abkühlen (das Natron würde durch die Wärme gleich anfangen zu wirken).

Man behält 3 volle Eßl. Mehl zurück. Den Rest des Mehls vermischt man mit den übrigen Zutaten des letzten Abschnittes gründlich in einer Schüssel und macht eine Vertiefung hinein. Dorthinein gießt man die abgekühlte Flüssigkeit und rührt und knetet alles von der Mitte her mit einem hölzernen Löffel zu einem nassen, schweren Teig. Nur wenn dies unbedingt nötig ist, wird von dem zurückgehaltenen Mehl dazugegeben. Mit Hilfe eines Teigschabers wird in der Schüssel ein Ball geformt, der mit Plastik gut zugedeckt wird. Das Ganze läßt man bei Zimmertemperatur mindestens 6 Stunden, am besten jedoch eine Nacht stehen.

Den festgewordenen Teig wellt man auf einer mit reichlich Mehl bestreuten Arbeitsfläche aus, indem man zwischen Teig und Wellholz Backpapier legt (auseinandergeschnittene Butterbrottüte). Kein Mehl auf den Teig streuen, sonst bekommt das Backwerk eine weniger glatte Oberfläche.

Die ausgestochenen oder ausgeschnittenen Figuren werden mit einem Bratenspachtel auf ein *eingefettetes* oder mit Backpapier ausgelegtes Backblech gelegt. Zwischen jeder Figur sollte ein Abstand von 1/2 - 1 cm gelassen werden, denn der Teig geht während des Backens auf.

Lebkuchen großzügig mit Kaffeesahne oder Milch bestreichen, damit sie schön glänzen.

Backen: ca. 12 Minuten für 3 mm dick ausgewellten Teig bei 175°C, mittlere Schiene. Ca. 15 Minuten für 1/2 cm dicken Teig, ca. 18 Minuten für die 3/4 cm dicken Bauteile des Lebkuchenhäuschens.

Die Lebkuchen dürfen beim Backen nur ein klein wenig dunkler werden, sonst werden sie hart.

Die Figuren werden aufs Kuchengitter zum Abkühlen gelegt. Die großen Figuren und die Bauteile müssen flach liegen, sonst werden sie krumm.

Variationen:

- Der Zucker wird durch Sirup oder Backhonig+ 454 ersetzt. Dann werden die Lebkuchen etwas weicher, die Bauteile werden jedoch nicht fest genug.
- Man macht die sehr **milde gewürzten Lebkuchen:** Der Sirup wird durch Honig und das Spekulatiusgewürz durch 1/2 Eßl. Anis ersetzt. Diesen Teig (Reste) kann man auch für **Pfeffernüsse** verwenden: Auf 150 g Teig wird 1/4 Teel. Ingwerpulver dazugeknetet und fingerdicke Rollen ausgeformt. Diese werden in Stücke geschnitten und zu kleinen Kugeln gedreht. Die Kugeln legt man *nebeneinander* aufs Backblech; während des Backens gehen sie auf, berühren sich und bekommen dadurch ihre typische eckige Form. Für **Gewürznüsse** siehe Tip 1.
- Man nimmt 500 g Reismehl, 75 g Buchweizenmehl und 25 g Marantamehl. Man braucht zusätzlich 1/2 Teel. Natron und die maximale Menge an Süßungsmitteln (175 g Zucker und 200 g Sirup). Die Buttermilch wird durch 1 großes Ei und 1/2 Teel. Zitronensaft ersetzt. Eventuell gibt man eßlöffelweise Wasser dazu, bis der Teig gut zusammenhält. Diesen Teig läßt man nun im Kühlschrank ruhen (1 Stunde ist ausreichend) und verarbeitet ihn portionsweise. Er sollte keinesfalls zu hart, jedoch gut durchgebacken werden.
  Große Formen lassen sich von glutenfreiem Teig schwer auswellen und noch schwieriger aufs Backblech transportieren. Am günstigsten ist es, wenn man jeweils nur soviel Teig auswellt (zwischen zwei Folien), wie man für eine Form braucht. Nach dem Auswellen läßt man die Folie auf dem Teigstück liegen und transportiert es mit Hilfe dieser Folie auf das Backblech. Dann erst wird die Folie vorsichtig vom Teig abgezogen und die gewünschte Form ausgeschnitten. Das Backblech mit Küchenpapier abwischen, damit während des Backens keine Krümel verbrennen.
  Backen: bei 160°C. Große, dicke Figuren läßt man 5 Minuten im ausgeschalteten Ofen stehen.

Tips:

- Teigreste werden fest zusammen gedrückt und in eine Plastiktüte gegeben. Bis aller Teig verarbeitet ist, legt man sie in die Nähe des Ofens an einen warmen Ort. Dann werden die geschmeidig gebliebenen Restchen gut miteinander verknetet und **Pfeffernüsse** daraus gemacht: Man läßt die Kinder vom Teig kleinfingerdicke Schlangen formen, diese in Scheibchen schneiden und zu kleinen Kugeln drehen. Man kann den Teig auch 1/2 cm dick auswellen und mit dem Apfelstecher ausstechen. Die kleinen Kugeln oder Kreise werden mit einem Abstand von 1 cm aufs Backblech gelegt und flachgedrückt. Ca. 12 Minuten backen bei 175°C.
- Beim Verzieren der gebackenen Lebkuchen kann man schwierige Linien (z. B. Gesichter) mit einem spitzen Messer einritzen. Dazu schneidet man die entsprechenden Formen aus einer Schablone aus und fixiert sie mit Nadeln auf dem Kuchen.
- Flächen (Haare): Hierfür kann man eventuell zuerst die Umrisse mit einer feinen Zuckerglasurlinie, die man gut trocknen läßt, markieren. Dann wird die Fläche dünn mit verquirltem Eiweiß bestrichen und sofort mit Sesamsamen oder anderen feinen Streuseln bestreut. Andrücken und überflüssige Streusel abfallen lassen (auf einem Stück Papier arbeiten); die Streusel haften nur auf der bepinselten Fläche.

Lebkuchenhäuschen

(22 x 16 cm, Höhe 18 cm)

Die «Baumaterialien» für dieses Häuschen kann man am Vortag backen, und für die «Maurer-» und «Malerarbeiten» reserviert man sich am besten einen ruhigen Mittag oder Abend.
Für die kleineren Kinder sollte dieses Lebkuchenhäuschen eine Überraschung sein, die größeren werden gerne dabei helfen.

- *3 Portionen Lebkuchenteig* (dies ist reichlich* 360 *berechnet). Bei der Herstellung des Teiges sollte kein Honig, sondern Vollrohrzucker verwendet werden. Die Teigmenge wird in zwei Hälften geteilt und beim Verpacken gleich in zwei Rechtecke gedrückt.*
- *«Zement» aus 50 g Weizenmehl Type 1050 (CH: Ruchmehl) und 1/2 dl kaltem Wasser, zu einem dicken Brei angerührt und eventuell mit etwas Puderzucker* gesüßt.* 410
- *Verzierungen (siehe unter Lebkuchen verzieren)*

Aus Pergament- oder Backpapier* macht man von 49 allen Teilen des Häuschens Schablonen (siehe Arbeitszeichnung).
Der Teig wird 3/4 cm dick ausgewellt. Auf diese Teigstücke werden die Schablonen des Daches und des vorderen und rückwärtigen Giebels gelegt und mit einem scharfen, glatten Messer oder einem Pizzaschneider ausgeschnitten. Die Schablonen werden leicht auf den Teig gedrückt und die Teigstücke mitsamt den Schablonen auf ein eingefettetes oder mit Backpapier ausgelegtes Backblech transportiert, so bleiben sie besser in Form. Nun werden die Schablonen abgezogen. Die Teigreste werden 2 mm dick ausgerollt und zu Fensterläden, Türen und dem Schornstein ausgeschnitten (man kann dafür auch Spekulatius verwenden). Aus etwas dicker ausgewelltem Teig können eventuell Bäume und Tiere ausgestochen werden.
Alles großzügig mit Kaffeesahne oder Milch bepinseln. Ofen auf 160°C vorheizen.
Backen: 15-30 Minuten, mittlere Schiene.
Die Backzeit hängt von der Dicke und Größe der Teigstücke ab. Nicht zu braun backen, sonst werden sie hart und lassen sich schwer verarbeiten. Zu kurz gebackener Teig hat keine ausreichende Festigkeit.
Zum Abkühlen legt man die Lebkuchenstücke auf ein Kuchengitter, sie müssen vollkommen flach liegen.
Nun kontrolliert man, ob die Lebkuchenstücke rechtwinklig sind und aneinanderpassen, wenn nicht, kann man mit einem scharfen, glatten Messer noch etwas nachhelfen (mit dem Lineal arbeiten).
Auf jeden Fall müssen die runden Ecken von Vorder- und Hintergiebel und von einer langen Seite beider Dachplatten abgeschnitten werden.
Zuerst werden die Giebel verziert. Dann kann man, wenn man dies wünscht, Türen und Fenster aus-

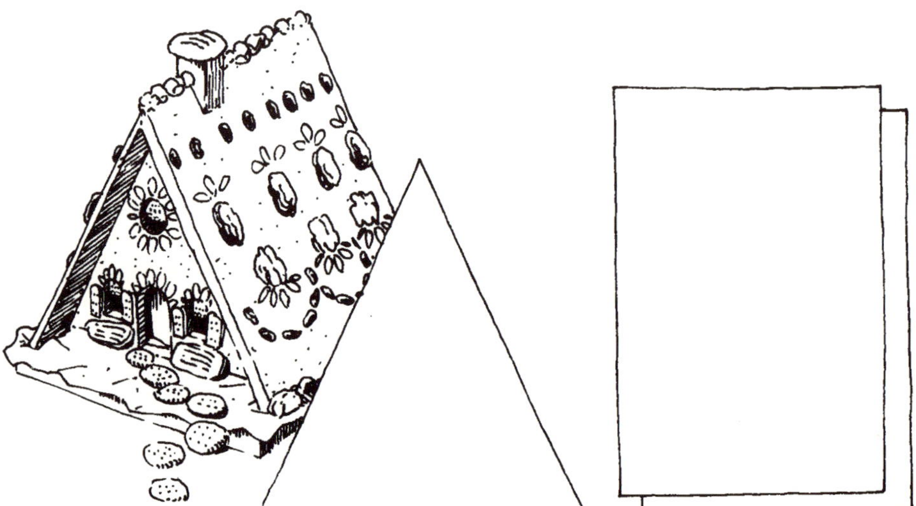

schneiden. Zwischen zusammengefaltete Zellophanstreifen kann man den Spitzenrand einer Tortenunterlage aus Papier (Fensterchen mit Vorhang) legen und dies an der Innenseite der Fenster fixieren. Die fixierten Teile müssen, flachliegend, gut trocknen. In der Mitte der «ungeschnittenen» langen Seite jeder Dachseite wird für den Schornstein eine Öffnung (ca. 1 1/2 cm im Quadrat) geschnitten.
Nun werden die Dachplatten auf die Giebel geklebt und genagelt, indem die flachgeschnittenen Kanten der letzteren dick mit «Zement» eingestrichen und die Platten mit hölzernen Zahnstochern befestigt werden.
Ebenso wird ein Schornstein gemacht und auf dem Dach festgenagelt.
Die gerade geschnittenen Dachränder werden mit halben Walnüssen oder Pekannüssen oder halben geschälten Mandeln verziert. Das Dach verziert man mit Süßigkeiten, Dörrfrüchten, Mandeln oder kleinen Plätzchen, und der Dachfirst wird mit Popcorn versehen.
Das Teelicht für die Innenbeleuchtung des Häuschens darf nicht vergessen werden, man stellt es genau unter den Schornstein, sonst verbrennt der Kuchen.
Wenn viele Kinder von dem Häuschen essen, kann man auch eine große Platte aus Lebkuchenteig backen, einen Garten mit Mäuerchen (aus Plätzchen oder Lebkuchenteigresten) und eine ganze Menagerie um das Haus herumgruppieren. Dazu braucht man allerdings ein zusätzliches Lebkuchenrezept.

Tips:
- Wenn das Lebkuchenhäuschen einige Tage im warmen Zimmer gestanden hat, ist der Kuchen meistens ziemlich trocken und hart geworden. Dann kann man, nachdem alle Süßigkeiten aufgegessen wurden, den Kuchen in Stücke brechen oder schneiden und mindestens eine Nacht neben das Brot in den Brotkasten legen.
- Wenn Sie keinen Backofen haben, können Sie Honigkuchen zu «Backsteinen» schneiden und daraus mit Hilfe von Zahnstochern und hölzernen Schaschlickspießen ein Kuchenhäuschen bauen. Das Dach wird mit Spekulatius belegt.

Sportriegel (ca. 400 g, 20 Stück von 3x6 cm)

Strategischer Vorrat für die Sporttasche oder den Rucksack.
Nicht zu fett und nicht sehr süß, jedoch voller wertvoller Nahrungsstoffe. Der Fruchtzucker der Dörrfrüchte und des Dicksaftes gibt schnell Schwung, die Kohlehydrate aus den Flocken und die Fette der Nüsse sorgen für eine allmähliche Energiezufuhr. Man muß allerdings kräftig kauen, und da die Flocken, damit sie verdaut werden können, Flüssigkeit brauchen, muß auch genügend getrunken werden. Luftdicht verpackt und an einem kühlen Ort aufbewahrt, halten sich die Schnitten wochenlang. ►

- *100 g grobe Haferflocken*
- *50 g Gersten- oder Weizen- oder Roggenflocken*
- *50 g fein gehackte Rosinen oder Datteln (ohne Kern gewogen)*
- *50 g gehackte oder sehr grob gemahlene Nüsse*
- *1 dl heißes Wasser*
- *2 dl Apfel- oder Birnenkraut oder Birnel*

- *25 g Sonnenblumenkerne*

- *1 Stück Pergamentpapier* von ca. 20 x 30 cm,* 49
eingefettet und mit Mehl bestäubt, oder Back-* 51
*papier** 51

In einer Teigschüssel werden alle Zutaten (außer den Sonnenblumenkernen) miteinander vermischt. Wenn das mit einer Gabel gründlich gemacht wird, entsteht eine einigermaßen zusammenhängende Masse. Diese Masse läßt man 1/2 Stunde bei Zimmertemperatur stehen; nicht länger, sonst wird sie zu fest.
Das Papier wird aufs Backblech gelegt und darauf die Masse verteilt (ca. 10 x 20 cm). Auf die Masse legt man ein Stück Plastikfolie und drückt das Ganze mit dem Wellholz schön glatt.
Plastikfolie abziehen, die Sonnenblumenkerne auf den Teig streuen und wiederum mit dem Wellholz vorsichtig festdrücken. Mit der geraden Seite des Teigschabers wird das Ganze zu einer gleichmäßig dicken Scheibe von 15 x 25 cm zurechtgedrückt.
Backen: 30 Minuten bei 150°C, mittlere Schiene. Ofen anlassen.
Die Müslischeibe wird nun längs in fünf Streifen von 3 cm Dicke und diese wiederum in 4 Teile geschnitten. Die Schnitten werden nun auseinandergelegt und das Backblech nochmals in den Ofen geschoben. Nun wird der Ofen ausgeschaltet; die Schnitten müssen noch 1/2 Stunde nachtrocknen. Auf dem Kuchengitter abkühlen lassen.

Variationen:
- Wer weiche Schnitten lieber mag, läßt sie nicht nachtrocknen. Allerdings sind sie dann nicht so lange haltbar.
- Wenn man die oben genannten Flocken durch 125 g feine Haferflocken ersetzt, werden die Schnitten etwas leichter verdaulich.
- Die oben genannten Flocken werden durch 50 g zerkrümelte Kornflakes, 50 g Buchweizenflocken und 25 g Reisflocken ersetzt. Die Nüsse werden fein gemahlen, damit die geringere Bindefähigkeit der glutenfreien Flocken ausgeglichen wird. Es wird nur 1/2 dl Wasser verwendet, und die Masse sollte 1 Stunde ruhen.

Mandelplätzchen (Abbildung S. 358)
(ca. 250 g, 40 kleine Plätzchen)

Dunkelbraune Plätzchen mit weißen Tupfen, die mürbe, aber doch nicht hart sind und die beim Kauen einen leckeren, nicht durch zuviel Süße verdeckten Mandelgeschmack zeigen. Mandelplätzchen schmecken erst am nächsten Tag lecker. Luftdicht verpackt, halten sie sich wochenlang frisch. Nach Möglichkeit macht man den Teig am Vorabend, dann weichen die Mandeln im Teig etwas auf, wodurch er sich besser schneiden läßt.

Man macht einen *Sandkuchenteig**. Dazu gibt man 348
1/4 Teelöffel Natron* und 30-50 g grob gehackte 451
Mandeln. Butter und nach Möglichkeit Vollrohrzucker verwenden (wer Süßes liebt, kann die doppelte Menge Süßungsmittel nehmen).
Aus dem Teig macht man eine 3-4 cm dicke Rolle, wickelt sie in Plastik und läßt sie im Kühlschrank festwerden.
Nun wird die Rolle mit einem scharfen Messer in höchstens 4 mm dicke Scheibchen geschnitten und diese aufs Backblech gelegt.
Backen: ca. 15 Minuten bei 170°C, mittlere Schiene.

Variationen:
- Man verwendet gemahlene Nüsse (Mandeln eventuell erst schälen) und eine helle Sirupsorte.
- Man macht einen *glutenfreien Sandkuchenteig**. 347
- **Haselnußplätzchen:** Die Mandeln werden durch Haselnüsse ersetzt.

Tip: Wenn man anstelle von Butter Öl verwendet, müssen die Nüsse fein gemahlen werden, sonst läßt sich der Teig nicht in Scheibchen schneiden.

Makronen (175 g, 25 Stück) (Abbildung S. 358)

Ein leichtes Nußplätzchen, das weich ist, wenn Sie Sirup verwenden (für Kleinkinder noch kein Zuckerrübenkraut) und es in einer Dose aufbewahren. Wenn sie mit Vollrohrzucker gebacken und in einem offenen Gefäß aufbewahrt werden, bekommen sie die Konsistenz von Zimtsternen (siehe auch den Tip).

- *2 große Eiweiß (80 g)*
- *1 Körnchen Salz*
- *70 g Vollrohrzucker oder 80 g Sirup** 343

- *100 g gemahlene Haselnüsse oder geschälte** 407 *Mandeln*
- *eventuell eine Messerspitze Zimt oder 1/4 Teel. Koriander (nicht bei Mandeln)*

Das Blech wird hier vor der Teigzubereitung vorbereitet, weil man diesen Teig mit Schaummasse sofort verarbeiten muß. Das Backblech wird eingefettet* 51 und mit Mehl bestreut, Eiweiß zu steifem Schnee geschlagen. Ein Teil des Süßungsmittels dazugeben und weiterhin schlagen, bis die Masse sehr fest und aller Zucker aufgelöst ist.
Mit dem Schneebesen die Nüsse dazugeben.
Ofen vorheizen. Mit Hilfe von 2 kleinen Löffelchen werden pflaumengroße Häufchen aufs Blech gelegt.
Backen: 25 Minuten bei 160°C, mittlere Schiene.
Die Makronen haben braune Spitzen bekommen, sind innen jedoch noch weiß.

Variationen:
- Die Haselnüsse kann man rösten, dann wird der Geschmack intensiver, das Plätzchen jedoch etwas schwerer verdaulich. Die Mandeln* braucht 457 man für dieses Alter nicht zu schälen.
- 25 g der Nüsse werden durch Kokosraspel ersetzt.
- **Kokoskuchen** (250 g, 12 Stück): Die Nüsse werden durch Kokosraspeln und die Gewürze durch die abgeriebene Schale einer halben Zitrone ersetzt. Mit einer hellen Sirupsorte bleiben sie schön weiß. Mit Hilfe eines kleinen Eisportionierers oder zwei Löffeln legt man Häufchen von der Größe einer kleinen Mandarine auf das Backblech. Mit dem Zeigefinger ein wenig flachdrücken.
- **Osternester** (6 Stück): Die Makronen werden mit einem großen Eisportionierer geformt. In die Mitte von jedem Nestchen drückt man kreisförmig 5 Haselnüsse (anstelle von Eierchen).

Tip: Wenn Sie die Makronen länger als einen Tag aufbewahren wollen, müssen Sie durch und durch trocken sein. Man bäckt sie dann 1 Stunde oder länger bei 110°C, dann werden sie knusprig.

Eiswaffeln (Bricelets)

(ca. 60 Stück, 250 g)

Als Schmetterling auf ein festliches Eis oder als leichtes Plätzchen zum Sonntagstee.

- *1 kleines Ei*
- *2 Eßl. Öl von neutralem Geschmack*
- *150 g Reismalzsirup oder Birnel*
- *das Mark von 1/2 Vanilleschote*
- *1 kleine Prise Salz*

- *175 g Weizenmehl Type 1050 (CH: Ruchmehl)*
- *1 1/2 dl Waser*

Alle Zutaten, außer Mehl und Wasser, werden in eine Schüssel gegeben. Man schlägt das Ganze zu einer sämigen Soße. Nun wird mit einem Holzlöffel soviel Mehl daruntergerührt, daß ein dicker, glatter Teig entsteht. Mit einem Schuß Wasser verdünnen und fortfahren, bis alles Mehl und Wasser verbraucht ist.
Den Teig in ein Kännchen geben und mindestens 1/2 Stunde stehen lassen (Zimmertemperatur).
Das Waffeleisen gut heiß werden lassen und leicht mit etwas Öl einpinseln.
Nun werden gleichzeitig vier Klekse Teig aufs Eisen gegossen und dieses langsam, jedoch fest zugedrückt; die Waffeln müssen hauchdünn werden. Die Backzeit ist sehr kurz.
Gut durchgebackene Waffeln halten sich, luftdicht verpackt, 2-3 Tage.

Variationen:
- Der Sirup wird durch 100 g Vollrohrzucker ersetzt, der in sehr heißem Wasser aufgelöst wird. Diese Flüssigkeit muß wieder abkühlen, bevor sie mit dem Teig verarbeitet wird. Anstelle von Vanille nimmt man die abgeriebene Schale einer Zitrone. Waffeln, die mit Rohrzucker gebacken werden, bekommen eine braune Farbe, einen etwas kräftigeren Geschmack und halten sich wochenlang knusprig.
- **Schlagrahmwaffeln:** Anstelle von vier kleinen bäckt man eine große Waffel, diese wird sofort, solange sie noch heiß und biegsam ist, um ein rundes Holz (von der Dicke eines Besenstiels) gewickelt. Dies gelingt am besten, wenn der Teig mit Sirup gemacht wird und man beim Backen einen «Assistenten» hat, sonst fehlen einem zwei Hände; jede Sekunde zählt. Baumwollhandschuhe anziehen, denn die Waffeln sind glühend heiß.

►

Kurz vor dem Anrichten werden die Waffeln mit geschlagener Sahne gefüllt (aus einer Spritze mit langer Tülle).

- Ohne Ei und mit weniger Süßungsmittel: Man macht einen süßen *Hefeteig** mit 1-2 Teel. ab- 347
  geriebener Zitronen- oder Apfelsinenschale oder 1/4 Teel. Zimt und eventuell der doppelten Zukkermenge. Mit Sirup werden die Waffeln weniger knusprig. Die Waffeln werden gebacken, wie das bei Sirupwaffeln beschrieben ist. Diese Waffeln schmecken nur gut, wenn man sie frisch aus dem Waffeleisen ißt, altbacken werden sie zäh.

Eisbecher: Siehe *Eisbecher**. 75

Sirupwaffeln (ca. 20 Stück, 7 cm Ø)

Diese Waffeln sind weniger süß als die der professionellen Waffelbäcker. Wirklich lecker schmecken sie erst am nächsten Tag, wenn der Geschmack der Füllung ein wenig in den Teig eingezogen ist, dann sollten sie jedoch frisch gegessen werden. Mit Hefeteig werden sie knusprig, mit Sandkuchenteig mürbe.

- *1 Rezept Sandkuchenteig*, ohne Süßungs-* 348
  mittel gemacht, oder 1 Rezept nicht zu festen, süßen Hefeteig. Zu beiden Teigsorten nimmt* 347
  man 75 g Butter

Füllung:

- *40 g Zuckerrübenkraut oder Malzextrakt oder Honig oder Birnel*
- *40 g Vollrohrzucker*
- *1/2 Eßl. Wasser*

- *25 g harte Butter oder 1 1/2 Eßl. Öl*

Aus dem gekneteten Teig werden 2 Rollen von 2 1/2 cm Dicke geformt, in Plastikfolie eingewickelt und zum Festwerden in den Kühlschrank gelegt.
Inzwischen erhitzt man in einem Töpfchen für die Füllung den Sirup mit dem Zucker und Wasser. Kleine Flamme, kräftig rühren und nicht zu heiß werden lassen; der Zucker muß sich ganz auflösen. Den Topf vom Feuer nehmen und nach und nach die Butter unterrühren. Die Füllung warmhalten, (au bain-marie* oder Teelicht) und eventuell mit 49
etwas Wasser verdünnen (teelöffelweise).
Das Waffeleisen erhitzen und für den ersten Backvorgang mit Öl einfetten.
Von der einen Teigrolle werden 1 cm dicke Scheibchen geschnitten und daraus im Waffeleisen dünne Waffeln gebacken. Ebenso wird die andere Teigrolle verarbeitet. In die Mitte der einen Hälfte der Waffel wird Füllung gestrichen und die übrigen Waffeln darübergelegt; mit einer Drehbewegung festdrücken. Aufeinandergestapelt aufbewahren, am ersten Tag etwas Schweres darauflegen (damit sie nicht krumm werden).

Variationen:

- **Schokoladenwaffeln:** Die Sirupfüllung wird durch *Schokoladen-Brotaufstrich** ersetzt. 240
- Man bäckt große Waffeln (jeweils nur eine) und schneidet diese vor dem Anrichten mit einem Messer mit Wellenschliff in Kuchenstücke.
- Man macht einen *glutenfreien Sandkuchen-*
  *teig**. Für die Füllung verwendet man keinen ge- 347
  malzten Sirup*. 342

Tip: Kurz vor dem Anrichten kann man die Waffeln auf die Heizung oder an einen anderen warmen Ort legen, sie schmecken dann besser.

Holländische Waffeln (6-8 Stück)

Außer mit Schlagsahne schmeckt dieses Gebäck auch lecker mit kräftigem Apfelmus oder mit kleingeschnittenen weichen Früchten, beispielsweise Erdbeeren (diese werden mit etwas Honig vermischt und eine Viertelstunde stehen gelassen).

Wenn man vorher eine Gemüsesuppe reicht, ist dies für die Kleinen eine gute Mahlzeit (für die Größeren siehe *Vollkornwaffeln**). 162
Die Waffeln werden warm gegessen, am besten gleich aus dem Waffeleisen; man kann sie auch (so kurz wie möglich) im Ofen warmhalten (90°C).

- *200 g Weizenmehl Type 1050 (CH: Ruchmehl)*
- *2 Eßl. Vollrohrzucker*
- *1/4 Teel. Zimt (bei Apfelmus) oder*
- *die abgeriebene Schale einer halben Zitrone (bei frischem Obst)*
- *1 Prise Salz*

- *1 haselnußgroßes Kügelchen Hefe, aufgelöst in*
- *2 dl Wasser*

- *3 Eßl. Öl mit neutralem Geschmack*

Die Zutaten des ersten Abschnittes werden in einer Schüssel vermischt. In eine Vertiefung gießt man die Hefemischung und verrührt sie mit wenig Mehl zu einem Brei. Das Öl dazugeben und alles zu einem glatten Teig verarbeiten. An einem kühlen Ort mindestens 1/2 Stunde stehen lassen.
Das Herzwaffeleisen wird vor jedem Backvorgang eingefettet und die benötigte Teigmenge auf das gut vorgewärmte Eisen gegossen. Die Waffeln werden langsam schön braun gebacken. Je besser sie durchgebacken sind, desto länger bleiben sie knusprig.

Variation: siehe unter glutenfreie Variation bei *Vollkornwaffeln**. 162

Apfelgebäck (8 Stück)

Ein schnell und einfach hergestelltes Gebäck, das warm aus dem Backofen am besten schmeckt. Es schmeckt frisch, ist beinahe ohne Zucker und Fett hergestellt und läßt sich ohne viel Gekrümel aus der Hand essen: ideal für die Bewirtung in der Schule.

- *1 Rezept (süßen) Hefeteig*: 50 g Butter verwenden* 347

- *3 kleine schmackhafte Äpfel, ca. 250 g*
- *ca. 2 Eßl. Korinthen oder Rosinen*
- *1 Eßl. Vollrohrzucker, vermischt mit*
- *1 Messerspitze Zimt*

- *2 Ausstechformen (oder kleine Tassen oder Gläser) von 8 und 9 cm Durchmesser*

Die Äpfel werden geschält und quer in 3 schöne Scheiben von reichlich 1 cm Dicke geschnitten. Das Kerngehäuse wird mit dem Apfelstecher ausgestochen.
Den kalten Teig wellt man 2 cm dick aus und sticht zuerst 8 große Kreise aus. Aus dem Rest werden 8 kleinere Kreise ausgestochen, wobei die Teigrestchen aneinandergeklebt werden dürfen (die Ränder etwas aneinanderlegen und flachdrücken).
Nun werden die *kleinen* Kreise aufs Backblech gelegt und auf jedes ein Apfelring gegeben. Die Löcher werden gut mit Korinthen ausgestopft, darüber streut man ein wenig Zimtzucker*. Die Teigränder 410
werden mit Wasser bepinselt, und nun wird auf jede Apfelscheibe ein größerer Teigkreis gelegt. Die Ränder gut andrucken. Der Teig über den Äpfeln wird dreimal mit der Gabel eingestochen. Wenn nötig, die Teigränder schön nachschneiden.
Ofen vorheizen.
Backen: 15-20 Minuten bei 220°C, zweite Schiene von unten.
Das hellbraun gebackene Gebäck legt man zum Abkühlen (lauwarm oder ganz kalt) auf das Kuchengitter und bestreut es kurz vor dem Anrichten mit einem Hauch *Puderzucker**. 410

Variationen:
- Besonders lecker: Die Rosinen werden durch *Mandelfüllung** oder eine Mischung aus feinge- 412
mahlenen Nüssen oder Nußmus und Honig oder einer hellen Sirupsorte ersetzt.
- **Birnengebäck:** Die Äpfel werden durch Birnen ersetzt, diese schneidet man *längs* in Scheiben. ►

Aus dem Teig sticht man nun keine Kreise, sondern ovale Formen.

- **Apfeltaschen:** Anstelle von Apfelscheiben nimmt man die Füllung wie für *Apfelpastete**. Man sticht 373
  Teigkreise von 10-12 cm Durchmesser aus und folgt der Arbeitsanleitung wie für *Gemüsetaschen**. 221

Tips:

- Es gibt Ausstechformen in Apfel- oder Birnenform zu kaufen.
- Wenn Sie die Küchlein am Vortag machen müssen, können Sie sie kurz vor dem Anrichten nochmals aufbacken (ca. 2 Minuten bei 150°C).

Apfelmuffins (12 Stück von 8 cm Ø)

Ein Ersatz für süße «Hungerstiller», wie z.B. «Marsriegel»; mit einer Tasse Kräutertee ist dies nach der Schule eine nahrhafte Zwischenmahlzeit.
Die beim Sieben von Vollkornmehl übriggebliebene
Kleie* kann man in die Muffins verarbeiten. 108
Das Gebäck kann eine laxierende Wirkung haben und ist deshalb für Kinder mit empfindlichem Darm nicht geeignet (siehe Variation 6).
Warm und noch knusprig schmecken die Muffins am besten.

- *50-100 g weiche Butter oder 3-5 Eßl. Öl*
- *eventuell 30-50 g Vollrohrzucker (fein)*
- *1/2 Teel. abgeriebene Zitronenschale oder 1/2 Eßl. abgeriebene Apfelsinenschale*
- *1 Prise Salz*

- *50 g feingemahlene Haselnüsse*
- *100 g Rosinen oder klein geschnittene gedörrte Aprikosen*
- *200 g Weizenvollkornmehl, vermischt mit*
- *100 g Weizenkleie*
- *1/4 Eßl. Hefe oder 1/4 Teel. Natron*, aufgelöst* ???
  in
- *3 dl Buttermilch, Brottrunk oder Wasser mit 1/2 Teel. Zitronensaft*

- *1-2 nicht zu saure Äpfel (200 g), in halbe Zentimeter kleine Würfel geschnitten.*

Die Zutaten des ersten Abschnittes werden in der genannten Reihenfolge miteinander vermischt und verrührt, bis die Mischung cremig ist.
Nun werden die Nüsse und getrockneten Früchte dazugegeben, danach die Mehlmischung abwechselnd mit dem in der Flüssigkeit aufgelösten Treibmittel. Es ergibt einen festen Teig, der mindestens 1 Stunde ruhen sollte (Zimmertemperatur).
Das Backblech wird eingefettet* und mit Mehl be- 51
streut. Die Apfelwürfel werden unter den Teig gehoben.
Mit Hilfe eines Eisportionierers wird der Teig aufs Backblech gelegt (mit einem Abstand von 3 cm); mit nassen Fingern werden die Teighäufchen bis auf reichlich 1 cm flachgedrückt.
Backen: 30-40 Minuten bei 180°C, mittlere Schiene, bis die Kuchen eine braune Kruste haben.

Variationen:

- Die Muffins können auf einem speziellen Backblech gebacken werden, dann bleiben sie weicher.
- Die Weizenkleie kann zum Teil oder gänzlich durch Haferkleie ersetzt werden (siehe *Hafer-
  mehl**) oder durch Getreideflocken (Sorte nach 405
  Wahl).
- Der Zucker wird durch (Zuckerrüben-)Sirup ersetzt, man braucht dann jedoch die doppelte Menge an Treibmittel.
- Anstelle der Rosinen werden feingeschnittene Datteln verwendet. Zucker oder Sirup sind dann nicht nötig.
- Die Kleie wird durch Weizenmehl Type 1050 (CH: Ruchmehl) oder feine Haferflocken, eventuell durch Vollkornmehl ersetzt.
- Keine Kleie verwenden, sondern 300 g teilweise oder ganz gesiebtes Vollkornmehl, oder feine Haferflocken.

Bananenbrötchen (4 Stück)

Eine süße, jedoch nicht fette Alternative zu süßen «Hungerstillern». Sehr nahrhaft, für ein Kleinkind ist daher ein halbes Brötchen mehr als ausreichend.

- *1 Rezept Hefeteig** 347
- *4 kleine Bananen, zwar reif, jedoch nicht zu weich*

Der Teig wird dünn ausgewellt, höchstens 2 mm dick, bis man ein Stück von 30 cm Länge hat. Daraus werden 4 lange Streifen geschnitten.
Die Bananen werden geschält und jede Frucht mit einem Teigstreifen umwickelt, und zwar so, daß sich

die Teigstreifen gerade etwas überlappen, wie eine Art Verband. Die Bananen sollten auch an den Enden ganz eingewickelt sein. Ofen vorheizen.
Bananen aufs Backblech legen.
Backen: ca. 12 Minuten bei 210°C, unterste Schiene.
Die Bananenbrötchen läßt man auf dem Kuchengitter abkühlen und bestäubt sie unmittelbar vor dem Anrichten mit einem Hauch *Puderzucker**. Sie soll- 410
ten frisch gegessen werden.

Kleine Kinder tun sich mit dem Essen dieses Gebäcks leichter, wenn Sie die Früchte, in mundgerechte Stücke geschnitten, neben den Windbeutel legen und diesen nur mit Schlagsahne füllen.

Variationen:
- **Mohrenköpfe:** Die Deckel werden zuerst mit *Schokoladenglasur** bestrichen und dann auf die 412
  gefüllten Windbeutel gelegt.
- Die Schlagsahne wird durch *Backcreme** ersetzt. 411

Windbeutel mit Sahne
(16 Stück von der Größe einer kleinen Mandarine)

Ein einfaches Gebäck, das auch für eine größere Zahl von Gästen ziemlich schnell gemacht ist.

- *1 Rezept Brandteig** 348

- *ca. 1 1/4 dl Schlagsahne*
- *1 Eßl. flüssigen Honig oder Reissirup*
- *ca. 100 g nicht zu feuchte, weiche Früchte (alle Beerensorten, Bananenstückchen, Birne, Mandarine; alles einzeln oder vemischt)*

Das Backblech einfetten*, mit Mehl bestreuen und 51
den Ofen vorheizen. Mit Hilfe von 2 Eßlöffeln werden Teighäufchen von der Größe eines Tischtennisballs aufs Backblech gelegt, mit einem Zwischenraum von mindestens 3 cm.
Backen: ca. 25 Minuten bei 190°C, mittlere Schiene.
Der Ofen wird ausgeschaltet, die Ofentüre kurz geöffnet und danach sofort (langsam) wieder geschlossen; dann klemmt man einen (Holz-)Kochlöffel zwischen die Ofentüre. Die Windbeutel läßt man 10 Minuten stehen (5 Minuten bei einem elektrischen Backofen) und schließlich auf dem Kuchengitter vollends abkühlen.
Aufgepaßt: Während der ersten Viertelstunde darf die Ofentüre nicht geöffnet werden! Windbeutel brauchen mehr Unter- als Oberhitze, um hochzugehen. Sie müssen luftig und auch innen gar sein; sie sind dann ganz leicht. Nicht zu braun backen, der Geschmack leidet sonst darunter, und sie werden zu trocken.
Kurz vor dem Servieren werden die Windbeutel im oberen Drittel aufgeschnitten. Unten wird das Obst hineingelegt, und darüber spritzt man die Schlagsahne. Auf jeden Windbeutel wird der passende Deckel gelegt und das Ganze eventuell mit einem Hauch Pu-
derzucker* bestäubt. 410

Pariser Ring (12 Personen)

Dieser gefüllte Rand aus Windbeutelteig ist einfacher und schneller gemacht als eine Sahnetorte, hat jedoch denselben festlichen Effekt. Der Ring kann im vorhinein gebacken werden. Das Füllen und Herrichten kurz vor dem Präsentieren verlangt nicht viel Zeit und gelingt immer.

- *2 mal das Brandteig-Rezept** 348
- *ca. 2 1/2 dl Sahne, geschlagen mit*
- *2 Eßl. flüssigem Honig oder Reissirup*
- *ca. 500 g Beeren (Himbeeren, Erdbeeren, Brombeeren) oder ein Rezept Fruchtsalat*.* 300

Auf dem Backblech wird eine Fläche von ca. 30 cm Durchmesser eingefettet und mit Mehl bestäubt. Das überflüssige Mehl wird abgeklopft. Nun wird mit dem Finger ein Kreis von 20 cm Durchmesser markiert (dazu kann man einen passenden Topfdeckel als Hilfsmittel benützen). Der Teig wird in pflaumengroßen Häufchen nebeneinander, entlang der Außenseite der Kreislinie, gesetzt. Er bildet dann während des Backens, dadurch daß er aufgeht, einen geschlossenen Kreis.
Der Teigring wird eine Viertelstunde kühlgestellt, in der Zwischenzeit heizt man den Ofen vor.
Backen: ca. 25 Minuten bei 190°C, mittlere Schiene; eventuell etwas länger.
Auf dem Kuchenrost läßt man den Windbeutelring abkühlen. Kurz vor dem Anrichten schneidet man ihn quer durch. Die untere Hälfte wird auf eine Tortenplatte gelegt und mit Schlagsahne gefüllt. Die obere Hälfte bestreut man mit einem Hauch Puder-
zucker* und legt sie lose auf die Schlagsahne. Das 410
Obst wird in den Ring geschöpft und das Kunstwerk erst am Tisch in Stücke geschnitten.
Mit weniger Obst: Die Früchte legt man in den Ring unter die Sahne, und das Mittelstück wird leer gelas- ►

sen, oder man ersetzt die Früchte durch eine dicke *Früchtesoße**, die man in ein Schüsselchen in die 188
Mitte des Rings stellen kann. Siehe auch Variationen unter *Windbeutel mit Sahne**. 369

Schwänchen und Enten, mit Schlagsahne gefüllt (8 Stück)

Ein lustiges Gebäck für ein Kinderfest. Man kann die Tierchen bereits einige Stunden im vorhinein machen und an einem kühlen Ort aufbewahren.

- *1 Rezept Brandteig** 348
- *1 Rezept Backcreme* für die Enten oder 1 Re-* 411
  zept besonders feste Schlagsahne für die* 411
  Schwäne
- *1 Stück Backpapier, eingefettet, oder 2 Butterwickel*

Das Backblech wird eingefettet* und mit Mehl be- 51
streut und der Ofen vorgeheizt. Nun werden 8 Brandteighäufchen mit Hilfe von 2 Eßlöffeln in Form und Größe einer Zwetschge auf die eine Hälfte des Backblechs gelegt.

Den Rest des Teiges gibt man in eine Spritztüte mit einer kleinen Tülle (ca. 1/2 cm Durchmesser) und spritzt daraus die Hälse aufs Butterbrotpapier: für jeden Schwan ein Fragezeichen, für jede Ente eine etwas weniger gebogene Form (siehe Tip 2). Das Papier mit den Hälsen wird auf die leere Hälfte des Backblechs gelegt. Wenn die Hälse gebacken sind, kann man sie leicht mit einem Handgriff vom Backblech nehmen, während die Körper noch weiterbakken. Dabei sollte die Ofentür so kurz wie möglich geöffnet und langsam wieder geschlossen werden, sonst entsteht ein Luftzug und die Körper gehen nicht weit genug auf.

Backen: Hälse: 10 Minuten bei 200°C, mittlere Schiene. Körper: 15 Minuten bei 200°C und ca. 10 Minuten bei 180°C.

Die Körper werden nach dem Backen sofort aufgeschnitten: Bei den Schwänen wird ein kleiner Deckel abgeschnitten, bei den Enten schneidet man den ganzen Windbeutel der Länge nach auf. Die Windbeutel müssen abkühlen, dann werden sie gefüllt. Der Hals wird vorne in die Füllung gesteckt. Die Enten sind nun fertig. Für die Schwäne schneidet man das Deckelchen in zwei Hälften und legt sie als Flügel etwas schräg auf die Füllung.

Tips:
- Wenn man die Schwäne kurz vor dem Präsentieren füllt, kann man mit ein wenig Honig geschlagenen Schlagrahm verwenden (ca. 1 1/2 Eßl. nicht besonders festen Honig auf 2 dl Rahm).
- Die Hälse der Tiere gehen beim Backen etwas weniger auf als die Körper; rechnen Sie damit, wenn Sie das Verhältnis von Körper und Hals bestimmen. Die Hälse sollten vor allem regelmäßig gespritzt werden, sonst gibt es Schlängelhälse.

Expreßgebäck

Wenn unerwartet ein Kind mit einer speziellen Diät zu Besuch kommt, ist dieses «Törtchen» der Retter in der Not. Als Grundlage dienen ein Vollkornzwieback (Zutatenliste auf der Verpackung lesen) oder eine Reiswaffel* (das ist meistens erlaubt). 460
Man sollte sich vorher beim Gast informieren, welche Zutaten er essen darf.

Der Zwieback oder die Reiswaffel werden dünn mit Honig oder einem anderen erlaubten Süßungsmittel bestrichen. Darauf legt man – kurz vor dem Servieren – süße, reife Früchte der Jahreszeit, beispielsweise halbe Erdbeeren oder (entkernte) Trauben; Himbeeren, Brombeeren; aufgeschnittene Mandarinenschnitze; reife Birnen oder Bananenscheiben

(kurz in Zitronensaft getaucht, dann verfärben sie sich nicht); in kleine Schnitze geschnittene frische Aprikosen, Pfirsichschnitze oder feste Pflaumen (Zwetschgen).
Wenn es erlaubt ist, kann man obendrauf eine hübsche Schlagsahnerosette spritzen und ein paar *geröstete Mandelstifte** darüberstreuen. 407
Sehr lecker: Der Zwieback oder die Reiswaffel werden mit einer dünnen Schicht *Mandelfüllung** be- 412
strichen.
Das Törtchen wird für sehr kleine Gäste, nach dem Präsentieren, mit einem Sägemesser in mundgerechte Stückchen geschnitten.

Tip: Haben Sie kein Obst im Haus? Ersetzen Sie es dann durch eine dicke Schicht Fruchtaufstrich, zur Not auch Marmelade. Dann läßt man den Honig allerdings weg; wenn es erlaubt ist, streicht man etwas Butter auf den Zwieback oder die Reiswaffel.

Spatzen (12 große, oder 24 kleine)

Ein luftiges, nicht zu süßes Gebäck, das nicht empfindlich ist und aus der Hand gegessen werden kann; es ist für eine Bewirtung außer Hause sehr geeignet. Man kann die Spatzen schon einen Tag vorher backen und kurz vor dem Anbieten mit einem Hauch *Puderzucker** bestäuben.

- *1 1/2 Rezepte Brandteig*; gleichzeitig mit den Eiern werden 2 Eßl. Vollrohrzucker untergerührt*
- *pro Vogel 1 große Mandel, geschält und in zwei Hälften geteilt**

Backblech einfetten und mit Mehl bestäuben. Mit einem Abstand von 2-3 cm werden Ellipsen von 3,5 x 4 bzw. 4 x 7 cm ins Mehl gezeichnet. Den Teig gibt man in einen Spritzsack mit glatter Tülle (1 cm Durchmesser) und spritzt eine Teigspirale in die Ellipsen. Dabei hört man mit einem dicken Köpfchen an der Vorderseite auf und zieht mit der Tülle ruckartig nach oben weg (dies gibt den Schnabel). An beiden Seiten werden für die Flügel je eine halbe Mandel an den Körper angesetzt, und ins Köpfchen steckt man für die Augen 2 Sonnenblumenkernchen.
Backen: ca. 20 Minuten bei 180°C, mittlere Schiene (die großen Spatzen brauchen etwas länger).
Die Vögel läßt man auf dem Kuchengitter abkühlen.

Variation: siehe *Kartoffelspatzen** 65

Schnell gemachter Zwetschgenkuchen oder Aprikosenkuchen

(28 cm Ø)

Ein säuerlicher Kuchen, der am besten schmeckt, solange er frisch und knusprig ist (siehe Variationen 1 und 3). Mit Ausnahme des Teigs kann man ihn also nicht am Tag davor fertigmachen. Allerdings erfordert er nicht viel Arbeit, und die Backzeit ist kurz.
Aufgepaßt: Für dieses Rezept sollten keine Pflaumen verwendet werden, sie ziehen während des Backens zu viel Saft und würden den Teigboden durchweichen. Für Pflaumen macht man die Variation 1.
Frische **Aprikosen** sind meistens ab Juni erhältlich.

- *300 g (süßen) Hefeteig*, 75 g Butter verwenden* 347
- *50 g Mandeln oder Haselnüsse, fein gemahlen*
- *3/4-1 kg Zwetschgen oder Aprikosen, längs durchgeschnitten und entkernt*

- *2-3 Eßl. flüssigen Honig*

- *1 Pizzaform von 26-28 cm Durchmesser oder ein Backblech (siehe Tip)*

Der Hefeteig wird 3 mm dick ausgewellt, damit wird die Pizzaform ausgelegt und ein Rand gemacht. Der Teigboden wird einigemale mit der Gabel eingestochen und mit Nüssen bestreut. ►

Ofen vorheizen.
Die Früchte werden folgendermaßen auf den Teig gelegt: Mit der runden Seite werden sie etwas schräg an den Teigrand angelegt, das Stielende zur Mitte gerichtet. Der zweite Obstkranz wird bis gut zur Hälfte über den ersten gelegt. So fährt man fort, bis der ganze Boden belegt ist. Mit einer großen halben Frucht macht man in der Mitte den Schluß. Nun sieht der Kuchen wie eine Lotusblüte aus.
Backen: ca. 25 Minuten bei 220°C, unterste Schiene. Der Kuchen muß auf dem Kuchengitter etwas abkühlen, dann träufelt man Honig darüber. An Festtagen kann man geschlagene Sahne dazu reichen.

Variationen:
- Der Hefeteig wird durch *Sandkuchenteig** er- 348
  setzt (4 mm dick auswellen) und der Kuchen in der Springform gebacken. Wenn man die Streusel von Variation 2 verwendet, kann man auf diesen dicken Teigboden auch Pflaumen legen; nicht zu schräg, sondern flach nebeneinander. Die Backtemperatur beträgt dann 200°C. Dieser Kuchen schmeckt erst nach einem halben Tag richtig gut.
- Die Hälfte der Nüsse kann durch Zwiebackkrümel oder Paniermehl ersetzt werden, dazu wird
  1/2 Eßl. Zimtzucker* gemischt. 410
- Weicher, nahrhafter und auch am nächsten Tag noch lecker: Nach 15 Minuten der Backzeit gibt man folgenden *Guß* darüber: Ein großes Ei wird mit 1 1/2 dl Milch (oder halb Milch/halb Sahne) und 2-3 Eßl. Sirup oder Honig verquirlt; nach dem Backen braucht man dann keinen Honig mehr darüberträufeln. Die gesamte Backzeit kann dann etwas länger sein, denn der Guß muß fest werden. Das Ei dieses Gusses kann durch 50 g Quark und 3/4 Eßl. Marantamehl oder 1 Eßl. Reismehl ersetzt werden.
- **Rhabarberkuchen:** Auf die Nüsse werden 1-2 Eßl. Vollrohrzucker gestreut. Die oben genannten Früchte werden durch ca. 500 g dünne Rhabarberstengel (maximal 3 cm dick) ersetzt. Nicht schälen, sondern nur in 2 cm lange Stücke schneiden. Mit der flachen Seite nach unten werden sie auf das Nuß-Zuckergemisch gelegt, und zwar beginnt man am Rand. Wenn man nach 15 Minuten Backzeit den oben genannten Guß darübergießt, wird die Säure des Rhabarbers etwas neutralisiert. Größere Kinder mögen jedoch oft gerade den sauren Geschmack. Den ohne Guß gebackenen Kuchen garniert man mit einigen Löffeln geschlagener Sahne, die mit Honig gesüßt wurde.
- **Schnell gemachter Apfel-oder Birnenkuchen:** Die im Rezept genannten Früchte werden durch Äpfel oder Birnen, die Birnen geschält, ersetzt. Man schneidet die Früchte längs durch, und die Hälften werden wiederum in 8 Stücke geschnitten. Diese legt man dachziegelartig auf den Teig, am Rand beginnend. Einen hübschen Effekt gibt es, wenn man die zweite Reihe andersherum und die dritte wiederum andersherum legt. Die Stücke der größten Früchte werden für die äußerste Reihe verwendet.

Tips:
- Haben Sie keine Pizzaform? Rollen Sie dann den (Hefe-)Teig viereckig aus (ca. 30 x 30 cm) und legen Sie diesen Teig aufs Backblech. Nun läßt man, wenn man die Nüsse auf den Teig streut und dann die Früchte darauf legt, rundherum 1 cm frei. Das Obst wird *nebeneinander* gelegt.
- Wenn das Obst während des Backens zu viel Saft zieht, kann man am Ende der Backzeit etwas Zukker über den Kuchen streuen. Nun wird der Ofen abgeschaltet und das Grillelement auf die höchste Stufe eingestellt (oder nur die Oberhitze einschalten). So wird der Kuchen 5 Minuten lang gratiniert. Gut im Auge behalten, denn der Saft darf mit dem Zucker zwar karamelisieren, jedoch nicht zu dunkel verfärben, sonst schmeckt es bitter.

Apfelkuchen

(für eine Springform von 24 cm Ø)

Ein Kuchen mit wenig Teig und viel Äpfeln.
Man macht 1 Rezept *Sandkuchenteig** und legt da- 348
mit die Backform aus (der Rand wird 3 cm hoch). Dann macht man 1 1/2 mal das Rezept für die Füllung
von *Apfelpastete**, die Apfelstückchen sind 1/2 cm 373
dick (harte Äpfel werden mit einem Stückchen Butter einige Minuten halb gar gedünstet). Die Füllung wird in die Form gedrückt; sie darf sich ruhig etwas hochwölben. Auf den Teigboden braucht man keine Nüsse zu streuen, man kann sie jedoch grob hacken oder (Mandeln) in Stücke schneiden und nach der Hälfte der Backzeit über die Füllung streuen.
Backen: ca. 3/4 Stunde bei 190°C, unterste Schiene. Eventuell legt man, wenn der Kuchen zu schnell braun wird, Alufolie darauf.

Variationen:
- Wenn man eine sämige Füllung vorzieht, kann man

nach der Hälfte der Backzeit die folgende Soße über die Füllung gießen: 1 Eßl. Marantamehl und 1 Eßl. Vollrohrzucker oder (bei süßen Äpfeln) 2 Eßl. Apfeldicksaft, aufgelöst in 2 dl Wasser.

– Die Rosinen der Füllung läßt man weg und streut nach der Hälfte der Backzeit Mandelstreusel* 239 über den Apfelkuchen (ca. 1/3 Glas).

Apfelpastete (20-22 cm Ø)

Ein frisches, nicht zu süßes Gebäck mit vielen «Verwendungsmöglichkeiten»:

– Zum Kaffee oder Tee an einem gewöhnlichen Sonntag oder an einem Festtag (siehe Variationen). Ein Tupfen Schlagsahne darauf schmeckt lecker.

– Wenn man vorab Rohkost oder eine Gemüse-(Püree-)Suppe reicht, hat man eine ausgewogene Mahlzeit. Von der Pastete wird kein Krümel übrigbleiben, wenn man sie mit *Vanillesoße** oder mit 187 Viili* oder Joghurt, mit Honig gesüßt, reicht. 464

Am ersten Tag ist die Kruste knusprig, am zweiten Tag weich, der Geschmack jedoch bleibt gut.

– *ca. 350 g (süßen) Hefeteig** 347

– *25 g gemahlene Mandeln oder Haselnüsse*

– *400 g Äpfel, nur schälen, wenn dies notwendig ist (dann braucht man 500 g)*
– *25 g Datteln, entkernt gewogen oder 40 g Rosinen, fein gehackt*
– *die abgeriebene Schale einer halben Zitrone oder einer kleinen Apfelsine und/oder*
– *1/4 Teel. Zimt*
– *eventuell 1 Eßl. Vollrohrzucker (bei sauren Äpfeln)*

– *1 Pizzaform von 20-22 cm Durchmesser*

Vom Teig wird zuerst der Deckel und danach der Boden ausgewellt und letzeres in die Form gelegt, wie dies bei *Pastete** beschreiben wurde. 229
Nüsse auf den Teigboden streuen.
Jeder Apfel wird längs in zwei Hälften geschnitten und das Kernhaus entfernt. Die Hälften legt man mit den Schnittflächen aufs Brett, schneidet sie in vier Teile und diese wiederum quer in 3 mm dünne Scheibchen. Die Äpfel werden mit den Dörrfrüchten und der Zitronenschale vermischt und auf die Nüsse verteilt. Füllung gut andrücken und die Pastete, wie beschrieben, fertigmachen.
Backen: 25-30 Minuten bei 220°C, unterste Schiene.
Kurz vor dem Servieren wird die Pastete, nach Wunsch, mit Puderzucker* bestreut. 410

Variationen:

– Die Mandeln werden zur Hälfte durch feine Haferflocken ersetzt.

– Anstelle von Nüssen und Zucker nimmt man ca. 100 g *Mandelfüllung* und/oder macht den Deckel der Pastete aus Blätterteig (Naturkostladen); man kann auch einen *Sandkuchenteig** 348 verwenden und die Pastete in der Springform backen (Backtemperatur wie für Sandkuchenteig 200°C).

– Wenn nötig, kann man Weizenmehl Type 1050 (CH: Ruchmehl) verwenden und die Äpfel schälen.

– **Quittenpastete:** Die *sehr* grob geraspelten Quitten werden einige Minuten mit einem Stückchen Butter unter Rühren gedünstet. Die Streifchen müssen zwar heiß werden, dürfen jedoch nicht anbrennen. Deckel auf den Topf geben und 5 Minuten nachdünsten lassen.

– **Apfelstrudel:** Hierfür verwendet man einen Ölteig* (1 Rezept). Die gemahlenen Nüsse werden 345 durch grob gehackte Walnüsse oder geröstete und grob gehackte Haselnüsse* oder Mandeln er- 407 setzt; dies wird unter die Apfelmischung gehoben. Der Teig wird auf einem mit Mehl bestäubten Geschirrtuch höchstens 2 mm dick ausgewellt, bis man ein Viereck von 25 cm hat. Darauf breitet man die Füllung aus und läßt rundherum einen Rand von 2 cm frei. Der vordere Teigrand wird über die Füllung gelegt, das Tuch hochgehoben und der Teig mitsamt der Füllung eingerollt. Der Schluß muß unten sein. Die Seiten werden etwas nach unten gefaltet, und der Strudel wird (mit Hilfe) aufs Backblech gelegt. Den Strudel vom Tuch schieben. Eventuelles Mehl vom Backblech wischen, dies verbrennt sonst während des Backens und riecht unangenehm.
Backen: ca. 20 Minuten bei 200°C, mittlere Schiene.
Nach Wunsch wird der Strudel mit *Puderzucker** 410 bestreut und am besten warm mit *Vanillesoße** 187 oder Schlagsahne, die mit dünnem Honig halbsteif geschlagen wurde, serviert.

Tip: Für eine Backform von 28-30 cm Durchmesser braucht man von allen Zutaten die doppelte Menge.

Quarktorte (18-20 cm Ø)

Für diesen professionell aussehenden frischen Kuchen braucht man keinen Backofen. Der Teigboden kann am Tag vor dem Fest gemacht werden, den Belag macht man besser erst am nächsten Morgen, sonst wird der Teigboden weich (siehe Tip 2). Den Belag kann man so fett und/oder eiweißreich machen, wie man will (siehe Variationen), sollte bei kleinen Kindern jedoch bedenken, daß sie nachher bei Tisch nicht mehr viel Hunger haben werden.

- *50 g Butter, sehr weich*
- *50 g Puderzucker** 410
- *75 g Schiffszwieback* oder Demeterzwieback* 377

- *175 g Quark*
- *50 g Honig oder Reissirup (wenn süßer Saft gebraucht wird, etwas weniger)*
- *1/4 Teel. abgeriebene Schale einer Zitrone, einer Apfelsine oder einer Mandarine*

- *1 1/2 dl Sahne*

- *1/2 Eßl. (3 1/4 g) Agar-Agarpulver*, mindestens 15 Minuten eingeweicht in* 448
- *1 1/2 dl Wasser*

- *1 1/2 dl (Blut-)Orangensaft*

- *der Rand einer Springform von 18-20 cm Durchmesser oder ein Streifen Pappe, der mit Alufolie bezogen, eingefettet und mit einer Büroklammer geschlossen wurde.*

Der Rand der Springform wird verkehrt herum auf eine Kuchenplatte gestellt.

Boden: 2-3 Zwiebäcke werden auf ein großes Stück Papier gelegt und mit dem Wellholz oder einer Milchflasche zerstoßen. Auf diese Art wird aller Zwieback zerstoßen. Zum Schluß werden die Krümel so fein wie möglich zerrieben.
Butter und Zucker zu einer cremigen Mischung verrühren, bis aller Zucker aufgelöst ist. Die Zwiebackbrösel dazugeben und das Ganze in den Rand auf der Kuchenplatte geben. Mit den Fingern gut andrücken (der Kuchenboden bleibt etwas locker). An einem kühlen Ort festwerden lassen.

Belag: In einer Schüssel wird der Quark mit dem Honig geschlagen und die Zitronenschale dazugegeben.
Die Sahne steif schlagen.
Die Agar-Agarmischung wird unter Rühren zum Kochen gebracht und muß einige Augenblicke weiterkochen, bis das Agar-Agar *ganz* aufgelöst ist. Topf vom Feuer nehmen und den Saft dazugeben.
Schnell arbeiten: Der noch heiße Agar-Agarsirup wird gründlich mit der Quarkmischung verrührt und die Schlagsahne sofort daruntergezogen. Der Belag wird sofort auf den Teigboden gegossen und mit der runden Seite eines Eßlöffels glattgestrichen.
Der Kuchen muß mindestens 1 Stunde an einem kühlen Ort stehen (Kühlschrank ist nicht nötig).
Vor dem Anrichten wird der Kuchen mit Fruchtscheiben oder -hälften (Mandarine, Kiwi, Erdbeeren usw.) verziert. Der Rand wird zuerst vorsichtig mit einem spitzen Messer gelöst und danach der Ring geöffnet. Der Kuchen wird mit einem in heißes Wasser getauchten Messer (wieder abtrocknen) in Portionen geschnitten und auf die Teller verteilt. Der Boden ist nicht sehr fest (jedoch für kleine Kinder leicht zu essen).

Variationen:
- Zucker und Zwieback werden durch 150 g Vollkornkekse ersetzt, man braucht dann nur 25 g Butter. Dieser Boden wird süßer und in der Struktur feiner.
- Man bäckt einen leichten Boden aus einem halben Rezept *Biskuittorte** oder einen knusprigen 375
Boden aus einem halben Rezept *Sandkuchenteig**. 348
- Ein Teil (bis zur Hälfte) des Quarkes wird durch eine sehr reife Banane, die mit etwas Zitronensaft zerdrückt wird, ersetzt. Es reicht dann die Hälfte des Honigs.
- Wenn dies nötig ist, kann der Quark durch Tofu* 208
ersetzt werden (durch ein Sieb passiert). Durch den Tofu bekommt die Füllung eine körnige Struktur. Deshalb macht man am besten die Variation mit Banane.
- Die Schlagsahne wird durch Viili* oder Joghurt 464
ersetzt (dadurch wird die Füllung weniger luftig und auch nicht so hoch). Man braucht dann 1/4 Eßl. mehr Honig.
- Der Apfelsinensaft und das Wasser werden durch anderen Fruchtsaft ersetzt.
- Der Fruchtsaft wird durch Obst*mus* ersetzt (durch ein Sieb passierte, sehr reife Beeren oder eingemachtes Früchte).

- **Joghurttorte**: Der Quark wird durch Joghurt
oder Viili* ersetzt, man gibt dann 1/2 Eßl. mehr 464
Honig dazu. Diese Torte ist weniger eiweißreich.
- Zucker und Zwieback werden durch glutenfreie
Kekse ersetzt (siehe glutenfreie Variationen bei
*Bärchen** und *Teebiskuits*, oder man bäckt den 357
Teig aus glutenfreiem *Biskuitteig** oder *Sand-* 359
*kuchenteig**. 347

Tips:

- Wenn man nicht zu feuchte Früchte (kleine Erdbeeren, Melonenstückchen, Trauben, Himbeeren, in Zitronensaft getauchte Bananenwürfel) sehr vorsichtig, jedoch rasch zum Agar-Agargemisch gibt, wird die Füllung höher. Dann muß die Torte jedoch innerhalb weniger Stunden aufgegessen werden, sonst wird der Kuchenboden durch die Früchte doch noch durchnäßt.
- Wenn Sie den Kuchen am Abend vorher ganz fertig machen müssen, können Sie 1/2 Rezept *Scho-*
*koladenglasur** auf den festgewordenen Kuchen- 412
boden streichen, dann bleibt er knusprig. Man sollte dann auf jeden Fall Zwieback verwenden oder – noch besser – einen Sandkuchenteig machen. Man nimmt einen halben Teelöffel (0,7 g) mehr Agar-Agarpulver für den Belag und mischt kein frisches Obst durch die Füllung.
- Für einen Kuchen von 25 cm Durchmesser braucht man von allen Zutaten die doppelte Menge (auch von den Zutaten bei den Variationen).

Biskuittorte (Grundrezept, 18 - 24 cm Ø)

Diese klassische Geburtstagstorte kann auch aus vollwertigen Grundstoffen gebacken werden. Man muß jedoch eine genaue Waage haben und exakt arbeiten. Am besten macht man den Biskuit einen Tag vorher in aller Ruhe, er läßt sich nach 1-2 Tagen besser schneiden und garnieren.

Ein gut durchgebackener Biskuit kann, wenn er luftig verpackt ist, bis zu 1 Woche im Kühlschrank aufbewahrt werden.

Mit einem halben Rezept dieses luftigen Teiges kann
man auch einen **Fertigkuchenboden** für eine Erd-
beer- oder andere Obsttorte* oder für eine Quark- 376
torte machen (er schmeckt mit einem dünnen Belag
aus *Backcreme** besonders gut). Wenn man mehre- 411
re Torten machen muß, kann der Biskuit eines ganzen Rezeptes in zwei (bei 24 cm Durchmesser) oder drei (bei 18 cm Durchmesser) Lagen geschnitten werden.

Dazu zwei **Tips:**

- Große Torten: Man schneidet die Seite des Biskuits auf der gewünschten Höhe mit einem scharfen, spitzen Messer ca. 1 cm dick ein. Dann wird ein langer, kräftiger Zwirn in diesen Schnitt gelegt und die Enden gekreuzt, so daß eine Schlinge entsteht. Diese Schlinge wird langsam zugezogen und der Biskuit damit durchgeschnitten.
- Kleine Torten: Der Biskuit wird wieder auf den Boden der Springform gelegt. Dieser wird auf eine Erhöhung gestellt, die so hoch ist, wie der Biskuitboden dick sein soll (beispielsweise auf einige Ausstechförmchen). Nun wird der Rand der Springform um den Biskuit geschlossen, so daß er darüber herausragt. Mit einem langen Messer schneidet man den Biskuitboden dem oberen Rand der Springform entlang durch. Mit einer größeren Erhöhung kann man eventuell auch noch eine folgende Lage abschneiden.

Für die Zubereitung des Bisquitteiges alles bereitstellen und rasch arbeiten.

Schmetterlingstorte

- *3 große, frische Eiweiß (120 g)*
- *1 Prise Salz*

- *75 g Vollrohrzucker, fein* gesiebt oder 80 g* 342 *Reissirup oder Birnel*

- *3 Eigelb (ca. 60 g) verrührt mit*
- *2 Eßl. Wasser (3 Eßl., wenn Marantamehl verwendet wird)*
- *die abgeriebene Schale einer kleinen Zitrone*

- *75 g Vollkornweizenmehl, vermischt mit*
- *25 g Reismehl oder 20 g Marantamehl*

- *1 Springform von 18-24 cm Durchmesser*

Ein Pergamentpapier (etwas größer als der Durchmesser der Springform) wird mit weicher Butter eingefettet. Das Papier legt man auf den Boden der Form und schließt den Rand. Dabei muß man dem Papier etwas Spielraum geben, sonst reißt es. Das zwischen Boden und Rand herausschauende Papier wird weggeschnitten. Der Rand der Form wird *nicht* eingefettet (der Teig geht am trockenen Rand leichter hoch).
Ofen vorheizen.
Das Eiweiß mit dem Salz steif schlagen. Den Zucker dazugeben (nach und nach) und so lange weiterschlagen, bis die Masse steif und aller Zucker aufgelöst ist.
Nun werden mit dem Schneebesen in kurzen Schlägen das Eigelbgemisch und die Zitronenschale unter die Eiweißmasse gezogen. Die Mehlmischung wird darübergesiebt und auch die zurückgebliebene Kleie dazugegeben. Indem man mit dem Schneebesen am Schüsselrand entlang geht und alles, was darin hängen bleibt, ausklopft, wird das Ganze vorsichtig miteinander vermischt. Den Teig sofort in die Form geben, glatt streichen und in den Ofen schieben.
Backen: für ein Biskuit von 24 cm Durchmesser ca. 20 Minuten bei 175°C, unterste Schiene.
Für ein Biskuit von 18 cm Durchmesser: ca. 30 Minuten bei 160°C, unterste Schiene.
Wenn der Biskuit zu braun wird, wird er mit Alufolie zugedeckt. Er ist durchgebacken, wenn sich die Oberfläche *fest* anfühlt. Den Biskuit noch 5 Minuten im ausgeschalteten Ofen stehenlassen (Holzlöffel zwischen die Ofentür klemmen). Danach wird die Form aufs Kuchengitter gestellt, der Rand, nachdem der Biskuit mit einem scharfen Messer gelöst wurde, geöffnet. Den Boden der Springform läßt man unter dem Biskuit, bis alles abgekühlt ist. Das Papier kann man dranlassen, bis der Biskuit weiterverarbeitet wird, dann trocknet er weniger aus.

Variationen:
- **Schokoladenbiskuit:** Das Reismehl wird durch 25 g Kakaopulver und 2 Eßl. zusätzlichen Zucker oder durch 50 g Karobpulver (dann keinen zusätzlichen Zucker verwenden) ersetzt.
- **Haselnußbiskuit oder Mandelbiskuit:** Die Hälfte des Weizenmehls wird durch *sehr* fein gemahlene Mandeln oder (eventuell zuerst geröstete*) Haselnüsse ersetzt. 407
- **Beerenbiskuit:** Man nimmt 100 g Zucker und schöpft am Ende 150 g rote Johannesbeeren (trockentupfen) zum Teig. Dieser Kuchen hält sich 2-3 Tage frisch. Kurz vor dem Präsentieren wird er mit Puderzucker* bestäubt. 410
- Das Weizenmehl wird durch 45 g Reismehl und 30 g biologisches Maizena* oder feines Mais- 103 mehl ersetzt, und es wird Marantamehl verwendet (dieser Biskuit schmeckt genauso gut wie der mit Weizenmehl gebackene). Eventuell kann der Vollrohrzucker durch Ahornsirup oder Zuckerrübenkraut ersetzt werden.

Obsttorte

Nach dem Grundrezept wird eine Biskuittorte gemacht. Der *helle* Biskuit kann mit Marmelade oder Fruchtaufstrich (Aprikosen), *Zitronengelee** oder 420
(*festem**) Schlagrahm bestrichen und kurz vor dem 411
Präsentieren mit Beeren, in Scheiben oder Stücke geschnittenen schönen Früchten und eventuell mit Süßigkeiten aus dem Naturkostladen verziert werden.
Damit Apfel, Birne und Banane nicht verfärben, taucht man sie in Zitronen- oder sauren Apfelsinensaft. Wenn man die Torte einige Stunden im vorhinein verzieren muß, kann man die Früchte mit angewärmtem (und dadurch flüssig gewordenem)
Zitronengelee* oder mit in Agar-Agar oder Gelier- 420
pulver aufgekochtem Fruchtsaft (oder gesüßtem Wasser mit Zitronensaft) bestreichen.
Für größere Kinder kann man die Torte auch mit
*Schokoladenglasur** bestreichen und mit *Zucker-* 412
*glasur** etwas darauf schreiben und/oder halbe ge- 412
schälte Mandeln* oder geröstete* Haselnüsse auf die 407
noch feuchte Glasur legen.

Schokoladen- oder Nußtorte

Man macht einen Schokoladen- oder Haselnußbiskuit (siehe Variationen beim Grundrezept).
Den *dunklen* Schokoladen- oder Nußbiskuit kann man rasch und auch für den Transport geeignet verzieren, indem man als Schablone eine aus Papier ausgeschnittene Figur oder einen Scherenschnitt darauflegt und mit einem Sieb *Puderzucker** dar- 410
überstreut. Die Papierfigur wird vorsichtig vom Kuchen genommen (siehe Tip).
Wenn der Biskuitkuchen durchgeschnitten wurde, kann man ihn mit *Backcreme** oder (festem*) 411
Schlagrahm füllen; für die Kleinen ist eine gefüllte Torte jedoch auch gleich viel süßer und schwieriger zu hantieren.

Tip: Im Nu garniert: Statt des Scherenschnittes das (metallene) Kuchengitter auf den Tortenboden legen. Einen hellen Biskuit bestäubt man erst mit Schokolade- oder Kakaopulver.

Schmetterlingstorte (Abbildung S. 375)

Man macht nach dem Grundrezept oder nach einer der Variationen einen Biskuitboden. Diesen schneidet man in zwei Hälften, und diese wiederum legt man mit der gebogenen Seite gegeneinander. Verziert werden vor allem die äußeren geraden Schnittflächen; den Leib zwischen den «Flügeln» kann man aus Datteln legen oder man schneidet ihn aus Pappe aus.

Knuspriges Salzgebäck

Nicht nur zum kalten oder warmen Getränk, sondern auch zur (Eintopf-)Suppe knabbern viele Kinder gerne etwas Kräftiges. In diesem Kapitel finden Sie eine Anzahl von Rezepten für gesunde Knabbereien, die nicht nur zum Hungerstillen sind, sondern auch das Kauen anregen.
Wer keinen Backofen besitzt, kann sich ein Waffeleisen anschaffen. Damit kann man in kürzester Zeit besonders leichte, salzige Knabbereien backen. Es erfordert viel Aufmerksamkeit, richtig knusprige dünne Cracker im Ofen zu backen: der Teig muß sehr gleichmäßig ausgewellt und das Backwerk im Ofen dauernd beobachtet werden. Das Waffeleisen macht ersteres überflüssig und letzteres einfacher.

Schiffszwieback (Abbildung S. 379)
(ca. 400 g, 20 Stück)

Nicht nur für robuste (Schiffs-)Jungens, die erhaben sind über süßen Kuchen, sondern auch für die Kleinen, denen man besser keine süßen Plätzchen gibt. Dieser Zwieback sieht netter aus als die alltägliche Brotrinde. Luftdicht verpackt hält sich Schiffszwieback mindestens einen Monat frisch.

- *200 g Vollkornweizenmehl*
- *ca. 200 g Mehl Type 1050 (CH: Ruchmehl)*

- *1 dl heißes Wasser, vermischt mit*
- *1 dl kalter Milch*
- *1/2 Eßl. Hefe*

- *eventuell 2-3 Eßl. Vollrohrzucker*
- *30 g harte Butter*
- *1 großes oder 2 kleine Eigelb*
- *1/2 Teel. Salz*

- *1 Kastenform von mindestens 1 1/4 l Inhalt, eingefettet** 51

---

2 volle Eßlöffel Mehl Type 1050 werden zurückgehalten. Die beiden Mehlsorten werden in einer Teigschüssel miteinander vermischt und eine Vertiefung hineingemacht. Die Hefe in der lauwarmen ►

Flüssigkeit auflösen, in die Vertiefung schütten und zu einem dünnen Teig verarbeiten. Über den Teig wird der Zucker gestreut, die Butter in hauchdünnen Flocken daraufgelegt, das Eigelb dazugegeben und das Salz darübergestreut. Ohne die Dinge miteinander zu verrühren, wird die Schüssel in eine Plastiktüte gestellt und eine Viertelstunde stehengelassen, bis sich im Vorteig Blasen gebildet haben. Nun wird alles von der Mitte her zu einem kräftigen Teig verrührt, das zurückgehaltene Mehl auf die Arbeitsfläche gestreut und der Teig daraufgelegt. Etwas Mehl wird auf den Teig gegeben und das Ganze mit kühlen Händen zu einem glatten, elastischen, jedoch nicht zu festen Teig geknetet. In die Schüssel zurücklegen, wieder in die Plastiktüte stecken und bei Zimmertemperatur gehen lassen, bis das Volumen sich verdoppelt hat.
Den Teig zusammendrücken, eine Rolle daraus formen und diese in die Kastenform drücken. Die Oberfläche wird mit nassen Fingern glattgestrichen. Nun wird die Form wieder in eine Plastiktüte gegeben, so daß das Brot bei Zimmertemperatur noch einmal aufgehen kann, bis sich der Teig wölbt (nicht länger).
Inzwischen den Ofen vorheizen.
Backen 1: 40 Minuten bei 180°C, unterste Schiene.
Das Brot wird aus der Form genommen, auf ein (metallenes) Kuchengitter gelegt und das Ganze in den ausgeschalteten, jedoch noch warmen Ofen zurückgeschoben. Nach 20 Minuten nimmt man es zum weiteren Abkühlen heraus. Das Brot wird *(unverpackt)* an einem kühlen Ort einen Tag aufbewahrt (siehe Tip).
Nun wird das Brot in 3/4 cm dicke Scheiben geschnitten und diese aufs trockene Backblech gelegt. Wenn man sie als Kinderkeks oder Teezwieback (siehe Variation) verwenden will, schneidet man sie in 3 Streifen.
Backen 2: 30 Minuten oder länger bei 150°C, mittlere Schiene.
Der Zwieback kann, wenn nötig, nach der Hälfte der Backzeit umgewendet werden. Er muß durch und durch trocken, jedoch ganz hellbraun sein, eher getrocknet als gebacken (siehe Tip). Den Zwieback läßt man noch weitere 20 Minuten im ausgeschalteten Ofen, einen Holzlöffel zwischen die Ofentüre geklemmt.

Variationen:
- **Teezwieback:** Man mischt 1/2 Teel. Zimt unter das Mehl und verwendet zusätzlich 1-2 Eßl. Zukker. Man kann auch (eventuell nur zum Teil) die Schnitten mit *Zimtzucker** bestreuen, bevor sie 410
in den Ofen geschoben werden.
- **Toastbrot:** Das Brot wird ausschließlich aus Mehl Type 1050, ohne Butter und Eier gemacht, und die Milch wird durch Wasser ersetzt. Der Toast wird dadurch weniger locker, ist jedoch für allergische Kinder und/oder Babys gut geeignet (für den Obstbrei).
- Zwieback, der aus *glutenfreiem Vollkornbrot** 327
gebacken würde, wäre sehr hart. Deshalb sollte für diesen Zwieback ein glutenfreies Brot aus einer Mehlmischung gebacken werden, die aus 50% glutenfreiem Diätmehl und 50% Mehlmischung wie für glutenfreies *Reisbrot** besteht. 326

Tip: Frisch gebackenes Brot läßt sich sehr schwer schneiden und verlängert die zweite Backphase erheblich.
Man kann die zweite Backphase auch in der Restwärme nach einem anderen Backvorgang oder nach einem Auflauf machen, zur Not kann das Brot auch erst nach zwei Tagen gebacken werden (dann allerdings muß es unterdessen in eine Brottüte gesteckt werden).

Cracker (250 g)

Geeignet als Zwischenmahlzeit oder als kräftige Knabberei zur Suppe.

- *ca. 100 g Weizenmehl Type 1050 (CH: Ruchmehl) oder Vollkornweizenmehl oder eine Mischung aus beidem*
- *100 g Thermogerstenmehl*
- *1/2 Teel. Anis- oder Fenchelsamen und*
- *1/2 Teel. Koriandersamen, zerstoßen mit*
- *1 Messerspitze Salz*

- *30-40 g harte Butter oder 1 1/2 - 2 Eßl. Öl*
- *1 1/2 dl Buttermilch, halb Viili* oder Joghurt/* 464
halb Wasser oder nur Wasser

Einen gehäuften Eßl. Mehl zurückbehalten.
Die trockenen Zutaten in einer Schüssel vermischen und die Butter in Flöckchen darauflegen. In der Mitte wird eine Vertiefung gemacht und die Flüssigkeit hineingegossen. Von der Mitte aus rührt man alles zu einem festen Teig, bis keine Butter mehr zu sehen ist. Das zurückgehaltene Mehl wird verwendet, sofern

der Teig noch zu klebrig ist. Die Teigkugel läßt man mindestens eine Viertelstunde ruhen (Zimmertemperatur).
Das Backblech einfetten* und mit Mehl bestäuben. 51
Das Blech wird auf ein feuchtes Geschirrtuch gestellt. Nun legt man die Teigkugel mitten aufs Blech, stäubt etwas Mehl darüber und wellt sie 2 mm dünn aus (gleichmäßig!). Mit einem Teigrädchen schneidet man Rauten aus, diese werden mit der Gabel 2-3 mal eingestochen.
Backen: ca. 15 Minuten bei 200°C, mittlere Schiene. Wenn die äußeren Cracker zu früh (hell-)braun werden, nimmt man sie sofort vom Blech. An den Linien werden sei auseinandergebrochen.
Gut ausgebackene Cracker halten sich, luftdicht verpackt, 2-3 Wochen.

Variationen:
- Das Mehl Type 1050 wird durch Vollkornweizenmehl oder Thermogerstenmehl, eventuell auch durch 125 g gewöhnliches Gerstenmehl oder durch selbstgemahlene Gerstenflocken* ersetzt. 405
- **Mürbe Cracker:** Die Cracker werden mürbe (ihre Zubereitung jedoch auch zeitaufwendiger), wenn man sie aus Hefeteig* bäckt. Man mischt 347 die Gewürze unters Mehl und läßt den Teig 1/2 Stunde im Kühlschrank ruhen, dann läßt er sich besser auswellen. Gehen kann er auf dem Backblech, während man den Ofen vorheizt.
  Backen: 8-10 Min. bei 200°C, mittlere Schiene. Diese Cracker schmecken frisch am besten.
- Man verwendet eine Mischung aus 100 g Reismehl, 50 g Buchweizenmehl und 50 g biologisches Maizena* oder feines Maismehl. Nach Mög- 457 lichkeit verquirlt man ein halbes Ei (25 g) mit der Flüssigkei (1 1/4 dl verwenden), ein haselnußgroßes Stück Hefe wird im Wasser aufgelöst, und der Teig muß ruhen, bis er zu gehen anfängt. Ohne Hefe werden diese Cracker sehr hart.

Kümmelstengel (ca. 60 Stück, 350 g)

Kräftige, mürbe Suppenstengel, die auch zum festlichen Getränk gut schmecken.
Sie werden in einem nach oben weiter werdenden Glas auf dem Tisch angerichtet (s. Abbildung).

- *ca. 225 g Vollkornweizenmehl oder Weizenmehl Type 1050 (CH: Ruchmehl) oder ein Gemisch aus beidem*
- *1 Eßl. Kümmel, zerststoßen mit*
- *1/2 Teel. Salz*

- *1/2 Eßl. Hefe, aufgelöst in*
- *1 dl Milch oder Wasser*

- *50-75 g harte Butter*

Zwei gehäufte Eßlöffel Mehl zurückbehalten.
Das Mehl wird mit den Gewürzen und dem Salz in einer Schüssel vermischt und eine Vertiefung hineingemacht.
Die Hefemischung in die Vertiefung gießen und mit wenig Mehl zu einem dünnen Vorteig verrühren. Die Butter wird in dünnen Flöckchen daraufgelegt und die Schüssel in eine Plastiktüte gesteckt. Das Ganze läßt man eine Viertelstunde stehen, bis die Butter weich geworden ist.
Nun wird das Ganze von der Mitte her zu einem glatten Teig verrührt. Das zurückgehaltene Mehl wird auf die Arbeitsfläche gestreut und der Teig daraufgelegt. Den Teig mit etwas Mehl bestreuen und mit kühlen Händen zu einem geschmeidigen, nicht zu festen Teig verkneten. Nicht zu lange kneten. Eine dicke Rolle formen, diese locker in Plastikfolie verpacken und im Kühlschrank etwas gehen lassen (ca. 2 Stunden, es darf auch eine Nacht sein). ►

Knuspriges Salzgebäck. Liegend: Schiffszwieback, Anisstengel, Sesamwaffeln; im Glas: Kümmelstengel

Die aufgegangene Teigrolle wird in Stücke geschnitten und diese in bleistiftdicke, ca. 15 cm lange Stengel gerollt. Alle gleich dick machen, sonst backen sie nicht gleichmäßig. Die Stengel werden im Abstand von 1 cm aufs Backblech gelegt.
Ofen vorheizen.
Backen: ca. 15 Minuten bei 200°C, mittlere Schiene.
Gut durchgebackene Kümmelstengel halten sich, luftdicht verpackt, 3-4 Wochen.

Variationen:
- Die Butter wird durch 1/2 dl Öl und 2 Eßl. Wasser ersetzt. Das Öl wird zum gegangenen Vorteig gegeben.
- Die Stengel werden nur halb so lang gemacht. Für Kinder, die keinen Kümmel mögen, kann man Anis- oder Fenchelsamen nehmen.
- Den Kümmel durch 3 Eßl. geröstete* Sesam- 408
samen ersetzen (nicht zerstoßen).
- 3/4 Teel. Salz verwenden und die Stengel eventuell etwas dicker (kleinfingerdick) und länger (20 cm) machen. Der Abstand auf dem Backblech sollte 1 1/2 cm betragen, die Backzeit dauert 30 Minuten bei 175°C.
- Das Weizenmehl wird durch eine Mischung aus 200 g Reismehl (wenn möglich, kann das Reismehl zur Hälfte mit Hirsemehl* vermischt wer- 406
den) und 25 g Buchweizenmehl ersetzt. Man verwendet 75 g Butter oder 65 ml Öl (1 1/2 dl + 1 Eßl.). Wenn dieser Teig in die Folie gewickelt wird, ist er noch ziemlich feucht, wird im Kühlschrank jedoch fester. Die Stengel macht man nur 5 cm lang, denn Teig und Backwerk sind sehr brüchig.

Tips:
- Für eine größere Menge Stengel läßt man die Butter am besten schmelzen (nicht heiß werden lassen). Dann gibt man die Butter zum gegangenen Vorteig und arbeitet ansonsten wie oben beschrieben.
- Aus dem gleichen Teig können verschiedene Stengelsorten gemacht werden: Die Gewürze oder Samen werden nicht mit dem Salz vermischt, sondern das Salz wird auf die Butter gestreut. Der Teig wird vor dem Kneten in so viele Stückchen geteilt, wie man Variationen machen möchte. Gleichzeitig mit dem zurückgehaltenen Mehl wird die benötigte Menge an Gewürzen oder Samen auf die Arbeitsfläche gestreut und unter den Teig geknetet.

Sesamwaffeln (ca. 45 Stück, 250 g)

Knusprige Waffeln mit einem besonderen Geschmack (Abbildung S. 379).

- *ca. 150 g Weizenmehl Type 1050 (Ruchmehl)*
- *30-50 g (3-5 Eßl.) geröstete* Sesamsamen* 408
- *1/4 Teel. Salz*

- *1/2 dl Wasser*
- *50 g Butter*

Die trockenen Zutaten werden in einer Schüssel vermischt und eine Vertiefung hineingemacht. Das Wasser dazugeben und mit wenig Mehl einen dünnen Teig rühren (Gabel). Die Butter wird in dünnen Flöckchen auf den Teig gelegt und alles von der Mitte her zu einem glatten, festen Teig gerührt bzw. geknetet. Zwei Rollen von 2 1/2 cm Dicke ausformen und in eine Plastikfolie wickeln. Die Teigrollen an einem kühlen Ort festwerden lassen (mindestens 1 Stunde, es darf auch eine Nacht sein). Von der Teigrolle werden 1 cm dicke Scheibchen geschnitten.
Das gut heiß gewordene Waffeleisen wird einmalig mit Öl eingefettet (Pinsel) und gleichzeitig vier Scheibchen aufs Eisen gelegt. Langsam, jedoch kräftig zudrücken; je dünner die Waffeln sind, desto leckerer schmecken sie.
Gut durchgebackene Sesamwaffeln halten sich, luftdicht verpackt, 4-6 Wochen.

Variationen:
- Die Butter wird durch 3 Eßl. Öl und 1 Eßl. Wasser ersetzt (über den Vorteig gießen). Das Eisen muß für jeden neuen Backvorgang eingefettet werden, sonst klebt dieser Teig.
- Der Sesam wird durch Anis und/oder Koriander (insgesamt 1 Eßl.), mit etwas Salz fein zerstoßen, ersetzt.
- Nach Wunsch kann der Sesam auch durch Kümmel ersetzt werden (1/2 - 3/4 Eßl. mit Salz fein zerstoßen).
- Man verwendet 1/2 Teel. Salz und ersetzt den Sesam nach Wunsch durch Mohn (30 g).
- **Süße Aniswaffeln:** Der Sesam wird durch 1 Eßl. zerstoßenen Anis ersetzt, und im Wasser werden 50 g Vollrohrzucker aufgelöst. Salz weglassen.
- Das Weizenmehl wird durch 125 g Reismehl und 20 g Marantamehl ersetzt.

Käsewaffeln (ca. 80 Stück, 175 g)

Pikant gewürzte, sehr knusprige Knabbereien.
Man ißt sie zu Gemüseeintopfsuppe oder zu einem Getränk.
Wirklich gut schmecken die Waffeln erst am nächsten Tag. Luftdicht verpackt halten sie sich 2 Wochen. Wenn sie einmal weichgeworden sind, kann man die Waffeln auch wieder auf dem Backblech aufbacken (einige Minuten bei 150°C).

- *250 g Vollkornweizenmehl*
- *100 g milden Käse, sehr fein gerieben*
- *ca. 1/2 Teel. Thymian*
- *ca. 1/2 Teel. Kümmel oder 1 Messerspitze Muskatnuß*
- *ca. 1/4 Teel. Salz*

- *1 haselnußgroßes Stück Hefe, aufgelöst in*
- *1 1/2 dl Wasser*

- *3-4 Eßl. Öl*

Die Zutaten des ersten Abschnittes in der Schüssel vermischen und eine Vertiefung hineinmachen. Das Hefegemisch wird in die Vertiefung geschüttet und mit wenig Mehl ein Teiglein angerührt. Öl dazugeben und weiterrühren und kneten (mit einer Gabel), bis man einen glatten Teig bekommt. Daumendicke Schlangen daraus machen, in Plastikfolie einwickeln und mindestens 1/2 Stunde im Kühlschrank ruhen lassen. Die Rollen werden aus dem Kühlschrank genommen (nicht alle gleichzeitig) und in Stücke geschnitten. Kleine Kugeln daraus formen.
Das Waffeleisen für den ersten Backvorgang mit etwas Öl (Pinsel) einfetten, vier Kugeln gleichzeitig aufs Eisen legen und langsam, jedoch fest zudrücken. Diese dünnen Käsewaffeln müssen langsam und nicht zu braun gebacken werden, sonst schmecken sie bitter. Sie müssen jedoch gut durchgebacken sein.

Variationen:
- Damit der Geschmack pikanter wird, nimmt man 75 g Hartkäse, dafür etwas weniger Salz.
- Das Weizenmehl wird durch 175 g Reismehl und 50 g Buchweizenmehl ersetzt. Die größte Menge an Gewürzen, Öl und 125 g Käse verwenden.

Dicke Käsewaffeln (6-8 Stück)

Eine geeignete Bewirtung für ein Fest, jedoch auch zu einer nicht allzu nahrhaften Eintopfsuppe eine eiweißreiche Knabberei.
Frisch aus dem Eisen schmecken die Waffeln am besten.

Man macht das Rezept wie für *holländische Waffeln**, ersetzt jedoch den Zucker durch 75 g 366
geriebenen, pikanten Gouda und die dort genannten Gewürze durch Muskatnuß. Den Teig mit Salz abschmecken.

Buchweizenwaffeln
(12 große von 12 cm Ø, ca. 125 g)

Schnell gemacht und würzig; köstlich zu einer Suppe, bei der man nicht zu kauen braucht.

- *60 g Buchweizenmehl*
- *50 g Vollkornweizenmehl oder Weizenmehl Type 1050 (CH: Ruchmehl)*
- *1/2-1 Eßl. Majoran oder Basilikum (getrocknet) und*
- *1/2 Teel. Fenchelsamen, zerstoßen mit*
- *1/4 Teel. Salz*

- *1 Ei*
- *50 g geschmolzene, jedoch nicht heiße Butter oder 3 Eßl. Öl*
- *1 dl Wasser*

Das Mehl mit dem gewürzten Salz wird in der Schüssel vermischt und eine Vertiefung hineingemacht. Das Ei, die Butter oder das Öl und das Wasser dazugeben. Das Ganze mit einer Gabel von der Mitte her zu einem glatten, nicht zu klebrigen Teig verrühren, mindestens 1/2 Stunde ruhen lassen (Zimmertemperatur).
Wenn das Waffeleisen heiß ist, wird es mit etwas Öl (Pinsel) eingefettet. Nun gibt man 1 Eßl. Teig in die Mitte des Eisens und schließt es vorsichtig, jedoch fest. Je dünner die Waffeln gebacken werden, desto knuspriger sind sie. Vor jedem Backvorgang muß das Eisen aufs neue dünn eingefettet werden.
Luftdicht verpackt halten sich die Buchweizenwaffeln 2-3 Wochen. ►

Variationen:
- Das Ei wird durch ein haselnußgroßes Stück Hefe, das in 1/4 dl zusätzlichem Wasser aufgelöst wurde, ersetzt; 60 g Butter oder 4 Eßl. Öl verwenden.
- Zusätzlich 1/4 Teel. Salz verwenden und die oben genannten Gewürze zur Hälfte durch Curry oder Paprikapulver ersetzen.
- **Süße Buchweizenwaffeln:** Der Majoran wird durch 2 Eßl. Anis- und/oder Koriandersamen (zerstoßen) oder 1/4 Teel. Zimt ersetzt. Nur eine Prise Salz verwenden, dafür 2-3 Eßl. Vollrohrzucker oder Sirup* (Sorte nach Wahl) zum Teig rühren. 343
- Das Weizenmehl wird durch 60 g Reismehl ersetzt und für die süße Variation kein gemalzter Sirup* verwendet. 342

Kokoslocken

Wenn Sie eine frische, nicht zu reife *Kokosnuß** bekommen können, sind Kokoslocken für Kinder, die gut kauen können, eine nicht alltägliche, zuckerfreie Schleckerei. 455

Arbeitsanleitung:
- Mit Hammer, Nagel und einem kleinen Bohrer werden die drei Keimpunkte der Kokosnuß aufgebohrt. Die Flüssigkeit läßt man auslaufen; wenn sie frisch riecht, kann sie getrunken werden (mit Wasser verdünnen und mit Zitronensaft abschmecken).
- Die Nuß auf einen festen Untergrund legen und mit dem Nagel ein kleines Loch in der Nähe der Keimpunkte schlagen, bis ein Riß entsteht. Der Riß wird solange bearbeitet, bis die Nuß aufbricht.
- Nun kann das Fruchtfleisch mit einem spitzen Messer aus der Schale geholt werden. Die braune Haut, die noch am Fruchtfleisch hängt, wird mit einem Sparschäler abgeschält.
- Die größeren Kinder werden die Stücke am liebsten so aufessen wollen, für die kleineren kann man mit dem Sparschäler oder mit dem Gurkenschäler schöne Locken abhobeln; je dünner, desto besser.
- Wenn man zu viele Locken hat, kann man sie auf weißem Papier ausbreiten und auf der Heizung oder auf dem Blech im Backofen (bei niedrigster Temperatur) *trocknen*. Im Glas an einem dunklen Ort (nicht zu lange) aufbewahren.

Studentenfutter

Das übliche Studentenfutter ist nur aus Dörrfrüchten und Nüssen zusammengestellt; dies ist sehr süß und ziemlich fett. Wenn Sie ungesüßte Kornflakes als «Füllstoff» verwenden, wird diese Mischung weniger fett, und durch das gute Kauen, das mit einem kräftigen Speichelfluß einhergeht, ist die Süßigkeit der Dörrfrüchte für den Zahnschmelz weniger schädlich.
Die folgende Zutatenliste gibt einen Hinweis darauf, wie solch eine Zwischenmahlzeit aussehen sollte. Man kann auch mehr als eine einzige Portion machen und die Mischung in einem fest zugeschraubten Glas aufbewahren.

- *25 g (5 gehäufte Eßl.) ungesüßte Kornflakes*
- *10 g (15 kleine) Haselnüsse*
- *5 g (knapp 1/2 Eßl.) Rosinen*

Popcorn

Popcorn ist nicht nur eine geliebte Leckerei, sondern auch eine gesunde Zwischenmahlzeit, sofern man weder zuviel Salz noch zuviel Zucker dazugibt. Versuchen Sie, pures Popcorn ohne jeglichen Zusatz zu reichen. Da Popcorn sehr trocken ist, sollte dazu getrunken werden. Aufpassen, daß die Allerkleinsten die weißen Wölkchen nicht erwischen, sie könnten sich daran verschlucken. Die speziellen Maiskörner (Puffmais) sind, biologisch erzeugt, auch in Naturkostläden zu kaufen. Siehe auch *Mais**. 102

Man kann das Popcorn nach altbekannter Methode in einem alten Topf mit wenig Öl machen. Zum Puffen braucht man allerdings viel Hitze, und dabei verbrennt das Öl. Die unvermeidliche Folge davon ist, daß es im Haus unangenehm riecht, ungesunde Stoffe entstehen (verbranntes Fett) und viele nicht gepuffte Körner im Topf zurückbleiben. Und wer putzt den Topf?
Wenn Popcorn bei Ihnen sehr beliebt ist, lohnt es sich, einen elektrischen Popcornapparat anzuschaffen. Darin wird das Popcorn bis auf das letzte Körnchen nur in heißer Luft gepufft, ohne daß etwas anbrennt, und die «Maschine» kann nach Gebrauch (abgekühlt) wieder in den Schrank gestellt werden.

Tip: Eine Leckerei, die ebenfalls aus Mais hergestellt wird, sind **Kornflakes***. Die biologischen Korn- 103 flakes sind dünner und weniger hart als die handelsübliche Ware und deshalb zum Schnabulieren für die Kleinen geeignet (man sollte ihnen immer nur wenige zugleich geben und sie dabei im Auge behalten).

Aprikosenbällchen (ca. 350 g, 45 Stück)

Für diese festen, weißgesprenkelten Kugeln wählt man die weichen, wilden Aprikosen, die als ganze Frucht getrocknet wurden. Diese dunklen Aprikosen bekommt man in Naturkostläden. Die Aprikosenbällchen kann man einige Wochen im Glas aufbewahren (an einem nicht zu warmen, dunklen Ort).

- *100 g gedörrte Aprikosen, in hauchdünne Streifchen geschnitten*
- *100 g Mandeln, geschält und gemahlen*
- *die abgeriebene Schale einer halben Zitrone*
- *60 g festen Honig*

- *1-2 Eßl. gemahlene, geschälte Mandeln oder Kokosraspeln*

Aprikosen, Mandeln und Zitronensaft vermischen und mit der Gabel soviel Honig darunterkneten, bis ein fester Teig entsteht. Eventuell im Kühlschrank festwerden lassen.
Aus dem Teig macht man eine fingerdicke Rolle, schneidet sie in Stückchen und formt daraus kleine Kugeln. Sofort, solange sie noch feucht sind, in gemahlenen Mandeln oder Kokosraspeln wälzen.

Variationen:
- Die Mandeln durch Nüsse, beispielsweise gemahlene Kokosnuß, ersetzen.
- **Dattelkugeln** (ca. 200 g): Die Aprikosen werden durch in kleine Stücke geschnittene Datteln ersetzt und 1/4 Teel. zerstoßener Anis dazugegeben.
- Dattelkugeln machen und den Anis durch je 1/4 - 1/2 Teel. geraspelte Ingwerwurzel und Koriander ersetzen. Den Honig kann man durch Sirup ersetzen.
- *Weiche* Aprikosenkugeln machen: (20 Stück) 50 g gedörrte wilde Aprikosen in reichlich Wasser einweichen, bis sie dick und weich geworden sind (mind. 6 Stunden). Im Einweichwasser vollends garkochen (10-15 Minuten). Auf ein Sieb gießen und noch etwas ausdrücken (das Kochwasser als Süßungsmittel für etwas anderes verwenden. Die Aprikosen durch ein Sieb streichen und dieses Püree wiegen. Dazu wird dieselbe Menge sehr fein gemahlene Haselnüsse oder Mandeln geknetet und die Masse mit 1 Messerspitze zerstoßenem Anis abgeschmeckt. Daraus werden, wie oben beschrieben, kleine Kugeln geformt. In gemahlenen Nüssen wälzen und nebeneinander in ein Gefäß legen (nicht länger als 2-3 Tage aufbewahren.)

Energiekugeln (ca. 150 g, 25-30 Stück)

Dies ist eine gesunde Nascherei: mit Apfelkraut säuerlich, mit Honig sehr süß. Die Kugeln schmecken zum Tee köstlich. Für besondere Gelegenheiten macht man lieber Mandeleierchen oder Maikäfer* 386 (Variation 1), diese werden etwas größer.

- *75 g Apfelkraut oder festen Honig*
- *50 g geröstete, gemahlene Haselnüsse** 407
- *1/2 Teel. Öl*
- *die abgeriebene Schale einer halben Zitrone und/oder 1/2 Teel. Zimt*
- *1 kleine Prise Salz*
- *ca. 40 g (4 Eßl.) Buchweizenmehl*

Alle Zutaten werden mit einer Gabel vermischt, wobei 2 Eßl. Buchweizenmehl zurückgehalten werden. Dieses streut man auf die Arbeitsfläche, legt den Teig darauf und knetet noch einmal alles kräftig durch. Eventuell kann noch mehr Buchweizenmehl dazugegeben werden, bis der Teig nicht mehr klebrig ist. Nun werden fingerdicke Schlangen gerollt, in Stücke geschnitten und murmelgroße Bällchen daraus geformt.
Auf ein Backblech oder Tablett, das mit weißem Papier belegt wurde, legen und bei Zimmertemperatur 1-2 Tage trocknen lassen. Im Schraubdeckelglas, an nicht zu warmem, dunklem Ort aufbewahren.

Variationen:
- **Mandeleierchen:** Die Masse darf nicht zu trocken sein. In jede Kugel wird eine kleine, *un*geschälte Mandel gedrückt und der «Teig» darum geformt (der Teig klebt auf geschälten Mandeln oder Haselnüssen nicht gut). Für *Maikäfer* siehe Bienen oder Maikäfer*. 386

►

– Man kann das Buchweizenmehl auch durch *Fermentgetreide** (nicht glutenfrei) ersetzen. 453
Dadurch bekommt man einen säuerlichen Geschmack, deshalb kein Apfelkraut, sondern Honig verwenden.

Sesamkugeln

Für diese braunen Kugeln werden die gerösteten Se- 408
samsamen* in der Getreidemühle oder – sehr kurz – in der elektrischen Kaffeemühle gemahlen. Mit Hilfe einer Gabel wird so viel fester Honig oder heller Si-
rup* damit vermischt, daß ein fester Teig entsteht. 343
Ansonsten arbeitet man wie für das Rezept von *Ener-
giekugeln**. 383

Sesamhäufchen (ca. 250 g, 30 Stück)

(Abbildung S. 385)

Knusprig, süß und sehr lecker. In eine Dose verpackt und (gut versteckt) wochenlang haltbar.

- *1 Eßl. Öl*
- *100 g geschälte Mandeln*, halbiert und in 2 mm* 407
dünne Scheibchen geschnitten
- *125 g Sesamsamen, nach Möglichkeit gewaschen und getrocknet** 408

- *80 g (4 Eßl.) Reis- oder Maissirup (nicht glutenfrei), Backhonig* oder Birnel* 454
- *1 dünn mit Öl eingefettetes Backblech oder hitzebeständiges Tablett*

In einem kleinen Topf mit dickem Boden werden das Öl und die Mandeln bei mäßigem Feuer und unter ständigem Rühren erhitzt. Sobald die kleinsten Mandelstückchen anfangen braun zu werden, wird der Sesam dazugegeben.
Wenn die Sesamsamen «springen» und duften, wird der Sirup dazugegeben. Aufpassen, daß die Mischung nicht zu dunkel wird, sonst schmeckt es bitter und ist ungesund. Der Topf wird vom Feuer genommen, sobald die untere Schicht hellbraun aussieht, und warmgehalten. Mit Hilfe von 2 Teelöffeln legt man 10 Häufchen aufs Backblech. Schnell arbeiten! Wenn die Häufchen auseinanderfallen, macht das nichts. Solange diese ersten 10 Häufchen noch warm sind, formt man sie mit den Fingern. Der Rest der Masse wird ebenso verarbeitet.

Tip: Wenn Sie geröstete Mandeln und geröstete Sesamkörner vorrätig haben, können Sie das Öl weglassen und die gehackten Mandeln und den Sesam gleich mit dem Sirup erhitzen, bis die Masse hellbraun ist.

Mandelhäufchen (Abbildung S. 385)

(10-12 Stück)

Mit ganz wenig Schokolade bekommt man hier eine Leckerei, die mit einer Praline aus einer eleganten Dose wetteifern kann.

- *50 g Schokolade (Milch-, Bitter- oder Karob)*
- *1 dl heißes Wasser (60°C)*
- *1 haselnußgroßes Stück Butter (3 g)*

- *50 g geröstete Mandelstifte** 407

- *1 Stück Butterbrotpapier, leicht eingefettet*

Die Schokolade in kleine Stücke brechen und in eine kleine Schüssel geben. Das Wasser dazugeben und 5 Minuten stehen lassen. Auf keinen Fall umrühren. Das Wasser abgießen und die Butter dazurühren.
Solange die Schokolade noch warm ist, werden die Mandeln dazugegeben und alles gut vermischt. Das Schüsselchen warmhalten.

Mit Hilfe von 2 Teelöffeln legt man walnußgroße Häufchen auf das Papier. An einem kühlen Ort läßt man die Häufchen fest werden und bewahrt sie in einer Dose, luftdicht verschlossen, auf. Nicht zu lange, sonst werden die Nüsse weich.

Variationen:
- **Haselnußhäufchen:** Die Mandeln werden
durch geröstete* und in Stücke gebrochene Ha- 407
selnüsse ersetzt (in eine Tüte geben und mit einem Wellholz zerquetschen).
- Die Mandeln durch 2 zerkrümelte **Reiswaffeln**,
10 g **Popcorn*** oder 20 g ungesüßte **Korn-** 382
flakes* ersetzen. Daraus macht man etwas grö- 103
ßere Häufchen, etwa 12 Stück.

Verschiedene süße Leckereien. Von links nach rechts und von oben nach unten: Sesamhäufchen, Mandeleierchen und Energiekugeln, Mandelhäufchen; Mandelkonfekt; Maikäfer und Bienen; Popcornhäufchen, Aprikosenkugeln und Sesamkugeln, Reiswaffelhäufchen.

Zimtkissen (ca. 100 g, 100-120 Stück)

Ein Geheimtip für Omas, die ihren Enkeln keine Süßigkeiten geben dürfen und dies doch gerne tun wollen.
Man bekommt echte (harte) Bonbons für einige Minuten Lutschgenuß. (Nicht zerbeißen und anschließend Zähne putzen obligatorisch!)

Das erste Mal macht man die Bonbons am besten in einem ruhigen Moment, denn die Herstellung erfordert dauernde Aufmerksamkeit, und die Arbeit muß schnell vonstatten gehen. Deshalb wird alles bereitgestellt. Genau abwiegen: mit zu wenig Sirup läßt sich die Masse nicht verarbeiten, mit zu viel Sirup werden die Bonbons zu klebrig, und das wäre des Guten zuviel.

►

- *1/2 Eßl. Wasser*
- *1/4 Teel. Apfelessig*
- *50 g Kristallzucker*
- *50 g Vollrohrzucker*
- *15 g Maissirup, Malzextrakt oder Birnel*
- *1/2 Teel. Zimt*

Auf ein sauberes Backblech wird 1/2 Teel. Öl gegeben; *nicht* verteilen.
Wasser, Essig und Kristallzucker werden in einen kleinen Topf mit dickem Boden gegeben und mit einem Eßlöffel verrührt. Unter Rühren wird alles zum Kochen gebracht und weitergerührt, bis die Zuckermasse *hell* braun geworden ist. Dabei wird der weiße Zucker, der am Topfrand klebt, in die flüssige Masse geschoben.
Das Feuer wird abgedreht, der Rohrzucker (alles auf einmal) dazugegeben und die Masse glattgerührt. Den Topf vom Feuer nehmen und auf die Waage stellen (wenn die Waagschale aus Plastik ist, legt man zwei Topflappen darunter). Den Sirup dazuwiegen und die Masse rühren, bis sie nicht mehr schäumt. Nun wird auch der Zimt dazugegeben. Man gießt die glühend heiße Masse mitten auf das Öl auf dem Backblech und läßt sie ruhig auseinanderlaufen. Sobald man die Masse mit den bloßen Fingern berühren kann, fettet man die Hände mit Öl ein und legt die Ränder der Masse zur Mitte. Nun werden die Ränder nach unten gedrückt und dann die neuen Ränder wieder zur Mitte gefaltet. Schließlich eine dicke, heiße Rolle davon kneten. Diese Rolle wird zu einer langen Schlange ausgezogen, die die Dicke eines Kugelschreibers hat. Schnell arbeiten, denn einmal abgekühlt ist die Masse steinhart. Die noch warme Schlange wird in kleine Stücke geschnitten oder gehackt.
Die Bonbons werden Schicht um Schicht, jeweils mit Zellophanpapier dazwischen, in einer luftdicht schließenden Dose an einem geheimen Ort aufbewahrt; sie halten sich monatelang.

Variationen:
- **Butterbonbons:** Der Zimt wird durch 10 g Butter und eine Prise Salz ersetzt.
- **Sirupbonbons:** Der Maissirup wird durch Zuckerrübenkraut ersetzt.

Tip: Für das Karamel verwende ich keinen Vollrohrzucker. Da dieser von Natur aus schon braun ist, kann man nicht kontrollieren, wann er genügend karamelisiert ist, und die Folge ist, daß er, ehe man es sich versieht, verbrennt. Das ist für die Gesundheit viel schädlicher, als wenn man einmal etwas Kristallzucker ißt.
Die elektrische Platte wird ausgeschaltet, bevor der Zucker braun ist.

Bienen oder Maikäfer (Abbildung S. 385)
(ca. 25 Stück)

Eine besonders hübsche Leckerei, die die Kinder selber machen können.

Bienen:
- *ca. 100 g weißen Marzipan (Naturkostläden) oder Mandelfüllung*, mit Honig gemacht; die* 412 *Mandelfüllung muß fest sein (deshalb wird sie am besten einige Tage vorher gemacht). Das Marzipan und die Mandelfüllung kann man, nach Wunsch, mit einer Spur Kurkuma (Gelbwurz) färben (Honig dazumischen).*
- *ca. 20 g (25 Stück) kleine Mandeln, geschält und in zwei Hälften geteilt** 407

Maikäfer:
- *1 Rezept Energiekugeln* oder 150 g Mandelfül-* 383 *lung, mit Vollrohrzucker gemacht; sie muß fest sein, deshalb macht man sie am besten ein paar Tage zuvor. Man kann auch Marzipan nehmen und mit Karobpulver verkneten.*
- *ca. 30 g (25 Stück) große Mandeln, nicht geschält, mit Hilfe eines scharfen Messers in zwei Hälften geteilt** 407

Arbeitsanleitung:
Aus der Mandelfüllung oder der Energiekugelmasse oder dem Marzipan wird eine daumendicke Rolle geformt und diese in Stückchen geschnitten: kleine für die Bienen, größere für die Käfer.
Daraus werden die Körper der Tierchen geformt und als Flügel zwei halbe Mandeln hineingesteckt (die runde Seite steckt man in den Körper). Die Maikäfer werden auf einer Schale mit grünen Blättern, die Bienen mit Blumen präsentiert.

Mandelkonfekt (Zimtsternchen)

(175 g, ca. 40 Stück von 3 cm Ø) (Abbildung S. 385)

Diese kleinen Plätzchen schmelzen erst dann auf der Zunge, wenn sie einige Tage luftdicht in der Dose aufbewahrt und weichgeworden sind. In solch einer Dose (oder Marmeladeglas) halten sie sich lange; wenn sie einmal hart geworden sind, werden sie wieder weich, wenn sie über Nacht zum Brot in den Brotkasten gelegt werden.

- *1 Eiweiß (30 g)*
- *50 g sehr feinen Vollrohrzucker** 342

- *100 g Mandeln, sehr fein gemahlen*
- *1/4 Teel. Zimt*

- *1/2 Teel. Honig, aufgelöst in*
- *1/2 Eßl. Wasser*
- *ca. 1 Eßl. Sonnenblumenkerne*

Das Eiweiß halb fest schlagen und das Süßungsmittel nach und nach dazugeben. Weiterschlagen (am besten mit einem Handmixgerät), bis das Gemisch weiß-schaumig ist und die Konsistenz von dicker Creme hat.
Nun werden die Mandeln und Gewürze dazugerührt und geknetet. Den Teig stellt man an einen kühlen Ort und läßt ihn fest werden (mindestens 1 Stunde).
Nun wird der Teig zwischen zwei Stücken Pergamentpapier oder Plastik 3/4 cm dick ausgewellt, und mit Ausstechförmchen sticht man Figuren aus. Der Teig ist ziemlich klebrig, deshalb taucht man die Förmchen jedesmal vor dem Ausstechen in Reismehl und legt die Plätzchen mit Hilfe eines Messers auf das eingefettete* und mit Reismehl bestäubte Back- 51
blech.
Die Figuren müssen noch eine Stunde im warmen Zimmer trocknen, dann werden sie reichlich mit dem Honigwasser bepinselt und mit den Kernchen verziert (Pinzette).
Backen: ca. 15 Minuten bei 150°C, mittlere Schiene. Das Gebäck darf im Backofen nicht dunkler werden, sondern nur trocknen.

Marrons glacés

Siehe Seite 298.

Granola (ca. 500 g)

Gebackenes Müsli: knusprig, ein wenig süß, sehr nahrhaft und deshalb als Zwischenmahlzeit oder als Reiseproviant für Kinder, die gut verdauen können, besonders geeignet. Vorab reicht man etwas zu trinken (nicht dazu, denn Granola muß gut gekaut werden); die Flocken und das Obst quellen im Magen auf und brauchen deshalb Flüssigkeit.
Granola hält sich im Glas an einem dunklen und nicht zu warmen Ort 2-3 Wochen. Granola, das nicht mehr knusprig ist, kann wieder aufgebacken werden (5-10 Minuten im auf 150°C vorgeheizten Backofen).
Wenn man von den Nüssen und den süßen Zutaten die großen Mengen verwendet, kann man eine Handvoll Granola auch als «Kuchen- oder Naschersatz» reichen oder (hübsch verpackt) als Geschenk.

- *1/2 dl (4 Eßl.) Öl*
- *50-120 g (3-6 Eßl.) Backhonig** 454
- *250 g Vierkornflocken*
- *50 g (5 Eßl.) Sesamsamen oder Sonnenblumenkerne (oder halb/halb)*
- *50-150 g grob gehackte Haselnüsse*

- *75-150 g Rosinen oder in schmale Stücke geschnittene gedörrte Aprikosen*

Öl und Honig in einem großen Topf mit dickem Boden unter dauerndem Rühren lauwarm werden lassen; es muß eine homogene Mischung entstehen. Den Topf vom Feuer nehmen. Außer den Dörrfrüchten werden alle übrigen Zutaten dazugegeben und kräftig vermischt, bis die Honigmischung durch die Flocken ganz aufgenommen worden ist. Die Mischung wird gleichmäßig auf einem sauberen, trokkenen Backblech ausgebreitet.
Backen: ca. 20 Minuten bei 150°C, mittlere Schiene. Die Flockenmasse wird während des Backens dreimal umgeschichtet. Darauf achten, daß sie nicht zu braun wird, sie sollte nur ein wenig dunkler werden, dann duftet sie herrlich. Die gebackene Flockenmischung wird aus dem Ofen genommen und sofort mit den Rosinen vermischt.
Granola läßt man auf dem Backblech abkühlen, es wird dann hart. Zum Schluß wird die Masse verkrümelt. ►

Variationen:
- Der Honig wird durch Birnel oder Reismalzsirup oder Ahornsirup ersetzt.
- Reisflocken verwenden.

Expreß-Pralinen

Einfach, jedoch lecker und im Nu gemacht, beispielsweise wenn ein unerwarteter Gast kommt, der eine besondere Diät braucht. Man sollte zusammen mit dem Gast überlegen, welche der folgenden Zutaten für ihn geeignet sind.

Bei einem Kleinkind kann man den Kern in der Dattel durch ein wenig Nußpaste ersetzen (unten im Glas ist die Paste fest, so daß man eine kleine Rolle daraus formen kann). Größeren Kindern, die gut kauen können, kann man auch eine geschälte oder ungeschälte Mandel oder eine halbe Walnuß in die Dattel stecken.
Man kann auch, indem man die Mandel teilt und die beiden Hälften als Flügel in die Dattel steckt (mit einem Messer), einen Käfer machen.
Für Schulkinder, die sowohl gut kauen als auch gut verdauen können, kann man eine weiche, gedörrte biologische Aprikose füllen (dies gelingt mit einer Mandel am besten).

Pikante Sonnenblumenkerne

Eine pikante Nascherei auf einem Fest. Warm schmecken die Kernchen am besten, bleiben jedoch, luftdicht verpackt (im Schraubdeckelglas) gut eine Woche knusprig.
Die Leckerei wird in kleinen Schälchen angerichtet.
Die Sonnenblumenkerne werden im Ofen geröstet*. 408
Dann wird ein Topf mit dickem Boden mit heißem Wasser vorgewärmt, und die Kerne werden aus dem Ofen sofort in den (trockenen) Topf gegeben. Man beträufelt sie mit Tamari (1/4 Teel. auf 100 g Kerne) und rührt gut um. Durch die Hitze verdampft das Wasser aus dem Tamari, das pikante Gewürz bleibt auf den Kernen haften.

Warme und kalte Getränke

Kinder sind immer durstig. Sie bewegen sich von früh bis spät und verlieren dadurch viel Flüssigkeit. An warmen Tagen kommt noch der Flüssigkeitsverlust durch Schwitzen dazu. Um den Wasserhaushalt des Körpers im Gleichgewicht zu halten, braucht ein normales Schulkind an einem Tag 2 l Flüssigkeit. Diese kommt zum Teil aus Milch, Obst, Gemüse, Kartoffeln, Suppe und anderen flüssigkeitsreichen Gerichten, zur Hälfte jedoch aus Getränken.

Der beste Durstlöscher ist noch immer das **Wasser*** aus der Leitung. Wasser schädigt weder die 37
Zähne noch nimmt es den Appetit, und man trinkt nicht ohne weiteres zuviel davon. Die Kinder sollten jedoch nicht trinken, wenn sie Obst essen. Der verdünnte Magensaft kann dann das Obst nur unvollständig verdauen, und dadurch entstehen, vor allem bei Trauben, Beeren, Pflaumen und anderem Steinobst Gärprozesse (Bauchschmerzen).

Milch ist kein Durstlöscher, sondern ein eiweißreiches Nahrungsmittel und sollte deshalb nur dosiert gereicht werden.

Pure **Gemüse- und Fruchtsäfte*** sind zu kon- 453
zentriert und können Darmstörungen verursachen, bei manchen Kindern sogar eine allergische Reaktion hervorrufen. Gemüsesäfte in sehr kleinen Mengen sind nur für Babies und sehr kranke Kinder geeignet, bis sie (wieder) Gemüse verdauen können. Obstsäfte schmecken zum Süßen anderer Getränke oder bei der Herstellung eines (festlichen) Getränkes gut, sollten aber mindestens zur Hälfte mit *Apfeltee** oder 391
Wasser verdünnt werden. Im Klartext heißt dies: 391
Für ein Glas Apfelsaft werden 3 große Äpfel ausgepreßt. Beim Essen eines Apfels hingegen gelangen auch die Ballaststoffe, die für eine gute Verdauung notwendig sind, in den Darm, und dieser wird dadurch angeregt.

Man sollte lieber **Apfeldicksaft*** (aus unge- 343
spritztem Obst hergestellt) verwenden als mit Zucker zubereiteten Limonadensirup; für die Kleinen verwendet man besser das etwas mildere Birnendicksaft. Dieses Konzentrat ist nichts anderes als eingedickter Obstsaft, es ist auch außerhalb des Kühlschranks haltbar und kann nach Belieben verdünnt werden (als Durstlöscher 1:10).

Für die «Kaffee- und Teepausen» sind außer Buttermilch die verschiedenen **Getreidegetränke** und vor allem **Kräutertee** in allen Variationen geeignet (auch für die Kleinen). Letzteren gibt man besser keine kleine Saugflasche in die Hände (siehe *Nursing bottle Syndrom**). 339
Das Trinken von Schwarztee und Kaffee sollte so lang wie möglich aufgeschoben werden. Der Gesundheit ist dadurch nicht gedient, sie enthalten nervenanregende Stoffe (Koffein und Tein) und
haben außerdem auf die Eisenabsorption* einen 442
negativen Einfluß. Wenn es beim Besuch nichts anderes als beispielsweise Schwarztee gibt, bittet man um einen kurz gezogenen, dünnen Tee mit einem Schluck Milch, die einen Teil der bitteren Gerbsäure bindet. Man kann auch gerbsäurearmen Tee kaufen, dies ist eine Mischung ausgesuchter Teesorten mit speziell niedrigem Gerbsäuregehalt.

Getreidekaffee und/oder **Früchtekaffee** (Demeter-Malzkaffee) ist erst für Kinder ab ca. 7 Jahre geeignet und auch dann nur als «Geschmacksnuance» in der Milch.

Es ist selbstverständlich, daß man kleineren Kindern keine zu heißen Getränke gibt, jedoch auch für die größeren Kinder ist es wichtig, daß sie sich mit zu heißen Getränken nicht die Geschmacksnerven auf ihrer Zunge verderben und auf die Dauer für immer abstumpfen. In zu heiße oder eisgekühlte Getränke muß viel Süßungsmittel gegeben werden, weil die feinen Geschmacksnuancen durch die Hitze oder die Kälte nicht wahrgenommen werden. Ebensowenig kann geschmeckt werden, wenn mit zu großen Schlucken getrunken wird; deshalb ist es besser, man läßt die Kinder ihr Glas mit Zwischenpausen leer trinken, dann wird auch der Durst besser gelöscht.
Zu kalte Getränke – vor allem an heißen Tagen – können nicht nur Darmstörungen hervorrufen, sondern auch die Leberfunktion stören.

Kindern gibt man in der Regel *vor* dem Essen zu trinken; mit einer durstigen Kehle haben sie meistens keinen Appetit. Wenn *während* des Essens getrunken wird, wird der für die Verdauung notwendige Magensaft verdünnt; viele Kinder spülen das Essen auch ohne zu kauen herunter, wodurch vor allem Vollkorngerichte nicht richtig verdaut werden; schlechte Esser sollten ihren Magen bei der Mahlzeit lieber mit Essen als mit Trinken füllen.

Für den Kampf gegen die Reklame der Getränkeindustrie gebe ich einige Rezepte für warme und kalte Getränke, die man für spezielle Gelegenheiten machen kann.

Kräutertee

Warm oder kalt ist Kräutertee der ideale Durstlöscher für Kinder aller Altersstufen.
Wenn man keine Teekräuter sammeln kann, gibt es in Naturkostläden ausgezeichnete Tees zu kaufen, man bekommt auch herrliche Mischungen für alle Jahreszeiten und spezielle Gelegenheiten. Diese Kräuter sind ungespritzt, in der richtigen Art getrocknet, *nicht* mit Gammastrahlen behandelt und mit einem Haltbarkeitsdatum versehen. Zum täglichen Gebrauch verwendet man keine typischen Heilkräuter wie Kamille oder Mischungen gegen alle möglichen Krankheiten, deren Zusammenstellung man nicht herausfinden kann. Für den täglichen Bedarf sind Tees geeignet, die aus einer Kräutermischung (mit Inhaltsangabe) zusammengestellt sind oder die harmlosen Kräuter der folgenden Liste. Etwa alle drei Wochen sollte die Sorte gewechselt werden. Vielleicht stellen Sie auf die Dauer eine eigene Hausmischung (für jede Jahreszeit eine spezielle) zusammen.

Geeignete Kräuter sind:

- Lindenblüten (Sommer); Jasmin; wilde Rosenblätter; Gänsefingerkraut; Zitronenmelisse (beruhigend); wilde Brombeer-, Himbeer- und Erdbeerblätter; Apfelschalen; Hagebutten; Thymian (Winter); Süßholz; Anis (wärmend).
- Pfefferminz (anregend).

Fenchel und Anis sollten nur als Mischung verwendet werden, reiner Fenchel- und Anistee ist für kleine Kinder nur als Heilmittel bei *Bauchschmerzen** 436
geeignet. Pfefferminz und andere Reizstoffe (Kaffee, Coca Cola) können die Wirkung mancher homöopathischer Heilmittel nachteilig beeinflussen.
Im folgenden gebe ich einige Rezepte warmer und kalter Kräutertees für besondere Tage. Im Sommer sollte man so viel wie möglich Tees aus frischen Blüten und Blättern machen, kalten Tee kann man mit Zitronensaft oder anderen Obstsäften abschmecken. Im Winter kann man, bevor man das Wasser auf die getrockneten Blüten oder Blätter gießt, etwas Anis oder Fenchel oder die folgenden Gewürze mitkochen:

- ein kleines Stück Zitrusschale
- einige zerquetschte Wacholderbeeren
- ein Stückchen Zimtstange oder eine kleine Scheibe Ingwerwurzel.

Einige Faustregeln zum Kochen von Tee:

- Eine Teekanne aus Porzellan oder Glas verwenden und diese vorwärmen.
- Den Tee zum täglichen Gebrauch nicht zu stark machen (3-5 g pro Liter, je nach Alter des Kindes und Teesorte).
- Blüten und Blätter nicht länger als 5 Minuten ziehen lassen (siehe Tip), sehr harte Stengel und Samen mit kaltem Wasser aufsetzen und 5-15 Minuten ziehen lassen.
- Wenn der Tee gezogen hat, sofort einschenken oder durch ein Sieb in die Thermoskanne schütten.
- Tee nicht oder nur ganz schwach süßen, beispielsweise mit Obstsaft oder einem Löffel Dicksaft. Man kann auch 1/4 - 1/2 Teel. gemahlenes Süßholz mit dem Teewasser aufkochen (siehe auch *Süßholztee**). Einige durchgeschnittene 392
Rosinen statt Zucker in der Teetasse geben einen leicht süßen Geschmack und können gleich auch noch als Leckerei dienen (für die Kleinen erst in etwas Wasser einweichen). Wer sich einmal an stark gesüßten Tee gewöhnt hat, kann ihn sich nur schwer wieder abgewöhnen; süßer Tee ist für die Zähne genauso schlecht wie Limonade.
- Tee, der kalt getrunken wird, wird auf einige ungeschälte Zitronen- oder Apfelsinenscheiben gegossen, oder man gibt einige Löffel Saft von diesen Früchten zum Tee.

Tip: Wenn man **Hagebuttentee** macht, dürfen die Hagebutten bis zu einer Stunde im Teewasser liegen. Wenn man eine schönere Farbe und einen frischsäuerlichen Geschmack haben möchte, gibt man ein Hibiscusblütenblatt hinzu.
Auch der **Lindenblütentee** wird durch längeres Ziehen sowohl im Geschmack als auch in der Farbe besser. Beide Teesorten sind auch als kalte Sommertees besonders geeignet.

Apfeltee

Die Schalen und Kerngehäuse der Äpfel und Birnen enthalten mehr Vitamine und Mineralstoffe als das Fruchtfleisch. Deshalb sollte dieses Obst (sofern es ungespritzt und gut gewaschen ist*), nach Möglich- 248
keit ganz aufgegessen werden.
Für manche Gerichte und für Kleinkinder und Kindergartenkinder ist es jedoch notwendig, Schale und Kerngehäuse zu entfernen; sie können diese Teile der Früchte noch kaum verdauen und könnten sich auch daran verschlucken. Man kann jedoch sowohl aus den Schalen als auch aus den Kerngehäusen von Äpfeln und Birnen,wie auch aus in Stücke geschnittenen verschrumpelten Äpfelchen ein leckeres Getränk kochen (mit Ausnahme von Kochäpfeln, einigen Lagerapfelsorten und Birnen – diese Schalen können bitter schmecken).
Ohne Zusätze kann man das Kochwasser auch zum Verdünnen von Obstsäften oder als Grundlage von süßen Soßen verwenden. Indem man den Apfel- und Birnen-«Abfall» mit Kräutern aufkocht und eventuell mit verschiedenen Süßungsmitteln leicht süßt, kann das Getränk immer wieder variiert werden. Es folgen einige Anregungen.

Arbeitsanleitung:
Schalen und Kerngehäuse in einen Topf geben und soviel kaltes Wasser hinzufügen, daß alles 1-2 cm bedeckt ist (siehe Tip).
Mehr oder weniger der folgenden Zutaten hinzugeben: ►

- *Zitronen- oder Apfelsinenschale, mit dem Sparschäler geschält (oder Zitronat*)* 413
- *Zitronen- oder Apfelsinenscheibchen*
- *1 Stück Zimtstange oder gemahlenen Zimt*
- *1 Stück Vanilleschote (aufgeschnitten)*
- *ein wenig Nelke*
- *Scheibchen Ingwerwurzel*
- *Anis- oder Fenchelsamen*
- *Koriandersamen*
- *für eine schöne rote Farbe einige Rote Bete-Schalen zugeben oder etwas Lindenblüten- oder Hibiscustee mitziehen lassen, jedoch nur die letzten fünf Minuten. Hibiscustee enthält Spuren von Koffein, ist also nicht für die Kleinen und nicht als Abendtee geeignet*

Alles langsam zum Kochen bringen und den Tee, zugedeckt, 1/2 Stunde auf kleinstem Feuer ziehen lassen. Tee abseien und mit Dicksaft oder Vollrohrzukker nur dann süßen, wenn dies notwendig ist (abhängig von der Sorte der Schalen). Wenn man den Tee kalt trinken will, kann man ihn auch mit etwas Honig süßen, sobald er abgekühlt ist.

Tip: *Getrocknete Schalen** zuerst einige Stunden in 416
Wasser einweichen (zusammen mit den Kräutern).

Früchtetee (ca. 1 l)

Ein wärmendes, jedoch frisches Getränk mit kleinen Obststückchen darin. Man kann den Tee in der Thermoskanne aufbewahren, er wird durch langes Ziehen nur besser. Im Sommer schmeckt das Obstgetränk auch kalt gut (siehe Tip 1).

- *3/4 l Wasser*
- *1/2 Zimtstange*
- *die Schale einer Apfelsine oder 1/2 Zitrone (Sparschäler verwenden)*
- *Schale und Kerngehäuse eines duftenden, festen Apfels*

- *2 Eßl. Rosinen oder 4 getrocknete, geschnittene Aprikosen*
- *Saft einer Apfelsine oder 1/2 Zitrone*
- *1 geschälter Apfel, in 1/2 cm große Würfel geschnitten*
- *eventuell Vollrohrzucker oder Honig, je nach Geschmack*

Das Wasser mit dem Zimt und den Schalen langsam zum Kochen bringen und mindestens 1/4 Stunde auf kleinster Flamme ziehen lassen. Inzwischen werden die Rosinen in die Teekanne oder in die Thermoskanne gegeben, Apfelsinen- oder Zitronensaft darübergeschüttet und auch der in Würfel geschnittene Apfel dazugegeben. Der kochend heiße Tee wird dazugesiebt, und das Ganze muß nun 5 Minuten ziehen.
Der Tee wird in nicht zu kleine Tassen oder Teegläser eingeschenkt und einige Rosinen und Äpfel dazugegeben. Wenn nötig, mit Zucker oder, wenn der Tee schon etwas abgekühlt ist, mit Honig nach Geschmack süßen.

Variationen:

- Zimt, die Zitrusschalen und eventuell auch den Zitrussaft weglassen und das Wasser durch Lindenblütentee ersetzen.
- Eingemachte Apfelsinen- oder Zitronenraspel* 414
(1/2 Teel.) anstelle von frischen Schalen verwenden und den Zitrussaft durch Apfelsaft oder 4 Eßl. Dicksaft ersetzen.
- Den Zimt durch 2-3 Ingwerwurzelscheibchen ersetzen.

Tips:

- Beim kalten Sommertee kann der Apfel durch einen reifen Pfirsich (geschält) ersetzt werden. Zitrone verwenden und mit Honig süßen. Die Schalen und Gewürze werden nur mit 1/4 l Wasser gekocht, und die Rosinen müssen im Topf mitziehen. Nach dem Abseien mit Wasser verdünnen.
- Wenn die Johannisbeeren-Ernte sehr groß ist,
kann man einige «Trauben» zum *Trocknen** auf- 416
hängen und im Winter dadurch die Rosinen ersetzen.

Süßholztee (1 l)

Süßholztee ist ein natürliches (zuckerfreies) Süßungsmittel für Kräutertee. Der Süßholztee wird dann zuerst gemacht, er muß lange ziehen. Wenn Ihr Kind Süßholztee besonders gerne mag, können Sie auch einen sehr starken Tee kochen, ihn abseien und im Glas 2-3 Tage im Kühlschrank aufbewahren. Dieses Konzentrat kann dann eßlöffelweise zum Kräutertee gegeben werden.

- *1/2 Eßl. gemahlenes Süßholz*
- *1 l kaltes Wasser*

- *Zitronensaft je nach Geschmack*

Man bringt das Süßholz im Wasser langsam zum Kochen, nimmt den Topf vom Feuer und läßt den Tee, zugedeckt, mindestens 15 Minuten ziehen. Dann kocht man ihn nochmals auf und gießt ihn über die Teekräuter. Den Kräutertee, wie im Grundrezept beschrieben, ziehen lassen, abseien und mit einigen Tropfen Zitronensaft abschmecken. Siehe auch *Süßholz**. 463

Sommertee (ca. 1 l)

Ein frisches, kühles Getränk für die immer durstigen Kinder aller Altersstufen. **Pfefferminztee** schmeckt aus frischen Kräutern am besten, **Lindenblütentee** aus *getrockneten Blüten** ist etwas stärker. 414

Starken Tee machen: Man nimmt auf 1 l Wasser 1/2 Tasse frische Pfefferminzblätter oder Lindenblüten (frisch oder getrocknet, etwas kleingeschnitten).
Das (kalte) Wasser mit den Teekräutern zum Kochen bringen, einen halben Teelöffel geriebene Zitronenschale oder ein Stück Schale hinzufügen und alles 5 Minuten ziehen lassen (vom Feuer nehmen und zudecken). Dieser **Tee-Extrakt** wird abgeseit und muß nun abkühlen.
Auf 1 dl Extrakt gibt man den Saft von 1/2-1 Zitrone. Den Extrakt im Kühlschrank aufbewahren; er hält sich 1-2 Tage, man kann also ruhig eine größere Menge machen.
Kurz vor dem Trinken wird der Extrakt je nach Geschmack mit kaltem Wasser verdünnt und eventuell mit *wenig* Honig, Ahornsirup oder Vollrohrzucker gesüßt. Man kann auch etwas Obstsaft nach Wahl dazumischen (ca. 1/3 der gesamten Teemenge).

Variationen:
- Zitronensaft weglassen und mit Apfeldicksaft süßen.
- Die Zitronen durch Apfelsinen ersetzen (doppelte Menge des Saftes verwenden).
- Man macht entweder eine Mischung aus den oben genannten Teekräutern oder ersetzt diese durch andere: Zitronenmelisse, Rosenblätter, Holunderblüten, Goldmelisse, Hibiscus (ergibt eine rote Farbe und enthält ein wenig Koffein); oder man verwendet eine Teemischung aus dem Naturkostladen.
- Die Zutaten von *Apfelschalentee** verwenden. 391

Tips:
- Der Tee-Extrakt kann auf die Wanderung mitgenommen und an Ort und Stelle verdünnt werden.
- An kühlen Tagen kann der Extrakt mit warmem Wasser verdünnt werden, dann verwendet man keinen Zitronensaft.

Herbst- und Wintertee

Herbstfarben in der (gläsernen) Teekanne!
Die Zutaten für diesen duftenden, wärmenden Tee kann man vom Spätsommer bis in den Herbst hinein auf der Heide, in den Dünen oder in den Bergen finden. Wenn die Ernte groß ist, kann man daraus einen Wintervorrat anlegen* (siehe auch Tip). 414

- *1/4 l kaltes Wasser*
- *10-15 Hagebutten, durchgeschnitten*
- *5 Wacholderbeeren (wenn man getrocknete verwendet, leicht zerquetschen)*

- *3/4 l kaltes Wasser*
- *2 Thymianzweige (oder 1/2 Teel. Blättchen)*
- *2-3 Schafgarbenschirmchen*
- *5 Blätter von wilden Brombeeren und/oder Himbeeren, etwas klein geschnitten*

- *5 Walderdbeerblätter*

Die Hagebutten und Wacholderbeeren mindestens 3 Stunden in 1/4 l Wasser einweichen (noch besser ist eine ganze Nacht oder ein Tag).
Das Wasser langsam zum Kochen bringen und mit den Beeren 1/2-2 Stunden auf kleinstem Feuer oder auf dem warmen Ofen, zur Not auf dem Stövchen, ziehen lassen.
Dazu gibt man 3/4 l Wasser, Thymian, Schafgarbe und die Brombeer- oder Himbeerblätter und bringt das Ganze wieder zum Kochen. Zum Schluß gibt man die Erdbeerblätter dazu und läßt den Tee nochmals 10-15 Minuten ziehen (bei ausgeschalteter Flamme, den Deckel auf dem Topf). ►

Der Tee wird mit den Blättern in die Teekanne gegossen; auch wenn er noch eine Weile steht, wird er nicht bitter.
Die meisten Kinder werden diesen an sich schon etwas süßen Tee ohne Süßungsmittel trinken. Sonst kann man in jedes Teeglas einige Rosinen legen, die im heißen Tee quellen, bis er Trinktemperatur erreicht hat.

Variationen:
- Die Brombeer-, Himbeer- und Erdbeerblätter können durch Pfefferminz oder Zitronenmelisse ersetzt werden. In diesem Fall muß der Tee nach dem Ziehen abgeseit werden.
- Die Wacholderbeeren weglassen und den Tee etwas verdünnen, indem man in jede Tasse ein wenig Wasser dazugibt. Die Rosinen in der Tasse entzweischneiden.

Tip: Die Zutaten kann man auch im Naturkostladen kaufen.

Festliche Schokoladenmilch (3/4 l)

Dieses beliebte Kindergetränk hat mit echtem *Kakao** 454
den besten Geschmack, einem Genußmittel, das größere Kinder an Festtagen ruhig einmal bekommen dürfen. Wenn sie jedoch das ganze Jahr über die Milch in Form von Schokoladenmilch trinken, tun Sie besser daran, *Karobpulver** zu verwenden. 455

- *4 Eßl. Karobpulver oder 2 Eßl. Kakao*
- *2 dl Wasser*
- *1/2 Teel. Marantamehl*
- *eventuell 1/8 Vanilleschote*, aufgeschnitten* 464
- *etwas Sirup* oder Vollrohrzucker (nur bei Kakao nötig)* 343

- *4 1/2 dl Milch*
- *eventuell 1/2 dl Schlagsahne, geschlagen*

Das Karobpulver oder der Kakao wird in Wasser angerührt, Marantamehl dazugegeben und die Vanilleschote hineingelegt (wenn nötig, wird auch das Süßungsmittel dazugegeben). Das Ganze unter Rühren zum Kochen bringen und eine Weile köcheln lassen. Die Milch dazugeben und nun die Schokoladenmilch, mit dem Schneebesen schlagend, erwärmen (ca. 60°C).
Die Vanilleschote entfernen und die Schokoladenmilch in vorgewärmte Becher gießen. Ein Löffel Schlagsahne daraufgeben und ein wenig Schokoladenflöckchen darüberraffeln oder Kakaopulver daraufstreuen.

Variationen:
- **Kalte Schokoladenmilch:** Man läßt das Karob-(Kakao-)Konzentrat abkühlen und vermischt es mit kalter Milch.
- Karobpulver verwenden.

Holundermilch (3/4 l)

S. Variation unter dem Rezept Holundersüppchen* 83

Anismilch (3-4 Becher)

Anismilch aus Anissamen hat einen feineren Geschmack als Milch mit künstlichem Aroma. Wer viel Anismilch trinkt und schnell fertig werden will, macht am besten *Anissirup** auf Vorrat. 413

- *1 Teel. Anissamen, fein zerstoßen mit*
- *1 Messerspitze Vollrohrzucker, 15 Minuten eingeweicht in*
- *1 dl kaltes Wasser*
- *eventuell ein Stückchen Zitronenschale*

- *3 dl Milch*

Der gewürzte Zucker wird im Einweichwasser zum Kochen gebracht, dann läßt man das Ganze, zugedeckt, 5-10 Minuten auf kleinster Flamme ziehen. Die Milch dazugeben und die Anismilch auf Trinktemperatur bringen. Dann wird die Milch durch ein feines Sieb in vorgewärmte Becher geschüttet.

Variation: Salbeimilch ist kräftiger im Geschmack. Die Anissamen werden durch Koriandersamen ersetzt, die mit 1/2 Teelöffel zerkleinerten (getrockneten) Salbeiblättern zerstoßen werden. Zucker weglassen und die trinkwarme Milch mit einer Löffelspitze Honig süßen.
Wenn Sie frischen Salbei haben, ist ein Blatt ausreichend; man schneidet es in kleine Streifchen und läßt es nur die letzten 2-3 Minuten mitziehen.

Barleywater (ca. 1 l)

Dieses stärkende **Getreidegetränk** stammt aus England. Es entlastet den Stoffwechsel und hat auf Haut und Schleimhäute eine gesundende Wirkung, ist jedoch auch bei Fieber angezeigt. Das Gerstengetränk wirkt harmonisierend auf die Darmfunktion, d.h. es hat weder eine stopfende noch eine abführende Wirkung. Über Getränke aus anderen Getreidesorten siehe die Variationen.
Mit Kräutern gekocht schmeckt der Getreidetrank warm am besten, will man ihn kalt trinken, vermischt man ihn zur Hälfte mit Obstsaft.

- *100-125 g Gerste (ca. 1 1/2 dl), 3 Stunden, am besten noch länger, eingeweicht in*
- *1 l Wasser mit*
- *1 Feige oder Dattel oder 2 gedörrten Aprikosen*
- *2 Zitronen- oder Apfelsinenscheiben, mit Schale*
- *1/4 Zimtstange oder 1/4 Teel. Zimt (für ein warmes Getränk)*

- *Dicksaft oder Honig oder Fruchtsaft*

In einem großen Topf (Überkochen!) werden alle eingeweichten Zutaten – außer Süßungsmittel und Saft – mit dem Einweichwasser langsam zum Kochen gebracht. Zugedeckt auf kleinster Flamme eine Stunde lang leise vor sich hin köcheln lassen. Durch ein Sieb gießen und mit Dicksaft oder (wenn er trinkwarm ist) mit Honig abschmecken.
Wenn es ein kaltes Getränk sein soll, läßt man es erst ganz abkühlen, bevor man den Fruchtsaft dazugibt und abschmeckt, süßen ist dann oft nicht notwendig.

Variationen:

- Wenn das Getränk warm sein soll, kann man 2 Gewürznelken und/oder 2-3 Scheiben Ingwerwurzel mitkochen.
- **Reistrunk:** Hat, vor allem in Kombination mit Heidelbeeren (Ursaft) eine stopfende Wirkung. Vollreis muß nicht unbedingt eingeweicht werden, und die Kochzeit beträgt nur 1 Stunde.
- **Hafertrunk:** Wirkt leicht abführend. Die Einweichzeit von Hafer beträgt höchstens 1 Stunde, die Kochzeit 1 Stunde.
- **Hirsetrunk:** Wirkt kräftigend für Haare, Haut und Nägel, ist weder stopfend noch laxierend. Hirse braucht nicht eingeweicht zu werden, die Kochzeit beträgt 20-30 Minuten.

Tip: Das zurückgebliebene Getreide kann durch das Sieb gestrichen werden, und aus diesem Püree kann man mit Bouillon und einem Stückchen Butter oder saurer Sahne eine leicht verdauliche Soße oder Suppe für die Gesunden machen. Vor dem Anrichten mit etwas Sojasoße und viel klein geschnittenen frischen Kräutern abschmecken.

Krafttrunk (ca. 1 l)

Dies ist ein schnell gemachtes, stärkendes **Getreidegetränk**; warm oder kalt ist es für Kinder mit geringem Appetit zwischen den Mahlzeiten ein ideales Getränk. Die Kombination von Thermomehl und Zuckerrübensirup ergibt einen derartig kräftigen Geschmack, daß dieses milcharme Getränk die Schokoladenmilch ersetzen kann.

- *6 dl Wasser*
- *40 g (3/4 dl) Thermomehl aus Gerste*
- *ca. 2 Eßl. Zuckerrübensirup*
- *1 Messerspitze Zimt*
- *1 Prise Salz*

- *1/2 l Milch*
- *eventuell 1/2 dl Sahne*

Die Zutaten des ersten Abschnittes werden auf mittelgroßem Feuer unter Rühren zum Kochen gebracht. Einige Augenblicke weiterkochen lassen, dann nimmt man das Konzentrat vom Feuer und läßt es, zugedeckt, mindestens 15 Minuten quellen.
Die Milch dazuschlagen und das Getränk, wenn nötig, auf Trinktemperatur abkühlen.
Die Schlagsahne dazugeben; in der vollkommen abgekühlten Milch schmeckt es besser, wenn man die Sahne erst schwach schlägt.
Das noch nicht mit Milch vermischte Konzentrat kann im Kühlschrank 1-2 Tage aufbewahrt werden; man mischt dann die jeweils benötigte Milchmenge dazu und temperiert das Getränk.

Variationen:

- Beim warmen Getränk kann man eine Scheibe Ingwerwurzel und/oder 2 Gewürznelken mitkochen.

– Das Thermomehl wird durch Reismehl oder Marantamehl ersetzt. Geben Sie dem Getränk mehr Geschmack mit 1-2 Eßl. Karob, oder machen Sie *Sesamtrank**. 397

Mandelmilch aus Mandeln (1 l)

Mandelmilch, mit Vanille gewürzt und leicht gesüßt, ist ein leicht verdauliches, milde schmeckendes pflanzliches «Milch»-Getränk (warm oder kalt zu trinken).
Mandelmilch ist zum Selbermachen von Joghurt und derartigem nicht geeignet.
Am leckersten und wertvollsten ist die Mandelmilch, wenn sie mit frisch gemahlenen Mandeln gemacht wird.
Siehe auch *Mandeln**. 457

- *125 g Mandeln, geschält* (für größere Kinder eventuell ungeschält)* 407
- *1/4 Teel. Vanillemark*
- *ca. 2 Eßl. (ca. 30 g) Vollrohrzucker oder Sirup** 343
- *1 l lauwarmes Wasser*

Die Mandeln werden sehr fein gemahlen und mit Vanillemark und Zucker vermischt. Dieses Gemisch wird nochmals gemahlen (man kann auch alles nur einmal in der Küchenmaschine mahlen, mit kurzen Intervallen und in kleinen Portionen; dies kann man auch ohne Zucker machen, die Milch wird dann im nachhinein mit Honig gesüßt).
Nun wird das warme Wasser nach und nach unter kräftigem Rühren dazugegeben; diese Mischung läßt man mindestens 1/2 Stunde zugedeckt stehen. Dann legt man ein feuchtes Taschentuch in ein Sieb und gießt das Mandelgetränk hinein; gut auspressen. Das Getränk kann, wenn nötig, au bain-marie* wieder angewärmt werden. 49

Mandelmilch aus Mandelmus

(1 Becher)

Hierfür wird für die Kleinen das aus geschälten Mandeln hergestellte Mus verwendet. Wenn das Mandelmus einen bitteren Geschmack hat, enthält es Bittermandeln und muß, in der angegebenen Wassermenge, einige Augenblicke kräftig durchgekocht werden (siehe Mandeln*). 457

- *1 Eßl. weißes Mandelmus (für größere Kinder kann man auch normales Mandelmus nehmen)*
- *ca. 1/2 Teel. Honig oder hellen Sirup** 343
- *2 dl lauwarmes Wasser*

Das Süßungsmittel wird mit dem Mus verrührt und nach und nach, unter Rühren, das Wasser hinzugefügt. Nach Wunsch sieben.

Mandelmilch als Ersatz für Kuhmilch

Man richtet sich nach den oben genannten Rezepten, läßt jedoch die Vanille und die Süßungsmittel weg. Ungesüßte Mandelmilch kann (im Kühlschrank) bis zum folgenden Tag aufbewahrt werden. Nach Wunsch au bain-marie* wieder aufwärmen und gut 49
durchrühren.

Aufgepaßt: Mandelmilch und alle übrigen in diesem Buch beschriebenen Milchersatzgetränke enthalten nicht alle Vitamine und Mineralstoffe, die in der Kuhmilch vorhanden sind (auch nicht im selben Verhältnis). So sind in Sojamilch kein verwertbares Calcium* und kein Vitamin A und D enthalten; Nuß- 38
und Samenmilch enthalten außerdem auch kein Vitamin B 12. Diese Stoffe sind jedoch in vielen anderen vollwertigen Nahrungsmitteln enthalten, die für Kinder ab dem zweiten Lebensjahr geeignet sind (vor allem Vollkorngetreide, Hülsenfrüchte – für die Kleinen Linsen –, Gemüse und Obst, kalt gepreßtes Öl, Eier, Fisch und Fleisch). Für Kinder die (noch) nicht alles essen können, ist es ratsam, einen Ernährungsberater um Rat zu fragen.
Siehe auch *Ersatz allergener Nahrungsmittel** und 431
*Phosphor**. 40
«Milch» aus Mandeln und anderen Nüssen und Sa-

men ist bei Kindern mit allergischer Veranlagung gut geeignet, diese Nüsse und Samen einzuführen. Sojamilch ist schwerer verdaulich als Nuß- und Samenmilch. Will man sie selber herstellen, so erfordert dies viel Energie und Zeit, deshalb ist es einfacher, die Sojamilch im Naturkostladen fertig zu kaufen.

Tip: Die im Sieb verbliebenen Rückstände kann man ins Müsli, den Brei oder in Getreidebratlinge verarbeiten. Allerdings sind die Rückstände eher Füllstoff als Nahrung.

Sesamtrank aus Sesamsamen (1l)

Sesammilch, die gut gewürzt und mit Marantamehl sämig gemacht ist, ist ein leckeres, eiweißreiches Getränk. Warm ist es ein Ersatz für Schokoladenmilch, kalt ein wertvoller pflanzlicher «Milchshake». Am besten im Geschmack und am wertvollsten ist der Sesamtrank aus selbstgerösteten und frisch gemahlenen Samen, schneller gemacht ist er aus Tahin (Sesampaste).

- *80-100 g Sesamsamen, gewaschen und leicht geröstet** 408
- *ca. 2 Eßl. (30 g) Vollrohrzucker*
- *1/4 Teel. Vanillemark** 464

- *1/2 Eßl. Marantamehl*
- *1 l Wasser mit einer Prise Salz*

Sesamsamen, Zucker und Vanille miteinander vermischen und das Ganze in der Küchenmaschine oder einer elektrischen Kaffeemühle mit kurzen Intervallen und in kleinen Portionen zu einer trockenen Paste mahlen. Mit viel Geduld kommt man auch mit einem Mörser zum selben Ergebnis.
Marantamehl mit etwas Wasser anrühren.
Das restliche Wasser wird zum Kochen gebracht. Salz dazugeben und mit Marantamehl binden.
Den Topf vom Feuer nehmen und die Sesampaste darunterschlagen.
Wenn man den Sesamtrank kalt trinken möchte, kann man ihn mit ein paar Tropfen Zitronensaft abschmecken. Anstelle von Sirup oder Zucker kann man, wenn das Getränk lauwarm abgekühlt ist, zum Süßen auch Honig verwenden.

Sesamtrank aus Tahin (1 Becher)

- *2 dl Wasser*
- *1/4 - 1/2 Teel. Sirup* oder Vollrohrzucker* 343
- *1 Prise Vanillemark*
- *1 Körnchen Salz*

- *1/2 Teel. Marantamehl*
- *angerührt mit 1 Eßl. Wasser*

- *1 Eßl. Tahin*, ungesalzen* 463

Die Zutaten des ersten Abschnittes werden zum Kochen gebracht und mit dem angerührten Marantamehl gebunden. Den Topf vom Feuer nehmen und das Tahin darunterschlagen.
Warm oder kalt trinken.

Sesamtrank als Kuhmilchersatz
(in gewürzte Gerichte und Getränke)

Nur gewaschene und getrocknete Sesamsamen* 408
oder ungesalzenes Tahin* verwenden (für Kleinkin- 463
der und Kinder mit schwacher Verdauung verwendet man weißes Tahin).
Die feingemahlenen Samen oder das Mus (Mengen siehe oben), nicht auf dem Feuer, in kochend heißes Wasser schlagen.
Ungesüßten Sesamtrank kann man bis zum folgenden Tag (im Kühlschrank) aufbewahren. Eventuell au
bain-marie* wieder aufwärmen und gut durchrüh- 49
ren. Siehe auch «Aufgepaßt» bei *Mandelmilch**. 396

Kokostrank aus frischer Kokosraspel (1 l)

Gewürzte Kokosmilch ist ein etwas fettes Getränk mit besonderem Geschmack. Sie sollte warm getrunken werden; Kokosfett wird bereits bei 23°C fest. Für kalte Getränke siehe Variation 2 unter Kokostrank
aus *creamed coconut**. 398
Nicht gewürzte Kokosmilch kann man für Milchgetränke und in Gerichten verwenden. Was die Verdaulichkeit und die Nährstoffe betrifft, ist Kokosmilch von allen Milchersatzgetränken das am wenigsten ►

wertvolle; es bietet jedoch manchmal einen Ausweg für die Kinder, die keine anderen Nüsse oder Samen vertragen können.
In Gerichten kann man sowohl die Butter als auch Milch und/oder Sahne dadurch ersetzen. Wenn man *creamed coconut** verwendet, kann man das ganze 398
Getränk nur mit Wasser kochen und ganz zum Schluß die benötigte Menge creamed coconut, nach und nach, darunterschlagen.
Die Kokosmilch schmeckt am besten und ist auch am wertvollsten, wenn man sie aus frisch geraspelter Kokosnuß macht; schneller geht es aus getrockneter Kokosraspel und am schnellsten aus creamed coconut.
Siehe auch *Kokosnuß**, «Aufgepaßt» und Tip bei 455
Mandelgetränk und *haltbarem Schlagrahm**. 411

- *1 l kaltes Wasser*
- *1 Stück Zitronenschale (Sparschäler)*
- *1/4 Vanilleschote (aufgeschnitten) oder 1/2 Eßl. Anissamen (gestoßen)*
- *1 Prise Salz*

- *100 g frisch geraspelte Kokosnuß*

- *1 Eßl. Vollrohrzucker oder Honig*

Das Wasser mit der Zitronenschale und der Vanilleschote langsam zum Kochen bringen.
Den Topf vom Feuer nehmen und die geraspelte Kokosnuß dazugeben. Zugedeckt mindestens 1/4 Stunde stehen lassen. Das noch warme Kokosgetränk wird durch ein feines Sieb gegossen und die Raspel so gut wie möglich ausgedrückt.
Das Süßungsmittel dazugeben und das Getränk eventuell wieder auf Trinktemperatur bringen (au bain-marie*). Den ausgepreßten Rest kann man 49
zum Müsli, zu den Getreidebratlingen oder in den Getreideauflauf geben (es handelt sich dabei vor allem um Füllstoff, der Nährwert ist niedrig).

Kokostrank aus getrockneter Kokosraspel (1 l)

Man richtet sich nach dem Rezept für Kokostrank aus frischer Kokosraspel, gibt jedoch hier die Raspel sofort ins kalte Wasser und bringt alles zusammen zum Kochen. Das Gemisch muß 2 Minuten richtig durchkochen.

Kokostrank aus creamed coconut

(1 Becher)

- *5 g creamed coconut** 398
- *1 Messerspitze geraspelte Zitronenschale*
- *1 Messerspitze Vanillemark oder zerstoßene Anissamen*
- *1 Löffelspitze Vollrohrzucker oder Sirup*
- *1 Prise Salz*

- *2 dl kochendes Wasser*

Die Zutaten des ersten Abschnittes werden in einen Becher gegeben und Wasser darauf geschüttet. Dieses Gemisch läßt man zugedeckt so lange stehen, bis man es trinken kann (mind. 10 Minuten). Nach Wunsch durchsieben (für die Kleinen) oder die Zitronenschale im Becher zurücklassen.

Variationen:
- **Entfettete Kokosmilch:** Man macht ungewürzte Kokosmilch nach einem der oben genannten Rezepte, läßt den (durchgesiebten) Aufguß abkühlen und im Kühlschrank ganz kalt werden (*nicht* im Gefrierfach). Das festgewordene Fett abschöpfen (aufbewahren und als Butter verwenden). Dann wird die Kokosmilch nach Wunsch wieder aufgewärmt (au bain-marie*) und mit Gewürzen 49
und Süßungsmittel abgeschmeckt.
- **Kalte Kokosmilch:** Die entfettete Kokosmilch wird mit Apfelsinensaft vermischt (mind. 1 dl Saft auf 1 l Kokosmilch) und mit etwas flüssigem Honig gesüßt. Für größere Kinder kann man den Apfelsinensaft durch Zitronensaft (Menge nach Geschmack) ersetzen; bei der Zubereitung der Milch kann man eventuell die abgeriebene Schale einer halben Zitrone mitkochen.
- **Kokossahne:** Man macht «dicke Kokosmilch»: nur die Hälfte des Wassers verwenden (oder 5 g creamed coconut auf 1 dl Wasser).

Erdbeer-Milchshake (ca. 1 l)

Dies ist ein süßes, kühles Getränk, das nicht nur durstlöschend, sondern auch nahrhaft ist. Der Milchshake wird in hohe Gläser gefüllt und ein Blatt Zitronenmelisse daraufgelegt. *Eiswaffeln** dazu- 365
reichen.

- *ca. 400 g sehr reife Erdbeeren, in Stücke geschnitten*
- *1-2 Eßl. flüssigen Honig von neutralem Geschmack*
- *eventuell 4 Kugeln Vanilleeis* (dann keinen* 316 *Honig verwenden)*
- *5 dl Milch, Viili*, Buttermilch oder Joghurt, ge-* 464 *kühlt*

1. mit Schneebesen oder Handmixgerät:
Die Erdbeeren werden durch ein Sieb in die Schüssel gestrichen. Honig und Vanilleeis dazugeben und schaumig schlagen. Die Milch unter dauerndem Schlagen dazuschütten.

2. mit dem Stabmixer oder Mixbecher:
Alle Zutaten werden gleichzeitig einige Augenblicke durchgemixt.

Variationen:
- **Himbeer-Milchshake:** 250 g sehr reife Himbeeren verwenden.
- **Bananen-Milchshake:** 2 sehr reife, in Stücke geschnittene Bananen verwenden.
- **Aprikosen-Milchshake:** 400 g frische, sehr reife Aprikosen verwenden, nach Möglichkeit geschält (wenn man einen Stabmixer oder einen Mixbehälter verwendet, ist dies nicht nötig). Wenn die Aprikosen nicht reif genug sind, kann man sie zuerst mit wenig Wasser zu Mus kochen und dann, wenn sie abgekühlt sind, mixen.
- Den Shake ohne Eis machen.

Tip: Schnell gemacht: Früchte und Honig werden durch ca. 1 dl *Limonadensirup** aus schwarzen Jo- 418
hannisbeeren ersetzt.

«Milch»-Shake aus Mandelmilch

Dieses Getränk ist nicht nur sehr nahrhaft, sondern auch sehr lecker für Kinder, die sich nach einer Krankheit erholen, und/oder für magere Kinder.
Die *Mandelmilch** wird aus frischen Mandeln oder 396
aus Mandelmus gemacht. Es wird nur 1/4 - 1/2 der angegebenen Menge an warmem Wasser verwendet. Diese dicke Mandelmilch wird durch ein Sieb gegeben und mit Fruchtsaft oder Elixier (Weleda) nach Wahl verdünnt. Mit dem Schneebesen oder Mixer schaumig schlagen.

Variation: Das Elixier oder der Obstsaft können durch frisches, durch ein Sieb gestrichenes Obst ersetzt werden (siehe *Erdbeer-Milchshake**). 398

Würziger Milchshake (2 1/2 dl)

Sehr erfrischend, durstlöschend und nicht süß. Der Shake sollte langsam und schluckweise getrunken werden.

- *1/2 Eßl. frische Gartenkräuter (Schnittlauch, Dill, Kerbel, Zitronenmelisse)*
- *2 dl Milch*
- *2-3 Eßl. Apfelsinensaft oder Brottrunk** 450

Die Kräuter sehr fein schneiden und in einen Becher geben. Milch dazugießen und den Saft unter Schlagen mit dem Schneebesen nach und nach dazugeben.

Variationen:
- Die süße Milch kann durch Buttermilch ersetzt werden; den Saft kann man weglassen. Nach Wunsch wird eine Prise Salz dazugegeben.
- Die Milch wird durch 1 1/2 dl Viili* (oder Jo- 464
ghurt) und 1 dl Wasser ersetzt.

Sportshake (ca. 3 dl)

Wer Sport treibt, hat nach einem intensiven Training oft keinen Appetit. Trotzdem muß der Blutzuckerspiegel wieder aufgebaut werden. Dieser Milchshake ist gleichzeitig frisch, nahrhaft und leicht verdaulich. Nach einer kleinen Ruhepause kommt der Appetit auf eine richtige Mahlzeit von alleine wieder. Als sehr kohlehydratreiches Getränk ist dieser Sportshake auch geeignet, kurz vor dem Wettstreit (5 Minuten) getrunken zu werden. Siehe auch *Sporternährung**. 445

- *1 kleine Birne oder Apfel, geschält und in Stücke geschnitten*
- *1/2 Banane, in Scheibchen geschnitten*
- *1/2 Eßl. Honig*
- *2 dl Milch oder halb Milch/halb Viili* oder But-* 464 *termilch*
- *2 Eßl. Thermomehl (Gerste) oder 1 Eßl. Fermentgetreide** 453

►

Alle Zutaten werden in oben genannter Reihenfolge in den Mixbecher gegeben und gemixt, bis alles fein ist. Sofort mit kleinen Schlucken trinken.

Variationen:
- Im Sommer kann man den Apfel oder die Birne durch Erdbeeren oder Melonenstückchen ersetzen.
- **Herzhafter Sportshake:** Banane und Honig weglassen und stattdessen Buttermilch verwenden. Mit einer Prise Salz und etwas fein geschnittenem Dill und Petersilie würzen.
- Thermomehl oder Fermentgetreide weglassen und eine ganze Banane nehmen.

Spinat-Milchshake (2 1/2 dl)

Rohkost einmal anders.

- *ca. 25 g sehr zarte Spinatblätter, ohne Stiele gewogen, etwas kleingeschnitten*
- *1/2 Teel. Honig*
- *2 dl Milch oder Buttermilch*

- *1/2 Eßl. Zitronen- oder 1 Eßl. Apfelsinensaft (nicht bei Buttermilch)*

Spinat und Honig in den Mixer geben und so viel Milch dazugießen, daß alles bedeckt ist. Fein mixen und den Rest der Milch dazugeben. Zum Schluß wird der Saft tropfenweise dazugemixt.

Variation:
- Einen Hauch Muskatnuß über den Shake stäuben.

Tomaten-Milchshake (2 1/2 dl)

- *1 sehr reife Fleischtomate, geschält und entkernt*
- *1/2 Teel. Honig*
- *2 Blättchen frisches Basilikum*
- *2 dl Milch oder Buttermilch*

- *1 Prise Salz*
- *1 Hauch Cayennepfeffer*
- *frischen Schnittlauch, fein geschnitten*

Die Tomate, den Honig und das Basilikum in den Mixbecher geben und soviel Milch dazugießen, daß alles bedeckt ist.
Fein mixen und den Rest der Milch dazugeben. Der Shake wird mit einer Prise Salz und dem Cayennepfeffer* abgeschmeckt. 460
Zum Schluß streut man den Schnittlauch über den Shake.

Variation: Fenchel-Milchshake: Die Tomate wird durch das Innere einer zarten Fenchelknolle ersetzt. Anstelle von Basilikum nimmt man ein paar Fenchelsamen, die mit Salz fein zerrieben werden. Den Cayennepfeffer weglassen und am Schluß feingeschnittenes Fenchelgrün über den Shake streuen.

Sportdrink (7 dl)

Dies ist ein ausgeknobeltes Getränk für Sportler, die extrem stark transpirieren; man trinkt es vor, während und nach schwerer körperlicher Anstrengung. Durch das Salz im Getränk wird das durch starkes Schwitzen verloren gegangene Natrium wieder ersetzt; durch Fruchtsaft, den man im Lauf des Tages trinkt, kommt man wieder zum nötigen Kalium. So kann der Wasserhaushalt im Körper wieder ausgeglichen werden, und man braucht keine teuren Sportgetränke zu kaufen. Siehe auch *Sportnahrung**. 445

- *65 g (ca. 3 Eßl.) flüssigen Honig*
- *eventuell 1 Prise Salz*
- *1 1/2 dl Brottrunk** 450

- *1/2 l Wasser*

Alle Zutaten – mit Ausnahme des Wassers – in eine Flasche mit Schraubdeckel (7 dl Inhalt) geben und verschließen. Nun wird das Ganze geschüttelt, bis der Honig aufgelöst ist. Das Wasser dazugeben und nochmals schütteln.

Variation: Anstelle von Brottrunk kann man 2-3 Eßl. Zitronensaft verwenden. Dann fügt man nochmals 6 dl Wasser hinzu.

Tip: Man kann das Getränk ohne Wasser machen und dieses erst hinzufügen, wenn der Sportler, nach der Anreise, an Ort und Stelle angekommen ist. Dieses Konzentrat hält sich auch ohne Kühlung 2 Tage frisch.

Brennesseltrank (1 l)

Durstlöschend und gegen Blutarmut genauso gut wie Brennesseltee, nur viel leckerer. Mit Brennesseltrank kann man auch Obstsäfte sehr gut verdünnen. Man sollte jedoch, wenn man es mit etwas herrschsüchtigen Kindern zu tun hat, damit etwas zurückhaltend sein, denn die Brennessel kann aktivierend wirken. Bei allergischen Kindern und Kindern unter 3 Jahren muß man vorsichtig ausprobieren, ob sie die Brennesseln vertragen.
Die Brennesseln werden jeden Tag frisch gepflückt (beim Abendspaziergang).

- *1 Handvoll Brennesselspitzen (ca. 10 g)*
- *2 Scheiben Zitrone, 1/2 cm dick, mit Schale*
- *1/2 l (kohlensäurefreies Mineral-) Wasser*
- *1 kleine Prise Salz*

Die gewaschenen Brennesseln und die Zitrone in eine Kanne geben (kein Metall) und das Wasser dazugießen. Dies läßt man 1 Nacht, zugedeckt, an einem nicht zu warmen Ort (unter 20°C) stehen; nicht länger als 12 Stunden. (Die Säure zieht das Eisen aus den Brennesseln, und das Salz sorgt dafür, daß das Getränk nicht verdirbt).
Am nächsten Tag wird die Flasche gut geschüttelt, die Zitronenscheiben ausgedrückt und das Getränk in eine Flasche gesiebt. Kurz vor dem Gebrauch wird es mit bis zu einem Liter Wasser oder Obstsaft verdünnt und nach Wunsch mit etwas Honig oder Dicksaft gesüßt (bei Obstsaft nicht nötig).

Variationen:

- Die Zitrone wird durch eine Handvoll frisch gepflückter Zitronenmelisse ersetzt; dies ergibt einen milderen Geschmack, hat aber keine Heilwirkung.
- Sehr gesund (jedoch weniger lecker): Die Zitrone durch 1 Eßl. Apfelessig ersetzen oder die Zitrone weglassen und 1-2 dl des Wassers durch Brottrunk* ersetzen. 450

Tip: Die angeschnittene Zitrone wird *ohne* Verpackung in den Kühlschrank gelegt. Es bildet sich dann ein schützendes Häutchen auf der Schnittfläche, und man kann jeden Tag eine Scheibe davon abschneiden.

Holunderblütentrank (ca. 3 l, 35 Gläser)

Ein preisgünstiges, schnell und im vorhinein gemachtes Getränk für ein Sommerfest.

- *ca. 200 g Holunderblütendolden, an einem trockenen Tag gepflückt** 415
- *die Schale (Sparschäler) und den Saft von 2 Zitronen (mindestens 1 dl Saft)*
- *2 l Wasser (Zimmertemperatur)*

- *1 Schüssel aus Glas oder Porzellan (Inhalt 3 Liter) oder Milchflaschen*

- *ca. 200 g flüssigen Honig von neutralem Geschmack*

2-3 schöne Holunderblütendolden zum Garnieren beiseite nehmen und in eine Vase an einen kühlen Ort stellen.
Die dicken Stiele der Blüten werden abgeschnitten. Die Blüten, die Zitronenschale und den Zitronensaft ins Wasser geben und alles 24 Stunden zugedeckt und an einem kühlen Ort stehen lassen (nicht im Kühlschrank).
Dann wird das Getränk durchs Sieb geschüttet und der Honig darin aufgelöst. Dieses Konzentrat hält sich im Kühlschrank 1-2 Tage frisch.
Die Gläser werden zur Hälfte mit Holunderblütensaft und zur anderen Hälfte mit Wasser gefüllt. In jedem Glas kann man ein paar Holunderblüten schwimmen lassen.

Variationen:

- Wenn man das Getränk 48 Stunden bei Zimmertemperatur stehen läßt, fängt es ein wenig an zu «prickeln».
- Für Kinder, die den Geschmack von Holunderblüten nicht mögen, kann man den Honig durch Apfeldicksaft oder Birnel ersetzen. Dieses Süßungsmittel färbt das Getränk zwar etwas dunkler, dafür überdeckt es den Holundergeschmack.

Tip: Wenn Ihre Kinder Holunderblütentrank gerne mögen, können Sie einen Vorrat davon machen (siehe *Holunderblüten-Limonadensirup**). 416

Zitronenlimonade (ca. 1 l)

Ein frisches Getränk für eine festliche Mahlzeit oder einfach ein Durstlöscher bei einem heißen Sommerfest. Als Getränk bei Tisch wird es mit mehr Wasser verdünnt.

- *die gelbe Schale einer Zitrone (Sparschäler)*
- *Saft von 4 Zitronen (mind. 1 1/2 dl)*
- *3-4 Eßl. flüssigen Honig von neutralem Geschmack*
- *1 l Wasser*

Alle Zutaten werden in einer großen Kanne miteinander vermischt und mindestens 2 Stunden an einen kühlen Ort zum Ziehen gestellt. Kurz vor dem Ausschenken werden die Schalen entfernt.

Variationen:
- **Orangenlimonade:** Die Zitronen werden, bis auf eine, durch Apfelsinen ersetzt. Dabei wird von dieser einen Zitrone auch die Schale verwendet, man braucht mindestens 3 dl Apfelsinensaft.
- **Napolitaine:** Hierfür verwendet man halb Apfelsinensaft, halb Zitronensaft und fügt noch 1 dl schwarzen Johannisbeersaft hinzu.
- Das Wasser wird durch kohlensäurehaltiges Mineralwasser ersetzt und in jedes Glas ein Eiswürfel gegeben.

Früchtebowle (Abbildung S. 55)

(ca. 2 l, 16 Gläser)

Eine sommerliche Bowle von schöner Farbkombination.

- *500-750 g reife Erdbeeren, in Scheibchen geschnitten*
- *die gelbe Schale (Sparschäler) und der Saft einer Zitrone*
- *ca. 5 dl Wasser*

- *200 g schwarze Johannisbeeren oder Heidelbeeren*
- *3 Eßl. flüssigen Honig*
- *3 dl Apfelsaft*

- *Wasser*
- *frische Zitronenmelisse- oder Pfefferminzblätter*

Die Zutaten des ersten Abschnittes werden in eine Glasschüssel gegeben und mindestens 2 Stunden zugedeckt stehen gelassen.
Die Zutaten des zweiten Abschnittes werden dann dazugegeben und das Ganze nochmals 1/2 Stunde stehen gelassen.
Kurz vor dem Anrichten wird das Wasser, nach Bedarf, dazugegeben und abgeschmeckt, ob die Bowle süß genug ist. Einige Pfefferminz- oder Melissenblättchen darin schwimmen lassen.

Variationen:
- Die Erdbeeren werden (teilweise oder ganz) durch reife, süße Melonenwürfel oder geschälte Apfelsinen- oder Mandarinenstückchen, durch reife Pfirsichwürfel, eventuell mit reifer Birne vermischt, ersetzt.
- Die schwarzen Johannisbeeren durch blaue Trauben ersetzen.
- Der Apfelsaft wird durch Traubensaft, starken Pfefferminztee oder (für einen sehr zarten Geschmack) Lindenblütentee ersetzt.
- Kohlensäurehaltiges Mineralwasser verwenden.
- **Holunderblütenbowle:** Die Erdbeeren werden vorläufig beiseite gestellt und durch 6 große Holunderblütendolden ersetzt (eine schöne Dolde wird zurückbehalten und in eine Vase gestellt). Diesen Ansatz 12-16 Stunden zugedeckt stehenlassen. Nun werden die Holunderblüten entfernt und die Zutaten des zweiten Abschnittes zusammen mit den Erdbeeren dazugegeben. Zum Schluß schneidet man die Blüten der Dolde aus der Vase über die Bowle.

Gemüsesaft

Für Babies oder kranke Kinder, die kein (rohes) Gemüse vertragen können.
Nur so viel Saft zubereiten wie man sofort benötigt, es sollen keine Reste aufbewahrt werden; aus 100 g Karotten bekommt man beispielsweise ca. 1/3 dl Saft.

Saft aus Wurzelgemüse kann man leicht ohne spezielle Apparate machen:

- Man wählt tief orangene Karotten und/oder feste Rote Bete oder Topinambur.
- Sehr junges, frisch geerntetes Gemüse wird nur

sauber gebürstet (auch in Querrichtung), ansonsten mit Sparschäler schälen.

- Das Gemüse wird auf einer rostfreien, sehr feinen (Bircher-)Reibe geraffelt.
- Man nimmt so viel Gemüseraspel, wie in eine geschlossene Hand paßt, und drückt dies über einer Tasse, auf der ein Sieb liegt, aus. Man kann die Raspel auch in ein frisches Taschentuch geben und dieses Beutelchen drehenderweise auspressen.
- Dieser Saft wird mit (Quell-)Wasser* verdünnt 37
und nur wenn nötig mit etwas Honig gesüßt; man kann, wenn man ein Getränk haben möchte, auch etwas Fruchtsaft dazugeben oder ein wenig Apfel- oder Birnenraspel dazu ausdrücken. Man kann den Gemüsesaft jedoch auch zum Brei oder zur Suppe geben (nicht mehr kochen lassen).
- Den Saft sofort reichen und aus der Pulpe ein (ballaststoffreiches!) Rohkostsalätchen für die anderen machen.

Gemüsecocktail (1 Glas)

Ein Vitaminstoß für Rekonvaleszenten oder Examenskandidaten. Siehe auch unter *gewürzter Milchshake**, *Spinatmilchshake* und *Tomaten-* 399
*milchshake**. 400

- *1 dl Topinambur- oder Karottensaft** 402
- *1/2 dl Apfelsinensaft (zur Topinambur) oder Apfelsaft (zur Karotte)*
- *1/2 Teel. dünnen Honig*
- *1-2 Eßl. Sahne*

Der Honig wird mit ein wenig Saft angerührt und zum Rest des Saftes und zu den übrigen Zutaten gegeben. Mit Quellwasser verdünnen und in kleinen Schlucken langsam trinken lassen oder einen Kaffeelöffel dazugeben.

Variation:

- **Herzhafter Gemüsecocktail:** Der Fruchtsaft wird durch Brottrunk oder durch halb Wasser, halb Zitronensaft und der Honig durch ca. 1 Eßl. sehr fein gehackte frische Gartenkräuter ersetzt. Mit Gomasio* abschmecken. 408

Zutaten, die man selber machen kann

Fertigzutaten sparen beim Kochen viel Mühe und Zeit und sind aus einem modernen Haushalt kaum noch wegzudenken. Die handelsüblichen Produkte sind technisch ausgereift, in der Verwendung einfach und lange haltbar. Bei diesen Produkten wurden die Nahrungsmittel oft enorm manipuliert, und meistens enthalten sie chemische Stoffe. Auch aus dem Naturkostladen sind Fertigprodukte kaum noch aus den Regalen wegzudenken; meistens entsprechen sie auch den Anforderungen einer Vollwertnahrung, enthalten jedoch oft (natürliche) Hilfsstoffe, die nicht jedes Kind vertragen kann (z.B. Sojalezithin).
Viele dieser Produkte kann man aber auch selber machen. Übrigens finden die meisten Kinder Spaß daran, wenn sie dabei helfen dürfen! Der größte Vorteil dieser «Eigenfabrikate» ist der, daß Sie genau wissen, was darin ist.
Ich habe in dieses Kapitel auch einige Einmachrezepte mit aufgenommen.

Das erste, was man tun muß, wenn man mit diesem «Hobby» anfangen will, ist, daß man leere Gläser sammelt.
Die Gläser müssen gleich ausgespült und einige Stunden in sehr heißes Sodawasser gelegt werden. So werden sowohl das Etikett als auch eingetrocknete Nahrungsreste aufgeweicht, und nachdem der erste Schmutz ausgespült wurde, kann man sie nochmals beim Abwasch spülen. Wenn man nach dem Abtrocknen gleich den passenden Dekkel daraufschraubt, braucht man die Gläser, bevor man sie verwendet, nur noch mit heißem Wasser auszuspülen, auf ein sauberes (einige Male zusammengefaltetes) Geschirrtuch zu stellen und austropfen zu lassen.
Nach dem Füllen klebt man ein Etikett mit Inhalt, Datum und eventuell mit Gebrauchsanweisung auf das Glas. Vor allem in einem Haushalt, in dem es mehr als einen Koch gibt, ist es nützlich, wenn jeder weiß, welches Gebräu im Glas ist.

Darren von Getreide

Durch das Darren – eine milde Wärmebehandlung – wird im Getreide ein Teil der Stärke in Zucker umgesetzt. Dadurch ist gedarrtes Getreide nicht nur geschmackvoller, sondern auch leichter verdaulich. Es gibt allerdings noch mehr Vorteile:
- Waschen und Einweichen sind nicht mehr notwendig.
- Gedarrtes Getreide kocht nicht mehr so leicht über, und das gekochte Getreide ist weniger klebrig.
- Die Kochzeit und die minimale Quellzeit verkürzen sich um ca. 1/3 (gegenüber nicht gedarrtem Getreide). Siehe auch Tip 2.
- Die Haltbarkeit ist länger, man kann also einen Vorrat davon anlegen.
- Gedarrtes Getreide ist mürbe, man kann es in einer altmodischen Kaffeemühle selbst mahlen und anstelle von teurer Thermogrütze verwenden.

Aufgepaßt: Durch das Darren vermindert sich der Feuchtigkeitsgehalt von Getreide um ca. 10%. Deshalb braucht man beim Kochen 10 % mehr Wasser, als in den Rezepten steht (außer beim Kochen in der *Thermoskanne**). 124

Arbeitsanleitung:
Die Getreidekörner* waschen und auf einem Sieb 111 kurz abtropfen lassen. Die noch nassen Körner werden in eine Schüssel gegeben, die zugedeckt wird (oder in eine Plastiktüte stecken). Da das Wasser mit der Zeit nach unten sickert, muß das Getreide hin und wieder umgewendet werden. Bei dicken Körnern (Gerste, Weizen) muß man später – eßlöffelweise – noch etwas Wasser hinzufügen. Nach einer Einweichzeit von ca. 3 Stunden müssen die Körner gleichmäßig feucht, jedoch nicht mehr naß sein.
Das Getreide kann ruhig auch länger einweichen, so daß man gleichzeitig mehr vorbereiten kann, als man zum Darren auf ein Backblech bekommt. Man sollte jedoch jede Getreidesorte getrennt darren, denn die Darrzeit ist unterschiedlich lang. Inzwischen sollte das eingeweichte Getreide zugedeckt aufbewahrt werden.
Das eingeweichte Getreide wird auf ein trockenes, sehr sauberes (nicht eingefettetes) Backblech ausgebreitet. Nicht mehr als eine Schicht; ca. 500 g ist die maximale Menge für ein Blech von 30 x 40 cm. Das Blech wird auf die mittlere Schiene geschoben und bei einer Temperatur von 90°C getrocknet (gedarrt). Dies kann je nach Körnerdicke 1 - 1 1/2 Stunden dauern. Das Getreide darf nicht dunkler werden (Darren ist nicht dasselbe wie Rösten), deshalb darf die Temperatur nicht über 95°C steigen. Ein Backofen mit großen Temperaturunterschieden ist darum zum Darren nicht geeignet. Im Zweifelsfall ist es günstig, wenn man sich ein (gutes) Ofenthermometer anschafft.
Das Getreide ist vollständig gedarrt, wenn es durch und durch trocken ist (mit den Zähnen kontrollieren) und lecker duftet. Das abgekühlte Getreide kann man in Gläsern oder festen Papiertüten an einem dunklen, trockenen Ort bis zu einem Jahr aufbewahren.
Das Getreide sollte am besten kurz vor dem Verzehr *gemahlen* werden. Das gemahlene Getreide wird gesiebt, und die groben Stückchen werden als Grütze verwendet. Das Mehl ist für Brei, Suppen und Soßen geeignet.

Tips:
- Buchweizen braucht nicht eingeweicht zu werden, man kann ihn (zuerst den Staub in einem Sieb herausschütteln) trocken darren; er ist innerhalb einer Dreiviertelstunde fertig. Man kann ihn auch mit kochendem Wasser übergießen, gut austropfen lassen und dann darren; die Darrzeit beträgt dann 1 Stunde.
- Gedarrte Hirse und gedarrter Reis kochen nicht so schön trocken, wie wenn sie nicht gedarrt sind; auch der Geschmack wird nicht besser, und die Kochzeit verlängert sich durch das Darren. Nur bei der Thermosmethode* wird gedarrte Hir- 124 se weniger breiig.
- Gedarrter Reis hat dieselben Nachteile wie Hirse und wird überdies in der Thermoskanne nicht gar.

Hafermehl

Hafermehl wird schnell ranzig und schmeckt dann bitter. Wenn man es selten und in kleinen Mengen braucht, kann man «Hafermehl» selber machen:

Vollkornhafermehl
Grobe Haferflocken werden in der elektrischen Kaffemühle oder in der Küchenmaschine gemahlen (siehe Tip).

Gesiebtes Hafermehl
Feine Haferflocken werden in kleinen Mengen durch ein Haushaltssieb gestrichen (auf ein weißes Papier). Die im Sieb zurückgebliebene Haferkleie kann man noch für *Apfelmuffins**, in den Brei, zu 368 Müsli und zur Suppe verwenden; für kleine Kinder und Menschen mit empfindlichem Darm (sehr ballaststoffreich) sind sie jedoch nicht geeignet.
Dieses ziemlich grobe Mehl kann man für Suppen und Soßen, nicht jedoch für sehr feine Sößchen oder Creme verwenden; dazu muß man es noch einmal durch ein feines Teesieb streichen. Die Bindefähigkeit des aus Flocken gemachten Hafermehls ist etwas geringer als die des aus Haferkörnern gemahlenen Mehls; man braucht davon also ca. 10% mehr, als dies in den üblichen Rezepten angegeben ist.
Hafermehl kann man auch, wenn man Thermohafermehl ersetzen will, *rösten**. 406

Tip: Auf diese Art und Weise kann man aus allen Getreideflocken kleine Mehlmengen herstellen.

Hirsemehl, Buchweizenmehl, Quinoamehl und Amarantmehl

Buchweizen, Quinoa und Amarant sind glutenfrei, Hirse ist glutenarm.
Genau wie Hafermehl wird auch Hirsemehl durch den verhältnismäßig hohen Fettgehalt schnell ranzig. Trotzdem ist Hirsemehl geeignet, Suppen und Soßen mit einer gröberen Struktur und einer *Kochzeit von mindestens 20 Minuten* (locker) zu binden. Hirsemehl kann man, ohne es zuvor mit Wasser anzurühren, in die Suppe oder Soße streuen und mitkochen. Suppen oder Soßen, die mit Hirse gebunden sind, werden nicht so sämig, jedoch auch nicht so breiig wie solche mit Weizenmehl; der Geschmack ist sehr neutral.
Buchweizenmehl hat eine sehr *große und schnelle* Bindefähigkeit, es quillt bereits in der kalten Masse. Es ist der Retter in der Not beispielsweise bei zu dünn ausgefallenem Teig für Getreidebratlinge und -klößchen. Buchweizenmehl hat jedoch einen ausgesprochen starken Geschmack und ist dunkel in der Farbe, man sollte es deshalb lieber nicht für feine Soßen verwenden.
Der Geschmack von Quinoa und Amarant ist sehr eigen, die Farbe hell.

Hirse-, Buchweizen-, Quinoa und Amarantkörner sind so weich, daß man sie, eßlöffelweise in einem Mörser zerstoßen kann. Größere Mengen mahlt man am besten in einer altmodischen Kaffeemühle. Wenn man eine elektrische Kaffeemühle oder eine Küchenmaschine verwendet, sollte man mit kurzen Intervallen und nicht mehr als ca. 30 g gleichzeitig mahlen, denn das Mehl sollte dabei nicht warm werden. Das Zerreiben oder Mahlen ist im Nu geschehen, deshalb sollte man nur so viel Mehl machen, wie man für ein Gericht braucht; die Qualität von Mehl leidet sehr viel schneller als die von Körnern.

Tips:
- **Reismehl** können Sie, wenn Sie einen kräftigen Arm haben, noch in einer altmodischen Kaffeemühle mahlen (das Ergebnis wird ziemlich ungleichmäßig, deshalb sollte man die kleinen Stückchen aussieben); die elektrische Kaffeemühle und die Küchenmaschine gehen davon kaputt.
- Alle übrigen Getreidesorten lassen sich nur in einer speziellen Getreidemühle* mahlen, es sei 97
  denn, sie werden zuerst *gedarrt**. 404
- Reis- und Buchweizenmehl können Sie auch im Naturkostladen kaufen.

Geröstetes Mehl (1 Marmeladeglas voll)

Geröstetes Mehl kann man als schmackhafte Grundlage für gebundene Suppen (*gewürzte braune Mehlsuppe**) und Soßen verwenden. Durch das Rö- 83
sten wird es gleichsam ein wenig vorgekocht und bindet sehr schnell. Man kann ein großes Glas voll machen; es hält sich, sofern es dunkel und nicht zu warm aufbewahrt wird, wochenlang frisch.

Man verwendet Mehl Type 1050 oder 550 (CH: Ruch- oder Halbweißmehl). Die Kleie im Vollkornmehl braucht eine bestimmte Einweichzeit, bevor sie gut verdaulich ist*, und außerdem verbrennt sie 114
leicht beim Trockenrösten.
Man verwendet einen Topf mit dickem Boden, einen hölzernen Kochlöffel und hält die Hitze bei mittlerer Temperatur. Das Mehl wird unter dauerndem Rühren *langsam* und nur *hell*braun geröstet; zu dunkel geröstetes Mehl ist schwer verdaulich und schmeckt bitter. Außerdem färbt sich das Mehl beim Anrühren mit Wasser dunkler. Bevor man es ins Glas füllt, muß das Mehl abgekühlt sein.

Variation: Auf dieselbe Art kann man feine **Haferflocken** rösten, aufbewahren und verwenden (siehe *Flockensuppe**). Gröbere Flocken (von allen Ge- 82
treidesorten) und vor allem große Mengen röstet man besser im Backofen, da ist die Gefahr, daß sie verbrennen, geringer.
Die Flocken werden in einer ca. 3/4 cm hohen, dichten Schicht auf ein trockenes Backblech gebreitet; auf ein Blech von 30x40 cm gibt man nicht mehr als ein knappes Pfund.
Backen: ca. 15 Minuten bei 160°C, mittlere Schiene. Die Flocken fangen an zu duften, dürfen jedoch kaum dunkler werden (wenn der Ofen unregelmäßig bäckt, sollte man die Flocken zwischendurch einmal umwenden).

Paniermehl

Paniermehl kann man auf zweierlei Arten machen:

Schnell, jedoch teuer:
Man legt Vollkornzwieback oder ungesüßten *Schiffszwieback** zwischen zwei Blatt Papier und 377
rollt sie mit dem Wellholz fein.

Preisgünstig, aber man muß vorausdenken:
Man schneidet altes Brot, bevor es ganz hart geworden ist, in Würfel und läßt es in einer Papiertüte an einem warmen Ort trocknen (in der Sonne, auf der Heizung, auf dem Boiler oder im Schrank im warmen Zimmer). Die getrockneten Brotwürfel werden in der Mandelmühle gemahlen, und dieses Produkt wird durchs Haushaltsieb auf ein Stück Papier geschüttelt.

Das **grobe Paniermehl**, das im Sieb zurückgeblieben ist, und das **feine** Paniermehl werden in zwei verschiedenen Gläsern aufbewahrt.
Die zwei Gläser ohne Deckel (sonst könnte das Paniermehl schimmeln) werden in einem trockenen Schrank, nicht länger als 2-3 Wochen, aufbewahrt. Wenn man das Mehl länger aufhebt, kann es anfangen muffig zu schmecken.
Das grobe Paniermehl wird zum Gratinieren von Getreide- und Gemüseaufläufen verwendet, das feine nimmt man zum Panieren*. 52
Übriggebliebenes Paniermehl kann man zum (lokkeren) Binden von Suppen und Soßen verwenden (man kann es einfach einstreuen), oder man macht daraus eine *Brotsuppe* oder einen *Brottopf**. 164

Man nimmt eine Reiswaffel oder einige *Cornflakes**. 383
Mit dem Wellholz oder einer Flasche fein zerkrümeln, durchsieben und, was gröber im Sieb zurückbleibt, zum Müsli geben oder als Bindemittel, wie oben beschrieben, verwenden. Wenn man mit «Paniermehl» aus Reiswaffeln paniert, wird die Kruste weich, wenn man dies mit Cornflakes macht, wird sie ziemlich knusprig und hart (für größere Kinder geeignet).

Nüsse rösten

Haselnüsse, Mandeln, Cashewnüsse und Walnüsse bekommen durch das Rösten einen intensiveren Geschmack; man braucht dann weniger davon. Sie dürfen nur leicht geröstet werden, sonst leidet die Qualität des kostbaren Nußöls. Ungeröstete Nüsse und Samen sind wertvoller und leichter verdaulich.

Die Nüsse werden in einer Lage auf einem sauberen Backblech ausgebreitet und ca. 15 Minuten bei 160°C geröstet. Sie dürfen kaum dunkler werden, allerdings sollten sich bei den Haselnüssen die braunen Häutchen etwas lösen.

Nun kann man die Haselnüsse noch schälen: Man legt sie auf ein Geschirrtuch, nimmt die vier Zipfel auf und reibt die Nüsse in dem so entstandenen Beutel kräftig hin und her.

Mandeln muß man vor dem Rösten schälen (siehe unten: *Mandeln schälen*).

Geröstete Nüsse bleiben knusprig, wenn man sie luftdicht verpackt und an einem dunklen Ort aufbewahrt. Sie werden erst kurz vor dem Gebrauch gemahlen.

Tip: Siehe Tip 1 bei *Mandeln schälen.*

Mandeln schälen und rösten

Mandeln sollten nur geschält werden, wenn man sie zum Garnieren verwendet, denn die Schalen enthalten viel Mineralstoffe (unter anderem Eisen). Die meisten Kleinkinder können die Schalen durchaus verdauen, sofern die Mandeln sehr fein gemahlen wurden.
Geschälte und gut getrocknete oder (ohne Fett) geröstete Mandeln halten sich, luftdicht verpackt, an einem dunklen Ort einige Wochen frisch.
Die Mandeln werden einige Stunden oder eine Nacht in kaltem Wasser eingeweicht, dann gießt man so viel kochendes Wasser über die Mandeln, daß sie gut bedeckt sind. Zugedeckt läßt man sie noch 5 Minuten (nicht länger) stehen. Man holt sie nach und nach aus dem Wasser und drückt jede Mandel zwischen Daumen und Zeigefinger aus der Schale. Solange sie noch feucht sind, kann man sie mit einem spitzen Messer leicht in zwei Hälften spalten, man setzt am dicken Ende an. Sie lassen sich im feuchten Zustand auch leicht mit einem scharfen Messer in Stiftchen schneiden oder in der Gemüsemühle zu Blättchen schaben.
Sowohl die **halben** Mandeln als auch die **Stiftchen** (geschält oder ungeschält) und die **Blättchen** kann man auf dem Backblech im Ofen hell rösten: halbe Mandeln ca. 15 Minuten bei 150°C, mittlere Schiene, Stiftchen und vor allem Blättchen kürzer.
Wenn man die Mandeln nach dem Schälen nicht röstet, muß man sie vor dem Wegräumen gut trocknen lassen, sonst fangen sie an zu schimmeln. Man kann sie 2-3 Tage auf einem Stück weißem Papier im warmen Zimmer oder (wenn es sich um größere Mengen handelt) 2-3 Stunden im Backofen mit gutem Thermostat bei 75°C trocknen lassen.

Variation: Ungeschälte ganze Mandeln röstet man ca.15 Minuten bei 160°C.

►

Tip:
- Man kann den Rand einer Springform um die Nüsse herumlegen, dann rösten sie gleichmäßiger.
- Kleine Mengen halbe oder in Stücke geschnittene Mandeln kann man auch im **Topf** rösten. Dies muß ohne Fett, unter dauerndem Rühren auf niederem Feuer geschehen. Schneller und sicherer ist es, wenn man die Mandeln in einem kleinen Töpfchen mit dickem Boden (oder im Wok) in wenig und nicht zu heißem Öl bäckt und sie, wenn nötig, auf einem Stück Küchenpapier abtropfen läßt. Diese in **Fett gebackenen Nüsse** schmecken zu Salaten oder Getreideaufläufen sehr gut, aber man kann sie nicht auf Vorrat machen.

Sonnenblumenkerne und Cashewnüsse backen und rösten

Die Kerne werden auf ein Sieb gegeben und der Staub abgeschüttelt.
Sonnenblumenkerne und Cashewnüsse schmecken am besten, wenn man sie kurz vor dem Verbrauch in wenig nicht zu heißem Öl im Wok oder in einem kleinen Töpfchen mit dickem Boden *hellbraun* **bäckt.** Nicht zum Aufbewahren geeignet.
Die Kerne und Nüsse sind weniger fett und überdies zum Aufbewahren geeignet, wenn man sie in einer dünnen Schicht (ca. 250 g) auf einem trockenen Backblech ausbreitet und im Backofen **röstet:** ca. 10 Minuten bei 150°C.
Luftdicht verpacken und dunkel aufbewahren.

Sesamsamen waschen, trocknen und rösten

Sesamsamen sind sehr staubig, und das ergibt, wenn man sie in ein Gericht gibt oder im Backwerk verarbeitet, einen muffigen Geschmack. Außerdem bekommt Sesam erst seinen wirklich guten Geschmack, wenn er leicht geröstet ist. Dazu kommt die Zeitersparnis als dritter Grund, der dafür spricht, daß man jederzeit ein Glas mit gewaschenem und getrocknetem Sesam im Küchenschrank zur Verfügung hat; er hält sich wochenlang frisch.

Man wäscht 250 g Sesam in reichlich kaltem Wasser und läßt ihn danach in einem Sieb gut austropfen. Danach klopft man das Sieb noch einigemale kräftig auf ein zusammengefaltetes Geschirrtuch. Danach wird der Sesam in einer dünnen Schicht auf einem sauberen, trockenen Backblech ausgebreitet und im **Backofen** bei 150°C ca. 15 Minuten **getrocknet** und anschließend ein paar Minuten *sehr hell* braun **geröstet**. Er darf auf keinen Fall zu dunkel werden, sonst schmecken die Samen nicht nur bitter und sind schwerer verdaulich, sondern auch das kostbare Öl ist verdorben. Deshalb sollte man immer etwas ungewaschene Sesamsamen aufbewahren, damit man die Farbe vergleichen kann; das Braunwerden geht, wenn der Sesam einmal trocken ist, sehr schnell.
Wenn man keinen Backofen hat, kann man den gewaschenen Sesam eventuell auch in einem **Töpfchen** mit dickem Boden rösten; dies muß auf jeden Fall bei mäßiger Hitze und unter andauerndem Rühren geschehen, bis die Körnchen anfangen zu springen. In diesem Fall sollte man jeweils nur so viel Sesam rösten, wie man im Moment braucht, denn im Topf werden sie nicht so leicht durch und durch trocken, ohne daß sie zu braun werden. Für kleine Mengen kann man die Sesamsamen auch ungewaschen verarbeiten; man sollte sie dann im Sieb kräftig schütteln, damit der Staub herausfällt. Danach bäckt man sie in
wenig Öl wie Sonnenblumenkerne*. 408

Kräutersalz

Kräuter-, Sellerie- oder Knoblauchsalz besteht aus viel Salz und wenig Kräutern. Es ist sehr teuer, und der Geschmack der darin verarbeiteten Kräuter läßt schnell nach.
Das Glas mit Kräutersalz bei Tisch, aus dem die Gerichte nach Belieben nachgesalzen werden, ist für die Gesundheit genauso schädlich wie das übliche Salzstreuerchen. In der Küche ist Fertigkräutersalz nicht notwendig, denn jedes Gericht braucht wieder andere Kräuter. Wenn man einen Mörser besitzt, kann man jeweils frisches, auf das Gericht abgestimmtes Kräutersalz selbermachen:
Man gibt die für das Gericht benötigte Menge Salz und die getrockneten Kräuter in den Mörser und zerstößt sie kurz vor Gebrauch fein miteinander.

Gomasio (Sesamsalz)

Fertig gekauftes Gomasio enthält 5-10% Salz; für Kinder ist dies zuviel. Wenn Sie es selber (weniger salzig) machen, kann man es zum Abschmecken ver-

wenden; beispielsweise für größere Kinder bei Gerichten, die für die Kleinen nur mild gewürzt sind. Es schmeckt auch auf Butterbrot gestreut lecker (auf Gurkenscheiben, Radieschen, Tomaten). Man kann es auch als Ersatz für geriebenen Käse verwenden (als Geschmacksnuance, nicht als Ersatz der im Käse vorhandenen Nährstoffe).

Man mischt 1/4 Teel. Salz auf 2 Eßl. ohne Fett geröstetes Sesam* und zerreibt dies miteinander in ei- 408
nem Mörser. Größere Mengen (2-3 g Salz auf 100 g Sesam) kann man auch – portionsweise und mit kurzen Intervallen (es darf nicht heiß werden) – in der elektrischen Kaffeemühle oder in der Küchenmaschine mahlen. Man sollte keinen zu großen Vorrat machen, denn Gomasio schmeckt frisch am besten und ist auch, was die Nährstoffe betrifft, am wertvollsten.

Tip: Wenn man Sesam im Töpfchen rösten muß, kann man es (nach dem original makrobiotischen Rezept) mit dem Salz zusammen rösten.

Currypulver

Ein milder Curry. Auf der Grundlage dieses Rezeptes kann man zahllose an das Alter angepaßte Variationen machen. Die folgende Menge ist klein, denn das Kräutergemisch verliert durch langes Aufbewahren seinen Duft und Geschmack.

- *1/4 Teel. Kümmelkörner*
- *1/2 Teel. Senfkörner*
- *3 Teel. Korianderkörner*
- *4 Kardamomschoten (nur die Samen)*

- *1/2 Teel. Zimt*
- *2 Teel. Kurkuma*

Im Mörser werden die Zutaten des ersten Abschnittes fein miteinander zerrieben. Zimt und Kurkuma dazumischen.

Diese Mischung wird einige Minuten in einem trockenen Töpfchen mit dickem Boden, bei mäßiger Hitze, geröstet. Abkühlen lassen und in ein luftdicht schließendes Kräuterglas geben.

Variationen:
- 6-8 Gewürznelken dazugeben.
- Das Kardamom durch 1/2 Teel. Fenchelkörner und 1/4 Teel. Muskatnuß ersetzen.
- Etwas schärfer: Die Hälfte des Kurkuma wird durch Ingwerpulver ersetzt.
- Noch schärfer: Man gibt 1 getrocknete spanische Pfefferschote mit in den Mörser und mischt 1/2 Teel. Cayennepfeffer dazu.

«Brühwürfel»

Die Brühwürfel aus dem Naturkostladen sind für gesunde Kinder nicht schlecht, jedoch verhältnismäßig teuer und sehr salzig. Für Kinder mit (Phosphat-) Allergien sind auch diese «alternativen» Würfel nicht anzuraten, und es lohnt die Mühe, wenn man selber Brühwürfel macht. Ausnahmsweise muß man hier das Gefrierfach benutzen.

Arbeitsanleitung:
- Man macht *Bouillon aus Gemüseabfall** oder 77
*Gemüsebouillon**, nimmt jedoch nur so viel ko- 78
chendes Wasser zum Gemüse, daß es zu 3/4 bedeckt ist. Das Gemüse fällt sofort zusammen und ist dann mit Wasser bedeckt.
- Die gesiebte, sehr konzentrierte Bouillon wird in die Eiswürfelschale geschüttet, man läßt sie ganz abkühlen und friert sie dann ein.
- Die «Brühwürfel» herauslösen, in eine Plastiktüte geben und ins Gefrierfach zurücklegen. ►

Aufgepaßt: Wenn diese Bouillonwürfel verwendet werden, muß die Flüssigkeitsmenge, die der Würfel liefert, von der benötigten Flüssigkeitsmenge des Gerichtes abgezogen werden.

Bouillonpaste (1 Glas von 2 dl)

Mit dieser Gemüsepaste können Sie im letzten Moment noch Suppen, Soßen und Aufläufe verbessern, sofern Sie diese Gerichte nicht zu sehr gesalzen haben; 1/2 Teel. dieser Paste ersetzt so viel Salz, wie für 1 dl Flüssigkeit nötig wäre (1 Eßl. auf 1/2 l). Selbstverständlich kann man die Paste auch während des Kochens dazugeben und damit das Salz ersetzen. Die Paste besteht aus rohem püriertem Gemüse und enthält so viel Salz, daß sie sich in einem Glas monatelang hält (Kühlschrank).
Damit die Haltbarkeit garantiert ist, muß man sich beim Abwiegen der Zutaten genau an die Angaben halten; bei den genannten Mengen handelt es sich um geputztes, geschältes Gemüse.

- *25 g Petersilie, nach Wunsch davon die Hälfte Sellerieblätter, von den Stengeln gepflückt, gewaschen und trockengeschleudert oder trokkengetupft*
- *1 große Fleischtomate, enthäutet und entkernt (100 g Fruchtfleisch)*
- *50 g Lauch, vom hellen Teil, in sehr dünne Ringe geschnitten*
- *50 g Karotte oder Pastinake (oder gemischt), in Würfel geschnitten*
- *50 g zarten Fenchel, in Würfel geschnitten*
- *30 g Salz*

Alle Zutaten werden in der oben genannten Reihenfolge in der Küchenmaschine püriert, so fein wie möglich. Nun wird die Paste eßlöffelweise in ein sauberes Glas mit Plastikdeckel gegeben; immer wieder gut andrücken. Etikett mit Datum und Gebrauchsanleitung daraufkleben.

Variation: Für einen kräftigeren Geschmack kann man den Fenchel durch Sellerie und/oder die Hälfte des Lauchs durch sehr fein geschnittenen Schnittlauch ersetzen.

Tips:
- Besitzen Sie keine Küchenmaschine, haben aber viel Zeit? Dann raspeln Sie das Wurzelgemüse sehr fein, schneiden die Kräuter fein in einen Becher, schneiden den Lauch besonders fein, streichen die Tomate durch ein Sieb und geben alles miteinander auf ein großes Brett und streuen Salz darüber. Nun wird mit einem Hack- oder Wiegemesser alles zu Mus zerkleinert. Die Paste erst dann ins Glas geben, wenn das Salz ganz aufgelöst ist.
- Wenn man eine größere Menge Paste macht, kann man nicht alles auf einmal in die Küchenmaschine geben. Dann gibt man das gemahlene Gemüse zunächst in eine Schüssel, mischt es gut durcheinander und füllt es erst dann ins Glas.

Puderzucker

Die nach meinen Rezepten hergestellten Nachspeisen und das Gebäck werden für Kinder, die übliche Produkte gewöhnt sind, anfangs nicht süß genug sein. Mit einem Hauch Puderzucker schmeckt es plötzlich viel süßer und sieht auch noch festlich aus (erst im letzten Moment darüber *sieben*).
Handelsüblicher Puderzucker ist aus raffiniertem Zucker hergestellt und wird chemisch behandelt, damit er trocken bleibt und nicht klumpt. Es wird
auch Sulfid* zugesetzt. Mit einer elektrischen Kaffee- 452
mühle (höchstens zu 3/4 füllen) oder einer altmodischen Handmühle kann man von Vollrohrzucker selber Puderzucker machen. Nach dem Mahlen in der Handmühle sollte man immer einen Eßlöffel Hirse oder Buchweizen mahlen, sonst verstopft die Mühle. Puderzucker wird in einem gut schließenden Glas aufbewahrt.

Zimtzucker

Eine Mischung aus feinem (gesiebtem) Vollrohrzukker (oder *Puderzucker*, siehe oben) und gemahlenem Zimt. Je nach Qualität des Zimtes kann man ein Mischungsverhältnis 1/4 Teel. (1/2 g) auf 2-3 Eßl. (20-30 g) Zucker machen.
Übrig gebliebener Zimtzucker wird im geschlossenen Glas aufbewahrt.

Fester Schlagrahm

Geschlagene Sahne bleibt kurze Zeit steif, wenn man die Sahne *eiskalt* schlägt.
Ohne Sahnesteif wird die geschlagene Sahne schnell wieder dünn. Dies ist kein Problem, wenn man eine Nachspeise kurz vor dem Essen mit einem Tupfen Schlagsahne verschönert, ist aber sehr ärgerlich, wenn dies bei einer Torte passiert, die man meistens ein paar Stunden vor dem Präsentieren garnieren will.
Handelsübliches Sahnesteif enthält unerwünschte Stoffe, jedoch mit Agar Agar kann die Schlagsahne auch fest gemacht werden.

Arbeitsanleitung:
- Sahne aus dem Kühlschrank holen
- auf 1 dl Sahne wird 1/4 Teel. (0,7 g) Agar Agarpulver in 1/4 dl Wasser (20 Minuten) eingeweicht. Unter Rühren aufkochen, bis das Pulver ganz aufgelöst ist.
- Die *nicht* mehr eiskalte Sahne wird steif geschlagen und das nicht mehr heiße, jedoch noch flüssige Agar Agar dazugegeben.
- Die Sahne wird, wenn Sie das notwendig finden, *vor* dem Schlagen mit 1/2 Eßl. Honig, Birnel, Reissirup oder Ahornsirup (auf 1 dl Sahne) gesüßt. Mit Agar Agar steif gemachte Sahne muß sofort verarbeitet werden, denn Agar Agar wird sehr schnell fest, und dann bekommt die Sahne eine etwas «bröckelige» Struktur.

Tip: Sehr schnell und einfach und sicherlich 12 Stunden haltbar kann man Schlagsahne mit dem laktose- und milchfreien Diätprodukt *Nestragel* (Drogerie) steifmachen. Dies ist ein Gemisch aus Johannisbrot*kern*mehl (siehe Karob*) und Calciumlactat 455
(Kalk). Es scheint teuer, aber mit einem Päckchen kann man 15 l Schlagsahne steif machen; umgerechnet ist dies fast um die Hälfte billiger als das handelsübliche Sahnesteif, dessen Zusammensetzung nicht eindeutig ist.
Anwendung: Auf 1 dl Schlagsahne gibt man 1/4 Teel. (oder 2 Maßlöffelchen) Nestragel und schlägt es mit der Sahne steif. Wenn nötig das gewünschte Süßungsmittel gleich dazugeben. Die Sahne sofort verarbeiten oder im Kühlschrank aufbewahren.
Nach 12 Stunden läßt die Bindefähigkeit sehr schnell nach, deshalb eignet sich Nestragel *nicht* für Schlagsahneapparate, in denen die Sahne länger als 1 Tag drinnenbleibt.

Backcreme (ca. 1/4 l)

Ohne Ei und trotzdem schön gelb und lecker dank dem biologischen Maizena. Die Menge des Süßungsmittels kann man auf den Süßigkeitsgehalt des Gebäcks, das man füllen will, abstimmen.

Die folgende Menge reicht für:

- die Füllung eines *Biskuitkuchens** von ca. 20 cm 375
  Durchmesser
- den Belag für einen *Beerenkuchen** von ca. 25 376
  cm Durchmesser
- die Füllung von 6-8 *Windbeuteln**. 369

- *3 Eßl. biologisches Maizena oder feinstes Maismehl, angerührt in*
- *1 1/2 dl Wasser*
- *1/4 Vanilleschote, längs gespalten und das Mark herausgekratzt*
- *1 «Körnchen» Salz*

- *25 g Butter*
- *25-40 g (1-2 Eßl.) Honig oder hellen Sirup** 343

Die Zutaten des ersten Abschnittes werden unter Rühren zum Kochen gebracht. Kurz durchkochen und das Breichen 2 Minuten lang leise köcheln lassen (Deckel zu). Vom Feuer nehmen und noch ca. 5 Minuten stehenlassen. Die Butter wird nach und nach unter den noch warmen Brei gerührt; erst dann die nächste Butter dazugeben, wenn die vorige ganz vom Brei aufgenommen worden ist. Das Süßungsmittel dazugeben und *beinahe* abkühlen lassen. Vanilleschote* entfernen. 464
Die Backcreme muß verarbeitet werden, solange sie noch warm und geschmeidig ist. Das Gebäck an einem kühlen Ort festwerden lassen.

Tip: Wenn biologisches Maizena nicht erhältlich ist, kann man 2 Eßlöffel davon durch ganz feines Maismehl ersetzen (10 Minuten köcheln lassen) und diesen dünnen Brei mit 1 Eßlöffel Marantamehl binden.

Milchfreie «Schlagsahne»

(für milchfreie Diät)

- *1 dl heißes Wasser*
- *10 g creamed coconut** 456

- *1 Prise Salz*
- *1/2 Eßl. hellen Sirup** 343
- *1 Teel. Nestragel (siehe Tip bei fester Schlagsahne*)* 411

Die creamed coconut wird im Wasser aufgelöst, und man läßt sie auf Körpertemperatur abkühlen (das Kokosfett sollte nicht fest werden).

Salz, Reissirup (paßt gut zum Kokos) oder ein anderes Süßungsmittel dazugeben und das Nestragel dazurühren. Mit dem Handmixer auf Schaltstufe 1 schlagen, bis das Gemisch dünnflüssig ist.

Im Kühlschrank ganz kalt werden lassen und kurz vor dem Verbrauch noch einmal mit hoher Geschwindigkeit schlagen. Es wird nicht richtig steif, auch dann nicht, wenn man mehr Nestragel verwendet.

Dieser «Schlagrahm» schmeckt ganz anders als der echte, selbstverständlich nach Kokos. Man kann ihn für Nachspeisen (Creme, Eis) verwenden, aber zum Spritzen von Verzierungen ist er nicht geeignet.

Schokoladenglasur

(für eine Torte von 24 cm Ø
oder für 8-10 Windbeutel)

Diese Glasur trocknet langsam, so daß man gut Verzierungen (halbe geschälte Mandeln) darauf legen kann. Nachdem sie ganz trocken ist, kann man mit
Zuckerglasur* daraufschreiben. 412

- *50 g Schokolade (gewöhnliche oder Karob)*
- *1 Eßl. Puderzucker** 410
- *10 g Butter*

Eine kleine Schüssel wird in eine größere Schüssel mit heißem Wasser (60 °C) gestellt. Die Schokolade in kleine Stücke zerbrechen (nicht hacken, sonst entsteht Pulver) und in die warme Schüssel geben. Heißes Wasser (60°C) über die Schokolade gießen, so daß sie bedeckt ist, und 5 Minuten abwarten (Küchenwecker!). Auf keinen Fall rühren! Wasser abgießen; die Schokolade ist nun geschmolzen. Zum Schluß Butter und Zucker darunterrühren.

Verarbeitung: Die noch warme Glasur über das Gebäck gießen. Wenn man den Biskuitkuchen (flache Unterseite) zuerst mit angewärmtem *Zitronen-*
*gelee** oder angewärmter und durch ein Sieb gestri- 420
chener Aprikosenmarmelade bestreicht, läuft die Glasur leichter auseinander. Die Glasur wird mitten auf den Kuchen gegossen. Dann läßt man sie, während man den Kuchen herumdreht, über die ganze Oberfläche auseinanderfließen. Eventuell mit der runden Seite eines Löffels nachhelfen.

Zuckerglasur

Zum «Zeichnen» von Figuren oder Buchstaben auf
Kuchen und *Lebkuchen**. 36
Zuckerglasur aus Vollrohrzucker wird hellbeige.

- *25 g Puderzucker** 410
- *1/4 - 1/2 Teel. Eiweiß, geschlagen*

Den Puderzucker in eine Tasse geben und das Eiweiß hinzufügen. Mit einem kleinen Kaffeelöffel kräftig verrühren, bis ein glatter Teig entsteht. Eventuell noch etwas Puderzucker hinzugeben (in sehr kleinen Mengen), bis die gewünschte Dicke erreicht ist: Es muß eine zähflüssige Creme entstehen. Die Tasse sofort mit einem feuchten Taschentuch zudecken, denn die Glasur trocknet schnell. Auf keinen Fall mit Wasser, sondern nur mit Eiweiß *tropfenweise* verdünnen. Aus Pergamentpapier schneidet man Dreiecke aus und rollt sie zu spitzen Tütchen, die man am Rand mit Klebeband zuklebt und zur Hälfte mit Glasur füllt. Von der Spitze wird ein kleines Stück abgeschnitten: Je mehr man abschneidet, desto dicker wird der Glasurstrich.

Die Schokoladenglasur muß, bevor man mit Zuckerglasur darauf zeichnet, ganz fest geworden sein.

Mandelfüllung (250 g)

Mandelfüllung ist, in einem Glas und an einem kühlen, dunklen Ort aufbewahrt, 2-3 Monate haltbar; richtig lecker schmeckt sie erst nach 1 Woche.
Aufgepaßt: Im Grundrezept wurde rohes Eiweiß ver-
arbeitet (siehe *Salmonellen**), man sollte es also nur 460
in Gebäck verarbeitet verwenden (*Mandelstab, ge-*
*füllte Spekulatius, Apfelkuchen**); ansonsten rich- 372
tet man sich nach Variation 2 oder dem Tip.

- *150 g Mandeln, geschält* und sehr fein gemahlen* 407
- *100 g harten Honig*
- *1/4 Teel. abgeriebene Zitronenschale*

- *1-2 Eßl. geschlagenes Eiweiß*

In einer Schüssel werden Honig und Zitronenschale mit einer Gabel kräftig unter die Mandeln geknetet. So viel Eiweiß dazukneten, daß eine zusammenhängende Masse entsteht.

Variationen:

- Den Honig durch 75 g Vollrohrzucker ersetzen; dann wird die Mandel-Zuckermischung noch einmal durch die Mandelmühle gedreht.
  Mit Vollrohrzucker hergestellte Mandelfüllung wird dunkler und hat einen leicht sirupartigen Geschmack. Was die Farbe betrifft, kann man
- die Mandeln auch ungeschält mahlen. Dann wird das Mus etwas fester, eventuell gibt man etwas mehr Eiweiß dazu.
- Das Ei durch Wasser und 1/2 Eßl. Buchweizenmehl pro Eßl. Wasser ersetzen.
- Vier der Mandeln werden durch bittere Mandeln oder durch 8-10 Aprikosenkerne ersetzt. Dies erhöht den Mandelgeschmack, aber durch die Blausäure in den Kernen der bitteren Mandeln ist die Füllung nur für Gebäck geeignet (siehe *Mandeln**). 457

Tip (nur für die mit Zucker hergestellte Füllung): Alle Zutaten (die Mandeln ungemahlen, die ungeschälten erst etwas mit dem Wellholz zerquetscht) werden in die Küchenmaschine gegeben und fein gemahlen. Man braucht kein Ei dazuzugeben, die Füllung wird durch das kräftige Mahlen sämig. Der Geschmack der «handgemahlenen» Füllung ist allerdings feiner.

Anissirup (ca. 2 dl)

Für denjenigen, der oft Anismilch kocht, erspart ein Fläschchen dieses Konzentrates viel Arbeit. Im Kühlschrank hält es sich wochenlang; 1 Eßl. davon reicht für ca. 2 dl trinkwarme Milch aus.

- *30 g Anissamen*
- *2 dl Wasser*

- *eventuell die Schale einer Zitrone (Sparschäler)*
- *50 g Vollrohrzucker oder Honig*

Die Anissamen werden mindestens 2 Stunden (eine Nacht ist besser) im Wasser eingeweicht. Im Einweichwasser zum Kochen bringen und auf kleinster Flamme (oder im warmen Zimmer auf dem Teestövchen, den Topf mit dem Topflappen zugedeckt) mindestens 2 Stunden ziehen lassen.
Die Flüssigkeit wird durch ein Sieb gegossen und auf 1 1/2 dl eingekocht. Zitronenschale und Zucker dazugeben und den Zucker unter Rühren auflösen, dabei wird alles nochmals zum Kochen gebracht. Der Honig wird erst dazugerührt, wenn die Flüssigkeit noch handwarm ist. Zitronenschale entfernen und den Sirup in einem gut schließbaren Fläschchen oder Glas aufbewahren.

Tip: 1 Eßl. Anissirup gibt dem winterlichen Kräutertee einen warmen Geschmack.

Konservierte Zitrusschalen

Die Schalen der Zitrusfrüchte enthalten Mineralstoffe, Vitamine und stark duftende ätherische Öle. Es ist deshalb schade, wenn man die Schalen ungespritzter Zitrusfrüchte wegwirft. Man kann sie (gut gewaschen*) auf verschiedene Arten verwenden: 248

- Mit dem Sparschäler oder einem scharfen Messer wird nur die orange oder gelbe Schicht der Schale abgeschält, man gibt sie zum Mitziehen in Getränke (Tee) und Gerichte.
- Mit einer feinen Rohkostreibe wird die orange oder gelbe Schale von den Früchten abgerieben und diese Raspel in Nachspeisen oder Gebäck verarbeitet.

Damit man das ganze Jahr über die Schalen *unbehandelter* Zitrusfrüchte zur Verfügung hat, kann man zwei Konservierungsmethoden anwenden: reiben und mit Süßungsmitteln vermischen oder kandieren.

Geriebene Zitrusschalen

Geriebene Zitrusschalen geben *Kräuter- und Früchtetee**, Gebäck, Nachspeisen und süßen Ge- 392
treidegerichten einen feinen Geschmack. Man sollte nur ungespritzte Früchte verwenden und diese gut
waschen*. 248
Nur das Gelbe oder Orange der Schale (das Weiße schmeckt bitter!) rundherum auf einer feinen Rohkostreibe auf einem flachen Teller abraspeln. Die Raspel wiegen und sofort mit derselben Menge Honig oder Zucker vermischen. Diese Mischung hält sich (im Kühlschrank) mindestens 1 Jahr. Man kann immer wieder etwas dazufüllen und auch immer wieder davon verwenden. Von jeder Zitrusfruchtsorte sollte getrennt 1 Glas gemacht werden (Apfelsinen, Zitronen oder Mandarinen).
Honig und Vollrohrzucker überdecken etwas den Geschmack der Raspel und machen sie auch etwas dunkler.

Kandierte Zitrusschalen (ca. 100 g)

Orangeat und Zitronat geben den Sylvesterkrapfen und dem Weihnachtsgebäck den typischen Festtagsgeschmack, der durch nichts anderes zu ersetzen ist. Wenn man sie selber macht, weiß man sicher, was im Festtagsgebäck verarbeitet ist. Das Originalrezept für echte kandierte, lang haltbare Zitrusschalen ist sehr aufwendig, hier bieten wir ein einfacheres Rezept an, das, was den Geschmack betrifft, dem echten Orangeat am nächsten kommt.

Arbeitsanleitung:
Man sollte nur die Schalen ungespritzter Früchte verwenden und auch diese gründlich* waschen. Wäh- 248
len Sie eine Sorte mit *dünner* Schale oder schneiden Sie bei dicken Schalen das Weiße weg, bis maximal 3 mm Schale übrigbleibt (dies gelingt am besten, nachdem man die Schale in Streifchen geschnitten hat). Bei Apfelsinen bekommt man die Schale am besten in vier Teilen von der Frucht, bei Mandarinen stückweise. Zitronen müssen zuerst ausgepreßt werden, bevor man die Häutchen mit einem scharfen Löffel herausgekratzt.
Die Schalen werden in 3 mm schmale Streifen und diese wiederum in kleine Würfelchen (wirklich nicht größer, sonst fängt es im Glas zu gären an, weil der Honig nicht richtig durchziehen kann) geschnitten. Nun werden die Schalen, gut mit Wasser bedeckt, gar, jedoch nicht zu Mus, gekocht. Auf ein Sieb schütten und vorsichtig mit einem Geschirrtuch trockentupfen. In ein sauberes Glas geben und so viel dünnen (Akazien-)Honig daraufgießen, daß sie reichlich bedeckt sind. Für 50 g Schalen braucht man ca. 100 g Honig. Das Glas wird verschlossen in den Kühlschrank gestellt. Nach 2 Wochen ist der Honig in die Schalen eingezogen, und man kann sie verwenden. Sie halten sich ca. 3 Monate. Mit dem «Saft», der im Glas zurückbleibt, kann man einem
etwas langweiligen Kräuter- oder Früchtetee* mehr 392
Geschmack geben.

Variation: Kandierte Ingwerwurzel: Die Wurzel wird geschält und in 2 mm dünne Scheibchen geschnitten. Ansonsten arbeitet man wie für Zitrusschalen, verwendet jedoch 1 1/2 mal so viel Süßungsmittel. Wenn man Zucker verwendet (siehe Tip) und dieser sich nicht auflösen will, fügt man 1 Eßl. heißes Wasser hinzu und kocht das Ganze kurz auf.

Tip: Reissirup oder andere Sirupsorten sind nicht geeignet. Der Wassergehalt dieser Produkte ist zu hoch, wodurch die Schalen schnell schlecht werden. Wenn Ihr Kind auf Honig allergisch ist, kann man Zucker verwenden. Dann werden die Schalen mit dem trockenen Zucker vermischt; der Zucker schmilzt innerhalb weniger Tage im Glas. Ab und zu vorsichtig umrühren, bis aller Zucker aufgelöst ist.

Kräuter aufbewahren und trocknen

Wer einen Kräutergarten hat, kann dieses Kapitel überschlagen, denn er wird für jede Mahlzeit so viel Kräuter abschneiden, wie er braucht, und über das Trocknen derselben wird er Bescheid wissen.
Wer die Kräuter sträußchenweise im Laden kaufen muß oder in den Ferien den Vorrat für ein ganzes Jahr pflückt (siehe «Aufgepaßt»), kann aus diesen Tips vielleicht Nutzen ziehen.

Aufbewahren
Die Kräuter sollten nach dem Kaufen oder Pflücken so schnell wie möglich verarbeitet werden (im Notfall kann man sie für kurze Zeit lose in einer aufgeblasenen Plastiktüte aufbewahren).
Die Kräuter nur waschen, wenn es unbedingt notwendig ist. In der Salatschleuder oder in einem Geschirrtuch trockenschleudern und die Blättchen vorsichtig abpflücken oder abschneiden. Dicht aufeinander in ein Marmeladenglas legen (nicht allzu fest

stopfen und auf keinen Fall Wasser dazugeben, das Glas darf jedoch ganz voll sein). Zuschrauben und in den Kühlschrank stellen. Auf diese Art bleiben die Kräuter mindestens 1 Woche frisch und behalten ihren Geschmack besser, als wenn man sie in der Vase aufs Fensterbrett stellt.
Eine Ausnahme bildet der Schnittlauch. Man kauft ihn am besten mit Wurzeln im Topf. Wenn er im Garten zu üppig wächst, kann man ihn fein schneiden und, ohne fest zu drücken, in ein Deckelglas geben. Im Gefrierfach gefriert er locker, und man kann immer wieder etwas davon verwenden.
Auf ganz andere Art und Weise kann man die Kräuter in Öl (*Pesto**) oder, für kurze Zeit, in Butter (Kräu- 422
terbutter) aufbewahren.

Dörren
Kräuter, deren Stiele trocken oder bereits holzig sind, werden ***verkehrt herum***, ***Stiel neben Stiel***, dicht nebeneinander auf eine Schnur, die direkt unter der Decke verläuft, aufgehängt. Bei trockenem Wetter entsteht bereits nach ein paar Stunden genügend Raum zwischen den Stielen, und schon nach ein paar Tagen kann man die Blättchen abstreifen – trocken wie Papier. Gebündelte Kräuter, die monatelang hängen, fangen meistens an zu schimmeln und werden staubig.
Die Blätter von Kräutern mit saftigen Stengeln, wie Basilikum, Pfefferminz, Brennnessel usw., pflückt man am besten sofort von den Stielen ab. Diese Blätter und auch Blüten (Kamille, Lindenblüten, Wilder Thymian usw.) werden in einer Schicht auf einem flachen Korb, dem Deckel einer Pappschachtel, einem mit weißem Papier belegten Backblech oder Tablett ausgebreitet. Der beste Trockenplatz dafür ist auf dem Schrank in einem warmen Zimmer. Niemals in der Sonne, im Backofen oder im Trockenapparat oder gar im Mikrowellenherd trocknen. Bei zu hohen Temperaturen verflüchtigen sich die duftenden Öle.
Nach dem Trocknen läßt man die Blätter und Blüten ganz und verkrümelt sie erst kurz vor dem Verbrauch.
Trockenprobe: Trockene Blättchen müssen sich zwischen den Fingern pulverisieren lassen. Dickere Blätter und Blüten werden in ein Glas gegeben und verschlossen an einen kühlen Ort gestellt. Wenn sich innerhalb von 2-3 Tagen kein Kondenswasser im Glas bildet, sind die Kräuter trocken; sonst müssen sie noch einmal nachtrocknen.
Getrocknete Kräuter sollten an einem *dunklen* und *nicht zu warmen* Ort aufbewahrt und der Vorrat jedes Jahr nach der neuen Ernte erneuert werden. Kräuter vom Vorjahr sind noch für ein **Kräuterbad** geeignet (sehr starken Tee kochen und ins Badewasser sieben).

Aufgepaßt: Kräuter, Wildgemüse und Obst sollten erst nach Sonnenaufgang, wenn der Tau weg ist, jedoch vor neun Uhr (Blüten bis ca. 11 Uhr) und, wenn es nicht anders geht, zwischen 17 und 18 Uhr gepflückt werden. In diesen Zeiten enthalten sie die meisten Stoffe.
Man sollte mindestens 500 m von Autostraßen und gespritzten Äckern entfernt pflücken und auch nur dort, wo viele Pflanzen derselben Sorte beieinander wachsen. Eine Schere verwenden, um die Pflanzen so wenig wie möglich zu beschädigen.

Gedörrte Apfelringe

Die gebißfreundlichste Süßigkeit: weniger süß als Rosinen und, um den süßsauren Geschmack zu kosten, kräftig zu kauen. Apfelringe verderben nicht den Appetit und sind gut als Reiseproviant.

Zum Trocknen verwendet man glatte, nicht zu große, feste und nicht zu saure Lageräpfel (Cox, Winston, Golden Delicious). Die frühen Apfelsorten (Yellow, James Grive) sind, außer daß sie sehr sauer sind, auch zu saftig und fangen an zu schimmeln, bevor sie durch und durch trocken sind.
Äpfel waschen*, dann kann man (bei ungespritztem 248
Obst) die Schalen ebenfalls dörren (siehe Dörrmethode 2) und sie später für *Apfeltee** verwenden. Es 391
ist günstiger, wenn die Äpfel vor dem Dörren geschält werden, weil die Schalen beim Dörren sehr hart werden. Man schält mit dem Sparschäler und versucht, die Schale so weit wie möglich am Stück zu lassen. Die geschälten Äpfel werden in 3/4 cm dicke Ringe geschnitten (sie schrumpfen beim Trocknen; zu dicke Ringe fangen jedoch an zu schimmeln). Die Ringe sollten überall gleich dick sein, sonst trocknen sie unregelmäßig. Aus jedem Ring wird mit dem Apfelstecher das Kernhaus entfernt. Dies sollte man exakt machen, denn zurückgebliebene Spelzen werden durch das Trocknen sehr hart und können beim Kauen der Apfelringe zwischen die Zähne geraten oder – noch schlimmer – im Hals stecken bleiben.
Die derartig vorbereiteten Apfelringe kann man nun auf zweierlei Arten dörren:

1) Große Mengen

Mit dieser Methode kann man 3-4 kg Äpfel gleichzeitig dörren, man braucht allerdings einen (am besten ►

elektrischen) Backofen mit gutem Thermostat, und es sind einige Vorbereitungen nötig.
Die innere Breite des Ofens muß exakt ausgemessen werden. Dann sägt man sich hölzerne Stöckchen von 1/2-3/4 cm Dicke in 8 Stücke zurecht, jeder genauso lang, wie der Ofen breit ist. Mit dem ersten Stöckchen kontrolliert man, ob das Maß richtig ist, es muß in den Schienen hängen bleiben.
Nun werden die Apfelringe mit einem jeweiligen Abstand von knapp 1 cm voneinander auf die Stöckchen gehängt, und die Stöckchen wiederum werden in den Ofen gegeben: 4 auf die oberste Schiene, 4 auf die unterste. Die Stöckchen sollten so plaziert werden, daß die obersten Ringe immer zwischen den untersten hängen.
Dörren: 8-10 Stunden bei 75°C, die Dampfklappe des Ofens öffnen oder, wenn keine vorhanden ist, die Ofentür mit Hilfe eines Kochlöffels ein wenig offen halten. Die Äpfel müssen im Ofen abkühlen (Türe öffnen) und werden in einem Stoffsäckchen an einem trockenen Ort aufbewahrt.

2) Kleine Mengen
Die Apfelringe werden mit Hilfe einer dicken Stopfnadel auf ein Stück kräftiges Garn (ungebleichte Baumwolle) aufgefädelt; nicht durch das Loch, sondern durch das Fruchtfleisch des Apfels stechen. Zwischen jedem Apfelring sollte ein Abstand von 1 Fingerbreite eingehalten werden, denn dort, wo sie einander berühren, können Schimmelfleckchen entstehen. Diese Apfelkette wird dicht unter der Decke in einem regelmäßig geheizten Zimmer (am besten über die Heizung oder den Boiler) oder – bei sonnigem Herbstwetter – auf dem zugigen Speicher aufgehängt. Sie müssen innerhalb einer Woche gedörrt sein, andernfalls kann man sie auf einem Stück Papier auf dem Backblech im Ofen noch etwas nachtrocknen (75°C). Weitere Verarbeitung siehe oben.
Die **Apfelschalen** kann man, wenn die Schnur bereits gespannt ist, auch darüber hängen.

Tip: Wer regelmäßig Apfelringe dörrt, kann sich einen Apfelständer machen (siehe Foto). Damit kann man die Apfelringe energiefreundlich auf dem Heizkörper oder auf dem Fenstersims (drinnen) dörren. Je nach Sonnen- oder Heizkörperwärme dauert das Trocknen 4-6 Tage.

Gedörrte rote und schwarze Johannisbeeren

Lecker für den *Früchtetee** oder ins Müsli, anstelle 392
von Rosinen.

Die Beeren waschen*, gut abtropfen lassen und wie 248
die *Kräuter** auf einer Schnur dörren. Man kann 414
auch ein Stück Tüll auf den Wäschetrockner spannen und darauf die Beeren ausbreiten.

Holunderblüten-Limonadensirup
(ca. 1 1/2 l)

Sirup ist für dieses Produkt eigentlich nicht der richtige Name, denn es enthält (noch) kein Süßungsmittel. Das zuckerfreie Einmachen hat jedoch einige Vorteile: Man braucht zum Aufbewahren weniger Platz, und man kann jedesmal kurz vor dem Servieren das geeignetste Süßungsmittel auswählen, beispielsweise auch Honig, der sonst zum kochendheiß Einfüllen nicht geeignet ist. Ungekocht ist der Geschmack der Limonade zwar besser, sie ist dann jedoch, auch wenn man sie im Kühlschrank aufbewahrt, nicht länger als zwei Monate haltbar. Wenn man sich nach dem folgenden Rezept richtet, ist das Getränk monatelang haltbar.
Holunderblütenlimonade schmeckt als kühler Sommertrank oder als heißes «Zitronenwasser» an winterlichen feuchtkalten Tagen sehr gut (wirkt bei Grippe und Erkältung schweißtreibend). Der Inhalt der Flasche wird mit Wasser verdünnt (ca. 1:10), je grö-

ßer die Kinder sind, desto weniger Wasser kann man verwenden. Mit etwas Honig oder Reissirup* süßen 343
und eventuell etwas frischen Zitronensaft hinzufügen.

- *150 g Holunderblüten*
- *3 Zitronen (mind. 1 1/2 dl Saft)*
- *1 1/2 l kaltes Wasser*

- *sehr saubere Glasflaschen mit metallenen twist-off- Deckeln (oder Gläser)*
- *1 Schüssel oder Eimer (kein Metall) von 2 l Inhalt*

Alle Insekten von den Blüten entfernen und diese von den dicken Stengeln schneiden. Die gewaschenen* Zitronen erst mit dem Sparschäler schälen und 248
dann auspressen.
Die Blüten, die gelben Schalen und den Zitronensaft in die Schüssel geben und das Wasser hinzugeben. Die Schüssel wird zugedeckt an einen nicht zu warmen Platz gestellt. Dort bleibt sie 10-12 Stunden stehen, und das Ganze wird hin und wieder umgerührt. Die Blüten müssen mit Wasser bedeckt bleiben.
Nun werden die Blüten und Schalen mit beiden Händen herausgenommen und kräftig ausgedrückt. Zum Kompost geben.
Dann wird das Holunderwasser auf ein Sieb, in welches Sie zuerst ein feuchtes großes Taschentuch gelegt haben, gegossen. Der Teil, der im Kühlschrank aufbewahrt wird, wird in Flaschen gefüllt. Der Rest wird einige Minuten gut durchgekocht und kochendheiß und randvoll in die übrigen Flaschen gefüllt. Sofort verschließen und 5 Minuten lang verkehrt herum aufstellen (in ein Körbchen oder in einen Eimer). Dieser kochendheiß eingefüllte «Sirup» wird an einem dunklen und nicht zu warmen Ort mit konstanter Temperatur (Keller) aufbewahrt.

Beerensaft (Ursaft)

Beerensaft kann man, auch ohne speziellen Apparat, sehr gut selber machen.
Hierfür eignen sich alle Beerensorten, die im Garten oder «wild» wachsen. Reife Holunderbeeren regen die Bildung roter Blutkörperchen an, Sanddorn enthält sehr viel Vitamin C, aber auch Brombeeren, Himbeeren und schwarze und rote Johannisbeeren sind sehr reich an Vitaminen und Mineralstoffen (Eisen). Letztere bleiben bei einer richtigen Einmachmethode erhalten; der Vitaminverlust spielt vor allem bei Vitamin C eine Rolle, ungefähr die Hälfte geht verloren. Wenn man (ungespritzte) Beeren im Laden kaufen muß, lohnt sich jedoch die Mühe des selber Einkochens nicht.

Aufgepaßt: Kinder sollten keine rohen Holunderbeeren essen; sie enthalten von Natur aus einen giftigen Stoff, der erst durch das Kochen unschädlich gemacht wird.

Arbeitsanleitung:
Die gewaschenen Beeren* werden über einem Topf 248
von den Stielen entfernt. Erdbeeren durchschneiden, die anderen Beeren kann man ganz lassen.
Nun gibt man einen Boden (1/2 cm) heißes Wasser zu den Beeren in den Topf und bringt alles rasch zum Kochen. Den Topf mit dem Deckel zudecken und die Hitze vermindern. 3-5 Minuten kochen lassen, bis die Beeren aufgeplatzt sind (nicht länger).
Den Topf vom Feuer nehmen und die Beeren mit dem Püreestampfer zerquetschen, jedoch kein Püree daraus machen.
Alles auf ein Sieb gießen, das über einem Topf hängt. Nicht darin rühren, sonst könnte der Saft trübe werden. Die Beeren müssen Zeit zum Austropfen haben (1-2 Stunden). Wenn man mehr als ca. 1 kg Beeren hat, ist es günstiger, wenn man ein Salatsieb verwendet, in welches man ein über den Rand hängendes lose gewebtes Stück Baumwolle oder Käseleinen (oder eine Stoffwindel) gelegt hat.
Den so gewonnenen Saft kann man frisch trinken (im Kühlschrank hält er sich 1-2 Tage). Mit Quellwasser, *Apfel**- oder Kräutertee (eventuell mit Dick- 391
saft gesüßt) oder mit *Barleywater** verdünnen. 395
Man kann auch *Gelee** daraus machen oder den Saft 420
in kleine Flaschen mit twist-off-Deckeln einmachen (siehe unten).
Die zurückgebliebene Pulpe kann man durch das Sieb streichen. Man kann *Marmelade**, eventuell mit 420
Apfelmus angereichert, daraus machen (köstlich mit Pulpe von Holunderbeeren).

Beerensaft einkochen

Der Beerensaft wird nach der hierfür beschriebenen Methode eingekocht.
Man läßt den Saft – getrennt oder aus verschiedenen Sorten gemischt – noch einmal einige Minuten durchkochen und füllt ihn kochendheiß in vorgewärmte saubere Flaschen mit twist-off-Deckeln. Die Flaschen werden sofort zugeschraubt und in einen ►

Eimer oder ein Körbchen 5 Minuten verkehrt herum gestellt.
Kühl und dunkel aufbewahren (Kühlschrank ist nicht notwendig). Angebrochene Flaschen sollten jedoch in den Kühlschrank gestellt und innerhalb von 2-3 Tagen aufgebraucht werden.

Schlehensaft

Schlehensaft ist für «Schwerarbeiter» (Examenszeit) und Rekonvaleszenten (Grippe) ein stärkendes Getränk. Der pure Saft ist ziemlich herb. Deshalb macht man ihn nur in kleinen Flaschen oder Gläsern ein und verdünnt ihn vor Gebrauch mit einem süßeren Saft (Apfel, Apfelsine) und/oder Wasser; mit Honig eventuell leicht süßen.

Die Schlehensträucher blühen bereits im Mai mit unzählbaren weißen, nach Mandeln duftenden Blüten (5 Blütenblätter, zur Apfelfamilie gehörend). Erst im späten Herbst haben die kugelrunden, blauen «Murmelpfläumchen» ihr volles Aroma entwickelt.

Für 1/2 l klaren, weinroten Saft, braucht man ca. 400 g Schlehen.
Die gewaschenen* Früchte werden in einem Liter- 248
maß abgemessen und in eine Porzellan- oder Glasschüssel gegeben. Dann gießt man dieselbe Menge kochendes Wasser darauf (die Früchte also nicht kochen). Das Ganze läßt man, zugedeckt, an einem kühlen Ort 24 Stunden stehen. Nun wird der Saft in einen Topf gegossen, zum Kochen gebracht und aufs neue über die Früchte geschüttet, wieder 24 Stunden stehenlassen. Dies wird noch ein drittes Mal wiederholt, diesmal muß der Saft jedoch nur 1/2 Stunde stehen. Das Ganze wird, noch warm, auf ein Sieb gegossen und die Flüssigkeit aufgefangen. Dies ist der «Saft». In Gläser oder Flaschen füllen und abgekühlt im Kühlschrank aufbewahren. Der Saft ist ohne Konservierung bis zu 3 Monate haltbar. Wenn man den Saft länger und/oder außerhalb des Kühlschrankes aufbewahren will, kann man ihn wie *Beeren-*
*saft** kochendheiß einmachen. 417
Die im Sieb zurückgebliebenen Früchte kann man in einem Topf mit ca. 1 cm Wasser einige Minuten gar dünsten (Deckel auf den Topf geben und aufpassen, daß nichts anbrennt, es gibt dickes **Mus**). Dieses Schlehenmus wird durch ein Sieb gestrichen und mit Apfelmus vermischt. Man kann auch, in Kombination mit süßeren Früchten, Marmelade daraus machen (Schlehen sind reich an Pektin).

Tip: Schlehen lassen sich auch leicht **trocknen**, auf einem flachen Korb oder dem Deckel eines Schuhkartons ausgebreitet (auf den Schrank in einem geheizten Zimmer oder auf den zugigen Speicher stellen). Ein säuerliches «Bonbon» zum Kauen (nicht für die Kleinen und nicht in zu großer Menge, getrocknete Schlehen wirken stopfend; der Kern muß ausgespuckt werden, denn er enthält Blausäure).

Beerensirup, ungekocht (reichlich 1 l)

Wenn die Beerenernte im Garten groß ist oder die Pflücker während des Spaziergangs so fleißig waren, daß alle Mägen und Töpfchen gefüllt sind, kann man noch einen köstlich frischen Sirup machen. Mit Hilfe eines Süßungsmittels und der von Natur aus reichlich in den Beeren vorhandenen oder durch Zitronensaft ergänzten Fruchtsäure konserviert sich der Saft von alleine und braucht nicht erhitzt zu werden. Dadurch behält er nicht nur mehr Vitamine, sondern auch seine schöne Farbe und den frischen Geschmack.
Geeignet sind: Erdbeeren (in Scheibchen geschnitten), rote Johannisbeeren, Himbeeren (die drei Sorten miteinander vermischt und eventuell mit Rhabarbersaft aus der Saftzentrifuge gestreckt, schmeckt köstlich). Ansonsten Brombeeren, Schlehen und Berberitzen; die beiden letzten sehr Vitamin C-haltigen Säfte sind nicht so lecker, jedoch im Winter zum Beimischen zum *Apfeltee** geeignet. 391

- *750 g Beeren nach Wahl, getrennt oder vermischt, wenn nötig gewaschen** 248
- *die gelbe Schale einer halben Zitrone*
- *1 dl Zitronensaft (2 Zitronen), wenn man rote Johannisbeeren oder Rhabarber verarbeitet, braucht man weniger Zitrone oder überhaupt keine, dafür nimmt man bei Erdbeeren 1/2 dl mehr*

- *ca. 500 g Honig, Ahornsirup, Reis- oder Maissirup* oder Vollrohrzucker* 343

- *saubere, kleine Fläschchen mit twist-off-Deckeln*

Die Beeren werden in eine Schüssel gegeben (kein Metall) und mit so viel Wasser übergossen, daß sie knapp damit bedeckt sind. Dann werden sie mit dem Püreestampfer zerquetscht. Den Zitronensaft und die Schale dazugeben. Alles zugedeckt an einem kühlen Ort 24 Stunden stehenlassen. Ab und zu durchrühren.
Alles durch ein feines Sieb oder ein Salatsieb, in welches man ein feucht gemachtes Taschentuch gelegt hat, gießen. Das Fruchtfleisch darf nicht durchgepreßt oder -gerieben werden, sonst wird der Sirup trübe (hinterher kann man das Fruchtfleisch durch das Sieb streichen und damit Apfelmus oder Joghurt rosa färben, sonst kann man auch Marmelade* 420 daraus machen.
Die Saftmenge wird gemessen oder gewogen und die gleiche Menge Süßungsmittel dazugegeben. Nochmals 24 Stunden stehenlassen und hin und wieder umrühren, der Zucker muß sich ganz auflösen.
Nun wird der Sirup in Fläschchen gefüllt, das Dicke in der Schüssel zurücklassen (lecker zu Müsli oder zu Sauermilchprodukten).
Die Deckel werden kräftig auf die Flaschen geschraubt und diese an einem kühlen und dunklen Ort aufbewahrt. Die ersten vier Wochen sollte man regelmäßig kontrollieren, ob der Sirup anfängt zu gären (es läuft dann etwas Saft unter dem Deckel heraus). Wenn dies nicht geschieht, kann der Sirup einige Monate außerhalb des Kühlschranks (kühl und dunkel) aufbewahrt werden, sofern man Vollrohrzucker verwendet hat. Hat man Honig oder Sirup verwendet, kann es passieren, daß bei Temperaturen über 10° doch noch eine Gärung auftritt. Deshalb stellt man die Fläschchen am besten gleich in den Kühlschrank. Gärenden Sirup kann man dadurch retten, daß man ihn so schnell wie möglich im Topf erhitzt und kochend heiß in saubere Flaschen füllt (siehe *Beerensaft einkochen**). 417 Sirup aus reinem **Rhabarber** oder reinen **roten Johannisbeeren** hält sich immer, auch mit der Hälfte der Süßungsmittel. Dieser Sirup ist dann zwar sehr sauer, aber zum Mischen mit süßeren Säften oder Tee sehr geeignet.

Apfelsinensirup (1 l)

Ein frischer Sirup, den man das ganze Jahr über machen kann.
Er wird mit Süßungsmittel, jedoch ohne Konservierungsstoffe gemacht – ein Kompromiß zwischen handelsüblicher Limonade und Fruchtsaft. Der Apfelsinensaft wird nicht erhitzt, darum ist der Sirup nur 1-2 Wochen haltbar (Kühlschrank). Trotzdem ist es praktisch, wenn man ihn für ein Fest im vorhinein zubereitet.
Das Vitamin C in Zitrusfrüchten geht nicht so schnell verloren, trotzdem sollte man die Flaschen (immer gut verschlossen) im Kühlschrank aufbewahren.
Wenn man den Sirup aus Blutorangen macht, hat er eine prächtige Farbe.

- *1 kg Apfelsinen*
- *1-2 Zitronen*

- *6 dl Wasser*
- *600 g Honig oder eine helle Sirupsorte*

Die Früchte gründlich waschen*. 248
Die Hälfte der Apfelsinen und beide Zitronen werden mit dem Sparschäler geschält (sehr dünn, das Weiße gibt einen bitteren Geschmack). Die Schalen werden in eine Schüssel oder einen Topf (kein Metall) gelegt. Nun fügt man das Wasser dazu und löst darin den Zucker auf (ab und umrühren). Zudecken und alles an einem kühlen Ort eine Nacht oder einen Tag stehenlassen. Die geschälten Apfelsinen werden solange *zugedeckt* an einem kühlen Ort aufbewahrt.
Nun werden die Früchte ausgepreßt und der Saft durchgesiebt. Die Schalen nimmt man aus dem Wasser und siebt die duftende Flüssigkeit zum Saft. Der Sirup wird gut verrührt und in sehr saubere Flaschen gefüllt.
Kurz vor dem Servieren mit Wasser verdünnen, ca. 1:7.

Variation: Zitronensirup macht man auf dieselbe Art von 1 kg Zitronen.

Tip: Die übriggebliebenen Schalen kann man kandieren*. 414

Marmelade, Früchtemus, Gelee

Aus im eigenen Garten oder in der Natur gepflückten Früchten (Holunder, Sanddorn, Hagebutten, Himbeeren, Brombeeren, Heidelbeeren) kann man selber köstliche Marmelade und Gelees machen. Mit Hilfe von Geliermittel wie Agar-Agar oder Unigel (in Naturkostläden zu kaufen) ist es nicht mehr so schwierig und zeitraubend wie früher. Bei der Gebrauchsanleitung dieser Produkte finden sich gute Rezepte, auch ohne Zucker (siehe auch Pektinpulver*). Es folgt hier ein einfaches 459
Rezept für ein festliches Gelee aus Zitrusfrüchten, das man das ganze Jahr über machen kann. Weil dies wahrscheinlich sowieso schon in Ihrem Küchenschrank steht, verwende ich Agar-Agarpulver als Geliermittel.

Speziell für Kinder, die lange Spaziergänge nur dann schön finden, wenn sie unterwegs etwas sammeln dürfen, folgt noch ein Rezept für ungekochte Marmelade.

Zitronengelee (2 Gläser von 2 dl Inhalt)

Nicht nur zum sonntäglichen Toast lecker, sondern auch als Unterlage für den Obstbelag einer Biskuittorte*. Wenn man das Gelee mit Birnendicksaft 375
macht, bekommt es eine dunklere Farbe.

- *3-4 ungespritzte Zitronen (ca. 500 g) gewaschen** 248
- *1/2 Eßl. Agar-Agarpulver (3 1/4 g), mindestens 20 Minuten eingeweicht in*
- *2 dl Ahornsirup oder 2 1/2 dl Birnendicksaft** 343

Von den Zitronen wird nur die gelbe Schale abgerieben (das Weiße würde das Gelee sehr bitter machen). Man gibt sie in 1 dl *kaltes* Wasser und läßt sie 1 Stunde oder länger stehen (zugedeckt).

Die Zitronen auspressen und den Saft in den Maßbecher geben. Auch der Auszug der geriebenen Schale wird durch ein feines Sieb dazugegossen und eventuell mit Wasser auf 3 dl verdünnt (siehe Tip).

Nun bringt man den Saft zum Kochen und rührt die Agar-Süßungsmittelmischung dazu. 1 Minute kräftig kochen lassen und dann das Gelee *randvoll* in ein sehr sauberes, mit heißem Wasser vorgewärmtes Glas mit twist-off-Deckel füllen. Gut zuschrauben und 5 Minuten verkehrt herum stehenlassen.

Dunkel aufbewahren und nach Öffnen in den Kühlschrank stellen.

Variationen:

- **Bitterlimonengelee:** Die Zitronen werden mit dem Sparschäler geschält und diese Streifen mit einem scharfen Küchenmesser quer in hauchdünne Streifchen geschnitten. In 1 dl Wasser in ca. 10 Minuten gar kochen. Die Schalen mit dem Kochwasser zum Saft geben und fortfahren, wie oben beschrieben. Vor dem Kochen wird die Saft-Süßungsmittelmischung abgeschmeckt und eventuell noch etwas Vollrohrzucker dazugegeben.
- **Apfelsinen- oder Mandarinengelee und Bitterorangenmarmelade** kann man nach demselben Rezept herstellen. Für Orangenmarmelade sind auch **Kumquats** (bittere Miniapfelsinen) geeignet; man kann sie mitsamt der Schale in Scheibchen schneiden und in Wasser garkochen. Danach werden sie mit dem Süßungsmittel und dem Geliermittel vermischt.
- **Beerengelee**: Man verwendet 3 dl *Beerensaft**. 417
- Das Agar-Agar wird durch 1/2 Eßl. Pektinpulver* 459
ersetzt. Die Gebrauchsanweisung auf der Pakkung beachten.

Tip: Die im Sieb zurückgebliebene Schale kann man, gut ausgedrückt, noch konservieren*. 414

Ungekochte Marmelade

Die geeignetste Methode, sehr vitaminreiche wilde Beeren einzumachen, die meistens wenig Fruchtfleisch haben, wie beispielsweise sehr reife fleischige **Hagebutten** (aus Hunds- und Heckenrosen), **Preiselbeeren, Heidelbeeren, Sanddorn, Ber-**

beritzen, Himbeeren, Brombeeren. Man sollte nur soviel Marmelade auf einmal machen, wie man im Kühlschrank aufbewahren kann (innerhalb von 2-3 Monaten aufessen).

Arbeitsanleitung:

Die Beeren waschen*, gut abtropfen lassen, auf ei- 248
nem zusammengefalteten Geschirrtuch ausbreiten und wieder trocknen lassen.

Hagebutten: Mit einem scharfen Messer werden Krönchen und Stiel entfernt und die Früchte längs aufgeschnitten. Mit einem geeigneten Teelöffelchen werden die Kernchen und Haare ausgekratzt (wegen des Juckens Handschuhe verwenden!). Siehe auch den Tip.

Das Fruchtfleisch wird durch ein Sieb gestrichen.

Übrige Beeren: Die Beeren durch ein Sieb streichen, Kerne und harte Teile müssen zurückbleiben.

Das Beerenmus wird nun gewogen oder abgemessen; 3/4 dieser Menge Honig zufügen (auf 100 g Mus 75 g Honig). Rühren, bis der Honig vollständig aufgelöst ist und diese etwas dünne Marmelade in kleine Glastöpfchen füllen.

Diese Marmelade ist im Kühlschrank 2-3 Monate haltbar; wenn Sie den Honig durch Vollrohrzucker ersetzen, länger, sogar ohne Kühlschrank (allerdings übertönt dieser dunkle Zucker das Aroma der Beeren).

Tips:

- Wenn die Marmelade dicker werden soll, kann man *Nestragel* (siehe *feste Schlagsahne**) dar- 411
  unterrühren, 2-3 Teelöffel pro dl Marmelade.
- **Hagebutten trocknen:** Die nicht überreifen Hagebutten kann man, durchgeschnitten, auf einem mit weißem Papier belegten Backblech, einem Tablett oder einem Schuhkartondeckel auf dem Schrank im warmen Zimmer trocknen lassen. Auch die ausgelöffelten Kernchen kann man trocknen. Im Winter kann man sowohl aus den Kernen als auch aus ganzen Hagebutten **Hagebuttentee** kochen: eine Nacht oder einige Stunden einweichen und mit dem Einweichwasser mindestens 1/2 Stunde kochen lassen. Mit Apfeldicksaft oder Zitronensaft und Honig abschmecken.

Apfelmus

Ein praktischer Notvorrat für «schnelle» Nachspeisen oder wenn zu wenig (oder für die Kleinen ungeeignetes) Gemüse vorhanden ist. Am wenigsten aufwendig ist es, wenn Sie jedesmal, wenn Sie sowieso Apfelmus kochen, etwas mehr machen und dieses (sofort nach dem Kochen) in Gläser füllen.

Für ein normales Marmeladenglas von 4 dl Inhalt braucht man mindestens 500 g Äpfel.

Arbeitsanleitung:

- Das Apfelmus wird nach einem der Grundrezepte gekocht, jedoch nicht mit Honig gesüßt (man kann das Mus auch ungesüßt einmachen und kurz vor dem Gebrauch mit dünnem Honig süßen).
- Wenn man das Rezept für geschälte Äpfel angewendet und das Mus nicht durch das Sieb gedrückt hat, kann man es direkt aus dem Topf kochendheiß und randvoll in sehr saubere, vorgewärmte Gläser mit metallenen twist-off-Deckeln füllen. 5 Minuten lang verkehrt herum hinstellen und an einem dunklen Ort aufbewahren. Wenn das Apfelmus einmal durch das Sieb gedrückt worden ist, ist es nicht mehr heiß genug, um es nach der Kochendheiß-Methode einmachen zu können. Es ist beinahe unmöglich, gesiebtes Apfelmus noch einmal aufkochen zu lassen, ohne daß es anbrennt, ganz abgesehen von dem gefährlichen Gespritze. Eine Lösung des Problems ist, wenn man die so warm wie möglich gefüllten und gut verschlossenen Gläser sofort noch 5 Minuten
  sterilisiert (siehe *Pizzasoße**). 424

Mayonnaise (1 Glas von 2 dl)

Die traditionelle Mayonnaise wird mit rohem Eigelb und Öl gemacht. Um Salmonellen-Infektionen* vor- 460
zubeugen, wird von der Verwendung roher Eier abgeraten. Wenn Sie einen Stabmixer besitzen, können Sie jedoch auch «Mayonnaise» aus (ungeröstetem) Cashewnuß-, Sonnenblumenkern- oder Sesammus (Tahin) machen (ca. 2 Wochen haltbar). Mit Cashewnuß- und Sonenblumenkernmus bekommen Sie einen milderen Geschmack als mit Tahin (man kann die Mussorten auch miteinander mischen).

- *100 g Mus (siehe Einleitung)*
- *1/2-3/4 Eßl. Senf* (1 Eßl. bei Tahin)* 422
- *1 Messerspitze Salz*

- *1 dl lauwarmes Wasser*
- *1 Eßl. Zitronensaft*
- *eventuell 1/4 Teel. Honig (nicht bei Cashewnußmus)*

►

Die Zutaten des ersten Abschnittes werden miteinander vermischt und im Becher das Wasser zunächst teelöffelweise, später eßlöffelweise dazugegeben. Das Wasser muß bei jedem Mixvorgang völlig von der Paste aufgenommen werden. Mit Zitronensaft und Honig abschmecken. Die Mayonnaise stellt man ins Gemüsefach des Kühlschrankes, nach einigen Stunden ist sie dick geworden.

Variation: Der Zitronensaft wird durch 1/2 Eßl. Apfelessig ersetzt, man kann den Zitronensaft auch einfach weglassen und die Hälfte des Wassers durch Brottrunk ersetzen.

Tip: Mit viel Geduld kann man die Mayonnaise auch in einer geeigneten Schüssel mit einer Gabel von Hand schlagen; man kann dann ein halbes Rezept herstellen.

Salatsoße auf Vorrat

Siehe den Tip bei *Dressing**. 191

Senf (1/2 kleines Glas)

Senf *in* der Mahlzeit hilft die Fette verdauen, ist jedoch auch ein natürliches Würzmittel. Im Naturkostladen kann man köstlichen Senf kaufen, der aus biologisch-dynamisch angebauten Senfkörnern und reinen Grundstoffen hergestellt ist. Billiger ist es, wenn man den Senf selber macht.

- *30 g (3 Eßl. Senfkörner)*
- *1 dl halb Apfelessig/halb Wasser*
- *1 Messerspitze Salz*

- *nach Wunsch 1/4 Teel. Honig*

Die Senfkörner werden im Mörser sehr fein zerstoßen oder in der Kaffeemühle gemahlen. Die gemahlenen Senfkörner werden mit dem Essigwasser und dem Salz in ein Töpfchen gegeben und dort unter Rühren zum Kochen gebracht. Das Feuer so klein wie möglich stellen und die Mischung zugedeckt 10 Minuten köcheln lassen.
Den Senf abkühlen lassen. Mit Wasser die gewünschte Konsistenz herstellen und mit Honig abschmecken. In ein Glas mit gut schließendem Dekkel füllen und im Kühlschrank aufbewahren.
Dieser Senf wird, je älter er wird, desto milder.

Variation: Die Senfkörner werden mit dem Salz zusammen zerstoßen, und man fügt nur so viel Essigwasser hinzu, bis die gewünschte Konsistenz erreicht ist. *Ungekocht* ins Glas füllen und einige Tage stehenlassen. Dieser Senf ist sehr *scharf*. In meinen Rezepten habe ich den milderen Senf aus dem Naturkostladen verwendet. Der selbstgemachte Senf sollte deshalb erst messerspitzenweise zu den Gerichten gegeben werden, bevor man mehr davon verwendet.

Pesto (1 Gläschen von 2 dl)

Außer zu Teigwaren schmeckt Pesto auch zu gekochtem Getreide (Weizen, Roggen, Gerste) lecker. Die Paste wird mit Walnüssen am pikantesten, am sämigsten wird sie mit Pekannüssen oder Pinienkernen (vor allem, wenn man die Nüsse im Mörser zerstößt). Pesto hält sich im Kühlschrank 2-3 Monate, und 1/2 Gläschen ist für eine Mahlzeit ausreichend (3-4 Personen). Wenn man Vollkornteigwaren verwendet und eventuell ein Schälchen Joghurt dazureicht, kann Pesto die Beilage ersetzen, und man hat eine schnelle Mahlzeit.

- *150 Nüsse (Sorte nach Wahl) sehr fein gemahlen oder zerstoßen*
- *1/2 Teel. Zimt*
- *eine Messerspitze Nelkenpulver*
- *eventuell 1 Prise Chilipulver*
- *50 g Silberzwiebeln, sehr fein gehackt*
- *eventuell eine kleine Knoblauchzehe, durch die Presse gedrückt*

- *2-3 Eßl. Öl*
- *etwas Salz*

Die Zutaten (mit Ausnahme des Öls) werden in einer Schüssel miteinander vermischt und mit der Gabel zu einer festen Paste verarbeitet.
Nach und nach wird das Öl dazugegeben, so daß die Paste sämig wird. Mit Salz abschmecken.
Die Paste wird in ein Glas mit gut schließendem Dekkel gegeben und einige Stunden (am besten länger) zum Durchziehen stehengelassen, bevor man das erste Mal davon verwendet.

Sambal (2 Gläschen mit 2 dl Inhalt)

Es ist zwar scharf, jedoch nicht so scharf wie das handelsübliche Sambal. Mit diesem Sambal, das ohne Konservierungsstoffe hergestellt ist, kann man nicht nur einem Getreidegericht, sondern auch dem Butterbrot (mit Gurke oder Nußmus) einen exotischen Hauch geben. Ein geöffnetes Glas muß im Kühlschrank aufgehoben werden (etwas Öl daraufgießen und mit einem Stück Küchenpapier die Ränder immer schön sauber halten).

- *2 Eßl. Öl*
- *200 g rote spanische Pfefferschoten, sehr fein geschnitten (Kernchen entfernen)*
- *1 Zwiebel (50 g), zu Mus gehackt*

- *1/2 Teel. abgeriebene Zitronenschale*
- *nach Wunsch ca. 1/2 Teel. geriebene Ingwerwurzel (scharf!)*
- *1/2 Teel. Zitronensaft oder Essig*
- *1/2 Teel. Sirup** 343
- *1/2 Teel. Salz*

In einem kleinen Topf werden Pfeffer und Zwiebel im Öl erhitzt und bei mäßigem Feuer geschmort. Dazu gibt man den Rest der Zutaten und kocht alles unter Rühren einige Augenblicke gut durch. Die Masse wird kochendheiß in saubere Gläschen mit twist-off-Deckeln gefüllt und 5 Minuten lang verkehrt herum aufgestellt. Zur Sicherheit kann man die Gläschen noch 5 Minuten lang sterilisieren (siehe *Pizzasoße**). 424

Variation: Man kann zuerst die Zwiebel und eventuell eine gehackte Knoblauchzehe im Öl *hellbraun* braten, die Hitze reduzieren und nun erst den Pfeffer dazugeben; dies gibt einen stärkeren Geschmack.

Tomatenmark

Für manche größeren Kinder, vor allem, wenn sie von der üblichen auf eine Vollwerternährung umstellen, haben vegetarische Gerichte einen zu milden Geschmack. Bei beinahe allen Fertiggerichten und bei vielen üblichen Rezepten wird Tomatenmark als Würzmittel verwendet. Wenn man das hin und wieder tut, ist nichts dagegen zu sagen. Das handelsübliche Tomatenmark wird aus künstlich gedüngten und mit Schädlingsbekämpfungsmitteln angebauten Tomaten hergestellt, die Soßen, die daraus gemacht sind, sind außerdem mit unerwünschten Zutaten versehen; Demeter-Tomatenmark ist sehr teuer. Für denjenigen, der Tomaten im eigenen Garten ernten kann oder die Möglichkeit hat, im Sommer an der Sonne gereifte, ungespritzte Tomaten aus südlichen Ländern zu einem annehmbaren Preis zu erwerben (Roma Tomaten sind am besten geeignet), folgt hier ein einfaches Rezept, nach dem man den Wintervorrat an Tomatenmark selbermachen kann. Dieses Tomatenmark ist jedoch weniger konzentriert als dasjenige aus dem Laden.
Aus 2 1/2 kg frischen, sehr reifen Tomaten bekommt man ca. 1 l (= 5 kleine Gläser) Tomatenmark.

Die gut gewaschenen* Tomaten werden in vier Teile 248
geschnitten (sehr große Fleischtomaten schneidet man in 8 Stücke) und in einen Topf mit gut schließendem Deckel gelegt. 1 cm hoch Wasser zugießen und die Tomaten (im Dampf dieses Wassers) ca. 10 Minuten garen. Nicht umrühren! Die Stücke müssen gar sein, dürfen jedoch nicht auseinanderfallen.
Das Ganze wird vorsichtig auf ein Sieb geschüttet, dort läßt man die Tomaten 1/2 Stunde abtropfen. Nicht rühren, höchstens hin und wieder ein wenig schütteln, um das Abtropfen zu beschleunigen. Das Tomatenwasser wird aufbewahrt und für die Suppe verwendet.
Die abgetropften Tomaten werden nun durchs Sieb gestrichen, die Kerne und Häute müssen zurückbleiben.
Das so entstandene Tomatenmark wird unter Rühren zum Kochen gebracht und *kochendheiß* in sehr saubere, vorgewärmte Gläschen mit twist-off-Deckeln gefüllt. Die Deckel werden sofort fest verschlossen und die Gläschen 5 Minuten lang verkehrt herum hingestellt.
An einem dunklen Ort aufbewahren; einmal geöffnet, müssen sie im Kühlschrank stehen (jedoch nicht länger als 4-5 Tage).

Tomatenketchup (ca. 1 l)

Die Fertigsoße, die in den Augen vieler Jugendlicher dem Essen erst den richtigen Pfiff gibt. Die handelsüblichen Produkte enthalten unerwünschte Zusätze. Wenn Sie den Ketchup (im Sommer aus sonnengereiften Tomaten) selber machen, wissen Sie, was in der Flasche ist.

►

- *2 1/2 kg sehr reife Tomaten*

- *1 rote Paprika, in Stückchen geschnitten*
- *2 große Zwiebeln, in dünne Scheibchen geschnitten*
- *1-2 Knoblauchzehen, in hauchdünne Scheibchen geschnitten*

- *1 Lorbeerblatt*
- *1 Zimtstange oder 1/2 Teel. Zimt*
- *2 Scheibchen frische Ingwerwurzel*
- *1/2 Teel. scharfes Paprikapulver*
- *1 Messerspitze Cayennepfeffer*
- *100 g Vollrohrzucker*
- *3/4 dl Apfelessig*

- *1 Teel. Koriandersamen*
- *1 Teel. Senfsamen*
- *3 Gewürznelken*
- *1/4 Teel. Fenchelsamen*
- *1 Teel. Salz*

- *4 Flaschen mit twist-off-Deckeln (3 dl)*

Aus den Tomaten macht man zuerst Tomatenmark*. 423
Paprika, Zwiebeln und Knoblauch in ein Töpfchen geben und 1 cm Wasser zugießen. Alles sehr weich kochen und durch ein Sieb streichen. Dies gibt man mit dem Lorbeerblatt und den Zutaten desselben Abschnittes zum Tomatenmark. Die Gewürze des letzten Abschnittes werden mit dem Salz im Mörser fein zerstoßen und auch zum Tomatenmark gegeben.
Unter Rühren wird das Ganze zum Kochen gebracht und auf kleiner Flamme 10-15 Minuten weitergeköchelt, *ohne Deckel auf dem Topf.* Ab und zu umrühren.
Lorbeerblatt und Ingwer werden entfernt und der Ketchup nun randvoll in sehr saubere, vorgewärmte Flaschen gefüllt, die sofort verschlossen werden. Die Flaschen stellt man 5 Minuten lang verkehrt herum auf.
Dunkel aufbewahren; wenn die Flasche geöffnet ist, muß sie im Kühlschrank stehen (2-3 Wochen).

Pizzasoße (4-5 Gläser)

Für denjenigen, der auch im Winter herzhafte Pizza aus sonnengereiften Tomaten essen will. Für diese Fertigsoße dürfen nur sehr saubere Gläser verwendet werden, und die twist-off-Deckel müssen innen unbeschädigt sein.

- *1 l Tomatenmark** 423

- *2-3 Eßl. Öl*
- *125 g feingehackte Zwiebeln*
- *2 kleine Knoblauchzehen, fein gehackt*
- *250 g Lauch, in dünne Ringe geschnitten*

- *1 kleine grüne Paprika, in Stücke geschnitten*
- *125 g Karotte, geschält und nicht zu fein geraffelt*
- *125 g Sellerie, geschält und nicht zu fein geraffelt*
- *1 Lorbeerblatt*

- *1 Eßl. Thymian*
- *1/2 Eßl. Rosmarin fein zerstoßen mit*
- *1/2 Eßl. Salz*
- *1 Eßl. Liebstöckel, fein geschnitten*
- *2-3 Eßl. Basilikumblätter, fein geschnitten (oder 1/2 Eßl. getrocknetes Basilikum)*
- *25 g Sellerieblätter, fein geschnitten*
- *25 g Petersilie, fein geschnitten*

Zwiebel, Knoblauch und Lauch werden im Öl erwärmt und glasig gedünstet. Auch das übrige Gemüse wird mitgedünstet, bis alles zusammenfällt und lecker duftet. Nicht anbrennen lassen! Immer rühren und dann das Tomatenmark dazugeben. Das Lorbeerblatt zum Gemüse geben. Alles nochmals zum Kochen bringen und zugedeckt noch 5 Minuten weiterkochen lassen (aufpassen, daß es nicht anbrennt).
Nun wird der Rest der Zutaten dazugegeben, und man läßt das Ganze nochmals kräftig durchkochen. Die Soße wird kochendheiß in vorgewärmte Gläser gegossen. Schnell arbeiten, die Gläser mit dem *passenden* Deckel verschließen und 5 Minuten verkehrt herum hinstellen. Die Gläser werden zur Sicherheit noch kurz sterilisiert:

Sterilisieren (einwecken):
Die gut zugeschraubten Gläser werden nebeneinander in einen weiten Topf gestellt; man kann sie auch

aufeinander stellen, sofern der Deckel dann noch auf den Topf paßt. Darauf achten, daß die Gläser weder einander noch den Rand des Topfes berühren. So viel heißes Wasser dazugießen, bis die obersten Gläser mindestens zu 3/4 unter Wasser stehen. Alles zum Kochen bringen und während 10 Minuten gegen den Siedepunkt halten; die Wassertemperatur sollte nicht unter 95 °C fallen. Vom Feuer ziehen und noch 5 Minuten stehen lassen.
Die Gläser mit Hilfe einer Schaumkelle und einem feuchten Geschirrtuch aus dem Wasser heben. Eventuell nicht völlig geschlossene Deckel sofort zudrehen und solche Gläser noch 5 Minuten verkehrt herum stehen lassen.
Die Gläser nach dem Abkühlen an einem dunklen Ort aufbewahren.

Wichtig: Eingemachtes sollte vor allem während der ersten Wochen hie und da kontrolliert werden. Was sich von selber geöffnet hat, wegwerfen; nichts riskieren, der Inhalt könnte verdorben sein.

Tip: Pizzasoße kann man auch als Grundlage für *Tomatensuppe* oder *Tomatensoße* verwenden, oder man kann eine *Barbecuesoße* daraus machen (siehe folgendes Rezept).

Barbecuesoße

Außer zum Barbecue schmeckt diese Soße auch zu Getreidebratlingen oder Pommes frites sehr gut.

Methode 1:
Man richtet sich nach dem Rezept für *Tomatenketchup**, ersetzt jedoch 500-750 g der Tomaten 423
durch saure Äpfel. In Stücke schneiden und mit den Zwiebeln mitkochen.

Methode 2:
Hier richtet man sich nach dem Rezept für *Pizzasoße**, fügt jedoch (gleichzeitig mit dem Lorbeer- 424
blatt) die folgenden Zutaten hinzu.

- *1/2-1 Eßl. geriebene Ingwerwurzel*
- *1 Teel. Zimt*
- *3 Eßl. Senf*
- *ca. 100 g Vollrohrzucker*
- *Apfelessig nach Geschmack*

Wie *Pizzasoße* einmachen.

Saure Gurken und Gürkchen (Cornichons)

Viele Kinder sind auf diese herzhaften Häppchen geradezu versessen; man kann sie zum Getreidegericht oder als kleine herzhafte Zwischenmahlzeit essen.
Ohne chemische Zusätze und mit Hilfe der von Natur aus vorhandenen Milchsäurebalterien eingemacht, sind diese sauren Gurken sehr viel leichter verdaulich als die in Essig eingelegten (siehe *Gemüse einmachen**). 253
Große Honiggläser oder breite Marmeladengläser mit twist-off-Deckeln sind zum Einmachen am besten geeignet. In kleineren Gläsern kommt die Gärung nicht so gut in Gang.

- *sehr junge, dünne, nicht geschälte Salatgurken, in ca. 1/2 cm dicke Scheiben geschnitten oder höchstens 6 cm lange ganze Gürkchen*
- *in Scheiben geschnittene Zwiebeln*
- *eventuell etwas rote Paprika, in schmale Streifchen geschnitten*
- *Senf- und Dillkörner*
- *wenn möglich einige Borretschblüten (Gurkenkraut)*
- *Brottrunk, Molke* oder Sauerkrautsaft* 427
  (1/2 Eßl. pro Marmeladenglas)
- *Salzwasser (25 g Salz auf 1 l)*

Die Gurkenscheiben werden dicht aufeinandergelegt, die Gürkchen senkrecht nebeneinander in das Glas gestellt, bis 2 cm unter den Rand.
Dazwischen steckt man die Zwiebeln und streut die Kräuter darüber. Nun fügt man die Säure hinzu und gießt so viel Salzwasser dazu, daß das Gemüse knapp bedeckt ist (die Gärung braucht 2 cm Luft). Nun werden die Gläser zugeschraubt und an einen Ort mit gleichmäßiger Temperatur gestellt (20-22°C). Man läßt sie stehen, bis der Saft trübe wird und einige Luftbläschen aufsteigen (dies dauert in der Regel 2-3 Tage und kann für jedes Glas unterschiedlich lange dauern). Nun werden die Gläser mit beginnender Gärung an einen kühleren Ort (10-15°C) gestellt, sonst wird der Inhalt zu sauer. Danach werden sie bei 10°C aufbewahrt, bis die Gärung aufhört (5-6 Wochen). Nun können die Gläser in einem (nicht zu warmen) Vorratsschrank aufbewahrt werden. Ein angebrochenes Glas im Kühlschrank aufbewahren (max. 1 Woche).
Während des Aufbewahrens kann sich eine weißli- ►

che Schicht auf der Flüssigkeit bilden. Sie ist nicht schädlich und kann einfach abgeschöpft werden. Die milchsaure Flüssigkeit braucht nicht weggeschüttet zu werden, man kann sie als Essig verwenden (aufpassen, sie ist salzig).

Saure Paprika

Zum Garnieren von winterlichen Salaten sehr praktisch. Man verwendet dafür die fleischige Sorte, die im Spätsommer auf den Markt kommt.

- *rote und/oder gelbe Paprika, geputzt und in 1/2 cm schmale Streifen geschnitten*
- *Pimentkörner (3-5 pro Glas)*
- *Lorbeerblatt (1 pro Glas)*
- *ein Säurestarter und Salzwasser wie bei sauren Gurken*

Arbeitsanleitung: siehe *saure Gurken** 425

Zauberapfel

Ein mit Schale und Kernhaus aufgegessener *ungespritzter* Apfel schmeckt viel besser als ein geschälter. Überdies liefert dieser «Abfall» genauso viele Vitamine und Mineralstoffe wie das Fruchtfleisch. Auf dem Schulhof wird man keine abgegessenen Apfelbutzen mehr finden, wenn Sie Ihren Kindern einen Zauberapfel mitgeben:

Den Apfel waschen*. Mit einem spitzen Messer wer- 248
den, konisch sich verjüngend, Blüte und Stielansatz entfernt.

Nun wird der Apfel von unten bis zur Mitte aufgeschnitten.

Um 1/4 drehen und auch von oben einschneiden, wieder bis zur Mitte. Nun schneidet man den Apfel horizontal, von beiden Seiten des Endpunktes, des obersten und untersten Schnittes ein. Dabei schneidet man bis zum Kerngehäuse ein. Nun versucht man, den Apfel vorsichtig auseinander zu ziehen und hilft eventuell mit dem Messer nach. Wenn nötig, kann man auch noch das Kerngehäuse vorsichtig entfernen.

Den Apfel wieder zusammenschieben und zwischen die Butterbrote einklemmen, dann bleibt er fest zusammen.

Saure Dickmilch

Früher, als die Milch nach dem Melken in einem offenen Eimer länger als heutzutage im Stall stehen blieb und nicht pasteurisiert wurde, konnten sich die in der Milch von Natur aus vorkommenden Bakterien ungestört entwickeln und wurde die Milch rasch sauer. Weil die wenigsten Leute einen Kühlschrank besaßen, kam das im Sommer nur allzuoft vor. Unsere Großmütter erzählen, daß diese dicke, saure Milch dann, mit Zimtzucker bestreut, als Nachtisch gegessen wurde, oder, schaumig geschlagen mit etwas flüssigem Honig, als frisches Getränk getrunken wurde.

Rohmilch* können Sie auch jetzt noch «von selbst», 458
d.h. durch die in der Milch von Natur aus vorkommenden Milchsäurebakterien, dick und sauer werden lassen. Dazu läßt man die Milch in einer weiten Schüssel, mit einem Tuch abgedeckt, an einem dunklen, warmen Ort (nicht über 30°C) ein paar Stunden stehen. Es kann, je nach der Lufttemperatur, bis zu 12 Stunden dauern, bis die Milch dick und sauer ist.

Sie können diesen Prozeß jedoch beschleunigen, wenn Sie vor dem Wegstellen einen Eßlöffel Sauerrahm oder ein anderes Sauermilchprodukt unter die Milch schlagen. Die Sauermilch in den Kühlschrank stellen, sobald sie dick ist, sonst wird sie allzu sauer.

Aufgepaßt: Nicht schütteln, sonst könnte die Milch gerinnen.

Pasteurisierte Milch bekommt einen unangenehmen Geschmack, wenn sie von selbst sauer oder nur mit Sauerrahm geimpft wird.

Tips:
- Kleine Mengen saure Dickmilch können Sie machen, indem Sie 1 Eßl. Zitronensaft mit 2 dl roher Milch (20°C) schlagen. Nach ungefähr einer Stunde ist die Milch dick.
- Wenn Milch beim Aufkochen einmal unversehens dick wird, kann man noch Quark daraus machen* oder, wenn sie schon geronnen ist, gleich 427
durch ein mit einem Tuch ausgelegtes Sieb schütten. Der auf diese Art gemachte Quark hat jedoch nicht den milden Geschmack des von Frischmilch nach dem Originalrezept zubereiteten. Aber wenn Sie ihn sehr gut auspressen, etwas Salz und Kümmel daruntermischen und ihn noch 3-5 Tage im Kühlschrank reifen lassen, können Sie «Kümmel-Frischkäse» als Brotaufstrich essen.

Quark (ca. 500 g)

Den besten Quark bekommt man von kuhwarmer Milch.
Auch der weniger fette Quark, den man von erst entrahmter Milch macht, schmeckt herrlich, vor allem in warmen Speisen. Nehmen Sie für das Impfen beim ersten Mal den auf natürliche Weise gemachten biologischen Quark oder Buttermilch aus dem Naturkostladen.
Sowohl aus roher als auch aus pasteurisierter Milch*, sogar aus sauer gewordener Milch kann 458
man Quark machen (siehe Tip unter dem Rezept *saure Dickmilch**). 426

- *2 l Milch, Raumtemperatur (20°C)*
- *20 ml (ca. 1 1/2 Eßlöffel) Demeter- oder Bio-Quark oder Buttermilch*

- *2 Tropfen Labferment** 456

Den Quark oder die Buttermilch in die Milch schlagen und bei Raumtemperatur (ca. 20°C) an einem ruhigen Ort 3 Stunden stehen lassen (abdecken). Schlagen Sie jetzt das Labferment in die Milch und stellen Sie die Milch nochmals weg (Raumtemperatur).
Hin und wieder nachsehen, ob die Milch dick ist; es kann bis zu 24 Stunden dauern. Nicht rühren und den Topf so wenig wie möglich bewegen, sonst könnte die Milch vorzeitig gerinnen.

Schneiden Sie nun die dick gewordene Milch mit einem Messer von links nach rechts und von oben nach unten in einem Abstand von ca. 1 cm durch, sie gerinnt dann. Nicht rühren, sondern die Masse
durch ein Tuch gießen (wie bei *Beerensaft** be- 417
schrieben). Sie können den Quark in dem zu einem Beutel gefalteten Tuch noch etwas ausdrücken, bevor Sie ihn in ein Glas (mit Deckel) füllen. So «verpackt» ist der Quark im Kühlschrank 2-3 Wochen haltbar. Bewahren Sie von diesem selbstgemachten Quark ein paar Eßlöffel zurück für die nächste Quarkproduktion.

Tips:
- Wenn Sie Vollmilch gebrauchen, können Sie *vor* dem Schneiden die Sahneschicht von der dicken Milch abschöpfen: dies ist herrlicher Sauerrahm.
- Wenn Sie den Quark nach dem Ausdrücken noch durch ein Sieb streichen, bekommt er eine feine Konsistenz.

Topfen

Topfen ist nichts anderes als die ausgesiebten festen Bestandteile der Buttermilch. Der Nährwert ist ungefähr derselbe wie von Magerquark, der Geschmack
ist etwas saurer. Topfen können Sie für Nachspeisen* 311
und alle anderen Gerichte, bei denen Quark im Rezept steht, gebrauchten.
Von 1 Liter Buttermilch bekommt man ca. 300 g Topfen. Wenn die dazu verwendete Buttermilch frisch war, ist Topfen mindestens eine Woche im Kühlschrank haltbar.

Aufgepaßt: Topfen kann man nur aus biologischer oder biologisch-dynamischer Buttermilch machen, handelsübliche Buttermilch ist mit Zitronensäure gesäuerte Magermilch und rinnt durch das Sieb weg.

Arbeitsweise:
Ein großes Sieb auf eine Pfanne oder einen Eimer hängen. Ein dünnes, dichtgewobenes Tuch naßmachen und das Sieb damit auslegen. Die Buttermilch auf das Tuch gießen; wenn nötig später nachgießen, bei großen Mengen schluckt das Tuch nicht alles zugleich. Alles (zugedeckt) an einem kühlen Ort stehenlassen, bis der Topfen im Tuch die gewünschte Konsistenz hat. Das kann einige Stunden dauern, eventuell eine Nacht. Wenn der Topfen unterdessen zu dick geworden ist, kann man ihn mit etwas Molke oder Milch wieder verdünnen. Wer wenig Zeit hat, kann das Tuch ab und zu hochheben und jedesmal etwas Topfen abkratzen.
Den Topfen mit einem Löffel vom Tuch kratzen und in einem Glastopf mit Deckel im Kühlschrank aufbewahren.

Tip: Die ausgeleckte **Molke** ist ein vitamin- und mineralstoffreiches, aber eiweißarmes und praktisch fettfreies, milchsaures Getränk (in der Getränkeindustrie macht man Rivella daraus).
Molke ist leicht laxierend.
Schütten Sie dieses wertvolle Getränk nicht weg, es ist noch zu gebrauchen für:
- ein erfrischendes Getränk; eventuell vermischt mit Fruchtsaft oder leicht gesüßt mit etwas Honig
- Brei; nach dem Rezept für Buttermilchbrei* 129
- selbstgebackenes Brot, Kuchen, Lebkuchen, Pfannkuchen; die Milch oder das Wasser zur Hälfte durch Molke ersetzen.

Diäternährung

Dieses Buch wurde in erster Linie für gesunde Kinder geschrieben. Trotzdem will ich in diesem Kapitel auf die häufigsten «Störungen» eingehen, die in jedem Kinderleben auftreten können, vor allem auf jene Störungen, die einen Zusammenhang mit der Ernährung haben. Es gibt nämlich bestimmte Nahrungsmittel, die, richtig zubereitet und zum richtigen Zeitpunkt gegeben, die Wirkung der vom Arzt verordneten Medikamente und somit den Krankheitsverlauf positiv beeinflussen können.

Die Diätvorschläge geben Hinweise darauf, wie Sie mit Hilfe der Rezepte aus den vorigen Kapiteln für ein Kind, das Ernährungsstörungen hat, kochen können. Diese Vorschläge sind jedoch nicht für Säuglinge gedacht, es sei denn, daß dies ausdrücklich vermerkt wurde.

Allergie und Unverträglichkeit

Die Veranlagung zu *allergischen* Reaktionen ist meistens erblich bedingt, wogegen jeder einmal eine *Unverträglichkeit* für bestimmte Nahrungsmittel bekommen kann. In beiden Fällen wird auf jeden Fall zunächst der Übeltäter (der allergene Stoff) vermieden, auch wenn es sich dabei um ein an sich wertvolles Nahrungsmittel handelt. Es ist nicht möglich, eine Nahrungsmittelallergie zu verhindern, aber es besteht die Möglichkeit, daß ein Kind darüber hinauswächst.

Die Gefahr, mit allergenen Stoffen in Berührung zu kommen, hat in den letzten Jahren zugenommen. Neben den Lebensmitteln und Zusatzstoffen, die unserem Stoffwechsel «fremd» sind, müssen wir uns auch mit der zunehmenden Verschmutzung unseres Lebensraumes auseinandersetzen. Außerdem hat es den Anschein, daß immer weniger Menschen dem Übermaß an Reizen im täglichen Leben gewachsen sind.

Beim Niederschreiben und Ausprobieren *aller* Rezepte dieses Buches habe ich bei der Wahl der Nahrungsmittel das allergische Kind berücksichtigt:

- Ich vermeide alle chemischen Stoffe und Fertigprodukte, deren Zusammenstellung nicht eindeutig ist, abgesehen von *Natron** in einigen 451
  Backrezepten.
- Wo in einem Rezept das Getreide nur an zweiter Stelle rangiert (z.B. als Bindemittel), verwende ich vor allem glutenfreie Sorten (siehe *Hirse**). 432
  Wer diese Mehlsorten nicht im Hause hat und auf «glutenfreie» Esser keine Rücksicht zu nehmen braucht, kann auch Weizenmehl Type 1050 (CH: Ruchmehl) als Bindemittel verwenden.
- Ich verwende wenig Eier; Fleisch und Fisch werden in einem Gericht so verarbeitet, daß sie für allergische Kinder leicht durch etwas anderes ersetzt werden können (siehe unter *tierisches Eiweiß**). 19

- Oft ist schon die richtige (leicht verdauliche) Zubereitung ausreichend; schwer verdauliches Essen ist für den durch die Allergie sowieso überforderten Organismus eine zusätzliche Belastung. Auf diese Art möchte ich Ihnen nach Möglichkeit ersparen, daß Sie für die allergischen Kinder «Extrawürstchen» kochen müssen. Außerdem haben diese Kinder dann nicht das Gefühl, daß sie mit den anderen nicht mithalten dürfen. Eine Ausnahme habe ich beim Rezept für *glutenfreies Brot** gemacht. 327

Gerade für Diätnahrung ist es wichtig, so viel wie möglich vollwertige, nicht industriell manipulierte Naturprodukte zu verwenden. Wenn Sie, unter Berücksichtigung der Voraussetzungen für eine bestimmte Diät, den Ernährungsplan aus vollwertigen Produkten zusammenstellen und das Kind einigermaßen abwechslungsreich ißt, brauchen Sie sich in der Regel keine Sorgen über eventuelle Mängel an Vitaminen, Mineral- und Ballaststoffen zu machen.
Besonders vorsichtig sollten Sie mit Vollwertnahrungsmitteln sein, die nicht den gesetzlichen Kontrollen unterworfen sind (kontrollierte biologische Anbaumethoden sind u.a. bei folgenden Warenzeichen gewährleistet: Demeter, Biodyn, Bioland, Anog, Naturland, Biokreis Ostbayern; in der Schweiz: Biolandbau Schweiz).
Vor allem bei Produkten aus Dritte-Welt-Ländern kann es passieren, daß noch mit Mitteln gespritzt wurde, die bei uns schon längst verboten sind (u.a. DDT). Siehe auch unter *schädliche Stoffe**. 41

Wenn Sie selber oder jemand aus Ihrer Familie unter einer Allergie leiden, ist es vernünftig, bei der Einführung neuer Nahrungsmittel nach dem Stillen oder der Ernährung mit der Flasche *nicht zu früh*, *sehr vorsichtig* und in *kleinen* Mengen (zu Anfang 1/2 Teel.) zu beginnen. Reichen Sie zunächst alles gekocht, auch die ersten Säfte und das Obst. Wenn Sie dann diese Dinge in rohem Zustand geben, müssen diese wieder wie neue Nahrungsmittel vorsichtig eingeführt werden (beim Kochen verändert sich vor allem die Eiweißstruktur).
Vor allem die allergenen Nahrungsmittel (siehe Seite 430) sollten vermieden werden. Wenn sich das Baby über einen gewissen Zeitraum an eine Ernährung aus nicht allergenen Produkten gewöhnt hat, kann man langsam zu den als allergen bekannten Nahrungsmitteln übergehen. Man sollte immer nur *ein einziges neues Nahrungsmittel einführen und dieses eine Woche lang geben*, wobei die Menge langsam gesteigert wird. Geht es schief, dann wissen Sie gleich, wer der Übeltäter ist. Nehmen Sie es sofort aus dem Ernährungsplan heraus und versuchen Sie es ein halbes Jahr später noch einmal.
Machen sie bei älteren Allergikern eine Pause von einer Woche, damit sich der Organismus erst beruhigen kann. Dies alles ist vor allem in den beiden ersten Lebensjahren wichtig, aber es lohnt auf jeden Fall die Mühe, wenn man während des ganzen Kleinkindalters ein Auge darauf hat. Entsteht bei einem älteren «Allesesser», der nicht nur zu Hause, sondern auch einmal bei Freunden ißt und sich von seinem Taschengeld verpflegt, eine Aller gie, hat man große Mühe, den Übeltäter herauszufinden. Man sollte nicht während einer Krankheit, während des Zahnens, nach dem Impfen oder generell in einer schwierigen Phase mit neuen Nahrungsmitteln experimentieren (Umzug, erster Schultag, Probleme in der Schule oder zu Hause, Geburtstage, Feiertage oder Ferien).

Allergene Nahrungsmittel

- **Kuhmilch** und Produkte davon
- **Hühnereier.** Das Weiße ist sehr eiweißreich, der Dotter reich an Phosphor und kann schädliche Umweltstoffe enthalten.
- **Fleisch**, vor allem Schweine- und Hasenfleisch und Innereien wie Leber
- **Fisch**, vor allem Sardinen und Sardellen
- **Schalentiere** wie Muscheln, Garnelen
- **Nüsse**, vor allem Erd- und Walnüsse
- **Getreide**, vor allem Weizen und in geringerem Maße auch Hafer, Gerste, Roggen und manchmal sogar Hirse
- **Hülsenfrüchte**, vor allem Soja und Sojaprodukte wie Miso, Shoyu, Tofu usw., aber auch Carob und Süßholz (aus Süßholzsaft wird auch Lakritze gemacht)
- **Kartoffeln**
- **Tomaten** und alles, was daraus hergestellt wird; manchmal nicht, wenn die Kerne entfernt werden
- **Paprika**, frisch und in Pulverform, auch Sambal
- **Rote Bete**, in gekochter Form manchmal nicht
- **Rohkost**, zuviel und/oder kleinen Kindern zu früh gegeben (siehe auch *Salate** und *Ther-* 287
  *mogrützenmüsli**) 132
- **Beeren**, vor allem Erdbeeren. Manchmal hilft es, wenn man sie mit kochendem Wasser übergießt oder kurz aufkocht; man kann sie auch durch ein Sieb streichen, dadurch werden die Kernchen entfernt
- **Äpfel**; reife, aber nicht überreife Birnen sind weniger allergen
- **Zitrusfrüchte**, auch die Schalen
- **tropische Früchte**, vor allem Bananen und Kiwis, Ananas am wenigsten
- **Kaffee**, vor allem Pulverkaffee; bei Glutenallergien auch Getreidekaffee
- **Kakao** und alle Kakaoprodukte (auch weiße Schokolade)
- **Kräutertee**, vor allem die Teesorten mit medizinischer Wirkung, wie Kamillentee
- **Tee in Beuteln**; der Übeltäter ist meistens das Papier
- **Gewürze und Kräuter**; am wenigsten allergen sind frische Gartenkräuter
- **Instantgewürze**, wie Aromat, Ve-tsin, Brühwürfel
- **Zucker**, alle Sorten, am wenigsten Ahornsirup und Dattelmus
- **Gärende Produkte**, wie überreife Früchte, nicht mehr frische Säfte usw., manchmal aber auch Sauerkraut und Hefeextrakt
- **Produkte, die durch Schimmelkulturen und Fermentation hergestellt werden** wie Camembert und andere Schimmelkäse, Sojasoße (Shoyu), Miso usw.
- **Allergie gegen eine ganze Pflanzenfamilie** wie beispielsweise gegen Spinat, Rote Bete, Zuckerrübensirup, Quinoa. Kinder mit Heuschnupfen sind manchmal auch gegen Nahrungsmittel wie Getreide und Rohrzucker, sogar gegen Blütenhonig überempfindlich.
- **Alle Fertigprodukte**, da diese mit Hilfsstoffen hergestellt werden müssen. Oft ist auf der Pakkung nicht alles vermerkt, was darin enthalten ist. Der Hersteller ist nur verpflichtet, das aufzuschreiben, was er selbst verwendet, es muß aber nicht vermerkt werden, was die Fabrikanten in die Zutaten, die er in seinem Fertigprodukt verarbeitet hat, getan haben. Meistens handelt es sich hier um kleine Mengen, die für ein allergisches Kind jedoch immer noch zu viel sind.

Auf den nächsten Seiten finden sich einige Hinweise darauf, wie Sie Lebensmittel, die Ihr Kind nicht verträgt, durch andere ersetzen können. Diese Tips wurden in den eigentlichen Rezepten nicht notiert. Es handelt sich um allgemeine Richtlinien, die die Rezepte unnötig lang und unübersichtlich gemacht hätten.

Aufgepaßt: Meine Liste ist nicht so maßgeblich wie diejenige, die Sie vom Arzt und/oder vom Diätisten bekommen haben!

Ersatzmöglichkeiten für allergene Nahrungsmittel

- **Kuhmilch**
Sesamtrank, Mandel-* oder Sojamilch*. Für 396
kleine Kinder nimmt man die mit Calcium an- 397
gereicherte Sojamilch (für Babies die ihrem 462
Alter entsprechende Sojamilch). Bei manchen Allergien ist Ziegenmilch erlaubt. Bei ausschließlicher Ernährung mit Ziegenmilch besteht jedoch die Gefahr von Blutarmut durch Mangel an Foliumsäure, einem lebensnotwendigen vitaminartigen Stoff. Größere Kinder, die abwechslungsreich essen können, bekommen auch ohne Milch, durch Gemüse, genügend Foliumsäure. Manchmal wird Kuhmilch durch kurzes Kochen verträglich, weil das Milcheiweiß in seiner Struktur verändert ist. Aufgepaßt: Dieses Kochen reicht bei einer Allergie auf Laktose nicht aus, da sich der Milchzucker beim Kochen nicht verändert.
Bei sehr kleinen Kindern ist es schwierig, einen Ersatz für die Kuhmilch zu finden; man muß auf jeden Fall den Diätisten oder den sachkundigen Arzt um Rat fragen.

- **Sahne**
Verwenden Sie Kokossahne (siehe unter Variationen bei *Kokostrank** und feste *Schlagsah-* 398
*ne**) 411

- **Butter**
Verwenden Sie zum Braten und Schmoren Öl. Zum Backen kann man reines Kokosfett aus dem Naturkostladen gebrauchen. Oder man nimmt 80% des Buttergewichtes an Öl und 20% Wasser; bei Gebäcksorten, deren Teig im Kühlschrank gehen muß, sollte dann kein oder nur sehr wenig Wasser verwendet werden.
Zum Abschmecken von Gerichten eignet sich
besonders gut ein Stück *creamed coconut**. 456
Als Brotaufstrich unter nicht süßen Belag (wie rohe Gemüsescheiben) kann man *Mayon-*
*naise** oder das Fruchtfleisch einer reifen Avo- 421
cado nehmen. Unter süßen und nicht süßen Belag ist auch ungeröstetes Cashewmus, seines neutralen Geschmackes wegen, geeignet. Laktosefreie und ohne jegliche chemische Zusätze fabrizierte Diätmargarine (Eden) ist in Reformgeschäften erhältlich. Diese Margarinen enthalten Sonnenblumenöl und Kokosfett.

- **Quark**
Tofu durch ein Sieb passieren, etwas Wasser und, für den Geschmack, Zitronensaft hinzufügen.

- **Käse**
Tofu oder Tempé wird mit Gomasio bestreut, eventuell in Sojasoße (Shoyu) mariniert und in der Bratpfanne gebacken. Tofu und Tempé kann man nicht reiben, und sie schmelzen beim Erhitzen (Gratinieren) nicht.

- **Hühnereier**
Verwenden Sie, wenn dies erlaubt ist, Gänse- und Enteneier (u.U. beim Bauern zu beziehen), jedoch *nur dann*, wenn sie in den entsprechenden Gerichten durch und durch erhitzt werden. Sie können außer mit Salmonellen auch mit Escherichia Kolibakterien verseucht sein (im Darm angesiedelte Bakterien, die, wenn von außen zugeführt, zu Durchfällen führen).
Wenn das Ei in einem Gericht nicht die Aufgabe hat, dies locker zu machen, kann es durch 15 g Haferflocken und 30 g trockenen Quark (eventuell im Sieb austropfen lassen) ersetzt werden. Für Getreidebratlinge, kleine Kuchen und Kekse eignet sich zum Lockermachen des Gebäcks kurz vor Gebrauch selbstgemahlenes und gesiebtes Weizenmehl mit Buttermilch oder kohlensäurehaltigem Mineralwasser (die beim Sieben zurückgebliebene Kleie wird nachher auch unter das Gericht verarbeitet). Für Pfannkuchen und Gebäck kann man anstelle von Ei
Hefe oder Natron* nehmen (von beiden Treib- 451
mitteln rechnet man 1/4 Teel. = 1 g auf 100 g Mehl).

– **Fleisch und Fisch**
Verwenden Sie Tempé oder Tofu. Dies ist allerdings nur dann notwendig, wenn weder Getreide noch Hülsenfrüchte noch Milchprodukte vertragen werden.

– **Weizen, Hafer, Roggen und Gerste**
Diese Getreidesorten enthalten viel Gluten. Glu*tenfrei* sind Mais, Buchweizen, Quinoa, Amarant und Reis (Vorsicht mit dem sogenannten «wilden Reis»*). 104
Hirse enthält ein dem Gluten verwandtes Eiweiß, sie wird jedoch von manchem Zöliakie-Patienten trotzdem vertragen. Man sollte es auf jeden Fall zunächst mit kleinen Mengen ausprobieren. Wird die Hirse vertragen, kann man das stark schmeckende Maismehl in den glutenfreien Rezepten durch das mildere und, was die Nährstoffe betrifft, wertvollere *Hirsemehl** 406
ersetzen.

– **Kartoffeln**
Topinambur oder süße Kartoffeln (Bataten).

– **Nüsse**
Samen (Sesamsamen, Sonnenblumenkerne), Kastanien oder *Kokosnuß** (letzteres mit Ma- 455
ßen). Was die Anreicherung mit Eiweiß betrifft, ist auch Amarant gut geeignet.

– **Kakao**
Karobpulver, doppelte Menge (bei Allergie auf Hülsenfrüchte ist Vorsicht geboten).

– **Tomatenmark**
Verwenden Sie sehr fein geriebenen sauren Apfel, um kleine Mengen von Tomatenmark in den Gerichten zu ersetzen, eventuell auch Paprikapulver, *Curry** oder andere würzige Kräuter. 409

– **Würzmittel**
*Gomasio**, Kräuter (am besten frisch), eventu- 408
ell Vitam-R oder Cenovis, Shoyu, Tamari oder Miso (sofern das Kind auf fermentierte Produkte nicht allergisch reagiert). Man kann auch selber *Brühwürfel** machen. 409

– **Honig**
Ahornsirup, Reissirup, Apfelkraut

– **Rohrzucker**
Zuckerrübenkraut, nicht raffinierter Rübenzucker

– **Gersten-, Reis- und Maismalzsirup**
Ahornsirup, Dattelsirup, Honig oder Zuckerrübenkraut* 343

– **Brot**
*Glutenfreies Brot** 327

– **Kekse und Kleingebäck**
Reiswaffeln. Siehe auch die glutenfreien Variationen der Backrezepte

– **«Knabberzeug»**
Ungesüßte Cornflakes aus dem Naturkostladen oder *Popcorn** und selbstgemachte glutenfreie 382
Leckereien.

Bataten (süße Kartoffeln)

Topinambur

Achten Sie innerhalb der Möglichkeiten auf Abwechslung.

Mit exotischen Früchten und Gemüse sollte man bei allergischen kleinen und größeren Kindern besonders vorsichtig sein. Im ersten Lebensjahr nicht zu viel neue Nahrungsmittel einführen, es ist ausreichend, wenn Sie pro Jahreszeit je eine Sorte Wurzel-, Stengel-, Blatt- und Fruchtgemüse reichen (dazu kommt noch Obst). Zwei bis drei Getreidesorten genügen auch, Weizen und Roggen kommen am Schluß. Wenn das Kind ein Jahr alt ist, kann der Ernährungsplan erweitert werden.

Im Kapitel «Kindgerechte Ernährung»* können 15
Sie Genaueres über Allergie nachlesen. Siehe auch
die *Literaturangaben**. 466

Hyperaktivität

Für das überaktive, unruhige Verhalten mancher Kinder gibt es verschiedene Ursachen. Die sogenannten MBD-Kinder (Minimal Brain Damage) haben sich während der Schwangerschaft eine geringfügige Schädigung des Gehirns zugezogen, andere Kinder sind für chemische Zusätze oder Phosphate in der Nahrung überempfindlich und werden deshalb auch «chemische Kinder» oder «Phosphorkinder» genannt. Was auch immer der Grund für diese dauernde Unruhe ist, sie sind für sich selber und ihre Umgebung eine Last. Es besteht allerdings auch die Gefahr, daß alle Probleme mit umtriebigen Kindern kurzerhand auf die Ernährung geschoben werden. Wenn Kinder schwierig sind, fällt es uns leichter, das Problem bei einer Krankheit oder einer Allergie zu suchen, als zuzugeben, daß mit den Lebensumständen etwas nicht in Ordnung ist (Wohnsituation, Schul- und/oder Familiensituation).

Wie auch immer, neben der Vermeidung bestimmter Lebensmittel kann das konsequente Weglassen jeglicher *chemischer Zusatzstoffe* und Fertiggerichte erheblich dazu beitragen, daß die Unruhe sich innerhalb erträglicher Grenzen hält. Dazu gehört auch, daß der *Zuckerverbrauch* drastisch reduziert wird. Ein Grund mehr, «Süßigkeiten» vor allem in Form von süßen Früchten und durch Gerichte, die mäßig mit vollwertigen Süßungsmitteln gesüßt werden, zu genießen. Bei den Rezepten in diesem Buch wurde konzentrierter Zucker nur sehr sparsam verwendet.
Ein Beitrag zur Beruhigung wird auch dadurch geleistet, daß die Ernährung einer gewissen Regelmäßigkeit unterliegt. Zu viel Abwechslung, zu stark gewürzte oder blähende Gerichte verursachen eine unnötige Unruhe im Stoffwechsel. Wenn man sich bei der Wahl von Gemüse und Obst an die Jahreszeit hält oder bestimmte Getreidearten oder Gerichte an bestimmten Wochentagen auf den Tisch bringt – alles dies kann beruhigend wirken. Zu diesem Zweck können Sie aus ihrem eigenen Repertoire bewährte Menüs verwenden.
Wenn mehrere Kinder in der Familie sind, können
Sie den Frühstücksbrei* oder das *Müsli* dem indi- 127
viduellen Bedürfnis eines jeden Kindes anpassen.
Nach zwei bis drei Monaten ist dann ein «Themawechsel» fällig, damit kein Überdruß aufkommt.

Manchmal kann man eine allergische Reaktion abschwächen mit 1 Eßl. Obstessig auf 1 Glas Wasser oder Kräutertee. Dieses Getränk wirkt meist schon nach 20 Minuten, und die Wirkung kann vier Stunden anhalten. Da Essig sich aber für die Kleinen eigentlich nicht eignet (er ist zu scharf), ist der tägliche Gebrauch dieses Getränkes nicht anzuraten.
Alle diese Hinweise sehen auf den ersten Blick kompliziert und arbeitsaufwendig aus, aber man muß ja nicht alles gleichzeitig machen. Die Erfahrung lehrt, daß die Mühe sich lohnt. Später, wenn die Kinder einmal erwachsen sind, zeigen sich die Früchte solcher Mühen. Das Wort, daß alles, was man für die Kinder tut, Zukunftswert hat, bewahrheitet sich hier sicher. Daß dabei die übrige Familie auch gleich gesund (und lecker) ißt, ist ein guter Nebeneffekt.

Erbrechen, Durchfall und Verstopfung

Hier handelt es sich um die drei häufigsten Ernährungsstörungen, die oft durch falsche Ernährung verursacht werden und meistens mit richtiger Ernährung behoben werden können. Treten Ernährungsstörungen ohne ersichtlichen Grund immer wieder auf, sollte der Arzt um Rat gefragt werden.
Wichtig: Achten Sie auf Hygiene, nicht nur im Badezimmer, sondern auch in der Küche*. 48
Für leichtere Fälle folgen einige Hinweise und Maßnahmen.

Erbrechen

Der Organismus hat durch das Erbrechen meistens den Übeltäter buchstäblich hinausgeworfen. Damit sich der Magen wieder beruhigen kann, reicht es oft schon, wenn einige Stunden gefastet wird. Bei Durst darf Fencheltee (siehe unten) zunächst teelöffelweise und dann schluckweise getrunken werden. Der Schlaf tut Wunder, und meistens kann man es am nächsten Tag bereits wieder mit leichter Kost versuchen. Es folgt hier die entsprechende Reihenfolge:

- *Fenchel- oder Kamillentee** (kein Pfefferminztee) 390
- *Barleywater** (für den Anfang nur aus Wasser, Getreide und Salz) 395
- *Hafersuppe** (nur aus Wasser, Hafer und Salz) 83
- *Hirse** (als Brei) 116
- *Fruchtsaft* (Birnen- und Apfelsaft, keinen Zitrussaft), 1:3 verdünnt mit *Barleywater** oder 395 dünnem *Apfeltee** 391
- *rohes Apfelmus** (ohne Flüssigkeit); wenn das 301 vertragen wird, kann man das nächste Mal zerdrückte reife Bananen druntermischen. Dieser geriebene Apfel kann 4-5 Mal am Tag gegeben werden.
- *Karottensuppe**, sie wird mit Wasser und Fen- 88 chelsamen gekocht und eventuell mit Reismehl etwas gebunden; der Saft wird kurz mitgekocht und mit Salz abgeschmeckt.

Damit wird ein Tag vorübergegangen sein, und wenn das Kind gut geschlafen hat, kann man am nächsten Tag mit normalem Essen beginnen. Kochen Sie nicht zu fett, und seien Sie mit Milchprodukten sparsam. Zu Beginn nimmt man am besten saure Milchprodukte, wie Viili* oder Jo- 464 ghurt, Buttermilch und Quark. Lassen Sie die Rohkost noch weg, und geben Sie stattdessen lieber eine leichte Getreidesuppe; gut gargekochte Hirse oder Reis mit Gemüsepüreesoße ist günstiger als Getreidebratlinge mit Rohkost; ein Nachtisch aus einem sauren Milchprodukt eignet sich besser als Eis.

Durchfall

Hier passiert dasselbe wie beim Erbrechen, nur einige Stunden später und nach der Darmpassage; es kann auch passieren, daß beides gleichzeitig stattfindet. Auch in diesem Fall sollte das Kind, wie oben beschrieben, einige Stunden fasten und gut schlafen. Essen und trinken wie beim Erbrechen, nur sollten jetzt das Barleywater und die Suppe aus Vollreis gemacht werden (wirkt stopfend). Anstelle von Apfelsaft kann man den stopfenden Heidelbeersaft geben (Ursaft aus dem Naturkostladen).
Aufgepaßt: Nach einem akuten Durchfall sollte man die stopfenden Nahrungsmittel nicht zu lange geben (siehe unten *Verstopfung*).

Verstopfung

Nach Erbrechen und/oder Durchfall ist meistens diese dritte Störung an der Reihe. Der Darm muß sich wieder auf seine normale Funktion einstellen, und nach ein bis zwei Tagen wird der erste Stuhlgang von alleine kommen.

Ist das nicht der Fall und wird das Kind von einem harten, schmerzhaften Bauch geplagt, dann ist der Stuhl hart geworden, und es hat sich ein Pfropfen gebildet, den das Kind nur mühsam hinauspressen kann. Die beste und meistens auch ausreichende Maßnahme in solch akuten Fällen ist ein Einlauf mit Kamillentee (nach Rücksprache mit dem Arzt); manchmal hilft auch ein Zäpfchen (Apotheke).

Hinter einer chronischen Verstopfung können sich auch psychische Probleme verbergen, es gibt jedoch auch ganz problemlose Kinder, die konstitutionell zur Verstopfung (oder zum Durchfall) neigen, wenn beispielsweise die Leber nicht genügend gut funktioniert. Für solche Kinder folgt hier eine Liste von stopfenden und laxierenden Nahrungsmitteln:

stopfend wirken:
- weißer Reis, Reismehl und alles, was daraus gemacht wird.
- Kartoffeln
- Karotten in Form von *Püree*, *Suppe* oder *Saft**
- Heidelbeeren (Saft), überreife Bananen, fein- 402
  geriebener *roher* Apfel; grob geraffelt oder geschnitten oder einfach abgebissen hat der Apfel eine neutrale Wirkung
- Milch und Käse (nicht aber saure Milchprodukte)
- Eier, vor allem hart gekocht
- Fleisch
- Hülsenfrüchte
- Kakao und Kakaoprodukte
- Schwarztee
- zu wenig Bewegung (bettlägerige Kinder)
- zu wenig Essen; der Darm ist zu wenig gefüllt
- zu wenig Trinken; ballaststoffreiche Nahrung bekommt im Darm zu wenig Flüssigkeit, um sich auszudehnen, und wird hart
- zu viel Aufmerksamkeit für den Stuhlgang: Kleine Kinder können den Stuhl einhalten und so, meistens unbewußt, die Eltern erpressen. Wenn der Stuhlgang nach dem Aufstehen nicht spontan kommt, sollte man nach dem Frühstück – angepaßt an den Tagesrhythmus – eine «Sitzung» abhalten. Wenn es nach einer Weile nicht gelingt, wiederholt man den Vorgang kommentarlos nach der nächsten Mahlzeit. Behalten Sie das Kind unauffällig im Auge.

Laxierend wirken:
- ein Glas Wasser auf nüchternen Magen, lauwarm oder auf Zimmertemperatur. Ausreichendes Trinken im Laufe des Tages, beispielsweise dünnen Fenchel- oder Anistee
- vor jeder Mahlzeit 1 Eßl. Leinsamen, frisch zerstoßen im Mörser, mit 1 Messerspitze Honig und drei Tropfen Zitronensaft gemischt, eventuell mit etwas Suppe oder einem sauren Milchprodukt, nehmen; dieses Abführmittel «schmiert» den Darm und ist, auch lange Zeit eingenommen, nicht schädlich
- in Wasser oder einem sauren Milchprodukt mindestens 3 Stunden eingeweichte Haferkleie* (nur mit viel Flüssigkeit nehmen und 108
  nicht für Kinder unter 10 Jahren geeignet); Haferkleie sollte nicht zu häufig gegessen werden, da sie den Darm reizen kann (siehe auch unter *Apfelmuffins**). 368
- Hafer und alle Haferprodukte; zudem alle Getreideprodukte außer Reis
- frisches Obst, möglichst mit der Schale
- Rohkost und gekochtes ballaststoffreiches Gemüse (kräftige Sorten, wie Kohl, Rüben- und Knollengemüse)
- gedörrte Feigen oder Pflaumen, eine Nacht in Wasser eingeweicht (ins Müsli), gekochtes Apfel- und Rhabarbermus, unreife Bananen
- Fruchtsaft (Apfel- und Orangensaft, keine Beerensäfte)
- viel Bewegung
- Angst

Mit Fieber einhergehende (Kinder)Krankheiten

Fieber ist ein Zeichen dafür, daß der Organismus sich mit der Krankheit auseinandersetzt oder sich gegen psychische oder körperliche Überbelastung wehrt. Deshalb ist es auch nicht sinnvoll, das Fieber an sich zu bekämpfen, der Prozeß jedoch muß begleitet und beobachtet werden. Der Arzt sollte immer dann benachrichtigt werden, wenn das Fieber ohne erkennbaren Grund entsteht, wenn es über 40°C klettert und wenn weniger hohes Fieber nach 2 Tagen nicht abnimmt.

Inzwischen können Sie Verschiedenes unternehmen:

- Legen Sie das Kind, nicht zu schwer zugedeckt, in ein *ruhiges*, nicht zu warmes und nicht zu helles Zimmer.
- Lassen Sie sich für alle notwendigen Maßnahmen ruhig Zeit, der Kranke darf merken, daß er jetzt die Hauptperson ist.
- Sorgen Sie dafür, daß *reichlich* zu *trinken* bereitsteht, auch wenn es nur (Mineral-)Wasser mit einem Spritzer Zitronensaft (für den frischen Geschmack) ist. Wenn das Kind zu schlapp ist, sollte es doch regelmäßig (jede Stunde, aber nicht wenn es schläft) zum Trinken animiert werden. Für größere Kinder sollte das Getränk immer in erreichbarer Nähe stehen, auch nachts. Besonders geeignet sind Lindenblüten- und Holunderblütentee, nicht heiß, sondern auf Zimmertemperatur. Wenn kein Durchfall vorliegt, kann der Tee mit etwas Honig oder Fruchtdicksaft* gesüßt werden (der 343
Dicksaft macht das Getränk säuerlich-frisch). Auch mit Wasser verdünnte Fruchtsäfte oder Saft mit dem genannten Kräutertee verdünnt (ca. 1:1) sind gut; zur Abwechslung gibt man auch Gemüsebouillon, die mit Hefeextrakt* 454
mild gesalzen wird. Wenn das Fieber nicht mehr steigt, kann Barleywater* gegeben wer- 395
den, sozusagen als erster Schritt zur festen Nahrung. Milch enthält zu viel Eiweiß, ist bei Fieber schwer verdaulich und kein guter Durstlöscher.
- Geben Sie dem Kind, solange das Fieber ansteigt, *nichts zu essen*, es sei denn, es fragt zu wiederholten Malen danach. Der Organismus wird dadurch unnötig belastet. Wenn ein Kind während einer fiebrigen Erkrankung stark abgenommen hat, holt es nach der Genesung alles erstaunlich rasch wieder auf.
- Was Sie sonst noch tun können, z.B. das Anlegen von Wadenwickeln, finden Sie in der entsprechenden Literatur.
- Wenn das Fieber sinkt, wird auch der Appetit wiederkommen. Jetzt darf man auf die Wünsche des Kindes eingehen, wenn es sich nicht um fette und zu eiweißhaltige Lebensmittel handelt. Lassen Sie zwischen Obst oder einer Mischung aus Fruchtsaft mit Buttermilch und zwischen einem dünnen Brei aus Haferflocken oder einem durchgesiebten Getreidesüppchen

(*Hafersuppe**, *Flockensuppe**) wählen (be- 82
achten Sie dazu auch die Variationen). Dann
geht man auf leicht verdauliche feste Nahrung
über: reifes Obst der Jahreszeit (eventuell in
Form von Mus – *rohes Apfelmus** – oder Kom- 301
pott), süße oder leicht verdauliche Getreidegerichte (zuerst Hirse, Reis, Buchweizen, Hafer- und/oder Gerstenflocken; noch nichts Gebratenes). Reichen Sie kleine Portionen, und gehen Sie nicht auf Wünsche nach schwer verdaulichem Essen ein, wenn die Augen noch größer sind als der Magen. Achten Sie auf eine ausreichende Menge an Flüssigkeit.

– Lassen Sie das Kind so bald wie möglich bei Tisch mitessen; in Gesellschaft nimmt der Appetit zu. Das Menü sollte allerdings den Bedürfnissen und, in Grenzen, auch den Wünschen des Rekonvaleszenten angepaßt werden. Lassen Sie scharf gebratene und stark gewürzte Gerichte noch weg; seien Sie mit Fetten und Eiweiß mäßig. Bei der Wahl der Rezepte schauen Sie am besten bei den für Klein- und Kindergartenkinder geeigneten Angaben, auch wenn der Rekonvaleszent älter ist. Fett- und Eiweißgehalt sowie die Zubereitungsart der Gerichte sollten langsam gesteigert werden, bis so gekocht werden kann, wie es dem jeweiligen Alter entspricht.

Dickerchen mit zu viel und Hänflinge mit zu wenig Appetit

Es ist ein Trugschluß zu glauben, eine ordentliche Fettschicht sei im Falle einer Krankheit eine gute Reserve. Wir wissen heute, daß die Ursachen für Fettsucht und die damit zusammenhängenden Krankheiten in späteren Jahren im Baby- und Kleinkindalter gesucht werden müssen: Was in dieser Periode an Eß- bzw. Naschgewohnheiten angewöhnt wird, läßt sich später nur schwer wieder abgewöhnen. Nach jeder mühsam vollbrachten Abmagerungskur saugt sich der Körper wieder wie ein Schwamm voll: der bekannte Jo-jo-Effekt, der für viele Menschen unserer «schlanken» Kultur ein großes Problem darstellt.

In Familien, in denen die Kinder nach dem Stillen vollwertig ernährt werden, wird man das zu dicke Kind kaum finden. Vollwertige Ernährung sättigt besser, so daß auch größere Kinder, die schon Taschengeld zur Verfügung haben, zwischen den Mahlzeiten viel weniger naschen.

Ein gesundes Kind kann von einer ausbalancierten Vollwertkost nicht dick werden. Außerdem hat jedes kleine Kind ein angeborenes Gefühl für Hunger und Sättigung; man braucht es durchaus nicht zum Essen drängen, wenn es nichts möchte. Je nach Charakter kann man sich durch das Aufdrängen von Essen ein Dickerchen oder einen schlechten Esser heranziehen: Beim einen geht es nach dem Motto «je mehr desto besser», der andere weigert sich oder ißt nur häppchenweise, womöglich nur dann, wenn das Essen in der Spielzeugeisenbahn am Teller vorbeigefahren kommt. Der Grundsatz, daß schlechte Esser und Dickerchen nicht geboren werden, sondern erst dazu gemacht werden, gilt noch immer.

Was ist zu dick, was ist zu dünn?

Kurven und Tabellen können allgemeine Richtlinien geben, es ist aber viel besser, wenn man ein Kind mit offenen Augen wahrnimmt und sein Verhalten beobachtet:

- Ist es fröhlich, spielt und arbeitet es gerne?
- Ißt es bei Tisch von allem wenigstens etwas?
- Schläft es gut?
- Sind die Augen klar?
- Hat es ein Doppelkinn, Speckfalten beim Bükken, und werden die Oberschenkel immer dikker?
- Ist es so mager, daß das Sitzen auf einem harten Stuhl weh tut?

Was können wir nun für ein zu dickes oder ein zu mageres Kind tun? Zunächst gilt für beide dasselbe:

- Kochen Sie lecker, den Bedürfnissen und dem Alter des Kindes entsprechend.
- Sitzen Sie während der Mahlzeit entspannt am Tisch, und häufen Sie den Teller nicht voll. Ein dickes Kind, wenn es sein Essen hastig in sich hineinschaufelt, merkt viel zu spät, daß es bereits gesättigt ist. Ein schlechter Esser braucht seine Zeit, um in Gang zu kommen. Er muß erst einmal am Essen «schnüffeln» oder ein wenig frische Rohkost knabbern.
- Halten Sie den Inhalt von Kühlschrank und Vorratskammer so lange wie möglich in eigener Verwaltung. Sie wissen dann, ob der «schlechte Esser» wirklich so wenig ißt, wie Sie meinen, und das Dickerchen kann sich leichter bezwingen, wenn es erst fragen muß, bevor es sich etwas zum Essen nimmt. Sie können ihm dann helfen, die Eßlust bis zur nächsten Mahlzeit zurückzustellen, indem Sie ihm ein «schlankes» Häppchen anbieten.
- Bringen Sie in die Reihenfolge der Mahlzeit einen bestimmten Rhythmus; es ist für die Zukunft von großem Wert, wenn das Kind lernt, spontan auftauchenden Gelüsten nicht gleich nachzugeben. Achten Sie jedoch darauf, daß Kinder im Wachstumsalter und Sport treibende Kinder angemessene Zwischenmahlzeiten bekommen.
- Essen und trinken sollte man nur im Sitzen. Damit entsteht ein Moment der Ruhe und Gemütlichkeit, und vielleicht ergibt sich die Gelegenheit zu einem Gespräch, manchmal nur mit einem der Familienmitglieder. Dies können wertvolle Augenblicke sein, vor allem im Umgang mit den älteren Kindern. Für zu dünne Kinder kann man aus solch einer kleinen Tee- oder Kaffeepause eine richtige Zwischenmahlzeit in Form eines Sauermilchproduktes mit Früchten und/oder einer Scheibe Brot machen; das dicke Kind wird dadurch nicht die Möglichkeit haben, heimlich hinter der Schranktüre die Keksdose leer zu essen.
- Schreiben Sie drei Tage lang genau auf, was ein Kind im Laufe des Tages alles ißt und trinkt. Schulkinder muß man zur Zusammenarbeit animieren, was unter Umständen der erste Ansatz für eine Verbesserung der Situation sein kann.
- Versuchen Sie, wenn es sich dann als notwendig erweist, die Koch- und Eßgewohnheiten zu ändern.

Sollten alle diese Maßnahmen nach 2-3 Wochen keine Besserung zeitigen, sollte man mit dem Hausarzt sprechen. Vielleicht ist die Fett- oder Magersucht die Folge eines gestörten Stoffwechsels. Überlegen Sie auch einmal, wie die Situation des Kindes innerhalb der Familie und in der Schule ist. Es ist durchaus möglich, daß das Kind Kummer «wegißt» oder daß ihm der Appetit durch Spannungen vergeht. In der Pubertät können Fettsucht oder Magersucht (Anorexia nervosa) entstehen. Dabei ist schnelle Hilfe eines Arztes erforderlich.

Zum Schluß noch einige Tips, die ein «gesundes» dickes oder mageres Kind auf ein Normalmaß bringen können, wobei sich die etwas größeren Kinder auch gut selber kontrollieren können:

Zu dick:

- Ersetzen Sie rigoros alle raffinierten Lebensmittel durch vollwertige Lebensmittel Vollrohrzucker, verschiedene Siruparten*, Getreide 343
und Getreideprodukte. Diese Produkte sind ballaststoffreich und «füllen» den Magen besser, obwohl sie einen niedrigeren Kaloriengehalt haben als die raffinierten Produkte.

Noch wichtiger ist, daß sie ein gesünderes und länger anhaltendes Sättigungsgefühl ergeben und der Gehalt an Mineralstoffen und Vitaminen höher ist.

– Verwenden Sie anstelle von tierischem Fett lieber Öl. Flüssige Fette wirken «aktiver» auf den Stoffwechsel; harte Fette haben eher die Neigung, sich im Körper festzusetzen. Das heißt, daß man fettes Fleisch und vor allem Wurst aus dem Menüplan streichen muß und Butter nur als Brotaufstrich verwenden sollte.
– Seien Sie mit allen Fetten und Zuckerarten sparsam. Verwenden Sie keine künstlichen Süßstofftabletten oder -tropfen, diese regen nur den Appetit an. Es ist gesünder, wenig oder keine Butter zu essen, wenn man fettreichen Brotbelag wie Käse, Wurst und Nußmus hat, als kalorienreduzierte Margarine.
– Lieber fünf kleine als drei große Mahlzeiten essen, dadurch sinkt der Blutzuckerspiegel weniger ab, und der Hunger wird nicht so groß. Beispielsweise zum Frühstück und Abendbrot Kräutertee trinken und die Milch als «Zwischenmahlzeit», eventuell mit einer «aufgesparten» Scheibe Brot, aufheben.
– Vor der Mahlzeit immer etwas Rohkost essen und diese gut kauen. Mineralwasser zum Essen trinken, aber das unvollständig Gekaute nicht hinunterspülen. So ist der Magen schon etwas voll, und für die konzentrierteren Gerichte gibt es nicht mehr so viel Platz.
– Die Essenszeiten genau einhalten. Wenn sich der Hunger zu früh einstellt, für Ablenkung sorgen.
– Für ausreichende Bewegung an der frischen Luft sorgen, dadurch wird der Stoffwechsel angeregt.

Zu mager:

– Versuchen Sie, den Appetit des Kindes dadurch anzuregen, daß es zwischen den Mahlzeiten nicht jedesmal etwas zu naschen gibt; lassen Sie es vor dem Essen an die frische Luft gehen, und leiten Sie die Mahlzeit mit ein wenig frischer Rohkost ein.
– Schöpfen Sie nicht zu viel auf den Teller, und sorgen Sie beim Essen für eine entspannte Atmosphäre (viele Kinder, die schlecht essen, sind auch nervös).
– Achten Sie auf gute, vollwertige Lebensmittelqualität. Mager zu sein an sich ist nicht so schlimm, schlimm ist es nur, wenn man mager *und* schlecht ernährt ist.
– Geben Sie dem Kind 1/2 Stunde vor dem Essen etwas zu trinken, um den Durst zu löschen, dann ist während des Essens wieder Platz im Magen. Sorgen Sie im Lauf des Tages für eine ausreichende Flüssigkeitsaufnahme. Wenn schlecht gegessen wird, kommt auch das Trinken leicht zu kurz. Für magere Kinder ist verdünnter Fruchtsaft besser geeignet als Kräutertee oder Malzkaffee.
– Mogeln Sie etwas zusätzliches Fett ins Essen, ohne daß der zu hohe Fettgehalt Widerwillen hervorruft. Bestreichen Sie das Butterbrot mit Nußmus, verwenden Sie vollfette Milchprodukte, schmecken Sie die Gerichte kurz vor dem Anrichten mit (saurer) Sahne, einem Stück Butter oder etwas Öl ab und rühren Sie ungeschlagene Sahne unter das Sauermilchprodukt für den Nachtisch (geschlagene Sahne widersteht unter Umständen und ist außerdem schwerer verdaulich).
– Lassen Sie das Kind morgens früh genug aufstehen und den Tag mit einer Tasse Kräutertee oder verdünntem Fruchtsaft beginnen. Viele Kinder müssen, bevor sie etwas essen können, erst richtig wach werden.
– Beziehen Sie das Kind in den ganzen Ernährungsvorgang mit ein, angefangen beim Bauern, über den Einkauf im Laden bis hin zur Küche. Interesse für die Ernährung kann den Appetit anregen.
– Geben Sie den Schulkindern als Zwischenmahlzeit Nüsse und Dörrfrüchte (*Studentenfutter**) mit. 382
– Verarbeiten Sie für die Kleinen und Kindergartenkinder gemahlene Nüsse in die Mahlzeit und Plätzchen.

Terrorisieren Sie das Kind nicht mit dem Essen, aber lassen auch Sie sich nicht terrorisieren. Achten Sie auf den «Wendepunkt»: Manch ein zu dünnes Kleinkind wächst sich unmerklich zu einem dicken Schulkind aus; man sollte also rechtzeitig auf normale Kost umstellen.

Was ist aber zu tun, wenn, nachdem alle Ratschläge befolgt wurden, noch immer ein schlechter Esser am Tisch sitzt? Gemeint ist nicht nur einmal, sondern jeden Tag. Die Antwort lautet kurz und bündig: hungrig werden lassen! Viele Kinder haben in unserer Nasch- und Snackzeit einfach gar nicht die Möglichkeit, Appetit zu bekommen, von einem richtigen Hunger kann schon gar nicht die Rede sein. Dabei ist Hunger doch der beste Koch. Vor allem die Kinder, die sich leicht langweilen, haben dauernd Gelüste auf etwas «Gutes» und erbitten sich etwas zu essen. Es fällt uns gutmütigen Müttern nicht leicht, solchen Bitten zu widerstehen. Wenn Sie es selber nicht zustande bringen, solch eine Hungerkur (von der einen bis zur nächsten Mahlzeit) konsequent durchzuhalten, dann geben Sie Ihr Kind für eine Weile mit den entsprechenden Instruktionen zu Verwandten oder Freunden. In den meisten Fällen gelingt so etwas im fremden Haushalt besser, und zu Hause können Sie dann in derselben Art fortfahren. Übrigens, die «Kur» fällt Müttern meistens schwerer als den betroffenen Kindern. Interessant ist, daß es in großen Familien und Ferienlagern nur sehr wenig schlechte Esser gibt.

Für diejenigen, die nicht schon längst Bescheid wissen:

- Ein müdes Kind mag nicht essen, sondern will schlafen. So etwas tritt meistens in der Phase auf, wenn der Mittagsschlaf nicht mehr gelingen will. Man sollte also bei der Tageseinteilung mit dem veränderten Schlafrhythmus des Kindes rechnen.
- Schreiben Sie bei wählerischen Kindern oder solchen, die überhaupt nicht gerne essen, auf, was sie am liebsten essen und was ihnen widersteht. Wenn es sich um warme Gerichte handelt, die abgelehnt werden, sind sie vielleicht zu fett (in der Pfanne gebraten) oder zu stark gewürzt. Vor allem Kinder mit einer schwachen Verdauung haben dagegen eine instinktive, jedoch sehr gesunde Abneigung. Für solch ein schlecht essendes Schulkind kann ruhig wieder für eine gewisse Zeit Kleinkind- oder Kindergartenkinder-Ernährung gekocht werden.
- Vermeiden Sie den Kampf um das Leeressen des Tellers, indem Sie zunächst auf jeden Fall wenig aufschöpfen.
- Gehen Sie mit der Grundregel, daß alles, was auf den Tisch kommt, von allen gegessen wird, großzügig um. Wenn von einem unbeliebten Gericht ein wenig gegessen wird, reicht es aus, um sich an den Geschmack zu gewöhnen. Für das Kind, das Essen verweigert, sollte nicht extra gekocht werden; bei der nächsten Mahlzeit wird das Fehlende wieder aufgeholt. Handelt es sich um ein bestimmtes Gemüse, könnte man an solch einem Tag zweierlei Gemüse, z.B. *Rosenkohl* mit *Karotten** kochen. 268
- Es gibt Kinder, die überhaupt kein Gemüse mögen. Dann kann man versuchen, das Gemüse in anderer Form, als Suppe (Püreesuppe), Soße (Gemüsesoße) oder Gemüsepüree oder auch in Teig verpackt als Gemüsetasche, -kuchen oder -pastete auf den Tisch zu bringen. Feingeraffeltes rohes Gemüse in einem Eintopf* hat 134
  sowohl einen anderen Geschmack als auch eine andere Konsistenz als gekochtes Gemüse. Geben Sie das Gemüse einmal als Nachtisch (*Karottennachspeise**) oder im äußersten 305
  Notfall und nur über kurze Zeit als Saft. Wenn Sie Saft geben, müssen Sie gleichzeitig durch Vollkornprodukte und Obst für die notwendigen Ballaststoffe sorgen. Durch diese kleinen Tricks können Kinder sich an den Geschmack von Gemüse gewöhnen und essen später auch ganz «normal» gekochtes Gemüse.
- Fangen Sie gar nicht an, das unerwünschte Essen durch beigemischtes Apfelmus oder Zukker akzeptabel zu machen. An solchen Mischungen kann das Kind seinen Geschmack nicht entwickeln, genauso wenig wie mit fix-

fertiger Baby- oder Kleinkindnahrung aus dem Glas.

– Wenn Kinder mitten aus dem Spiel oder den Hausaufgaben zu Tisch gerufen werden, reagieren sie oft ärgerlich. Solch ein Ärger kann den Appetit verderben. Wenn die Mahlzeit rechtzeitig angekündigt wird, kann der Übergang vom Spielen oder Lernen zum Essen fließender geschehen.

Zum Schluß: Schreiben Sie sich ein paar Tage lang auf, was das Kind während eines Tages ißt: vom ersten Happen morgens bis zum letzten Plätzchen am Abend vor dem Zu-Bett-Gehen. Beziehen Sie auch das mit ein, was es von anderen bekommt oder sich selber nimmt, sofern das nachzuvollziehen ist. Rechnen sie eventuell mit einer Kalorientabelle. Man kann dann die Überraschung erleben, daß die Summe eher über als unter dem Mittelmaß liegt. Das Problem liegt dann jedoch unter Umständen darin, daß die Kalorien nicht durch wertvolle Nahrungsmittel zustande kommen.

Blutarmut

Manche Kinder haben eine Veranlagung zur Blutarmut. Nach manchen Krankheiten tritt sie zeitlich begrenzt auf (bei Mädchen etwas häufiger als bei Buben). Es empfiehlt sich dann, bei der Wahl und Zusammenstellung der Mahlzeiten besonderen Wert auf eisenhaltige Produkte zu legen.

Auch wenn der Eisengehalt der Nahrung in genügendem Maße vorhanden ist, kann es sein, daß die Aufnahme des Eisens durch eine falsche Zusammenstellung der Ernährung *erschwert* wird. Bekannt sind in dieser Beziehung Kaffee, Tee und nicht eingeweichte Kleie. Sie enthalten Stoffe, die das Eisen aus den gleichzeitig gegessenen Nahrungsmitteln an sich binden und mit dem Stuhlgang abführen. Diese Wirkung haben Kaffee und Tee, wenn sie eine Stunde vor und bis zu einer Stunde nach dem Essen getrunken werden. Kleie sollte bei einer vollwertigen Ernährung überhaupt nicht eingenommen werden.

Auch ein zu hoher Calciumgehalt im Essen kann die Aufnahme von Eisen erschweren. Aus diesem Grunde empfiehlt es sich, in einer Mahlzeit nicht viel Käse und Milch zu kombinieren. Liegt eine ernst zu nehmende Blutarmut vor, sollten eisenhaltige Nahrungsmittel überhaupt nicht mit größeren Mengen an calciumhaltigen kombiniert
werden (siehe Tabelle*). 36

Zuviel Rohkost oder zu grobes oder nicht gargekochtes Getreide kann die Darmschleimhaut reizen und somit die Aufnahme von Mineralstoffen (u.a. auch Eisen) aus der Nahrung verhindern. Dies gilt auch bei chronischen Durchfällen oder anderen Magen-Darmkrankheiten.

Die Aufnahme von Eisen wird durch Obst und Gemüse, das Vitamin C enthält, und durch milchsaure Produkte (Sauermilchprodukte, milchsaure Säfte und Gemüse wie z.B. Sauerkraut) unterstützt. Ich habe bei meinen Vorschlägen für Gerichte und Menü-Zusammenstellungen diese Tatsachen berücksichtigt.

Aus neuesten Untersuchungen geht hervor, daß Blutarmut oft zugleich mit einem Vitamin A-Mangel auftritt. In diesem Fall kann die Blutarmut allein schon durch den regelmäßigen Gebrauch
von Karotin- oder Vitamin A*-reichen Nahrungs- 40
mitteln behoben werden.

Brennessel unterstützt die *Bildung* der roten Blutkörperchen. Fast das ganze Jahr über kann
man die jungen Triebe pflücken und daraus ein 401
schnell gemachtes *Getränk** herstellen, das besser schmeckt als Tee aus den getrockneten Blät-

tern. Man kann auch zur Suppe, wenn sie beinahe fertig ist, eine Handvoll frischer Brennesseltriebe geben und kurz mitkochen oder mit anderem Blattgemüse mitdünsten lassen.

Eisenhaltige Nahrungsmittel

- Vollkorngetreide und Getreideprodukte; Hirse am meisten, Mais am wenigsten 165
- *gekeimte Körner und Samen**, sie unterstützen die Bildung der roten Blutkörperchen
- Hülsenfrüchte
- Nüsse und Samen: ungeschälte Mandeln und Tahin aus ungeschältem Sesam
- Gemüse, vor allem dunkelgrünes Blattgemüse (siehe *Spinat**), aber auch Topinambur, Ret- 262
tich, Radieschen und Gurken
- Brennessel (siehe oben)
- Obst, vor allem dunkelfarbiges: Heidel- und Holunderbeeren, schwarze Johannisbeeren, Kirschen; Dörrfrüchte wie Feigen und Aprikosen
- Eier (Dotter)
- Fleisch* (Blut- und Leberwurst, Rindfleisch, He- 192
ring, Muscheln, s. auch *Schädliche Stoffe**) 41
- Apfelkraut und Zuckerrübenkraut, Vollrohrzucker
- Sojasoße (Shoyu), Miso
- Besonders viel Eisen bekommt man durch den sog. «Nagelapfel»: Man steckt in einen Apfel 10 Nägel (Länge 3 cm) und läßt ihn einen Tag liegen. Dann zieht man die Nägel heraus und steckt sie in den nächsten Apfel. Den ersten ißt man mitsamt den schwarzen Stellen, die durch die Nägel entstanden sind, auf (es handelt sich dabei um durch die Fruchtsäure gelöstes Eisen, das auf diese Art vom Organismus leichter aufgenommen wird).

Aufgepaßt: Die Nägel, die man im Laden kauft, wurden rostfrei gemacht, müssen also vor Gebrauch mit Schmirgelpapier von der äußersten Schicht befreit werden; man kann auch alte, rostige Nägel in Großvaters Werkzeugkiste suchen und diese verwenden (natürlich müssen auch diese Nägel zuerst geschmirgelt werden).

Bei chronischer Blutarmut kann dieser Apfel über lange Zeit gegessen werden. Die Nägel kann man immer wieder verwenden, und der Nagelapfel schützt vor Verstopfung, die oft die Folge von Eisenpräparaten aus der Apotheke ist.

Chronische Erkältung

Wenn Ihr Kind ohne ersichtlichen Grund häufig erkältet ist, könnten Sie ihm einen Monat lang ausschließlich Sauermilchprodukte wie Buttermilch, Joghurt und Viili* geben, der Quark kann 464
durch *selbstgemachten Topfen** ersetzt werden. 427
Süße Milch kann eine schleimbildende Wirkung haben. Sollte es sich zeigen, daß nach diesem Monat mit saurer Milch eine deutliche Besserung eintritt, läßt man in Zukunft süße Milch am besten weg. Tritt eine Besserung jedoch nur dann ein, wenn Sie überhaupt alle Milchprodukte streichen (das läßt sich bereits nach 2-3 Wochen feststellen), sollten Sie sich diätetisch beraten lassen, wie die Milch bei Ihrem Kind zu ersetzen ist.

Zwiebeln wirken schmerzstillend (Ohrenentzündungen) und heilend bei Erkältungskrankheiten; sie enthalten einen antibiotischen Stoff. Sie können Zwiebeln für Umschläge gebrauchen, aber auch als wirksames Mittel, um die Luft im Krankenzimmer zu säubern. Eine aufgeschnittene Zwiebel zieht nämlich Schadstoffe (Bazillen) aus ihrer Umgebung an. Stellen Sie dazu eine aufgeschnittene Zwiebel auf das Nachttischchen des erkälteten oder an der Grippe erkrankten Kindes: Die Zwiebel von oben her kreuzweise einschneiden, bis kurz vor die Wurzel. Im Laufe von einigen Stunden immer wieder solche Einschnitte anbringen, bis die Blätter dieser «Zwiebelblume» so dünn sind, daß sie nicht weiter entzweigeschnitten werden können. Die Zwiebel kann danach nicht mehr zum Kochen verwendet werden; Untersuchungen haben gezeigt, daß so eine Zwiebel tatsächlich voller Giftstoffe ist. Wer jeden Morgen und Abend und womöglich auch tagsüber hie und da an einer aufgeschnittenen Zwiebel riecht, kann während Grippeepidemien eventuell einer Ansteckung vorbeugen (die Schnittfläche jedesmal erneuern).

Chronische Müdigkeit

Dieses Problem tritt am häufigsten in den oberen Klassen der Unterstufe und in der Oberstufe auf. Die nächstliegende Maßnahme besteht darin, daß man für einen guten und ruhigen Schlaf sorgt (läuft das Radio womöglich die ganze Nacht?). Untersuchungen haben gezeigt, daß Schlafmangel durch frühes Zubettgehen effektiver ausgeglichen werden kann als durch langes Ausschlafen. Wer im Laufe des Tages müde ist, sollte abends einfach früher ins Bett gehen. Durch frühes Zubettgehen kann die Leistungsfähigkeit am Tage um 20% gesteigert werden. Einschlafschwierigkeiten lassen sich unter Umständen dadurch ausräumen, daß man vor dem Schlafen ein Butterbrot oder eine

Reiswaffel mit Honig oder einem anderen Süßungsmittel ißt. Ein Becher warme Milch mit Honig kann ebenfalls helfen.
Wenn keine erkennbare körperliche oder psychische Störung wie Blutarmut, eine gerade überstandene Grippe oder sonst eine akute Erkrankung, Schulmüdigkeit, Überlastung durch zu viele «organisierte» Aktivitäten (Sport und Musik- und Ballettstunden und noch Familienbesuch etc.) vorliegt, kann die Müdigkeit auch durch eine falsche Ernährung hervorgerufen werden.
Oft werden dann zu viele Dinge gegessen, die an die Verdauung zu wenig Anforderungen stellen: raffinierte Getreideprodukte (Weißbrot, handelsübliche Teigwaren und geschälter Reis), Kristallzucker (Süßigkeiten), Fleisch und Kartoffeln.
Die Verdauungskräfte des Organismus wollen angesprochen werden, ebenso wie die Gliedmaßen. Je weniger Bewegung ein Mensch hat, desto schlaffer wird er.
Eine vollwertige, überwiegend pflanzliche Ernährung mit einer angemessenen Menge an Rohkost und mit Getreideprodukten als Grundlage regt zu (innerer) Bewegung an und vertreibt die Müdigkeit.
Diese Diät gibt, wenn sie drei Wochen lang konsequent eingehalten wird, so viel mehr an Energie, daß ein Kind der genannten Altersgruppen durch die positive Erfahrung der Ernährung meistens mehr Aufmerksamkeit widmet.
Im Frühjahr kann man Getreidekörner und/oder
Samen keimen* lassen und jeden Tag 1-2 Eßlöffel 165
davon unter das Müsli oder den Salat mischen.
Schließlich noch ein Tip für Eltern von *Abschlußschülern*: Nach vielen Jahren des Lernens wird von Ihrem Kind jetzt eine Höchstleistung erwartet. Unterschätzen Sie nicht, was solch eine Leistung an psychischen und auch an körperlichen Kräften erfordert, und versuchen Sie, dies auch dem Jugendlichen deutlich zu machen. Man kann ihn mit einem Spitzensportler vergleichen: Wie dieser muß der Jugendliche optimal ernährt werden (vollwertig, nicht zu schwer verdaulich, ab und zu ein «Extra», wie z.B. ein Fruchtmilchshake. Eine kleine Schüssel mit Karotten und Haselnüssen ist die geeignete «Gehirnnahrung». Achten Sie auf genügend Ruhe und Schlaf, und halten Sie alle Unruhe fern. Nach dem Examen normalisiert sich alles von alleine wieder. Sich dafür die nötige Zeit zu nehmen und nach besten Kräften mitzuhelfen, das schafft auch ein starkes Band. Nach den Prüfungen kann man sich dann gemeinsam am Erfolg freuen, aber auch ein durchgefallenes Kind besser «auffangen».

Kinder und Sport

Solange das Kind keinen extremen Leistungssport betreibt und nicht häufiger als dreimal pro Woche zum Training geht, ist eine spezielle Sporternährung nicht nötig. Auch spezielle Getränke, Sportriegel oder sogar Vitamin- und Mineralpillen sind überflüssig. Die Nahrungsstoffe, die in diesen sehr teuren Produkten enthalten sind, können Sie dem Sportler durch eine normale, vollwertige Ernährung auch bieten. Allerdings sollte mehr als üblich getrunken werden (vor allem Wasser, eventuell zur Geschmacksverbesserung mit wenig Fruchtsaft gemischt). Die speziellen Sportriegel können
Sie durch selbstgemachte *Sportriegel** oder *Gra-* 363
*nola** ersetzen. Beide Produkte sind, was Zusam- 387
mensetzung und Verdaulichkeit betrifft, besser als Nußmix oder Studentenfutter und lassen sich leicht auf Vorrat machen und mitnehmen. Als kleine Zwischenmahlzeit für zu Hause oder in der
Schule liefert *Früchtebrot** eine gute Kombination 330
von schnell und langsam in Energie umzusetzenden Kohlehydraten (Zucker und Stärke).
Der Energiebedarf von sporttreibenden Kindern

ist erhöht, d.h. sie müssen ganz einfach mehr essen, vor allem brauchen sie eben viel mehr Kohlehydrate. Mindestens die Hälfte der Kalorien sollte aus Kohlehydraten bestehen: vor allen Dingen Stärke in Form von Vollkorngetreide und Vollkornprodukten, Teigwaren und (dicker geschnittenen) Butterbroten, mäßig zuckerhaltigen Produkten wie reifem Obst und Dörrfrüchten; Honig und Sirup* als Brotbelag. Bieten Sie Kindern, 343 die sich zudem noch in einer Wachstumsphase befinden, auch etwas mehr Eiweiß (Milchprodukte), und zwar am besten am Tag nach einer besonderen Anstrengung. Das Essen von großen Stücken Beefsteak oder anderen stark eiweißhaltigen Produkten ist überholt. Wenn man ein oder zwei Tage vor einem Wettkampf viel kohlehydratreiche Kost zu essen gibt, bekommt der Sportler einen guten Energievorrat. Ein Zuviel an Fett ist für den Organismus nur eine Belastung und beim Sport sicher nicht erwünscht. Was an Fett notwendig ist, bekommt man durch die größeren Portionen der vollwertigen Nahrungsmittel (Vollmilchprodukte, Nüsse, Öl usw.). Das Kind sollte sich ab und zu wiegen: Wenn das Gewicht bei einem aktiven Sportler abnimmt, muß die Ernährung angepaßt werden (siehe unter *Dickerchen** und *Hänflinge**). 438

Ein sporttreibendes Kind kann vor allem dann zum Problem werden, wenn die Trainingszeiten kurz nach oder vor den Mahlzeiten liegen. Mit vollem Magen sollte nicht trainiert werden, und nach dem Training ist man u.U. zu müde zum Essen. Wenn solche zeitlichen Unstimmigkeiten nicht zu häufig vorkommen, braucht man darauf keine Rücksicht zu nehmen, denn ein gesunder Organismus hat genügend Reserven, um eine Nacht zu überstehen, wenn Sie nur dafür sorgen, daß der Rückstand am nächsten Morgen mit einem kräftigen Frühstück wieder eingeholt wird. Das beste ist, wenn das Sport treibende Kind außer seinem Stundenplan auch einen Plan der Trainings- und Wettkampfzeiten in der Küche aufhängt. Sie können dann darauf achten, daß an den entsprechenden Tagen ein besonderes Vesper in die Schule mitgenommen und zwei Stunden vor dem Training noch etwas gegessen wird. Zu Hause kann dann mit einem «*Sportshake*» noch extra 399 Energie «getankt» werden, und wenn das Training besonders lange dauert oder ein Wettkampf stattfindet, kann man einen *Sportdrink** mitgeben. 400 Die ideale Zwischenmahlzeit für den Sportler ist ein zusammengeklapptes Butterbrot mit Honig. Der Honig erhöht den Blutzuckerspiegel schnell, die Kohlehydrate aus dem Brot ergeben auf längere Zeit Energie, und das Fett aus der Butter sorgt für Reserven. Bei Sport treibenden Kindern mit schwachen Därmen kann der hohe Gehalt an Ballaststoffen aus den notwendigen großen Mengen an Vollwertnahrung zu Bauchschmerzen und dünnem Stuhl führen. In diesem Fall sind Brot und Teigwaren aus Mehl Type 1050 (CH: Ruchmehl) und nicht allzu große Rohkostportionen anzuraten. Der Ballaststoffgehalt ist bei Reis, Hirse und Buchweizen am niedrigsten, bei Weizen und Roggen am höchsten. Darauf können Sie bei der Zusammenstellung des Menüs und der *Müslimischung** achten. Eventuell kann man auch ei- 131 nen Teil der Flocken im Müsli (ca. 1/4) durch Weizenkeime ersetzen.

Der mangelnde Appetit mancher Kinder nach dem Sport ist häufig eine Folge von Müdigkeit, die wiederum auf einem zu stark abgesunkenen Blutzuckerspiegel beruht. Durst ist jedoch meistens vorhanden und deshalb ein *Milchshake** (Sport- 399 shake-Version) hochwillkommen. Das Aufwärmen von Resten ist für einmal nicht so schlimm, besser ist es jedoch, wenn man die Menüplanung auf den später Kommenden abstimmt. Einige Tips:

- Behalten Sie eine Portion Suppe zurück oder geben Sie die – sättigende – Suppe gleich nach der Schule.
- Stellen Sie einen Teil des gekochten Getreides, die Getreidebratlingemasse oder den Pfannkuchenteig zur Seite. Braten Sie das Getreide mit frisch geschnittenem Gemüse wieder an; backen Sie Getreidebratlinge oder Pfannkuchen erst kurz vor dem Essen, aufgewärmt schmecken sie nicht so gut und sind schwerer verdaulich.

- Wählen Sie für solch einen Tag eine Gemüsesorte, die schnell gar ist, halten Sie einen Teil davon gewaschen, aber noch nicht geschnitten, zurück und kochen Sie es erst kurz vor dem Essen.
- Salatblätter (gewaschen) und Salatsoße getrennt aufbewahren und erst kurz vor dem Essen mischen. Gemüse für geraffelte Rohkost schälen und erst kurz vor dem Anrichten raffeln.
- Festes, gekochtes Gemüse wie Blumenkohl und Karotten gleich nach dem Kochen kühl stellen und dem später Kommenden als Salat, mit etwas Dressing darüber, geben.
- *Nachtisch aus Sauermilchprodukten** kann 311
man mit kleingeschnittenem Obst kühlstellen (nicht wenn geraffeltes Obst darin ist). Er sollte nur rechtzeitig auf Zimmertemperatur kommen, denn ein müder Magen reagiert auf zu kaltes Essen oder Trinken besonders empfindlich.

Produktinformation

Die Sternchen (*) verweisen auf Entsprechungen innerhalb dieses Buches, ein *kursiv gedrucktes Wort* auf ein anderes Stichwort. Diese Produktinformation bezieht sich hauptsächlich auf Produkte, die in diesem Buch aufgeführt sind.

Agar-Agar ist ein pflanzliches, aus Seetang hergestelltes Geliermittel, das unter anderem für die Zubereitung von Früchtepudding und Marmelade (Gelee) verwendet wird. Agar-Agar ist in Form von Stangen, Flocken und Pulver in Naturkostläden auch in unraffinierter Form (grau) erhältlich. 1 g Agar-Agar ersetzt 1,75 g Gelatine. Agar-Agar wird schneller fest und bleibt auch außerhalb des Kühlschranks steif.
1 g Agar-Agar bindet 1 dl wäßrige Flüssigkeit (Saft, Bouillon) zum Gelieren. Für gemischte Flüssigkeiten, in denen Schlagsahne, Quark, Milch oder Eiweiß enthalten ist, rechnet man etwas mehr (siehe Rezepte).
Stangen müssen, in handliche Stücke zerbrochen, in reichlich kaltem Wasser eine Viertelstunde eingeweicht werden. Danach kann man sie auspressen.
Flocken und Pulver lösen sich einfacher auf als Stangen und können direkt in der benötigten (kalten) Flüssigkeit eingeweicht werden. Wenn dies in der Gebrauchsanleitung auch nicht ausdrücklich angemerkt wird, ist es doch immer besser, sowohl die Flocken als auch das Pulver eine Viertelstunde in der für das Rezept benötigten Flüssigkeit (oder einer anderen feuchten Masse) einzuweichen, vor allem wenn das Produkt schon eine Weile im Haus ist.
Agar-Agar wird in einem Teil der benötigten Flüssigkeit (oder mit dem Gericht) unter Rühren vorsichtig gekocht, bis es sich ganz aufgelöst hat. Dieses Sößchen kann dann, noch warm und flüssig, zum Gericht gegeben werden.
Wenn die Agar-Agarsoße zu schnell kalt und fest geworden ist, kann sie durch nochmaliges Erwärmen wieder flüssig gemacht werden. Da Agar-Agar durch Abkühlung schnell fest wird, muß man, wenn es zur Masse gegeben wird, gut und am besten mit einem Schneebesen rühren. Jedoch nicht zu lang rühren (einige Augenblicke) und nicht mit dem Stabmixer. Wenn sich ein mit Agar-Agar gemachter Pudding nicht aus der Form lösen will, kann man ein Tuch in heißes Wasser tauchen, gut auswringen und sofort kräftig gegen die Form drücken (Handschuhe an!). Dann schmilzt die äußerste Schicht des Puddings und löst sich von der Form.

Ahornsirup (Maplesirup) ist der eingedickte Saft des kanadischen Ahorns. Er ist ein nicht raffiniertes und nicht chemisch bearbeitetes Süßungsmittel, das auch biologisch angebaut wird. 40 l Baumsaft ergeben 1 l Sirup, wodurch der hohe Preis des Produktes verständlich wird. Ahornsirup ist von allen natürlichen Süßungsmitteln, was seinen neutralen Geschmack betrifft, dem raffinierten Zucker am ähnlichsten. Siehe *Gebäck**. 343

Amarant. Ähnelt äußerlich dem Sesam, es ist ein kohlehydratreicher kleiner Same und ist ein Fuchsschwanzgewächs. Siehe *Getreide**. 94

Anis. Die getrockneten Samen der Gewürzpflanze (Doldenblütler) aus dem Mittelmeergebiet. Dragierte (= mit einer harten Zuckerkruste umhüllte) Aniskörner ißt man, ganz oder zerstoßen, auf Zwieback. Siehe auch *Gewürze** und *Aniszucker**. 244, 2

Apfelkonzentrat, Apfelkraut siehe *Dicksaft* und *Gebäck**. 343

Apfelessig siehe *Essig*.

Apfelpektin siehe *Pektinpulver*.

Apfelsinen. Siehe *Zitrusfrüchte*. Die ungespritzten und unbehandelten Schalen kann man einmachen und als Würzmittel verwenden*. 413

Aromat. Geschmacksverstärker, der aus Kochsalz, etwas getrockneten Kräutern und *Glutamaten* besteht.

Austernpilz. Wächst wild auf Bäumen und Baumstümpfen (er baut Zellulose ab). Wird inzwischen auch auf Stroh gezüchtet (biologische Qualität). Siehe auch *Gemüse**. 245

Avocado. Eine birnenförmige, grüne tropische Frucht eines Baumhöhe erreichenden Strauches. Reife Avocados sind am Stielansatz weich. Sie enthalten bis zu 25% Fett, viel Vitamin C, Vitamin B und Eisen. Siehe auch *tropische Früchte*.

Backferment. Ein Treibmittel, das auf der Grundlage von Getreide und Honig hergestellt wird. Es wird zum Backen von leicht säuerlich schmeckendem, leicht verdaulichem Brot verwendet. Backferment erhält man im Naturkostladen.

Backhonig. Siehe *Honig*.

Backpapier. Siehe *Praktische Tips**. 49

Banane. Eine sehr stärkehaltige, süße Frucht, bei beinahe allen Kindern sehr beliebt. Bananen enthalten viele Mineralstoffe, Vitamin E und B, jedoch kaum Vitamin C.
Für größere Kinder, die abwechslungsreich essen, ist die leicht verdauliche Banane ein guter Hungerstiller auf Reisen, und man kann sie ruhig hin und wieder in eine (Nach-)Speise verarbeiten. Die Banane gehört vor allem in eine Diät für Kranke und Rekonvaleszenten. Siehe auch *tropische Früchte*.

Batate oder süße Kartoffel. Ein Knollengewächs, das mit der normalen Kartoffel botanisch *nicht* verwandt ist, sie gehört zu den Windengewächsen. Sie wird in vielerlei Sorten gezüchtet, auch biologisch angebaut; die rote Batate hat einen vollen Geschmack und ist reich an Karotin. Bataten enthalten sehr viel Calcium in einem günstigen Verhältnis mit Phosphor und sind dadurch bei einer milchfreien Diät ein wertvoller Kalklieferant. Für Bataten können Sie die Rezepte der gewöhnlichen Kartoffeln und der Topinambur verwenden, die Kochzeit jedoch ist kürzer. Das einfachste Rezept lautet: 1 cm dicke Scheiben roher Batate langsam in wenig Öl in der Bratpfanne braten. Die erste Seite wird bei geschlossener Pfanne, die zweite mit offener Pfanne gebraten.

Biogarde. Sauermilchprodukte, die mit hauptsächlich rechtsdrehender Milchsäure geimpft werden. Siehe auch *Milchsäure*.
Der Name Biogarde ist nach der neuen EG-Bio-Verordnung nicht mehr zulässig. Daher wird dieses Produkt bald nicht mehr unter diesem Namen erhältlich sein.

Die **Biologisch-Dynamische** Wirtschaftsweise ist die älteste der ökologischen Landbaumethoden. Sie wurde bereits 1924 von Rudolf Steiner in Zusammenarbeit mit interessierten Landwirten gegründet. Seit dieser Zeit hat sie sich mit ihrem Warenzeichen «DEMETER» weltweit verbreitet. Ziel der DEMETER-Landwirte ist es, die Natur nicht nur vor schädlichen Umwelteinflüssen zu schützen, sondern wo immer möglich heilend in bereits erkrankte Lebenszusammenhänge einzuwirken. Besondere Hilfsmittel sind dabei die speziellen biologisch-dynamischen Präparate, die aus pflanzlichen und tierischen Substanzen hergestellt und angewandt werden.

Demeter Schutzzeichen und Warenname

Das bewährte DEMETER-Vertragssystem gewährleistet die Einhaltung der umfangreichen Anbau-, Verarbeitungs- und Handelsrichtlinien.

Biologische Landwirtschaft. In den verschiedenen Ländern werden die biologischen Produkte nach unterschiedlichen Methoden angebaut. Jeder «biologisch» arbeitende Bauer strebt danach, ohne Kunstdünger und chemische Schädlingsbekämpfungsmittel mit Mist und Kompost Produkte so anzubauen, daß die Umwelt nicht geschädigt wird.

Bircher Reibe. Eine von dem Schweizer Arzt Bircher entworfene rostfreie Rohkostreibe mit speziell geformten Löchern, mit der das Gemüse besonders fein geraffelt und dadurch gut verdaut werden kann.

Birnel, Birnenkonzentrat. Birnel ist dickflüssiger als Birnenkonzentrat und auch als Süßungsmittel geeignet. Siehe *Dicksaft* und *Gebäck**. 343

Blätterteig. Ein fettreicher Teig besonderer Zubereitung. In manchen Naturkostläden können Sie das Fertigprodukt aus Vollkornmehl und pflanzlichen Fetten kaufen.

Bouillon. Ein Extrakt aus Fleisch, Fisch oder Gemüse, oft *Brühe* genannt. Die in diesem Buch verwendete Bouillon ist ein Auszug aus Gemüse(abfall)* 77
und *nicht* gesalzen. Darauf sollte man achten, wenn man Brühwürfel aus dem Laden verwendet.
Aufgepaßt: Ganze Getreidekörner nicht in gesalzener Bouillon kochen (siehe *das Kochen von Getreide**). 111

Bouillonkräuter (von «Het Blauwe Huis»). Eine ausgeklügelte Mischung von biologisch-dynamisch angebauten Kräutern und Gemüsen, sehr sorgfältig getrocknet und zu Pulver gemahlen. Es enthält kein Salz und ist verhältnismäßig billig. Die Mischung hat keinen vorherrschenden Geschmack und gibt nur wenig (hellgrüne) Farbe ab. Darum, und auch weil es salzfrei ist, kann aus diesem Pulver hergestellte Bouillon auch zum Kochen von Getreide* verwendet 111
werden. Siehe auch *Bouillon von Bouillonkräutern**. 79

Bouillonpaste und gekörnte Brühe sind aus denselben Zutaten hergestellt wie *Brühwürfel*, nur in einer etwas leichter löslichen Form.

Brottrunk. Ein milchsaures Getränk aus Brot. Die Firma Kanne verwendet dafür Sauerteigbrot, das aus biologisch erzeugtem Weizen, Roggen und Hafer speziell dafür gebacken wurde. Siehe *Milchsäure*.
Anwendung: Als Getränk, nach Wunsch mit etwas Honig und/oder mit Wasser oder mit Kräutertee verdünnt (siehe auch *Sporttrank**); als Würzmittel 400
anstelle von Essig oder Zitronensaft. Dabei muß 2-3 mal die angegebene Menge verwendet werden. In feinen Rezepten wie Soßen und Käsefondue kann der Brottrunk den Weißwein ersetzen. Siehe auch *Fermentgetreide*. Brottrunk ist *nicht* glutenfrei.

Brühwürfel sind aus tierischen oder pflanzlichen Fetten, Salz (bis 35%), Fleisch und/oder Gemüseextrakten, Soja und Kräutern hergestellt. Die meisten Sorten, vor allem die handelsüblichen, enthalten außerdem Farbstoffe, Konservierungsmittel und *Glutamate*. Deshalb muß man beim Kauf von Brühwürfeln die Zutatenliste beachten! Es sind auch salzfreie Brühwürfel erhältlich. Brühwürfel kann man selbst herstellen*. 409

Buchweizen*. Samen, die dem Getreide ähneln, 104
botanisch aber zur Familie der Knöteriche gehören.

Bulgur*. Ein Getreideprodukt (türkisch). 109

Butter. Verträgt keine große Hitze und ist deshalb vor allem als Brotaufstrich und zum Abschmecken von Speisen (Soßen und Gemüse) kurz vor dem Anrichten geeignet. Butter enthält Mineralstoffe und die in Fett löslichen Vitamine A und D, im Sommer mehr als im Winter (Grasbutter). Butter enthält auch ein wenig Milchzucker und Milcheiweiß, das beim Erhitzen (beim Braten in der Pfanne) leicht zu braun wird und sich derartig verändert, daß in Butter gebratene Speisen für viele Menschen schwer verdaulich sind. Wenn Butter in der Pfanne anfängt zu qualmen (bereits bei 175°C), wird das Butterfett aufgespalten, wodurch gesundheitsschädliche Stoffe frei werden.
Reste von Schädlingsbekämpfungsmitteln, mit denen die Wiesen und vor allem das aus dem Ausland stammende Viehfutter besprüht werden, werden von den Tieren aufgenommen. Viele dieser Mittel sind in Fett löslich und treten im Milchfett wieder in Erscheinung. Die Extraausgabe lohnt sich also, wenn man Butter von biologischer oder biologisch-dynamischer Qaulität kauft. Siehe auch *Gesunde Ernährung**. 37

Buttermilch ist ein Nebenprodukt bei der Zubereitung von Butter. Beim Buttern trennt sich die mit Milchsäure geimpfte Milch in einen wäßrigen Teil (die Buttermilch) und in einen fetten Teil (die Butter). Buttermilch enthält lediglich eine Spur Fett (ca. 0,2%), jedoch noch beinahe alle Mineralstoffe und Eiweiße der Milch. Siehe *Topfen**. 427
Die Buttermilch, die Sie im Naturkostladen kaufen,

ist noch richtige Buttermilch. Handelsübliche Buttermilch ist mit (synthetischer) Zitronensäure angesäuerte Magermilch (mit Ausnahme der«Reinen Buttermilch).

Cayennepfeffer. Siehe *Pfeffer*.

Champignons. Siehe *Gemüse**. 245

Chilipulver. Siehe *Pfeffer*.

Couscous*. Teigware, die aus gedämpftem Weizen 109
hergestellt ist; sieht ähnlich aus wie Hirse (marokkanisch).

Creamed Coconut. Siehe *Kokosnuß*.

Currypulver. Dies ist eine Mischung aus vielen Gewürzen, je nach Herkunftsland verschieden. Außer den 15% Gelbwurzel (Kurkuma), die dem Produkt seine gelbe Farbe gibt, kann es Muskatnuß, Gewürznelke, Boxhornklee, Ingwer, Kreuzkümmel, Koriander, Muskatblüte, Fenchel, Cayennepfeffer und manchmal echten Pfeffer enthalten. Man sollte eine milde Mischung verwenden (aus dem Naturkostladen). Für Kindergartenkinder noch nicht geeignet. Man kann auch selber einen *milden Curry** 409
herstellen.

Dattelmus. Sehr zuckerhaltige Datteln werden gekocht, der gewonnene Saft wird zu einem dunklen Sirup mit einem neutralen Geschmack eingedickt.

Dicksaft, Fruchtkonzentrat. Der eingedickte Saft von Äpfeln, Birnen oder anderen Früchten, getrennt oder gemischt. In Demeter-Qualität erhältlich. Verdünnt kann man ihn als Fruchtsaft verwenden, unverdünnt (vor allem Apfel- und Birnenkonzentrat) als vollwertiges Süßungsmittel. Dicksaft färbt die Gerichte etwas dunkler und gibt einen sauer-süßen, fruchtigen Geschmack. Für Früchtenachspeisen mit starkem Geschmack und kräftiger Farbe und vor allem für gewürzte Getränke ist das Produkt sehr geeignet.

Dinkel* ist eine sehr alte, jedoch erst von der Vollwertküche wiederentdeckte Weizenart.

Distelöl (Safloröl) wird aus den Samen der Färberdistel (Saflor) gewonnen, einer botanischen Verwandten der Artischocke. Kaltgepreßtes Distelöl enthält viele hochwertige ungesättigte Fettsäuren, vor allem Linolsäure. Durch seine stark aktivierende Wirkung auf unseren Organismus ist dieses Öl etwas einseitig und muß mit Maßen genossen werden (Salatsoße, nach dem Kochen zu den Gerichten geben). Distelöl hat einen sehr neutralen Geschmack. Siehe auch *Öl* und *Gesunde Ernährung**. 37

Doppeltkohlensaures Natron (Natriumbicarbonat). Treibmittel, ersetzt das Backpulver. In den Rezepten «Natron», in der Drogerie erhältlich. Doppeltkohlensaures Natron ist, neben Trennmitteln und z.B. Weinsäure, ein Bestandteil des handelsüblichen Backpulvers. Es ist ein chemisches Produkt. Während des Backens verflüchtigt sich die Kohlensäure; das Natron kann einen Teil der B-Vitamine wie B2 und B6 zerstören und greift auch die Eier im Teig an (rötliche Verfärbung und Seifengeschmack). Die Verfärbung und den Seifengeschmack kann man verhindern, indem man als Flüssigkeit Buttermilch oder (bei trockenem Teig) etwas Zitronensaft verwendet. Noch besser ist es, wenn man gleichzeitig mit Natron keine oder nur sehr wenig Eier verwendet. Bei knusprigen, trockenen Plätzchen kann man ohne weiteres Natron verwenden; bei den hohen Temperaturen, die bei solchem Gebäck bis innen durchdringen, gehen die genannten Vitamine sowieso teilweise verloren. Da man bei trockenem Kuchen und manchen Plätzchen zwischen viel Eiern und Backpulver als Lokkerungsmittel wählen muß, verwende ich manchmal Natron (Sie wissen nun, wie es wirkt; zudem ist es viel billiger als Backpulver). Wer es nicht verwenden will, findet in diesem Buch eine gute Auswahl von Hefegebäck.
Natron braucht, damit es wirken kann, ein feuchtes Milieu und vor allem Wärme. Deshalb kann man einen mit Natron hergestellten Teig ruhen lassen, sofern man ihn an einen kühlen Ort stellt (Kühlschrank ist nicht notwendig) und keine warmen Zutaten verwendet. Das Pulver wird, wenn Klümpchen darin sind, durch ein Sieb gestrichen und exakt abgewogen. Es ist viel konzentrierter als Backpulver (dieses ist mit Reismehl vermischt). Wenn man Backpulver durch Natron ersetzen will, braucht man pro 100 g Mehl 1/4 Teel. (1 g) Natron (1,5 g Natron ersetzt 3 g Backpulver; 1 Eßl. Natron ersetzt 1 Tütchen, 15 g, Backpulver).

Dörrfrüchte (getrocknete). Biologisch angebaute Früchte werden reif geerntet und an Ort und Stelle sonnengetrocknet. Wenn notwendig, werden sie ein bis zwei Tage bei -40°C aufbewahrt, um eventuell

vorhandene Motten und Eier zu töten. Dadurch vermeidet man die Anwendung von Methylbromid und Sulfid. Letzteres baut Vitamin B 1 und C ab und kann allergische Reaktionen verursachen. Die handelsüblichen glänzenden und klebrigen getrockneten Datteln wurden nach dem Trocknen in Zuckerwasser gedämpft.
Am besten verwendet man die in Naturkostläden erhältlichen ungeschwefelten Datteln, Rosinen, Feigen, Korinthen, Aprikosen, Pflaumen, Äpfel und Birnen. Ansonsten sollten die Früchte zweimal kurz in heißem Wasser gespült werden. Gut abtropfen lassen und, bevor sie für Gebäck verwendet werden, mit einem Geschirrtuch trockentupfen.
Ungespritzte und ungeschwefelte Früchte braucht man meistens nicht zu waschen, sondern nur wenn nötig kurz in kaltem Wasser zu spülen. Für Kinder bis zum schulpflichtigen Alter sollten Dörrfrüchte eine Nacht, mit Wasser bedeckt, eingeweicht werden (oder, wenn sie sehr klein geschnitten sind, einige Stunden). Das Einweichwasser kann man als Süßungsmittel, beispielsweise im Kräutertee, mitkochen. Siehe auch *Gebäck**. 343
In diesem Buch wurden Dörrfrüchte vor allem als vollwertiges Süßungsmittel in Gerichten, Gebäck und Getränken verwendet. Dörrfrüchte «aus der Hand gegessen» enthalten sehr konzentriert Zucker und sind für den Zahnschmelz nicht besser als normales Naschwerk. Siehe auch *Studentenfutter**. 382
Die Produktion von Dörrfrüchten in den Ländern der Dritten Welt ist eine willkommene Einkommensquelle, und der Transport sehr viel weniger energieaufwendig als von frischen tropischen Früchten.

Eier. Werden in verschiedenen Größen (von 1-7) verkauft. In meinen Rezepten meine ich mit «ein großes Ei» die Nr. 1 oder 2 (ca. 70 g) und mit «ein kleines Ei» Nr. 3 (ca. 50 g). Wenn in einem Rezept «ein Ei» angegeben ist, ist es gleichgültig, welche Größe man verwendet.
Ab dem Legedatum (auf der Schachtel vermerkt) halten sich Eier an einem dunklen, kühlen Platz 5-6 Wochen. Ein frisches Ei geht in einem Glas mit Wasser unter, ein altes steht senkrecht. Eier sollten nicht lange vor dem Verzehr gesäubert werden, denn sie sind von einer natürlichen schützenden Schicht umgeben, die das Eindringen von Bakterien verhindert. Eier sollten im Kühlschrank aufbewahrt werden, und zwar an einem Platz mit einer Temperatur unter 10°C (also nicht oben in der Türe), um das Wachstum von *Salmonellen*, die sich im Ei befinden können, zu hemmen. Wenn man die Eier im Kuchenteig verarbeiten will, sollten sie jedoch zunächst Zimmertemperatur erreichen (wenn man Butter schaumig rührt und kaltes Ei dazugibt, «gerinnt» es).
Wenn Sie beim Kochen *Eiweiß* übrigbehalten, können Sie dies – in einem Glas – höchstens 2-3 Tage im Kühlschrank aufbewahren (im Gefrierfach 2-3 Monate). Wenn man innerhalb dieser Zeit einige Eiweiß gesammelt hat, kann man sie in einem Soufflé oder in Gebäck verarbeiten.
Eigelb sollte, bevor es kühlgestellt wird, erst mit Wasser verdünnt werden. Eidotter halten sich jedoch auch im Kühlschrank nur 1-2 Tage und sollten darum am besten so schnell wie möglich verarbeitet werden, z.B. in einer Soße oder Suppe.
Das Eiweiß eines Eies ist ein ausgesprochenes Reproduktions-Eiweiß: Das Eigelb ist die Basis für neues Leben. Eiereiweiß enthält die höchste, auf Fortpflanzung ausgerichtete Potenz und spricht, als Nahrungsmittel verwendet, auch im Menschen dieses Gebiet an. Bei kleinen Kindern ist dies noch nicht erwünscht. Deshalb verwenden wir in der Kinderernährung zunächst keine, später nur sehr wenig Eier und, im Gegensatz zur üblichen Kinderernährung, zuerst das Eiweiß und später das Eigelb (siehe *Wann kann ein Kind was verdauen?** und 23
*Allergene Nahrungsmittel**). Da Eier sich am Ende 430
der Nahrungskette befinden, können sie, genau wie Butter, schädliche Stoffe aus der Umwelt und aus dem Viehfutter enthalten. Eier, die das Demeter-Zeichen tragen, enthalten diese schädlichen Stoffe in sehr viel geringerem Maße. Siehe auch *tierisches Eiweiß in der Kinderernährung**. 19

Erdnußbutter. Paste aus gerösteten, gewalzten Erdnüssen. Handelsübliche Erdnußbutter enthält verschiedene Zucker und viel Salz. In Naturkostläden kann man gesalzene und ungesalzene reine Erdnußbutter kaufen, die aus biologisch angepflanzten Erdnüssen gemacht wird. Siehe auch *gemischtes Nußmus**. 238

Erdnüsse. Die Erdnuß ist eigentlich keine Nuß, sondern eine unter der Erde gereifte *Hülsenfrucht**. Erdnüsse bestehen zu einem Viertel aus 281
Eiweiß und zur Hälfte aus Fetten (zum größten Teil ungesättigte Fettsäuren). Ansonsten enthalten sie Mineralstoffe (Phosphor und, im Verhältnis zu anderen Nüssen, wenig Eisen) sowie Vitamin E und B. Wir ziehen die mehr an der Sonne gereiften echten *Nüsse* vor.

Essig. Nicht konservierter Obstsaft fängt an zu gären. Nach einiger Zeit wird der entstandene Alkohol unter dem Einfluß von Essigsäurebakterien aus der Luft von selber in Essig umgesetzt. Der auf diese natürliche Art entstandene **Apfel- oder Weinessig** enthält noch die Mineralstoffe und Spurenelemente des ursprünglichen Produktes: des Apfels oder der Traube. Billiger handelsüblicher Essig wird aus industriell hergestellter Essigsäure gemacht und ist für einen Kindermagen viel zu aggressiv. Essig wirkt konservierend. Für kleine Kinder ziehen wir Zitronensaft vor.

Fermentgetreide. Milchsaures Pulver, das aus der getrockneten und gemahlenen Brotmasse hergestellt wird, die bei der Produktion von *Brottrunk* übrigbleibt. Es enthält viele wertvolle Bestandteile. Fermentgetreide kann man auch, wenn nötig, als Stärkungsmittel bei Milchshakes, Müsli, Suppen und Soßen hinzufügen (ca. 1/2 Eßl. pro Person).

Fritieröl und Fritierfett. Siehe *Fritieren**. 252

Fruchtaufstrich (Naturkostläden) ist ein Ersatz für mit Zucker eingekochte Marmelade. Fruchtaufstrich besteht aus eingedicktem Fruchtmus und enthält keinen zusätzlichen Zucker.

Fruchtsäfte. Wer selber keinen Saft preßt, kann unter verschiedenen Säften wählen. Für diese werden die Früchte gewaschen, gemahlen oder gepreßt. Anschließend wird der Saft filtriert, in Flaschen gefüllt und durch Pasteurisieren haltbar gemacht. Ungeklärte Säfte sind trübe, und auf dem Flaschenboden befindet sich immer etwas Satz.
Bei den handelsüblichen Säften wird teilweise der Saftertrag durch Zusatz von Enzymen erhöht (z.B. Pektinase), die nach dem Pressen durch Erhitzen des Saftes wieder unwirksam werden. Die Säfte werden durch Zentrifugieren oder Filtern geklärt. Um diesen Prozeß zu vereinfachen, werden Pektinasen und zur Schonung Tannin (siehe *Tee**) und Gelatine 390
verwendet. Für Konzentrate wird Saft bei sehr niedrigen Temperaturen verdampft; es entsteht ein Fruchtsaft- und Aromakonzentrat (dieses enthält die flüchtigen Aromastoffe), das sich einfach lagern läßt. Zum Abfüllen wird dieses Fruchtsaft- und Aromakonzentrat wieder mit Wasser verdünnt, bis es die Konzentration von frisch gepreßtem Saft hat. Eventuell wird dieser Saft noch einmal geklärt, in Flaschen gefüllt und pasteurisiert (Saft in Kartons wird *vor* dem Abfüllen pasteurisiert). Ohne daß dies auf der Packung angezeigt zu werden braucht, darf pro Liter Saft bis zu 15 mg Zucker (Kristallzucker, Glucose, Fructose) zugefügt werden. Bei der Lagerung darf bei einigen Säften bis zu 10 mg Sulfid (siehe *Dörrfrüchte**) und bis zu 2 g Kohlendioxid ange- 341
wendet werden.
Bei Säften aus biologischem Anbau verzichtet man auf Konzentrate und viele der genannten Zusätze.

Gelatine. Ein aus Kalbs- und Rinderknochen hergestelltes Geliermittel. Siehe *Agar-Agar.*

Gemüsesäfte. Das Gemüse wird mit Hilfe von Lauge oder Dampf geschält, gehackt und gepreßt, wie dies bei *Fruchtsaft* beschrieben wurde. Manchmal fügt man Zitronensäure oder Zitronensaft hinzu, um den Geschmack zu verbessern. Bei manchen biologischen Säften wird die milchsaure Gärung angewendet (siehe *milchsauer Einmachen**). Auch auf han- 253
delsüblichen Flaschen ist manchmal auf der Zutatenliste Milchsäure angeführt; dies ist jedoch nur eine hinzugefügte Milchsäure, der Saft hat keine milchsaure Gärung durchgemacht.
Bei der Zubereitung von Demeter-Säften werden keine chemischen Stoffe verwendet. Alle Saftsorten werden sterilisiert.
Man kann auch selber Gemüsesaft machen, siehe *Gemüsesaft**. 402

Gerste*. Getreideart, ungeschält. 101

Glutamat. Abgekürzt MSG (Monosodiumglutamat). Es ist auch unter dem Namen Ve-tsin bekannt, das viel in chinesischen Gerichten verwendet wird. Glutamat hat selber keinen Geschmack, reizt aber über das Nervenzentrum unser Geschmackserlebnis (Geschmacksverstärker). Bei Menschen, die dafür empfindlich sind, kann nach dem Genuß von viel Ve-tsin oder *Aromat* das sogenannte «Chinarestaurant-Syndrom» auftreten: Kopfschmerzen, Übelkeit, Schweißausbrüche, Herzklopfen.

Glutenfrei. Siehe auch *Gebäck**. 342

Gomasio (Sesamsalz). Mit Meersalz gerösteter und gemahlener Sesamsamen, der als Würzmittel verwendet wird. Fertig gekauftes Gomasio enthält bis zu 10% Salz. Man kann es leicht und weniger salzig selber machen*. 408

Graupen*. Leicht geschliffene Gerstenkörner. 101

Grütze*. Gebrochene Getreidekörner. 106

Guargranulat. Eine aus Guarkernmehl, Kartoffelmehl und Apfelpulver hergestellte Nahrungsfaser; sie ist glutenfrei und enthält keine Phytinsäure. Guar ist eine tropische Pflanze und gehört botanisch zu den Schmetterlingsblütlern (Hülsenfrucht). Siehe auch
*glutenfreies Vollkornbrot**. 324

Haselnüsse. Gemahlene Haselnüsse lockern Gebäck und Aufläufe etwas auf und können zu diesem Zweck teilweise, oft sogar ganz, die Eier ersetzen. Der Geschmack von Haselnüssen wird, wenn man
sie vor dem Verzehr leicht röstet*, intensiver. Siehe 407
auch *Nüsse*.

Hefe (Bäckerhefe). Treibmittel. Frische Hefe (beim Bäcker erhältlich) ist getrockneter Hefe (Hefekörner) vorzuziehen, da letztere einen Emulgator enthält. 15 g (1 Eßl.) frische Hefe entspricht 5 g
getrockneter, siehe auch *Brot**. 318

Hefeextrakt. Ein auf der Grundlage natürlicher Hefezellen, durch langwierige Fermentation hergestelltes, cremeartiges Produkt, das sehr reich an Eiweiß (bis 30%), Mineralstoffen und Vitaminen ist (vor allem des B-Komplexes). Das natürlich gereifte Produkt erhält man in Reformhäusern und Naturkostläden unter Handelsnamen wie Vitam-R und Cenovis. Marmite ist ein Hefeprodukt, das chemisch mit Säuren forciert gereift ist, es enthält weniger Vitamine, aber mehr Natrium als die oben genannten Produkte. Siehe auch *Miso*.
Hefeextrakt wird als Würzmittel in Suppen, Soßen und anderen Gerichten oder als Brotbelag verwendet (dünn streichen); er enthält Salz (Vitam-R 4,5 %, andere Produkte bis zu 16 %) und macht die Gerichte etwas dunkler.

Hirse*. Getreideart. 102

Honig. Blütennektar, der im Magen der Biene fermentiert wurde.
Die Qualität von Honig wird sehr vom Imker mitbestimmt. Ein Imker, der Qualitätshonig liefert, arbeitet bienengerecht und verwendet keine chemischen Mittel bei der Versorgung der Bienen oder bei der Ernte und Verarbeitung des Honigs. Diese erfolgt bei niederen Temperaturen (25-37°C).
Honig, der nicht allen gesetzlichen Anforderungen für Speisehonig genügt, darf als **Backhonig** zur Weiterverarbeitung an Betriebe verkauft werden.
Jeder Qualitätshonig kristallisiert nach einiger Zeit. Indem man Honig regelmäßig umrührt, kann man ihn streichfähig halten. Auskristallisierter Honig kann wieder flüssig gemacht werden, indem man das Glas in warmes Wasser stellt (maximal 40°C). Dann bleibt der Honig wieder einige Wochen streichfähig.
Honig gibt es in vielerlei Sorten, je nachdem, wo die Bienen hauptsächlich geflogen sind. Klee- und Blütenhonig (auch gemischt) haben den neutralsten Geschmack. Einen streichfähigen Honig bekommt man am besten, wenn man verschiedene Honigsorten vermischt.
An einem *dunklen*, nicht zu warmen Ort ist Honig beinahe unbeschränkt haltbar.
Siehe auch *Gebäck**. 343

Hülsenfrüchte. Siehe *Nüsse und Hülsenfrüchte**. 281

Ingwer und Gelbwurzel (Kurkuma). Beides sind tropische Wurzeln, die als Gewürz verwendet werden. Sie sind einander botanisch verwandt (Zingiberaceae). Ingwer wirkt trotz seiner «Hitze» magenstärkend und blutsäubernd. Beide Wurzeln regen die Verdauung an, die kräftig gelbe Kurkuma vor allem die Leber. Frische Ingwerwurzel enthält ein Enzym, welches Eiweiß spaltet. Dadurch wird Fleisch zarter, wenn man eine Scheibe Ingwerwurzel mitkocht.
Tip: 1 Stück Ingwerwurzel (in einer Plastiktüte verpackt) ins Gefrierfach legen. Man kann dann monatelang immer wieder die gewünschte Menge von der gefrorenen Wurzel abreiben oder -schneiden. Geschälte und in 2 mm dünne Scheiben geschnittene frische Ingwerwurzel kann man «kandieren» (siehe
*kandierte Zitrusschalen**). 414

Kaffee. Siehe *Getränke**. Im Handel ist auch biolo- 390
gischer und biologisch-dynamischer Kaffee erhältlich.

Kakao. Geröstete Kakaobohnen, die zu Pulver gemahlen sind. Kakao hat eine beruhigende, etwas träge machende Wirkung. Er wirkt stopfend und säurebildend. Die Oxalsäure, die der Kakao ebenfalls enthält, bindet Calcium, wodurch Schokoladenmilch mit viel Kakao ein schlechter Kalklieferant ist. In Naturkostläden ist Kakao auch in biologischer Qualität erhältlich. Daraus wird auch Schokolade aus Vollrohrzucker und biologischem Milchpulver ohne Zusatz von künstlichen Farb- und Geschmacksstoffen hergestellt (siehe auch *Karob*).

Kaltgepreßte Öle. Siehe *Öl*.

Karob (Carob). Karob wird aus den gerösteten und gemahlenen *Schalen* des Johannisbrotes hergestellt (Schmetterlingsblütler). Im Gegensatz zum Kakao hat Karob auf das Nervensystem keine spezielle Wirkung, er wirkt leicht stopfend, jedoch nicht säurebildend und enthält auch keine Oxalsäure. 2-3 Eßl. Karob ersetzen 1 Eßl. Kakao. Durch seinen natürlichen Fruchtzuckergehalt braucht bei Verwendung von Karob kaum gesüßt zu werden.
Karob ist nicht nur als Pulver, sondern auch in Form von Paste, Schokolade und anderen Schokoladenprodukten in Reformhäusern und Naturkostläden erhältlich.

Käse. Zur Herstellung von Labkäse wird, je nach der Käsesorte, zuvor pasteurisierte* Milch (wieder) 457
aufgewärmt unter Hinzufügung eines Milchgerinnungsmittels (Labferment oder Microbieo, ein mit genetisch manipulierten Hefen hergestelltes Gerinnungsmittel, das für den sogenannten «vegetarischen Käse» verwendet wird). Die dadurch dick gewordene, geronnene Milch wird geschnitten. Dadurch tritt eine Trennung in einen wäßrigen Teil (Molke) und feste Bestandteile auf. Die festen Bestandteile werden gepreßt und reifen zum Käse. Die Molke wird an Schweine verfüttert oder zu (unter anderem) Rivella verarbeitet.
«Bauernkäse» (Rohmilchkäse) wird aus Milch hergestellt, die nicht pasteurisiert wurde, oft direkt auf den Höfen, in denen die Milch innerhalb von vierundzwanzig Stunden verarbeitet wird. Für die Molkereien (gängig oder biologisch), wo der Bauernkäse hergestellt wird, gelten sehr strenge Vorschriften, um die Infizierung mit unerwünschten Bakterien zu vermeiden.
Käse ist ein wertvolles, sehr eiweißreiches und verhältnismäßig fettes Produkt, das deshalb für Kinder nur in Maßen verwendet werden sollte, eher als Würzmittel in oder auf vegetarischen Gerichten denn als Eiweiß- und Fettlieferant (siehe auch *Gesunde Ernährung**, Calcium, Eiweiß). 38
Käse von Kuh-, Schafs- und Ziegenmilch, der auf biologischen oder biologisch-dynamischen Betrieben ohne Hinzufügung von Farbstoffen und Konservierungsmitteln hergestellt wird und ohne Plastik verpackt ist, kann man in Naturkostläden in zunehmendem Maße gut sortiert einkaufen.

Kefir. Ein leicht moussierendes Milchprodukt mit einem sehr niedrigen Alkoholgehalt (0,2-1%). Er entsteht bei der Zubereitung durch im «Kefirpilz» (Starter) von Natur aus vorhandene Hefen und Bakterien

Kindermehl (Säuglingsnahrung). Das Getreide für dieses Fertigprodukt wird so verarbeitet (aufgeschlossen), daß es für Babys gut verdaulich ist (siehe *Brei**). Die Firmen Holle, Sunval und Barnhouse 127
verwenden für ihre Produkte biologisch-dynamisch angebautes Vollkorngetreide, das durch eine die Nährstoffe schonende, sanfte Wärmebehandlung aufgeschlossen wird. Dabei wird nur während 1-2 Minuten eine Temperatur von max. 95°C erreicht. Das Getreide für die handelsüblichen Kindermehle wird unter Vakuum aufgeschlossen und meist mit Zusätzen versehen.

Kiwi. Eine ursprünglich chinesische Frucht, die, dünn geschält und in Scheiben geschnitten, meistens zum Garnieren verwendet wird. Kiwis sind sehr reich an Vitamin C und Karotin und enthalten auch Eisen. Außerdem enthält Kiwi von Natur aus ein Enzym, das Eiweiß spaltet, dadurch entsteht in Kombination mit Milchprodukten ein bitterer Geschmack, zum Beispiel bei Nachspeisen. Siehe auch *tropische Früchte*.

Kleie. Siehe *Ernährungslehre* und Getreide**. 37, 109

Kochkiste*. Eine mit isolierendem Material ausge- 114
kleidete Kiste, die zum Nachquellen von gekochtem Getreide und von Hülsenfrüchten verwendet wird.

Kokosmilch*. Siehe *Kokosnuß*. 397

Kokosnuß. Die Frucht der Kokospalme, die in tropischen Gegenden auf der ganzen Welt zu finden ist. Im Verhältnis zu anderen Nüssen enthält die Kokosnuß wenig Eiweiß, Fett, Mineralstoffe und Vitamine. Das Fett ist hart, schmilzt erst bei 28°C und enthält überwiegend gesättigte Fettsäuren. Wir nutzen den beliebten Geschmack für besondere Leckereien
(*Kokosbrot,* Makronen*, Kokoslocken**), jedoch 238, 364
nicht für die Kleinen. 382
Durch den niederen Eiweißgehalt sind Kokosnüsse weniger allergen und können oft auch von Kindern gegessen werden, die sonst empfindlich reagieren. In diesem Fall kann man Kokosnüsse (mit Maßen) auch hin und wieder in der täglichen Ernährung verwenden. Man sollte dann versuchen, den Nachteil des hohen Anteils an gesättigten Fettsäuren zu kompensieren, indem man auch kaltgepreßtes Öl (Distelöl) in den Speisezettel aufnimmt (Dressing; zu Gerichten erst nach dem Kochen zugefügt).
Außer **geraspeltem und getrocknetem**, ansonsten jedoch nicht verarbeitetem Kokos kann man in

Naturkostläden manchmal auch **frische** Kokosnüsse aus biologischem Anbau kaufen. Je jünger die Kokosnuß ist, desto besser schmeckt die Milch, die sich im Inneren befindet, und desto zarter das weiße Fruchtfleisch. Bei älteren Nüssen ist das Fruchtfleisch härter und fetter, und die Milch schmeckt ranzig. Eine Kokosnuß, die beim Schütteln nicht gluckst, ist zu alt und kann sehr schädlichen Schimmel enthalten. Wie man eine Kokosnuß öffnen kann, steht im Rezept *Kokoslocken**. Eine geöffnete Nuß 382
sollte innerhalb von 2-3 Tagen aufgegessen werden (die Stücke solange, im Glas, im Kühlschrank aufbewahren).
Kokosmilch kann man selber machen (siehe *Ko- 397
kostrank**). 398
Creamed coconut ist eine fertige, eingedickte Kokosmilch, die in manchen Naturkostläden oder in Läden für tropische Nahrungsmittel erhältlich ist. Man sollte keine Produkte in Büchsen kaufen, diese sind nicht naturrein. Creamed coconut der Marke Renuka kommt aus Sri Lanka, wo die Kokosnüsse noch ohne Kunstdünger wachsen.
Außer für den Kokostrank kann man bei Milchallergien die Kokosmilch auch als Sahneersatz gebrauchen (dicke Kokosmilch machen). Mit creamed coconut kann man das Stückchen Butter in Suppen, Soßen und Gemüse ersetzen. Man kann daraus sogar «Schlagsahne» machen (siehe *haltbare Schlagsahne**). 411
Kokosfett ist der wichtigste Bestandteil ungehärteter Reformmargarinen (siehe *Margarine*). Das in Naturkostläden erhältliche reine Kokosfett eignet sich gut zum Fritieren*. 252

Kräuter. Frische **Gartenkräuter** sind den getrockneten Kräutern vorzuziehen. Europäische Gewürze (Anis, Fenchel, Senfkörner) sind für kleine Kinder besser geeignet als tropische.
Kräuter und Gewürze sollten im Naturkostladen gekauft werden. Diese werden nicht bestrahlt (in Deutschland ist Bestrahlung noch verboten). Getrocknete Kräuter sind 1 Jahr, Gewürze 2-3 Jahre haltbar. Siehe auch *Kräuter** und *Kräuter trocknen**. 414

Kräuter-, Sellerie oder Knoblauchsalz besteht aus sehr viel (Meer-)Salz (ca. 85 %) und sehr wenig Kräutern. Kräutersalz kann man selber machen*. 408

Kristallzucker. Siehe *Zucker und Gebäck**. 244

Kümmel (Carum carvi) und **Kreuzkümmel** (*Cuminum cyminum)* sind die Samen einander ähnelnder doldenblütiger Pflanzen. Kümmel wird auch in Nordeuropa angebaut, der schärfer schmeckende Kreuzkümmel in Südeuropa und Afrika, siehe auch *Gewürze**. 244

Kurkuma. Siehe *Ingwer.*

Kuzu. Aus einer vor allem in Japan und Nordamerika wachsenden Wurzel gewonnenes Stärkemehl. Kuzu hat eine leicht antibiotische Wirkung und stärkt den Darm. Gewinnung und kochtechnische Eigenschaften sind dieselben wie bei Marantamehl, nur die Bindefähigkeit ist etwas geringer (1/4 Eßl. Kuzu ersetzt 1 Eßl. Marantamehl).
Kuzu wird als ein etwas klumpiges weißes Pulver verkauft, das sich in kaltem Wasser aber leicht auflöst. Um mit dem Löffel richtig abmessen zu können, zerstößt man das Pulver zuerst im Mörser oder streicht es durch ein Sieb.

Labferment, das Gerinnungsmittel für die Zubereitung von Quark und Frischkäse, ist auf Bauernmärkten und in Naturkostläden erhältlich. Labferment wird aus dem Magen von Schlachtkälbern gewonnen. Wer dieses tierische Produkt nicht verwenden will, muß seine Zuflucht nehmen zu **Mikrobieo,** einem aus Bakterienkulturen hergestellten Ferment. Wenn man Mikrobieo verwendet, sollte die Gerinnungstemperatur der Milch um 2°C höher sein als in meinen Rezepten.

Leinöl (Speiseleinöl). Kaltgepreßtes Öl aus Leinsamen mit vielen ungesättigten, essentiellen Fettsäuren. Es wird schnell ranzig, deshalb sollte man es nur in kleinen Mengen einkaufen und gut verschlossen, dunkel und nicht zu warm aufbewahren. Siehe auch *Öl* und *Gesunde Ernährung** (Fette). 37

Leinsamen. Die Samen der Flachspflanze. Wird vor allem zur Anregung des Stuhlgangs verwendet (vergrößert das Stuhlvolumen und «schmiert» den Darm). Für Kinder unter 1 1/2 Jahren ungeeignet (siehe *Verstopfung**). 436

Linsen sind kleine, flache Hülsenfrüchte, die in drei verschiedenen Sorten erhältlich sind: große hellbraune, kleine gesprenkelte und kleine rote. Die letzteren sind eine spezielle Sorte der braunen Linsen, die sich leicht schälen lassen. Durch das Schälen geht auch der Keim verloren, und dadurch sind die Linsen nicht mehr ganz vollwertig, dafür aber schnell gar (ca. 20 Minuten) und leicht verdaulich (weniger Ballaststoffe). Rote Linsen brauchen nicht eingeweicht zu werden (siehe auch *Hülsenfrüchte**). 281

Lorbeer. Siehe *Zimt.*

Maizena (biologisch). Speziell feingemahlenes, gesiebtes Maismehl, nicht zu verwechseln mit dem handelsüblichen raffinierten Mondamin (siehe *Mais**). 102
In Deutschland und der Schweiz (noch) nicht erhältlich. Sie können es solange ersetzen durch feinstes Maismehl und dieses 10 Minuten köcheln lassen.

Malzextrakt. Leichte Sirupsorte mit ausgeprägtem Geschmack, aus gekeimter Gerste hergestellt. Kann laxierend wirken. Siehe auch *Gebäck**. 342

Mandeln gehören zur Familie der Rosaceae. Sie enthalten Spuren von Blausäure, einem Gift, das durch starke Erhitzung unschädlich wird; je mehr Blausäure sie enthalten, desto bitterer ist der Geschmack. Deshalb sind Bittermandeln, die man kaufen kann (auch Aprikosenkerne), für kleine Kinder ungeeignet. Unter den süßen Mandeln finden sich manchmal krumme Exemplare. Diese sollte man entfernen, denn meistens sind sie bitter.
Die kräftige, dunkle Haut sorgt dafür, daß die Mandeln, nachdem sie geknackt sind, nicht schnell ranzig werden. Diese Haut enthält viele Mineralstoffe (Eisen), für kleine Kinder ist sie jedoch zu schwer verdaulich. Sie läßt sich aber leicht entfernen (siehe *Mandelschälen**). Im Gegensatz zu anderen 407
Nüssen ist die Mandel nicht säurebildend. Siehe auch *Nüsse.*

Marantamehl. Die durch Ausschwemmung gewonnene Stärke der tropischen Pfeilwurzel. Es handelt sich zwar um ein raffiniertes, jedoch nicht manipuliertes oder chemisch bearbeitetes Produkt. Marantamehl hat basische Wirkung, dieselbe Bindefähigkeit wie handelsübliches Mondamin oder Kartoffelstärke, eine helle Farbe (glasiger Effekt) und kaum Geschmack. Wenn es mit Wasser oder einer anderen Flüssigkeit angemacht wird, bindet das Pulver ein Gericht bereits beim Erreichen des Siedepunktes, es braucht also nicht mitgekocht zu werden. Diese Eigenschaften machen Marantamehl zu einem geeigneten Bindemittel für feine Soßen und Nachspeisen. Siehe auch *Kuzu.*

Margarine. Dies ist ein Produkt, das aus verschiedenen Fetten und Ölen mit Hilfe technischer Manipulationen und unter Hinzufügung zahlreicher, bei der Vollwerternährung unerwünschter Hilfsmittel hergestellt wird. In Geschmack und Konsistenz ähnelt Margarine der Butter. Durch Härten mit Wasserstoff werden die ungesättigten Fettsäuren der flüssigen pflanzlichen Öle gesättigt.
Bei der vollwertigen Kinderernährung ziehen wir *Butter* vor, die ein leicht verdauliches Naturprodukt ist.
Die laktosefreien, so natürlich wie möglich hergestellten Diätmargarinen von Eden und Vitaquell können für allergische Kinder ein Ausweg sein, wenn die Butter nicht durch Öl ersetzt werden kann (als Brotaufstrich und in Gebäck).
Kalorienreduzierte oder **light Margarine** besteht zur Hälfte aus Wasser und vielen Hilfsmitteln. Wer auf seine Linie achten muß, ist besser beraten, wenn er nur eine halbe Portion Butter verwendet.
Siehe auch *Gesunde Ernährung** (Fette) und *Ko-* 37
kosnuß.

Marmite. Siehe *Hefeextrakt.*

Meersalz. Siehe *Salz.*

Melasse. Siehe *Zucker.*

Milch. Bei der laktovegetarischen Ernährungsweise die wichtigste Quelle für Calcium und Eiweiß. Sie enthält auch ein leicht verdauliches Fett und Phosphor, jedoch kein Eisen. An Vitaminen sind in der Milch Vitamin A (auch das Provitamin Karotin), der gesamte Vitamin B-Komplex und Vitamin E, jedoch kaum Vitamin C enthalten.
Die Milch biologischer oder biologisch-dynamischer Betriebe wird beim Pasteurisieren nur auf 72°C erhitzt und nicht homogenisiert; dadurch rahmt sie auf. Die ohne Kühlung haltbare UHT-Milch (H-Milch) wird bis zu 150°C erhitzt, wodurch die B-Vitamine zum größten Teil vernichtet werden. Milch sollte immer kühl (zwischen 4 und 8°C) und vor allem dunkel aufbewahrt werden, sie ist sehr lichtempfindlich. Die Milch gut verschlossen aufbewahren, sie nimmt leicht den Geschmack aus der Umgebung auf.
In Naturkostläden kann man Vollmilch, entrahmte Milch, süße und saure Sahne kaufen. Für Kinder sollte man immer Vollmilch nehmen. Siehe auch *Gesunde Ernährung** (Calcium, Eiweiß, Fette). 37
Rohmilch ist, wenn sie nicht über 40°C erhitzt

wird, leichter verdaulich und wertvoller als pasteurisierte Milch (Kälber entwickeln sich schlechter mit pasteurisierter Milch, und die Katzen trinken sie nicht, wenn sie wählen können).
Es wäre ideal, wenn Sie die Milch von einer bestimmten (sehr gesunden) Kuh oder Ziege von einem biologischen oder biologisch-dynamischen Bauernhof bekommen könnten. Es sollte dann allerdings ein Bauer sein, der täglich seine Milch auch an eine Molkerei liefert; er muß sich dann an bestimmte hygienische Richtlinien halten, und seine Milch wird regelmäßig auf Krankheitskeime kontrolliert. Wenn Sie an der bakteriologischen Qualität der «Bauernmilch» zweifeln und auch für Babys unter sechs Monaten, allergische und kranke oder alte Menschen, die keine gute Darmfunktion haben, sollten Sie die rohe Milch erst **pasteurisieren:** Die rohe Milch in einem Chromstahltopf auf großem Feuer unter ständigem Rühren mit einem Schwingbesen bis auf 75°C erhitzen (Milchthermometer verwenden). Die Milch sofort abkühlen; im Sommer in einem kalten Wasserbad, im Winter draußen an einem vor Kinderhänden und Katzenschnauzen sicheren Ort (den Topf – einer guten Luftzirkulation wegen – auf ein Kuchengitter stellen).
Pasteurisierte Milch ist *nicht* konserviert, darum im Kühlschrank aufbewahren, am besten in Glasflaschen oder -töpfen mit Deckel.

Milchsäure, rechts- und linksdrehend. Bei der Zubereitung von Sauermilchprodukten entsteht durch die Fermentation Milchsäure. Je nachdem, wie sich ein polarisierter Lichtstrahl verhält, wenn er auf Milchsäure auftrifft (nach rechts oder nach links abbiegend), spricht man von links- oder rechtsdrehender Milchsäure. Da der menschliche Stoffwechsel rechtsdrehende Milchsäure besser verträgt, sagt man, daß diese gesünder sei. Bei einer abwechslungreichen Ernährung und bei einem gesunden Stoffwechsel ist linksdrehende Milchsäure jedoch problemlos, der Überschuß wird mit dem Urin ausgeschieden. Rechtsdrehende Milchsäure wird, wenn Sauermilchprodukte länger aufbewahrt werden, nach und nach abgebaut. Siehe auch *Milchsaures Gemüse**. 253

Mineralwasser. Siehe Wasser*. 37

Miso ist eine japanische Paste, die auf Grundlage von Soja, Reis (Gerste) und Meersalz hergestellt wird. Miso enthält unter anderem alle wichtigen Aminosäuren und ist deshalb zum Getreideeiweiß eine gute Ergänzung. Bei der Zubereitung von Miso entstehen während eines langdauernden Fermentationsprozesses wertvolle Enzyme, Säuren und Mikroorganismen (unter anderem Vitamin B 12). Man kann Miso als Würzmittel für Suppen, Soßen und Gerichte verwenden, jedoch auch als Brotbelag (sehr dünn streichen).
Miso ist sehr salzig, hat einen starken Geschmack und eine dunkle Farbe. Für Kinder unter 2 Jahren sollte es nur in kleinen Mengen verwendet werden. Miso, das mit Gerste hergestellt wurde, ist nicht glutenfrei (auf das Etikett achten).

Molke. Der wäßrige Bestandteil der Milch, ein Nebenprodukt bei der Herstellung von *Käse*.

Molkosan. Eingedickte, mit natürlicher Milchsäure haltbar gemachte Molke (siehe *Käse*). Diese saure Flüssigkeit kann man, mit Wasser verdünnt, als Getränk bei Tisch, unverdünnt als Essigersatz und als Desinfektions- und Heilmittel bei Hautproblemen verwenden (siehe Gebrauchsanweisung).

Muskatblüte. Siehe *Muskatnuß*.

Muskatnuß. Der getrocknete Kern der Frucht des Muskatnußbaumes. Um die Hülse, die den Kern umschließt, wächst ein grellroter Samenmantel, die **Muskat«blüte»** (wird ebenfalls als Gewürz verwendet).

Mutee. Eine Teemischung aus wilden Kräutern und Pflanzen, in der makrobiotischen Ernährung gebräuchlich. Für kleine Kinder ziehen wir selbstgemischte *Kräutertees** vor. 390

Natron. Siehe doppeltkohlensaures Natron.

Nestragel. Ein aus Johannisbrotkernmehl hergestelltes Bindemittel (siehe *feste Schlagsahne**). Es 411
ist ein sehr teures Diätprodukt. Möglicherweise kommt das billige, reine Johannisbrotkernmehl auch noch eines Tages auf den Markt.

Nitrat. Kommt im Trinkwasser und Gemüse vor. Siehe *Wasser** und *Gemüse**. 37, 253

Nüsse. Sehr fetthaltige Früchte von Bäumen und Sträuchern, weltweit verbreitet. Bei der Kinderernährung ziehen wir einheimische, heutzutage jedoch hauptsächlich aus der Türkei und Kalifornien eingeführte Sorten wie *Haselnüsse, Mandeln,* für größere Kinder auch *Walnüsse*, und *Kastanien** 296
vor.

Nüsse liefern – in harmonischer Zusammenset-
zung – hochwertige ungesättigte Fettsäuren. Sie 296
sind der vollwertigste Fettlieferant, reich an Mine-
ralstoffen (Eisen) und B-Vitaminen. In Nüssen ist
das Verhältnis von Calcium und Phosphor gerade
andersherum als bei der Muttermilch. Durch den
hohen Phosphorgehalt in den Nüssen wird das
ebenfalls vorhandene Calcium gebunden, so daß es
für den Stoffwechsel nicht vollständig genutzt wer-
den kann. Paranüsse enthalten besonders viel, Ka-
stanien besonders wenig Phosphor.
Kleinen Kindern sollten Nüsse nur fein gemahlen in
Gerichten oder Gebäck oder als Brotaufstrich verar-
beitet gereicht werden. Nüsse müssen sehr gut ge-
kaut werden, wenn sie gut verdaut werden sollen.
Siehe auch *Studentenfutter**. 282
Geschälte Nüsse sollten in Gläsern, an einem dunk-
len, nicht zu warmen Ort und nicht länger als 1 Jahr
aufbewahrt werden. Erst kurz vor dem Verbrauch
mahlen; unter Einfluß von Sauerstoff und Licht lei-
den Nährwert und Geschmack.

Öl wird aus Früchten (Nüssen) oder Samen gewon-
nen. Man kann es *kalt* (25-60°C) oder *warm pres-
sen* oder aus einer Kombination aus Warmpressen
und *Extrahieren* mit Hilfe eines chemischen Lö-
sungsmittels, wie Pentan und Hexan, gewinnen.
Warmpressen und Extrahieren ergeben hohe Er-
träge, jedoch gelangen durch die Erhitzung auch
Verunreinigungen und ein dadurch sehr starker Ge-
schmack ins Öl, weshalb es raffiniert werden muß
(dabei werden auch viele wertvolle Stoffe entfernt).
Wir ziehen **kaltgepreßtes, nicht raffiniertes Öl**
aus Früchten, Nüssen oder Samen, die ohne Kunst-
dünger und Schädlingsbekämpfungsmittel angebaut
wurden, vor. Dieses Öl enthält außer Fetten auch
Enzyme, Vitamin E und charakteristische Ge-
schmacksstoffe. Für Salat verwendet man am besten
Distel- oder Olivenöl (letzteres erst ab 2 Jahren, so-
fern der Geschmack erwünscht ist). Zum Schmoren
und Braten verwendet man Sonnenblumen- oder
Maiskeimöl, die hohe Temperaturen gut vertragen
(bis 180°C).
Man sollte nur soviel kaltgepreßtes Öl auf einmal
kaufen, wie man innerhalb eines Monats verbrau-
chen kann, die Flasche (gut verschlossen) sollte
nicht zu warm und vor allem dunkel aufbewahrt wer-
den. Oliven- und Sesamöl halten sich länger.
Siehe auch *Fritieren**, *Gesunde Ernährung* (Fette) 252
und *Umstellen**. 37

Oxalsäure. Siehe bei *Spinat**.

Paprika. Diese Frucht stammt ursprünglich aus
Amerika und gehört zu den Nachtschattengewäch-
sen. Die Sorten mit dickem Fruchtfleisch werden als 252
Gemüse gegessen. In der Kinderernährung sollten 37
sie sparsam, eher als Würzmittel verwendet werden.
Die reife **rote** Paprika schmeckt etwas süßlich und 262
hat einen höheren Vitamingehalt als die **grüne** Pa-
prika.

Paprikapulver wird aus einer scharfen Variante
des Paprika gemacht. Für das milde Paprikapulver
(Edelsüß) wird nur das getrocknete Fruchtfleisch
vermahlen, für scharfes Paprikapulver werden mehr
oder weniger Samen mitgemahlen.

Pektin. Ein von Natur aus in den meisten Früchten
vorhandener Stoff. Je reifer die Früchte werden, de-
sto weniger Pektin enthalten sie.

Pektinpulver. Ein aus Obst (Äpfeln und Zitrus-
früchten) hergestelltes Geliermittel, mit dem man
mit wenig Zucker und in kurzer Kochzeit Marmelade
und Gelee zubereiten kann. Die Markenprodukte
sind, um sie leichter löslich zu machen, mit Frucht-
zucker vermischt. Damit das notwendige saure Mi-
lieu gewährleistet ist, wird Zitronensäure hinzuge-
fügt.
Siehe weiter bei *Gelee**. Wenn Sie flüssige Süßungs- 420
mittel (Dicksaft und anderes) verwenden und das
Obst kein Pektin enthält, braucht man etwas mehr
Pulver. Um die Menge des Pektins zu bestimmen,
muß man das flüssige Süßungsmittel zur Saftmenge
dazurechnen. Dies gilt für alle Pektinpulver.
Handelsüblicher **Gelierzucker** enthält außer Zuk-
ker und Pektin auch Zitronensäure und zum Teil
auch noch Sorbinsäure. Zum handelsüblichen Ge-
lierpulver werden außer den oben genannten Stof-
fen auch noch ein aus Seetang gewonnenes Anti-
oxydat und Phosphate hinzugefügt.

Pfeffer. Pfefferkörner sind die getrockneten Beeren
des (tropischen) Pfefferstrauches (Piper nigrum).
Dieses sehr scharfe Gewürz kann Kopfschmerzen
verursachen und ist für Kinder ungeeignet. Für Ju-
gendliche, die manchmal ein starkes Bedürfnis nach
Scharfem haben, kann man gemahlene spanische
Pfefferschoten (botanisch zu Paprikaschoten ge-
hörig), scharfen Paprika oder den verwandten
Cayennepfeffer (Chilipulver) verwenden. Jedoch
maßvoll und bei Hautproblemen überhaupt nicht
verwenden.

Pilze. Siehe *Gemüse** und *Austernpilz.* 245

Quark wird mit Lab und Milchsäurebakterien gedickt; dann wird die Molke abgetrennt. Dieses Milchprodukt ist im Handel als Magerquark, halbfetter und vollfetter Quark erhältlich. In meinen Rezepten verwende ich halbfetten Quark (20 % Fett i.Tr.).
Wer diesen nicht bekommen kann, kann Magerquark mit Crème Fraîche vermischen oder (für kleinere Mengen) mit Sahne. Siehe auch *Gesunde Ernährung** (Eiweiß, Calcium). 37
Quark läßt sich auch selber herstellen*. 427

Quellwasser. Siehe *Wasser**. 37

Quinoa*. Samen, der ähnlich aussieht wie Hirse. 105

Quitten gehören zu den Rosaceae. Die grellgelben Früchte sind sehr hart und entwickeln ihr feines Aroma erst, wenn sie gekocht werden. Es gibt Apfel- und Birnenquitten. Für beide Sorten kann man die Rezepte für gewöhnliche Äpfel verwenden.

Reis*. Getreideart. Vollreis (brauner Reis) ist ge- 103
schält, jedoch nicht geschliffen. Handelsüblicher Reis wird, vor allem die aus den Tropen und aus Amerika stammenden Sorten, mit viel Kunstdünger angepflanzt, gespritzt und auch für die Lagerung mit Insektiziden und Antischimmelmitteln bearbeitet.

Reissirup (Reismalzsirup). Durch Mälzen aus dem Reis gewonnener heller und milde schmeckender Sirup. Siehe auch *Gebäck**. Ersatz: Birnel. 342

Reiswaffeln. Knusprige Waffeln, die aus gepufftem Naturreis gemacht werden. Milch-, ei- und fettfrei, aus 100% Reis hergestellt, auch glutenfrei und gleichzeitig salzlos erhältlich. Siehe auch *Reis**. 103

Rohrzucker. Siehe *Zucker* und *Gebäck**. 342

Sahne (Schlagsahne). Ein naturreiner Lieferant leicht verdaulichen Fettes (steif geschlagen etwas schwerer verdaulich) und der Vitamine A, B und E. Milch aus biologischen oder biologisch-dynamischen Betrieben ist nicht homogenisiert und rahmt deshalb auf. Wenn man Vollmilch verwendet, kann man *süße Sahne* mit einem passenden Löffel abschöpfen oder – um mehr zu bekommen – mit Hilfe einer Soßenpumpe absaugen. Die Sahne in einem Glas im Kühlschrank aufbewahren und für feine Suppen, Soßen und Nachspeisen verwenden. Saure Sahne kann man bei den meisten Rezepten durch Sahnequark oder *Viili* (vor allem durch die kleine Schicht Milchfett in der Flasche oben) ersetzen. Siehe auch *Butter und Sahne.*

Salmonellen. Bakterien, die einen schweren Durchfall verursachen; sie kommen vor allem in Schweinefleisch aus der Lebensmittelindustrie, Geflügel und *Eiern* vor.
Salmonellen vermehren sich sehr schnell bei Temperaturen über ca. 10°C. Die Infektion findet deshalb vor allem im Sommer statt, wenn Gerichte gegessen werden, die nicht ausreichend erhitzt wurden und langsam abkühlen.
Das Risiko einer Infektion besteht theoretisch auch bei Produkten aus biologischen und biologisch-dynamischen Betrieben. Um dieses Risiko vor allem für die kleinen Kinder, alte Menschen und alle, deren Magen-Darmkanal nicht ganz in Ordnung ist, zu beschränken, folgen hier einige Hinweise.

- Eier mindestens 5 Minuten kochen, auf beiden Seiten braten und nur in Gerichten verarbeiten, die durch und durch auf mindestens 80°C erhitzt werden.
- Fleisch (Barbecue) durch und durch braten.
- Essensreste (am besten in kleinen Portionen) schnell abkühlen lassen und im Kühlschrank aufbewahren.
- Sekundärinfektion vermeiden. Zum Trockentupfen von rohem Fleisch verwendet man Küchenpapier. Die Schüsseln und Messer, die mit rohem Fleisch in Berührung gekommen sind, werden sofort unter heißem Wasser abgespült.

Salz. Das handelsübliche Salz wird aus Steinsalz gewonnen, das aus großen Tiefen geborgen wird (dieses Salz ist Jahrhunderte alt und stammt ursprünglich aus dem Meer). Es wird Wasser in die Mienen geleitet, und die Salzlake, die dann entsteht, wird nach oben gepumpt. Dieses salzige Wasser wird raffiniert und unter hohem Druck verdampft. Das Salz kristallisiert aus, und ein Antiklumpungsmittel (E 536 = Kaliumferrocyanid) und ein Streckmittel (E 554 = Natriumaluminiumsulfat) können zugefügt werden.
Sehr reines **Steinsalz** wird in Klumpen aus den Salzschichten gehackt und fein gemahlen, jedoch nicht raffiniert. Deshalb enthält dieses Steinsalz noch verschiedene Mineralstoffe, die es vom Meer übrigbehalten hat, außer Jod. Es wird weder Jod

noch Antiklumpungsmittel hinzugefügt. Die Gefahr der Verunreinigung aus der Umwelt ist beim Steinsalz geringer als beim Meersalz; Steinsalz ist frei von Schwermetallen. Es schmeckt weniger scharf als raffiniertes Salz (es ist in Naturkostläden erhältlich). Daneben gibt es noch **Siedesalz**, das aus salzhaltigen Solen gewonnen wird.
Jodiertes Speisesalz. Dem Salz wird Jod hinzugefügt. Siehe auch *Jod**. 39
Meersalz. Aus Meerwasser (atlantischer Ozean) nach Jahrhunderte alten Methoden gewonnenes Salz. Das Wasser wird aus dem Meer gepumpt und strömt durch ein kilometerlanges System. Es verdampft langsam unter dem Einfluß von Sonne und Wind, wodurch der Salzgehalt immer höher wird. Das letzte Wasser verdampft auf großen Flächen, und das Salz kristallisiert aus. Schließlich wird es gewaschen und getrocknet. Meersalz enthält Spurenelemente und Mineralstoffe aus dem Meer (Jod). Es enthält kein künstlich zugesetztes Jod. Meersalz kann Verunreinigungen aus dem Meer enthalten, wird jedoch regelmäßig kontrolliert. Siehe auch *Jod**. 39
Aufgepaßt: 1 Teel. feines Meersalz oder unraffiniertes Steinsalz wiegt 6 g, 1 Teel. jodiertes Salz 8 g! Die Rezepte in diesem Buch wurden mit unraffiniertem Steinsalz gekocht.

Sambal. Ölhaltige Paste aus zu Mus zerhackten spanischen Pfefferschoten. Man kann *Sambal** auch 423
selber machen.

Sauerteig*. Natürliches Treibmittel, das man selbst 318
machen kann, siehe *Sauerteigbrot**. 323

Saure Sahne. Siehe *Sahne*.

Schokolade. Siehe *Kakao und Karob*.

Seetang (Kombu, Wakamé). Meeresgemüse, das in der makrobiotischen Ernährung viel verwendet wird. Seetang hat für unsere belastete Umwelt eine wichtige Eigenschaft: Er ist imstande, die Schwermetalle, die wir mit unserer Nahrung aufnehmen, zu binden und abzuführen. Zudem enthält er von Natur aus Jod, einen Stoff, den wir normalerweise wenig zu uns nehmen.
Seetang wird in getrockneter Form importiert (Japan, Amerika). Vor der Verwendung muß er abgespült, (mit) eingeweicht und gekocht werden. Siehe
auch *Agar-Agar, Bouillon herstellen*, Queller** 77, 280
*und das Kochen von Hülsenfrüchten**). 282

Seitan wird aus Weizenmehl und Weizenkleber (Gluten), Tamari, Kräutern (Ingwer, Lorbeer) sehr viel Salz und manchmal Seetang hergestellt. Seitan wird als Fleischersatz verwendet. Bei der Kinderernährung werden die einfach gekochten, jedoch nach eigenen Gesichtspunkten gewürzten Weizenprodukte vorgezogen.

Senf. Ein Gemisch aus fein zerriebenen Senfkörnern, Essig und Salz. Man kann Senf auch selber machen*. 422

Sesamsamen sind besonders reich an Eiweiß, Vitaminen (B und E) und Mineralstoffen (Eisen). Sesam eignet sich wegen des Gehalts an bestimmten Aminosäuren besonders gut zur Anreicherung von Hülsenfrüchten und Mais. Das Öl, das aus Sesamsamen gepreßt wird, enthält viele mehrfach ungesättigte Fettsäuren und Lezitin. Sesamsamen sind lange haltbar. Siehe auch *Gesunde Ernährung** 37
Außer dem **Öl** werden aus Sesamsamen auch **Gomasio** (Sesamsalz) und **Tahin** (Sesampaste) hergestellt. Tahin ist gesalzen und ungesalzen erhältlich und wird aus gerösteten Sesamsamen hergestellt. Weißes Tahin wird aus geschälten und un-
gerösteten Sesamsamen gemacht. *Gomasio** und 408
Tahin (siehe *gemischtes Nußmus** Tip) kann man 238
auch selber machen. Tahin wird als Brotbelag anstelle von Butter und Käse und als Bindemittel für Soßen verwendet.
Ganze Sesamsamen sind hübsch als Verzierung auf Brötchen, aber für Kinder kaum verdaulich. Man kann die weichen Samen allerdings auch sehr leicht im Mörser zerstoßen oder in der Kaffeemühle mahlen, am besten kurz vor dem Verzehr. Siehe auch *Nüsse*.

Shii-take. Ein wild auf Laubbäumen wachsender japanischer Pilz. Wird jetzt auch in biologischer Qualität gezüchtet. Siehe auch *Gemüse**. 245

Shoyu. Siehe *Sojasoße*

Sirup. Halbflüssiges Süßungsmittel. Siehe *Zucker* und *Gebäck**. Wenn in einem Rezept lediglich «Si- 342
rup» vermerkt ist, ist das Gelingen des Rezepts nicht von der Sorte der halbflüssigen Süßungsmittel abhängig.

Sojabohnen werden bereits seit 100 v. Chr. im Fernen Osten angebaut und sind dort noch heute ein wichtiges Nahrungsmittel. Die Sojabohne enthält 40% sehr wertvolles Eiweiß, 20% Fett mit einem hohen Gehalt an ungesättigten Fettsäuren, Vitamin B, viele Mineralstoffe und Ballaststoffe. Im Kampf gegen den Hunger auf der Welt könnte Soja eine große Rolle spielen, wenn es auch tatsächlich als Nahrungsmittel für Menschen verwendet werden würde. Leider wird das in den Ländern der Dritten Welt und in den Vereinigten Staaten in Monokulturen angebaute Soja hauptsächlich in den westlichen Ländern als Viehfutter verwendet und zu Hilfsstoffen in der Nahrungsmittelindustrie verarbeitet: Sojaöl als pflanzliches Fett in Margarine, Brühwürfeln, Snacks und Gebäck; Sojalezithin als Emulgator unter anderem in Schokolade und Mayonnaise; Sojaeiweiß in Babynahrung, Sojaschnitten, Sojakroketten und Sojaburgern. Der Anbau von Soja (auch Tapioka und anderer für die westliche Nahrungsmittelindustrie verarbeiteter Produkte) geht in den Ländern der Dritten Welt auf Kosten des Anbaus von anderen Gewächsen, die für die eigene Nahrungsmittelproduktion notwendig wären. Dies betrifft nicht nur die Ackerflächen, sondern auch das Kapital und die Arbeitskraft.

Sojafleisch (oder TVP = Textured vegetable protein). Aus der Sojabohne extrahiertes Sojaeiweiß hat eine faserige Struktur und kann zu zahlreichen Fleischersatzprodukten verarbeitet werden, unter anderem zu mehr oder weniger mit Gewürzen vermischten und mit allerlei Geschmacksnuancen versehenen, getrockneten Sojabrocken. Wenn sie in Wasser eingeweicht werden, gehen sie auf und können wie Fleisch verarbeitet werden. Siehe auch *Soja*.

Sojamehl. Vollfettes Sojamehl wird aus biologisch angebauten, gewalzten und gemahlenen Sojabohnen hergestellt und ist in Naturkostläden erhältlich. Bei entfettetem Sojamehl wird der Sojabohne mit Hilfe des Extraktionsmittels Hexan das Öl entzogen (*Sojaöl*).

Sojamilch. Der in Naturkostläden erhältliche **Sojadrink** wird aus biologisch angebauten, gewalzten, eingeweichten und gekochten Sojabohnen und Wasser hergestellt. Der mit Calcium angereicherte Sojadrink von biologischer Qualität ist für kleine Kinder, die keine Kuhmilch vertragen, geeignet. Doch sollte zuerst der Arzt um Rat gefragt werden. Der handelsübliche Sojadrink wird aus isoliertem Sojaeiweiß (siehe *Sojabohnen*) aus mit Kunstdünger und Insektenbekämpfungsmitteln angebauten Sojabohnen hergestellt.

Sojaöl. Aus Sojabohnen extrahiertes Öl (die Bohnen geben ihr Fett nur schwer ab, deshalb müssen Lösungsmittel verwendet werden). Der Geschmack ist für den Verzehr zu stark, deshalb wird das Öl raffiniert. Auch das Sojaöl, das aus biologisch angebauten Sojabohnen stammt, ist stark bearbeitet.

Sojasoße. Ein natürliches Würzmittel. Das Ausgangsprodukt ist Soja. Durch einen Fermentationsprozeß, der 24 Monate dauert (mit Hilfe von Bakterien), bekommt die biologische Soße ihre dunkle Farbe und den typischen Geschmack, es wird viel Salz hinzugefügt (ca. 18%); das muß bei der Verwendung von Sojasoße bei Gerichten berücksichtigt werden, meistens kann man dann das Salz weglassen. Sojasoße enthält unter anderem auch Milchsäure und Vitamin B 12.
Handelsübliche Sojasoße wird durch künstlich beschleunigte Fermentation gewonnen und enthält Farbstoffe.

- **Ketjap** (Indonesisch) ist aus *Tempé* , Rohrzukkermelasse, Gewürzen und viel Salz hergestellt.
- **Tamari** (japanisch) enthält nur Soja und Salz und hat einen sehr starken Geschmack.
- **Shoyu** (japanisch) ist ein Nebenprodukt der Misozubereitung und enthält außer Soja auch Reis (manchmal auch Gerste) und schmeckt etwas süßlich.

Ketjap und Tamari sind glutenfrei, Shoyu kann Gluten enthalten.

Sonnenblumenkerne sind reich an ungesättigten Fettsäuren (unter anderem auch Linolsäure) und Vitaminen (E). Durch den hohen Gehalt an vollwertigem Eiweiß, darunter Lysin, sind sie die ideale Ergänzung für Getreide, die wenig Lysin enthalten. Frisch *geröstet** sind sie eine leckere und nahrhaf- 408
te Garnierung von Getreide- und Gemüsegerichten und Salaten. Außer Öl wird aus Sonnenblumenkernen auch ein Mus gemacht. Siehe auch *Nüsse*.

Sonnenblumenöl wird aus Sonenblumenkernen gepreßt. Das kalt gepreßte Öl ist geschmacksneutral und auch für kleine Kinder leicht verdaulich. Es ist reich an ungesättigten Fettsäuren. Siehe auch *Öl* und *Ernährungslehre**. 37

Splitterbsen. Geschälte Erbsen, bei denen jedoch mit der Haut auch der Keim entfernt wurde. Für Kinder 1 Stunde einweichen. Siehe *Hülsenfrüchte** 281

Steinsalz. Siehe *Salz*.

Süßholz. Die getrockneten Wurzeln einer Pflanze, die zur Familie der Schmetterlingsblütler gehört. Ursprünglich stammt sie aus Südostasien. Heute wird sie vor allem in Rußland und Spanien angebaut. Sie ist ein Bestandteil von Lakritze, Hustensäften und Teemischungen. Süßholz wirkt durstlöschend, ist nicht schädlich für die Zähne und auch für Diabetiker geeignet (der süße Geschmack kommt nicht von einem Kohlehydrat). Siehe auch
*Süßholztee**. 392
Ein Süßholzstengel ist eine gute Alternative zu Lutschern und Kaugummi: Durch das Kauen wird der Speichelfluß angeregt und das Gebiß sozusagen saubergespült. Auch die Verdauung bekommt etwas zu tun und wird nicht, wie beim Kaugummi, an der Nase herumgeführt. Lange Süßholzstengel kann man am besten in 2-3 Stücke schneiden und den ausgekauten «Bart» ab und zu abschneiden. Süßholz sollte erst ab dem Kindergartenalter gegeben werden, die Kleinsten könnten damit fallen und sich den Gaumen verletzen.

Süßstoffe (künstliche). Bei diesen Süßstoffen wurde nur der süße Geschmack nachgemacht; ansonsten haben sie mit dem Zucker keinerlei Verwandtschaft. Es handelt sich um tote, künstliche Stoffe, die keinerlei Beziehung zur lebendigen Welt der Nahrungsmittel haben. Ernährung und Geschmack gehören jedoch zusammen; der Geschmack eines Nahrungsmittels aktiviert die Verdauungsdrüsen. Im Fall der künstlichen Süßstoffe werden die Verdauungsdrüsen betrogen; sie werden umsonst aktiviert. Siehe auch *Gebäck**. 342

Süßungsmittel. Sehr süße Nahrungsmittel (Honig, reifes frisches oder getrocknetes Obst) oder Produkte (Sirup, Dicksaft, Zucker), mit denen Gerichte und Getränke gesüßt werden. In diesem Buch werden vor allem vollwertige Süßungsmittel verwendet, siehe *Zucker* und *Gebäck** (Einleitung). 342

Tahin. Siehe Sesam.

Tamari. Siehe *Sojasoße*.

Taugé. Gekeimte Mungbohnen (eine tropische *Hülsenfrucht**). 281
Auch in Naturkostläden aus biologischem Anbau erhältlich. Man kann Taugé auch selber machen (siehe *das Keimen von Getreide**). 165

Tee. Siehe *Warme Getränke**. 390
Man kann auch biologischen Tee kaufen.

Tempé ist ein traditionelles, eiweißreiches indonesisches Produkt, welches durch Fermentation von Sojabohnen entsteht (oder aus Sojabohnen und Reiskörnern), die dadurch zusammenkleben und einen festen Kuchen bilden. Während des Fermentationsprozesses, der durch eine Schimmelkultur in Gang gesetzt wird, entsteht unter anderem Vitamin B12, wodurch Tempé die wertvollste der drei Sojakäsesorten ist (siehe *Tofu*). Tempé ist in Naturkostläden, aus biologisch angebauten Produkten, erhältlich. Siehe *Ragout aus Tempé**. 190

Thermogetreide*. 106
Durch eine sorgfältige Wärmebehandlung «vorgekochtes» Getreide. Gebrochen als **Thermogrütze**, gemahlen als **Thermomehl**.
Zur warmen Mahlzeit wird die Grütze wie trocken gekochter Reis gegessen. Das Mehl eignet sich zur Herstellung von Soßen und Suppen und als teilweiser Ersatz für Brotmehl (siehe *Vollkornbrot**). 320
Thermogetreide braucht nicht eingeweicht zu werden, die Kochzeit ist verkürzt und die Verdaulichkeit besser. Man kann, wenn man Getreide selber *darrt**, 404
ungefähr denselben Effekt erreichen.

Tiefgefrorene Produkte. Siehe *Gemüse konservieren**. 253

Tofu. Aus *Sojamilch* hergestellter «Käse», der als Quark- und Fleischersatz verwendet wird. Das Gerinnungsmittel (Nigari), das für die Zubereitung von Tofu aus biologischen Sojabohnen gewonnen wird, ist ein natürliches Produkt.

Tomatenmark ist eingedicktes Tomatenpüree; man kann es auch selber machen*. 423

Treibmittel. Siehe *Hefe, Backferment, Sauerteig* und *doppeltkohlensaures Natron.*

Tropische Früchte sind sehr vitaminreich. Auf den meisten Plantagen wird mit großen Mengen Schädlingsbekämpfungsmitteln gearbeitet, und sowohl der Sachverstand im Umgang mit diesen Mitteln als auch die Kontrolle sind sehr viel schlechter als bei uns. Der Warenprüfdienst macht nur Stichproben, und nur wenn Beschwerden laut werden, wird wirklich kontrolliert. In Naturkostläden kann man (saisongebunden) tropische Früchte von kleinen, menschen- und umweltfreundlich (biologisch) arbeitenden Betrieben kaufen. Für Kinder ziehen wir das Obst aus gemäßigten Gegenden vor (mit Ausnahme von Zitrusfrüchten im Winterhalbjahr). Siehe auch *Gesunde Ernährung**. 32

Urzucker oder Vollrohrzucker. Siehe *Zucker* und *Gebäck**. 342

Vanille. Schote einer tropischen Orchidee, die ihren Duft und Geschmack (auch die schwarze Farbe) erst nach einem langen Fermentationsprozeß bekommt. Man kann auch getrocknete, gemahlene Vanille kaufen (Vanillepulver). 1/2 Teel. davon können 1/4 Vanilleschote ersetzen. Echte Vanille ist sehr teuer, es gibt jedoch Tricks, wie man sparsam damit umgehen kann. Wenn Sie Vanille in einem Gericht mitkochen, können Sie ein kleines Stück der ganzen Schote verwenden. Schneiden Sie es längs durch und kratzen sie das Mark (die Samen) heraus, das gibt ein Maximum an Geschmack. Wenn Sie die Vanille nicht mitkochen können, können Sie nur das Mark verwenden (oder Vanillepulver). Einmal ausgekochte (ausgekratzte) Vanilleschoten können nach Gebrauch mit kaltem Wasser abgespült, trockengetupft und in ein Glas mit (weißem Kristall-)Zucker gegeben werden. Der Zucker konserviert die Schoten, und diese wiederum geben ihren Geschmack an den Zucker ab: Nach einigen Tagen hat man 1 Glas echten **Vanillezucker** (hält sich monatelang), die Schoten kann man noch einmal in einem Gericht mitkochen.

Vegetarier. Leute, die aus unterschiedlichsten Gründen kein oder wenig Fleisch essen; manche essen Milchprodukte und/oder Eier, andere wiederum nicht. Die meisten ziehen Produkte aus biologischem oder biologisch-dynamischem Anbau vor.

- *Veganisten* essen kein Fleisch, Geflügel und Fisch; keine Eier und keine Milchprodukte.
- *Lacto-ovo-Vegetarier* essen kein Fleisch, Geflügel und keinen Fisch, jedoch Eier und Milchprodukte.
- *Lactovegetarier* essen kein Fleisch, Geflügel, Fisch und Eier, jedoch Milchprodukte.
- *«Halbvegetarier»* essen ab und zu (wenig) Fleisch, Geflügel, Fisch, Eier und verwenden auch Milchprodukte.

Viili ist schon vor langer Zeit «erfunden» worden, als die Bauern in Finnland versuchten, ihre Milch länger haltbar zu machen. Durch die moderne Technik ist es nun möglich geworden, diese Bauernweisheit auch in der Großmolkerei zu praktizieren.
Viili schmeckt mild-säuerlich, rahmig, ab und zu prickelnd. Manchmal ist Viili so dick wie Joghurt, manchmal etwas dünner.
Viili wird durch Mikroorganismen fermentiert, die in ihrem Stoffwechsel fast ausschließlich rechtsdrehende Milchsäure erzeugen (mehr als 90%).
Viili wird aus *nicht* homogenisierter Milch von biologisch-dynamisch wirtschaftenden Bauernhöfen gemacht. Nach dem Abrahmen wird die Milch bei einer Temperatur von 85-90°C 20 Minuten lang pasteurisiert. Die anschließend bis auf 21°C abgekühlte Milch wird mit der speziellen Viili-Kultur geimpft. Der darauf folgende Säuerungsprozeß dauert 18 bis 20 Stunden, bis ein entsprechender Säuregrad erreicht wird. Diese Prozesse sind alle sehr von der Kultur der verwendeten Mikroorganismen abhängig, darum ist die Konsistenz von Viili immer wieder etwas anders.
Die besonders leichte Verdaulichkeit und der milde Geschmack machen dieses Sauermilchprodukt besonders geeignet für die Kinderernährung.
Viili ist in Deutschland und der Schweiz (noch) nicht erhältlich und kann in den Rezepten durch Biogarde-Joghurt ersetzt werden.

Walnüsse. Der Geschmack der Walnüsse läßt sich mit Gewürzen und getrocknetem Obst (Früchtebrot), jedoch auch mit intensiv schmeckendem Gemüse wie Spinat und Sellerie und mit Käse gut kombinieren.
Walnüsse enthalten etwas weniger Eisen als Mandeln und Haselnüsse, und das Calcium-Phosphor-Verhältnis ist ungünstiger (siehe *gesunde Ernährung**). 38
Der hohe Fettgehalt und die wenig kompakte Struktur der Walnüsse bewirken, daß geschälte Walnüsse schnell ranzig werden. Siehe auch *Nüsse*.

Weizenkeime*. Beim Schleifen von Weizen ge- 98
wonnener Bestandteil des vollen Getreidekorns, zu Flocken gepreßt. Sie enthalten viel Vitamin E. Für gesunde Kinder, die mit vollem Getreide ernährt werden, sind Weizenkeime überflüssig und nur auf ärztlichen Rat hin zu verwenden. Kühl und vor allem dunkel aufbewahren, sie werden schnell ranzig, wenn sie nicht stabilisiert sind, nicht allein durch den hohen Fettgehalt, sondern auch durch die im Keim enthaltenen Enzyme.

Weizenmehl Type 1050 (CH: Ruchmehl). Gesiebtes Weizenmehl. Man kann es in Naturkostläden kaufen, mit einem normalen Haushaltssieb aber auch selber herstellen; 100 g Vollkornmehl ergeben ca. 80 g Mehl Type 1050; im Sieb bleiben die grobe Kleie und Teile des Keimes zurück.

Zimt und Lorbeer gehören beide zu den lorbeerartigen Pflanzen. Vom Zimt wird nur die Rinde geerntet, die sich beim Trocknen von selber aufrollt. Beide Gewürze sind sehr mild, sie verstärken vor allem den Eigengeschmack eines Gerichtes.

Zitrone. Biologisch-dynamisch angebaute Zitronen stammen aus Sizilien. Da zur Bildung der gelben Schale (Abbau von Chlorophyll, wodurch die gelbe Farbe sichtbar wird) kalte Nächte erforderlich sind, sind diese Zitronen, außer in den Wintermonaten, grün. Die knallgelben handelsüblichen Zitronen sind künstlich mit Äthylengas «gereift», wodurch sie einen Teil ihrer duftenden ätherischen Öle verlieren, oder sie werden kurzfristig warm gelagert.

Zitrusfrüchte (Zitronen, Apfelsinen, Mandarinen, Grapefruits, Kumquats). Wachsen in den Tropen, in Israel und in den Mittelmeerländern. Die Früchte haben eine lederartige Schale, die viele ätherische Öle, Vitamine und Mineralstoffe enthält. Wenn man die Schalen verwenden will, muß man die Früchte
gut waschen* (die gespritzten und mit schimmel- 248
hemmenden Mitteln behandelten handelsüblichen Früchte sind dafür nicht geeignet). Unter der Schale (der weiße Schalenteil ist genau wie die Häute des Fruchtfleisches sehr bitter) besteht die Frucht hauptsächlich aus Saft, der viele Säuren enthält, neben Zitronensäure auch Ascorbinsäure (Vitamin C), das unser Immunsystem stark anregt. Vitamin C aus Zitrusfrüchten ist ziemlich stabil, so daß Zitrussaft für Getränke, die erst im Lauf des Tages getrunken werden sollen, gut verwendet werden kann. Zitrusobst widersteht in gewissem Sinne den Wärmeprozessen, die bei der Reifung auftreten, indem die Umsetzung von Fruchtsäuren in Zucker unterdrückt wird. Vielleicht ist das der Grund dafür, daß sie bei fieberhaften Erkrankungen eine so gute Hilfe für unseren Organismus bilden.
Siehe auch *konservierte Zitrusschalen** und 413
*Brennesseltrank** (Tip). 401

Zucker wird aus dem Saft von Zuckerrüben oder Zuckerrohr gewonnen. Beim Zuckerrohr wird der Saft mit Hilfe großer Walzen aus den Stengeln gepreßt, bei den Zuckerrüben werden die gewaschenen Knollen in Stücke geschnitten und in großen Trögen auf 70°C erhitzt. Dann wird warmes Wasser dazugegeben, das den Zucker aus den Rüben zum großen Teil aufnimmt. Zur Gewinnung von weißem Kristallzucker und handelsüblichem Rohrzucker wird der Saft langsam verdampft bis zur Kristallbildung. Von Natur aus sind diese Kristalle braun. Durch weiteres Raffinieren oder Spülen mit heißem Dampf und Wasser wird der **weiße Zucker** gewonnen. Das Restprodukt ist Melassesirup, der die übrigen Bestandteile (Mineralstoffe) des Saftes enthält (der salzige Geschmack kommt von den Mineralstoffen, die im Zuckerrohr waren) und Zuckerrübensirup. **Zuckerrübenkraut** ist dickflüssig eingedampfter Zuckerrübensaft.
Zur Gewinnung von **Vollrohrzucker** (Panela, Sucanat) wird der Saft des Zuckerrohrs lediglich eingedickt und getrocknet. Die trockene Masse, die aus Melasse und Zucker besteht, wird danach vermahlen. Vollrohrzucker ist graubraun, hat einen leichten Sirupgeschmack und schmeckt voller und süßer als weißer Kristallzucker. Vollrohrzucker enthält also noch alle Stoffe des Zuckerrohrs (unter anderem Vitamin B2, Kalk und Eisen). Der Gehalt an Mineralstoffen ist verschieden, je nach Herkunft des Zuckers liegt er zwischen 1,5 und 2,5%.
Der sogenannte **Roh-Rohrzucker** (glänzende, mittelbraune Kristalle) ist teilraffiniert, er enthält nur noch 0,3-0,5% Mineralstoffe.
Der **handelsübliche Rohrzucker** (brauner Zukker, glänzende, hellbraune Kristalle) ist beinahe ganz raffiniert (0,2% Mineralstoffe), jedoch nicht gebleicht.
In der Schweiz ist nicht raffinierter Rübenzucker erhältlich (Migros).
Kandiszucker bekommt durch einen Farbtoff (Karamel) seine braune Farbe.
Gelierzucker: siehe *Pektinpulver*. Siehe auch *Ge-
bäck**. 342

Literatur

Gemüse – Kräuter – Obst. Vielfältig und naturgemäß kochen in tausend Rezepten. Von Hanna Dengler und Anna Rohlfs-von Wittich. Stuttgart [3]1987.

Michaela Glöckler/Wolfgang Goebel: Kindersprechstunde. Ein medizinisch-pädagogischer Ratgeber. Erkrankungen-Bedingungen gesunder Entwicklung-Erziehung als Therapie. Stuttgart [10]1992.

Aus Barbara Hübners feiner Würzküche. Band 1: Gerichte mit Getreide. Suppen, Eintöpfe, Nachspeisen, Frühstücks- und Abendgerichte. Stuttgart [2]1988.

Aus Barbara Hübners feiner Würzküche. Band 2. Hauptgerichte mit Getreide, Gemüse, Obst. Stuttgart [2]1992.

Keld Hyldig: Essen in großer Runde. Vegetarische Rezepte für viele Gäste, große Familien und Gemeinschaftsküchen. Stuttgart 1990.

Vreni de Jong: Anders essen. Ratschläge für die Umstellung der Ernährung im Krankheitsfall. Stuttgart 1986.

Petra Kühne: Ernährungssprechstunde. Grundlagen einer gesunden Lebensführung. Stuttgart 1993.

Petra Kühne: Lebensmittel-Qualität und bewußte Ernährung. Ein Ratgeber für die Vollwertküche. Stuttgart 1985.

Christiane Kutik / Eva-Maria Ott-Heidmann: Das Jahreszeitenbuch. Anregungen zum Spielen, Basteln und Erzählen. Gedichte, Lieder und Rezepte zum Jahreslauf. Stuttgart [6]1993.

Udo Renzenbrink: Diät bei Allergie. Hrsg. vom Arbeitskreis für Ernährungsforschung. Bad Liebenzell 1987.

Udo Renzenbrink: Diät bei Diabetes. 1989.

Udo Renzenbrink: Diät bei Krebs. Was tun zur Vorsorge? [4]1991.

Udo Renzenbrink: Ernährung in der zweiten Lebenshälfte. Stuttgart [4]1992.

Udo Renzenbrink: Die Ernährung des Kleinkindes. Dornach [2]1988.

Udo Renzenbrink: Die Ernährung des Schulkindes. Dornach [2]1988.

Udo Renzenbrink: Ernährung unserer Kinder. Gesundes Wachstum, Konzentration, soziales Verhalten, Willensbildung. Stuttgart [8]1992.

Udo Renzenbrink: Ernährungskunde aus anthroposophischer Erkenntnis. Grundfragen. Auswirkungen, Anwendung. Eine Einführung. Dornach [3]1988.

Udo Renzenbrink: Die sieben Getreide. Nahrung für den Menschen. Dornach [2]1983.

Udo Renzenbrink: Die Sojabohne – Nahrung auch für uns? [2]1983.

Udo Renzenbrink: Umweltkrise – Immunschwäche. Wie ernähren wir uns? Dornach 1988.

Udo Renzenbrink: Zeitgemäße Getreideernährung. Die Zubereitung aller Getreidearten mit Rezepten. Dornach [5]1983.

Gerhard Schmidt: Dynamische Ernährungslehre. Die Anregung der Geisteswissenschaft für eine neue Ernährungshygiene. 2 Bände. St. Gallen 1979.

Annelies Schöneck: Rund um den Apfel. Rezepte und Ratschläge. Stuttgart [2]1992.

Annelies Schöneck: Sauer macht lustig! Milchsaures Gemüse - gesunde Rohkost für das ganze Jahr. Stuttgart 1990.

Rudolf Steiner: Ernährung und Bewußtsein. 8 Vorträge ausgewählt und herausgegeben von Kurt Theodor Willmann. Stuttgart [3]1989.

Rudolf Steiner: Naturgrundlagen der Ernährung. 9 Vorträge ausgewählt und herausgegeben von Kurt Theodor Willmann. Stuttgart [3]1989.

Zeitschriften:

Ernährungsrundbrief. Herausgegeben vom Arbeitskreis für Ernährungsforschung Bad Liebenzell.

Demeter-Blätter. Herausgegeben vom Demeter Bund.

Lebendige Erde. Herausgegeben vom Forschungsring für Biologisch-Dynamische Wirtschaftsweise.

Informationsadressen

Hier erhalten Sie Auskunft zu Ernährungs- und Produktfragen:

Arbeitsgemeinschaft Ökologischer Landbau
Baumschulenweg 11
64295 Darmstadt

Arbeitsgemeinschaft für Verarbeitung und
Vertrieb von Demeter-Erzeugnissen e.V.
Fenchelstraße 14
70619 Stuttgart
Tel.: 0711/447831

Arbeitskreis für Ernährungsforschung e.V.
Zwerweg 19
75378 Bad Liebenzell
Tel.: 07052/3061

Demeter-Bund e.V.
Fenchelstraße 14
70619 Stuttgart
Tel.: 0711/4411025

Forschungsring für
Biologisch-Dynamische Wirtschaftsweise e.V.
Baumschulenweg 11
64295 Darmstadt
Tel.: 06155/2674

Bezugsquellen

Die in diesem Buch benötigten Vollwertprodukte erhalten Sie u.a. in folgenden Geschäften:

Reformhaus Dausien
Inh.: Peter Dausien
Leonorenstraße 87
12247 Berlin

Wurzelstube
Inh.: S. Badalgogtapeh
Südtunnel/Fellbacher Straße
13467 Berlin

Naturkostladen Sterntaler
H. Gissinger
Machnower Straße 4
14165 Berlin

Joachim Bauckhof OHG
Demeter Laden
Triangel 6
21385 Amelinghausen

Bergstedter Brunnen
Naturkost
Volksdorfer Damm 253
22395 Hamburg

Arche Nova
Inh.: R. Padberg
Bahnhofstraße 42
24534 Neumünster

Naturmarkt Schleswig
Stadtweg 1
24837 Schleswig

Mandalin Naturwaren – Bücher
Inh.: A. Jachens
Sulinger Straße 3
27305 Bruchhausen-Vilsen

Der Laden am Michaelshof
M. Niederlechner Sammatz
Im Dorfe 9
29490 Neu Darchau

Naturwarenhaus Schlopies
Walsroder Str. 2
29614 Soltau

Wegwarte Naturkost
Thomas Rynas
Quintus-Str. 2
29664 Walsrode

Kornblume Naturkost
Geroldstraße 21 a
33098 Paderborn

Natura e.V.
Schloss Hamborn 19
33178 Borchen

Klaus-M. Beiser
Naturkostladen
Westerbachstraße 36
37671 Höxter

Helm Naturprodukte
Demeter Laden
Im Grünen Winkel 11/Lintorf
40885 Ratingen

Mandelblüte Naturkostladen
Inh.: Manfred Lauckert
Beethovenstraße 1
42853 Remscheid

Lebensgarten
Neustr. 27
47661 Issum

Bettinger Kräuter
& Naturprodukte
Uerdinger Straße 332
47800 Krefeld

Biobazar Dellbrücker
Hauptstr. 76 /
Ecke An der Kemperwiese
51069 Köln

Lebensbaum
Inh.: Elisabeth Born
Mucher Straße 31
53804 Much

Die Kornblume
Naturkost & Naturwaren
Mannheimer Straße 4
55545 Bad Kreuznach

Rita Möllney
Naturprodukte
Isenburger Straße 11
56170 Bendorf

Der Bio-Garten
Groß- u. Einzelhandel
Parkstr. 11
58509 Lüdenscheid

Bioladen Terra Viva
Rahel Hoppe
Berliner Straße 118
63065 Offenbach

Naturwaren und Wein
Rathenaustr. 32
63128 Dietzenbach

Croy-Naturwaren
Hauptstraße 1
63486 Bruchköbel

Karl Hässner Kornmühle
Naturprodukte
Mühlbachstraße 11
70594 Filderstadt-Bonlanden

Der Laden Naturkost
Inh.: Peter Schnell
Kurze Straße 6
71332 Waiblingen

Körnerstüble
Beate Schneider
Karl-Jaggy-Straße 26
72166 Mössingen

Kornkammer Böhme
Kameralamtstraße 5
72336 Balingen

Der Kleine Laden Im Hof
Inh.: Susanne Fuss
Im Hof 14
72458 Albstadt

NATURATA GmbH
Ulrichstraße 42
73033 Göppingen

Sonnenblume Naturkost-fachgeschäft
Schlossgasse 14
73312 Geislingen

Naturata
Inh.: H. Schneider
Lixstraße 10
74072 Heilbronn

's Fingerhütle
Inh.: Marianne Lutzius
Komburgstraße 6/1
74653 Künzelsau

Naturata Assoziativer Wirtschaftsring e.G.
Oberdorfstraße 15
78054 Villingen-Schwenningen

Sunnewirbel
Naturkost-Naturwaren
Thurgauerstr. 5
78224 Singen

Aradia Naturkost & Naturwaren
Hauptstraße 5 a
79219 Staufen

Isabel Berg
Demeter Fachgeschäft
Freiburger Straße 58
79567 Weil am Rhein

Naturkostladen ‚Mutter Erde'
Reinhard Niereisel
Amalienstraße 89
80799 München

Laude Reformhaus
Seestr. 2
80802 München

Naturhaus Wessling
Hauptstr. 22
82234 Wessling

Kornblume
Naturkost und Imbiss
Im Taubenmarkt 1
83278 Traunstein

Mutter Erde
Naturkost
Bauerntanzgäßchen 3
86150 Augsburg

Löwenzahn
Lebensmittel-Naturkost
Leonhard-Hausmannstr. 10
86157 Augsburg

Naturkostladen Mering
Inh.: Hildegard Schallermeir
Meringerzellerstraße 14
86415 Mering

Natur-Laden
Markthalle
86633 Neuburg/Donau

Die Wurzel
Naturkostfachgeschäft
Ledergasse 7
87600 Kaufbeuren

Kornblume
Gartenstr. 15
88250 Weingarten

Naturkost Isny
Espantorstr. 10
88316 Isny

Kraut & Rüben Naturprodukte
Heilpädagogische Berufs-bildungsstätte Aufhausen
Burrenweg 28
89520 Heidenheim

Wolfram Kahle
Naturwaren
Schiessäcker Str. 42
91083 Baiersdorf

Reichel
Feine Lebensmittel mit Niveau
Reuterstraße 2
91522 Ansbach

Mitterkreither Markt
Inh.: U. Henzler
Mitterkreith 2
93176 Beratzhausen

Reformhaus Buck
Inh.: Johanna Spindler
Wittgasse 8
94032 Passau

Die Spezerei
Naturwaren
Albrechtsgasse 6
94315 Straubing

KORNWINKEL Naturspeisewaren
Semmelstr. 33
97070 Würzburg

Naturkostladen Im Kastenhof
Christiane Bliss
Badgasse 11
97199 Ochsenfurt

Register

Aus Barbara Hübners feiner Würzküche, Band 1

Gerichte mit Getreide, Suppen, Eintöpfe, Nachspeisen, Frühstücks- und Abendgerichte

2. Auflage 1988, 270 Seiten mit zahlreichen Zeichnungen, kartoniert

Die Rezepte erhalten ihren besonderen Reiz durch Barbara Hübners Würzkunst. Es wird vielseitiger und intensiver gewürzt als üblich, vorzugsweise mit einheimischen Kräutern und Gewürzen; auch Wildkräuter werden berücksichtigt. So entstehen Geschmackskompositionen, die das Bedürfnis nach Herzhaftem befriedigen, auch ohne Verwendung von Fleisch; andererseits gibt es unvermutet reizvolle süße Gerichte – ohne Industriezucker! – auf Getreidegrundlage, gewürzt mit viel Fingerspitzengefühl: Obstspeisen und -suppen, Breie und Cremes erhalten hier eine neue Note, um Frühstück wie auch Abendbrot zu bereichern. Für die Zeiten der Obsternte im Sommer und Herbst findet man viele neuartige Anregungen.
Das Buch wurde von einem Grafiker mit der Hand geschrieben in einer gut leserlichen, eigens für diesen Zweck aus der Antiqua entwickelten klaren und schönen Schrift.

Rund um den Apfel

Rezepte und Ratschläge von Annelies Schöneck
Aus dem Schwedischen von Ute Stegmann
112 Seiten, mit zahlreichen Abbildungen, kartoniert

Die Apfelküche ist sicher eine der überzeugendsten und billigsten Beiträge zur Gesundheitsvorsorge. Annelies Schöneck lehrt in diesem Buch die Kunst, Äpfel zu verwerten. Die Lagerung der Äpfel, der Apfelbaum und seine Pflege, Konservierung von Apfelmus, Trocknen, Bereitung von Most, Kwas, Apfelhonig und Apfelessig werden besprochen. Die über 100 Rezepte reichen vom Apfelmüsli über Äpfel im Salat, Suppen und Soßen bis zum Apfelpfannkuchen und Apfelnachspeisen.

Aus Barbara Hübners feiner Würzküche, Band 2

Hauptgerichte mit Getreide, Gemüse, Obst

2. Auflage 1992, 304 Seiten mit zahlreichen Zeichnungen, gebunden

Der erste Band brachte Rezepte für kleine Gerichte zum Frühstück und Abendbrot, für Suppen und Nachspeise. Mit dem neuen Band Hauptgerichte liegen nun zwei handliche Bücher vor, die inhaltlich eine Einheit bilden.

Aus dem Inhalt: Grundlegendes zum Speiseplan. Das Würzen – Das Getreide – Frischkost und Gemüse – Klöße – Pudding – Soßen – Backlinge, Bratlinge, Schnitten, Pfannkuchen – Vollkornteige, Gemüsekuchen, «Pizza» – süße Kuchen – Umhüllungen für Getreide, Gemüse, Käse, Obst – Aufläufe – Delikatessen für besondere Gelegenheiten.

Ernährung und Bewußtsein

Rudolf-Steiner-Thementaschenbücher, Band 7
8 Vorträge von Rudolf Steiner
Ausgewählt und herausgegeben von
Kurt Th. Willmann. 190 Seiten, kartoniert

Daß Ernähren nicht ein Essen und Assimilieren ist, sondern die leibliche Organisation für das geistig-seelische Wesen des Menschen zu fördern hat, kann auf Grundlage des anthroposophischen Menschenbildes eingesehen werden. Zum Verständnis des Ernährungsvorgangs gehört die Erkenntnis seiner Bedeutung für das geistige Leben, für die geistige Entwicklung des Menschen.